E-Marketing

工商管理经典译丛 · 市场营销系列
Business Administration Classics·*Marketing*

网络营销

〔第 7 版〕
Seventh Edition

朱迪 · 斯特劳斯 （Judy Strauss）
雷蒙德 · 弗罗斯特 （Raymond Frost） / 著

时启亮 陈育君 / 译

中国人民大学出版社
· 北京 ·

图书在版编目（CIP）数据

网络营销：第 7 版/斯特劳斯等著；时启亮等译．—北京：中国人民大学出版社，2015.4
（工商管理经典译丛·市场营销系列）
ISBN 978-7-300-21036-0

Ⅰ.①网… Ⅱ.①斯… ②时… Ⅲ.①网络营销 Ⅳ.①F713.36

中国版本图书馆 CIP 数据核字（2015）第 065691 号

工商管理经典译丛·市场营销系列
网络营销（第 7 版）
朱迪·斯特劳斯
雷蒙德·弗罗斯特 著
时启亮　陈育君　译
Wangluo Yingxiao

出版发行	中国人民大学出版社		
社　　址	北京中关村大街 31 号	**邮政编码**	100080
电　　话	010－62511242（总编室）		010－62511770（质管部）
	010－82501766（邮购部）		010－62514148（门市部）
	010－62515195（发行公司）		010－62515275（盗版举报）
网　　址	http://www.crup.com.cn		
	http://www.ttrnet.com（人大教研网）		
经　　销	新华书店		
印　　刷	北京七色印务有限公司		
规　　格	185 mm×260 mm　16 开本	**版　　次**	2015 年 7 月第 1 版
印　　张	30.25 插页 1	**印　　次**	2019 年11月第 5 次印刷
字　　数	748 000	**定　　价**	65.00 元

《工商管理经典译丛·市场营销系列》
出 版 说 明

随着我国市场经济的不断深化，市场营销在企业中的地位日益突出，高素质的市场营销人才也成为企业的迫切需要。中国人民大学出版社早在1998年就开始组织策划了《工商管理经典译丛·市场营销系列》丛书，这是国内第一套引进版市场营销类丛书，一经推出，便受到国内营销学界和企业界的普遍欢迎。

本丛书力图站在当代营销学教育的前沿，总结国际上营销学的最新理论和实践发展的成果，所选图书均为美国营销学界有影响的专家学者所著，被美国乃至世界各国（地区）的高校师生和企业界人士所广泛使用。在内容上，涵盖了营销管理的各个重要领域，既注意与国内营销学相关课程配套，又兼顾企业营销的实际需要。

市场营销学是实践性很强的应用学科，随着我国企业营销实践的日渐深入和营销学教育的快速发展，本丛书也不断更新版本，增加新的内容，形成了今天呈现在读者面前的这一较为完善的体系。今后，随着营销学的发展和实践的积累，本丛书还将进行补充和更新。

在本丛书选择和论证过程中，我们得到了国内营销学界著名专家学者的大力支持和帮助，原我社策划编辑闻洁女士在早期的总体策划中付出了大量的心血，谨在此致以崇高的敬意和衷心的感谢。最后，还要特别感谢为本丛书提供版权的培生教育出版集团、约翰威立公司、麦格劳-希尔教育出版公司、圣智学习出版公司等国际著名出版公司。

希望本丛书对推动我国营销人才的培养和企业营销能力的提升继续发挥应有的作用。

中国人民大学出版社

译者序

2011年3月公布的《中华人民共和国国民经济和社会发展第十二个五年规划纲要》中，提出要全面提高信息化水平，积极发展电子商务，完善面向中小企业的电子商务服务，推动面向全社会的信用服务、网上支付、物流配送等支撑体系建设。商务部的最新报告也显示，中国的电子商务正处于爆炸式发展阶段，2013年中国电子商务企业突破4万家，市场交易规模达到10万亿元。据预测，未来五年我国涉及电子商务的企业将达到1 500万家。在“十二五”期间，我国电子商务交易额将突破50万亿元。

每年的1月初和7月初，关心中国网络经济发展的高校师生以及业内人士都会期盼中国互联网络信息中心公布半年一次的《中国互联网络发展状况统计报告》。翻阅过去五年的统计数据可以发现，我国的互联网用户从2009年底的3.84亿一路攀升到2013年底的6.18亿。2014年7月公布的数据显示，到2014年6月底，我国的网民人数已经超过6.32亿，占人口总数的46.5%。

2014年的“双十一”那一天，从凌晨一直到深夜，笔者一直关注着阿里巴巴总部的会议报告厅中16米长，6米高，面积达近百平方米的屏幕上实时刷新的数据。据网络上的跟踪报道：

“第1分钟是5 400万元！1分03秒时已经突破1亿元……第2分钟10亿元……20亿元只用了5分钟!!! 去年用了13分钟……30亿元用了8分钟……40亿元用了11分钟……50亿元去年用了半个小时，今年是13分钟。”

“0：15，‘双十一’的第一个订单的包裹就已经送到了!! 这是在佛山一位顾客购买的冰箱……15分钟送单……这是不是就在门口守着!!”

“0：38突破100亿元用了38分钟!!!”

随着时间一秒一秒地过去，“双十一”的网络交易额也节节上升。100亿元、200亿元……，到了深夜24点，天猫发起的购物狂欢节支付宝成交额达到571.12亿元，同比增长58.6%。每一位参与其中的人都真切地感受到了中国电子商务发展的脉搏。

就是在这样的环境里，笔者与上海东海学院的陈育君老师、金玲慧老师，烟台大学文经学院的孙相云老师一起完成了由美国内华达大学斯特劳斯教授和俄亥俄大学弗罗斯特教授合作撰写的《网络营销（第7版）》一书的翻译工作。2007年和2010年，笔者曾经先后将该书的第4版和第5版翻译介绍给中国读者。几年过去，电子商务领域出现了许多新事物，例如社交商务、脸谱商务、移动商务、定位商务、众包，当然还有一些商务模式虽然十分重要，但还没有被业内人士普遍接受，例如众筹、免费—增值服务、快闪销售等，希望我们能够为向中国的读者打开了解世界的窗口尽绵薄之力。

在近10个月的翻译工作中，我们得到了中国人民大学出版社石岩老师的热情指导和帮助，对此表示衷心的感谢。在前期的工作中，上海理工大学管理学院的硕士研究生郁培文、杨立钒、宋俊杰、王云强、占丽、罗丹洁、宁鹏、朱金昌等同学都为书稿的翻译贡献了精力和智慧，在此一并表示感谢。

由于我们面对的是一个日新月异的研究领域，翻译中的错漏之处在所难免，恳切地希望同行专家们不吝指正。

前　言

新版《网络营销》增加的内容

第 7 版《网络营销》将从战略的视角深入地讨论网络营销计划和营销组合。第Ⅰ篇讨论网络营销计划的内容。第Ⅱ篇讨论法律和全球网络营销环境。第Ⅲ篇深入讨论网络营销战略。第Ⅳ篇深入探讨营销组合、客户关系管理战略与实施等问题。

社交媒体的出现导致传统营销领域分崩离析，本书将主要关注这种变化的趋势。第 7 版是在第 6 版的基础上编写的。在过去的两年中，网络营销有了很多新发展，出现了很多的热门话题。主要表现在如下几个方面：

● 第 6 版中有专门的章节介绍社交媒体，但是在第 7 版这一章取消了，我们将社交媒体的内容有机地融合在整本教材。

● 我们详细地介绍了各种新的商务模式，例如社交商务（包括脸谱商务）、移动商务和移动营销、社交客户关系管理、众包等。我们还介绍了十分重要的但还没有被普遍接受的商务模式（例如众筹、免费—增值服务、快闪销售等）。

● 第 12、13、14 章这 3 章是完全重新编写的，目的是要反映从传统营销沟通向现代营销沟通的转变趋势。这种趋势称为在线整合营销沟通，它利用全新的营销沟通工具：自有媒体、付费媒体、口碑媒体。

● 第 1 章中介绍了许多新的充满趣味的技术（包括 Web 2.0 和 Web 3.0），营销管理者可以从中捕捉到各种机遇。

● 每章中有关互联网应用及其所带来的效益的指标全部更新。

● 每章的开头设计了“趋势与影响”小专栏，还更新了部分“相关技术”专栏的内容。

● 针对每章开头的“趋势与影响”专栏，我们在“思考与练习”板块中设计了新的讨论题。

● 有些篇章里有我们新增的内容，例如第 2 章里的社交媒体绩效指标，第 6 章里的大数据和社交媒体内容分析，第 7 章里的新消费行为理论等，还有利用社交媒体创立品牌（第 9 章）、app 定价策略、网页定价策略（第 10 章）等。

本书的重点

互联网是在1969年问世的，从那以后网络与其他的各种信息技术一起以种种有趣的、创新的方式帮助提升客户价值。人们通过网络进行营销沟通，提供商务支持和客户支持；利用不同的信息接收装置进行个性化沟通；开发了移动计算技术；优化搜索引擎；将在线和离线的数据结合在一起来解读消费行为；通过供应链管理和客户关系管理的整合来优化存货管理；利用网络预测投资回报，改进绩效考核；还有社交媒体的迅速普及，等等。在我们撰写本书第7版时，这些网络营销的研究领域都取得了长足的发展，并且没有丝毫停歇脚步的迹象。

在过去的几年中，美国的网络普及程度逐渐达到了85%左右，我们以为互联网的发展势头会慢慢缓下来，可是，随着社交媒体的出现，厂商似乎得到了营销宝典，那就是把客户的需求放在至高无上的位置。浏览量很大的博客、社交网络（如脸谱网、推特网、LinkedIn等）、微博（例如Tumblr）、网络社区（如YouTube，ePinions.com等），诸如此类的社交媒体使得消费者的声音能够被听到，他们成了议论商品、服务、品牌的主流。全球最大的市场调研公司A.C.尼尔森及其他诸多的调研机构得出了相同的结论，那就是消费者往往宁愿相信其他消费者传递的信息，也不愿接受厂商传递的信息，这也是社交媒体蓬勃兴起的原因。许多商业网站的浏览量都超过了谷歌的浏览量。此外，搜索引擎已经变成传播声誉的引擎，网站的排序受到普及性和相关性的影响。即使产品只有一个小小的瑕疵，消费者也会拍成视频放到网络上，甚至引来不满意的消费者无数的网络口水。当然，厂商也可以利用网络、电子邮件、社交媒体打造自己的品牌形象，扩大在线和离线的产品销售。要做到这一点，厂商需要学会如何去迎合消费者，倾听他们的呼声，以此来改进自己的产品和服务，本书的重点即在于此。

《网络营销（第7版）》（第1版名为“互联网营销”（Marketing on the Internet））与同类教材相比，主要有以下几个方面的特点：

- 1996年，我们编写了本书的第1版，对网络营销的发展进行了长期的、全方位的探讨，这是其他教材所没有的。
- 在介绍网络营销时，我们不是简单地罗列一个个观点和技术，而是把它们放在营销领域的大环境中讨论各种理论和观点。在编写的过程中，我们发现绝大多数的新术语都可以用传统的概念来进行深入的诠释。
- 本书格外关注对竞争性经营战略（cutting-edge business strategies）的讨论，因为它们既能够帮助企业创造收入，又能够提高客户价值。书中还用较大篇幅来讨论绩效考核指标的问题，因为厂商要依靠它们来量化所取得的成绩。
- 我们强调厂商应该学习一些互联网技术，因为这是绝大多数经营者的薄弱环节。例如，只要了解移动商务能够带来哪些机遇，就有助于精明的厂商在市场竞争中胜出。在本书中，我们试图用厂商能够接受的方式介绍一些重要的技术问题，说明它们与一些概念之间的关系。
- 尽管本书主要介绍的是美国厂商开展网络营销的实际状况，但是我们也没有忘记全球视点，尽量介绍一些发达国家和新兴市场国家网络经营的发展情况，有些发达国家的先进技术（比如无线网络技术、宽带连接技术等）很值得我们学习。

● 讲授网络营销学的教材一般不会用很多的篇幅去介绍法律与道德问题，我们却安排了一章专门讨论这一话题，而且是由一位专职律师撰写的。

如何使用本书

阅读、思考、钻研、学习是使用本书的方法。这本书与其他的书不同，因为互联网经济发展得太快了，时刻都在变化。每当编辑新版教材时，我们都十分清醒，书出版了，有些内容却已经过时了。因此，要想把这门课学好，就必须先阅读本书，然后到网络上去学习更多的相关知识。我们可以思考消费者对互联网、苹果手机、平板电脑以及其他各种新技术的利用方式，再看厂商是如何利用这些新技术来吸引消费者的关注，赚取消费者口袋里的钱财的。下次你再登录脸谱网时，你就应该关注你的个人主页上出现了怎样的广告，思考这些广告为什么会出现在你的个人主页上，而不是出现在你的朋友的主页上。如果你是利用 Hulu. com，Netflix 等网站（或者利用 DVR 播放器）收看电视节目，用快进功能跳过商业广告，那么你就应该思考面对不愿意收看产品广告的消费者，厂商该如何将免费的电视节目维持下去。

只有深入思考自己的在线消费行为，消费者才能够更加清楚地了解网络企业的经营理念、经营方法和经营战略。读者所了解的互联网的知识或许比本书介绍的更多，那么我们就建议读者对所有这些知识进行比较，这样就会更加深入地了解网络营销领域里的各种知识和信息。当然，我们还得提醒读者，在阅读本书时，要站在厂商的角度去思考问题。

本书的特色

《网络营销》有许多特色，对读者的学习很有帮助：

● 注重营销概念。在每一章中我们都会论述几个营销概念并探究互联网对这些概念的影响，这样学生可以利用已经学到的营销学知识更快地学习新知识。互联网是千变万化的，学生可以运用基本的营销概念去理解新的知识。虽然社交媒体已经使得传统的营销领域发生了根本的变革，但基本的营销流程还是不变的，例如通过产品研发为产品增值，以此去迎合市场需求。

● 学习目标。在每一章的开头都列出本章的学习目标，我们希望学生在完成一章的学习以后能够达到预期的目标。

● 真实企业的真实故事。在每一章的开头我们都会介绍一个企业的成功案例，之所以这样编排是希望引发学生的学习兴趣，希望读者不要跳过这一块内容。为了编写这一版，我们收集了许许多多的案例，从中选出成功开展网络经营的案例。

● 说明各章内容之间的关系。在每一章中我们都说明了这一章的内容与其他各章之间的联系，在有的章节中我们还设计了各种模型帮助读者了解章节中的内容，希望这样的安排能够帮助读者将所学的知识融为一体。

● 本章小结。每一章都有一章内容的小结。需要说明的是，尽管小结是对一章内容的归纳，但是并不意味着学生可以只阅读小结来替代对具体内容的阅读和理解，这样设计的目的只是帮助读者温故知新。

● 关键术语。每章中的重要术语用粗体字排出，希望能够引起注意，附录B是完整的术语表。

● 复习题和讨论题。在每章的结尾我们设计了一些问题，这些问题有的是帮助理解相关内容的，有的是帮助综合理解，希望读者仔细思考这些问题，即使教师并不强调这一点，也应该如此。

● 网络应用。学生的实际动手操作对学习很有帮助，因此，我们在每一章的结尾编写了网络应用的内容。

● 附录。我们在书后附加了3个附录：全球互联网普及程度统计表，较为完整的网络营销术语表以及参考文献。

我们在编写这本教材时享受到了很大的乐趣，希望读者在阅读本书时也能够如此。

目　录

第Ⅰ篇　网络营销面面观

第Ⅱ篇　网络营销环境

第Ⅰ篇　网络营销面面观

第 1 章　网络营销的过去、现在和未来
第 2 章　网络营销战略和绩效考核指标
第 3 章　网络营销计划

第1章 网络营销的过去、现在和未来

这一章的内容是希望帮助读者了解网络营销的起源、目前的发展状况以及未来的趋势。读者将了解到网络营销对企业总体营销战略的重要意义。

学习目标

● 了解互联网以及信息技术给消费者、企业、营销人员和整个社会创造的机遇和带来的挑战；

● 懂得网络营销与电子商务之间的区别；

● 了解买方对交易的控制权正在增大，这将对营销活动产生很大影响；

● 懂得我们不仅应该重视作为数据的信息和娱乐内容，而且应该重视如何接收和利用这些数据；

● 了解影响网络营销发展趋势的因素。

趋势与影响

● 在“全透明1.0”（transparency 1.0）时代，人们因为能够看到其他人对商品、服务的实时评价而兴奋不已，到了“全透明2.0”时代，这已经成为人们做出购买决策时必不可少的条件。如今我们快进入“全透明3.0”时代了，到那时，所有的交易和体验都将是透明的，不管是生产、定价、评价、宣传，甚至是人际交流，都是如此。

● 2012年2月，荷兰皇家航空公司（KLM）推出了名为“先相识后为邻”（Meet & Seat）的服务项目，让订了机票的乘客上网与其他同机乘客初步认识，甚至互相进入脸谱网或LinkedIn的个人网页，待彼此有基本了解后，乘客可根据其他乘客的样貌、兴趣或职业，选择在飞机上与谁为邻。

案 例

奥巴马的竞选故事

2008年，奥巴马利用网络营销的手段赢得了美国总统竞选，为历史添上浓墨重彩的一笔。到2012年，他的手段更加高明了。按照OpenSecrets.org网站披露的信息，奥巴马在2008年的竞选中使用的是媒体组合战略：广播媒体花费2.446亿美元，印刷媒体花费2 050

万美元，网络媒体花费2 660万美元，其他媒体花费1.332亿美元。2012年，两位竞选者在网络上的花费是他们在各种媒体上总花费的28.7%，而2008年只有6.3%。其余的费用用在其他各种宣传手段上，例如走街串巷的上门宣传，接受采访或者在各种活动上的公共宣传，如广播广告、电子邮件、招贴画、T恤衫、竞选歌曲、竞选口号（如今已经家喻户晓的“Yes We Can”），等等。

不管是2008年还是2012年，奥巴马网络宣传的对象主要是18～29岁的青年投票者，因为这一群体中93%的人是网络用户。他们依靠网络获取信息，传递自己的观点，与亲朋好友交流沟通。这个群体是智能手机和社交媒体的拥趸。奥巴马的竞选团队利用论坛和社交网络（例如脸谱网、推特网等）充分调动青年人群体的积极性。2008年，竞选团队创建了一个专门的社交网站，用户在网站上能够建立自己的个人主页，与他人进行交流。网站主页上有一句宣传语：“这件事与你休戚相关”。奥巴马的支持者可以在这个空间改变美国的历史。

2012年，奥巴马对社交网络的利用更加娴熟。他将自己喜欢的CD唱片列表在音乐网站Spotify上与网友分享，把家庭食谱贴到Pinterest社交网站上，还把充满温馨的家庭生活视频上传到Tumblr社交网站上。奥巴马在推特网上有自己的账户，他可以与选民进行实时互动。他的竞选团队为几百万名奥巴马的支持者开发了一个数据库，方便选民之间沟通，同时，他们也十分注意保护选民的隐私。

竞选团队知道年轻选民手机的持有量很大，因此他们向手机用户发送短信，通过语音进行互动，还向移动用户发送竞选广告。2008年，奥巴马给选民发送短信，告知选民在确认后可以接收竞选团队发送的实时消息。一旦他们确定了副总统候选人，就马上用短信通知选民。短信广告中他们用的宣传语是“第一时间知道”。这一招显示了奥巴马的精明之处，他了解目标群体的核心价值观是什么。竞选中，奥巴马显得诚实、不绕弯子、亲民，而且事事亲力亲为，赢得了年轻选民的信任。2008年和2012年两次选举中，他的策略都取得了成功。以下的这些业绩指标充分地说明了这一点：

- 2008年：据mobilemarketer.com网站统计，当年“第一时间告知副总统候选人是谁”的短信广告使得数据库中增添了290万支持者的手机号码。
- 2008年：据WiderFunnel.com网站披露，My.BarackObama.com网站上汇聚了近10 000个各地的选民团体，20 000名志愿者博主，还有4 000个有着各种兴趣爱好的团体。
- 2008年：据Desktop-Wealth.com网站信息，竞选所需资金的2/3（7.5亿美元中的5亿美元）来自于网络渠道。
- 2012年：奥巴马在脸谱网站上的账户显示对他的言论点赞的有3 300万人，发表的评论有150万条。
- 2012年：奥巴马在YouTube视频网站上与网友对话，有28.6万名用户注册，观看者多达2.88亿人。
- 2012年：奥巴马在Tumblr社交网站上发的帖子有超过70 000人关注、点赞或者转帖。

我们在本书的一开始就把奥巴马的竞选故事写下来，是因为我们认为政治活动家也是一种产品，他们向消费者宣传产品能够带来的利益，目的是希望消费者能够用投票的形式来“购买”这种产品。奥巴马对网络营销手段的运用无疑为企业的经营树立了一个标杆，也展示了时刻变化着的互联网环境。奥巴马的竞选团队选择了一个重要的目标市场，让年轻人知道团队所做的一切都是与他们（客户）自身利益密切相关的，用他们喜闻乐见的媒体（社交媒体和移动媒体）进行沟通，与年轻人对话，而这些对话一般都是年轻人自己发起的。与之形成对照的是许多企业网站上都是单向地向消费者发送信息。2008年，竞选团队成功地激发选民就竞选活动开展对话，形成各种在线的或者离线的兴趣群体。企业要宣传自己的品牌，这是一个极好的案例。最后，两次竞选活动都用业绩考核指标来评价竞选战略是否成功。当然，一切都很成功，因为奥巴马两次都完成了“交易”，从“候选人奥巴马”变成了“总统奥巴马”。

资料来源：NYTimes. com，politico. com，candidates' social media pages，and others listed within this text.

1.1 网络营销环境

奥巴马的案例告诉我们，营销学中的一些基本原则是不变的。企业应该满足客户的需求，市场永远欢迎好的产品，期盼一流的客户服务。客户信任经久不衰的品牌，并且愿意为这样的品牌进行口碑传播。我们所面临的新问题是：如何将这些传统的营销理念放在新的环境中（例如社交媒体、大数据、移动终端等）去经受考验，发扬光大。

互联网经济的主流形式

20世纪90年代，万维网得到了飞速发展，接下来则是新兴网络企业泡沫的破灭，再接着是互联网及其相关技术回归主流，形成了如今的网络营销环境——网络营销与传统营销有机结合，创造出一种无缝对接的经营战略。在这样的环境和战略驱使下，出现了许多获利的机遇。第1章将要展示的是本书各章内容的一个总览。

- **客户都是CEO**。在过去的许多年里，厂商一直在谈论“客户至上”，如今，这一点已经变成现实，消费者占据了市场的主导地位。市场力量的这种转变说明厂商必须透明，必须真诚，必须时刻关注网络上对于品牌的议论，并且要鼓励客户帮助自己改进产品。这样的战略就是“众包”战略。
- **电子商务**。2011年，美国的消费者在线消费额达到1 943亿美元，占到零售总额的4.6%，比2010年增长了16%。网络用户中有70%以上的人进行在线购物，或者在线处理银行业务，安排旅游活动，也有的从事购物前的市场信息检索。2012年，利用移动技术完成的销售预计达到116亿美元，到2015年，这一数据将达到310亿美元。
- **在线广告**。在线广告成为广告商媒体预算的重要组成部分，超过了除电视媒体以外所有的广告渠道。2011年，美国的厂商用于网络广告支出的费用达到310亿美元。移动终端广告是发展最快的一种广告模式，从2011年上半年到2012年增长了近一倍，从6.36亿美元增加到12亿美元。
- **搜索引擎营销**。搜索引擎营销是一个十分重要的营销手段。付费搜索占全部在线广告支出的47%。付费搜索指的是厂商花钱购买关键词，这些关键词可以在搜索引擎上形成广告，再链接到厂商的页面。在这一市场中，谷歌的市场份额最大，达到67%。大多数网络企业使用搜索引擎优化技术，确保自己的网站能够在人们进行自然搜索时出现在第一个页面的顶部。

● **自有媒体、付费媒体、口碑媒体**。如今的营销沟通计划中包括自有媒体（例如网站）、付费媒体（例如旗帜广告）、口碑媒体（例如博客、脸谱网帖子等）。传统的营销沟通工具（例如广告、营业推广、人员销售、直复营销、公共关系等）在网络环境中都有应用，形成口碑媒体。

● **移动营销**。美国的成年人中，已经有77%的人拥有手机，因此，利用智能手机做广告是一个有利可图的机会。如果再加上其他移动终端设备（例如平板电脑和笔记本电脑），无线通信技术使消费者可以随时随地连接网络。消费者走到哪里，厂商就会跟到哪里。

● **用户生成内容**。如今，互联网上的内容有很大一部分是由用户生成的，包括消费者制作的广告、YouTube网站上的视频（为改进产品提供建议）、Flickr网站上的照片、iTunes网站上的播客，还有博客网站、社交网站及用户评价网站上成千上万篇的文章（如Amazon.com上的书评）。

● **网络社区**。网络社区把有着相同志趣的用户聚集在一起，他们在网络上交流、沟通。网络社区包括社交网络LinkedIn、推特网、脸谱网等，还包括社交媒体Wikipedia，YouTube，Yahoo!，Answers，等等。营销人员可以利用这样的网站创立品牌、聚拢人气。

● **内容营销**。厂商如今也变成了出版商，它们在普通网站上和社交媒体上生成各种内容去吸引客户，鼓励客户购买。有些企业生成的内容很简单，例如视频、新闻稿、博客帖子等，还有一些企业生成的内容比较长，有的是普通的论文电子稿，有的是信息图、电子书等。有人说"内容为王"，客户的在线参与也是不可或缺的。

● **本土营销和位置营销**。谷歌网站的本地搜索功能，Foursquare基于用户地理位置信息的手机服务网站，eBay网站的分类广告，再加上广受欢迎的Craigslist网站上的分类信息，网络上的本土营销已经变得很热。智能手机用户借助于全球定位系统或者谷歌地图可以很方便地找到一家企业。利用Foursquare网站也能很容易地做到这一点。

● **品牌透明**。品牌透明指的是厂商只要在与网络用户的沟通中诚实、公开、透明，就能得到市场的回报。厂商千万不能被拉出来在博客、产品评价网站、各种社交媒体的聚光灯下示众。

● **集客营销**。传统的突袭式营销（例如垃圾邮件营销、电视广告等）已经逐渐式微。消费者不愿意坐等营销信息上门。集客营销（inbound marketing）是一种主动营销策略，厂商激励消费者主动在网络上去寻找公司信息。

● **用数据说话**。网络分析工具和其他的许多网络技术帮助厂商跟踪消费者的网络行为，改进经营战略的效率和效益。网络上的数据成千上万，厂商应该选择与自己关系最为密切的数据，进行实时跟踪。

认识互联网

从技术层面上看，**互联网**（internet）是将互相连接的网络整合在一起构成的全球网络。在这个网络中，有数以百万计的公司网站、政府网站、组织网站和私人网站。许多计算机都存有文件（比如网页、视频），只要是一台联网的计算机，就可以获取这些文件。网络中的每一台计算机、手机或者其他的联网设备，都可以通过互联网发送或接收数据（比如电子邮件或者其他的文档）。这些数据通过电话线、光缆、卫星等设备从发送者传递到接收者。要想了解传递的过程，就应该懂得互联网在技术上扮演着三重角色：(1) 信息的提供者，它可以创造信息或者各种娱乐节目，这些信息保存在联网计算机中，方便读取；(2) 信息的使用者（有时也称作“客户机”），这类联网计算机只是通过互联网读取其他计算机上的信息（例如脸谱网上的评论），发送电子邮件或者其他的数据；(3) 创造、传递、读取信息的基础设备（计算机的硬件和软件）。值得一提的是，每一台计算机既可以是信息的使用者，又可以是信息的提供者，在不同的时间扮演不同的角色。顺便提一句，在新版的《网络营销》中，我们不再用大写字母来标记“互联网”这个词。我们赞同国际 IT 界著名杂志《连线》(*Wired*) 中提出的观点，互联网不是一个场所（需要用大写来表示），它只是一种媒体，就像广播和电视一样。互联网有 3 种主要的使用形式：

1. **公共互联网** (public internet)：指一个全球网络，任何人都可以随时随地在网络上读取信息。

2. **内联网** (intranet)：指在一家企业内部运行的网络，该网络也使用互联网的各种标准（比如 HTML、浏览器等）。因此，内联网就像一个小型的互联网，只是在企业内部运行，需要获得密码才能进入。

3. **外联网** (extranet)：指两个或者多个网络连接在一起共享信息。如果两家企业将内联网连接在一起，就形成了一个外联网。外界对该网络的信息读取是有限制的。

电子业务、电子商务、网络营销都属于互联网的应用。国际权威 IT 研究与顾问咨询公司高德纳咨询公司（Gartner Group）称，**电子业务** (e-business) 是利用数字技术对企业各项经营活动的持续优化。这里说的数字技术就是计算机技术和网络技术，因为它们为数字信息（用 1 和 0 组成的信息）的存储和传递创造了条件。在本书中，我们在有些地方表述为“数字技术”，在有些地方则表述为“信息技术”。企业利用电子业务的手段吸引并且维系客户和业务伙伴。电子业务已渗透到企业的各项工作流程中，比如产品的采购和销售等。它涉及的领域包括数字化沟通、数字化交易、在线市场调研，企业的各个工作岗位上都会用到电子业务。有时候，人们也用**电子商务** (e-commerce) 来表示电子业务，我们可以认为它是电子业务的一个分支，主要涉及在线买卖、数字价值创造、虚拟市场和虚拟店铺、新的渠道中介等。移动商务、社交商务等则是电子商务的分支。

网络营销是电子商务活动的一个组成部分。**网络营销** (e-marketing) 是指利用信息技术去创造、宣传、传递客户价值，并且对客户关系进行管理，目的是为企业和各种利益相关者创造收益。若说得再简单一些，网络营销就是将信息技术应用到传统的营销活动中去。网络营销对传统营销有两个方面的影响：第一，它提高了传统营销工作的效率；第二，网络营销技术改变了营销战略，就像奥巴马竞选总统的案例中所说的那样。正是由于这些变化，企业开发出全新的经营模式，增加了客户价值，也提高了企业的盈利能力。例如 Craigslist 分类信息网站、脸谱网站、推特网站、谷歌网站等。

然而，网络营销所涉及的远远不止上面这些基本技术。

网络营销不仅仅是对万维网的利用

万维网 (Web) 是互联网的一个组成部分，它提供一个文字或者图表的用户界面，用户使用浏览器（比如微软公司的 Internet Explorer，Mozilla 公司的 Firefox（火狐浏览器）等）可以进行超文本的信息浏览。其实，绝大多数人在谈论互联网时指的是万维网。然而，网络营销所包含的不仅仅是对万维网的利用。首先，网络营销的许多技术，包括移动通信技术（比如客户关系管理、供应链管理、电子数据交换等使用的硬件和软件）都早于万维网。其次，不利用万维网的网络沟通（比如电子邮件、网络电话、短信等）也是开展营销活动的有效途径。互联网的有些服务形式已经整合到一起了（比如基于万维网的电子邮件），但是绝大多数的企业界人士并不利用万维网来发送或接收电子邮件，他们喜欢用微软的 Outlook 通信软件来进行网络沟通。再次，互联网向各种信息接收装置发送文本、图像、音频、视频的信息，这些装置并不一定是计算机。从图 1—1 中可以看到，各种数字信息通过互联网传递到电视、PDA、手机等信息接收装置上，甚至传递到冰箱或汽车上。最后，离线的电子数据接收装置（比如条形码扫描仪和数据库）通过内联网接收和传递产品信息和客户信息。

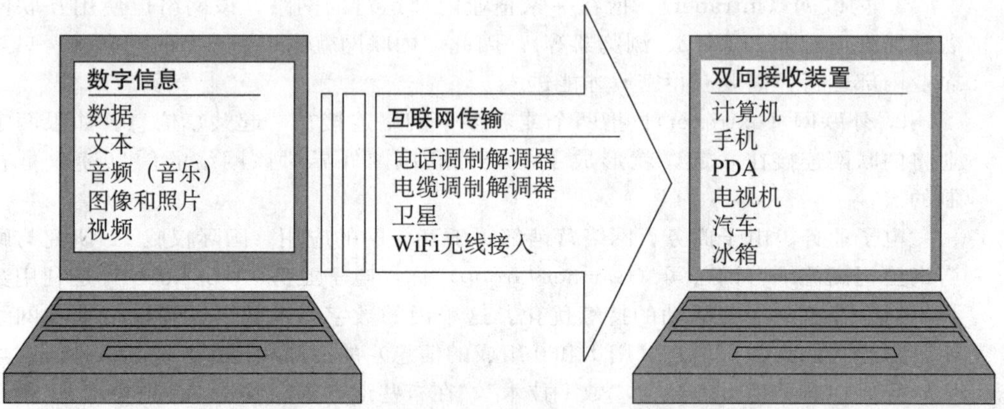

图 1—1　万维网只是网络营销的一个组成部分

我们可以用这样的方式来思考问题：信息提供者创造了数字化的文本信息，以及图像、音频、视频，然后通过互联网基础设备将信息传递给信息使用者。信息的使用者将通过各种电子设备接收信息，或者读取信息，或者利用这些信息进行娱乐或沟通。厂商只要不把自己的思维局限于万维网，就有可能发现创造产品的新机遇。用这样的产品去提供客户价值，与客户进行沟通，建立良好的客户关系。

网络营销不仅仅是对技术的利用

互联网就像一家卖廉价饮料的酒吧，不过它提供的不是酒，而是信息。人们可以在这里获得廉价且便捷的信息，消费者、众多的企业、大大小小的社区，乃至整个社会都因此发生了很大的变化。本书主要讨论技术与营销活动的结合。对经济环境做一个总体的了解，有助于更加清晰地懂得网络营销给我们带来的影响。

消费者

有了互联网，消费者能够连续、方便地获取信息，享受娱乐，还能通过网络进行沟通。有人说，“信息就是力量”。现在，消费者比以往任何时候都有了更大的力量。消费者可以通过搜索引擎搜索信息，比较产品的特性和价格，从 www.epinions.com 等产品信息网站上以及脸谱网上了解其他消费者对产品的意见。此外，他们还可以利用互联网直接将音乐、电影以及其他各种娱乐节目接收到计算机、平板电脑或者电视机上，当然是按照他们自己的时间和媒体选择偏好，而不是被媒体左右。最后，互联网方便了消费者利用电子邮件、网络电话、协同管理软件（比如 NetMeeting）等方式进行一对一的多媒体沟通。互联网影响着许多人的工作、交际和消费方式，与此同时，厂商争先恐后地为消费者提供价值，从网络经济中分一杯羹。

社区

如今，身处全球各地互不相识的人可以聚集在网络社区里讨论各种各样的问题。消费者只要每月交一点月租费，就可以利用移动设备或个人电脑参加多媒体网络游戏，酣战一场（例如三维网络游戏“第二人生”）。在网络社区里，人们可以共享图片（如 Flickr）、视频（如 YouTube）、公司或个人的文件（如脸谱网）。图 1—2 显示的是在线社区中网络用户的人数。在**博客**（Web logs，blogs）中，客户能够看到厂商或者咨询人员发布的各种信息。博客就是网络日志，也有人将它称为网络日记，它的内容在网页上频繁更新。有些微博网站（例如 tumblr. com，twitter. com 等）为方便个人去追踪相互之间短小的博文，对上传的博文进行链接。厂商也在网络上组建自己的社区，特别是同行业的企业，往往聚集在一起（例如营销学教授的微博群 ELMAR）。网络社区的另一个形式是网上拍卖，有的是在企业间市场上拍卖，有的则是在消费者市场上拍卖。还有值得一提的是，一些志趣相投的人通过网络聚集在一起组成自己的网络社区。社区中的网络用户可以从别人的计算机上下载文档，他们还可以利用 Google Docs 或者 Dropbox 等平台上传、分享文档。互联网方便了企业和消费者从全球各地聚集到一起进行在线沟通和合作。

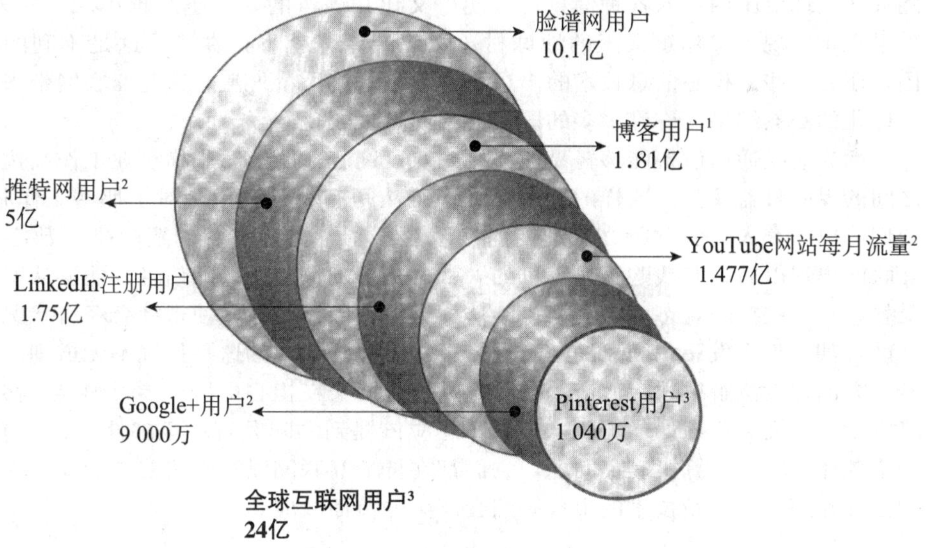

图 1—2　2012 年互联网社区统计

资料来源：1. “Buzz in the Blogosphere,” 2012. Available at blog. nielsen. com. 2. Miel Opstal，“10 Social Networks and a Bunch of Stats,” 2012. Available at slideshare. net. 3. internetworldstats. com. All those without footnotes were obtained from the sites themselves.

企业

在企业界，数字环境促进了整个企业各个层面上的工作和流程。各个岗位上的工作人员组成跨部门团队，利用计算机网络共享信息，提高了工作效率和盈利能力。财务部门的管理人员通过网络将投资人所需的各种信息传递出去，填报政府需要的各种财务报表。人力资源部的工作人员利用网络开展招聘和培训工作。据招聘网站 CareerThoughtLeaders. com 的统计，有 89%的负责招聘的人员利用搜索引擎来筛选应聘者，70%的招聘人员通过在网络上收集到的信息剔除了本来有录用意向的对象。生产和经营管理人员利用网络迅速反馈销售信息的优势，实现了真正意义上的零库存管理和按订单组织生产的管理模式。

企业高层决策者利用计算机网络了解企业的信息，使得企业能够在竞争中胜出。决策者利用数字化工具在自己的计算机上就能读取所需信息，点击鼠标就能把企业战略实施的结果发布出去。

社会

数字化信息为企业带来了种种利益，例如提高了企业占领市场的效率，扩大了人员招聘的范围，增加了信息获取的渠道，有利于向全球传递信息，减少了对外贸易和对外投资的障碍等。然而，互联网带来的影响在全球各地是不一样的。排名前 10 的国家网络用户占到全部用户数的 56%（见附录 A）。在这 10 个国家里，网络用户占总人口的比例从 10%（印度）到 84%（英国）不等。亚洲网络用户的占比最大，达到 45%，其次是欧洲，为 22%。越来越多生活在偏远地区的人利用互联网了解健康、法律等信息，也利用网络将本地的产品销售出去（见第 4 章）。显而易见，互联网对全球的影响是深远的，但又是不平衡的。

互联网将全世界联系在一起，产生了巨大的影响，但是对这样的结果并非人人都愿意接受。世界按照一定的利益格局分解成跨国的一个个利益集团，同时，由于人们能够在全球范围内获取各种信息，这使得文化和语言的差异越来越小。有些人认为，如果真正出现了实际意义上的地球村，文化的差异就不存在了，这是不利的。在美国，还有一些人担心信息技术的出口将导致技术的大量外流，这是互联网带来的经济全球化的必然结果，许许多多的国家会因此发生变化。

因为无线通信设备能够轻易地连接到互联网上，所以原来横亘在工作岗位和家庭之间的界限日益模糊。这样的结果对工作当然是有利的，但是对于那些工作狂来说，他们可以与家人、朋友待在一起的时间就更少了。再有一个问题就是“数字鸿沟”。互联网出现以后，有钱购买计算机的人就有机会浏览网站上的信息，能够从网络上接受教育。一些持悲观态度的人认为，这样会加剧两极分化，使得社会经济状况较差的地区，甚至整个发展中国家的经济发展更加迟缓。他们的这种担忧不无道理。各国政府一方面在设法解决数字鸿沟等问题；另一方面又在担心虚拟世界无国界，在这个环境中发生的交易应该如何征税。最后，还应该提到的问题有**垃圾邮件**（spam）问题、网络欺诈问题、计算机病毒问题，它们都在抵消互联网以及网络营销活动给人们带来的正面作用，这是新技术的出现必然会产生的负面效应。

1.2 网络营销的过去：Web 1.0 时代

互联网已经有 40 多年的历史。1969 年，阿帕网（ARPANET）问世，由于当初是美国国防部高级研究项目署（Advanced Research Projects Agency，ARPA）资助了这一项目，故得名。该网络用来进行学术和军事研究。10 年以后，出现了第一个在线社区 USENET。如今，谷歌的网上论坛已经汇集了 8 亿多条有关在线社区的信息。1993 年，第一批网页和浏览器出现在互联网上，这成了互联网发展的转折点。

具有 Web 1.0 特征的企业、媒体、用户都聚集到万维网上，使得它的发展速度远远超过了广播、电视以及其他种种传统媒体以前的发展速度（见表 1—1）。

表 1—1　互联网发展大事年表

年份	大事记
1969	美国国防部资助开发阿帕网用于学术和军事研究
1975	第一份邮件列表用于新的计算机网络
1979	网络论坛 USENET 问世，组织在线讨论。1981 年张贴第一份讨论稿，后来被谷歌网上论坛接管（2008 年登记在册的讨论稿有 8 亿份）
1984	联网计算机主机达到 1 000 台
1987	联网计算机主机达到 10 000 台，第一次与中国进行电子邮件通信
1988	出现第一个病毒，60 000 台计算机主机中的 10%受到感染
1993	出现了早期的网站，引起企业和媒体的关注
1994	Hotwired. com 网站上出现最初的旗帜广告；"杰瑞全球资讯网指南"（Jerry and David's Guide to the World Wide Web）网站出现，后改名为雅虎（Yahoo!）网站
1995	eBay 网站开始登载广告，给传统广告业务开创了一种全新的模式
2000	Napster. com 网站出现了点对点信息传输，一些网络企业倒闭，网络经济泡沫破灭
2002	用户撰写博客成了一件时髦的事情
2003	美国唱片业协会起诉 261 个网络用户，事由是非法下载歌曲
2004	网络用户占全球人口的 16%，企业找到了电子商务盈利模式
2012	网络用户占全球人口的 34.3%，工业化国家的互联网应用趋于成熟。社交媒体的使用使得市场的力量从组织转向了网络用户

资料来源：Some of this information is from Hobbes's Internet Timeline (available at zakon. org). Internet adoption rates are from internetworldstats. com.

第一代从事电子商务的企业就像卷入了一场淘金热，不管是老企业还是新兴企业，都到网络上去占领一席之地，施展一番拳脚。许多企业的网络销售额与日俱增，占据了很大的市场份额，但是真正通过网络经营获得盈利的企业并不多。2000 年初有一项调查显示，接受调查的 21 家公司 12 个月中的销售额分别增长了 100%～500%，但是这些公司全部处于亏损经营的状态。从 2000 年初到 2002 年，仅美国境内就有 500 多家网络企业倒闭，人们将这种现象称作"网络企业的终结"。等到尘埃落定，人们惊奇地发现，熬过困境的上市网络企业中，有 60%的企业在 2003 年第四季度实现了盈利。

一些实体零售企业（比如巴诺书店）和华尔街的投资公司看到竞争对手倒闭都松了一口气，但是它们很快又发现，互联网技术已经从根本上改变了自己所在的行业以及其他许多行业的结构。《商业周刊》曾经将网络企业的大起大落称为"互联网分裂的第一波浪潮"。在这个过程中，一些企业（比如亚马逊公司、Expedia 公司、E*TRADE公司，以及被亚马逊公司收购的 CDNow 公司等）改变了书籍、旅游产品、投资品、音乐制品的销售和经营模式。在第一波浪潮中分裂的行业大多销售有形产品。消费者在网络上可以对产品进行比较，而且能够用极其低廉的价格购得产品。

发达国家的网络企业经历了大起大落的阶段（在一些新兴经济体中，互联网还处于兴盛的阶段），如今已经进入了被高德纳咨询公司称为"盈利高原"的阶段（见图

1—3）。在这个高原上，厂商回归传统的经营理念，依靠有效的经营战略和营销措施，同时利用信息技术来提高企业的盈利能力，它们再也不会听到一两个新奇的想法就去烧钱，最后落得血本无归。在网络经济走下坡路的那几年（2000—2002年），整个行业一度处于调整阶段。有些企业（比如李维斯服装公司）停止了网络销售，因为那样做效率不高，而且会引发渠道冲突，即可能与一些有着长期合作关系的零售客户（例如西尔斯-罗巴克（Sears Roebuck）公司）发生冲突。还有一些企业则进行了整合，一般是强势的实体企业吞并弱势的网络企业。

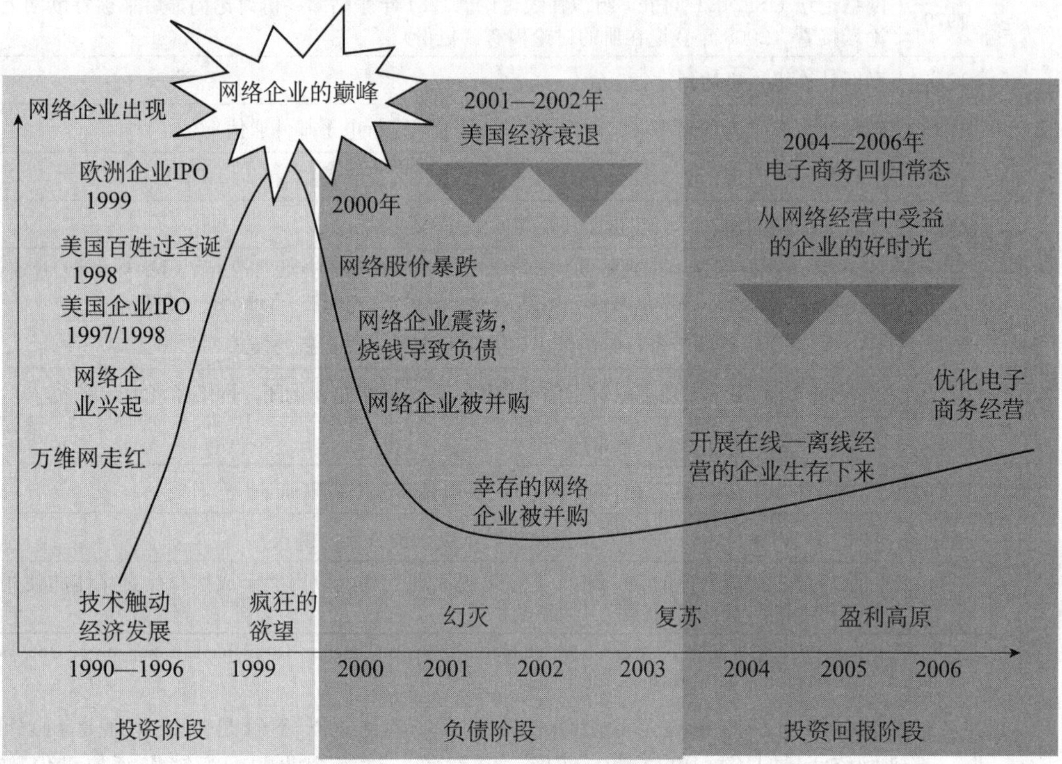

图1—3　2001年高德纳公司绘制的电子商务技术成熟度曲线

资料来源：Gartner，Inc. Hype Cycle for E-Commerce，2010，Gene Alvarez，August 3，2010. Note：Gartner material speaks as of the date of publication and is subject to change without notice.

电子商务中的“电子”将悄悄隐去

高德纳咨询公司认为，电子商务中的“电子”一词将悄悄隐去，使得电子商务成为日常工作的一部分（参见图1—3）。这就是说，电子商务就是商务，网络营销就是营销活动。我们认为这样的观点是正确的。绝大多数的经营管理者都认为网络营销是企业营销工作的一个组成部分，然而，还得承认电子商务和网络营销有其特有的模式、理念和运作方式，因此我们编写的本教材的书名依然要保留“网络”一词。

市场和传统的营销方式都在变化，由于信息技术的引入，有时候变化还十分深刻。例如，在线调研就是开展网络营销所独有的，而且这样的调研方式一直处于变化发展中，它对企业具有深远的影响，营销管理者应该掌握这样的技术。大多数营销工作都要接受时间的检验，技术只不过是给厂商加了一把劲。借助在线信息收集，营销调研确实方便多了，但是营销调研工作的四部曲，即确定调研问题、收集相关信息、分析信息、进行营销决策，却是不会改变的。简而言之，厂商应该一如既往地遵循营销工作的原则，同时利用新的信息技术，不断变化网络营销的策略，保持自己的竞争力。我们这样说自有理由，因为即使厂商认为没有必要格外强调营销中的“电子”要素，新的技术还是会冒出来对传统的运作模式提出挑战。例如，由于最近出现了消费者制作内容、移动终端和社交媒体，网络营销的环境又发生了很大的变化。

嘉信理财公司[①]就是一个很好的例子，它的子公司 e. Schwab. com 网络公司在1998年吞并了一家大型的实体证券公司。通用电气公司的前首席执行官杰克·韦尔奇说，e. Schwab. com 公司“吞下了自己的 DNA”。它们让在线经营模式和离线经营模式相互竞争，留下最有助于盈利的模式。如今，e. Schwab. com 公司已经形成了自己独特的经营模式，它的服务价格低廉、网络营销战略有效、客户增加、资产增值。对于这样的投资经纪公司来说，电子商务就是一种正常的商务活动。

互联网技术对营销的意义

掌握了互联网技术的厂商能够将信息技术与营销实践结合在一起（见表1—2）。读者可以将互联网技术的属性与电话相比较。电话也可以充当沟通的媒介，网络也具有延伸性，可以通向全球，但是互联网还具有其他的许多属性，这是电话、电视、普通邮件或其他沟通媒介所无法比拟的。正是这些差异使得厂商产生了兴趣，希望能够在营销活动中充分地加以利用。

表1—2　　互联网技术对营销活动的影响

互联网技术的属性	对营销活动的意义
传递的是比特，不是原子	数字形式的信息、产品、沟通可以近乎实时地存储、传递和接收。文字、图表、照片、音频、视频都可以数字化，但是数字产品不能被触摸，也不能被闻或尝
充当沟通的媒介	不管身处何方，志同道合的人（比如进行在线拍卖和音乐共享）都可以聚集在一起进行商业合作。技术方便了人们进行实时的沟通，分享信息（比如供应链中的多家企业）
全球化	互联网开辟了新的市场，人们可以在全球范围内合作，员工可以跨国协调，销售人员也能进行远程信息交换
网络延伸	利用自动化沟通的便利，企业可以扩展市场，消费者则可以在第一时间将自己的品牌感受告知他人
跨时空	消费者对企业的沟通效率抱有更大的期望，希望企业的工作流程能够更快一些
信息对等	企业可以对信息进行规模定制，让消费者对产品和定价等信息有更多的了解
信息存储的可扩容性	企业可以根据需要租用数据库空间和服务器空间，数据的存储空间大
标准公开	为实现流畅的供应链管理和客户关系管理，企业可以相互获取对方的数据库信息，在这方面大小企业是平等的

① Charles Schwab，美国一家技术领先的在线经纪公司。——译者注

续前表

互联网技术的属性	对营销活动的意义
市场解构	非传统企业（比如网络旅行服务中介，Edmunds.com公司等）承担了许多分销渠道的工作，新的行业纷纷涌现（比如网络服务提供商（ISP））
工作的自动化	网络的自助服务功能降低了运营成本，出现了自动交易、自动支付、自动实施等功能

资料来源：Properties adapted from Allan Afuah and Christopher Tucci, *Internet Business Models and Strategies* (New York: McGraw-Hill/Irwin, 2001).

互联网的这些属性不仅使营销战略和战术得到更加有效的实施，而且改变了营销活动的方式。例如，人们发明了信息数字化的方法（即传递的是比特，而不是原子），这样就彻底改变了媒体和软件的传递方式，并且开发出新的交易渠道，例如，传统的报纸就逐渐地被网络上的数字新闻取代了。此外，因为人们能够平等地分享信息，所以对信息的控制就从原来的向厂商倾斜变成了现在的向消费者倾斜。

营销管理者只有了解互联网，才能充分地利用它。他们并不一定要亲自去开发技术，但是必须了解技术，这是选择合适的技术供应商的前提，也是对专业人员实施有效管理的保证。

英国政府网站Gov.uk认为互联网的独特属性创造了各种商务和营销机会，并将其归纳为如下8个方面：

1. **降低成本**。与传统的营销方式相比，互联网帮助厂商用较低的成本去接触自己的目标客户。

2. **结果可以跟踪、可以测量**。厂商可以方便地得到详细的客户对营销活动的反馈信息。

3. **开拓全球市场**。厂商可以在全球开辟新的市场。

4. **个性化**。网站与数据库连接方便了厂商有针对性地提供产品和服务。消费者或者企业购买的次数越多，数据就越精确，营销活动也可以开展得更有效。

5. **一对一营销**。通过计算机或者手机可以实时地与客户进行个别的沟通和交流。

6. **营销活动更加有趣味**。厂商可以利用创造性的多媒体内容去吸引客户。

7. **提高客户的转换率和购买率**。在线客户从浏览信息到购买只需点击鼠标，而实体环境中客户必须打电话或者到商店里才能完成购买行为。

8. **全年无休**。以全年无休的方式为消费者提供产品和服务。

1.3 网络营销的现在：Web 2.0时代

互联网技术的特有属性为第一代互联网向第二代互联网（Web 2.0）的过渡搭起了一块跳板。NetLingo网站用这样的语言来描述Web 2.0时代：

> Web 2.0网站以及博客、社交网络有各种要素，这些要素的存在是因为网络本身能够提供微型主页，巨量的存储能力，个人电子邮箱，音乐播放器，共享照片簿、视频、书签，而这些都是由第一代网络技术发展而来的（www.netlingo.com）。

然而，技术只是为人们带来了机遇。厂商和市场利用第二代互联网技术推出了一个又一个夺人眼球的新产品。第一代互联网（Web 1.0）技术把人和计算机网络联系在一起，帮助用户接收信息。第二代互联网（Web 2.0）技术不仅把人和机器联系在一起，更把人与人联系在一个社交网络中，方便用户创造内容、分享信息。社交网络中的网页笼统地称作社交媒体，其中的内容主要是由网络用户制作的，因此称为"用户制作媒体"或者"消费者制作媒体"。社交媒体网站的数量越来越多，它们对网络用户的吸引力远远大于传统媒体的网站（例如 CNN. com）。就如所有的新技术一样，社交媒体也为厂商带来了机遇和挑战。

市场力量从卖方转移到了买方

前文中提到过，网络用户现在成了企业在网络上的 CEO。《纽约时报》的专栏作家斯图尔特·埃利奥特（Stuart Elliott）在 2009 年撰文指出："不管是怎样的企业，现在都应该将'驾驭车辆的方向盘'交到消费者手中，因为消费者希望控制产品销售的方式。"不管是消费者还是企业客户，如今都变得格外挑剔，因为在全球各地存在着无数的竞争者，他们都在抢生意，客户只要点一下鼠标，就有可能滑到竞争者的怀抱中。消费者对厂商品牌的控制能力也提高了，或褒或贬，他们只要在网络上发一个帖子就行。不管是消费者还是企业客户，他们的口碑向来是一股很强的市场力量，如今，他们的影响力已经不局限于自己的亲朋好友。一个客户如果对产品或服务不满意，只需轻点鼠标，就能将坏消息传递给成千上万的网络用户，口碑可以迅速传递出去。

这种现象只是互联网造成的影响的一部分。我们相信，力量的天平已经真正从厂商倾斜到了消费者一边（见图 1—4）。为什么会出现这样的情况？消费者控制首先表现在电视遥控器和计算机鼠标上，这意味着厂商已经做不到让消费者面对着电视机连续 30 秒或者面对着电脑屏幕连续 10 秒钟不动。有了**数字视频录像机**（digital video recorders，DVR），消费者可以很方便地暂停、回放，也可以先录下几百个小时的电视节目留待以后慢慢欣赏，遇到电视广告就按快进键。尽管数字视频录像机目前的普及率只有 40%，但是用户数量增长得很快。如今，消费者还可以登录 iTunes，Hu-

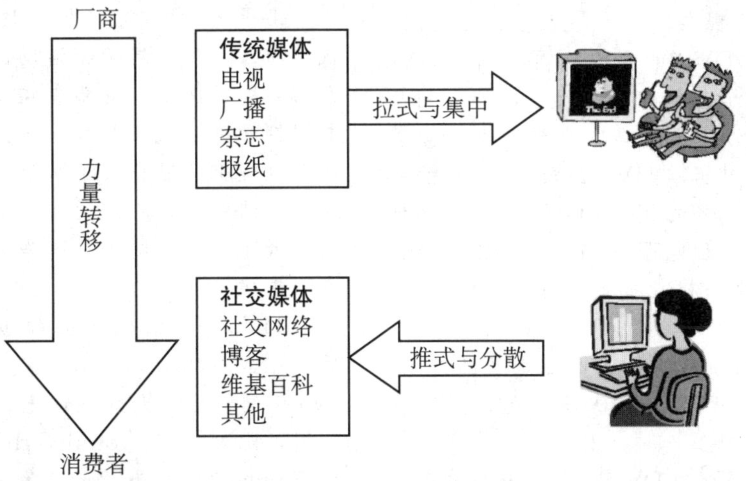

图 1—4　力量从厂商一方转到消费者一方

资料来源：Based on Dion Hinchcliffe's ideas (web2. socialcomputingmagazine. com).

lu.com 等网站获得信息和各种娱乐节目，他们可以随时随地按自己的需要通过互联网连接电视或其他视频设备观看这些节目。下面的“相关技术”专栏将着重介绍数字视频录像机 TiVo DVR。

相关技术

数字视频录像机与网络电视

周六晚上 7 点 50 分。你的朋友邀请你和他们一起去看 8 点 30 分的一部新电影。影片中的男主角是你很欣赏的一名演员，但是你又不想错过 8 点钟的一档电视节目，那是真人秀本赛季的总决赛。时间很紧，又不能对传统的录像机进行预先设置，真有点懊丧，在这之前你已经观看了全部的 13 场预赛。这时候你才想起，要是一个月前过生日时要朋友送一台数字视频录像机就好了。

数字视频录像机

TiVo 公司诞生于 1997 年。该公司生产的数字视频录像机（DVR）帮助电视观众实现了长期以来的梦想，那就是最终的控制权。TiVo 公司推出的 DVR 成为消费电子产品中正在增长的一个新品类。DVR 最主要的功能是让电视观众把节目录制下来，留到需要时播放。从公司的网站上我们可以看到公司的理念：“想看就看，随心所欲”（Watch what you want，when you want.）。

TiVo 公司现在已经是一家上市公司了，该公司是开发 DVR 的先驱。在美国，TiVo 公司击败了形形色色的竞争对手，使公司生产的 DVR 成为美国有史以来被消费者接受得最快的家用电器。TiVo 公司 2003 年的一项调查显示，98%的 TiVo DVR 用户表示他们已经离不开这种电器，40%以上的用户说他们宁愿关掉手机，也不会拔下 TiVo 的插头。

TiVo 公司目前的目标市场是了解技术，已婚，年收入在 7 万～10 万美元，年龄在 25～45 岁的人群。

要使用 TiVo 的 DVR，需要有 5 种配套设备：一台电视机，一台 TiVo 的 DVR，一条电话线或互联网宽带接入线，一份 TiVo 的订购计划，还有电视信号输入装置。TiVo 的 DVR 能够与任何一种电视机、录像机、DVD 播放机兼容，而且购买 TiVo 的 DVR 服务时，其他的各种设备可以同时从公司获得。电视信号输入装置可以是普通的电视机天线，也可以是卫星电视接收器，或者有线电视网。

TiVo 公司的竞争对手（比如时代华纳公司、DirectTV 公司等）也提供类似的技术和服务，它们提供的服务主要包括：

● 全剧录像：它可以录制电视连续剧在整个播映期播放的所有内容。

● 按意愿录制：在设备上输入关键词（比如一位演员的名字），录制相关的节目。

● 智能录制：跟踪播放时刻表的变化，然后相应地改变录制时间。

● 网络编程：利用计算机对电视机进行节目编程。

● 父母控制：父母可以预先设定哪些节目孩子不能收看。

由于电视观众掌握了收看节目的主动权，通过电视开展营销活动的厂商就面临着新的挑战。例如，消费者在观看预先录制的电视剧时可以跳过广告，但正是商业广告支撑着电视剧的播放。正是因为广告可以影响潜在的消费者，广告的制作者和广告时段的购买者才肯支付费用。广告促进了产品的生产和销售。

TiVo 公司的新产品和服务形式推出以后，在很短的时间里就引起了广泛的关注。tivo 一词甚至在大众媒体上被当成一个动词使用，比如，Did you tivo that football game on Sunday?（意为“周日晚上的足球赛你用数字视频录像机录下来了吗?”）。在热门的谈话类节目《与里吉斯和凯莉面对面》（Live with Regis and Kelly）中，主持人凯莉·里帕常常会提及她已经喜欢上了 TiVo 数字视频录像机，以及她是如何使用的。

网络电视：随时随地任我选

TiVo 的 DVR 使人们观看电视的方式发生了变革，但是未来是属于网络电视的。过去，人们主要依靠计算机来连接互联网，将来人们可以摆脱传统的电缆和卫星接入服务。

Hulu，Roku，Apple TV 等都是网络电视服务供应商，它们都需要一个机顶盒，用来解码网络信号。机顶盒还可以用来鉴别用户的身份。数据的通道是这样的：从网络到有线调制解调器，再从调制解调器到路由器，再通过连接线或无线的方式接入到机顶盒。

现在电视机生产厂商已经生产出内置互联网接入装置的电视机，用户只要将电视机插上电源，输入无线路由器的密码，接收功能就启动了。

网络电视对厂商有利的一点是观众无法跳过广告。广告内容不是录制在机顶盒中，而是存储在服务器的硬盘中。节目内容可以根据用户的要求播放，而广告是插播在内容当中的。供应商一般不允许用户录制节目，这就像浏览 YouTube 网站上的视频一样。有时候，节目播放的过程中广告还在屏幕上反复出现。因此，可以预计将来网络一面播放节目，一面宣传自己的在线视频节目。

对消费者来说，网络电视的优越性就是可以随时随地观看节目。内容可以自己定，接收装置也可以自己选择。网络电视比数字视频录像机先进的地方是它不必预先设定节目，网络用户只需要利用网络搜索到节目，然后利用自己喜欢的收视平台观看，例如 iPod、iPhone、iPad、笔记本电脑，甚至是一台老式的电视机，都可以。

苹果公司还会有什么新动作

苹果公司已经推出了低价的网络电视接收盒，只需 99 美元。接收盒并不通过计算机连接互联网。用户可以通过机顶盒连接 iTunes，YouTube，Netflix 等电视节目网站。苹果公司的 AirPlay 软件可以将 iPhone、iPad、苹果电脑上的画面无线传输到电视机的屏幕上。例如，用户在苹果电脑上收看视频节目，他可以通过苹果电视机顶盒用无线的方式将信号传输到电视机上。有些人认为，苹果公司或许会在将来销售有内置接收装置的电视机，这就将电视变成了一台挂在墙壁上的巨大的苹果平板电脑，用户只需要用语音对话的形式[①]就可以对这样的电视机进行控制。若是要用键盘控制，只要使用身边的 iPhone，iPad 或 Macbook 就行了。

引起消费者关注的还有如下一些发展趋势：

- **消费者相互之间的信任超过了对厂商的信任**。2012 年，公共关系咨询企业爱德曼公司（Edelman）在发达的市场经济国家开展调查，询问消费者谁提供的信息最可靠，希望据此提供 2012 年度“爱德曼信任晴雨表”（Edelman Trust Barometer）。结果显示，65%的受访者更愿意相信“自己的同类”，远高于对企业高管的信任，也高于对政府官员的信任。所谓“自己的同类”，就是与自己兴趣相投和价值观相似的人。例如，旅游网站 TripAdvisor. com 允许用户在网站上对全球各地的旅馆进行评价，方便旅游者在出行之前按照这些评价来选择旅馆。旅游者觉得与企业网站单向的自我宣传相比，旅游者提供的信息更可靠。
- **市场细分和媒体细分**。大约从 1992 年开始，大众消费市场开始渐渐萎缩，这

① 称为 Siri 交互平台，Siri 是苹果公司在其产品 iPhone 4S 上应用的一项语音控制功能。Siri 可以令 iPhone 4S 变身为一台智能化机器人，用户利用 Siri 可以通过手机读短信、寻找餐厅、询问天气、用语音设置闹钟等。Siri 可以支持自然语言输入，还能够不断学习新的声音和语调，提供对话式的应答。——译者注

一点可以从电视黄金时段收视率下降，有线电视用户和各种专业杂志的增加得到验证。互联网把这种趋势推向极致，那就是一个客户一个市场，它要求厂商迅速做出回应，面对很小的目标市场生产产品，开发移动终端的 app、普通网站的个性化网页，并且设计个性化的沟通方式。

● **网络连接是最关键的事情**。社交网络的作用越来越明显。负责招聘的人力资源部管理人员到社交网络上去寻觅求职者。在 LinkedIn 网站上也能做成生意，尽管交易双方未曾谋面。美国当红的歌坛天后 Lady Gaga① 在推特网上有 4 000 多万粉丝，凭借这个庞大的群体，Lady Gaga 建立起了自己的音乐王国。关键的问题是你在网络上认识谁，你的网络口碑如何。

● **人人都是内容制造者**。消费者制作的内容也有许多是多媒体的材料。消费者手持智能手机，他们可以随时随地拍摄照片或视频资料，然后实时上传到脸谱网等社交网站上。还有许多便携式摄录设备帮助滑雪运动员或参加其他活动的用户记录下实时的视频信息。这些都有助于客户了解产品的信息，当然，YouTube 等社交网站上的视频资料显示的也可能是产品的负面信息。

● **信息透明**。消费者可以在网络上发布产品评价，与人分享各种信息，厂商要密切关注与自己有关的品牌信息和公司信息。这一点对消费者的影响也是一样的，因为许多消费者也会将自己的信息张贴在社交网站上。

● **社交商务**。社交商务是电子商务发展过程中的一个飞跃，厂商利用社交媒体和消费者之间的互动来促进在线交易。消费者会在网络上交流各自对产品的评价，把自己喜欢的产品张贴在 Pinterest 之类的网站上。

Forrester 市场调研公司的布鲁德·特姆金（Brude Temkin）曾经说过：“**客户之声**（voice of the customer）就是一种系统的方法，企业用这样的方法将客户需求和客户体验设计融合在一起。”Forrester 公司为这样的系统归纳出 5 种要素：关系跟踪、互动监视、持续倾听、项目意见吸纳（指将客户的意见融入到战略规划中）、定期沟通（指员工与客户的互动）。许多企业如今都在使用这样的技术，希望全方位地了解在线、离线的客户偏好和客户行为。Forrester 公司的“客户之声”对那些能够倾听、分析、回应客户反馈信息的企业进行奖励，2012 年获奖的三家企业分别是 Barclaycard US 公司（该公司推出了客户信用卡众包项目）、思科系统公司（该公司将从社交网络以及其他各种沟通渠道收集到的客户意见整合在一起，利用互联网解决了 81%客户提出的问题）、Vanguard 集团公司（该公司主动和被动的倾听技术可用于全面了解客户信息）。

经过多年来厂商营销活动的洗礼，消费者变得越来越精明，要求也越来越高，厂商只有一如既往地提供客户价值，才能满足消费者的需求。

客户参与

互联网给新一代的消费者带来了诸多的便利，企业该如何应对？按照美国尼尔森媒体调研公司（Nielsen Media）的说法，如今厂商所处的时代是一个“共同参与和合作创新的新时代”。**参与**（engagement）就是网络用户与品牌、企业以及其他的众多网络用

① Lady Gaga，1986 年 3 月出生于美国纽约曼哈顿，美国著名流行乐歌手、词曲创作者、慈善家、演员。2010 年，她被《时代周刊》评为 100 名最有影响力的文化人物之一。2011 年 6 月被《福布斯》杂志评为世界百位名人之首，2012 年荣登《福布斯》最具潜力明星榜榜首。——译者注

户融合在一起的一个过程。在这样的融合中，网络用户投入了自己的感情和智慧。在线的参与活动与离线的体验营销类似，比如美国的“熊熊工作室”（Build-A-Bear）和迪士尼主题公园等。网络企业鼓励用户参与企业的内容和媒体建设（见图 1—5）。

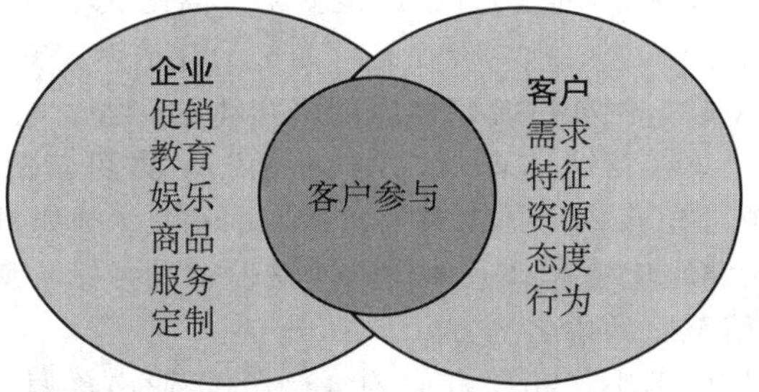

图 1—5　客户参与将企业内容与消费者特征融合在一起

网络用户参与的一种形式是**众包**（crowdsourcing），这是指厂商将广告、产品开发等任务外包给他人。例如，Doritos 公司举办了一次比赛，鼓励网络用户参与 30 秒电视广告的创意活动。通过网站的浏览者对候选人进行投票选出胜出者，第一名设计的广告将在超级碗比赛中播放。厂商要求消费者对产品开发提出意见和建议，然后将消费者需求融入产品设计中（例如 mystarbucksidea. force. com 网站）。一些软件开发商要求用户对网站的测试版或新版软件进行测试并提出建议。在网络上，厂商可以用各种各样的方式鼓励网络用户参与，包括上传视频和图片、在博客上张贴评论文章、在厂商的脸谱网主页上注册成为粉丝等。发明者还会要求消费者在网站上（例如 kickstarter. com）帮助其为新产品开发融资，有人把这种方法称为“众筹”或“大众融资”。消费者参与到厂商的内容开发活动以后，他们对厂商的关注度更高，对品牌的忠诚度也会更高。

内容营销

厂商除了众包以外，也会用自身开发的内容激励用户参与。**内容营销**（content marketing）就是厂商的一种营销战略。厂商将自主开发的内容传递到公司网站或社交网站上去。凡是在线的内容都可以看做内容营销的一部分，其载体包括普通的公司网站、社交媒体的网页、博客上的帖子、视频、网络白皮书、电子书等。若是企业收到一封电子邮件，其中有关于热点问题的白皮书链接，它们就会点击下载。在这个过程中，营销部门就可以获得用户的邮件地址，然后用电子邮件或电话跟进。在互联网时代，尽管消费者的地位很高，但是内容依然重要。与传统营销活动不同的是厂商可以把自己看成一个出版商，它们可以开发出消费者感兴趣的内容，激励消费者浏览信息，享受娱乐。

集客营销

在传统媒体（例如电视）中，厂商想要接触到大批量的客户是很不容易的，但是在社交媒体中，客户却是无处不在。此外，新一代的消费者很讨厌厂商用营销信息来干扰他们，因此，美国政府制定的“拒绝来电”规则已经把电话营销业务推上了绝路。[1] 越来越多的用户使用数字视频录像机，跳过电视节目中的商业广告。如今，厂

---

① 2003 年 10 月 1 日，美国联邦贸易委员会制定了“拒绝来电”（DO NOT CALL）的规则，凡自愿登记加入“拒绝来电”名单的美国民众，皆可不再受电话营销的打扰。——译者注

商若要消费者关注广告，需要先征得消费者的同意，只有消费者想要广告时，才能向消费者发送广告。

消费者行为的这种变化导致新的营销模式的出现，那就是**集客营销**（inbound marketing）。传统营销是外向的营销，也就是厂商出其不意地打断消费者，强迫他们关注广告、网站、产品等信息，现在是厂商努力让消费者利用网络来发现自己。外向营销的形式多种多样，例如传统媒体或网络媒体的广告、电话营销、贸易展览、电子邮件群发广告等。集客营销（又称“拉式营销”、“许可营销”）的形式包括内容营销（例如博客、视频、电子书、白皮书等）、社交网络（例如推特网、脸谱网、博客网等），还有搜索引擎优化技术（一种利用搜索引擎的搜索规则来提高目的网站或社交媒体在有关搜索引擎内的排名的方式）。

集客营销的作用不小。2010 年，有 46%的企业声称通过企业博客招揽客户，其中，44%的企业通过脸谱网的途径，41%的企业通过 LinkedIn 和推特网的账户。这些数据如今肯定已经有了很大增长，因为许多企业每天都在参加集客营销的活动。SEOmoz 网站 2012 年的一项调查显示，57%的企业在利用搜索引擎优化技术，54%的企业在利用网站分析技术，48%的企业在参与社交网络营销活动，24%的企业在利用内容营销技术。

对于厂商来说，它们面临的一个挑战是如何制定新的指标来评价社交媒体上的集客营销活动。网络技术已经方便企业跟踪用户在鼠标上的动作，企业在线的测试手段已经十分成熟（请参阅第 2 章内容），但是通常用于测量网站浏览量以及广告点进率等的常规方法并不能用来测量客户的在线参与程度。尼尔森媒体公司等企业如今用其他一些指标来衡量客户的参与度，例如客户在网站上的逗留时间、张贴的评论数量、观看一则视频的时间长度等。厂商还有其他的一些绩效考核指标，例如一段时间内人们对某一话题的对话次数，粉丝、朋友、追随者的数量增长率，对某一社交页面点赞的次数，对视频、内容等转发的次数，对某些内容下载或上传的次数，对某一内容评价、注册、标签的次数，与网页的互动次数，等等。

新技术

厂商时刻关注技术的最新发展，新技术催生出新的营销模式。本章将讨论一些最有影响力的网络新技术。

无线网络与移动计算技术

4G 技术是取代 3G 的第四代高速传输无线通信技术。尽管 3G 用户在全球有十几亿人，但是高速传输技术依然能吸引无数的用户投向 4G 技术。在许多国家，人们用手机、平板电脑、笔记本电脑等通过宽带传输技术发送或接收电子邮件及各种各样的数据，浏览网页。

在上海街头巷尾的星巴克咖啡馆里，人们利用无线通信设备收邮件；世界各地大大小小的机场中，人们用手机等设备收取航班信息；在法国巴黎北站候车的乘客可以利用移动设备了解最新的体育赛事（见图 1—6）。无线接入网点的普及就像是小兔子的繁殖，非常迅速。以下是一些实际的案例：

- 许多大的航空公司都在机场提供互联网接入服务。
- 专门提供车内互联网服务的 Autonet Mobile 公司向轿车提供无线路由器，司机可以把汽车当成一个移动 WiFi 热点来使用。
- Sprint 等移动服务提供商销售 USB 调制解调器，方便用户随时随地享受互联网通信服务。

● 消费者在星巴克咖啡馆里可以一边喝咖啡，一边听音乐，并且通过 Shazam 应用软件识别音乐中的歌手、相关的歌曲集等信息，在 iTunes 无线音乐库中把歌曲下载到自己的苹果手机或 iPad 中。

● 如今，全球的 WiFi 接入点已经超过 100 万个，估计到 2015 年能够达到 580 万个（reuters. com）。

无线通信接入点数量的迅速增长，再加上持有智能手机、平板电脑、笔记本电脑的用户数越来越庞大，这就预示着无线网络将会持续不断地发展。伴随着这样的发展趋势，消费者会产生这样的需求，那就是随时随地接收信息、享受娱乐、进行通信，他们还会要求快速下载不是太大的文件。本书中我们将会探讨各种移动战略，例如方便客户将手机当做信用卡完成交易的移动通信技术。

图 1—6　法国巴黎快线的火车北站 WiFi 服务广告

资料来源：Courtesy of Reinier Evers（trend-watching. com）.

剪断脐带

2002 年，手机用户首次超过了固定电话用户。许多消费者像剪断脐带一样剪断了自己与固定电话的连线，他们只使用移动电话与外界联络。有的消费者把有线电视的连线也切断了。有近 1/3 的美国消费者利用互联网在电视机上播放视频，14%的用户干脆取消了有线电视服务。

将“脐带”剪断意味着对传统娱乐行业的巨大冲击。Pandora，Spotify，iTunes 等网站把绝大多数的实体 CD 唱片制作企业送进了坟墓。苹果公司开发的音乐播放器 iPod 以及诸如此类的数字音乐下载设备改变了音乐行业的面貌。同样的事情也发生在电视和电影行业。许多网站（例如 Netflix 等）方便消费者通过 WiFi 将电影、电视节目流畅地连接到电视机和各种接收设备上，使得相关行业的商务模式都改变了。

接收装置的功能集成

数字媒体其实就是一些数据，它可以通过各种途径传输到用户那里（见图 1—1）。利用卫星、电话线、光缆等设备可以将电视节目、广播、新闻、电影、图书资料、照片等传输到受众的接收设备中（例如电视机、计算机、收音机、智能手机等）供用户观看和使用。电子数据接收装置与一般的媒体并不完全相同。例如，观看电视并不一定是收看电视节目，用户或许在家中通过无线通信设备在观看 YouTube 网站上的视频。人们可以用计算机收听数字化的广播节目和电视节目，也可以利用电视机浏览网络上的内容或收听通过卫星传输的广播节目。有些电子设备（例如电话机和传真机）的功能相对简单，但是也有许多电子设备的功能十分齐全。

将媒体与电子接收装置分开来看待，既有一点难以置信，又让人感到兴奋，因为它带来了许多的商务机遇。许多电子接收装置是智能的，用户可以利用这样的装置来存储、编辑、传输各种信息。例如，韩国 LG 电子集团在销售互联网冰箱，冰箱上有一个 15.1 英寸的触摸屏，用户可以在屏幕上观看电视节目、电影、照片，也可以浏览网络信息，还能接收电子邮件，阅读家人在屏幕上键入的留言，收听或下载音乐或家人的留言，还可以检查冰箱里的食品储存情况，当然，冰箱的基本冷藏功能还是具备的。

LG公司生产的互联网冰箱是电子接收装置功能集成的一个典型案例，它将多个电子设备的功能融为一体。功能集成的另一个例子是手机和照相机、摄像机功能的集成。我们还可以观察汽车，林肯轿车的驾驶员在车上可以看电影、打电话、听广播、播放CD唱片，车内还有时钟显示，还能够通过GPS定位系统进行远程沟通。万一轿车出了故障或遇到交通事故，系统还会自动地通过互联网将信息发送到最近的4S店。美国的法律规定电视节目的播放可以是数字视频的播放，用户可以用各种形式的接收装置来收看，例如电视机、计算机，甚至是电冰箱。这种功能集成的趋势还远没有停止，新的技术还会不断涌现，新的产品开发的机遇也依然很多。

这样的发展趋势对厂商意味着什么？厂商现在投入的广告费主要用在报纸、电视、互联网等媒体上，但消费者并不在乎究竟是在哪一种媒体上看到的广告视频。例如NBC的新闻节目、MSNBC有线频道的新闻节目、MSNBC.com网站的新闻节目，或者YouTube网站的新闻等，他们都无所谓。同样，报纸上的分类广告与Craigslist.org网站上的分类广告，以及期刊上的广告与网站上的广告，对消费者来说也都是一样的。用户可以自己拍摄电视广告，用视频软件转换以后上传到视频网站或者自己的网站上。媒体编辑现在已经没有在线和离线之分，这与广告的媒体整合正好相一致。接收装置的整合意味着广告内容既可以利用固定的设备浏览，又可以用移动的设备浏览。那么它对厂商的意义是什么呢？这意味着厂商不应该再以媒体或者接收装置来界定受众接触广告的模式。电视广告会逐渐退出历史舞台。面对广告受众，厂商应该制作多媒体的广告去宣传，不受时间、地点和接收装置的限制，把控制权交给消费者。从这个角度看问题，不管是传统媒体还是社交媒体，都只是媒体而已。

技术导向的新战略

如今的消费者要求越来越高，只要是能够节省时间的产品和服务，他们都趋之若鹜。节省时间的一种创意是“一键配送”。

- Uber科技公司（uber.com）向用户提供苹果手机和安卓版app，用户只需点一下手机屏幕，附近的出租车就会开过来提供服务。目前，旧金山等大城市已经开通了这项便民服务。
- 迪拜的红番茄比萨公司向忠诚客户提供一种独特的“VIP冰箱贴”（见图1—7）。需要比萨的用户只要按一下冰箱贴，公司接收到信号后马上就制作出用户喜爱的比萨送上门（期间会发送一个短信确认订单）。用户不需要打电话，信息是通过用户智能手机的蓝牙，再通过WiFi和互联网传输的。这里不需要智能手机的app帮助操作，因为蓝牙与冰箱贴是配对的（请浏览YouTube网站上的相关视频）。
- 法国Evian Chez Vous公司的网站面向巴黎的居民和企业销售瓶装水并提供送货上门服务，它使用的技术也是一种磁性贴（请浏览trendwatching.com）。

语音导航是技术领域的又一个新发展，它最初是苹果公司开发的Siri语音控制软件。根据用户的语音指令，Siri语音控制软件可以做出许多动作，例如发送电子邮件、发送短信、打电话、告知日期或天气实况，也可以回答问题。软件会自动判断使用哪一个app或哪一个网站可以向用户给出最佳答案。这些应用对厂商来说意义深远。例如，如果用户询问Siri附近哪一个泰式餐厅最好，Siri会通过美国的大众点评网站 Yelp 寻找答案。这种模式与谷歌网站的搜索不一样，它完全无视厂商为搜索引擎优化所做的努力。同样，谷歌的安卓系统也计划推出语音导航装置，它的数据来自于自己的数据库，而不是 Yelp 网站。究竟谁能够在竞争中胜出，我们将拭目以待。

有些设备可以与智能手机相连接，连接的方式十分有趣。例如：

图 1—7　红番茄比萨公司分发的"VIP 冰箱贴"

资料来源：Tbwa \ Raad-Dubai. Creative Team：Preethi Mariappan/Rafael Guida/Melanie Clancy.

- 奥迪 e-bike、Wörthersee 概念车上内置一个计算机系统，用户在骑行时，它可以发送脑筋急转弯或娱乐节目到用户的智能手机上。这个系统还有社交功能，骑行者可以将自己的脑筋急转弯答案与同伴们分享（请浏览 progress. audiusa. com）。
- Babolat 球拍是由法国厂商研发的高科技电子球拍。球拍上有一个感应器，它提供的信息可以帮助提高运动员的技术，还可以用来与其他运动员的技术进行比较（请浏览 babolat. com）。
- 英国的沃达丰移动电话运营商最近与知名品牌 Richard Nicoll 合作，设计了一款可以替智能手机充电的手袋。手袋中有一块高容量的充电电池，可为手机充电，电量足够使用两天（请浏览 richardnicoll. com）。
- 日本的软银公司开发的手机中内置一个盖革—米勒计数器①，通过手机中的安卓系统它可以测量射线的强度，精确度达到 20%。它不属于 app，用户只要在手机上按一个键，就能获取射线强度的读数（请浏览 mb. softbank. jp/en/）。

各位在阅读此书时，肯定又出现了许多新产品、新的经营战略，而这些产品或战略都是在互联网技术的基础上开发出来的。读者可以在 trendwatching. com 网站上及时地了解这些信息。

Web 2.0 技术带来的机遇和挑战

Web 2.0 技术的发展表现在以下方面：

- **互联网应用日趋成熟**。在工业化国家，人们对互联网的应用日趋成熟，普及率越来越高，对万维网和电子邮件的应用也成为一件平常的事情。
- **在线零售业务越来越普遍**。网络零售业务尽管持续增长，但是在美国整个零售行业中，它所占的比重一直徘徊在 4%多一点。由于网络用户的增长逐渐趋缓，网络零售商的工作重点就不是吸引新的网络用户，而是为赢得现有的在线用户而展开竞争。
- **搜索引擎变成了声誉引擎**。谷歌搜索引擎的算法是将相关性作为一个变量，对于同样的关键词，网页的浏览次数越多，它出现在搜索结果中的位置越靠前，说明它

① Geiger counter，一种专门探测电离辐射 α 粒子、β 粒子、γ 射线强度的计数仪器。——译者注

与用户的相关性越高。网站被链接得越多，它的品牌知晓度就越高，品牌形象也会得到提升，最终会增加产品、服务的销售量。如今，网络厂商支出的一大块用于搜索营销。

- **图像识别技术成熟**。**图像识别**（image recognition）技术是指通过图像识别内容。TinEye 是一种以“图”找“图”的搜索引擎，它的搜索方法不是用关键词，也不是用描述图像的元标签。厂商已经用这种服务技术为 20 多亿份图像贴上标签，用户可以轻松地找到自己的图像或其他人或事物的图像（请浏览 tineye. com）。
- **在线、离线战略的进一步整合**。这样的整合主要体现在**多渠道营销**（multi-channel marketing）上。客户可以从多个渠道获得所需的商品，例如网站、零售门店，或者按目录邮购。零售商通过数据库管理客户，企业所有的员工都可以利用这样的数据库信息。例如，媒体行业的美国国家广播公司（NBC）拥有 1 350 万在线用户，这些用户都可以订购网站的内容，下载浏览工具，也可以为威客、留言板、公司博客添加内容，利用公司网站、YouTube 网站或者 iTunes 播放器浏览视频。
- **智力资本大行其道**。想象力、创造力、企业家精神，这些要素已经成为比货币资本更加重要的因素。第一代互联网时期如此，第二代互联网时期依然如此，不一样的是如今的厂商更了解如何用传统的经营理念和营销活动从创意中获利。
- **纸质媒体会逐渐淡出**。2012 年初，《大英百科全书》（1768 年出版第一版）的出版商声称将不再出版纸质的百科全书。由于订阅者和广告商的数量都在减少，纸质报纸的日子也不好过。2001 年，在线维基百科为在线查阅百科全书开了先河。这项数字技术在其他的多个领域也得到了利用，例如推特网、YouTube 等。人们也利用电子邮件传递重大新闻，长篇的电子书也可以利用数字平台（例如亚马逊公司的 Kindle 平板电脑）来阅读。
- **在线募集资金**。本章的导入案例介绍了奥巴马的营销团队利用互联网为竞选活动募集资金。许多非营利机构也在做同样的事情。Kickstarter. com 网站帮助发明家在网络用户中募集开发新产品所需要的经费，这就是所谓的“大众融资”。
- **基于位置的服务**。许多企业利用智能手机的 GPS 定位功能提供本地搜索服务，例如谷歌公司就有这样的服务。还有一些应用软件方便用户在社交网站（例如脸谱网和 Foursquare 网）上“签到”，这样用户的朋友就能了解他的具体位置。如今，利用 GPS 定位服务还能在小狗的项圈上安装导航装置，方便主人随时了解宠物的去向。
- **长尾理论**。克里斯·安德森（Chris Anderson）在他的《长尾理论》一书中提出了长尾理论，如今已经成为一个被广泛接受的理论。在这一理论中，安德森提出了“富裕经济”的说法，他认为网络零售业库存成本低、财务管理方便，少量多批地销售照样可以为企业带来丰厚的收入。例如，2004 年亚马逊网络图书的库存是 230 万册，而实体零售书商巴诺书店的库存才 13 万册。亚马逊网络书店大量地售出实体书店里很难找到的图书，虽然每笔销售的量都不大，但是网站卖出的实体书店断档的图书占到其总销售量的 57%。长尾理论彻底打破了传统的经济模式。
- **速度加快**。在 Web 2.0 技术的背景下，所有的事情操作起来都加快了。消费者面临的是信息过载、娱乐多样，因此，厂商只有快才能得到消费者的关注。

上面的这些变化使传统的营销变得更有效率。厂商能够更方便地接触市场，与客户达成交易，但是也有许多变化把传统的营销理论和模式从根本上改变了。这些机遇有着很大的诱惑力，厂商必须十分敏感，充分适应互联网创造的新环境。

1.4　网络营销的未来：Web 3.0 时代

摆在面前的机遇还有很多，但厂商一般都很谨慎。厂商要观察各种尝试的结果，主要看有效性如何。以下我们将介绍几种重要的发展趋势，有的会在不久的将来变成现实，有的则要等上 10～15 年才会成为网络经济的主流。

语义网

如果能够将媒体传输的数据（信息与娱乐活动）与接收装置分开来，厂商就有可能在合适的时间、合适的地点向客户提供合适的信息。如果人们能够发现网络上的数据，并且以人们需要的形式（例如网页、文本或电子邮件中的文字或图像）呈现出来并与人分享，这就是 Web 3.0 技术。例如，你周一要去加州的旧金山看望一位客户，你可以要求语义网软件代理为你预订一张机票。接着，软件代理就会通过航空公司的数据库为你预订清晨的航班，座位是靠近走道的，因为数据库里存储了你对座位的偏好。软件代理将从你的信用卡上转出机票款的金额，并且将账记在你的客户名下。软件代理还会提醒你周一本来定好的牙医预约要取消。图 1—8 显示的是从 Web 1.0（技术人员提供内容，创建网页，用户可以浏览网页）到 Web 2.0（每一位用户都可以自行提供内容，利用内容，相互之间可以共享内容）再到 Web 3.0（用户提供各种

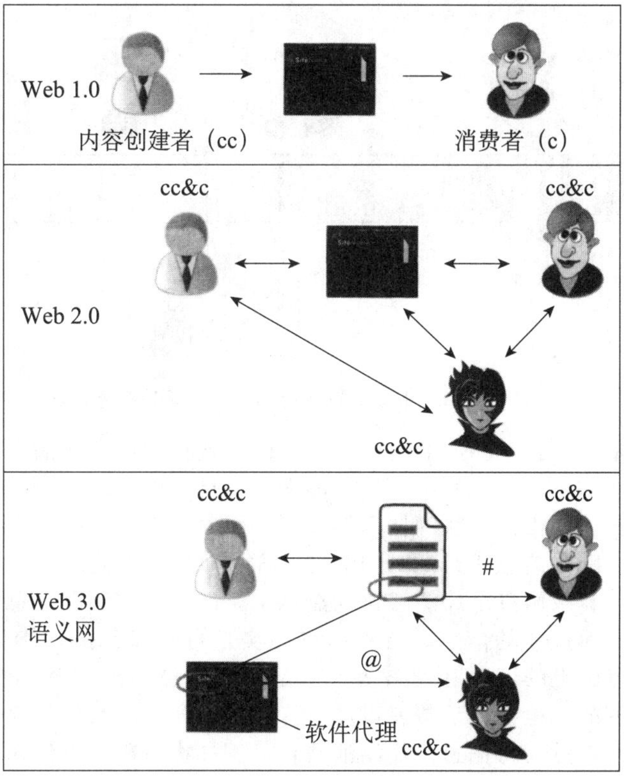

图 1—8　从 Web 1.0 到 Web 3.0 的发展

数据，按照要求分享数据）的发展过程。目前，**Web** 3.0技术还不能完美地实现，因为计算机软件不能根据环境来解读数据的含义，就像图1—8所显示的那样。

在过去的几年中，万维网的发明人蒂姆·B·李（Tim Berners-Lee）一直致力于与同伴开发一种新技术，以便将网络数据更方便地传输给用户。按照他的思路，**语义网**（semantic Web）是对现有的万维网的延伸。在语义网中，信息有非常明确的界定。在万维网中，一个网页上既有文本信息，又有照片、图表、音频、视频，搜索引擎要设法将它们进行分类，便于网络用户去发现这些信息。开发语义网的目的就是要建立一种标准的信息界定协议，让搜索引擎很容易搜索。用户按照信息的类别，方便地找到相关信息。例如，可以搜索人名和联系方式，或者搜索某位医生可以预约的时段（从该医生的数据库中查找）、音乐会的节目单、图书馆的开馆时间、餐厅的菜单等（请浏览w3.org）。

语义网的价值体现在它能帮助人们按需检索信息。依此类推，我们来观察报时装置的发展轨迹。1929年以前，所有的时钟都是靠人来确定时间的。利用日晷定时，需要人们付出许多的精力去观察时间，然后根据太阳位置的变化来调整报时装置。后来，人们发明了机械钟，要给钟表上发条让它走动，这样才能显示时间（见图1—9）。1929年，石英晶体使得报时装置发生了戏剧性的变化。自那时开始，一种称作"时间"的信息按照用户的需求送到用户的面前，用户无须花费什么力气。从原来的寻求、发现时间信息，到现在的自动传递时间信息，这是一种根本的变化。许多装置上都有了时间显示，比如草坪的自动喷淋装置、微波炉、生产流程控制装置等。只要用户需要，时间就会自动显示，非常可靠。

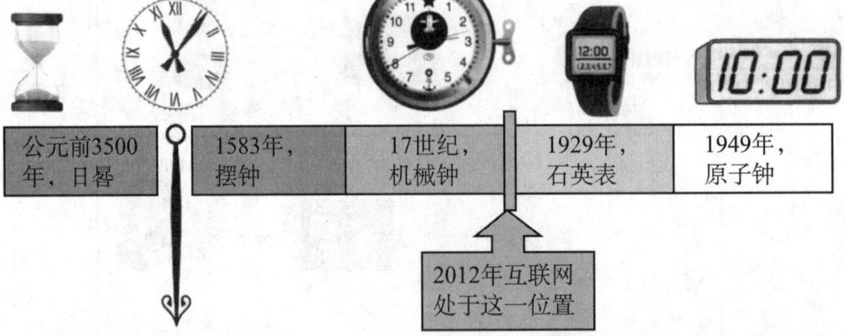

图1—9　将互联网与报时装置进行类比——等待技术的再次突破

我们再来讨论互联网上的文本信息，以及音频和视频等信息。如今，网络用户需要自己去寻找信息，而且并不容易。搜索信息是一件费时费力的事情，就像早先的确定时间一样。我们相信互联网技术将会有一个质的变化，就像发明将石英晶体运用在钟表上一样。网络信息能否像时间信息一样按照用户的需求自动显示？我们期待着那一天。如今，有些信息已经能够自动显示了，例如航班延误信息，但是用户需要预先申请，才能获得这样的信息。有些信息确实是自动显示的，例如手机短信、电子邮件，还有脸谱网上的评论和留言等，但是这些信息的传输并不考虑用户是否愿意接收。在语义网的环境中，消费者可以自行确定任务，然后由数字代理来执行。数字代理会搜索信息，然后将信息传输给消费者，例如将电影节目传送到电视机上，将预约的信息传输到智能手机上，或将联络信息传输到地址簿上，等等。语义网就承担着这一飞越性的重任，那就是不费力气地在全球范围内读取数字信息。让我们一起来等待互联网的“石英晶体”和下一波发展浪潮的到来。

从互联网未来的发展来看，语义网仅仅是一个侧面。美国一家知名市场调研机构Pew互联网与美国人生活项目（Pew Internet & American Life Project）在2010年进行过一次调研，结果显示，41%的专家认为2020年以前语义网将会给网络用户带来巨大的变革（当然，另外也有47%的专家认为前景不乐观）（请浏览pewinternet.org）。美国的一家信息技术研究和分析机构高德纳咨询公司认为语义网的理念变为现实要到2026年。与此同时，许多新的技术发展也让我们与理想中的Web 3.0时代越来越近。

通往Web 3.0的跳板

许多人认为，Web 3.0技术包括更大的带宽、更快的连接速度、人工智能、无缝社交网络、模块化的网络应用程序（网络用户不需在自己的电脑上安装软件），等等。美国著名的高科技市场研究机构Forrester Research认为，互动媒体迟早要取代传统媒体（其实这一点已经快实现了）。对于互联网的发展前景，业内专家有过种种预测，例如：

- 便携式计算技术可以将数据传送到护目镜、表带等装置上。华盛顿大学的研究机构已经制造出一种隐形眼镜，镜片里的电路可以通过无线连接收取互联网信息，这就是眼睛里的互联网（请浏览dailyuw.com）。
- 许多专家认为，在联网技术上，移动设备将会是一枝独秀。
- 3D打印技术已经得到了实际应用，估计很快就会进入消费市场。3D打印是快速成形技术的一种，它是一种以数字模型文件为基础，运用粉末状金属或塑料等可黏合材料，通过逐层打印的方式来构造物体的技术。
- 在线远程教育将会普及，或许将最终取代传统的高校教育。
- “大数据”指的是有关消费者、企业或所有的网络用户的海量信息。有专家认为，这些数据将在很大程度上增加网络信息的透明度，为管理者的生产决策与营销决策提供方便。厂商现在需要做的就是将这些海量的信息转变成有价值的客户信息。
- 有些专家认为，一些互联网应用（例如谷歌钱包）会得到普及。消费者会手持智能手机到实体零售店里去购物消费，现金或信用卡将不复存在。
- 云计算将会得到很大的发展，许多数据都会存储在“云”里，只要是联网设备，都能从“云”中读取数据。
- “增强现实”是将计算机数据与现实生活中的数据结合起来，就是将数字信息叠加到真实生活中。数字信息可以是图表、文本、音频、视频等。例如，一位足球爱好者在看台上看足球比赛，他会在足球场上看到有一条红线，表示球走怎样的路线才能很快射入球门。增强现实的情景在移动设备或普通的计算机上也能看到。厂商使用这种技术显示包装盒内的物品，或者将纸质媒体与数字广告结合在一起。这样的例子还会有很多。

从2001年开始，高德纳咨询公司每年都会绘制一个新的“技术成熟度曲线”（hype cycle）（见图1—3）。图1—10是2012年绘制的技术成熟度曲线。通过这个曲线可以看出该公司对新技术的观点，了解这些新技术要多长时间才能成为主流技术（短则两年，长则十几年）。该公司绘制的技术成熟度曲线中包括社交媒体、云计算、移动设备接入等技术的发展速度。对营销战略有着重要影响的技术包括：

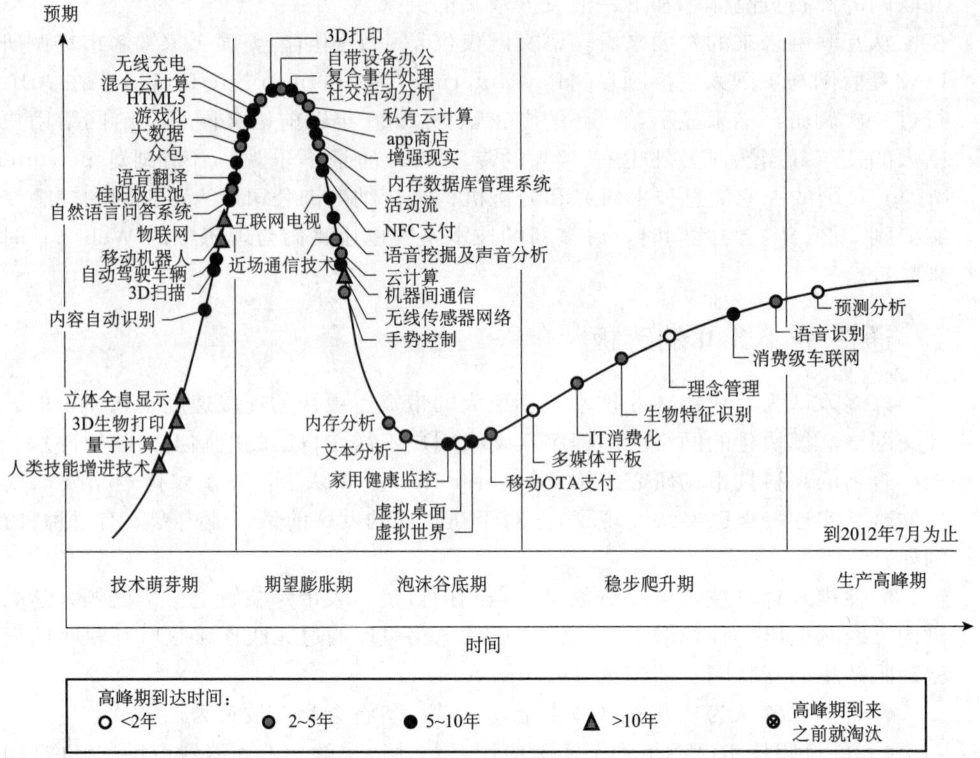

图 1—10　48 项新技术在技术成熟度曲线上的坐标（2012 年）

资料来源：Gartner，Inc. Available at gartner. com Note：Gartner material speaks as of the date of publication and is subject to change without notice.

● **不管是什么渠道，什么设备，处于什么位置，一切都可以随身带**。这是指员工可以将自己的智能手机、平板电脑等设备带进工作场所。员工能够做到这一点是因为云计算和其他的相关技术已经可以在各种设备上使用了。

● **物品的智能化**。大数据、机器间通信（例如互联网电视）、升级的数据库、更好的分析技术等，这些都能够渗透到人们的日常生活中。

● **低成本地利用大数据和全球计算技术**。这是指数据和计算技术的升级使得消费者能够更快地掌握技术，避免网络欺诈，但付出的成本并不高。

● **用自然的方式与技术互动**。全息图、语音识别（例如 Siri，苹果公司在其产品 iPhone 4S 上应用的一项语音控制功能）、增强现实、生物特征识别（例如指纹识别）等，这些都意味着人们能够非常自如地与机器进行互动。

● **支付手段将会有重大的变化**。近场通信①方便消费者支付（例如手持智能手机用谷歌数字钱包软件在支付终端支付）。高德纳公司预计在不久的将来，现金将退出历史舞台。

● **客户声音存档**。这项技术与语义网、云计算、社交分析、数据挖掘和分析等技术有关，可以将客户的声音存档。

● **3D 打印技术进家门**。前文已经提到过，3D 打印机不久将进入百姓的家门。用

① near field communication，NFC，又称近距离无线通信，是一种短距离的高频无线通信技术，允许电子设备之间在 10 厘米以内进行非接触式点对点数据传输。——译者注

户可以用智能手机扫描物品，然后用 3D 打印机打印出同样的物品（请浏览 gartner. com）。

1.5　本书的结构

本书的框架建立在传统营销活动的基础上，重点是讨论网络营销的理念和有效实施。信息技术与营销活动一定要有机地整合在一起，这对厂商有着十分重要的意义。因此，我们在每一章里编写了“相关技术”专栏，希望能够帮助营销人员了解一些技术的基础知识。本书分成 4 个部分：

1. 网络营销的来龙去脉（第 1 章到第 3 章）。这一部分介绍网络营销战略和网络营销计划。所讨论的问题包括电子商务的模式，网络营销绩效考核的指标，以及实施营销计划的步骤。

2. 网络营销环境（第 4 章到第 5 章）。这一部分介绍关乎网络营销活动成败的法律环境和全球环境。我们还讨论另一个值得关注的问题：新兴经济体市场，例如中国市场。

3. 网络营销战略（第 6 章到第 8 章）。这一部分介绍网络营销的战略构成，其中包括营销基本信息和消费者行为信息。厂商用这些信息去进行基本的战略规划，那就是市场细分、目标市场定位、差异化定位和产品市场定位。

4. 网络营销管理（第 9 章到第 15 章）。这一部分介绍网络营销的深层战略规划，即营销组合和客户关系管理，重点关注社交媒体。

小结

电子商务是利用数字技术对企业的经营活动进行持续优化。有时候，人们也用 e-commerce来表示电子商务，我们可以认为它是电子商务的一个分支，即电子交易。网络营销指的是利用信息技术去创造、宣传、传递客户价值，并且对客户关系进行管理，目的是为企业和各种利益相关者创造利益。网络营销不仅包括各种营销活动，还包括参与其中的各种机构，以及营销活动的流程，它是将信息技术与传统的营销活动结合在一起。

一个动态的网络营销环境为开发新的产品、市场、媒体和渠道创造了各种机遇。由于消费者手中控制着电视机的遥控器、DVR、电脑的鼠标，还可以通过互联网对产品和价格进行比较，在网络上发帖子对品牌评头论足，因此，他们比过去有了更多的控制权。Web 2.0 时代的消费者可以结成网络社区，在线讨论产品、分享信息，而这一切是厂商难以控制的。如今，厂商利用集客营销的方式让消费者在网络上发现自己，希望消费者来提供内容，但是如何对这样的战略进行测量和评价成为摆在厂商面前的挑战。在发达国家，绝大多数企业都或多或少地在利用信息技术，而且它们依然努力地开发更加有效的信息技术，以增加对消费者的吸引力，增强自己的销售能力。互联网对许多国家的消费者都产生了很大的影响。

互联网实际上是由三个部分组成的：第一是存有数据的计算机；第二是传递、接收数字信息的用户；第三是创造、传递、读取信息的基本设施。内联网是在一家企业内部运行的网络，该网络也使用互联网的各种标准。外联网则允许价值链上的相关成员进入内联网，实现企业的战略目标。万维网是互联网的一个组成部分，它提供文字或图表的用户界面，用户使用浏览器可以进行超文本的信息浏览。互联网所拥有的各种功能使得人们能够更加有效地实施营销战略和战术。在 Web 2.0 时代，互联网从多方面改变着传统的营销活动。例如，客户对口碑的信任度要超过对企业宣传的信任度；市场细分、媒体细分、集客营销、客户参与等各种现象都更加明显；互联网把对市场的控制权从卖方转到了买方手中；互联网把搜索引擎变成了声誉引擎；社交商务更加普遍；互联网促进了在线、离线的战略整合（主要表现在多渠道营销）。在网络环境中，内容依然占据着主导地位，同时，用户之间的联系以及智力资本也十分重要。在 Web 2.0 的环境中，企业通过内容营销、众包、集客营销等形式与客户进行互动，同时，各种新技术（例如无线联网技术、设备整合技术等）为营销战略打开了新的大门。

互联网已经从 Web 1.0 时代（内容创建者制作网页供消费者浏览）过渡到 Web 2.0 时代（网络用户都是内容的创建者和消费者，他们可以与他人分享内容），进而过渡到未来的 Web 3.0 时代（数据能够按照要求呈现和分享）。

将来，Web 3.0 时代的主要表现形式是数据接收设备的整合、传统媒体和社交媒体的融合、无线网络及便携式联网设备的普及、大数据、云计算等。语义网也将深刻地影响营销活动。厂商应该懂得，广播电视节目、新闻、电影、书刊、照片等都可以是数字信息。这些信息的创造者用电子的形式通过卫星、电话线、光缆向外传递信息，然后由信息的受众用各种接收装置（比如电视机、计算机、收音机、智能手机等）接收和利用。有了这样的观念，厂商就会发现许多开发新产品的机遇，用这些新产品提供价值，满足客户的需求。我们可以这样来界定 Web 3.0，那就是更先进的技术、更理想的网络应用，以及用联网设备对数据的自动接收。

思考与练习

复习题

1. 电子商务与网络营销的区别在哪里？

2. 什么是考核指标？它的重要性体现在哪里？

3. 技术对传统营销变革的影响表现在哪里？

4. 互联网与电话都属于技术的范畴，它们的区别在哪里？

5. 互联网技术对营销活动的影响表现在哪些方面？

6. 从网络营销的角度看问题，如何理解“媒体不等于简单的器具”？

7. 互联网的各种功能对营销活动的影响表现在哪里？

8. 互联网给营销活动带来哪些根本的变化？

9. 集客营销与外向营销的区别在哪里？

10. Web 2.0 的主要特征是什么？

11. Web 3.0 的主要特征是什么？

讨论题

12. 奥巴马的竞选故事。2008 年和 2012 年奥巴马的竞选活动如何利用 Web 2.0 技术？

13. 奥巴马的竞选故事。20 年以后，如果 Web 3.0 技术成为现实，类似的竞选活动还可以利用哪些新技术（请参阅图 1—10）？

14. 不同国家的互联网普及率是不同的，这样的现状会造成怎样的影响？

15. 不久的将来，电子商务将会成为一种“常态的商务活动”。作为一个消费者，你会从中受益吗？为什么？

16. 有些经济学家认为，随着 B2B 电子商务的发展，商品和服务会更加丰富，竞争也会更加激烈，于是，厂商之间的竞争会集中在价格上。你认为这样的竞争对 B2B 市场上的买方会有什么影响？对卖方会有什么影响？

17. 随着无线传输的发展和户外手提设

备的增加，会出现哪些消费者隐私的问题？

18. 待到语义网真正变成现实，消费者的生活会发生怎样的变化？

19. 社交媒体及消费者制作的内容对厂商的经营会有哪些影响？为什么？

20. 消费者在市场上占据了主导地位。到了 Web 3.0 时代，你估计还会出现怎样的情景？

网络应用

21. 你的学校是否有只供本校学生和员工使用的内联网？上面有哪些内容？是否应该让外人利用这些内容？为什么？

22. 请浏览麦当劳公司的网站。该公司有哪些利益相关者？网站上的哪些内容是针对哪些人的？

23. 访问 Facebook.com 网站，寻找一份公司简介。它有多少朋友？网站的用户为什么愿意充当某家公司的朋友？可以从“爱德曼信任度晴雨表”的角度来分析。

24. 请浏览 gartnergroup.com 网站，关注该公司发布的最新技术成熟度曲线（利用谷歌图片搜索功能也能找到）。未来还会有哪些新技术趋于成熟？

第2章 网络营销战略和绩效考核指标

本章将帮助读者理解什么是战略规划，企业应该如何利用电子商务和网络营销技术实现自己的经营目标。读者还将了解企业中各个层面的组织该采用怎样的电子商务模式，运用怎样的绩效管理指标来测量企业的经营流程。

学习目标

- 了解战略规划、传统营销战略、电子商务战略、网络营销战略的重要性；
- 熟悉在作业层面、业务流程层面和公司层面主要的电子商务模式；
- 讨论运用绩效考核指标和平衡计分卡衡量电子商务和网络营销绩效；
- 列举社交媒体沟通中运用的绩效考核指标。

趋势与影响

● 如今，越来越多的消费者经常处于在线状态，对社交网络也是情有独钟。厂商能够十分方便地利用消费者群体的智慧和力量，创新的方式也是多种多样，例如众包。

● 澳大利亚的航空公司网站 FlightFox 允许旅行者参加在线竞赛，争购最廉价的机票。网络用户支付 29 澳元的“竞价预付费”（如果在 48 小时之内能够发现更低廉的机票，预付费则退回），该网站声称旅行者平均每次出行可以节约 369 澳元。

案　例

亚马逊公司的成功之道

亚马逊公司（Amazon. com）是从 1995 年开始进行网络经营的，到 2001 年，经过 6 年的历程，它最终证实在线零售模式是有利可图的。亚马逊公司的财务报告显示，2001 年第四季度首次实现盈利。如今，亚马逊公司已经跻身《财富》500 强，2011 年实现销售收入 481 亿美元（比 2010 年增长 41%），净收入达到 6 310 亿美元，年增长率十分可观。亚马逊公司的客户服务战略（即“关注客户、关注企业、关注在线零售商、关注内容提供商”）取得了巨大的成功。

亚马逊公司是 21 世纪初全球网络企业洗牌后硕果仅存的少数公司中的一家，它尽力发挥自己的竞争优势，采用多种电子商务模式。该公司是以世界上最大的网上书店起家的，不过，它很快就将成为“百货商店”。首先，在线零售是其核心业务。公司从制造商及批发商那里购入各种商品，再转售给消费市场。公司主要销售纸质书籍和电子书（依靠 Kindle 平台）、音乐、DVD，这几种商品占据了其销售量的很大一部分。此外，它还销售玩具、工具、保健和美容用品、处方药品、家居用品、电子产品、服装服饰等，这些非媒体类商品的销售占到了公司总销售额的 60%。2012 年起，公司还开展了教材租赁业务。公司 44.5%的销售在北美大陆以外的区域，因此，它是一家货真价实的跨国经营的企业。

其次，亚马逊公司有许多电子商务合作伙伴。这些合作伙伴以不同的形式为亚马逊公司带来收益，主要是固定的代理费、销售佣金，或者按在亚马逊网站上的销售额、销售数量支付报酬等。网络用户在亚马逊网站上可以购买各种各样的商品，结账手续非常简单，也就是“一站购齐”。与此同时，亚马逊还为合作伙伴承担各个经营环节的工作，例如营销、客服、仓储、配送等。与纯粹的零售模式相比，这种合作经营模式对公司更加有利，因为亚马逊公司是在利用自己的自动服务功能、电子商务运作的经验以及巨大的客户群赚取利润。

亚马逊是靠在线零售业务起家的，后来发展成电子商务合作伙伴，如今，它是针对网络开发商的服务供应商。它向 190 多个国家的客户提供 28 种不同的网络服务，还向合作伙伴提供数据的计算、存储、检索服务。

亚马逊公司还是一个内容提供商，它向作者和出版公司提供在线平台，销售各种数字内容，用户可以在 Kindle 阅读器上浏览。作者可以得到著作权版权费的 70%，有些作者因此收入颇丰。音乐和电影的制作者也可以在亚马逊旗下的 CreateSpace 个人出版平台上销售自己创作的内容。

亚马逊公司还采用一种重要的电子商务模式。公司成立了首家会员组织（亚马逊协会），给几十万家网站业主 15%的佣金，条件是推荐其客户到亚马逊公司网站购物。这些会员通过亚马逊会员项目将亚马逊网站的商品信息完全与自己的网站链接。这个项目就像是亚马逊在全球各地都安排了自己的销售人员。公司把佣金的支出列支在营销费用项下。

据亚马逊公司的首席执行官杰夫·贝佐斯（Jeff Bezos）称，如果以亚马逊为品牌开设实体书店，它不可能通过差异化经营在竞争中胜出，因此亚马逊并不热衷于再去拓展实体市场。亚马逊公司的成功在于产品检索方便、价格低廉、登录便捷、技术创新、产品信息丰富。亚马逊利用客户对产品的评价以及群体购买行为中的相互推荐，使得自己能够在竞争中胜出。公司的投入较少，但是投资回报很高。亚马逊懂得如何制定战略规划，如何利用自己的竞争优势，而且对现有的经营模式精心运作，因此，公司有把握在未来的市场上取得成功。

2.1　战略规划

与其他厂商一样，亚马逊公司运用战略规划来创造收益，保证公司的持续经营。**战略规划**（strategic planning）是“一种管理的过程，旨在让企业的目标、技术和资源与不断变化的市场机遇相匹配”（Kotler and Armstrong，2010）。在战略规划中应该明确企业的一些战略目标，例如：

- **增长指标**：按收入来判断企业的增长幅度和增长速度。要做到这一点，就必须了解企业的竞争环境、产品的生命周期以及市场等要素。
- **竞争定位**：企业如何为自己定位以应对行业中的竞争对手？企业可以从各个角度来为自己定位，例如注重在行业中的领头羊地位（例如谷歌公司），注重低价形象

（例如互联网旅行服务公司 Priceline），注重质量（例如梅赛德斯—奔驰汽车公司），注重细分市场（例如美国市场研究公司 eMarketer），注重优质的客户服务（例如亚马逊公司），等等。

- **经营的地域**：明确公司应该为多大范围内的客户服务。定位于本土企业、跨国公司，还是在这两个极端之间的某一个位置？是否要将从网络上采购的实体产品销售到国外去？

- **其他目标**：企业一般会明确自己将进入哪些行业，向市场提供哪些产品，利用哪些配送渠道，如何降低成本，等等。

例如，脸谱网站在 2007 年改变公司的战略目标，为第三方应用提供方便，这样就能让客户更多地受益。2008 年，星巴克公司开设了“我的星巴克想法”（My Starbucks Idea）网站，目的是吸引客户参与，提高销售额，吸收新颖的产品创意，提升企业在网络上的声誉。2012 年 8 月，星巴克公司的客户提供了 84 776 条产品建议，21 563 条产品体验，19 309 条有关如何吸引用户参与社区活动的意见（请浏览 mystarbucksidea. force. com）。

环境、战略和经营绩效

网络营销计划是企业总体营销计划的一部分，贯穿于企业总体目标和经营战略的始终。为了更好地说明网络营销计划，本书专门单列一章讲述（第 3 章）。如图 2—1 所示，经营战略首先考虑的是商务环境。企业在经营中，要受到相关的法律、道德、技术、市场竞争以及其他种种外部环境的影响，这其中既存在机遇，也有诸多的挑战。企业要进行 SWOT 分析，扬长避短，抓住机遇，抵御风险。依据分析的结果，可以制定出电子商务和网络营销战略。企业选择电子商务模式，然后由营销人员制定营销战略，确定营销规划，协助企业完成总体目标。衡量战略规划是否成功，需要对结果进行评价。**绩效考核指标**（performance metrics）是专门用于衡量电子商务和网络经营的效率和效益的。

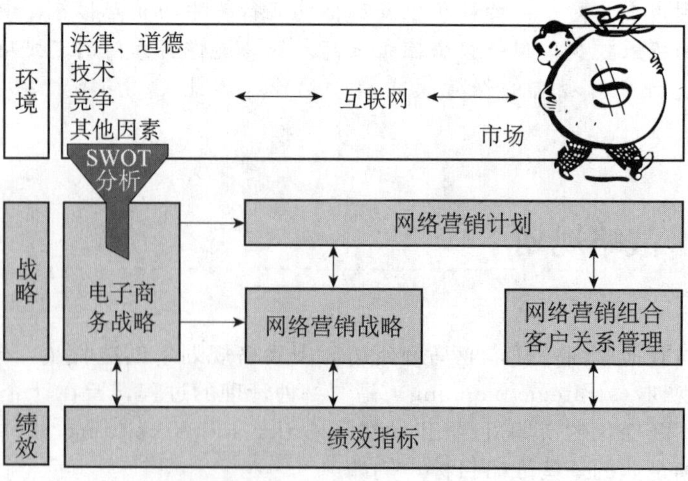

图 2—1 关注经营战略与绩效

在环境—战略—绩效（environment-strategy-performance，ESP）模式中，只要隐去一些电子或网络的因素，就可以用来描述实体企业商务活动的过程，这就说明了企业经营靠的是行之有效的经营方式，同时又应该依靠技术的进步，融入网络营销的要素，后者正是本书探讨的要点。

本章和第 3 章将讨论电子商务和网络营销战略、网络营销计划、绩效考核指标。第 4 章和第 5 章探讨与网络营销有重要关系的环境因素，引入 SWOT 分析的理论。

战略

战略是指“我们描绘的海图，我们想象中的旅程，还包括我们实际的航线和进程”（Nickols，2000）。尽管这一术语在不同的语言环境中会有许多不同的含义，但是专家们一致认为**战略**（strategy）一词指的是为实现目标所采取的手段，它所关注的是企业如何实现既定的目标，而不是目标本身。其实，战略归根结底说的是军事行为。我们可以假设一个国家打仗的目标是赢得战争，那么它的战略是派遣部队占领对方领地，而具体的战术则是派遣部队在指定的时间，进驻指定的地点。这个过程可以用来诠释经营战略。我们假设企业的目标是发展，然后决定采取何种营销战略来实现这一目标，而战术则是实施战略的详细计划。例如，星巴克公司的经营目标是改善产品组合，它的战略是征集消费者的产品创意，实施战略的途径是开发“我的星巴克想法”网站。

值得一提的是，目标、战略、战术存在于企业的不同层面。到目前为止，我们一直都在讨论企业决策层的战略规划。企业内部的各个职能部门也要确立目标，制定战略，目的是帮助企业实现总体目标。如果企业设定的目标是明年增长 10%，那么营销部门应该确立相应目标，鼓励消费者参与社交媒体的活动，提高市场份额；同样，财务部门、人力资源部门和其他相关的职能部门都应该确立本部门的目标，协助完成企业的总体目标。

2.2　传统营销战略和网络营销战略

传统的营销战略与电子商务战略有何区别？**电子商务战略**（e-business strategy）是对企业的资源进行有效配置，利用信息技术来达到既定的目标，最终提高企业绩效，保持企业长久的竞争优势。由此可见，只要公司层面（有时也称作企业层面）的经营战略融入了信息技术（如社交媒体、数字信息、数据库等），传统的营销战略就变成了电子商务营销战略。如德国零售商 Tchibo 公司为了实现企业的发展目标，制定了两大战略：第一，选择部分欧洲城市，建立新的零售商店；第二，采取电子商务战略，开展网上产品销售。根据自己的战略规划，Tchibo 公司先仔细分析内部经营能力、客户需求、竞争对手和其他环境因素，再决定实施电子商务战略。

同样，厂商利用信息技术实施战略，传统的营销战略就转变为网络营销战略。**网络营销战略**（e-marketing strategy）是指企业利用信息技术来实现既定目标的营销战略。简言之，网络营销就是科技战略和营销战略的整合。

例如，波萨达斯酒店集团（Grupo Posados）在南美洲有 100 多家酒店，公司积累了十分丰富的客户数据，因此，它能有针对性地向各种客户群（例如高端客户、近期入住过的客户、通过旅行社预订的客户，等等）发送电子邮件。由于公司的报价有针对性，所以公司的客房预订率和利润率都上升得很快。准确的客户定位使得客户满意度提高，也有助于公司的客户关系管理及网络营销战略目标的实现，最终也帮助公司实现了其发展战略。

许多网络营销战略规划都体现了制定公司目标和战略的基本原则。开展网络经营需要企业资源和高层决策者的支持，因此，遵循这些原则十分重要。以下是企业的管理者应该遵循的几项原则：

- **财务收支合理**：企业需要进行收支平衡分析、成本效益分析、投资回报分析，利用这些分析的结果来获取战略实施所需要的资金。
- **运营方案合理**：要考虑企业是否有足够的工作人员管理社交媒体上与客户的互动。
- **组织机构合理**：企业要考虑公司文化是否需要改进，是否符合新战略的要求。
- **战略制定合理**：企业需要考虑所制定的网络营销战略与企业的总体经营理念、经营目标以及经营战略是否一致。
- **技术力量配置合理**：电子商务项目中，技术力量的配置十分重要。例如，企业应该考虑是否有足够的专家管理 CRM 庞大的数据库。

2.3 从传统商务模式到电子商务模式

在详细讨论电子商务战略和网络营销战略之前，让我们先解释一下“商务模式”一词。管理人员和文献中常常会提及“商务模式”这一术语，根据普遍接受的定义，我们认为**商务模式**（business model）是求得长期生存的一种方式，它既包括对合作伙伴和客户的价值诉求，也包括企业的收益模式。

商务模式并不是仅存在于虚幻的世界里，它与战略息息相关，因为企业要选取多种商务模式，实施营销战略，最终实现企业的目标。例如，假设企业将自己定位于高新技术和创新的企业，就需要使用互联网与供应商和客户进行联系和沟通，以技术见长的戴尔公司就是这样做的。

面临机遇，企业应该如何选择最佳的商务模式？《互联网的商务模式和战略》（*Internet Business Models and Strategies*）一书的作者就商务模式与企业以及企业生存环境之间的关系提出了 8 个要素，这些结论都经过了时间的考验：

- **客户价值**：该模式能否提供与竞争对手不同的产品，以此来创造客户价值？
- **经营范围**：企业应确立什么样的目标市场？这些市场有发展潜力吗？企业目前是否在这些市场中经营？这些市场是否属于高风险的新兴市场？
- **价格**：企业的定价有吸引力吗？能否达到市场份额和利润目标？
- **收益渠道**：企业收益的来源是什么？收入是否足以实现企业的长期发展和利润目标？许多网络公司往往因忽视这一点而失败。
- **相关活动**：企业需要进行哪些活动来实现商务模式中的价值诉求？企业具备这些能力吗？例如，企业要传递的价值主张中包括全年无休（24/7）的客户服务，那么企业就应该提供这样的服务。
- **实施**：企业应该具备实施商务模式的能力，这涉及制度、人员、文化等诸多方面。
- **能力**：若要实施既定的商务模式，企业是否有足够的资源（比如财力、核心竞争力等）？

● **持续性**：电子商务模式如果具备长期的竞争优势，那么它就是合适的。应该考虑这种模式是否难以复制，外部环境能否帮助企业长期实施这样的电子商务模式。

2.4　电子商务模式

从第一家企业开设商店算起，就有着各种各样的传统商务模式，比如零售、促销广告、拍卖等。电子商务模式是将传统商务模式与信息技术相结合。因此，我们可以将**电子商务模式**（e-business model）定义为企业利用信息技术求得长期生存的一种方式，它既包括对合作伙伴和客户的价值主张，也包括企业的**收益模式**（revenue streams）。例如，教育机构、音乐公司和软件开发公司可以通过互联网销售产品，它们创造了一种新的分销渠道，既降低了成本，又增加了价值。电子商务模式充分利用了我们在第 1 章中描述的互联网特性，比如全球化、跨时空等。

电子商务模式也包括对数字信息的利用，以及离线状态下的分销技术。例如，零售商在收银台扫描产品条码和会员卡，录入的信息可以为库存管理提供方便，也可以作为开展促销活动的依据，这就是离线状态下的网络营销。同样，如果这些信息仅限于企业内部（内联网）使用，企业也没有通过互联网开展网络营销。为方便起见，本书所讨论的电子商务模式包括在线和离线数字商务模式。

价值和收益

在电子商务模式中，企业应该阐述如何为客户和合作伙伴创造价值。这样说是符合营销理念的。**营销理念**（marketing concept）是指企业生存的社会价值和经济价值是既要实现企业的目标，又要满足客户的需求。这样来描述营销理念如今显得更加确切。在网络社交媒体上，客户会对企业的品牌评头论足。如果企业不能满足客户的需求，坏名声瞬间就会传遍全世界。如果真是这样，企业就难以实现自己的既定目标。

企业的商务伙伴包括供应链上的所有成员（比如供应商、批发商、零售商），还包括合作创立新品牌的企业（如微软公司和 NBC 结成联盟，创立新的品牌 MSNBC）。企业通过电子商务模式，运用数字产品和数字分销渠道为利益相关者创造价值。无论是在线还是离线状态，企业的价值主张就是了解客户和合作伙伴的需求，然后用超过竞争对手的方式满足他们的需求。**价值**（value）是客户对公司产品带来的收益的感知，尤其是产品的性能、品牌、售前售后服务等。价值等于用收益减去为获得产品而付出的成本，比如货币成本、时间成本、精力成本，还有心理成本等。和客户一样，合作伙伴评判价值的标准也是收益是否大于成本。我们可以用一个公式来表示这一概念：

价值＝收益－成本

信息技术通常能为利益相关者增加收益，降低成本，但这也不是绝对的。如果网站信息错综复杂，难以查询，技术问题阻碍了数据的获得或者中断了交易，网络营销战略就降低了客户价值。

如表 2—1 所示，电子商务战略有助于企业降低经营成本，提高客户和合作伙伴的价值，它能帮助企业增加收益，而收益是电子商务模式的一个重要部分。

表 2—1　　网络营销有助于电子商务模式的实施

网络营销帮助增加价值
● 在线规模定制（针对不同的利益相关者提供不同的产品和信息） ● 个性化（提供与利益相关者相关的信息） ● 提供全年无休的服务 ● 自助式订单及订单跟踪 ● 一站式销售 ● 通过社交网络了解客户，吸引客户参与，与客户互动
网络营销帮助降低成本
● 低成本信息传递（如电子邮件） ● 低成本数字产品分销渠道 ● 降低交易过程的成本 ● 降低信息获取（如市场调研和客户信息反馈）的成本 ● 提高供应链效率（通过沟通优化和库存优化实现） ● 降低客户服务成本
网络营销帮助增加收益
● 在线交易收益（包括产品、信息、广告、订购费，以及交易佣金、咨询费等） ● 增加产品价值和服务价值，提高价格（如在线常见问题解答、客户服务等） ● 开拓新市场，扩大客户群 ● 建立客户关系，增加老客户的消费额

电子商务战略模式

制定战略目标的关键是判断企业目前的状况，然后决定在多大程度上实施电子商务模式，采取哪些网络营销手段。我们可以用一个金字塔来展示实施电子商务的各个层次，在这个金字塔中，只有少数企业能到达最高的层次（见图 2—2）。通常越接近金字塔顶端的企业，参与电子商务活动越频繁，企业战略与信息技术结合得越密切，互联网对企业的影响也越深刻。战略往往是高层的决策，而将战术应用于低层，大部分企业的高层战略风险远远高于低层的战术。

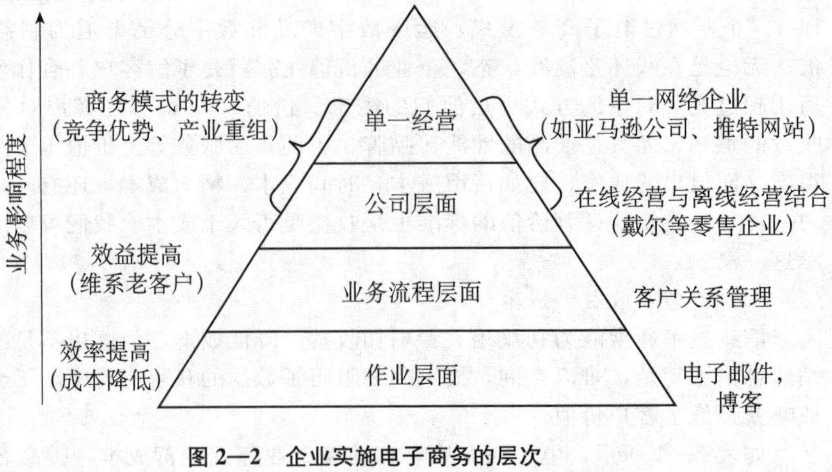

图 2—2　企业实施电子商务的层次

资料来源：Adapted from www. mohansawhney. com.

需要指出的是，一家企业的作业层面活动可能正是另一家企业的公司战略。例如，电子交易订单处理（例如在网上销售产品或者通过移动终端销售产品）对销售滑雪用具的商店而言，在线业务仅占整个业务量的1%，而对于联邦快递公司（FedEx，一家美国的包裹递送公司）则属于公司层面的经营活动。

值得注意的是，最底层的经营活动并没有出现在金字塔图中，因为它们未涉及电子商务活动。研究结果显示，许多小型的零售商店和其他一些小型企业都处于这一层次，原因是它们的经营管理能力有限。例如，本地一家独立经营的干洗店一般不可能从网络营销战略中受益。

图2—2所示的金字塔的每一个层次，企业都有诸多机会去利用信息技术，为利益相关者提供价值、创造收益。单一的、完整的、理想化的电子商务模式是不存在的。正因如此，我们通常按照企业的职能分工对常用的商务模式进行分类（见表2—2）。表2—2并不完整，因为如前所述，各个企业对网络的利用模式并不相同。日常作业层面通常靠削减成本来为企业增加价值，并不直接创造收益（不过如今博客或微博上的沟通是能够实现销售并且提高客户的忠诚度的）。尽管如此，我们依然按照参与电子商务活动的不同层次，编制出一张战略机遇列表，重点关注涉及网络营销的商务模式。在这一章中，我们对这些模式只做简要的说明，具体内容将在后面几章深入阐述。

表2—2　　电子商务模式分类

作业层面	业务流程层面	公司层面
1. 订单处理 2. 在线购买 3. 电子邮件处理 4. 信息发布 5. 商业智能 6. 在线广告、公共关系 7. 在线促销 8. 在线动态定价策略 9. 社交媒体沟通 10. 搜索引擎营销	1. 传统客户关系管理及社交客户关系管理 2. 知识管理 3. 供应链管理 4. 在线社区建设 5. 数据库营销 6. 企业资源计划（ERP） 7. 规模定制 8. 众包 9. 免费—增值	1. 电子商务、直销、内容赞助 2. 门户网站管理 3. 社交网络 4. 经纪人模式 ● 在线交易、网络中心管理 ● 在线拍卖 5. 代理模式 ● 制造商代理、销售代理 ● 购物代理 ● 反向拍卖

虽然我们讨论的是单个的电子商务模式，但是许多企业往往将两种或多种模式结合在一起。例如，雅虎既是一家网络零售商，也是内容提供商，该公司还涉及许多作业层面和业务流程层面的商务模式，比如电子邮件、客户关系管理等。

作业层面的电子商务经营模式

金字塔底层的活动涉及的是各项具体的经营活动。若利用信息技术或互联网技术进行自动化操作，就能为企业节省开支。这是一个风险较低的区域，企业可以利用电子商务带来的效率降低经营成本（如订单处理、获取**竞争情报**（competitive intelligence）、在线调查等）。以下是作业层面电子商务模式的简要描述：

1. **在线购买**：企业从网上向供应商订购，自动完成采购活动。通常，此类活动不具有营销功能，但是若零售商（比如沃尔玛公司）利用供应链建立自动订单处理系统，这样的操作就具有了重要的营销功能。

2. **订单处理**：网络零售商自动处理客户的在线交易。

3. **电子邮件处理**：企业向有关人员发送电子邮件，能够节约印刷成本和邮寄成本。

4. **信息发布**：企业在网上提供有价值的信息和服务，由此来增加网站的访问量，创造广告销售的机会。另一种信息发布的类型是企业在网站提供商品或服务的信息，减少印刷成本。请看“相关技术”专栏，了解流媒体音乐的订购程序。

5. **商业智能**：收集有关竞争对手、市场、客户的一手信息和二手信息。

6. **在线广告和公共关系**：在作业层面上，企业可以从他人的电子邮件和网站上购买广告信息。如果是企业销售广告，那就是内容赞助，属于更高层面的商务流程。在线公共关系包括建设企业自己的网站，通过网络发布信息，以及其他的在线公关活动。

7. **在线促销**：企业可以利用互联网发送数字产品的试用版（比如音乐、软件），或开展抽奖活动等。团购促销是向客户发送折扣券，只要客户数量达到一个预定的值，就可以享受高额折扣（请浏览团购网站 Groupon. com）。

8. **定价策略**：企业可以采用动态定价模式，针对不同客户群制定不同的价格，甚至是一对一的个性化定价。在线拍卖就是由买方而不是由卖方发起的一种动态定价。利用网络技术，企业可以自动操作这样的活动。

9. **社交媒体沟通**：企业利用脸谱网、推特网、博客等网络平台吸引客户参与，目的是与现有客户及潜在客户建立客户关系。

10. **搜索引擎营销**：采取这种手段的营销主要是为了让客户发现企业的信息，搜索引擎是集客营销的主要工具。企业对网站进行优化，将内容或链接放在各类社交媒体上，这样一来，这些内容就会以关键词的形式高频率地出现在搜索结果的页面上。

相关技术

流媒体音乐——美国流行音乐电台潘多拉

在办公室里工作，你可能会感到一丝疲惫，若有音乐做伴，会使人一天心情愉快。一位同事告诉你，最近有一组歌曲十分火爆，你真希望能立刻在电脑上播放这张 CD。突然，你想起一位同事曾经提到过免费的美国流行音乐电台潘多拉（Pandora）。

流媒体音乐适合经常使用电脑的用户，用户可以一边听一边下载。换句话说，就是可以不必先下载完成后再播放。如果用户一直在电脑边上，或者有一个 iPhone，流媒体音乐服务是一种不错的选择，其形式有点儿像逐一试听音乐，再决定是否购买。

网络音乐电台潘多拉的妙处在于它能够记忆用户的偏好，把用户最喜欢的歌曲或乐曲提供给用户。网站设计了 400 项指标，按照不同的作曲家对歌曲进行分类。用户在收听时可以对歌曲进行评价，“点赞”表示希望听到更多类似的歌曲，“吐槽”表示不想再听到这首歌以及类似的歌曲。

潘多拉网站服务涉及 3 项技术：第一是音乐服务器；第二是有线或无线的网络宽带；第三是安全软件，避免未经授权的登录或非法复制。

服务器是存储音乐的地方，根据用户的需求可以将音乐加载到电脑中。当音轨空间加满（音乐在存储器得到缓冲），音乐就开始播放，而剩余的部分则继续加载。若网络连接速度缓慢，歌曲能继续加载，期间偶尔停顿一下，短时间地中断播放。

潘多拉音乐播放软件实际上是帮助用户创造一个个性化的广播电台。根据用户的偏好，电台可以播出不同风格的歌曲或乐曲。与普通的电台相似，它也可以重播。如果一首乐曲你听厌了，可以暂时将它搁置一边，哪天想到它了，再挑出来听，如果真的不想听了，可以选择跳过。不过，根据版权法的规定，软件每小时只允许用户跳过有限的几首歌曲或乐曲。

只要用户决定购买一首乐曲，对潘多拉来说就是赚钱的机会，它的促销模式是“先试后买”。公司还提供各种贵宾服务，例如允许用户跳过的曲子多一些，或提供更加时尚的界面。

有些服务根据试听偏好提供短小的评论或建议。人们根据适用性和便捷性来选择各种软件。

因为需要先对数字信息进行缓冲才能收听音乐，所以流媒体音乐只适合在宽带环境中使用。如果是无线连接，用户可以用 3G 或 4G 网络手机来收听流媒体音乐。

还有一些流媒体音乐服务（例如 LG 公司推出的 Phapsody 手机）是基于音乐图书馆的理念。用户只要支付月租金，就可以收听音乐图书馆里的各种歌曲或乐曲，当然用户也可以编制自己的乐库。

流媒体音乐的加密对于唱片公司防盗版复制至关重要。许多流媒体音乐服务禁止用户在两台电脑上同时登录。同时，加密软件也能保证用户只有在支付了每道音轨 1 美元费用的前提下，才能够长期保存音乐。

从用户方面看，面临的限制因素是离不开电脑，而一些新技术可以使电脑无线联网，在另一个房间放置扬声器播放音乐。如果这些技术能得到灵活使用，用户离不开电脑这一问题就解决了。如今，人们期待着有更多的流媒体音乐能够在类似苹果手机的播放器上播放。

用智能手机播放音乐这样的技术也沿用到汽车制造技术中。以往人们必须将智能手机连线到汽车的音响设备上，如今可以使用蓝牙技术用无线的方式接通汽车的播放器，显示屏上还能显示潘多拉音乐电台正在播放的音乐和视频。两套系统整合得天衣无缝，如果汽车电路切断，则播放停止，一旦用户重新发动汽车，音乐播放就可以在停止的地方重新开始。

业务流程层面的电子商务经营模式

金字塔的第二层是改变业务流程，提高企业的经营效率。

客户关系管理（customer relationship management，CRM）旨在保持和改善企业与客户之间的关系，提高客户对企业和产品的满意度。客户关系管理指与客户建立长期稳定的伙伴关系，增加客户与企业交易的数量和频度。在电子商务环境下，客户关系管理是对每个“客户接触点”采集到的客户信息进行数字化加工与整合。企业与客户的接触可以是在零售商店、公司的办公室，或者通过信函、电话、网络实现一对一的互动。在所有这些接触点交互所获得的信息可以整合在一起存储到数据库中，形成一幅全方位的图画，勾勒出客户的特征、消费行为和偏好。社交客户关系管理（social CRM，SCRM）指的是企业与客户在社交媒体上就产品进行互动，这是客户关系管理的一种新模式。

知识管理（knowledge management，KM）是指将企业的数据库信息、系统构成技术以及将数据转变成有效信息三者结合在一起。知识管理系统是将各种经营报告、客户的账户信息、产品销售信息以及其他对管理者决策有价值的信息整合在一起，形成一个有机的整体。

供应链管理（supply chain management，SCM）是对配送渠道的整合、协调，目的是更加有效地向客户递送商品和服务。例如，一位用户从某网站订购了商品，美国联邦快递的计算机系统会直接从计算机接收指令，从仓库提货，快速发送给客户。同样，假设客户是在零售商店购买某一商品，收银台的条形码自动扫描仪会自动记录，然后从库存量中减去一个单位该商品。如果后台库存量不足，计算机会自动从仓库或供应商处订购产品。

在线社区建设（community building）是指企业建立网站，把一群有特定兴趣的客户集合在一起。在这种商务模式中，企业邀请客户参加网上聊天，或者在网上发帖，撰写**博客**（blogs，用户在网站上传帖子的网页，按时间顺序反向排列），目的是吸引潜在客户。企业也会在客户频繁光顾的网络社区或社交网络上张贴自己编写的内容。通过在线社区建设，厂商可以建立一种社会联系网，提升客户关系和公司形象，这与聘请专家到一些场合去宣传企业形象的作用是相似的。

会员联盟（affiliate program）是指参加联盟的会员企业在自己的网站上加入其他零售网站的链接，通过该链接进入，实现向客户的产品销售后，获得一定佣金。亚马逊公司网站创立了这一商务模式，参加联盟的会员实际上是亚马逊公司产品的销售代理。

数据库营销（database marketing）指收集、分析、传播有关现有客户、潜在客户和公司产品的电子信息，目的是提高公司利润。这是大部分参与网络经营的厂商实施的重要的营销战略。数据库营销系统属于信息管理系统的一个组成部分。

企业资源计划（enterprise resource planning，ERP）是一种后台操作系统，负责处理订单接收、采购、制单和库存控制。通过 ERP 系统，企业可以降低成本，优化业务流程。许多 ERP 系统早在互联网问世前就存在了。虽然 ERP 并不具有营销功能，但是很重要，因此必须在这里提及。

规模定制（mass customization）是互联网一种独有的特性，它是指针对每个客户，利用电子技术自动生成、定制的一种营销手段。企业可以收集现有客户和潜在客户的信息，成批地又有针对性地为客户定制产品和沟通信息。

众包（crowdsourcing）指的是将广告、产品开发等任务外包给企业外人士。星巴克公司就是用众包技术在网络上发起名为“头脑风暴”的活动，邀请公众为星巴克的产品开发提供建议。

免费—增值模式（freemium）。免费—增值是指企业先向客户免费提供基本功能的产品，再向客户收费提供完整功能的产品，其商业模式是将免费用户转换成收费用户。例如，厂商先是免费将一些软件提供给客户，客户若是需要升级版的软件，那就得付费购买。在实体商店有免费试用等促销手段，也有各种定价策略，其实质与免费—增值模式是一样的。

定位营销（location-based marketing）指的是厂商利用 GPS 定位系统向附近用户的移动设备发送相关信息，内容包括各种促销信息，招徕用户光顾零售商店、餐厅、酒吧或其他各种商业设施。

公司层面的电子商务经营模式

在金字塔的公司层面上，企业在一个统一的系统中对各种业务流程进行自动化操作，这说明电子商务已经在整个企业中担当了重要的角色。有些企业（如戴尔电脑公司、谷歌公司、脸谱网等）实实在在地采用了这种商务模式，因为它们确信未来的发展离不开电子商务活动。

电子商务（e-commerce）是指利用互联网销售产品和服务的在线交易。有的交易只是单笔交易，有的则是持续的订购式交易（如订购《华尔街日报（网络版）》）。网络零售商是指那些在线购买产品和销售产品的企业。只要是在网络上销售商品的企业（不管是销售企业自己生产的商品，还是销售批发来的商品），都可以称为网络零售商。有一类网络零售商销售实体产品，用传统运输方式发货；另一类则在网上销售数字产品（如报刊、软件、音乐等数字产品），然后通过互联网递送产品（当然也可以采用离线递送的方式)。许多网络零售商同时拥有实体门店。**虚拟世界**(virtual worlds)一般是通过订购的方式创造收入。在这样的虚拟世界里(实际上是一些网站),网络用户以化身的形式现身网络,与其他用户的化身进行沟通和交流。虚拟世界网站中知名度最高的要数"第二人生"网站(Second Life),少年儿童最欢迎的是"秀娃"(Webkinz)和"企鹅俱乐部"(Penguin Club)。

社交商务(social commerce)是电子商务的一种形式,它利用社交媒体和消费者互动促进在线的销售活动。社交网站上有一些"现在购买"的小插件,软件代理将买家和卖家撮合在一起。在线旅游网站 Tripadvisor. com 就是一个典型的例子。

直销(direct distribution)是指厂商取消中间环节(比如零售商)直接向消费者销售。戴尔电脑公司采取的就是这种商务模式,尽管它也通过实体商店销售产品。

内容赞助(content sponsorship)是指企业在自己的网站上或 YouTube 等网络媒体上做广告的电子商务模式。取名为"内容赞助"是因为该商务模式来源于传统媒体,报刊是依靠广告销售来维系编辑部的其他工作的。如今,许多网站利用消费者生成的内容来维持网站的建设,例如雅虎的子网站 Flickr,该网站以张贴数字照片为主。

门户网站(portal)是指进入互联网的入口,如雅虎、Netvibes、美国在线(AOL)等。门户网站不仅具有搜索功能,而且提供许多其他的服务。除了可以通过门户网站链接到其他信息发布网站上,门户网站还有新闻报道、网络游戏、电子地图、商场购物、电子邮件等功能。美国在线网站借助其门户平台与会员交流,帮助他们查找其他网站的地址,提供娱乐信息,还开展电子商务经营,每年为合作伙伴创造的商品和服务销售额高达几百亿美元。有些门户网站是行业的垂直网站,例如政府网站、汽车行业的 Edmunds. com 网站、婚庆行业的 theKnot. com 网站等。门户网站是一种很有前途的商业模式,最知名的 4 大门户网站(指谷歌、雅虎、微软、美国在线)获得的广告收入占全美网络广告收入的 57%(据 2010 年 *Portals Vital for Users* 一文提供的资料)。

社交网络(social network)是把有着相同兴趣的网络用户聚集在一起,相互分享个人信息或者从业信息。社交网络所使用的是网络社区的模式,但是它有自己的独特之处,那就是志同道合的一群人结合在一起,建立友谊,交流工作经验。例如,专业人士有自己的社交网络 LinkedIn,朋友和家人可以在脸谱网上沟通和交流。开发社交网络的人创造收入的方式多种多样。例如,广告客户支付的广告费、招聘单位支付的应聘者信息费、第三方为提升用户利益应用网站所支付的费用等。

在线经纪人(online brokers)是指购买谈判过程中的中间人,他们不代表买方或者卖方的利益。该模式的收入来源是收取佣金。采用经纪人模式的企业有E*TRADE公司(完成**在线交易**(online exchange))、Guru. com 网络公司(帮助自由职业者联系项目经理)、eBay 公司(从事**在线拍卖**(online auction))。经纪人通常自己创建一个网站去促成交易的发生,并收取一定的佣金。**B2B 交易**(B2B exchange,即企业与企业交易)是在线交易发生在一个特定的场所,它方便某一行业的买方和卖方能快速完成交易。在线拍卖既可以在 B2B 市场发生,也可以在 B2C 市场发生。在这样的市场中,在线经纪人提供网站和技术,然后按销售额提取佣金。

与经纪人不同,**在线代理商**(online agents)代表买方或卖方经营,并以此收取佣金。**卖方代理**(selling agents)帮助卖方推销产品。大部分卖方代理是在 B2B 市场开展经营的。前面提到的 B2C 市场会员联盟也是卖方代理模式之一。

制造商代理（manufacturer's agents）代表多家销售商。在传统营销活动中，制造商代理为几家制造互补品的厂商开展代理活动，目的是避免利益冲突，但是在网络时代，人们建立网站是为整个产业链的制造商销售产品。例如，Travelocity. com 在线旅行社是旅游行业的代理商，它同时也是社交网站和商品推荐网站。

买方代理（purchasing agents）是买方的代表。在传统营销活动中，买方代理往往与一家或多家企业建立长期合作关系。在互联网上，买方代理可以代表无数购买者，常常还可以匿名操作。**购物代理**（shopping agents）帮助个体消费者在网上找到价格最优惠的产品（如 www. bizrate. com 网站，网站上的口号是“搜索、比较、砍价”）。另一个模式是**反向拍卖**（reverse auction），购买者可以在买方代理商网站上输入商品报价，卖方可以表示接受或不接受（如 Priceline. com 网站）。买方代理往往会协助购买者在线合作，以实现批量购买，压低商品的价格（例如团购网站 Groupon. com）。

单一经营企业

金字塔顶端是单一形式的网络经营企业。**单一经营企业**（pure play）是指从网络起家的企业，尽管有些企业后来也发展了实体的门店，但是它们依然属于单一经营的网络企业。在表 2—2 中，我们未将单一形式经营的企业列入其中，因为这类企业不是像传统实体企业那样逐步上升发展，而是直接出现在金字塔的顶端。例如，E*TRADE公司就属于这一类企业，它起家时只有在线交易。

单一经营企业面临着巨大的挑战：它们不仅要为创立品牌而努力，而且要从传统的实体企业手中争夺客户。在这一点上，有些企业取得了成功，因为它们进行了行业重组（改变游戏规则）。改变游戏规则的一种方法是创立新的电子商务模式，比如雅虎公司、谷歌公司、推特公司、Flickr 公司、eBay 公司等。单一经营企业的成功在于提高客户价值。例如，Rakuten. com 网络公司将内容赞助模式与直销模式结合在一起，提高了客户价值。网站为厂家的存货做广告，同时给予消费者价格优惠。

绩效考核指标

判断企业目标是否实现的唯一方法是衡量企业经营的结果。**绩效考核指标**（performance metrics，也称为关键绩效指标（KPI）是评价企业在线或离线运营是否有效的指标。如果企业希望在线销售实现的销售额占销售总额的 30%，就应该不断核算多种渠道获得的收益，判断是否完成了预定的目标。需要指出的是，企业应该同时观察实体店的经营业绩，将在线、离线的业绩整合在一起进行判断。管理者要考虑所有的促销手段，只要促销手段能够促成在线销售就行，以此来判断哪一种方法更加有效。有了这样的指标，企业能够适时进行调整，保证目标的实现。

例如，据市场调研企业尼尔森公司披露的数据显示，2010 年 3 月美国的日用品零售商 Schwans. com 的网站浏览者中，有 40.6%的人转变成实际的买家。该公司十分关注网络浏览者的转换率，不断地调整经营战略，在客户转换率方面做得很出色。同时，该公司还注意将在线、离线经营的数据整合在一起，对经营状况和经营效益有一个整体把握。

战略是实现目标的最终手段，制定绩效考核指标的工作应与制定战略的工作紧密结合起来，企业才能知道什么样的经营结果才算是成功的经营（见图 2—1 中关于企业经营战略与绩效考核的表述）。阿尔伯特·爱因斯坦（Albert Einstein）曾经说过一句流传很广的名言：“不是所有有价值的东西都能被计算，当然，也不是所有能计算的东西都有价值。”营销管理人员都在研究如何制定绩效指标，他们希望所制定的指标简洁明了。鼠标点击次数就是一个简洁明了的指标。在指标选择和绩效考核时应该注意效率和效益，这样才能有利于改进营销沟通工作，实现企业的整体目标。

企业制定绩效考核指标来衡量战略实施的有效性，可以从 4 个方面着手：

1. 把企业的目标、战略、电子商务模式用可以量化的指标表示出来。有些网络营销的目标是吸引访问者浏览网站以销售广告，将浏览者转变为购买商品或服务的客户，培养客户忠诚。

2. 绩效考核指标要清晰易懂、可操作，要方便员工了解，并依照这些指标进行决策。要在纷繁复杂的考核指标中寻找相关的信息是很困难的，因此，很多企业都列出一些重要的考核指标，以此来衡量实现主要目标的工作进度。

3. 考核指标要可望又可即。企业一般会树立行业的标杆，再考虑上一年度的业绩，以此判断自己与标杆有多大距离，下一年度如何努力（例如把网站的访问者在网站上的逗留时间从 5 分钟延长到 10 分钟）。

4. 对员工的考核一旦与绩效考核指标挂钩，就能激励员工为完成企业的目标而努力。尽管指标是高层管理人员制定的，但是一些成功的企业在制定考核指标的过程中往往向员工征求意见，这样既有利于指标趋于合理，也能使员工对指标的重要性达成共识。俗话说：“有什么样的考核指标，就会有什么样的绩效。”

网站解析（web analytics）是对网站用户行为的分析。网络企业都要做一项工作，那就是收集用户点击网页的各项数据，以此来优化对网络经营的投资。这些数据可以帮助企业管理网站内容，提高定位用户的能力，增强个性化的程度和用户参与程度，等等。这些数据一般包括：哪些技术能提高网站的浏览量（比如点击网站广告进入，搜索引擎优化）；哪些网页的浏览量最大；企业博客上的评论有多少，企业脸谱网站上的粉丝有多少等。当然，最关键的指标是销售转换率有多高，企业电子邮件新闻的注册人数有多少，等等。此外，企业还希望了解新的措施（例如制定新的当日递送的价格，为提高销售量在网站上开展促销活动等）是否有效。网站解析所需要的数据可以通过多种途径获得：

● 网站服务器日志记录了用户的 IP 地址、用户使用的是什么浏览器、进入网站以前他所在的位置、浏览的具体时间，以及用户的注册信息等。通过 IP 地址，企业可以了解用户所在的地区，例如 jp 表示用户住在日本。

● **网络跟踪器文件**（cookie files）是用户在访问网站时在硬盘上自动生成的文件。在对网站进行操作（例如使用购物车）时这些文件能起作用。客户再次访问网站时，这些文件中的数据可以取回，从而了解该客户浏览本网站的次数等信息。亚马逊网站就是利用网络跟踪器文件在主页上自动生成用户姓名的。

● **页面标签**（page tags）其实就是页面上的一个像元（pixel），用户是看不见的。在用户浏览一个页面时，页面标签被用来激活页面上的一个信息，例如何时将商品从购物车移出等。用户计算机硬盘上的网络跟踪器文件也可以用来激活标签，显示用户何时回访网站，在网站上做了哪些动作。

● **地理位置定位**（geolocation）是指利用各种数字技术对联网设备（以及持有设备的用户）进行定位。例如 WiFi 技术、GPS 技术，或 IP 地址定位技术等。利用这些技术，厂商可以对身处不同国家甚至更小的地理位置的消费者进行市场细分。

利用网站解析软件，企业可以对服务器的登录信息进行分析，进而解析用户的行为模式。这样的网站解析软件服务有的是免费的，有的则是收费的。厂商可以使用的绩效考核指标有成千上万个，有时甚至使他们觉得无所适从。有专家在 2012 年开展过一项研究，结果显示厂商可以得到的网络分析工具中只有不到一半的工具可以帮助决策，大多数网络分析工具可以利用的调查对象不到调查对象总体的 10%。图 2—3 显示的是 2011 年所做的一项调查结果，列出了广泛使用的在线分析指标，调查对象包括 550 位市场调研专家。

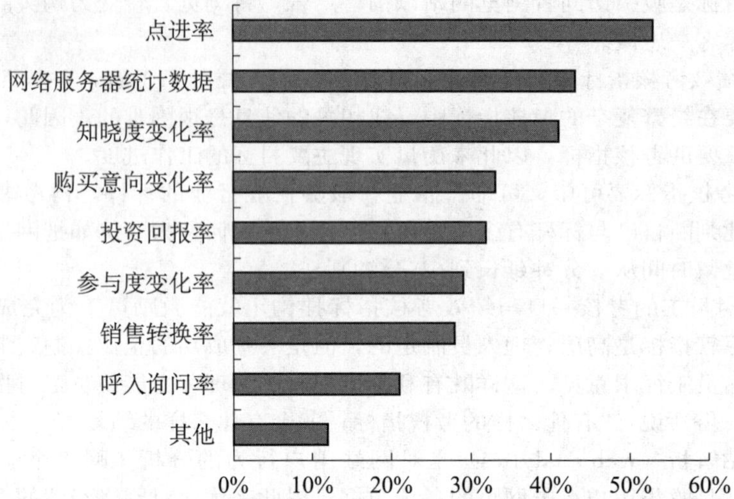

图 2—3　测量网络营销业绩的指标（使用此类指标的客户的百分比）

资料来源："2011 Annual Survey..." 2011.

本章将介绍绩效考核指标最基本的常识并提供一些案例。书中还将列出许多具体的绩效考核指标，以及它们在营销战略中的应用。读者今后在网络上购物时，应该关注你是如何找到该购物网站的，如何搜索到你需要的商品。在这个过程中，企业一直在跟踪你的行踪，观察你手中鼠标的每一个动作，目的是优化营销战略，满足你的需求。

2.5　平衡计分卡

有许多绩效考核指标体系是按照企业的特殊需求定制的，这其中就有平衡计分卡，它能够帮助人们了解网络营销的绩效。这一节，我们就来介绍平衡计分卡，提出一些重要的绩效考核指标。

长期以来，人们都把财务状况和市场份额作为衡量企业成功的重要指标。一些大型企业在品牌之间、门店之间开展竞争，以利润来衡量企业经营的成败，至今仍有许多企业这样做。从 20 世纪 90 年代中期到 20 世纪末，许多网络企业不考虑企业的财务状况，只关注企业的业绩增长，但是大多事与愿违，因为它们目光短浅，公司的战略局限于短期效益，忽视了企业的可持续发展。

鉴于上述弱点，绩效管理考核系统要全方位考核企业的业绩。**平衡计分卡**（balanced scorecard）就是其中的一种，它是 1990 年由两名哈佛商学院的教授提出来的。

据平衡计分卡专门网站（balancedscorecard. org）披露的信息，现在全球有一半以上的大型企业采用平衡计分卡。平衡计分卡要求管理者和员工考虑长期目标、实现长期目标的成功要素以及在客户、内部管理、学习和创新、财务 4 个相关领域的绩效考核指标，将战略与衡量指标联系在一起（见表 2—3）。下面，我们将从这几个方面介绍企业一般的目标和电子商务考核指标。值得一提的是，企业可以根据具体的情况制定各自的考核指标体系，它不是一成不变的。

表 2—3　平衡计分卡的四个视角

客户视角		内部管理视角		学习和创新视角		财务视角	
目标	指标	目标	指标	目标	指标	目标	指标

四个视角

客户视角是指以企业传递的客户价值来衡量绩效。该视角指标分成 4 类，即时间、质量、服务、成本。考核指标包括从订货到送货的时间、客户对产品的满意度、新产品销售量，以及从行业的角度考核的指标，例如新设备所占的比例、接听售后服务电话的数量等。

内部管理视角是指评价企业如何通过内部经营管理来满足客户的期望值。其影响要素包括提供产品的周期、生产质量、员工技术和生产效率。信息系统是电子商务企业内部管理的关键因素。

学习和创新视角（有时也简单地称作“成长视角”）是平衡计分卡独特的属性之一，是指企业不仅要关注现有产品和服务的不断优化，而且要关注产品的创新。这就要求员工不拘泥于日常的经营和销售，而要关注企业的可持续发展。对电子商务企业来说，这一点尤其重要。考核指标包括新产品的数量、新产品在销售中所占的比例、新市场的开拓、客户关系管理和供应链管理的改进程度等。

如果上述各项指标都能够按照预定的目标实现，完成财务指标就是水到渠成的事情了。财务指标包括收入和支出，还包括投资回报率、销售量、市场份额的增长等。企业在制定绩效考核指标时，应该尽量把前三项目标与第四项财务目标结合在一起。

根据经营目标、商务模式、经营战略、所在的行业等因素，企业从 4 个视角来选择合适的绩效考核指标。关键在于企业要明确目标，根据目标设计考核指标，并以此来指导工作进程，确保目标的实现。

美国有一家经营短途客运的航空公司，该公司设计了自己的平衡计分卡，用绩效考核指标树立起公司航班众多、工作高效的形象。以下是该公司制定的具体绩效目标（见 balancedscorecard. org 网站上的案例分析）。绩效考核指标与经营目标是一一对应的。

- **客户视角**：提高航班正点率、上座率，降低票价。具体指标是：正点率行业第一、客户满意度 98%、上座率持续提高。
- **内部管理视角**：要求地勤人员保证飞机周转率，在地面准备起飞的时间少于 25 分钟，出发的准点率保持在 93%。
- **学习和成长视角**：要求地勤人员的目标与企业的整体目标保持一致。具体考核指标是：地勤人员接受培训的比例、拥有公司股票人数的比例。公司要求进入公司一年的员工持有公司股票的人数达到70%，进入公司4年的员工持有公司股票的人数达到90%，进入公司6年的所有员工都持有公司股票。

● **财务视角**：用降低成本、增加收入来保证利润率，要求每年的利润环比增加25%。具体考核指标是：股票的市值、每座收入、飞机租用费用等。

平衡计分卡应用于电子商务和网络营销

电子商务企业常常深陷数据的海洋。数据库中有各种各样的客户信息；网络日志自动记录用户浏览的页面、用户在网站停留的时间；还有客户服务记录，以及各种渠道的销售数据等。一家服务性企业的经理抱怨说："由于所有的一切都纳入指标考核，我几乎要崩溃了。"尽管困难重重，但考核指标仍然是制胜法宝。

客户视角考核指标

客户视角考核指标最重要的是衡量客户的忠诚度和终身价值。还有一些其他的考核指标帮助企业提高客户价值，例如，客户对产品价值的感知，选定的目标市场是否合理，客户的购物模式等。企业还必须重视向合作伙伴和供应商提供的价值，因为他们若不满意，就很容易投入竞争对手的怀抱。在线客户的参与度是一项十分重要的新指标，它包括客户的人数，还有张贴到网站上的照片、视频以及种种由网络用户制作的内容。表2—4显示的是采用电子商务模式的企业可以制定的几种衡量客户价值的指标。

表2—4　电子商务企业的客户视角考核指标

客户视角	
目　标	考核指标
提高对新网站的知晓度	目标市场对网站服务的知晓度 网站访问人数
让客户参与网站经营	客户在网站上张贴的评论、照片、视频等数量
增加网站上软件的下载量	网站登录次数
提高网站客户满意度	对网站目标客户进行调查 网站的访问量和网站滞留时间
提高在线购买价值和客户满意度	客户通过电子邮件或电话投诉的次数 放弃的购物车数量 相同产品在线和离线销售量
提高客户在线购买量和购买频率	数据挖掘，了解购买频率的变化情况
建立客户关系	人均购买量（使用网络跟踪器文件提供的数据） 维系客户的百分比
从目标市场获取信息	根据细分市场标准进行数据挖掘，了解客户的购买方式
缩短从接受订单到递送商品的时间，短于竞争对手	从客户下单到商品配送之间的天数 竞争对手的配送时间
提高电子票券的使用频率	电子票券的兑换量
建立网站社区	社区注册量 注册用户上传的信息数量

续前表

目　标	考核指标
为企业业务伙伴提供价值	
增加合作伙伴	一段时间中的合作伙伴数量
与合作方网站进行交叉销售	从我方网站进入对方网站的访问人数

内部管理视角考核指标

这是电子商务企业制胜的关键因素。内部管理的许多目标影响着人力资源、信息技术和其他的各个领域，它们直接或间接地影响着营销战略。需要指出的是，我们在分析中将整个供应链纳入内部管理的范畴。制造商无法掌控在线零售商的每位员工，不管是企业客户还是最终消费者都无法区别供应链中所有参与其中的企业，他们关注的只是高质量的产品。因此，现在对平衡计分卡的研究涉及整个供应链。表 2—5 显示的是从内部管理视角观察企业目标和绩效考核指标。

表 2—5　　电子商务企业的内部管理视角考核指标

内部管理视角	
目　标	**考核指标**
提高在线服务质量	目标市场调查 利用在线服务的客户数量 网站上运行服务软件的时间
提高在线技术支持的质量	回复客户电子邮件的时间 处理一个问题的联系次数 网站上“常见问题”栏目能够解决的问题数量 客户跟踪调查
提高在线服务和产品的质量	某一绩效考核指标的产品测试数据
网站服务器空间充足，能够满足全年不间断运行	实际同时浏览的网页数量与最大可浏览量之比 服务器网页刷新的比例 备份网址的数量
增加回复在线求助客服代表的数量	客户求助数量与客服代表数量之比 网站浏览者数量与聊天板块数量之比
改善网站内容管理	每日内容的刷新量 统计网站点击量及点击模式
优化库存水平	仓库存货的平均数 存货周转率 供应商发货速度
提高企业供应链的价值	
提高供应商满意度	供应商从本企业订单获取的利润
提高合作方的价值	从合作方网站进入我方网站的人数以及实际购买的人数 合作方对产品设计的作用

学习和成长视角考核指标

这些指标大部分属于人力资源管理的范畴，仅有的两个例外是产品创新和营销流程持续优化。由于科学技术的快速发展，这两者在电子商务企业中的地位相当重要。表 2—6 列出的经营目标和考核指标都与网络营销企业相关。

表 2—6　　电子商务企业的学习和成长视角考核指标

学习和成长视角	
目　标	考核指标
在线服务创新	一年中新服务产品的市场投放量 竞争对手的服务中未含有的特色服务数量 新服务创造的销售量所占的比例
客户关系管理的持续优化	客户投诉次数及解决的次数 一段时间中服务改进的类型和数量
提高互联网因素促进销售的转换率	每位销售人员实现的互联网因素促成的销售额 互联网因素促成的销售次数
提高信息管理系统的价值	员工登录网站的数量 员工发布的信息数量
提高对新市场的渗透率	新市场中企业的销售份额

财务视角考核指标

无论是在线还是离线，制定营销战略都是为了增加收入、创造利润，但是企业的各项开支也会影响企业的利润。注重品牌经营的厂商应该同时关注利润。厂商在推出新产品或新的在线服务时，必须预测市场潜力，预测完成销售量所需的开支，还要预测获得盈利的时间（指收入抵消各项开支，回收启动资金所需的时间）。一般情况下，产品或内部管理项目实现盈利的时间越短，迅速收回投资的可能性越大，项目就越容易获得风险投资。

两种常见的考核指标是利润率和投资回报率。在这一节中我们只介绍其基本含义，不涉及税收和其他的相关因素。净利润＝收入－支出。企业收入指客户向企业购买产品支付的资金，企业支出包括各种费用，例如制造产品的可变成本、销售成本（如广告、免费赠送商品、招揽客户的成本）、配送、客户支持及其他行政开支。

投资回报率（return on investment，ROI）是指净利润与总资产（固定资产＋流动资产）之比。电子商务企业的投资回报率一般按照项目利润÷投资额（包括市场调研、产品开发、新产品推广测试所投入的资金）来计算。例如，某企业投资 10 万美元开发一款软件，用以分析网站客户流量，然后根据测得的数据，优化网页的内容，使用户浏览更加便利，增加了 75 000 美元的交易额，这一案例中的投资回报率为 75%。2010 年，营销管理人员最重视的是营销投资回报率指标，其次是老客户维系率、品牌忠诚度，以及市场定位和差异化经营等营销目标。

财务视角考核指标包括销售量、销售利润和投资回报率等。表 2—7 显示的是电子商务企业常用的财务视角考核指标。

表 2—7　　电子商务企业的财务视角考核指标

财务视角	
目　标	考核指标
增加在线产品的市场份额	市场份额比例（企业销售额占行业总销售额的比例）
销售额两位数增长	前后两个销售期的销售额
新产品一年 10%的投资回报率	投资回报率
降低在线客户获得成本（CAC）	客户获得成本（按客户人均的广告成本计算）
提高网站转换率	网站访问者的人均订单数
提高个体客户利润	订单平均价值 单位时间利润减去客户获得成本
新产品的第一年净利润至少达到 10%	净利润与销售额之比

2.6　社交媒体绩效考核指标

社交媒体绩效考核指标与一般的网站考核指标不同，因为在一些知名的社交媒体上，网络用户有着各不相同的互动模式。例如，用户在网站上看到一则视频资料，有的会花上三五分钟浏览，有的则是打开视频后马上按停止键。还需要考虑的问题是，如果一个用户上传一段视频，或对一段视频进行评价，与人分享，那么应该如何对这样的互动进行绩效考核？例如，星巴克公司希望客户参与企业产品开发，公司建立了一个名为“我的星巴克想法”的微型网站，希望通过这一途径更多地了解客户在实体门店中的需求。该公司可以计算客户提供建议的数量，了解客户所表达的正面或负面的情绪，计算产品改进的次数，以此来判断公司预先设定的客户参与目标以及学习目标是否达到，而这些业绩考核指标与公司网站的考核指标（例如网站知晓度、销售转换率等指标）是不同的。在本书的第 12、13、14 章中我们将对涉及社交网站的战略、方法、业绩考核指标等问题进行深入探讨。这一节中，我们只是对这些内容进行简单描述，介绍哪些指标可以用来测量社交媒体的沟通状况。

与所有的绩效考核相似，社交媒体的绩效考核首先也要选择合适的考核指标，这些指标应该能够持续地使用，并且与组织的社交媒体目标相一致。图 2—4 显示的是 5 种一般的考核内容，从知晓度到创新度，图中还列出了相应的考核指标。该图是金字塔形的，越靠近塔尖的部分人数越少，例如，(1) 绝大多数的用户都了解病毒营销的视频（知晓度和曝光度）；(2) 表达喜欢或不喜欢这样的视频，给出正面或负面评价的用户人数会减少一些（品牌健康度）；(3) 愿意与人分享视频信息或用社交标签来标注视频的人数更少一些（参与）；(4) 浏览制作视频的企业网站，了解产品信息，并且购买产品的人数更少（采取行动）；(5) 忠诚客户会在浏览视频后给予建设性的意见，帮助企业改进产品，但这样的人数是最少的（帮助创新）。

以下我们将对金字塔上每一个层次的绩效目标列出几个指标。企业往往用这样的指标来衡量自己的市场竞争能力。

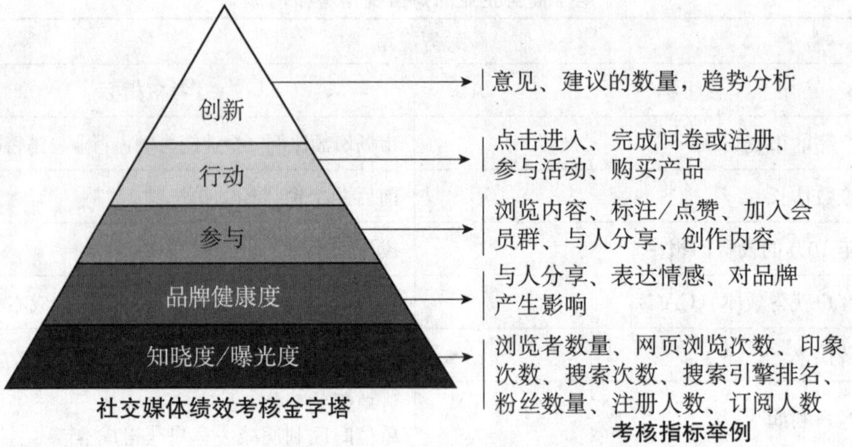

图 2—4　社交媒体绩效考核金字塔

知晓度和曝光度指标

要了解品牌知晓度是否提高，最有效的方法是从企业的目标市场上选取一个有代表性的产品进行调研，但是这样的调研成本很高，而且难度很大，因为调研的回应率是逐渐走低的，因此，企业总是使用一些替代指标来进行类似的测量。这些指标的假设条件是用户如果浏览了企业在脸谱网上的页面，或者浏览其他的社交媒体内容，那么他们就应该知晓广告中或页面上正在讨论的产品特性。

● 浏览者人数测量的是浏览者的数量，不重复计算。这些浏览者在特定的时间段里登录网站，或浏览申请表、视频资料等社交媒体内容。计算浏览者数量可以依据用户注册数，或网络跟踪器文件数，或由第三方（例如尼尔森公司、comScore 公司等）测量服务机构来进行。浏览者还可以按照初次浏览或再次浏览来区分。搜索引擎也能产生网站浏览记录，因此企业应该将网络机器人浏览的记录剔除。在 YouTube 视频网站上，每一则视频中都有该视频被浏览的次数，一目了然。

● 网页浏览次数指的是社交媒体网站上网页被浏览的次数。例如，一个网络用户可以在一家博客网站上浏览多篇博客文章。毫无疑问，用户浏览的页面越多，他们在网站上逗留的时间就越长，受到网站品牌的影响也就越大。

● 印象次数指的是放置广告的网页在用户电脑屏幕上显示的次数。厂商利用这一通用指标来测量网站的各种功能。

● 搜索次数指的是用户在搜索引擎上键入关键词搜索各种信息（例如品牌、公司或与有关组织相关的关键词等）的次数。

● 搜索引擎排名测量的是按照一定的关键词，某一组织的社交媒体内容在搜索结果中的位置。例如，如果用户键入公司名称、品牌名称或高层管理人员的名字，理想的情况应该是这些名称出现在搜索结果第一页的前十位中。

● 粉丝数量、注册人数、订阅人数指的是与博客、社交网站网页、视频或其他内容相关的数据，这些数据也可以用来计算媒体接触次数。

品牌健康度指标

企业利用这一指标来测量自己的品牌以及营销沟通活动对消费者产生的影响。品牌健康度关注的是消费者对品牌谈论的次数，正面的议论有多少，负面的议论有多少，等等。具体的指标有如下几个：

● **声音份额**（share of voice，SOV）指的是一个品牌与竞争对手的品牌在网络知名度上各自的比重。在离线环境中，声音份额测量的是一种品牌在传统媒体上广告所占的份额是多少。在社交媒体中，测量声音份额就是要看有多少人愿意谈论你的品牌。例如，市场调研机构 iStrategyLabs 公司在 2009 年做过一次调查，了解一个月中各种鞋类品牌的声音份额，结果发现，耐克等各种品牌所占的份额各不相同：耐克为 57%、阿迪达斯为 22%、匡威（Converse）为 15%，New Balance 为 4%，UA（Under Armour）为 2%。

● **情感指标**（sentiment）用来测量用户议论某一品牌时正面的、负面的、中性的情感所占的比重。2012 年 8 月 11 日，我们在社交媒体网站 socialmention. com 的搜索框里键入“Nike”一词，结果是正面印象 116 个，中性印象 409 个，负面印象 27 个。该网站给耐克品牌的情感指标是 0.27，因为正面评价与负面评价之比为4∶1。该网站的评价是基于全球 100 多个社交媒体的品牌印象计算而得的。网站上也有声音份额的计算。

● **品牌影响度**（brand influence）涉及多个指标，例如，指向某一社交媒体网站的站内链接数，在推特网站上得到转发的次数，对某一帖子的评论数，以及某一网站内容被分享或链接的次数，等等。

参与度指标

鼓励用户参与社交媒体活动的方法很多。参与度指标有很多，企业选择哪些指标进行测量取决于社交媒体上的内容是什么，用什么方法开展促销活动。以下列出的是按照参与度的深浅排列的常用指标：

● 内容浏览次数是指浏览某一内容的人数，例如浏览博客、观看视频、收听播客、下载文件等。

● 标签或点赞次数是指为内容加上标签、贴上书签，或简单地点赞。

● 会员或粉丝数量是指 RSS（really simple syndication，简易信息聚合，是一个站点用来和其他站点共享内容的一种简易方式）注册人数，或网络社区（例如 LinkedIn 网站，Meetup. com 网站等）的成员数，或推特网上的粉丝数量。

● 分享的次数是指希望传播的内容分享给他人的次数。

● 内容创造的数量是指计算在竞赛中网站浏览者上传广告的数量。例如，百事旗下的食品公司菲多利（Frito Lay）为它的薯片品牌 Doritos 举办超级杯广告比赛。企业还可以对浏览者评价产品的次数，对博客或视频进行评价的次数，或对其他网站内容进行转发的次数进行计算。

行动指标

尽管参与度指标也能显示用户采取的行动，但行动指标指向的是更高层次的行动，那就是实际的购买行为：

● 广告商网站的点进率是指受到广告宣传影响的人数，点击进入网站的人数。

● 完成联系表的填写或完成注册流程可以方便企业增加数据库中人名、邮件地址或相关信息的数量。

● 在线或离线活动的参与度是指参与社交媒体组织的促销活动，或类似网络研讨会等的社交活动。

● 购买行为，厂商的最终目标是消费者掏钱购买商品或服务。企业要计算转换率（浏览者中有多少转变成了购买者）、购买量、订单规模，以及其他各种可以测量促销活动的指标。促成消费者购买的因素各不相同，例如产品质量、产品价格、购买的便捷度，社交媒体上的促销活动（特别是打折促销）的作用是不可忽视的。

创新指标

企业都希望了解社交媒体上的互动和交流是否有助于客户对商品或服务进行评价，是否有助于企业改进商品和服务。创新指标在其他的各种指标中也有涉及，我们将其单独列出是因为其有助于品牌建设和培养客户忠诚。以下两个就是创新指标的典型：

● 创意的数量指在社交网站（例如“我的星巴克想法”网站）上有多少供人分享的创意。

● 趋势追踪是指网络信息帮助企业了解目标市场上哪些是热点。网络上的“谷歌趋势”板块就能显示哪些是最热门的搜索关键词，用户可以在这个网站上搜索市场的发展趋势。在一份趋势地图上，用户可以了解全球各地推特网上的实时市场趋势。从许多博客网站和其他一些网站上也能了解到帖子上的各种热词。当然，也有一些企业专门报告社交媒体的发展趋势。

2.7 测量工具

对于以上提到的各种评价指标，许多企业都开发出了各种测量工具。企业可以选择免费的谷歌测量工具，也可以利用比较高级的分析量表，这些量表的普及程度越来越高。利用这样的工具，企业可以监测实施目标的各项工作，评价工作的效度。如果出现了对产品的负面评价，也可以及时发现，这些都十分重要。

最简单的免费测量工具是谷歌快讯（Google Alerts）。每一个网络用户都可以利用这一工具，用户只要输入需要监测的项目，确定信息渠道（例如视频、博客、新闻、论坛等），谷歌网站会按照一定的时间间隔（例如每天一次，每周一次等）和设定的标准向用户发送电子邮件。企业可以对公司名称、品牌名称、高管的姓名、宣传用语、广告词等进行实时的监测。谷歌网站还提供免费的网站分析或博客信息分析，以此来测量知晓度、网页浏览次数、点进率等各种指标。企业如果在脸谱网上做广告，脸谱网也会提供各种指标，例如映像指数、点击次数等。许多社交网站都向用户提供各种测量工具。有些企业提供收费的量表，这些量表比较复杂，例如 Alterian 公司、Sysomos 公司、Radian6 公司、TrackUR 公司等。如果想要了解这些量表，只需在谷歌网站的图片搜索中键入“social media dashboard”就行了。

业绩指标与整个组织的运营有关，但是本书中仅涉及有关网络营销的指标。本章中提及的各种测量工具和指标将在后面的章节中进行深入的阐述。

第 3 章我们将讨论网络营销计划，以及该计划与公司电子商务战略之间的关系，我们还将讨论营销组合和客户关系管理的问题。网络营销计划有助于公司管理，也有助于实现公司的绩效指标。

小结

战略规划是传统企业或电子商务企业在经营目标、技术水平、资源以及瞬息万变的市场机遇这四者之间维持一种平衡关系的手段。企业必须考虑一些关键的目标（例如业绩增长、竞争定位、市场范围等）。

战略是实现目标的方式。电子商务战略是利用信息技术配置企业资源，以期实现具体的目标，最终提高企业绩效，创造可持续的竞争优势。网络营销战略是企业利用信息技术来设计营销战略，以期达到预期的目标。

电子商务模式是企业利用信息技术来维持长期经营的一种方式，其中包括对合作伙伴和客户的价值诉求，还包括源源不断地获取收益。企业应该尽量为客户以及合伙人提高成本效益，使他们能够感知到企业提供的价值。网络营销有助于减少支出，增加收入，提高客户价值。

企业的电子商务经营涉及作业层面、业务流程层面、公司层面，也可以是单一的虚拟经营。作业层面所承担的责任较小，风险也较小。随着层次的提高，电子商务活动参与程度渐次递增。作业层面的电子商务模式包括：在线购买、订单处理、电子邮件、信息发布、商业智能、在线广告、在线促销、动态定价、社交媒体沟通等策略。业务流程层面的电子商务模式包括：客户关系管理、知识管理、供应链管理、在线社区建设、数据库营销、企业资源计划、规模定制等。公司层面的电子商务模式包括：电子商务、网络平台开发、社交网络构建、在线经纪人（指在线交易、在线拍卖）、在线代理商（指制造商代理、卖方代理、反向拍卖等）。

绩效考核指标是评价企业有效运营的特定指标。对网络指标的分析其实就是利用网络服务日志、网络跟踪器文件、页面标签等数据分析用户在网站上的行为。

平衡计分卡要求企业考虑长期目标、实现目标的要素，以及在客户、内部管理、学习和创新、财务四个方面的绩效考核指标，将战略目标与考核指标联系在一起。客户视角指标考核的是向客户传递的价值。内部管理视角指标考核企业如何通过内部经营满足客户预期。学习和创新视角指标关注产品和服务的可持续优化以及产品的创新。财务指标关注投资回报率、销售量、市场份额增长、营业收入和支出等。企业基于其目标、经营模式、战略、所在的行业，从四个视角选择绩效考核指标，指导其经营过程，确保目标的实现。

利用社交媒体的企业需要各种不同的业绩考核指标，因为它们需要了解用户的参与程度，以及社交媒体对品牌知晓度和购买行为的影响。本章中我们从五个方面列举了业绩考核指标：知晓度和曝光度、品牌健康度、用户参与度、用户行为以及创新程度。在本章的结尾，我们提到了各种免费的和付费的服务，厂商可以利用这些服务跟踪绩效考核指标。

思考与练习

复习题

1. 什么是战略规划？为什么企业在实施战略规划时要进行SWOT分析？

2. 电子商务战略如何影响公司层面的战略？

3. 网络营销战略的定义是什么？如何实施这种战略？

4. 举例说明电子商务模式。

5. 决定价值的要素是什么？

6. 企业实施电子商务活动分为哪4个层次？请举例说明。

7. 什么是客户关系管理？企业为何要为此制定战略？

8. 电子商务的含义是什么？

9. 什么是单一经营企业？请举例说明。

10. 收集网站解析所需数据有4种途径，

请具体说明。

11. 什么是平衡计分卡？企业如何在电子商务活动中运用平衡计分卡？

12. 社交媒体知晓度和曝光度有6个重要指标，请举例说明。

13. 衡量社交媒体品牌健康度有3个重要指标，请举例说明。

14. 请列举社交媒体参与度的4个重要指标。

15. 请列举测量社交媒体行动的4个重要指标。

16. 请列举社交媒体创新程度的2个重要指标。

讨论题

17. 亚马逊公司的成功之道。亚马逊公司的商务模式是什么？它在哪个层面开展电子商务活动（参见图2—2）？

18. 亚马逊公司的成功之道。亚马逊公司使用怎样的业绩考核指标来衡量公司的成长目标和客户服务目标？

19. 电子商务的价值模式要不同于竞争对手创立的价值模式，其重要意义何在？

20. 基于你对亚马逊网站的了解（或者是作为网站客户的经历），你认为亚马逊公司应当采取何种合理的战略目标？应该采用何种绩效考核指标衡量目标完成的情况？为什么？

21. 平衡计分卡帮助电子商务企业从4个视角考核经营的结果。电子商务企业能从社会视角考核结果吗？为什么？

22. 企业在开展电子商务活动中是否有必要把客户和非客户都召集到网络社区中来？为什么？

23. 有人认为在Web 2.0时代网页浏览的考核指标已经没有意义了。你同意吗？

24. 如果你打算就自己在学校的体验写一篇博客，目的是帮助高中生了解高校生活是怎样的。你可以用哪些评价指标来衡量博客文章的质量？为什么？

网络应用

25. 请登录网站www.Dell.com。归纳公司开发网站的经营目标，然后从4个视角为该公司提出绩效考核指标。

26. 请登录网站www.bizrate.com。在网站上搜索与本教材有关的信息。本书网上销售的最低价是多少？最高价是多少？将这一价格与实体店（例如Border's书店、巴诺书店）的价格进行比较，再与二手图书销售网站www.half.ebay.com上的价格比较。从客户价值的角度思考，为什么有时候人们愿意到价格较高的地方去购买。

27. 在谷歌图片中搜索“社交媒体插件”。通过插件的链接进入开发这些社交媒体的企业。对生产大众消费品的企业（例如可口可乐）来说，怎样的社交媒体是理想的媒体？为什么？

第3章 网络营销计划

本章主要解释制定网络营销计划的重要性，介绍制定网络营销计划的七个步骤。你将会看到为了有效地实现电子商务的目标（例如增加收入、削减开支），厂商如何把信息技术与营销计划结合在一起。

学习目标

- 讨论网络营销计划的本质及其重要性，概述制定网络营销计划的七个步骤；
- 解释网络营销的目标，说明如何使用目标战略模型；
- 描述营销人员在创建网络营销战略的第一阶段和第二阶段中需要完成的任务；
- 在网络营销计划的预算环节中，列出一些重要的收支项目。

趋势与影响

- 如今的经济被称为“期望经济”。消费者都希望自己的需求能够及时得到满足，希望供应商提供的商品和服务是最优的，同时，他们还希望能够与真实的人进行沟通和交流。自从有了众包平台，消费者的这些愿望都能实现，因为在产品或服务正式对外发布以前，消费者已经参与其中。
- 2007 年，全球开展众筹服务的平台只有 100 个，但是到了 2012 年 4 月，这一数字已经跃升到 452 个。2011 年，众筹平台募集到的资金有 14 亿美元。2012 年这一数字有望翻番，达到 28 亿美元。比较知名的众筹平台有 Kickstarter，Porthole，Sedition Wars，Roomminate，Matter，CashewChemists，DemoHour，CrowdCube，Indiegogo，FreeBread 等。

案 例

推特网的故事

2006 年，在一次头脑风暴活动中有人提出了一个全新的互联网理念，6 年过去了，这一理念已经成为现实，推特网在全球的社交网站领域排名第二。这一切都是怎样实现的？推特网是一个社交网站，它用即时通信、短信（也有人称其为“短消息”）、在线交流等技术提供微博客的服务。杰克·多尔西①在回忆为这样的创意命名时说：“我们希望传递这样一种感

① Jack Dorsey，1976 年 11 月生，美国软件设计师和商人。2008 年多尔西与比兹·斯通（Biz Stone）、埃文·威廉姆斯（Evan Williams）共同创建了推特网，如今是推特网的联合创始人兼首席执行官。——译者注

觉，那就是你朋友的口袋里始终有东西在嗡嗡地叫。我们要让这样的嗡嗡声传遍全世界。如何用词语来表达？我们绞尽脑汁，终于想到了twitch（抖动）一词，它表示手机处于振动时的状态。然而，这个词用作产品名称并不合适，因为它无法让人产生联想。于是，我们去翻词典，看看twitch前前后后有些什么词合适，结果就找到了twitter（意思是唧唧喳喳地讲述，小鸟唧唧喳喳地叫）这个词，可以说正中下怀。”

2007年春天，美国得克萨斯州州府奥斯汀举办名为“西南偏南”（South by Southwest）的音乐节。参加音乐节的观众可以用手机发送短信并显示在现场60英寸大的等离子电视显示屏上，推特网就此声名大作。2007年，推特网上的微博数量是200万条，到2012年3月，推特网的注册用户数已经达到1.4亿，每天的发帖数量多达3 400亿条。推特网的规模还在持续扩大，用户可以将自己的帖子发送到WordPress博客网上，还可以通过在线软件在Prezi网站上将自己的帖子转换成PPT形式发布。推特网的发展速度惊人，这不禁让人想起互联网发展早期一些网站攻城略地的情景。

后来，推特网吸引风险资本来扩大经营。投资者也提出了这样的问题：“推特网的商业模式是什么？收入渠道在哪里？”随着网站用户的增加，帖子的日益增多，经营者想到了用人气来赚钱，那就是卖广告。2012年，推特网成功地销售出各种广告产品，例如热门帖子、促销热榜、推荐账户等。推特网学习谷歌AdWords商业模式的成功经验，根据用户搜索推特网站的记录来定位目标用户。微博帖子的容量只有140个字母。巴黎一所高校的学者在2012年进行了一项调研，他们把帖子按照“值得一读”、“不值得一读”、“过得去”分成3类，结果显示，第一类“值得一读”占36%，第二类“不值得一读”占25%，第三类“过得去”占39%。这一结果耐人寻味。

推特平台不仅用来聊天，有时候也用在很正式的场合，例如用在教学中（英国、澳大利亚、美国等国家都是如此），用在紧急情况下的公告，用来收集民意，企业用这一平台来募集资金或开展公共关系，还有的用来播报新闻。许多企业（例如百思买公司）用推特平台开展客户服务。

正是因为推特网具有这么多的功能，它体现出了固有的客户价值，也得到了媒体的认可，因此，它的商业模式会带来收益，给风险投资者丰厚的回报。推特社交网络平台的名人效应非常明显。例如，美国著名流行歌手Lady Gaga在推特上就拥有4 000多万粉丝（请浏览网站twitaholic.com查阅推特网账号排行榜）。新型的网络企业制定营销计划时，可以从排行榜上得到启发。杰克·多尔西与他的合作伙伴们对自己的创业、创新之路无比骄傲和自豪。

3.1 网络营销计划的步骤

信息技术将如何帮助厂商增加收入、降低成本并提高市场份额呢？市场环境变化多端，竞争对手层出不穷，企业该怎样利用互联网来保持可持续的竞争优势呢？答案在于企业如何有效地运用数字信息及信息技术。优秀的企业都有明确的长远目标，它们通过各种营销手段，把电子商务的目标和战略转变为网络营销的目标，以及为实现这些目标而实施的战略。营销工作需要分三步进行：制定营销计划、实施计划、评估和修订计划。本章将主要讨论第一步，即制定网络营销计划。

3.2　制定网络营销计划

网络营销计划是网络营销战略形成和实施的一个蓝图。网络营销计划是一个指导性的，并非一成不变的文件，通过营销管理，把公司的电子商务战略（电子商务模式）与技术驱动的营销战略结合在一起，为计划的实施列出工作细则。网络营销计划总是与企业整体的营销计划结合在一起。营销计划是为了实现企业的经营目标，根据电子商务模式（由企业的电子商务战略确定）的具体内容通过具体的绩效考核指标来达到预期的结果。图 3—1 显示的是网络营销计划在整个工作流程中的位置。

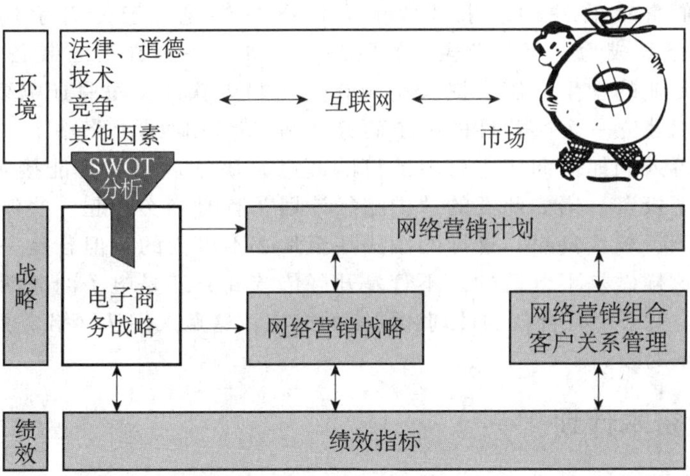

图 3—1　网络营销计划

网络营销计划好比是一张路线图，它引导企业如何发展，如何分配资源，如何在关键时刻做出果断的决策。也有许多企业并不这样做，而是临时应对。推特网的首席执行官杰克・多尔西认为，推特网的商务模式就属于“机缘巧合”。当然，有些企业成功了（例如推特网），但大部分企业失败了。高德纳公司曾经预测，由于公司在计划中存在缺陷，2002 年之前会有 75%的电子商务企业倒闭。不幸的是，它的预测变成了现实。不过，也有一些成功的企业偶然地发现了成功的电子商务模式，然后，它们就利用那些经验制定计划，振兴企业。嘉信理财公司是一家网络证券交易企业，该公司运用自己在网络渠道经营的成功经验对实体公司进行重整。不管企业是先制定战略，再安排具体计划，还是根据经验来理出计划，它们都应该制定计划来保证公司的长期稳定运行。

本章主要介绍传统营销计划的七个步骤。计划中包括各种任务，厂商可以从中选择与公司、行业、品牌及内部经营流程相关联的活动。不过，前提是公司已经制定公司层面的计划，规定了公司的目标、电子商务战略，以及公司层面的电子商务模式。如果这个计划还没有形成，那么营销人员必须全面考虑公司环境并在产生计划之前对公司进行**环境调查**（environmental scan）和 SWOT 分析。下面将要讨论的是两种常用的网络营销计划，即餐巾纸计划和风险资本计划。

餐巾纸计划

众所周知，许多互联网企业的创业者往往是一边用餐，或者参加鸡尾酒会，一边随手将自己的创业灵感写在餐巾纸上，然后就凭着这张餐巾纸去筹集创业资金，这就是所谓的“餐巾纸计划”。读者可以在维基百科网站上搜索关键词 Twitter，寻找到2006年杰克·多尔西画出的社交网络蓝图。看得出，它只是在一张白色便笺纸上画出的草图，不久，这张草图成就了一家辉煌的企业。推特网成功以后，杰克·多尔西又创办了一家名为 Square 的移动支付公司。智能手机用户只要用手机扫一下自己的信用卡，就可以完成购物支付活动。这家移动支付公司的起家有着与推特网一样的传奇色彩。这样把公司做大的过程，就是快速行动，做起来再说，是一种颠倒的设计计划。例如，Digg. com 网站的创业者凯文·罗斯偶然想到可以建立一个网站，把人们喜欢的种种故事都放上去供网友浏览，于是着手建立网站，如今，Digg. com 已经成为一个非常成功的网站。又如，一个在滑雪装备供应商店工作的网络营销专业的学生向店主提议花 500 美元购买软件，每月还需要 50 美元的服务器租赁费以建立一个实验性的电子商务网站，他在网站上张贴了一些滑雪装备的图片，还告诉人们如何向店主打电话订购商品，该站点每周都能接到几张网络订单，很快收回了投资。诸如此类的“拍脑袋计划”有时确实会起一些作用。如果一家企业因循守旧、故步自封，这样的做法甚至是必不可少的，但若是一项需要很多投资的创意，这样做是不合适的。不管是开展传统商务还是电子商务活动，若要取得长期的成功，就必须有合理的计划和周密的措施，这是人们从网络企业大起大落的经历中总结出来的教训。

风险资本计划

凭着一项创意发展起来的中小企业往往靠着一份“餐巾纸计划”起家，并不考虑如何制定总体的营销计划，其中的一个原因就是它们通常由一两个领头人规划整个风险投资，仅凭直觉去理解营销环境，判断应该如何将灵感变成现实。1994年，杨致远（Jerry Yang）和戴夫·菲洛（Dave Filo）合作创办了“通往万维网的杨致远指南”（Jerry's Guide to the World Wide Web），这就是后来的雅虎（Yahoo!）。随着公司的成长和对资金的需求，杨致远和戴夫不得不制定一个全面的网络营销计划。若没有对战略规划的重视，雅虎网站是不可能成为网络时代的幸存者的。

企业家去哪里寻找资本呢？一些资金来自银行贷款，这是债务融资，大部分则属于股本融资。许多新开办的公司向私人（朋友和家庭成员）融资，或者吸引**天使投资人**（angel investors）或风险资本家的投资。天使投资人对企业提出的条件较少，而风险投资的条件较为苛刻。一般来说，朋友和家庭成员的投资额都较小，天使投资人会投入几万或几十万美元，风险资本家则投入几百万美元。银行、企业以及咨询公司往往会建立一个风险投资部门，负责向初创的网络企业投资。有些风险资本家甚至向那些刚刚走出校门的大学生创办的公司投资。

许多人愿意为开展电子商务的企业家投资。从 2007—2010 年的 4 年间，获得风险投资的电子商务企业逐年增加，这主要源于社交媒体的蓬勃发展。2011 年，这一波浪潮继续汹涌，997 家初创的电子商务企业募集到风险资金 69 亿美元，比 2010 年增加了 68%。按照传统的观念，资金属于稀缺资源，其实最稀缺的资源是智慧。投资者并不是一群愚蠢的人，他们都在寻觅一份好的商业计划，更重要的是寻找一支能够将这样的商业计划付诸实施的团队。史蒂夫·乔布斯就是一个十分典型的例子，是乔布斯把苹果公司带到了成功的巅峰。

这种想法在一定程度上减轻了企业家制定计划的压力，但并不是说没有必要对优化企业的资源进行规划。企业家为风险资本所准备的计划应该有8～10页的篇幅，其中应该包括各种数据和理论来证明两点：（1）这个电子商务的创意是有价值的；（2）企业家已经懂得该怎样经营这一业务。除了思考投资回报以外，投资者还需要考虑竞争环境、目标市场和市场潜力，以及如何开发新客户，维系老客户。

风险投资者通常会考虑如何退出，也就是如何在几年之内收回成本，获取收益。最好的退出计划就是让公司上市，通过首次公开募股的方式募集资金，等到股票价格涨到一定高度时，风险投资者便会将股票变现，再继续进行其他的投资。风险投资者并不奢望所有的投资都会成功，即使只有1/20的投资是像亚马逊（Amazon. com）或者脸谱网（facebook. com）这样的公司，投资者承担一些风险也是值得的。这些新创办的公司的员工工资一般都很低，但是他们可以从股票期权中得到补偿。令投资者特别感兴趣的是那些能够获得高额利润的新市场。先是对B2C市场投资的热情，接下来便是B2B市场，如今则是对社交网络的投资。只要一些市场趋于饱和，必然会有一些新的市场冒出来。有些人认为，下一个腾飞的市场将是移动商务市场。

3.3　网络营销计划的七个步骤

网络营销计划主要包括七个步骤，即**形势分析**（situation analysis）、网络营销战略规划、网络营销目标、网络营销战略、实施计划、预算、评估方案（见表3—1）。由于电子商务发展迅速，因此有必要强调用反馈机制来评估计划是否成功，或用反馈机制来对实施过程进行修正。有些厂商则认为企业应该制定一些应急计划，一旦需要对原有的营销计划进行调整，就启动这些应急计划。

表3—1　　网络营销计划

步骤	任务
1. 形势分析	审视企业的经营环境，进行SWOT分析 审视企业现有的营销计划，以及其他关于公司和公司品牌的信息 审视企业的电子商务目标、战略以及绩效考核指标
2. 网络营销战略规划	判断组织对多变的市场机遇的适应性，完成营销机遇分析、供求分析、细分市场分析 **第一层面战略** ● 市场细分战略 ● 目标市场战略 ● 差异化战略 ● 市场定位战略
3. 网络营销目标	确定源自网络营销战略的一般目标

续前表

步骤	任务
4. 网络营销战略	识别由电子商务模式创造的收入来源 **第二层面战略** 设计产品战略、定价战略、分销战略、促销战略、客户关系管理战略 对经营目标进行必要的修改
5. 实施计划	设计网络营销组合战略 ● 产品及服务战略 ● 定价及评估战略 ● 分销及供应链管理战略 ● 整合营销沟通战略 设计客户关系管理战略 设计信息收集战略 为实施计划设计组织架构
6. 预算	预测收入 估计为达到目标所需的成本
7. 评估方案	确定适当的绩效考核指标

我们可以将制定一份营销计划与准备一场橄榄球比赛进行类比。我们在观看比赛录像时，可以通过现场分析得知每个队的优势与劣势所在（例如，主队在传球方面做得比较好，客队在防守方面表现出色）。球队的目标应该是通过投球来赢得比赛。球队首先要制定战略来实现此目标（例如，利用假动作误导对手的防守，然后快速地投球），然后采取具体的战术来实施战略（例如，利用一个假动作来传第一个球，正常地传第二个球以获取对方的信任，再来一个假动作传第三个球，等等），最后，由专业评论员对这场比赛进行赛后评价。

3.4 第一步 形势分析

有些人认为，制定网络营销计划意味着一切从头开始。这句话肯定是对的。制定网络营销计划要了解目前的经营状况、企业已经开展的电子业务，以及传统的营销计划。

营销环境千变万化，这为企业提供了大量的机遇，如开发新产品、新市场、新的客户沟通媒介，还可以开发与业务伙伴交流的新渠道。与此同时，企业也面临着许多来自竞争对手的、经济上的以及其他的一些威胁。有三个关键的网络营销**环境因素**（environmental factors），即法律因素、技术因素以及市场因素。我们将会在第 4、5、7 章中详细阐述这些因素。在书中的“相关技术”专栏中也会讨论这些问题。

SWOT（strengths，weaknesses，opportunities，threats，即优势、劣势、机遇、风险）分析指的是在对环境和竞争力进行分析时，对公司内部的优势与劣势的分析，以及对公司外部所存在的机会和风险的分析。机会分析可以帮助公司确定目标市场或开发新产品的机会，而威胁则是指企业面临的风险。例如，当初亚马逊公司抓住在线销售的机会时，市场上的竞争还不是很激烈。亚马逊公司面临的最大风险是有一家大的连锁书店（指巴诺书店，Barnes & Noble）声称要全面进入网络市场。公司最大的劣势是没有售书的经验，甚至没有办理信用卡交易的经验。还有，公司不了解如何把书装箱托运，最初是把书放在地上打包的，后来还是一位偶尔来访的木匠建议制作一个打包台，才算解决了问题。公司最大的优势是有一个精明的团队，他们肯钻研、善学习。对于亚马逊公司来说，幸运的是那些大的书店动作迟缓，正是它们的这一延迟进入，给了亚马逊一个创建自己网上品牌的机会。直到亚马逊公司的股票上市前夕，巴诺书店（www.barnesandnoble.com）才开始反击，但是已经太迟了。亚马逊公司的首席执行官杰夫·贝佐斯声称他们不会开设实体书店，因为那将无法显示自己的差异化优势，这也显示了该公司战略决策的英明。不管是对亚马逊公司，还是对其他类似的企业，威胁始终存在。亚马逊公司 2011 年的年报中罗列了公司面临的 24 种潜在的风险，包括竞争的风险、数据安全的风险、汇率波动的风险等（请浏览公司年报的网站搜索亚马逊公司的信息（annualreports.com））。

值得一提的是，一家企业在网络市场中的优势或劣势与其在实体市场中的优势、劣势是不一样的。例如，亚马逊公司关注的是数据安全问题和知识产权问题。巴诺书店在实体市场中有强大的优势，但是它并不能将其转化为网络市场上的优势。巴诺公司面临着渠道冲突，它得向销售渠道的合作伙伴解释，为什么顾客在线购书的价格可以便宜一些。由于亚马逊公司仅进行网上销售，因此不存在潜在的渠道冲突。

3.5 第二步　网络营销战略规划

在进行了形势分析，并且审视了现有的营销计划以后，营销人员要开始制定战略规划。在第 2 章中，我们曾经提到过制定战略规划应该考虑组织的目标、技术水平、资源与不断变化的市场机遇是否相适应。为了叙述方便，我们把这些任务列为第一层面的战略，其中包括市场细分战略、目标市场战略、差异化战略和市场定位战略。在这一阶段，营销人员将会利用一切有利于阐明网络营销目标的机会。

营销人员所进行的**市场机遇分析**（market opportunity analysis，MOA）包括对市场细分和目标市场两个方面的供求分析。需求分析部分中的细分市场分析要对潜在的获利能力、可持续性、可行性，以及潜在的细分市场规模进行描述和评估。在 B2C 细分市场分析中，要使用各种描述性语言，比如人口统计特征、地理位置、市场心理特征（例如对技术、对拥有无线通信设备的态度等），以及某种产品的历史行为（例如在线或离线的购物方式等）。B2B 市场中的描述性语言包括公司的位置、规模、所属行业、需求类型、技术积累程度等。这些描述性语言可以帮助企业识别潜在的有吸引力的市场。企业还必须了解细分市场的发展趋势，比如某个细分市场的规模会扩大还是会收缩，对产品的需求是增加还是减少等。

企业若通过网络渠道进入一个新的市场，应该使用传统的细分市场分析方法。然而，如果计划为目前的市场提供在线服务，就应该对现有的客户需求进行更深入的研究。例如，公司的哪些顾客将会使用互联网？使用公司网站的顾客的需求与其他顾客的需求有哪些区别？（例如网络用户往往希望自己的电子邮件能够在 24 小时之内得到回复，而普通信件在几周之内得到回复便可令人满意了。）另外，企业往往因为客户发现了脸谱网或其他一些社交网站（例如 Pinterest 网站）而开拓出一片新的市场。营销人员可以利用各种分析工具来判断如何更好地为这些新市场提供服务。

企业进行供给分析的目的一是帮助预测细分市场的收益率，二是找到开拓在线市场的竞争优势。只有在对公司的竞争优势与劣势仔细分析之后，公司方能找到其自身的经营优势。因此，企业在启动网络营销创新计划之前，首先应该仔细研究竞争环境、网络营销创新计划，以及自身的优势和劣势。同时，企业必须尽量去判断未来的行业变化情况，即哪些新的企业将有可能出现在互联网上，哪些将会逐渐退出？例如，2005—2008年的几年间，MySpace网站在网络上大行其道，有谁会预计到脸谱网有朝一日会异军突起呢？

进行了全面的市场机遇分析之后，企业就可以选择目标市场，并且清楚地了解其特点、消费行为，以及对公司产品的需求情况。此外，企业还应该了解每一个市场的价值诉求。例如，表3—2显示的是营销人员要面对的几个西班牙裔消费者市场。

表3—2　　SWOT分析指引网络营销目标的确定

机会	威胁
1. 对于我们所属的行业来说，西班牙裔消费者市场处于增长和未开发状态 2. 通过电子邮件营销可以节省邮费开支	1. 不确定的安全法意味着要为软件升级付出代价 2. 竞争者X公司也在使用脸谱网的电子商务，形势严峻
优势	**劣势**
1. 完善的客户服务部 2. 优秀的网站及数据库系统	1. 不太重视技术的企业文化 2. 季节性强的产业：旺季在夏季的几个月
网络营销目标：一年内电子商务收入达到50万美元	

网络营销战略规划中第一层面战略还包括品牌差异化及品牌定位战略。在了解了竞争环境和目标市场以后，厂商就需要判断如何将本企业的产品与竞争对手的产品区分开来，而且要让目标市场的客户明显地感知这种差异。在脸谱网的案例中，管理层必须依靠第三方的合作才能使自己的网站与竞争对手（MySpace，该网站如今已经成为音乐家聚集的最佳场所）的网站相区别。进行差异化分析之后，应该制定一份品牌定位报告，说明企业的品牌形象，本企业的品牌与竞争对手的差异。即使定位战略在传统营销计划中已经明确了，开展网络营销的企业还必须判断这一战略在网络经营中是否同样有效。如果是为一个新的品牌或新市场做计划，那么企业就应该在这一环节制定品牌的差异化战略和品牌定位战略。

3.6　第三步　网络营销目标

一般情况下，一份网络营销计划中的目标包括以下三个方面：

- 任务（需要完成什么）；
- 可量化的工作指标（工作量是多少）；
- 时间限制（什么时候完成）。

庞蒂克公司（Pontiac，美国通用汽车公司旗下品牌之一）在"第二人生"网站上经营一个名叫Motari的小岛。假设该公司的业绩拓展计划是一年中使来小岛观光的虚拟游客人数从5 000人增加到6 000人。这种类型的目标是很容易评估的，也是网络营销计划中一个关键的部分。网络营销计划一般要说明为什么设定这样的目标，也就是在一定的外部环境下，利用电子商务的战略和网络营销的手段，为什么这样的目标是可望又可即的。

网络交易是电子商务经营中非常重要的一个方面，在企业希望凭借技术来提高内部工作效率时更是如此（比如提高与目标市场的沟通效率），其他一些方面也同样值得重视。其实，大部分的网络营销计划都希望完成多个目标，例如：

- 增加市场份额；
- 增加企业博客上客户评价的数量；
- 提升客户正面评价所占的比例（例如正面评价与负面评价比为 5∶1）；
- 增加销售收入或销售量；
- 降低成本（例如分销成本或促销成本）；
- 完成品牌目标（如提高品牌知名度）；
- 扩大数据库的规模；
- 完成客户关系管理目标（例如提高客户满意度，提高购买频率或维系客户的比例）；
- 改进供应链管理（例如提高渠道成员的协作能力，增加合作伙伴数量，优化存货水平）。

营销计划中的一个重要部分是明确潜在的收入渠道（可以参考第 2 章中的各种商业模式）。公司的电子商务计划可能包含如表 3—2 所示的 SWOT 分析，采取电子商务的模式。按照这一模式，网络营销人员设定一个定量指标，即在第一年里电子商务收入要达到 50 万美元。

3.7　第四步　网络营销战略

接下来，营销人员按照 4P 的内容和客户关系管理制定营销战略，以实现既定的目标，也就是关于产品、价格、促销和渠道的计划目标。此外，营销人员还要设计客户关系管理及伙伴关系管理战略。为叙述方便，我们把这些任务列为第二层面战略。在实践中，第一层面战略和第二层面战略是互相关联的（见图 3—2）。例如，营销人员选择最好的目标市场，确定具有竞争性的市场定位，这要求广告、定价等工作进行配合。步骤 2、3、4 是一个互动的过程，因为如果不理解品牌承诺（指公司承诺给客户的利益），我们就很难知道应该怎样进行品牌定位。接下来是第二层面战略的内容，后面几章将对此做详细叙述。

产品战略

企业可以在网上销售商品、服务或广告，可以采取在第 2 章中讨论过的电子商务模式（例如网上拍卖）来取得收入。企业可以在网络市场创建新的品牌，也可以依然销售离线市场正在销售的某些产品，或者对现有产品进行一些改进。显然，通过市场分析可以发现有多种选择。如果企业在网上提供现有的商品，就要设法解决许多问题。例如，显示在计算机屏幕上的颜色与印刷品上的颜色是不同的。很多精明的企业利用信息技术来为网上提供的商品增加优势。例如，蓝色尼罗河珠宝公司（Blue Nile）可以在瞬间按照客户的要求定制个性化的产品：客户可以在网上设计自己想要

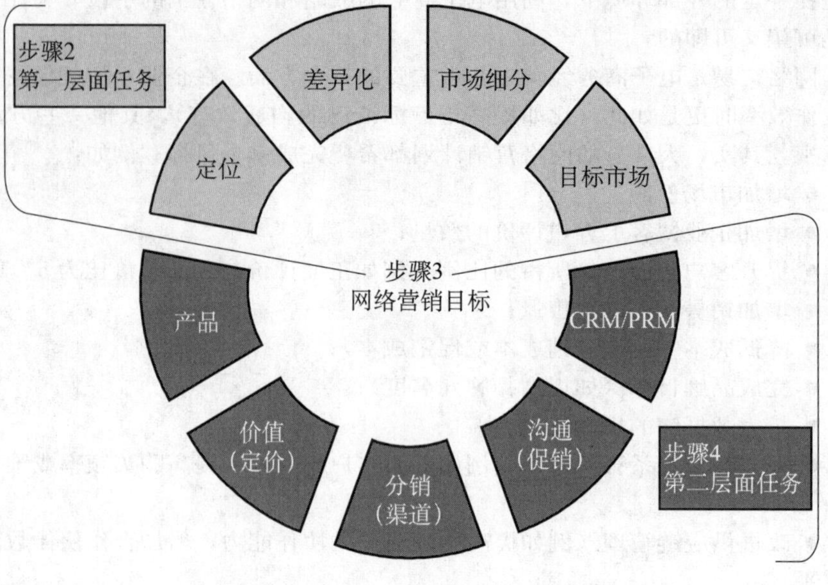

图3—2 网络营销计划的第2、3、4步

的钻石、珠宝、戒托，数据库会据此提供一张反馈表，上面有钻戒或者项链的图片，以及价格信息。

定价战略

企业要确定同一种产品的在线价格与离线价格的差异。要做到这一点，企业需要了解通过在线渠道进行产品分拣和配送会发生哪些成本，还要考虑竞争性因素和市场因素。在线定价主要有两种趋势：

- **动态定价**（dynamic pricing）。这种战略主要是指针对不同的顾客或不同情况制定不同的价格。例如，初次购买者或数月未购买者享受比经常购买者低一些的价格，或者可以在销售淡季进行降价。在网络环境中，企业可以对商品进行自动定价，或者对网络用户实行浮动价格。
- **在线竞价**（online bidding）。它为优化库存管理提供了一种方法。例如，西雅图的一些旅馆在淡季允许旅客对旅馆房间进行竞价，它们指示预订部的员工根据当天的房间入住率来接受不同的最低竞价水平。Priceline. com网站、eBay. com网站以及很多B2B交易操作都使用这种战略。

分销战略

很多企业利用互联网递送产品，或者利用互联网提高供应链成员的工作效率。例如：

- **直复营销**（direct marketing）。很多公司跳过传统销售渠道的中间商，直接把一些产品销售给顾客。在B2B市场中，很多公司使用互联网开展销售活动，使成本大幅降低。
- **电子商务代理模式**（agent e-business models）。一些企业（比如eBay公司和E*TRADE公司）把买卖双方撮合在一起开展交易，从中收取中介费。

营销沟通战略

互联网产生了许多新的营销沟通方式，企业既可以通过网络把客户吸引到网络站点，也可以加强与传统企业客户的交流。一些公司利用万维网、社交媒体、电子邮件等与目标市场客户以及业务伙伴进行沟通。通过这样的途径，它们还可以创建品牌形象、提高新产品的知晓度、对产品进行定位。企业利用数据库营销的形式来储存客户需求、消费者偏好和消费者行为等信息。根据这些信息，企业可以在有利的时机发送相关的个性化信息，开展有针对性的沟通。

客户关系管理战略

很多网络营销沟通战略可以帮助企业与其合作伙伴、供应商以及客户建立关系。一些公司通过客户关系管理或伙伴关系管理软件将客户沟通和购买行为信息整合到一个数据库中，以此来提高自己的竞争力。它们使用 CRM 软件来维系客户，增加平均订单价值和客户终身价值。社交客户关系管理是利用社交媒体来鼓励客户参与，开发新客户，维系老客户。另有一些企业则建立外联网，便于企业间更好地沟通，更有效地开展交易。

一种简单的审视企业目标和网络营销战略的方法是运用一种目标—战略矩阵表。这种方法可以帮助营销人员更好地理解他们在执行计划时所必需的条件（见表 3—3）。每一个小格包含一个“是”或“否”，判断的依据是营销人员能否将目标与战略联系起来。

表 3—3　网络营销目标—战略矩阵表

在线经营目标	在线经营战略				
	在线广告	在线视频	电子邮件	在线销售	社交网络营销
提高客户参与度	是	是	是	否	是
丰富客户信息	是	否	否	是	是
改进客户服务	否	否	是	是	是
提高品牌知晓度	是	是	是	否	是
增加产品销售量	是	可能	是	是	是
品牌重新定位	是	是	是	否	是
增加脸谱网“好评”	是	否	是	是	是
促进销售实现	是	是	是	是	是

3.8　第五步　实施计划

第五步是一个人人都关心的话题：怎样通过有创意、有效率的战术来完成目标。在这一步骤中，厂商为了实现计划目标选择营销组合（4P）、客户关系管理以及其他战术，然后制定出详细的实施计划（行动计划）。它们还会去判断是否有一支合适的营销队伍（指员工队伍、部门结构、应用服务提供者以及其他的外部公司）去执行计划。只要战术组合得当，企业就有可能有效地实现目标。

网络企业格外关注信息收集的战术，因为信息技术对自动化信息收集有很大的优势。企业可以运用网络调查表、网络跟踪器文件、电子邮件、在线市场调研等形式来收集有关现有客户、潜在客户及其他利益相关者的信息。其他重要的方法包括：

- 网站日志分析软件，帮助企业了解用户在网站上的行为，以便更好地满足客户需求；
- 商业智能，利用互联网进行二手信息调查，帮助企业了解竞争对手及其他市场力量的信息。

3.9 第六步 预算

任何一个战略规划的关键部分都是确定预期的投资回报。企业可以将收益与成本比较，进行成本—收益分析，计算投资回报率（ROI）或内部收益率（IRR）。管理层用这些数据来判断他们所做的投入是否值得。如今，企业格外关注营销活动的投资回报率（return on marketing investment，ROMI）。在计划执行阶段，营销人员会密切关注实际发生的收入与成本，以便判断企业是否在按既定目标执行。计算机和互联网帮助厂商记录下网络用户每一个细小的动作，它所发挥的作用是无与伦比的。下面介绍的是与网络营销活动相关的一些收入与成本。

收入预测

在预算中，企业用一个固定的销售预测方法来评估网站在短期、中期、长期获取的收入。在计算的过程中，企业要利用公司的历史数据、行业报告以及竞争对手的信息。收入预测的一个重要部分是评估网站在一段时间内的访问量，因为这些数字会对公司期望从网站所获取的收入产生影响。网络经营的收入渠道主要包括网络站点的直接销售、广告销售、订阅费、会员介绍费、在伙伴站点实现的销售、佣金收入以及其他收入。企业通常以电子数据表格的形式对这些收入进行汇总。电子表格能显示一段时期内的预期收入和获得这些收入的渠道。

无形收益

和实体企业经营的情况相似，网络营销战略中的无形收益也很难确定。例如，美国航空公司开展一项促销活动，在活动期间，顾客会定期收到关于常客计划账户余额信息的电子邮件。这项工作能够创造多少品牌价值呢？网站帮助提高了品牌知晓度，它的价值又有多大？用财务数据来显示这样的收益是一项非常困难的工作，但又是必不可少的。

降低成本

通过网络的高效率所节约的成本称为企业的软收入。例如，如果在分销渠道上通过批发商、分销商和零售商将制造商和客户联系起来，那么每一个中间商都要从中获益。制定的价格方案一般是这样的：制造商将价格提高10%卖给批发商，批发商将价格提高100%卖给零售商，零售商将价格提高50%卖给消费者。因此，如果一个制造商以55美元的价格将其产品卖给批发商，那么终端消费者需要支付165美元才能购买到此产品。如果制造商跳过那些中间商而在网上直接将产品卖给消费者（称作**“去中介”**（disintermediation）），那么它可以将产品定价为85美元，增加了30美元的收入。这种方法能否为厂商带来利润，取决于把产品递送给消费者所花费的成本。再举一个例子，假设打印、邮寄一封邮件需要1美元，那么给5 000个消费者邮寄就需要5 000美元，事实上，这5 000美元厂商是可以节约的，如思科公司利用在线计算机系统销售来处理销售业务，每年竟然可以节约成本2.7亿美元。

网络营销成本

开展网络营销会产生各种成本，例如人员工资、购置硬件和软件等设备的开支、项目设计费用等。此外，一些传统的营销成本也可能会出现在网络营销预算中，例如，为增加网站访问量而支付的离线广告成本（例如GoDaddy.com网站为超级杯棒球赛所做的广告）。为简明起见，这一节只讨论与技术相关的成本。从下面的“相关技术”专栏中可以看到，建立一个网站需要许多步骤。除了最基本的开支以外，建立一个网站的成本少则5 000美元，多则高达5 000万美元。当然，若仅仅开发一个最基本的网站，或者只开设一个博客，则要节省得多。以下列出的是网站开发可能发生的一些费用：

- **技术费用**：包括软件和硬件购置费用、联网费用、服务器购置费用、教育方面的资料及培训费用，以及站点的运营及维护费用。
- **站点设计**：网络站点需要平面设计师来设计一个具有吸引力的页面，包括图片和照片。
- **人员工资**：所有参与网站开发与维护的工作人员的工资都要列入预算项目。
- **其他网站开发费用**：除去技术费用和人员工资，其他的费用都在这一项中列支。比如域名注册、雇用专家编写内容或进行其他开发和设计活动所需的费用。
- **营销沟通费用**：凡是与增加网站访问量、吸引回头客消费直接相关的费用（比如在线或离线的广告、公关、促销活动等）都列入营销沟通费用。其他费用包括：搜索引擎排名费用、在线咨询费用、邮件列表租金、竞赛奖励等。
- **社交媒体沟通费用**：如果企业通过脸谱网、推特网或其他社交媒体网站与客户进行沟通，人员工资是会增加的。企业要花费时间和精力去关注社交媒体上对自己品牌的评价，也要关注其他企业对自己品牌的议论，看到有负面的评价就要及时应对。
- **杂项费用**：其他的项目费用可能会有差旅费、电话费、网站建设初期发生的文具用品费用等。

相关技术

建立一个网站

假设你已经加入了一个团队，任务是重新设计公司网站。你已经听说负责平面设计与信息系统的同事也将加入到这一队伍中来。你不是很确定谁将负责哪一块工作，甚至不清楚整件事情的结果会是怎样的，你想在会议中显得有很强的表达能力，同时又很有知识。

网站应该如何建设呢？其过程在某些方面与建一栋房子很相似。在建房子时，建筑师与客户一起商讨，了解他们的需求，草拟一个能够满足那些需求的设计方案，然后将方案交给建房子的开发商，其顺序是从需求到设计再到开发。同样，营销部门草拟一个有创意的框架，详细说明网站的需求及具体的设计因素（例如用什么字体、什么颜色）。

下一步是利用设计工具（例如 Adobe Photoshop）为主页及其他网页设计一个版面。要想精通 Photoshop 软件，了解一般的设计原理，这需要相当多的训练与实践。营销部门提供相关设备让平面设计团队来完成这一设计方案，然后将设计结果在客户中运行，进行必要的修正。一旦设计方案被定下来，再由开发小组把方案接过来，进行开发运作。开发小组对网站有五个主要的目标，该网站应该做到如下几点：

1. 易于更新。网站的内容要容易变更。一般来说，输入屏应该允许一个得到授权的用户能直接将内容输入或粘贴到网站上，不需要技术人员帮助。持续更新的内容（例如存货信息或者天气信息）应该设置为自动更新，而不需要人为介入。

2. 下载快速。每一个网站的网页应该在10秒之内打开，即使是与一个速度很慢的调制解调器相连接也应该如此。调查显示，用户的耐心不会超过10秒。要做到这一点，需要压缩网页上的平面设计因素，使用 GIF 文件格式或者 JPEG，PNG 格式。GIF 文件用于平板色区域的线条图（如公司的标识），JPEG 格式则用于连续的色彩图像（例如照片）。PNG 文件格式是两者兼而有之。如今，Adobe Flash 技术越来越流行，这有利于动画片和电影的放映，却难以满足10秒完成下载的要求。Flash 是专为有宽带连接的用户设计的，因此，许多网站上注明可以跳过 Flash。文本文件不需要进行压缩，因为它的下载速度很快。苹果公司的研发人员认为 Flash 技术的效率低下，因此苹果公司开发的 iPhone 和 iPad 都不支持 Flash 技术。

3. 易于发现。网站应该容易被搜索引擎搜索到，容易被发现。这就需要仔细设置关键词，以便使网站在搜索引擎中提高级别。

4. 具有人机交互功能。简单的人机交互功能是通过超链接将许多网页连接起来，而复杂的人机交互功能需要一些复杂的程序。下面列举的是一些复杂的人机交互功能：

- 网站上的搜索框；
- 用户输入确认功能（例如核对其电子邮箱地址是否有@标记，或者信用卡号是否有效）；
- 处理一笔交易（例如完成一次购买过程）；
- 用户在网站登录需要很高的安全性（例如银行或股票账户）；
- 与后台数据库连接（指一些公共数据库，包括体育比赛成绩、新闻、股票行情、气象更新等，也指一些非公共数据库，其中包括敏感的公司和私人账户信息）。

人机交互功能是使用一些开发工具（例如 Macromedia Dreamweaver 或 Microsoft Visual Web Developer 等）实现的，这些工具通过 HTML，Javascript，Java，Flash 等软件开发出计算机编码。要想掌握这些工具，需要相当程度的训练和实践。

5. 具有安全性。网站需要被保护以防止黑客与病毒的恶意攻击。企业往往希望了解规避这样的风险究竟需要投入多少成本，再决定是否继续开发网站。

3.10 第七步 评估方案

一旦网络营销计划开始实施，企业就应该经常对其进行评估，以保证计划的成功实施，这意味着网络营销人员必须在网站开通前建立好合适的跟踪系统。应该对哪些内容进行评估呢？这要看营销计划有哪些目标，我们可以回顾为电子商务设计的平衡计分卡（见第2章），以便清楚考核指标是如何影响具体的计划目标的。

一般来说，如今很多企业都十分关注投资回报率，因此，营销人员必须明确一些无形的目标（比如品牌建立、客户关系管理等）将如何引领他们获取更多的收益。同时，他们也必须拿出准确、适时的测量手段来保证网络营销计划启动和发展各阶段费用支出的合理性。例如，德国有一家大型的化学制品企业巴斯夫公司（BASF），该公司的管理层希望了解在全球搜索引擎做广告的投资回报率是多少。广告究竟能带来多少实际的交易，这很难判断，因为消费者浏览了网站上的广告，再到全球各地的销售商那里去购买，这中间的间隔可能长达几个月。

小结

网络营销计划是网络营销战略形成和实施的一个蓝图，它是一个指导性的、并非一成不变的文件，其目的是帮助企业按照电子商务战略和电子商务模式经营，用绩效考核指标来衡量企业是否实现了网络营销计划中设定的目标。尽管一些创业者利用“餐巾纸计划”随意地拟定一个创意，但如果是风险资本投资，则应该制定网络营销计划显示这个电子商务的创意是可行的，而且创业者也有了怎样去实施计划的想法。

制定一个网络营销计划包括 7 个步骤。第一步是对公司进行形势分析，主要进行环境分析和 SWOT 分析，还要分析公司现有的营销计划、公司信息、品牌信息、电子商务目标、战略及绩效考核指标。第二步是制定战略规划，其中包括市场机遇分析、制定市场细分战略、目标市场战略、差异化战略以及市场定位战略（这些都属于第一层面战略）。第三步是确定具体的经营目标，一般是制定多个目标，可以利用目标—战略矩阵表来指导计划实施。第四步是网络营销人员为营销组合和关系管理制定战略（这些属于第二层面战略）。

第五步是网络营销人员利用一个适当的 4P 营销组合来制定实施计划，选择恰当的客户关系管理战术，设计信息收集战术，同时选择其他战术来完成目标。在这一步执行的过程中，网络营销人员还必须设计出详细的实施计划。第六步是网络营销人员编制一个收入预算方案来估计投资的预期收入，并详细列出各项费用，管理人员以此来计算并判断是否值得投资。第七步是网络营销人员利用跟踪系统不断地测评计划是否成功。

思考与练习

复习题

1. 网络营销计划包括哪七个步骤？

2. 为什么筹措资金的创业者需要制定风险资本的网络营销计划而不是“餐巾纸计划”？

3. 市场机遇分析和细分市场分析的目的是什么？

4. 网络营销战略中第一层面战略的四项内容是什么？第二层面战略的五项内容是什么？

5. 使用网络营销的目标—战略矩阵表的目的是什么？

6. 在网络营销计划制定的过程中，管理者是怎样利用预算的？

7. 为什么网络营销计划需要一个评估环节？

讨论题

8. 推特网的故事。假如你有资本进行投资，在风险资本网络营销计划中你希望向杰克·多尔西了解什么？

9. 推特网的故事。除了销售广告位以外，推特网还可以用怎样的商业模式来获取利润（请参阅第 2 章的商业模式部分）？

10. 如果要通过网络渠道为实体市场中的客户提供服务，在制定网络营销计划时企业应思考哪些问题？

11. 对于网络营销人员来说，为什么在实现目标时不仅要详细说明任务，而且要详细说明完成任务的量，以及完成任务的时间？

12. 为什么美国航空公司的管理人员希

望网络营销人员去估计无形收益（例如通过电子邮件与常客联系以建立品牌价值）对财务数据的影响？

网络应用

13. 寻找一家你熟悉的本地企业，为该企业起草一份网络营销计划。

14. 搜索一家提供网站建设服务的网站，了解网站建设的步骤，它的收费标准是多少？

15. 请登录你所在学校的网站，它是否实现了学校的营销目标？请提出你的建议。

第Ⅱ篇　网络营销环境

第4章 3.0时代的全球网络营销市场

这一章的内容是希望帮助读者了解互联网接入和使用的国别差异，以及它们对市场定位和市场细分的影响。你将会了解到在新兴市场中互联网和电子商务应用中的一些障碍，以及人们克服这些障碍所使用的方法。你还将了解到消费者行为、消费者偏好、支付方式、技术以及各国间经济与技术发展不平衡对欠发达国家网络营销发展的影响。

学习目标

- 了解全球互联网接入、网络使用、网络购物的发展趋势；
- 了解新兴经济体的定义，以及信息技术对新兴经济体的经济发展所起的重要作用；
- 了解网络企业如何利用市场相似性，如何通过分析在线购买行为及支付行为利用市场机遇；
- 了解计算机、电话、信用卡、消费者的网络行为、联网速度、网站设计、供电状况等如何影响网络营销战略；
- 了解新兴经济体在无线网络环境中网络营销面临的特殊挑战；
- 了解数字鸿沟带来的争论；
- 了解低收入人群如何利用网络营销技术。

趋势与影响

- 中国的网络审查制度很严格，但同时中国也是网络用户最多的国家。到2013年12月底，中国的网络用户已经超过了6.18亿。众多的网络用户群体，使得中国的网络服务供应商不是仅仅模仿西方国家网络企业（例如谷歌、脸谱、推特等公司）的服务模式，而是整合各个类似网站的优点，在整合的基础上提高。
- 2012年，**新浪微博**（Sina Weibo）上线，它的出现使社交网络用户可以免费得到显示个性化特征的QR二维码。用户只要用移动设备扫一下这样的二维码，就能自动地链接到某个网页。通过新浪微博网站，用户还可以创建一个自己的二维码。

案 例

《美国偶像》走向全球

兰迪·杰克逊（Randy Jackson）、保罗·阿布杜（Paul Abdul），还有歌手凯莉·安德伍德（Carry Underwood）、克莱·艾肯（Clay Aiken）、凯莉·克莱森（Kelly Clarkson）、詹妮弗·哈德森（Jennifer Hudson），这些都是美国百姓耳熟能详的名字，甚至“印度阿三”的扮演者辛扎雅（Sanjaya Malakar）也被人热捧。所有这些名人都是美国的一档电视节目《美国偶像》中的人物。美国还有另外一拨“名人”，例如普拉什安特·塔曼（Prashant Tamang）、杰西卡·莫布博伊（Jessica Mauboy）、扎纳马里·拉利奇（Žanamari Lalic）等，他们的出名，靠的是印度、澳大利亚、克罗地亚的电视观众、网络用户以及众多的网络写手。在美国境外，有许许多多《美国偶像》的翻版，在德国，这样的选秀节目叫Deutschland sucht den Superstar（“德国寻找巨星”)。《美国偶像》节目在100多个国家播放，一般比美国延迟48个小时。这档节目还在39个国家（例如埃塞俄比亚、菲律宾、俄罗斯、哈萨克斯坦等）上演着本土版。

格鲁吉亚的百姓可以登录YouTube网站去追踪某一赛季歌手排行的潮起潮落。网络用户只需输入关键词“Geostari”（格鲁吉亚歌星）就可以了。尽管格鲁吉亚的文字很特殊，但是网站主页上蓝色的标识以及闪烁着霓虹光芒的花体字都显示了该网站与《美国偶像》割不断的关系。居住在全球各地的埃塞俄比亚人只要登录Jump TV节目的网站就能看到《埃塞俄比亚偶像》选秀节目的回放，也可以在脸谱网上去观看该节目。《埃塞俄比亚偶像》节目还有一个叫做费莱克·海卢（Feleke Hailu）的评委，他酷似《美国偶像》中的“毒舌”评委西蒙·考威尔。费莱克对歌手最著名的评价是“差远了”，用埃塞俄比亚话说，就是alta fakedem，有时说话稍微含蓄一些，就是“你唱起来跟猴子叫差不多”。

印度的电视观众可以通过短信对参赛歌手投票（决赛阶段发送短信数多达3 000万条），观众还可以在自己的手机上输入“IDOL”（偶像）发送到主办《印度偶像》的索尼亚洲娱乐频道申请参加比赛。印度偶像节目狂热的粉丝们还会在印度娱乐门户网站（indiaforums. com）上开展热烈的讨论，一些参赛歌手在网络上受到无情的挑剔和指责。中东的偶像崇拜也是如火如荼。阿拉伯语版的节目叫做“阿拉伯偶像”。随着半决赛的临近，约旦首都阿曼一家冰激凌商店的店员向所有投狄安娜·卡桑（Diana Karzon，约旦选手）一票的追星族免费发放冰激凌。叙利亚有一家手机制造商在大街上张贴海报——“把票投给叙利亚”，敦促人们给叙利亚的歌星罗威达·阿迪亚（Rowaida Attiyeh）投一票，爱国情怀表露无遗。半决赛中，黎巴嫩的歌手被淘汰出局，结果黎巴嫩的观众顺手抄起椅子和各种摸得到的物品扔出去，以此来发泄沮丧的情绪。在这场骚乱中，剩下的两个歌手都晕了过去。最终发挥作用的是冰激凌，因为约旦选手狄安娜·卡桑成了歌王。

不管是以色列，还是印度尼西亚（indonesianidol. com）、越南（vietnamidol. vtv. vn）、尼日利亚（nigerianidol. com），《美国偶像》一类的娱乐节目都已经成为一桩很大的生意。有人估计，2010年全球为偶像投票的数目超过了50亿人次，负责《美国偶像》海外营销活动的Freemantle媒体公司每年的营销收入超过10亿美元，它的业务收入包括广告费、特许费、专卖品销售，还有品牌合作、录音服务等。经销商把电视、互联网、无线通信、短信等业务整合在一起，每一个赛季还会涌现出形形色色难以预料的营销沟通形式，这使得各国的观众以及全球的歌迷们都聚拢来。一位好事者不无讥讽地说：“全世界偶像节目还没有影响到的地方或许只剩下一处了，那就是南极洲。”

4.1 全球网络营销综述

世界著名的管理咨询公司埃森哲公司（Accenture）曾经设计过这样的一则广告，

一幅黎明中“孤舟蓑笠翁”的画面。广告的上角有一则看起来像是从报纸上剪下来的标题：“2007 年，中文将成为使用最多的网络语言”，标题下面写着：“事情变得越来越有趣了”。这则广告以及在本章开篇案例中有关《美国偶像》的叙述，都概括了一个发生在网络上最大的变化：来自其他国家、使用英语以外的其他语言的网络用户将越来越多并主宰互联网。

尽管中文还没有成为互联网上使用最多的语言，但是中文和英文使用量的差距正在快速地缩小。到 2011 年 5 月，使用英语的网络用户大约有 5.65 亿，而使用中文的网络用户已经达到 5.1 亿。如果这一发展趋势没有重大的改变，估计到 2015 年使用中文的网络用户人数将会超过使用英语的用户。目前，使用中文的网络用户人数已经超过了北美洲（加拿大、美国、墨西哥）人口总数。

杰弗里·拉姆齐（Geoffrey Ramsey）是一位网络营销统计专家，他曾经预言 21 世纪的互联网将会发生翻天覆地的变化。他的预言如今已经被消费者亲身体验到了。2000 年，拉姆齐认为各国的互联网用户会与日俱增，英语以外的各种语言的使用也会占主导地位，由于互联网的普及，真正的全球市场会发展起来。互联网域名与地址管理公司（ICANN）已经意识到网络语言及使用模式的变化。该组织目前正在进行一项测试，就是用非 26 个罗马字母作为网址直接输入。该组织规定，从 2010 年开始，网络企业只能用 26 个罗马字母作为自己的域名。如今的网络用户只要母语不是用罗马字母拼写的，都得用键盘输入信息，用键盘既可以键入罗马字母，又可以键入他们本民族的语言，例如俄语、印地语、日语、希腊语、希伯来语、阿拉伯语等。例如，在埃及的起亚汽车公司的域名就是 www.kia.com.eg，域名中的 eg 代表“埃及”（مصر），是一级域名。随着互联网域名与地址管理公司的改变，将来起亚汽车公司在埃及的网址就可以用مصر作为一级域名了。在沙特阿拉伯和阿拉伯联合酋长国的网络企业所面临的机遇与埃及起亚汽车公司相似。制定标准的美国程序设计师保罗·霍夫曼（Paul Hoffman）曾经说过，他设计的新域名不是为目前十几亿网民服务的，而是为将要成为网络用户的十几亿、几十亿网络用户服务的。

厂商在设计网络营销战略时如何利用这些变化呢？首先，全球从事网络营销的人员必须理解一个国家电子设施的环境将对营销战略和战术产生很深刻的影响，因此，应该了解北美、欧洲的工业化国家（2011 年这些国家的网民占全球网络用户的 1/3）与新兴市场经济国家（比如印度、中国、俄罗斯、巴西等）之间的差异。新兴市场经济国家代表着网络经济的未来。在本章中，我们将简要介绍全球市场的大环境，用主要篇幅来介绍新兴经济体。工业化国家的网络营销战略和互联网应用大体上与美国相似（这些我们将在本书的其他章节中详细介绍），但是在新兴经济体中，情况则完全不同。本章将主要从两个方面展开讨论：（1）全球经济一体化的形成似乎会导致全球市场的趋同化，但实际上两种市场的差异还是很大的，网络企业若要去新兴市场开展经营，应该十分了解并关注这样的差异；（2）许多人都认为，新兴市场国家比工业化国家要落后得多，但是在很多情况下，这些国家的某些领域比发达国家的市场发展得还要快，因此，厂商应该要制定不一样的网络营销组合。

全球市场

面对全球化的环境，厂商应该改变自己的经营模式。有些实体市场因为离公司总部太远，所以曾经显得遥不可及，也可能是那里的消费模式与企业主要客户群的消费模式相去甚远，企业难以开拓这样的市场。如今许多企业都在专注于开发这样的市场。由于通信技术和计算机技术的突飞猛进，加速了这种发展趋势，为网络企业创造了遍布全球的商业机遇。中国的海尔电器集团就是一个很好的典范。海尔雄心勃勃，希望成为中国首屈一指的企业，成为名副其实的世界级全球品牌。该公司的首席执行官称，海尔要与日本、美国、德国、韩国的品牌并驾齐驱，甚至超过它们。海尔也确实正在一步一个脚印地迈向自己的目标。读者或许已经知晓了海尔的品牌，沃尔玛超市里海尔公司生产的迷你冰箱十分畅销，大学校园宿舍里的学生把拥有这样的迷你冰箱作为一种时尚。

海尔的目标是创造首屈一指的全球品牌，它正在这条道路上迈进。在中国，海尔是冰箱、洗衣机、空调的主要制造商。在海外，海尔已经在100多个国家设立了办事处和生产基地（海尔在纽约曼哈顿地区的总部价值1 500万美元）。在海尔公司网站的主页上有"关于海尔"的文字介绍。据总部设在伦敦的市场数据和市场分析企业欧睿信息咨询公司（Euromonitor）称，在2011年海尔已经是排名第一的家电品牌。海尔的网络经营业务助推了海尔的勃勃雄心。登录海尔公司的英文网站主页（haier. com）能够看到一幅世界地图，上面显示着海尔公司在中国、巴基斯坦、韩国、俄罗斯、澳大利亚、阿拉伯联合酋长国、越南、印度尼西亚、波兰等市场开展网络经营业务。

网络用户也可以直接登录海尔公司在北美的网站（haieramerica. com），海尔展示的是一个当代网络零售商的面貌。在海尔公司的网站上，消费者可以进行网上购物，订阅公司的新闻，登记保修单信息，记录售后服务，申请成为海尔的销售商，搜寻产品维护保养的资料。海尔的目标是成为21世纪全球最有力的竞争者，公司的网络经营战略对实现目标是很有帮助的。

网络营销业务在全球迅猛发展。网络厂商需要十分关注各地市场的差异，这对网络营销战略的制定非常重要。那些精明的网络厂商已经意识到，要想使网络营销的战略取得成功，就必须非常了解各国的经营环境。例如，与其他各国相比，手机营销活动在非洲更容易被接受，更容易取得成功。在肯尼亚等国家，移动运营商只要提供短信业务就行了，但是在美国或西欧等国家，移动通信不仅要能够发送短信，而且要能够发送图片信息。社交媒体这样的营销方式也因国家而异。在俄罗斯，脸谱网并不是最流行的社交媒体网站，在巴西，最流行的社交媒体居然是Orkut（谷歌公司开发的社交媒体网站，主要的市场在巴西和印度）。这些都是令人惊讶的。尽管对网络营销企业来说，世界上到处都是机会，但是若想取得真正的成功，管理者必须懂得在一地能够成功的经营战略到了另一地不一定能够成功。

2007—2011年全球范围的网络用户数量增加了82%。到2011年底，互联网在世界范围内的用户接近20亿。网络用户的绝对数量和增长率在各大洲各不相同。中东在5年里网络用户数量增加了104.8%，是互联网用户增长最快的地区。亚洲的网络用户数量最多，它的数量超过了9.22亿。出现这样庞大的数字很容易理解，因为亚洲拥有中国和印度这两个人口均超过10亿的国家，而且这两个国家的经济发展都非常迅速。若从互联网普及率（指网络用户与总人口之比）考虑，情况就大不一样了。北美洲拥有近78.4%的网络用户（全球最高）。欧洲的互联网普及率紧随其后，达到72.4%。在世界上人口数量居第二位的非洲，互联网普及率刚刚超过10%，尽管它在5年里网络用户数量增加了170%。

大部分网络营销者愿意制定单个国家的网络营销战略。网络应用的国别差异非常明显。国家的规模和人口数对互联网普及率影响很小。这个特点很重要，因为拥有最高互联网普及率的国家并不拥有庞大的人口数量。例如，在拉丁美洲的国家中，智利的互联网普及率最高，达到60%，但是它的人口只有1 700万，而人口最多的巴西，互联网普及率只有39%（请参阅附录A）。

新兴经济体有可能超越发达国家，为网络营销提供新的机遇。喜马拉雅山脉下的小国不丹就是一个很好的例子。在1999年之前，不丹一直远离互联网革命。1999年6月，不丹国王为Druk Net.com网站的开通剪彩，这个国家拥有了第一个也是现在仅有的一个互联网服务提供商。不丹的百姓现在能够发电子邮件、浏览网页、玩网络游戏，也能像其他国家的百姓一样开展在线商务。不丹的互联网普及率已经达到14%，但是能够上网的人现在依然局限在几个较大的城市。跟上时代潮流的不丹企业家和农民不需要到网吧去上网，也不一定要在家里或办公场所配置一台电脑，他们喜欢用手机上网。2009年，不丹的手机用户达到46万，而它的人口总数才69万。不丹银行还专门设立了手机银行管理部（bob.bt），为不丹的百姓提供服务，业务十分繁忙。随着网络营销业务的不断发展，我们认为对全球各地的网络企业来说，最大的挑战将会在新兴经济体出现，例如俄罗斯、印度、尼泊尔、埃及、中国等国家。网络企业需要制定不同的营销战略，面临不同的挑战。

新兴经济体

国家与国家之间经济发展水平各不相同。一些国家（例如美国、加拿大、日本、澳大利亚、英国、德国等）处于很高的经济发展水平，经济学家将这些国家归入发达国家的行列。发达国家包括西欧的全部国家、北美、日本、澳大利亚以及新西兰。这些国家工业化程度高，有效地使用技术来提高生产力。这些国家拥有很高的人均国内生产总值（GDP）。人均GDP高意味着百姓能够有足够的收入去购买各种商品和服务，使自己的生活变得方便、富裕、充实。正因如此，发达国家是开展各种网络营销活动的理想场所。

人们很难用一个简单的词语来描述世界上的各种经济体。由于经济的快速增长，有些国家（例如韩国和智利）已经非常接近发达国家的经济发展水平。本书中我们将人均GDP较低，但是又在快速增长的各种经济体称为新兴经济体。新兴经济体的一个最重要的特征是它们有一批迅速形成的中产阶级群体，这一群体对商品和服务形成了不断增长的需求。可以这样认为，如果不考虑其他因素，一些人口众多的新兴经济体将会形成一个格外有生命力的中产阶级群体。巴西、俄罗斯、印度和中国是全球发展最快的新兴经济体，人们把这四个国家称为“金砖四国”。[①] 金砖四国的人口总数超过了全球人口总数的40%，因此受到了许多跨国企业的格外关注。瑞典的家居企业宜家家居（IKEA）在俄罗斯和中国都有访问量很大的网站，不久，该公司将进军印度市场。

金砖四国的概念家喻户晓。另外一些新兴经济体所蕴含的市场潜力使得人们又提出了一个新的合成名词“灵猫六国”（CIVETS），它由6个国家的英文首字母组成，分别是哥伦比亚（Colombia）、印度尼西亚（Indonesia）、越南（Vietnam）、埃及

---

① 传统“金砖四国”（BRIC）用的是巴西（Brazil）、俄罗斯（Russia）、印度（India）和中国（China）的英文首字母。由于该词与英语单词的“砖”（brick）类似，因此称为“金砖四国”。南非（South Africa）加入后，其英文单词变为BRICS，并改称为“金砖国家”。——译者注

(Egypt)、土耳其（Turkey）和南非（South Africa)。[①] 网络经营者在哥伦比亚这样的国家能够捕捉到很好的机遇，因为这一国家的网络用户有 2 500 万，占人口总数的 56%。越南的情况相似，它的网络用户占人口总数的 1/3 强。还有一点值得特别关注，那就是“灵猫六国”年轻人众多，这对网络企业来说是一个长期的利好消息。全球的年轻人属于数字一代，这在他们的父辈是难以想象的，对网络企业来说这是一个巨大的潜在市场。

信息技术的重要性

所有国家都能通过提高工作效率（包括生产、配送以及商品和服务的销售）来提升其经济发展水平。对新兴经济体来说，技术扮演着一个相当重要的角色。尽管技术在总体上能够推动一个国家的生产能力和工作效率，但是只有借助信息技术的力量，这些新兴经济体才能拥有一个真正意义上全新的、令人振奋的全球市场。如今，借助计算机技术和互联网技术，许多国家的经济呈现跳跃式发展，印度就是这样一个典型。

过去，印度的班加罗尔因为有众多别致的花园和宜人的气候享誉世界。然而，现在的班加罗尔被世人知晓是因为它在软件开发和信息技术服务领域发展迅速。班加罗尔信息技术开发中心坐落在一个叫做“电子城”的工业园区内，占地 330 英亩。在电子城中，有两个引领印度信息技术革命的跨国巨头 Wipro 公司和 Infosys 公司的总部。此外，电子城还拥有许多欧美企业的总部，例如摩托罗拉、惠普、西门子公司等，这些公司把自己的呼叫中心、医疗转录，甚至所得税管理等服务工作都外包给了电子城中的企业。

互联网方便了新兴经济体中的企业尽快地涉足全球市场。尽管各种类型的企业都能借助互联网提升沟通和配送的效率，但是纯粹地以网络经营起家的企业往往能一夜成名，这样的企业称为**天生的全球化企业**（born global firms)。这类企业懂得借助万维网、电子邮件、网络语音技术（例如 Skype)，它们能够在很短的时间里涉足全球市场。例如，总部设在哥伦比亚麦德林市的 Dewak 公司，其主营业务是为企业提供呼叫中心服务，该公司使用的软件是开源的管理系统 Joomla。Dewak 公司的在线业务（dewak. com）主要是提升企业的效益。麦德林市传统上一直被认为是哥伦比亚的毒贩聚集地，因此臭名远扬，但是由于 Dewak 公司的兴起，人们对这座城市的印象有所改变。作为一家天生的全球化企业，Dewak 公司的业务覆盖美国、英国、澳大利亚、丹麦、瑞典，甚至远到中国市场。令人诧异的是，Dewak 公司在哥伦比亚本国并没有业务收入。像 Dewak 公司这样的网络企业的成功经验给我们的启示是，成功的网络营销可以帮助一家默默无闻的企业一夜成名。

新兴经济体的网络企业面临着诸多挑战，它们不仅得应对本书中所描述的所有的营销问题和决策问题，同时，还得应对发展中国家特有的一些经营问题。发达国家与发展中国家的网络营销大相径庭，比如计算机用户太少、信用卡用户太少、缺乏安全的在线支付方法，以及突然停电带来的问题等。下面我们将详细地探讨这些问题。

---

① 这一概念最初由《经济学人》智库 EIU 在 2009 年底提出，六国的首字母串连起来正好是 CIVETS（灵猫），因此统称“灵猫六国”。——译者注

4.2 国家与市场机遇分析

第 3 章中曾经提到，网络营销计划将帮助厂商判断和分析潜在的市场。市场相似性在营销决策中是很重要的概念。精明的网络营销管理者必须了解这一概念，并且充分利用自己的优势。按照市场相似性理论，企业在开发全球市场时往往先选择那些与本国的市场特征相似的地方。因此，一家美国企业首先会选择加拿大、英国、澳大利亚等国家，然后去开拓法国、日本、德国等市场。著名的全球网络经营零售商亚马逊公司就是遵循市场相似性的原理开拓市场的。该公司在美国站稳脚跟后，首先进军加拿大和英国的市场，然后到法国、德国、日本等市场发展。前者的三个市场语言相同，官方语言都是英语，它们的相似性还表现在多个方面，例如受教育程度都比较高，互联网普及率比较高，有明确的喜欢在网络上购买书籍和其他商品的细分市场，消费者购物时喜欢使用信用卡，这三个国家的在线支付系统都比较完备，而且这三个国家的包裹配送系统也比较发达。对于亚马逊公司来说，利用市场相似性的特征尽管不能完全消除进入外国市场的风险，但是可以帮助企业降低风险。同样，知名度很高的巴西化妆品生产企业 Natura 公司在向外拓展时，首先面向南美洲的西班牙语国家，例如阿根廷、智利、秘鲁，然后进军墨西哥市场。由于语言和地理位置的相似度比较高，通过调整网络经营战略，Natura 公司很快创立了闻名全球的化妆品品牌。

当然，亚马逊公司和 Natura 公司都没有就此止步。2004 年，亚马逊公司收购了中国的网络图书销售企业卓越网。2007 年，卓越网和亚马逊形成联合品牌，进一步提升了品牌的全球声誉。2012 年，亚马逊公司宣布将开拓金砖国家的第二个市场——印度。该公司与印度的 Junglee. com 公司合作，在网络上向印度的消费者（人口在全球占第二位）提供 14 000 种全球和印度本地的知名品牌产品。同样，巴西的 Natura 公司产品也已经销往法国，它暂时跳过了西班牙，而是计划先在俄罗斯和美国市场发展。

西班牙纳瓦拉大学教授潘卡基·格玛沃特（Pankaj Ghemawat）提出了一个称为 CAGE 的理论，该理论试图说明企业应该如何在市场相似性和差异性之间寻求一种平衡。CAGE 这一缩写的每一个字母代表一种重要的因素（C 表示文化（culture），A 表示管理（administration），G 表示地理位置（geography），E 表示经济（economic））。不管是传统企业还是新生的网络企业，在评价全球市场时都需要考虑这些因素。格玛沃特认为，从 CAGE 四个因素考虑，两个国家的相似度越高，作为新开辟市场的机遇就越大。对于网络企业来说，它的意义也是明显的，那就是先开拓相似度较高的市场，再开拓相似度较低的市场。美国的亚马逊公司和巴西的 Natura 公司都遵循了格玛沃特的市场开拓理论。

移民社区

如今，国家之间的人员流动越来越频繁，这也是全球化带来的结果。许多人离开自己的国家，在外国聚居在一起，这就是所谓的“移民社区”。在移民社区里，居民都希望与自己的祖国有一点联系。在新兴经济体开展电子商务活动，企业就利用市场的相似性来定位海外的移民社区。例如，秘鲁的 Tortas Peru 公司（www. tortasperu.

com. pe）专门面向侨居海外的秘鲁人开拓市场，这些人希望给朋友和家人一个惊喜，希望送去家常的、传统的秘鲁糕点。Tortas Peru 公司销售的所有糕点都是在秘鲁制作并投放到秘鲁人聚居的市场的，这些糕点的制作都由需要第二份收入养家糊口的秘鲁人完成。还有一个类似的由尼泊尔 Muncha 公司开设的网站 www. muncha. com，它为侨居海外的尼泊尔人提供各种可以送给家乡亲人的商品。该网站是传统零售商 Muncha 的在线渠道，它这样做非常恰当，因为 Muncha House 是加德满都一家著名的百货商店，就坐落在一个大型购物中心里。2010 年 1 月，海地首都太子港发生了强烈的地震，这一灾难也显示出移民社区与网络之间的联系。为了帮助祖国重建，世界各地的海地移民社区通过网络都被动员起来，向祖国人民捐钱捐物，捐助的主渠道是海地知名摇滚歌星威克利夫·琼（Wyclef Jean）的社交网站 yele-haiti. org。yele 是海地的官方语言克里奥尔语，意思是“帮助”。

市场相似性也体现在市场整合中。**市场整合**（market convergence）指的是随着时间的推移，市场的相似度越来越高。捷克共和国的消费者对网络营销的接受度很高，他们愿意参与网络购物，这一点与发达国家的消费者有很大的相似性。有人在 2001 年对捷克的消费者做过一项调查，结果显示 75%的捷克消费者认为到实体市场消费比在网上消费安全得多，65%的消费者说到商店购物方便、有趣，61%的消费者觉得网络消费最主要的担心是不知道网购的商品是否真是自己需要的商品，42%的被调查者称在线品牌靠不住。到 2007 年，许多情况都发生了变化。97%的捷克网络用户称他们了解网络购物，62%的人说自己喜欢、愿意在网上购物。当调查者问及网上购物的动机时，65%的被访者称是为了省钱，24%的被访者说是为了省时间。

捷克的消费者称他们喜欢到网络上去搜索信息，了解计算机硬件和软件信息，还有旅游、通信、国产电器、电话、移动通信设备等信息，这与发达国家的统计结果很接近了。如今，产品越来越丰富，捷克共和国的百姓也可以在几家规模巨大的网络零售店进行选择，例如专门销售家用电器和手机的 obchodni-dum 网站（www. obchodni-dum. cz），专门销售音乐、书籍、视频资料和软件的零售网站 www. vltava. cz，可以用英语、德语或捷克语购物的电器产品网站 www. alza. cz。捷克也有类似于 eBay 的网站 aukro. cz。捷克的消费者还可以在网络上购买体育用品，例如弹跳高跷等（apo-vystoupeni. cz），还有聚拢蹦极爱好者的网站 bungee. cz，也有销售重金属乐队、摇滚乐队演奏制作的音乐制品的网站 www. czechcore. cz。

新兴经济体的网络经营与发达国家的网络经营的主要区别是在线购物，这是下一节要讨论的话题。

电子商务的支付与信用问题

新兴经济体开展电子商务的主要障碍在于信用卡普及程度较低，网上支付的安全性较差。在高收入国家里，信用卡几乎普及，但在低收入国家，情况完全不是这样。例如在埃及、塞内加尔、巴基斯坦等国家，信用卡的持有者不足成年人人口总数的 2%。虽说企业可以通过网络与这些国家的客户进行沟通，但是由于信用卡普及率低，使得在线购物变得困难重重。比如尼泊尔，信用卡使用率很低，只有年轻的学者、高收入者或者去尼泊尔旅游的人使用。例如，消费者如果要在 Muncha 公司网站上（shop. muncha. com）订购商品，只要不是尼泊尔当地居民，世界主要的信用卡都可以使用，但如果是尼泊尔本地居民，网站只接受维萨卡、万事达卡和喜马拉雅银行发行的信用卡。在该网站常见问题解答的网页上，客户若是询问如何支付，网站的首选依然是现金支付。

还有一个比较极端的例子，那就是埃塞俄比亚。这个国家的人口有9 000万，但是信用卡依然是闻所未闻的事情。世界银行有一个数据库，介绍世界各国的居民如何完成储蓄、借贷、支付等活动，而这个数据库里居然没有埃塞俄比亚的信息。那里的百姓喜欢用现金和支票完成个人之间的支付活动，而企业之间则普遍使用信用证支付形式。到埃塞俄比亚旅游的人，可以在五星级宾馆使用外国银行发行的信用卡。在首都亚的斯亚贝巴，少数几家大型的商店也可以用这样的信用卡。2007年，整个埃塞俄比亚只有一台自动取款机，它放置在全国唯一的一家五星级宾馆的大堂里。不过到了2012年，亚的斯亚贝巴许多主要的连锁酒店里都有了自动取款机，全国的总数达到了20台。毫无疑问，信用卡数量太少严重地影响了网络企业目标市场的购买能力。

厂商还必须分析一个市场里的购买者行为。除了需要了解流通中的信用卡数量，在新兴经济体开展工作的网络企业还必须明白消费者对于网络购物的态度。比如在立陶宛，2007年1月开展的一项调查显示，51%的网络用户从来没有在网上购买过商品，因为他们认为网络交易风险很大。进一步的调查显示，40%的人不愿意将自己的信用卡信息发送到网络上，39%的人害怕披露自己的个人信息。

立陶宛人担心网络购物会泄露信用卡的信息。这样的消费者并不少。有人曾经做过一项调查，当被问及进行网络购物时是否“担心”或“格外担心”自己的信用卡信息被窃时，智利的受访者中有89%的人回答“是”，哥伦比亚的受访者中有64%的人回答“是”，中国澳门的受访者中有51%的人回答“是”，墨西哥的受访者中有53%的人回答“是”。图4—1显示的是其他一些国家对这一问题的回答情况。

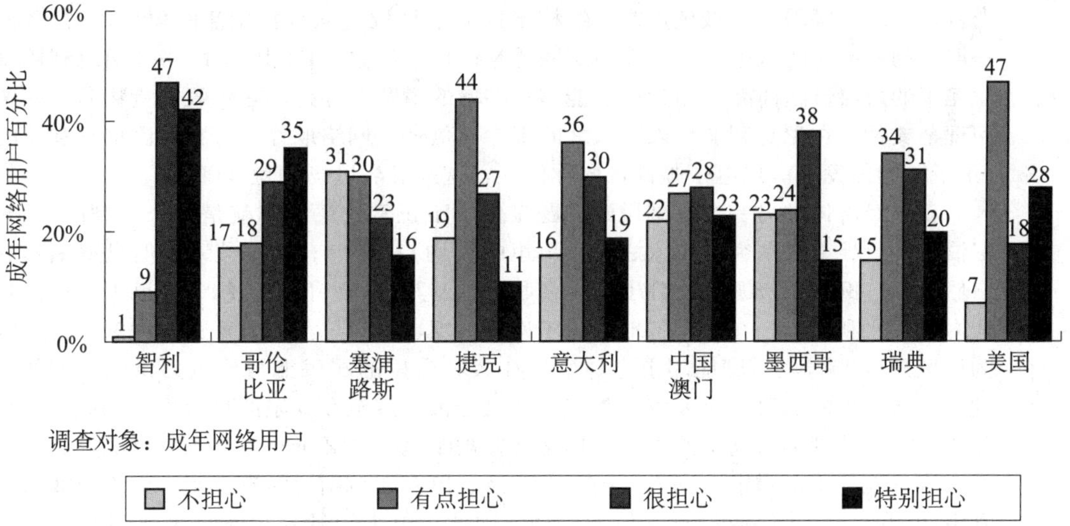

图4—1　一些国家和地区的消费者对信用卡使用安全的担心程度

资料来源：World Internet Project：International Report，2010. Reproduced with kind permission of the USC Annenberg School Center for the Digital Future.

开展电子商务活动，网络安全是第一位的。一些巴西的网站在安全性方面有自己独特的做法。在巴西，网络用户若要在线购物，必须提供自己的CPF号。CPF是葡萄牙语Cadastro de Pessoas Fisicas的缩写形式，意思是“社会保险号”。CPF号是公民参与经济活动时所使用的唯一编号。巴西的公民在银行开户、购买大件商品（例如电视机）、购买房地产、求职、在线购物等，都需要出示自己的社会保险号。如果没有社会保险号，巴西的消费者就只好去黑市上购物了。本书的一位作者在巴西旅行时，由于没有 CPF 号，就无法完成在线购物，也无法激活自己的 SIM 卡。

解决捷克共和国信用卡以及在线支付困局的是 eBanka 公司（www. ebanka. com）的创新措施。该公司创立于 1998 年，是中欧和东欧地区最早的纯粹的网络银行。该公司发行信用卡（例如欧元卡（Eurocard）、维萨卡、万事达卡等）并安全、高效地处理网络交易的支付事宜。客户只要开立一个 eBanka 公司的账户，存入现金，就可以用这些钱进行在线购物。如果账户中的余额不足，就再存入现金，这就是捷克模式的数字现金。由于 eBanka 公司的成功经营，2006 年 7 月一家奥地利的银行 Raiffeisen International（RI）以 3 000 万欧元收购了 eBanka 公司。波兰的在线购物者称排第二位的支付方式是通过 eBanka 公司的账户支付，或通过网上邮政银行账户向企业付款，而第一位的支付方式是现金支付。

基础设施问题

一个国家的基础设施也会影响网络营销活动。如果产品不是完全的数字产品，实体产品的网络零售商依然要解决产品的配送问题，从仓库运送到零售门店，或用户的家里，或某一个取货的地点。新兴经济体的道路状况各不相同，甚至一些主要的城市中道路状况也千差万别。印度就是以城市道路拥挤著称的国家，每一条街道上，汽车、机动三轮车、牛车挤在一起，大街上还有悠闲自在的牛来凑热闹。交易成本随着运输距离和时间的增加而增加。尼日利亚著名的网络零售企业 DealDey. com 初创时，拉各斯市也是这样的一种状况。该公司在网站上销售各种日用品，从时尚服装到普通老百姓一日三餐需要的纸杯蛋糕（纸杯蛋糕似乎是拉各斯日常生活的象征）。拉各斯是尼日利亚最大的城市，在那里，交通总是瘫痪。于是，DealDey 网络公司就利用骑摩托车的快递员送商品，因为他们能够在拥堵的道路上穿行。客户收到货物后，一般用现金支付。在尼日利亚，人与人之间很少有信任，网络欺诈十分猖獗。尼日利亚的“王子”给你发送一封电子邮件，向你借钱，这是臭名远扬的垃圾邮件。

新兴经济体的另一个基础设施问题是供电不正常。尼泊尔就是一个典型的例子。尼泊尔是世界上最贫穷的国家之一，那里的人均 GDP 只有 540 美元，但是尼泊尔的自然资源（例如水资源）十分丰富。在联合国及其他一些世界组织的帮助下，尼泊尔大力发展水利设施，在全国各地修建了许多大坝，这对尼泊尔是意义重大的事情，因为那里只有 15%的家庭能用上电。生活在大城市里的居民能得到电力供应，即便如此，大城市里的居民和企业依然免不了断电之苦，甚至在高温的夏天也是如此。2010 年 4 月，在首都加德满都的居民平均每天要被断电 6～12 个小时，国家供电局难以满足全国各地的用电需求。同样的问题在埃及、巴西、越南也时有发生。网络企业遇到断电问题时，除了停业没有其他的选择，因此，电力短缺对电子商务来说是最大的挑战。

4.3 技术的引爆点

解决信用卡支付难题和信用问题仅仅是新兴经济体中的营销活动所面临的诸多挑战中的两个，网络企业还必须了解消费者是如何接触网络信息的。2000 年，美国《纽约客》杂志撰稿人及畅销作家马尔科姆·格拉德威尔（Malcolm Gladwell）出版了一本名为《引爆点》的畅销书。**引爆点**（tipping point）就是一种趋势或现象发展到一定的程度，变得不可逆的一种状态。正像这一词语所暗示的那样，事物一旦到了一个转折点，平衡就打破了，无可逆转。计算机技术、移动通信技术以及迅速发展的宽带接入技术正在迅速地改变市场，人们接触、了解信息、产品和服务的方式都彻底改变了。

传统技术：计算机与电话

很明显，顾客必须拥有一个连接互联网的设备。传统上，人们通过桌面计算机和互联网服务提供商（ISP）接入互联网，这早已经不是什么问题。在发达国家和高收入国家，连接到互联网很容易，已经不是问题，但是对新兴经济体的消费者来说，使用计算机本身就是一个大问题。例如，Pew 慈善信托基金 2007 年在全球范围内开展过一项调查，结果显示，个人电脑拥有量最少的国家是孟加拉国，只有 2%。拉丁美洲的委内瑞拉个人电脑拥有量最多，是 43%，而墨西哥只有 22%。中东地区的差别也很大，以色列的个人电脑拥有量是 77%，摩洛哥则只有 11%。非洲地区的个人电脑拥有量最低，这不奇怪，南非为 27%，尼日利亚为 16%，象牙海岸为 6%，塞内加尔为 5%，乌干达最低，为 2%。

网络企业的经营人员往往认为如果“我”不能接触到网络内容，那么全世界的人也不能接触到网络内容，其实不然。许多国家如今依然在用台式计算机上网，他们会去**网吧**（telecenters，一种设施比较简单，有几台联网计算机供公众上网的场所）上网。在秘鲁，这些网吧称为“网络包间”（cabinas publicas）。一项研究估计，全球网吧普及率最高的地方就是秘鲁。2005 年，秘鲁首都利马有 6 000 家网吧，除此之外，在秘鲁的其他地方还有 4 000 多家这样的网吧（见图 4—2）。秘鲁营销学会调查发现，35%的网吧用户去网吧收发电子邮件，25%的用户在线聊天，还有 20%的用户去浏览各种网页。同一项研究发现，62%的网吧用户每次登录都至少在线两个小时。

图 4—2　秘鲁首都利马街头的一家网吧入口

网吧在中国也发挥着很重要的作用，全国各地目前有14万家网吧在经营，网吧里主要的联网设备依然是台式计算机。图4—3显示的是危地马拉农村地区普通的一家网吧，使用的是比较老式的台式计算机。

图4—3 危地马拉一家网吧的内部

固定电话毫无疑问已经步入了产品生命周期中的衰退期。随着移动电话的迅速兴起，固定电话的作用越来越小，最终将退出历史舞台。在固定电话是接入互联网的唯一途径时，许多人被排除在了网络世界之外。印度尼西亚就是一个很好的例子。印度尼西亚是世界上最大的伊斯兰国家。穆斯林教徒每天5次到清真寺去祈祷，因此“印度尼西亚人离清真寺远比电话机近”。换句话说，80%的印度尼西亚人距离一家清真寺的路程不到1公里，而只有20%多的印度尼西亚人在这个距离内能够看到一部电话机。40%的印度尼西亚人离最近的电话至少有5公里。移动通信技术为印度尼西亚的百姓和其他许多国家的百姓创造了引爆点，这是下一节要讨论的问题。

4.4 手机和无线接入技术

随着手机在世界范围内迅速普及，世界范围内的网络营销发生了巨大的变化。可以这样说，无线通信技术是计算机信息技术发展以来最有意义的引爆点现象。据Forrester市场调研机构预测，到2016年底，全球的手机用户将会超过台式电脑用户。2007年，英国无线通信公司Mobile World的缔造者约翰·泰索（John Tysoe）曾经说过：“无线通信企业为了开发10亿用户用了20年，但是开发第二个10亿用户只用了40个月。到2007年7月，第三个10亿用户的里程碑也将被跨越。”泰索说的没错。2012年，全球的无线通信用户数达到43亿，人均一部手机以上，还有人估计全球的手机拥有量超过了60亿。不管采用哪一个数据，手机的使用量巨大是一个不争的事实。

变化最明显的地方是非洲。传统上，人们总认为那是一个通信条件最差，互联网用户最少，最不发达的地区，但是非洲的手机用户从2000年的1 100万猛增到2011

年的5亿，使得非洲成为紧随亚洲之后的第二大手机市场。在小国家加蓬，手机几乎是人手一部，每100个人中拥有96部手机，在南非是92∶100，博茨瓦纳是89∶100，冈比亚是66∶100，加纳是48∶100，肯尼亚是42∶100。有意思的是，被称为“非洲珍珠”的岛国塞舌尔群岛手机的数量超过了人口数量，达到101∶100。亚洲的发展也很快，到2012年5月，中国的手机用户超过10亿，据估计，到2013年5月，印度的手机用户也将超过10亿。

然而，仅仅拥有手机并不能解决无线网络营销所面临的挑战。网络经营者必须确定怎样调整现有的网站内容以适应手机较小的显示屏，怎样解决在小键盘上的文本输入问题，怎样开发顾客需要的新内容，怎样为服务定价，怎样开发易于操作、安全的支付方法。网络经营者还必须明白，使用移动互联网的消费者行为与使用桌面电脑或者手提电脑的消费者行为有很大的差异。

文字编辑是一个很好的例子。菲律宾是全球最大的短信市场，远远超过了中国，中国在短信市场上排名第32位。2012年，菲律宾人每天发送18亿条短信，占到每天全球短信总量的10%，而菲律宾的人口只有1.01亿，网络用户占人口总数只有不到30%（请参阅附录A）。Zalora网络公司是菲律宾的一家在线零售商，它用短信提升自己的品牌知名度，也通过短信增加公司的在线销售量。由于短信的发送量大，回复率高，Zalora公司不仅能广泛接触高端和低端的消费者，而且能通过频繁地发送短信维系老客户。同样，潘婷洗发液的销售商利用短信来吸引雅加达地区的女性消费者。企业向消费者发送短信，收到短信的用户可以享受商品折扣，只要回复短信，消费者就能接收到个性化的促销信息，告知潘婷洗发液产品的优点，还可以获得一个享受折扣的凭证，凭此消费者可以到著名的购物中心家乐福去购买潘婷的商品。通过短信促销，潘婷的销量在两天内增加了31%。

聪明的网络厂商不仅要关注调研中显示的数据，还要了解数据后面的消费行为。有专家对中国内地消费者和中国香港消费者的手机消费行为进行了比较。中国香港的手机用户一般收入高、经验丰富、年纪较轻，人们会想当然地认为这样的消费者应该多用手机相互发送信息，但是错了，中国香港的消费者平均每月仅发送20条短信，而中国内地的手机用户平均每月发送85条短信。究其原因，中国香港的手机套餐中包含了每月1 000分钟的通话服务。尽管短信要便宜一些，但这样的便宜是可以忽略不计的，因此，中国香港的手机用户一般会拿起手机拨打电话，而在中国内地，一分钟的通话费抵得上8条短信，因此，中国内地的手机用户喜欢用短信代替电子邮件和手机通话。

柬埔寨的通信事业发展值得一提。柬埔寨是一个很少引起人们关注的国家，但是在1993年，柬埔寨成为全世界第一个手机用户超过固定电话用户的国家。究其原因，价格是一个很重要的因素。即使在那个年代，与发展固定电话网络相比，无线通信投入的成本也是比较小的。当然，柬埔寨的发展史也可以用来解释这一现象，在近代史上，柬埔寨连年战乱，内战不断，在冲突中，原来的军政当局“红色高棉”在全国各地埋下了400万～600万颗地雷，因此，要在地面上铺设电话电缆是一件风险很大的工程，在这样的背景下，手提电话和无线通信网络就顺理成章地出来满足百姓的需求了，网络经营者由于能够审时度势，所以得到了很好的发展。

智能手机

智能手机在全球各地都得到了飞速的发展。最近的一项调查结果显示，智能手机技术是有史以来发展最快的一项创新技术。消费者购买和使用智能手机的速度是20世纪80年代计算机革命时的10倍，是20世纪90年代互联网兴起时的2倍，是社交媒体技术应用的3倍。阿拉伯联合酋长国、英国、沙特阿拉伯、瑞典、挪威、日本、澳大利亚等国是智能手机拥有量发展最快的一些国家。在这些国家里，拥有智能手机的用户都超过了总人口的50%。由于智能手机用户量很大，所以总部设在英国的比萨连锁餐厅骑士比萨（Pizza Express）在开拓阿拉伯联合酋长国市场时成功推出了数字营销方案。在阿拉伯联合酋长国，用户只要下载骑士比萨连锁餐厅的app，就能简单、快速地完成下单，而且能够联系到从英国到阿拉伯联合酋长国工作的老乡。他乡遇故知，这也是“移民社区”营销理念的一种实际应用。

网络营销企业不仅要知道全球各地使用智能手机的用户越来越多，而且要了解在各个国家智能手机如何影响人们的消费行为。例如，拥有智能手机的埃及消费者中，有36%的人会在商店里临时改变主意，因为他们可以实时地搜索网络信息。在巴西，消费者看到实体广告以后，75%的人会利用智能手机进行在线信息搜索。阿根廷的智能手机用户中，有37%的人会先在网络上搜索信息，然后去实体商店购买商品。理智的网络企业管理者都明白，各国消费者手中的智能手机和移动设备大体相似，但是他们的消费行为各不相同。

宽带

宽带（有些地方称为“快网”）是又一个引爆点。1999—2011年，宽带网络的发展极其迅速。总部设在英国的市场调研机构Point Topic公司专门从事宽带通信服务的研究，他们预测到2014年，全世界的宽带通信网络将会超过7.4亿条，其中发展最快的地方将会在新兴经济体。该公司的研究报告称，宽带网络增长的14%将发生在金砖国家以及其他几个新兴经济体地区，例如东南亚、东欧、南美等。图4—4和图4—5显示的是按季度增长和按年度增长最快的10个国家。从图4—4中可以看出，2009年第四季度菲律宾的宽带用户环比增长率达到17.46%，位列榜首，宽带用户数在第四季度猛增25.6万户。位列第二的是玻利维亚，宽带网络用户环比增长12.67%，用户数净增1.15万户。2009年第四季度用户增长最多的要数越南，达到25.9万户，图4—5显示的是相似的情景。宽带网络同比增长排名前十的都在新兴经济体。

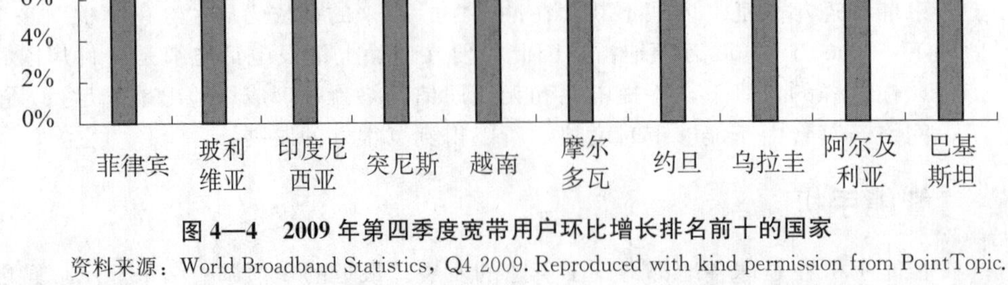

图4—4　2009年第四季度宽带用户环比增长排名前十的国家

资料来源：World Broadband Statistics，Q4 2009. Reproduced with kind permission from PointTopic.

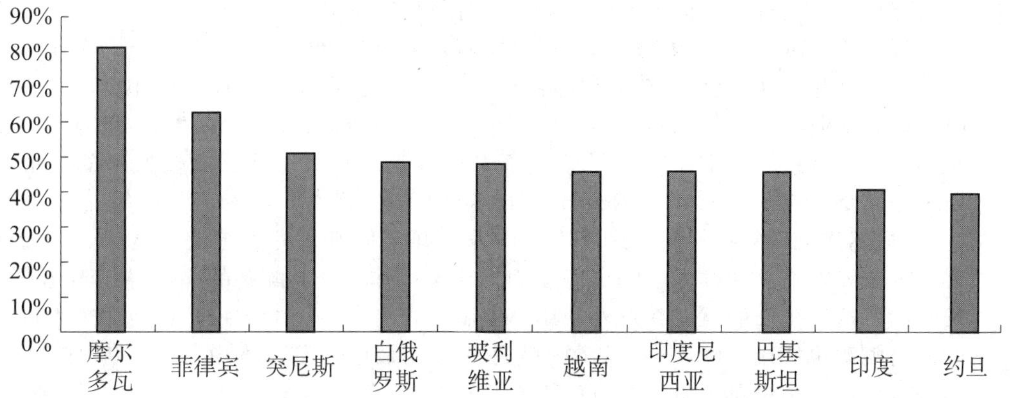

图 4—5　2009 年第四季度宽带用户同比增长排名前十的国家

资料来源：World Broadband Statistics，Q4 2009. Reproduced with kind permission from PointTopic.

供求关系决定价格的定价原则在宽带应用市场也适用。使用宽带的个人与企业数量增加，宽带使用费反而下降了。美国 1 兆文件的下载成本是 1.5 美元，在全球排在第 15 位。2012 年，美国的宽带月租费是 75 美元。有些国家的宽带使用费比美国要低，不管是按月计算还是按每兆下载量计算，都是如此。例如，在捷克、波兰、保加利亚，用户 1 兆流量的费用分别是 36 美分、28 美分、25 美分。宽带月租费在保加利亚和捷克是 20 美元，波兰是 43 美元。若是拿这些数据与中国香港和韩国进行比较，还是很高的。中国香港、韩国宽带 1 兆流量的费用分别只有 7 美分和 16 美分。发达国家和发展中国家不断发展的宽带业务，为网络企业带来了新的机遇。

4.5　数字鸿沟

尽管计算机技术和互联网技术正在改变着人们捕捉信息和利用信息的方法和习惯，但是从营销学的角度看问题，各个国家的消费者还是有很大的差异。有些消费群体能够接触数字信息，有些则无法接触这样的信息，这种差异称作**数字鸿沟**（digital divide）。中国是一个经济迅速发展的国家，但是在那里依然存在着数字鸿沟，主要表现在城乡差异上。在城市里，互联网普及率达到 50%左右，但是在农村地区只有 18%。[①] 中国互联网络信息中心（CNNIC）是中国的互联网管理和服务机构，每年两次发布《中国互联网络发展状况统计报告》。该报告称，造成中国数字鸿沟现象存在多重因素，例如，相对于农村人口收入的较高的网络使用成本，对互联网本身缺乏了解，网络基础设施不完善，等等。2011 年的一次调查中，受调查的农村人口中有许多人称自己从来不使用互联网，其中有 58%的人说自己不会使用计算机。

尽管我们承认新兴经济体市场中手机发展迅速，但是从性别看，男女使用差异依然很大，女子的手机拥有率比男子低 21%，这一数据在非洲是 23%，在中东是 24%，在南亚是 37%。从绝对数字来看，全球拥有手机的男子比女子多 3 个亿，这

① 根据中国互联网络信息中心 2014 年 1 月公布的数据，到 2013 年底，上述两个数据分别为 62.0%和 27.0%。——译者注

也就意味着，还有130亿美元的商业机遇等待厂商去开发。

数字鸿沟不仅对全球各地的政策制定者，而且对跨国公司以及本土的企业家提出了挑战。这些群体应该对缩小上述两种人群之间的差距承担责任吗？印度加尔各答的电子商务企业与美国伊利诺伊州卡鲁梅市的企业具有同样的竞争力吗？世界上许多人在为将互联网技术和电子商务带给最不发达国家而积极工作。比较典型的是尼古拉斯·尼葛洛庞帝（Nicholas Negroponte），他创立了“每个孩子一台笔记本电脑基金”。尼葛洛庞帝的目标是为最不发达国家的孩子们开发一种笔记本电脑，每台成本在100美元左右。这样的电脑可以使用Linux操作系统，配备的显示屏在阳光下也方便阅读，这样孩子们就能在户外使用。电脑上还有一个小的摇把，可以用来发电，因此没有电源也能用。图4—6显示的就是一台亮绿色的笔记本电脑，2007年11月开始投入生产（请浏览laptop.org）。

图4—6 每个孩子一台笔记本电脑

资料来源：Used with permission. One LapTopper Child Organization.

4.6 建设无处不在的网络市场

20世纪最著名的管理学大师彼得·德鲁克（Peter Drucker）曾经说过，企业有两大核心任务：第一是营销，第二是创新。德鲁克管理思想得以精确阐释的地方是在世界经济发展金字塔的底部，也就是那些最不发达的地区，那里正在发生着各种各样的创新。所谓的“金字塔底部”是指人均可支配收入每天不足2美元的40亿人。在最不发达国家和许多新兴经济体，居民的收入差距十分明显。联合国、世界银行、世界经济论坛、亚洲开发银行等组织都在致力于缩小这种收入差距。这些国家里有许多小额贷款项目，专门帮助贫穷的百姓创业。前面曾经提到过，移动通信的迅速发展方便了网络企业以创新的方式接触到金字塔底部最贫穷的消费者群体。

在最不发达的一些国家里，手机银行是一种成功的营销方式。低收入人群往往不能安全地保护自己的现金。这一群体往往从来不去银行，他们生活在农村地区或城市的贫民窟里。贫民窟里充斥着暴力和偷窃，很少有银行愿意到这样的地方去开展业务。农村里是又一种情况，那里的人居住分散，银行若是去这样的地方开展业务，往往无利可图。手机银行则用一种创新的手段解决了这样的问题。

Safaricom 移动通信公司是英国的移动通信业巨头沃达丰公司在非洲的子公司，他们开展的手机银行业务就很具有典型性。2007 年，Safaricom 公司推出了一种新业务，称作 M-PESA（请浏览 Safaricom. co. ke）。PESA 是斯瓦希里语，意为“钞票”。手机营业部的业务员得到银行和 Safaricom 公司的授权，帮助用户在手机里安装应用软件。利用这样的软件，手机用户就可以相互转账。手机用户可以通过手机办理账单支付、储蓄、转账等业务。利用这种方法，从农村到首都内罗毕打工的农民就可以把自己赚来的钱方便地寄回家。农民工的妻子对这种创新方法又爱又恨，爱的是可以及时地收到丈夫寄来的钱，恨的是丈夫不用亲自把钱送回家，就少了夫妻团圆的机会。出租车司机也因为使用手机银行而得益，因为他们进出的现金减少，也就少了遭遇抢劫的风险。

M-PESA 业务在肯尼亚的成功经营给人留下了深刻的印象。从 2007 年开始到 2010 年上半年，M-PESA 开发了近 700 万用户，相对于肯尼亚的总人口 3 800 万，手机用户 1 300 万，这是一个了不起的成就。M-PESA 的成功经营也招来了竞争对手。非洲最大的手机运营商 MTN 公司（总部在南非），还有科威特的 Zain 泛非手机运营公司都大张旗鼓地开展手机银行业务。银行及手机运营商都从这样的业务中获得了利润。

在最不发达国家里，人们的人均可支配收入很低，绝大多数的人以农业为生，许多人只能通过在田里辛勤劳作勉强维持生计。许多人认为他们应该没有什么余钱，其实这样想是不对的，网络企业正在试图扭转这种思维模式。网络企业的管理者都明白，要想在市场上取得成功，就需要为目标市场创造价值。在农耕国家，移动通信的应用能够为农民提高生产率。例如，乌干达有一家名为“农民的朋友”的网络企业，他们接受农民的电话咨询（例如“西红柿苗枯萎了该怎么办?”“我养的鸡眼睛鼓出来了，该怎么办?”），“农民的朋友”通过手机短信回答农民的问题。农民还可以通过手机短信了解农产品的市场价格，以免被欺骗。在印度，网络企业为农民开发了应用软件 M-KRISHI®，这是印地语，意思是“农业”、“务农”。农民一般都需要有关天气、除虫知识、化肥使用知识等信息。M-KRISHI® 开展的手机通信业务使得印度的农民只要简单地发个短信、说句话，或上传一张图片，这些问题都能得到解决（见图 4—7）。提问的农民能够很快地得到回复，最主要的是，回答是针对提问农民所在的实际场所的，很有针对性。有了这样的移动通信服务，农民的产量增加了，生产率提高了。享受这样的服务，农民每季度要支付 200 卢比的费用，约合 4.2 美元。由于在农村中开展业务取得了成功，M-KRISHI® 又把业务拓展到渔民当中（见图 4—8）。网络企业明白，只要为客户提供价值，他们是愿意付费的。

将印度农村的农民作为自己的目标市场，网络企业还面临着另外一个挑战。许多消费者是生活在所谓的“媒体空白区”里。媒体空白区指的是印度农村里没有广播、没有电视的那些区域，各种因素结合在一起，就形成了一个个的媒体空白区。有的村庄不通电，农民也不会有收音机或电视机，当然，那里的农民一般也付不起昂贵的卫星电视接收费。印度斯坦联合利华公司（Hindustan Unilever）是联合利华在印度的子公司，该公司启动了一项名为 iShakti 的创新项目，该项目的目标是帮助农村媒体空白区的消费者接触到媒体。iShakti 项目在各个村庄里设立小的上网亭子，在那里村民们可以免费获取有关健康、卫生、就业、农田作物、司法救助等信息。这些信息都是以语音或流媒体的形式发布的，因为村民当中，尤其是女村民中很多都是文盲。

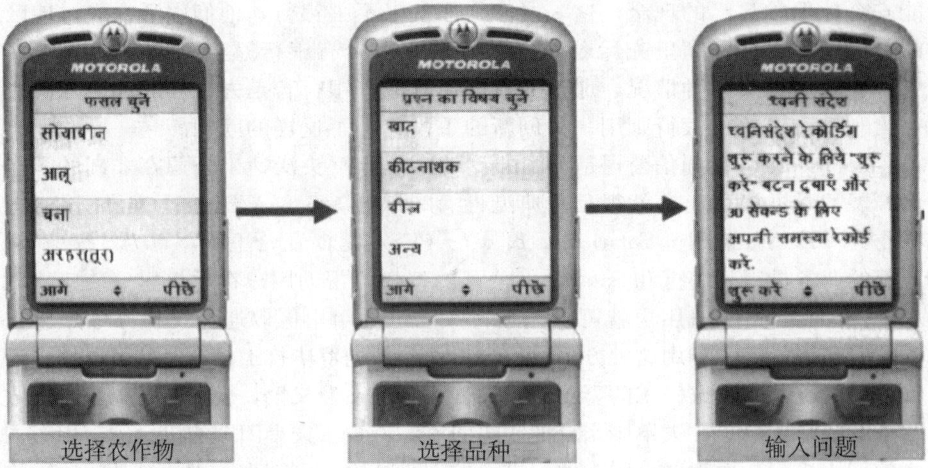

图 4—7　M-KRISHI® 为印度农民提供服务的屏幕展示

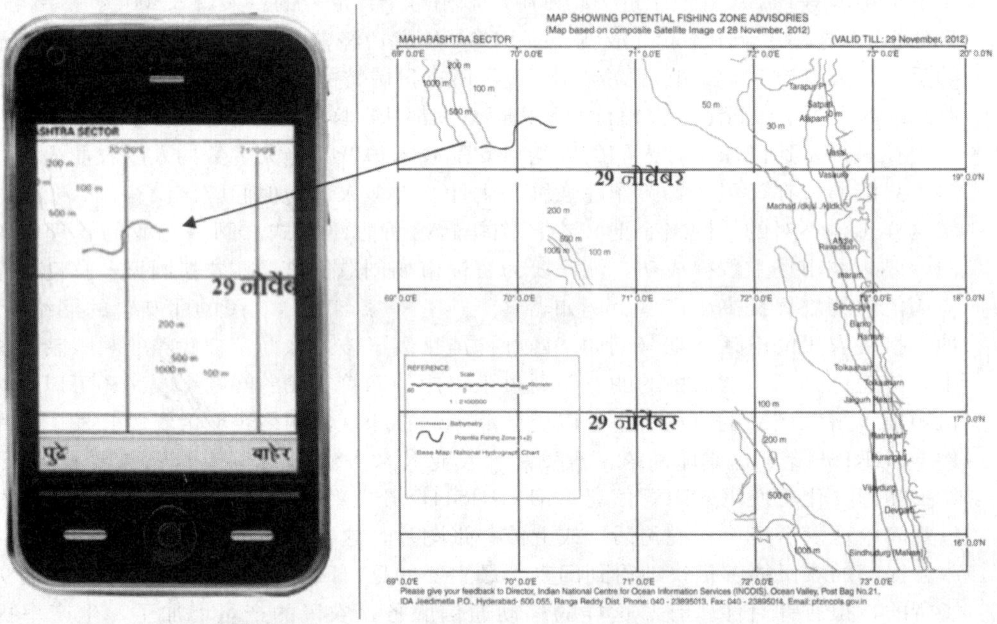

图 4—8　M-KRISHI® 为印度渔民提供服务

印度斯坦联合利华公司在实施 iShakti 项目的过程中培训农村妇女成为“iShakti 大妈”，让她们负责在村庄里销售联合利华的产品。联合利华公司通过 iShakti 项目在印度农村里承担社会责任。

有些网络企业将城市里的低收入人群作为自己的目标市场，它们可以采用的营销战略多种多样，因为城市里的消费者可以利用的媒体形式十分丰富。Casas Bahia 是巴西最大的零售企业，销售家用电器、家具等商品，它对城市低收入人群开展的网络营销活动就具有典型性。该公司的目标市场是小贩、保姆、厨师、建筑工人等，这些人收入很低，往往要打几份工来维持生计。他们居住的地方大都在贫民窟，2008 年，Casas Bahia 公司就在圣保罗的一个贫民窟里开设了自己的零售店。

向低收入群体提供商品赊购的机会，是 Casas Bahia 公司成功经营的秘籍。普通的银行和信贷机构一般不愿意向低收入群体或季节性工人提供信贷，即使愿意贷款，利率也很高。Casas Bahia 设计了一种独特的购物融资方式，消费者可以在商店里提出赊购申请，只要消费者能够提供居住地址，并且能够证明自己没有上信用评级机构的黑名单，商店就可以批准赊购申请。Casas Bahia 公司销售的商品有 70%是赊销出去的，真正违约的客户不到 10%。

2009 年，Casas Bahia 公司开发了第一个销售网站 CasasBahia. com. br。该公司的网络经营战略很精明，对于那些可以用信用卡购物的消费者（占 10%），公司网站就是一个普通的网络销售平台，但是网站的主要作用是为实体门店招徕顾客，只要消费者来到门店，业务员就会向他们推荐公司开发的赊销项目，以此来赚取较高的利润。

巴西还有一个值得一提的网络营销案例，那就是把营销活动和巴西最热门的肥皂剧《巴西大道》结合在一起。肥皂剧的情节很复杂，但剧情主要是有关一个生活在贫民窟里的单身母亲和一个派驻在贫民窟里维持治安的士兵之间的浪漫故事。剧中有一位女主角的父亲也生活在贫民窟里，他被人杀害，女主角千方百计地要为死去的父亲复仇。剧情吸引了几乎所有的巴西百姓，甚至连总统也会抽时间观看。剧中植入了 500 多则广告，光是宝洁公司的广告就有 10 个，例如在剧中植入了帮宝适等多种产品的广告，这些产品在巴西本地都有自己的专门网站。在《巴西大道》中插入广告的还有德国大众汽车、起亚汽车、Trident 口香糖、万事达信用卡等。剧中还有一个名叫蒙娜丽萨的人物，她开了一家美容店，如今，该演员在巴西生产各种美容产品，消费者可以在化妆品网站 embelleze. com 上购买，只要输入关键词 monalisa（蒙娜丽萨）就行了。

4.7　社交网络

将新的通信技术（指手机和智能手机）与对信息的新的利用形式（指无线宽带接入）结合在一起是科学技术的重大突破，这种突破的意义更主要地体现在网络企业与社交媒体的结合上。2011 年下半年，全球 12 亿在线购物消费者中，82%的人承认自己至少参与了一个社交网站的活动。有趣的是，社交网络最为活跃的地方是在拉丁美洲，例如阿根廷、智利、哥伦比亚、秘鲁、委内瑞拉等。阿根廷的网络用户每个月花费在社交网站上的时间平均有 10.7 个小时。同样的数据在其他一些国家也很典型，例如智利是每月 9.8 个小时，哥伦比亚是每月 8.5 个小时，秘鲁是每月 8.3 个小时，委内瑞拉是每月 7.9 个小时。全球的网络消费者花费在社交网站上时间最多的是以色列人，他们每个月平均花费 11.1 个小时。

脸谱网是社交网站中的大鳄。全世界几乎每一个国家都有脸谱网的用户（见附录 A），但脸谱网的用户人数在各个国家是不一样的，其普及程度也不同。俄国最主要的社交网站是 VKontakte（vk. com）。2010 年，日本的护肤、祛痘产品品牌 Clearasil 希望在俄罗斯的青少年当中扩大市场份额，它在 VKontakte 社交网站上为自己的品牌开发了一个专题板块，在这个板块里，用户可以张贴自己的照片，交换各自的信息，用户可以利用 Clearasil 品牌的应用软件在自己的照片上除去痘痘和疙瘩的痕迹。采取了这些措施以后，Clearasil 品牌产品在一年中销量上升了 30%（请浏览 vimeo. com 观看介绍这一营销项目的英语版视频资料）。如果 Clearasil 在今天再来开展类似的营销活动，公司肯定会在俄国的第二大社交网站 Odnoklassniki 上开展同样的营销活动。

世界各国的网络企业明白并不只有俄罗斯才有热门的社交网站。在韩国、日本、中国、巴西、越南等国家，脸谱网并不是市场的引领者，它仅仅是市场的追随者。越南最热门的社交网站是 zing（请浏览 news. zing. vn），波兰的社交网站是 nk. pl，韩国是 cyworld. kr，日本是 mixi. jp，巴西是谷歌旗下的 orkut. com，即使在拉脱维亚，也有比脸谱网更加热门的社交网站 draugiem. lv。

虽说脸谱网在各国的用户数和普及程度各不相同（见附录 A），但是有远见的网络企业管理者愿意将脸谱网融合到自己的营销战略中去。Debenhams 公司是英国的一家零售企业，它通过脸谱网的亚美尼亚网站将商品在线销售给亚美尼亚的消费者。据统计，Debenhams 公司在脸谱网上的板块在亚美尼亚排名第三，已经拥有 32 000 名粉丝。排在第一位和第二位的分别是 LightStyle 服装公司（粉丝数 53 000 名）和亚美尼亚本地的奶制品企业 Ashtakrak Kat 公司（粉丝数 40 000 名）。Debenhams 公司是比较早地利用脸谱网向新兴经济体市场的消费者开展营销活动的企业，它在尼日利亚对消费者开展的营销活动就非常成功。公司在伦敦的旗舰店有一个多语种的网站，其中包括尼日利亚百姓使用的豪撒语。尼日利亚的消费者在 Debenhams 公司的消费额平均每笔交易达到 450 英镑。通过脸谱网上的亚美尼亚板块，Debenhams 公司已经把目标转向了高加索地区的消费者，希望社交网站的营销活动能够带来同样的结果。

加纳的一位名叫阿什菲·戈高（Ashifi Gogo）的企业家多年钻研网络通信技术，他在 2008 年创立了 Sproxil 公司，那是一个地道的全球经营企业，本章中提及的各种网络营销理念在 Sproxil 公司都得到了实践。该公司开发了一款手机应用软件，专门对付高达 2 000 亿美元市值的假药市场。阿什菲·戈高曾经亲身经历过假药造成的危害。加纳的台式计算机和有线网络服务并不十分发达，但是手机的利用率和无线网络应用很普遍。通过手机软件的应用，消费者能够很方便地利用短信沟通来判断自己所购买的药品是正规渠道销售的药品还是假药。这项功能提升了 Sproxil 公司的声誉。Sproxil 公司的商业模式是向制药企业和销售商提供验证标签，制药企业和销售商将标签贴在商品包装上，消费者则通过短信来验证药品的真伪。对于消费者来说，验证的流程十分简单，同时，通过验证还能向自己的 SIM 卡里充值。Sproxil 公司最初在尼日利亚推广公司开发的应用软件，后来又将市场拓展到加纳、印度和东非。Sproxil 公司还利用脸谱网和推特网的社交网络功能推广公司的业务和品牌。Sproxil 公司利用移动通信技术和社交网络的功能不仅为公司赚取了利润，而且提升了普通百姓的生活质量。

小结

在一个拥有 12 亿消费者的全球 B2C 市场中，一些国家比另一些国家在网络连接、网络应用和网络购物等方面要更方便一些。有许多因素影响着对网络的普及，这其中有收入的因素，也有基础设施、计算机拥有率、电话普及率及通话的费用、社会和文化传统、经营习惯、无线网络接入等因素。网络经营者在选择一个目标市场时，必须谨慎地了解各国的市场状况和环境因素。

全球各地许多国家的互联网应用都发展得十分迅速，它们将会是互联网世界的主力军。这种增长为那些想在欠发达国家选择目标市场，开展经营的网络经营者创造了机遇，也带来了挑战。新兴经济体是指拥有高经济增长率和低人均 GDP 的那些经济体。信息技术不仅能够在很大程度上提高一个国家的生产能力和工作效率，而且能够帮助新兴经济体开拓全球市场。

在分析国家和市场机遇时，新兴经济体中的网络经营者若想在发达国家获得成功，就必须理解市场的相似性。新兴经济体中的网络经营者若想在本国开展营销活动，或者发达国家中的网络经营者想在新兴经济体中开拓市场，就必须了解市场的差异性。一般情况下，以新兴经济体为目标市场的网络经营者需要解决许多问题，例如信用卡使用率较低，缺乏安全的在线支付方式，消费者对在线购买和支付存有偏见，计算机以及电话的使用率偏低，联网速度太慢影响下载能力，供电不足，等等。有魄力的网络企业正在用各种创新方法应对这些挑战。

许多国家（包括一些新兴经济体）移动电话用户的数量大于固定电话的用户数量，因此，网络经营者应该考虑如何让网站的内容去适应移动电话的小屏幕，如何解决小型键盘的输入问题，如何为无线网络用户开发合适的内容，如何定价，如何解决支付问题，等等。经营者还得了解在无线网络环境中的消费者行为。

网络企业越来越多地关注最不发达地区的消费者。有些人认为低收入人群无力利用信息技术，不需要高品质的商品和服务，支付不起各种费用，这样的思维方式是错误的。低收入人群为网络企业提供了很大的市场机遇，当然，提供的产品和服务要适销对路。低收入人群日益普遍地使用手机，为网络企业接触这一新的市场搭建了一个理想的平台。

思考与练习

复习题

1. 什么是新兴经济体？

2. 新兴经济体应该如何利用信息技术？

3. 市场相似性的概念是什么？致力于开拓国外市场的企业应该如何运用这个概念？

4. 为什么信用卡支付会成为新兴经济体的一大难题？

5. 计算机以及电话拥有率怎样影响新兴经济体中网络营销的发展？

6. 为什么网站设计者必须考虑新兴经济体的网速？

7. 新兴经济体的网络经营者会面临一些怎样的供电问题？

8. 无线网络接入将怎样影响全球各地的网络营销？

9. 什么是数字鸿沟？它对网络经营者来说意味着什么？

讨论题

10. 《美国偶像》走向全球。《美国偶像》节目在本国的版本与外国的版本有什么差异？请结合本章叙述的内容解释产生这些差异的原因。

11. 《美国偶像》走向全球。《美国偶像》这一品牌是否有必要在全球保持统一？为什么？

12. 全球网络将推动时尚、品位以及产品的整合，并创造一个更加同质化的全球市场环境。你同意这种观点吗？为什么？

13. 许多新兴经济体的消费者对在线购买心存疑虑，网络经营者应该如何劝说他们改变这种观念和行为？

14. 为适应新兴经济体上网速度慢的特点，网络经营者将网站设计成能够快速下载、图片较少的风格。这有什么优点和缺点？

15. 网络经营者在弥合数字鸿沟方面应该做哪些工作？消费者和政府机构是否应该为弥合数字鸿沟采取行动？为什么？

16. 中国企业的网络经营存在哪些威胁？中国企业提供的一些产品或服务能否在全球市场取得成功？为什么？

网络应用

17. 请登录互联网应用统计网站 www.internetworldstats.com。根据该网站提供的数据，目前全球网络用户普及率是多少？与本书提供的数据差距有多大？按大洲统计，哪一个洲的网络用户普及率最高？欧洲、亚洲与美洲的差异有多大？按照目前的发展趋势，未来的网络用户普及率会有怎样的变化？

18. 请登录UPS公司网站 www.ups.com。假设你需要将一个包裹寄往法国巴黎，需要经过哪些步骤？UPS公司是如何简化流程的？该网站上除了英语以外，还有哪些工作语言？如果送达的地址不是使用英语的，会有困难吗？UPS公司是如何解决此类问题的？

19. 许多网站提供非英语的网页。请登录谷歌网站 www.google.com，在“设置”工具栏中选择语言。谷歌对不同的语言和不同的国家提供怎样的服务？请将一个网页翻译成不同的语言，然后观察结果。哪些语言环境下的特征相似？有些网站并不使用英语，谷歌采取哪些措施解决？

第5章 道德与法律问题

这一章的内容是希望帮助读者了解网络企业在互联网环境中将会面临的道德与法律问题。读者将会了解到网络企业、消费者以及各种利益相关者所关注的现有的以及可能出现的各种道德和法律问题。

学习目标

- 比较道德问题和法律问题；
- 讨论道德规范和自我约束的意义；
- 解释传统环境和数字环境下的隐私权保护问题；
- 解释网络环境下的版权、专利权、商标权和数据所有权问题；
- 了解网络环境下言论的道德和法律问题。

趋势与影响

● 不管是被动地接收丰富多彩的信息，还是主动地传递信息，其意义都十分重大。网络信息不仅使消费者的生活变得高效、有趣味，还让消费者接触到无数的商品和服务，特别是通过无线通信中的应用软件，使得消费者更加安全。

● 日本的软银集团推出了一款新的智能手机 Pantone 5 107SH。这种手机有内置的盖氏计量器，用户只要长按显示屏右下角的专用按钮，就可以用它来检测周围的辐射程度，精度达到 20%。

案　例

软件盗版行为

在使用电脑的过程中，你有过违法行为吗？大多数人可能说没有，因为没有把安装并非自己购买的软件（称为**盗版**（piracy））当回事儿。当人们在网络上下载有版权的软件，或是把自己的软件光盘借给别人，或者企业给计算机安装软件超过了许可证规定的数量时，实际上就已经发生了软件盗版行为。当非法复制的软件进行再复制并传递给其他人使用时，便产生了假冒、盗版行为。盗版和假冒都触犯了美国的版权法，是违法的。

然而，更大的危害是什么呢？假设你花几个月的时间写了一本畅销小说，结果却发现成千上万的人只是复制这本小说，而不是从出版商那里购买，这种复制不仅减少了你的收入，而且降低了你写小说的热情。软件盗版的情况与此相似。软件开发公司用销售收入来支付软件升级换代所需要的研发费用，如果公司没有了收益，就不会做这些工作。此外，开发软件的厂商会提高合法购买者的购买价格，以弥补因盗版而产生的损失。

软件开发和版权保护是相辅相成的，这在全世界都一样。美国、日本以及大多数欧洲国家都在大力开发和保护软件，每年投入的费用高达几万亿美元。与此形成鲜明对照的是，亚太地区的国家对版权的保护力度就很弱。这些国家开发的有价值的软件不多，但是给软件所有者造成的损失却大得惊人。从全球范围来说，美国的软件盗版率是最低的，但是全球市场上销售的软件中有40%以上是盗版软件。盗版的数量哪怕仅减少1/3，全球每年就能创造几百万个就业岗位，增加几千亿美元的产值。

企业应该如何来应对呢？盗版问题的主要受害人之一微软公司使用了各种应对方法：提议对知识产权保护立法，提起民事诉讼，开发反盗版技术（如在软件光盘中嵌入数字版权管理安全技术）。也有人对此持反对意见，他们认为，反盗版技术并不能有效地制止盗版行为，却给普通用户带来了诸多不便。几年前，微软试行了一套系统，这套系统能够在用户上网时识别出他们的硬盘驱动器，但是提倡隐私保护的人对此提出了异议，最终，微软公司相信教育是最好的工具。很多使用盗版软件的人并不知道他们是在行窃，而且有些国家的法律和行为规范并不反对盗版。例如，一些国家的行政部门认为，如果他们购买了一套软件，就可以随心所欲地使用，就像使用其他产品一样。为了达到教育的目的，微软创办了一个关于反对软件盗版的网站（microsoft. com/piracy），网站上将软件盗版问题与隐私问题放在一起讨论，这与一些持有版权的大公司的做法是一致的。盗版和仿冒是软件行业的大问题，这些问题在看得见的将来不可能得到解决。

5.1 道德和法律问题概述

在对道德和法律问题的研究中，二者通常被视为独立的、没有关联的两个部分。实际上，道德和法律是紧密相关的。**道德**（ethics）通常指专业人员和其他在某一领域掌握专业知识的人的价值观和行为方式。人们在谈论道德问题时，实际上是在谈论整个社会的价值观和利害关系。

在这个意义上说，**法律**（law）和道德是相似的，都是价值观的体现，但是道德可以直接针对个人或群体的行为举止，而法律的制定通常是为了更广泛的目的，它的目标是针对一国乃至全世界的人民。在英美的传统里，法律由立法机关制定（比如国会或者议会），由行政部门或机构执行，由法院解释。不管是哪种形式，法律是公众努力的结果，它实际上是各种政治集团，或者各种利益群体妥协的产物。另外，法律应该在时间和空间上保持一致，以便公民能够熟悉他们的权利和义务。

由于法律是利益、信仰和目标相结合的产物，法律的制定过程通常比较缓慢而且复杂，而且有时会出现一些不公平的法律，因为法律会受到游说行为、政治献金等各种因素的影响，因此，人们会提出质疑，呼吁改革。版权保护问题已经成为一个非常棘手的问题，世界知名的版权研究专家劳伦斯·莱斯格（Lawrence Lessig）认为，应该尽早在国会立法，主要针对如何在版权保护问题上消除政治腐败。许多团体都在致力于改革国际版权保护法和专利保护法，他们结合成一个所谓的“盗版党”，试图说服哪些有意竞选议员的政客。盗版党的另一个目标是保护个人隐私，要求政府办事公开。这一组织目前的活动范围已经扩展到30多个国家。

即使社会非常清明，没有政治腐败，刚刚出台的一部法律也难以预测企业或个人在未来会如何去诠释它。试图规范网络行为的新法律所面临的窘境更多，因为网络技术发展得太快，而法律要通过并且实施又步履维艰，所以有些法律还没有颁布实施就已经过时了。即使国会通过了一部所谓的"好"的法案，对法律的解释也依然众说纷纭，而且执法机构往往不知道该如何操作。许多当事人或者机构提起诉讼，要求法庭对新的法律进行解释，说明如何解决争端。有些行政机构（例如**美国联邦贸易委员会**（Federal Trade Commission，FTC））也会出台一些规则和条例，以此来规范网络交易行为。可是真要这样做也不容易，因为数字环境日新月异，人们难以适应。

道德为法律的发展做出了很重要的贡献，它会对企业界人士、立法人员产生影响，并最终影响法官的裁判。从道德理念，到法律法规，再到**司法实践**（enforcement），本来应该形成一条从道德到执法的理想通道，但是实际情况并非如此。法律往往会偏离道德的轨道。各界人士对道德的解读会有抵触，也会做出适当的让步，结果大多数法律都不会与道德规范完全一致。立法者对纷繁复杂的信息技术并不能完全把握，再加上各方的游说，以及法律对网络创新的滞后效应，都决定了法律只是道德诉求的起点，而不是它的终极目标。

法律往往无法跟上网络创新的步伐，但道德诉求是相伴其左右的。人们要求立法者应该先清楚了解网络环境中所发生的一切，然后用法律去规范网络行为。在立法的过程中，网络厂商发挥着不可或缺的作用。立法者需要网络经营的实践者和专家对网络活动中出现的道德问题答疑解惑，因为一线的实践者会给立法者带来一手信息，有助于他们了解即将面临的道德争论。

道德和道德规范

人们对于道德的探讨已经有2 500多年的历史，它关注的焦点是对基本概念的分析和描述，比如什么是对的、什么是错的，以及我们怎样区别它们。研究的一个重要内容是什么样的行为属于符合道德的行为。这些工作必然包括对责任、权利和义务的研究。道德研究并不局限于纯理论的范畴，相反，所要研究的问题包括人们相互影响的所有方面，例如政治问题、法律问题、公司经营问题等，因此，道德学的范围十分广泛，许多道德立场相互之间又格格不入。

道德研究中一个特别重要的方面是对职业行为的研究。按照传统，具有特殊技能和知识的人组成一个团体，由他们来确立行为规范。一个典型的例子就是医生所遵循的希波克拉底誓言。道德标准在内部和外部都能起作用，它们既有助于促进同行之间的诚实和守信，又有助于在整个社区树立忠诚一致和值得信赖的形象。从这些作用上看，道德学不仅是一个实用的工具，而且是职业本身不可缺少的组成部分。

有些组织的文件（比如《美国营销协会道德规范》[1]）规定在所有的职业行为中要遵守诚实、负责任、公开、正直、公平、履行公民义务等原则。除了说明全部价值之外，职业规范还为其成员提供了确定工作目标的指导方针。这些规范通常是从业者和学者们经验总结的结果，告知所有的成员，并公之于众。一般来说，道德规范会因为环境的变化或新的问题的出现而进行新的解释或修订。过去，这些修订的过程通常很漫长，而且比较保守，如今情况发生了很大的变化。

现代技术对营销道德和其他各行各业的道德规范都提出了根本的挑战。对变革的需求可能在计算机本身的革命性中得到了最好的体现。只要我们将数字媒体与印刷技术、电话或汽车等其他重要技术带来的进步进行比较，就可以发现，数字媒体在速度、普及程度以及功能的多样性方面都是无与伦比的。人们可以利用计算机进行数据收集、程序编译和信息传播，它们代表了快速成长的通信方式，互联网以及类似的数据传输系统使得整个地球空前紧密地联系在一起。

然而，这些因素却造成了道德与政策的真空。虽然新技术并没有对公平和正直构成直接的挑战，但是数字的处理能力和潜力是从未有过的，如此一来，道德就如同其他许多社会行为一样，要去适应计算机革命带来的新环境。如今，在网络环境中工作的人面临着一系列重大的问题，其中包括：虚拟数据的所有权问题（一般称为知识产权），没有锁、没有门、没有围墙的虚拟世界里的隐私问题，言论自由的程度问题，数据的使用和收集方法问题，登录到数字网络的儿童的权益保护问题，等等。

在道德或法律方面，从来没有简单的解决问题的方法。在网络环境中，由于没有历史经验可以借鉴，因此想要取得进步更是困难重重。在现实世界里，人们已经积累了丰富的经验，但是计算机与网络构成的是虚拟世界，两者无法进行类比。计算机网络与广播电台、报纸或杂志社或者公共图书馆是一回事儿吗？由于在这些方面缺少经验，我们很难做出肯定的回答。最后，由于网络空间本质上是全球性的，因此人们难以对道德立场达成一致的意见。一种在欧洲可以接受的事物，在亚洲或美洲就可能遭到反对。

表面上，计算机提供了无限的机会，但也需要对这些机会进行不断的评估。网络营销的每一个参与者不仅要遵守职业道德，而且得到了为这些道德规范的建设和完善贡献力量的机会。

自我约束的问题

虽然法律和道德通常是为了同一个目标，为解决复杂的问题共同发挥作用。但是在网络行为的规范方面，法律的作用正在遭到质疑。在克林顿总统、小布什总统及奥巴马总统的任期内，美国政府坚持了这样一个立场：互联网的发展必须最大限度地让市场自由运作。在这样的制度下，参与者的行为通常就是由商会、制定商务标准的组织或者行业协会制定的**道德规范**（ethical codes）来约束。

有些人赞成自我约束的模式，他们认为企业有能力迅速地识别在经营领域中出现的问题，并迅速解决这些问题，而立法、司法、执法的过程却复杂而漫长。根据这种观点，在网络环境中遇到的问题可以由业内人士用自己的智慧来解决。一旦人们达成共识，便可以用道德准则来规范企业人员的行为，还可以通过对供应商和消费者的不断教育使大家采取步调一致的行动。虽然法律并不能对这些规范施加影响，但是很多人相信，只要消费者增强了信心，经济持续稳定地发展，人们会自愿去遵守这些规范。

不过，也有人反对自我约束模式。他们认为自我约束缺乏原动力。他们指出，从事欺骗行为的人往往通过一次犯罪行为来获利，他们对坚守道德规范以求得长期的利益不感兴趣。他们还指出，从更大一点的范围来说，人们为了实现商业利益和利润最大化，往往忘记了自我约束。因此，如果没有法律的制裁，就缺乏真正的威慑力量。

虽然这种争论远没有完结，但最近的政策制定活动表明，政府在互联网管理和控制方面是在积极地采取行动。许多国家的政府正在着手解决网络隐私保护、数据保护、网络犯罪、网络欺诈等问题。

澳大利亚竞争及消费者委员会、英国公平贸易局、美国等国家的消费者保护部门都在采取措施减少网络欺诈的行为。

国际消费者保护与执法网络（ICPEN）汇集了全世界近 40 个国家的消费者保护组织，每年都要对网络企业进行检查，打击对消费者的欺诈行为。2001 年，国际消费者保护与执法网络开发了一个专门的网站收集网络消费者的投诉，并将消费者的投诉传递给参与国的执法机构。

美国的联邦贸易委员会把监测和制止国内外的网络交易欺诈行为作为自己的首要任务。该委员会定期为网络用户举办讲座和培训，他们在委员会的专用网站上张贴帖子，告诉消费者如何防范网络欺诈（见图 5—1）。

图 5—1　OnGuardOnline.gov 政府网站截屏

资料来源：www.onguardonline.gov/.

为了应对网络欺诈，全球各地出现了越来越多的政府专门机构、营利企业或非营利机构，美国总统奥巴马曾经说过："网络安全不仅仅是一个安全问题，政府和整个社会都要十分关注网络安全问题，目的是保证网络创新的持续性，推进市场的发展，提升人们的生活水平。"[2]

2006 年，英国政府启动了"保证网络安全"项目，目的是向消费者提供有价值的信息，指导消费者如何利用网络，如何提防网络欺诈。[3]这个项目得到了许多大企业的支持，项目网站现在依然运营得十分成功。2010 年 10 月 4 日，美国国土安全部所属的国家网络安全局发起了一个名为"Stop. Think. Connect"的网络安全保障活动，目的是提醒和教育公众，预防网络欺诈行为（见图 5—2）。

各国政府对许多网络问题有了更多的关注，加大了反应的力度。同时，各国的立法者已经与企业、非营利机构以及商会等组织有了更密切的合作和对话。各方的合作和资源共享的形式都是空前的，这说明未来的法律、法规将会以各方"共同责任"的形式来体现。

图 5—2 Stop. Think. Connect 网站信息

资料来源：www. dhs. gov/.

5.2 隐私权保护

隐私权（privacy）的概念包括道德和法律两个方面。在这两个领域，隐私权保护都是一个比较新的话题。隐私权保护是 20 世纪的产物，这可能与其他法律或道德问题并不相同。虽然许多文化现象是一种约定俗成的社会规范，但人们对隐私权的研究是从 1890 年才开始的。那时，塞缪尔·沃伦（Samuel Warren）和后来成为最高法院法官的路易斯·布兰迪斯（Louis Brandeis）发表了一篇文章，敦促人们将隐私权保护写入美国法律。这种保护制度称为“独处权”。[4]很明显，支持这种观点的许多理由是与成熟的工业和科技相关的，在当时出现了一些新的现象，包括报纸的普及、监听设备的发展和摄影技术的广泛应用。本质上，隐私权早期经常与信息和信息的传播手段有关。

虽然沃伦和布兰迪斯的文章发表以后隐私权就成了不断争论的主题，但是不管从道德上还是法律上讲，它都被证明是一个不易分辨的概念。造成法律上混淆的一个原因是在美国宪法中缺少针对隐私权保护的条款。1965 年，美国最高法院在“格瑞斯沃尔德诉康涅狄格州案”（Griswold v. Connecticut）[5]的判决中承认了这一点。判决认为，有关避孕药使用的隐私权可以从许多宪法权利中推导出来，这些权利包括结社权、不接受非法调查和查封的权利、反对自我归罪的特权，以及和平时期士兵不得在民居驻扎等。后来，在 1973 年的“罗诉韦德案”（Roe v. Wade）[6]的判决中，法院做出了妇女有生育决定权的判例。根据美国宪法的第四修正案，宪法针对政府机构明确了家庭隐私权保护的规定。在进入寓所搜查之前，政府工作人员必须获得授权。然而，这个条款只能运用到官员或代表政府官员的人身上，对平民百姓不起作用。

除了完善美国宪法以外，隐私权在共同法中也得到了体现。**共同法**（common law）是指一般被英美法院接受的判例、假设和习惯。共同法明确了一系列的隐私侵犯行为，人们可以以此（不管是个案还是几个案件的综合）对隐私侵犯行为提起诉讼。这些诉讼案件被划分为四类，即无故侵犯他人**住所**（seclusion），无故公开他人私生活情况，使用他人姓名或肖像，以扭曲的方法披露他人的个人信息。这些要素已经融入许多州的法规当中，并出现在影响深远的《民事侵权行为法重述》（Restatement of Torts）[7]当中。

虽然立法上有了这些发展，但人们对究竟什么是隐私权依然有许多分歧，其主要原因可以归结为三个方面。第一是沃伦和布兰迪斯关于独处权的观点，通常称为隔离模型。这种观点认为，隐私权就是拥有在社会中保持独处的能力。支持这种观点的法律和道德标准是：保持人与人之间的距离，并且惩罚越过这种距离的人。第二种观点称为**存取控制**（access control）模型。该观点并不把与世隔离作为一种常态，强调法律和标准可以帮助人们理性地处理他们提供的信息。有些法律和标准规定个人有权保护自己的信息不被擅自泄露，存取控制的观点可以在这样的法律法规中找到相关的表述。

不管是隔离模型还是存取控制模型，都提供了保护的方法，但是这两种观点都关注信息如何让渡，而很少关心私人信息究竟是什么。于是，就有了第三种观点，称为自治模型。该模型试图说明私人信息究竟是什么。它把私人信息定义为一个人做出生死攸关的决定时必不可少的东西。这个模型既包含私人信息不受强制使用的自由，还包含在必要时保持独处的能力。

要对隐私权进行界定十分困难，然而，隐私权只不过是许多价值观中的一种。在社会上，对个人和公众安全的关心，对经济发展的关心，甚至对与他人交往（一种了解敏感信息的过程）这样一种社交和心理需求的关心，都与保护隐私发生了冲突。要协调种种利益，就需要平衡，而不同的平衡措施可能导致不同的结果。通常人们为了获得各种利益往往愿意提供个人信息，例如获得信用卡、积累常客飞行里程、配合机场的安全检查等。在这些情况下，人们就会借助道德和法律规范来帮助进行决策，人们会考虑这些利益的真实含义，以及种种利益的重要程度。

数字环境下的隐私权

信息在隐私权保护方面扮演着重要的角色，同时，它又是开展营销和电子商务必不可少的因素，因此，自然而然地就出现了收集信息和使用信息的种种矛盾。

争论的始作俑者是美国营销协会（American Marketing Association，AMA），它为网络营销制定了道德准则。这个准则规定："从消费者身上收集的信息必须保密，并且只能用于预先说明的目的。"这个准则简单且直白，但是它必须与互联网信息收集的许多过程相适应。

2000年春天，一篇有关双击公司（DoubleClick，一家网络广告公司）从事收集和编辑大量消费者信息的报道吸引了媒体、政府和公众的注意。在该公司时间不太长的网络经营中，它建立起由11 000多个网站参与的一个网络，这些网站上都有广告，用户只要点击这些广告就可以访问该产品的网站，公司的系统还在数据库中记录了称为点击流（clickstream）的回应信息，利用点击流信息可以获得一个用户的资料，然后厂商就能对该用户发送个性化的广告。这种收集活动并不需要征得用户的同意。有报道称，当时双击公司共积累了10万份网络用户的资料。

隐私权保护的倡导者一直呼吁关注双击公司系统信息滥用的可能性，但是该公司居然又兼并了 Abacus-Direct 公司，使得这样的争论更加激烈，因为 Abacus-Direct 公司擅长收集离线用户的信息，并做成电子列表，该列表包含美国许多家庭成员的姓名、地址和购买历史。有报道称，兼并完成后双击公司将整合这些信息，提供订购服务，把现实生活中人们的情况与双击公司收集到的网络消费者的情况联系起来。根据这个消息，由隐私权保护、公民权利保护和消费者团体组成的联盟向美国联邦贸易委员会提出指控，希望阻止将 Abacus-Direct 公司的信息和网络信息整合在一起，并坚决制止在没有得到信息主体允许的情况下把用户信息存入新数据库中。2008 年，谷歌公司收购了双击公司，目前，谷歌公司在广告业务上执行自己的隐私权保护规则。

获得这些信息最常用的方法是使用网络跟踪器文件。通过用户回复来自网页中的指令，硬盘驱动器中就会创建数据包。一旦用户存储这些信息，数据包就可以从用户的计算机再传送到相关的网站上。网络跟踪器文件可以用于多种目的，例如，它可以操作网络信息，将购物车信息存储下来。网络跟踪器文件可以利用销售信息提醒用户哪些商品已经订购，或向用户推荐新的产品。通过网络跟踪器文件还可以收集其他信息，例如用户的真实姓名、电子邮箱地址、住址、电话号码、计算机位置和登录时间等。

虽然网络跟踪器文件在浏览器中必须按照用户许可运行，但是它们通常会自动运行而不需要用户操作。网络跟踪器文件也可以与其他数字信息结合，在各种服务器间相互传递，或出售给需要这些信息的机构或个人。只要计算机上添加了网络跟踪器文件，用户在上网冲浪的过程中就会被跟踪，这样做的结果就是能够准确描述出一个人的网上行为。如果再把这些信息与离线数据整合在一起，这种跟踪将呈现一种更广泛，甚至更复杂的特征。

双击公司的行为引发的争议涉及网络隐私权保护的许多重要方面。最基本的一点或许就是对隐私权本身的定义问题。许多人把隐私看成是必须密切守护的一种权利。根据这种观点，人们希望能够控制个人信息不至于泄露，还希望有能力远离随意的侵扰。人们希望出台这样一种政策，就是每个人都能确切知道个人信息被收集的过程，并据此选择加入（opt-in）或选择退出（opt-out）。也有人支持类似的信息收集活动（例如双击公司），因为他们认为大多数用户是欢迎有针对性的广告的。按照这样的观点，隐私权只是许多需要权衡的价值中的一种。通常持这种观点的人支持选择退出的政策，那就是假定信息收集发生时，允许用户采取各种方法表示拒绝，例如给信息收集者发送邮件，请求从它们的数据库中删除自己的信息。

对选择退出方案持反对意见的人认为，大多数用户并不了解计算机如何操作，信息如何处理，他们认为普通人一般不会采取必要的措施去阻止信息的泄露，还认为退出的步骤太复杂，无法顺利操作。赞成选择退出方案的人则强调他们做过相关的调查，消费者愿意接收有针对性的广告，他们还提出，要提供这样的服务，就需要收集信息，除非消费者拒绝广告定制服务。虽然美国国会正在制定几个相关的法案，但是目前还没有解决这种争论的法律，同样，对于这场争论，行业内也没有制定出一个被广泛接受的解决方案。目前，许多企业和一些行业组织都认为预先告知是一种最好的方法。也有一些企业（例如 Real Media 公司）明文规定，不允许其他网站共享公司网站浏览者的信息。

在声称要对在线和离线的数据进行整合的几个月之后，双击公司又宣布暂停执行这一方案，这样，问题才算得到了部分解决，但是公众并没有放过这家公司，直到 2001 年，根据调查的结果，联邦贸易委员会宣布该公司的行为不构成对隐私权的侵犯。2002 年春天，一些悬而未决的州或联邦的隐私权集体诉讼案件得到了解决。法院调解的结果是希望为消费者隐私保护提供一个行业模板。按照这一范式，企业有责任明确告知在收集信息，还规定未获得明确的许可，禁止企业把用户信息整合到已存在的信息中。此外，从网络跟踪器文件中获得的信息必须定期删除，新的网络跟踪器文件 5 年后要自动失效。最后，由双击公司组织消费者隐私教育活动，并接受定期的、独立的审查。不过，也有人对此提出异议，他们认为两年一次的独立审查过于频繁，而给网络跟踪器文件的失效期似乎又太长。

不久前，脸谱网等社交网站由于擅自使用用户的个人信息而受到抨击，有人指责脸谱网在广告中使用用户信息，还将这些信息让第三方分享。

后来，脸谱网称已经采取了措施限制披露个人信息，但是又被人批评脸谱网故意把这些方法弄得很复杂，使得用户根本弄不清是怎么一回事。有些用户为了不让脸谱网披露自己的个人信息，就设法删除在脸谱网上的账户。可是，想把账户删除困难重重，不亚于阻止脸谱网泄露自己的信息遇到的困难。有些用户只好呼吁脸谱网开源，告知用户网络究竟是如何披露自己的信息，又是如何将自己的信息与人分享的。

美国曾经有一起著名的集体诉讼案件——“肖恩·莱恩诉脸谱网公司案”，一方是以莱恩为代表的脸谱网用户，另一方是以脸谱网公司为代表的企业，案由是脸谱网开发的信标应用软件泄露了用户的个人信息。[8]该应用软件主要是用来定向发送广告，用户还能够在脸谱网的朋友圈里与人分享在线购物的信息。原告为妻子购买了一枚钻戒，想要给妻子一个惊喜，出人意料的是，这一信息在脸谱网的朋友圈里变得众所周知，包括他的妻子。莱恩称他并没有授权脸谱网在网站上披露这一信息，脸谱网的行为侵犯了用户的隐私权。这一案件在 2010 年以调解告终。在调解书中有一条规定，脸谱网要终止信标软件的应用。

另一个著名的诉讼案件是在谷歌公司与它的电子邮件用户之间发生的。2009 年，谷歌公司为电子邮件用户开发了一款新的短信通信软件 Google Buzz，它是一种社交及通信工具，集成于该公司的邮件服务 Gmail 中。用户可以直接在 Gmail 内分享信息、链接和照片，效率要高于普通的电子邮件。2010 年，哈佛大学法学院的一名学生向谷歌公司发起了一项集体诉讼，案由是谷歌公司没有事前征得 Gmail 用户的同意，就增加了一项新的服务，侵犯了用户的隐私权。结果，如同此类案件一般的处理结果一样，双方以调解结案。[9]然而，问题并没有就此结束。就在哈佛大学法学院学生诉谷歌公司案件审理期间，美国电子隐私信息中心（Electronic Privacy Information Center，EPIC）向美国联邦贸易委员会提起了诉讼，案由也是隐私权受到侵犯。电子隐私信息中心称在推出新的社交网络应用软件之前应该征得用户同意，因为社交应用软件的目的与普通的电子邮件通信软件是不一样的。按照电子隐私信息中心的观点，谷歌公司在推出新的服务项目前没有让自己的电子邮件用户选择退出。后来，联邦贸易委员会对谷歌公司的隐私保护政策启动了一项调查，并发出指令，要求谷歌公司修订公司的相关规则。联邦贸易委员会还要求谷歌公司纠正公司泄露用户隐私的行为，只要是推出“新的，或者新增的”用户信息分享软件，一定要事先征得用户的同意。[10]

为了满足这些要求，谷歌公司制定了新的隐私权保护政策，加强对用户信息的保护，严格信息处理的流程。与过去的做法不同，如今谷歌公司将不同服务器上获得的用户信息都整合到一个文件中，但是美国电子隐私信息中心立刻又对谷歌公司的新举措做出回应，它向哥伦比亚特区的一个法院提起新的诉讼，称谷歌公司此举依然有损用户的隐私权，要求联邦贸易委员会阻止谷歌公司的这一行为。尽管法院没有受理这一诉讼，但是联邦贸易委员会将持何种态度尚不得而知。[11]

21世纪初以来，厂商过度利用消费者个人信息的趋势得到了抑制，但是收集此类信息的技术在发展，方法也层出不穷。正因如此，在消费者不知情的状况下，他们的个人资料依然在被广泛地收集和使用。人们更关心的是，网站收集这些信息究竟用在何处。几乎所有的大型网站都在收集用户信息，但是只有一些网站在自己的站点上明确告知用户收集信息的目的。近年来，网络经营企业越来越清晰地意识到消费者十分关注隐私权保护问题，整个行业需要更多的隐私权保护政策，其中包括尽可能地执行选择加入的规则。[12]然而，这样的规则究竟是更多地保护了消费者个人信息，还是为更多地利用消费者信息提供了借口，人们将拭目以待。

除了信息收集的问题以外，人们在讨论网络隐私权时还格外关心信息存取的问题。专家认为，敏感信息的问题不仅是硬件安全的问题，也是管理政策制定的问题。人们关注这个问题，是因为美国海军向美国在线公司（AOL）提出了非正式的请求，要求对方提供一名现役军人的个人信息，此人被怀疑因同性恋行为而违反了军规。这项调查后来被中止了，因为法院认为海军的请求可能违反了联邦政府有关隐私权保护的法律。[13]最后，美国在线道了歉，并给予了赔偿。这个事件表明，信息一旦脱离用户的控制将是很危险的。有关隐私权的争论大都集中在信息处理的传统方法和新近开发却成熟应用的网络跟踪器文件上。除了这些技术以外，许多新的技术还会出现，并引发新的问题。

Java是一种界面友好的编程语言，它允许在个人计算机上下载和运行各种Java程序语言，这些程序可以用来改进普通的超文本，如动画、网络仿真等。Java还可以用来设计**恶意程序**（hostile applets），这些程序可以秘密地在硬盘上存取和传送各种信息（如电子邮箱地址、信用卡记录和账户资料等）。

在网络营销和计算机科学研究的领域里，智能代理是人们感兴趣的话题。代理软件是以人工智能技术开发出来的一组程序，一旦被用户启动，就可以在网络上自发地做出决定。代理软件可以做许多工作，比如搜寻网站，购买符合用户个人口味和兴趣的产品。对使用代理软件持反对意见的人担心软件所掌握的偏好最终会被某些机构而不是所有者选择或控制。这种情况可能削弱个人做出独立决定的能力，并可能引发擅自传播代理应用中个人信息的问题。

网络跟踪器文件、Java程序和智能代理的应用无孔不入，这意味着它们能够在几乎所有的网络活动中起作用，而不需要用户的了解和控制。正因为操作简单，许多网站不愿意通知用户他们的信息被收集了。厂商随心所欲，轻易地将技术置于道德准则之上。同时，由于大部分信息并不具备机密的特征，因此整个社会容易忽视隐私权保护。正因如此，有时看似无害的信息，若将它们组合在一起，也有可能产生出乎意料的负面影响。

企业收集客户信息有时是为了某些特殊的用途，有时网站还可以或明或暗地通过网络表格和电子邮件收集数据。通常为了获得浏览网站的许可或其他的目的，人们愿意公开使用网络期间的所有信息。不管是怎样引起的，把信息作为交换手段引出了一个道德问题，尤其在平民百姓（甚至是信息专家）都拿不准信息的最大价值之时，这更是一个问题。在互联网发展的初级阶段，人们很难对信息进行确切的估价，但是对消费者进行有关信息用途的教育，可以帮助用户在这方面做出判断。有些人通过欺骗的手段收集信息，这无疑就是一个道德和法律的问题了。

关于信息收集问题研究的一个特殊领域是对儿童信息的收集。正是有了这样的研究结果，以及媒体上关于滥用儿童信息的报道，再加上一些家长和隐私权保护倡导者的游说，美国国会通过了**《儿童在线隐私保护法》**（Children's Online Privacy Protection Act，COPPA）[14]。这项法案于 2000 年生效，它要求网站和其他网络媒体在收集 12 岁以下儿童的信息时，必须做到六点：（1）告知家长；（2）在收集、使用或披露信息之前要征得家长的同意；（3）允许家长检查并改正信息；（4）允许家长阻止信息的进一步使用或收集；（5）限制以让儿童参与游戏、有奖销售或相关活动为交换条件收集儿童的信息；（6）建立一定程序以保证"个人信息收集的私密性、安全性和完整性"。另外，联邦贸易委员会按照美国国会的要求，制定相应的法规以指导和执行这项法案[15]，并且在法案正式实施的第二年，一共进行了六次《儿童在线隐私保护法》的执法检查活动。这项法案带来的一个重要变化就是儿童网站上的信息收集政策的披露越来越多，还有就是提供了一个积极的方法（如单击按钮），方便家长确认他们了解信息收集活动。还有一些网站曾经对所有儿童开放，现在则限定了登录儿童的年龄。

虽然人们对制定互联网隐私保护的联邦法律仍有争论，但是很多明显的违法行为可以用普通的刑法来定罪。在**《公平信用报告法案》**（Fair Credit Reporting Act）[16]和**《电子交流隐私法案》**（Electronic Communication Privacy Act，ECPA）[17]中，已经规定了对滥用客户信息的制裁方法。此外，还有一些组织（如美国直复营销协会（Direct Marketing Association））已经制定了网络隐私权保护的详细指导意见。[18]在这个领域，近来一个比较麻烦的问题是一家联邦初审法院决定不受理一桩集体诉讼案件。原告称一家航空公司的隐私保护政策中有冒犯客户之处，法院不受理的原因是，法院认为即使在航空公司网站上公布的隐私保护政策有不足之处，但是原告并没有说明他们阅读过这些内容，因此也就谈不上侵犯隐私权的问题。[19]对法院的这个决定持反对意见的人认为，要求客户举证看过这些政策对主张实施网络隐私保护政策的人是一个沉重的负担，结果可能会使这些隐私保护的声明一文不值。

电子邮件隐私权问题仍然是网络通信中一个亟待解决的问题。根据美国法律，在私人服务机构申请电子邮件账户的用户（专门通过广告来维持运营的服务提供商除外）通常利用互联网服务提供商的服务协议来保障自己的隐私。另外，人们可以用《电子交流隐私法案》来要求互联网服务提供商保护自己的隐私。当然也有例外的情况，那就是在系统维护时不小心泄露了电子邮件信息，这样的情况发生在使用公司计算机或网络进行通信的员工身上。现行的法律通常不涉及员工的隐私保护，特别是对那些非政府机构雇用的员工。许多公司文件中都说明了这种情况。不过，即使没有明文规定，聪明的员工也应该懂得工作场所设备中的所有资料都是受到监控的。有了严格的管理制度和政策，是否就侵犯了员工的独立和尊严，这里面存在一个道德的问题。企业中有一些领域（比如雇主安装的电话、卫生间等）并不能被无限制地监控，这个事实表明，随着计算机通信的发展，人们若从社会行为的角度去观察，应该重新考虑员工的网络环境的隐私权。

2012 年初，奥巴马政府提出了保护互联网用户隐私权的政策框架，人们一般将其称为**《消费者隐私权利法案》**（Consumer Privacy Bill of Rights）或者**《隐私权利法案》**（Privacy Bill of Rights）。[20]美国联邦政府要求电信和信息管理局（NTIA）对互联网企业制定新的行事规则（或称道德规范），公开地阐明如何公平地处理消费者网络信息，如何维护这些信息的安全。这些政策要密切关注互联网社区，解决 7 个基本的网络隐私权保护问题。这 7 个问题是：消费者信息控制、信息透明、尊重网络环境、信息安全、信息存取和信息准确、定向信息收集、信息责任。尽管电信和信息管理局制定的道德规范不完全具有法律权威，也有人认为它的效率不会高，但是这至少显示了联邦政府对消费者网络隐私权保护是重视的。

国际隐私权问题

隐私权保护的问题在国际上也引起了广泛的关注。到目前为止，隐私权保护政策制定最完善的要数欧盟地区。

经济合作与发展组织（Organization for Economic Co-operation and Development，OECD，简称经合组织）在1980年9月23日颁布的《隐私权保护指南》（Privacy Guidelines）是目前各种消费者信息保护法律法规的基石。[21]这些指南为消费者信息保护和信息处理提供了基本的规则，例如信息收集的限制、数据质量、明确的目的、信息使用的限制、安全维护、公开原则、消费者本人参与、隐私保护责任等。尽管这些指南十分重要，但是它们对OECD成员国并没有严格的约束力。

1998年10月，《欧盟数据保护指令》（European Union's Data Protection Directive）生效。该项指令要求其成员国颁布国家法律，保护"自然人的基本权利和自由，特别是他们在个人信息处理方面的隐私权利"。[22]

该指令还规定：

- 必须通知用户怎样使用他们的信息，必须提供复查和修改信息的机会；
- 信息必须严格按照公布的目的使用；
- 如果了解信息的出处，必须公布；
- 必须建立非法活动的惩罚机制；
- 消费者信息收集必须包含选择退出的机制；
- 敏感信息的收集不能在没有明确同意的情况下进行；
- 国际的信息传递只能在拥有隐私权保护法的国家间进行。

2000年3月，在一系列的协商之后，美国商务部和欧洲委员会达成了一个协议，协议规定美国的机构将提出一系列**安全港条款**（safe harbor）以保护欧盟成员国人们的信息。这些条款基本反映了《欧盟数据保护指令》强调的一些要点，例如，对信息收集、用途和使用情况进行告知；对信息披露和向第三方进行传播可以选择退出，包括对涉及个人敏感信息问题要请求信息所有者同意的确认；制止向第三方传播信息；信息安全、信息完整、信息矫正和执行等。[23]使用欧盟消费者信息的企业可以通过各种方式来执行安全港条款，例如，允许美国政府进行监管；加入受到美国联邦贸易委员会监督的自我管理组织联盟；直接向欧盟信息保护机构报告；若该机构暂时不在线时，承诺将配合欧盟隐私权专门小组工作，等等。对于这个计划的批评主要是怀疑企业的承诺是否可信。反对者特别担心没有政府的积极监管，安全港条款的目标在很大程度上实现不了。2002年，欧盟委员会提供了一份关于安全港条款执行情况的报告，证实各项要求都得到了实施，但是报告同时表达了一种关注，即一些美国企业的隐私保护政策和争议解决过程并没有达到预期的目标。[24]

欧盟在2002年7月还颁布了一项重要的法令，即《欧盟电子通信隐私法令》（Directive on Privacy and Electronic Communications）。[25]该法令在2006年和2009年又做过两次修改。这项法令是对1995年颁布的《数据保护指令》（Data Protection Directive）的补充，它所涉及的领域包括计算机信息隐私保护的种种问题，例如垃圾邮件问题、网络跟踪器文件问题、网络信息保密问题等。

为顺应快速发展的计算机技术，2012年欧盟发布了《数据保护规定》（Data Protection Regulation）。[26]欧盟的这些新规定是对以往所发布的各种隐私保护指南的整合、修订和发展，目的是解决欧盟所面临的各种信息技术新问题。美国在制定隐私保护政策时是以行业为基础的，而欧盟的此类政策则是面向所有的公众，不管属于哪个行业。欧盟的这些新规定在个人信息处理方面更加严格，如果企业或个人在处理隐私信息时违反了法律规定，所受到的惩罚也更加严厉。按照欧盟委员会的宗旨，新的规定出台是为了停止各自为政的现状。由于有了清楚、简洁的隐私保护规则，企业在与政府机构打交道时障碍也会少一些。据预测，如果实施了这样的规则，企业每年可以从中获益达 23 亿欧元。[27]新规定将在欧洲议会和各个成员国签署通过 2 年后开始实施。

亚洲各国也十分关注个人信息保护的问题。因为亚洲各国的跨国企业越来越多，全球化程度也越来越深，所以人们呼吁出台隐私保护规则和法律法规，其中日本、韩国、新加坡和中国香港地区要求较为强烈。

1996 年，香港地区颁布了《个人资料（私隐）条例》（Personal Data（Privacy）Ordinance）。[28]该条例规定，不管是企业还是政府机构，只要是收集或处理个人信息的，都要受到该条例的制约，该条例保护个人的身份信息免遭泄露。中国香港地区关于隐私权保护的另一项法规是《公开资料守则》（Code on Access to Information），该《守则》规定了只要是能够接触到个人信息的政府机构，都要按规定管理和保护这些信息。[29]

日本的《个人信息保护法案》（Personal Information Protection Act of Japan）是在 2005 年 4 月颁布实施的。[30]它的基本原则与欧盟委员会颁布的《数据保护指令》基本相似，只是使用的范围要窄一些，只适用于哪些处理的个人信息涉及 5 000 人以上的企业。2011 年 3 月，韩国出台了类似的个人信息保护法案。[31]不过韩国的法案涉及的范围广，适用于所有的企业和组织，而且替代了此前所有的相关法律和法规。

新加坡政府的立法工作走在了数据隐私保护问题发展的前面。尽管新加坡还没有一个总的数据隐私保护法律框架，但是在 2012 年，为了满足消费者对个人信息保护的诉求，新加坡新闻通讯及艺术部（MICA）颁布了《个人信息保护法案（草案）》。[32]除了规定一般的个人数据保护的原则以外（例如收集和处理个人信息以前要征得对方的同意，个人应该可以免费对自己的信息自由存取，等等），还对数据收集和处理机构提出了一些额外的要求。例如，法案规定任何这样的机构至少安排一个专人负责保证本组织遵守此法案及其他各种相关法律和法规，要保证执行国内数据保护的政策。法案的适用范围也格外广，不仅新加坡本国的个人数据处理机构要遵守，外国在新加坡的类似企业也必须遵守。

亚洲其他的许多国家也将会出台相关的数据隐私保护法律。目前，亚洲的大部分国家（包括中国、泰国等）还没有一个总的数据隐私保护法律，有的只是行业规范。

隐私权保护政策应该尽量平衡厂商的利益与消费者的利益，这是人们争议的焦点。由美国联邦贸易委员会[33]确定的下列规则已经被人们广泛认可。各方都认为这是消费者信息使用中的道德底线（见图 5—3）。这些规则是：

1. **告知**：在收集信息之前，必须告知用户网站的信息收集政策；
2. **同意**：在收集信息时，用户可以选择参与或不参与；
3. **信息存取**：用户可以访问他们的信息，如果发现错误，可以进行修改；
4. **安全**：保证信息完整，用隐私权保护政策保证信息不被滥用；
5. **执行**：用户应该拥有有效的方法以控制信息收集者遵守政策。

美国联邦贸易委员会一直在积极地向互联网企业及用户提出各种方案和建议，要求重视个人数据保护。2012 年 3 月，美国联邦贸易委员会发布了一份十分详尽的报

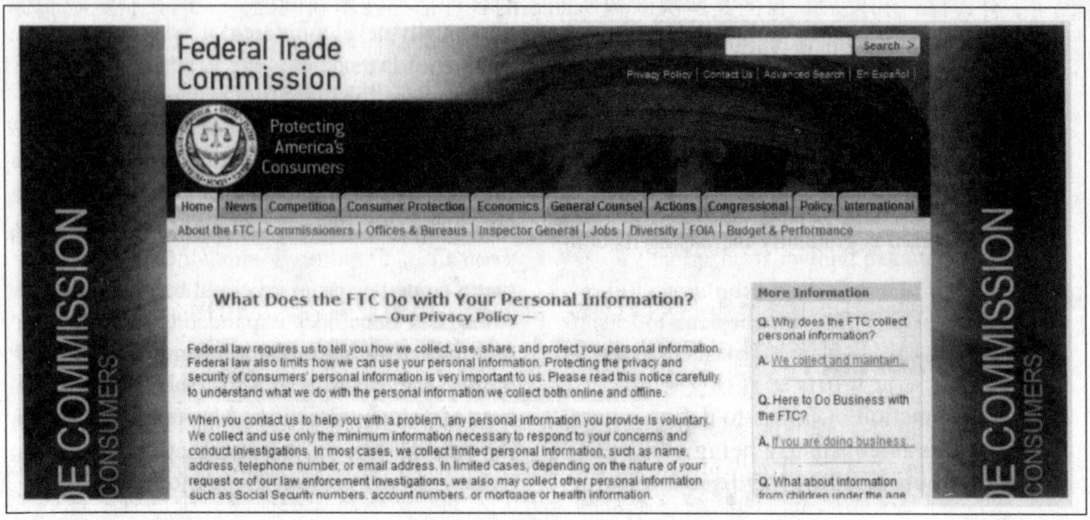

图5—3　美国联邦贸易委员会网络隐私权保护政策

资料来源：www. ftc. gov.

告，阐述其在隐私权保护问题上的态度和立场，并且对那些参与收集和处理个人数据的企业提出了非常详细的政策框架。[34]

这一政策框架基本上是重复欧盟发布的《数据保护指令》。报告显示了联邦政府对处理个人数据的互联网服务供应商所采用的方法的关注。与此同时，报告也显示出政府对互联网服务供应商的鼓励，例如，促进消费者隐私信息的保护，在个人数据保护、存储、交流的工作中要采取各种安全措施，只收集那些与自己的运营相关的个人数据，保证个人数据的准确性，按照国内的各项政策措施加强数据处理过程中的保护，目的是保证数据保护政策的实施。政策框架还规定，企业必须制定清楚的消费者隐私保护规则，要有足够的方法让消费者存取、修改、控制自己的信息。美国联邦贸易委员会的报告传递出这样一种信号，那就是尽管政府允许企业继续实行自我规范，但是政府正在逐渐地加大对个人数据管理的力度。

5.3　数字财产

法律的一个基本功能是确定所有权，但是法律的确不断地受到多变的数字技术的挑战。过去，法律通过三个基本途径保护无形产权（或称知识产权），这三个途径是专利、商标和版权。需要特别指出的是，它们保护的是发明、书面的内容和品牌，却没有对思想进行保护。

专利（patent）主要针对的是发明创造，也就是保护发明者复制或制造产品的权利。**版权**（copyright）规定了思想范畴的权利，具体来说就是出版或复制这些思想的权利。**商标**（trademark）是形象、符号、词语，或其他在政府部门注册并在市场上确定一个产品的指示物。有必要指出，上述这些权利并不是一成不变的，立法机构和司法机构可以对它们进行修改。另外，国际条约可以对它们进行重新定义，并重新规定如何对这些权利进行保护。

基于计算机的通信方式的出现，为知识产权保护带来了难题，因为在网络信息传递中会同时涉及专利、版权、商标三个方面。例如，简单的一次网络信息传递可能包括：（1）关乎专利的创新通信方式；（2）与版权相关的文字和图片；（3）与商标相关的品牌资产。

专利

专利权法律应用于计算机是尚未确定的、正在发展的领域。根据传统的美国法律，专利权是由美国政府对创造行为授予的权利。[35]按照英国的法律和传统的做法，专利权只关注工业领域或机械制造业的创新活动。1998 年，美国联邦巡回法庭审理了“道富银行诉签记金融集团公司案”（State Street Bank & Trust Co. v. Signature Financial Group），判决计算机程序可以申请专利，而道富银行的在线业务一直在使用签记金融集团公司开发的网络经营方式。按照这一判决结果，人们认为任何一种经营方式都能够申请专利。联邦巡回法庭这样判决的理由是：专利与版权不同，它应该能够帮助避免竞争者换一种形式来开展同样的经营。专利也有与版权类似的地方，那就是两者都源自宪法赋予的权利。外人要无偿使用专利技术，只有等到专利失效以后，而且专利必须在政府备案后方可生效。①

将软件开发归入专利权法保护的范围有一个前提，那就是开发的程序有创新之处。也有人持相反的意见，他们认为软件在根本上是由算法组成的，而这套公式本质上是非创新的，因此任何人都不能对其伸张权利。还有人认为，程序实际上是由计算机完成的一系列图表或方案。两种观点都有自己的理由，人们依然会对其展开争论、诉讼，也可能会涉及对美国宪法内容的修改。目前，人们在讨论互联网的发展时关注“企业专利权”的使用问题。企业专利权是指为开展商务活动而使用的营销方法和手段。例如，反向在线拍卖活动，信用卡安全处理方式，刺激阅读网络广告的方法等，这些是否属于专利权的保护对象？美国专利局（U. S. Patent Office）在最初为经营模式颁发专利时，对申请的审查并不十分严格，一些针对性不强的技术或方法很容易就通过了审查。有些企业大量地购买这样的专利，然后在全国范围内发起侵权诉讼。这些企业手里握有大把的专利权，四处威胁别人要起诉对方侵权，然后大把大把地赚取不义之财。

申请对软件专利权保护有一个例子，那就是对独特的安全电子时间标记的保护。持反对态度的人认为，如果这个主张得到支持，那么大部分的网络加密手段都可以申请专利。同样，在“亚马逊公司诉巴诺公司案”（Amazon. com v. Barnesandnoble. com）中，原告凭着自己的专利认为只有亚马逊公司才有资格使用“一次点击”式的订货流程，但是这种商务模式现在是互联网上普遍采用的模式。[36]这桩案子后来在

---

① 1998 年 7 月 23 日美国联邦巡回上诉法院对“道富银行诉签记金融集团公司案”做出终审判决，这是联邦巡回上诉法院首宗对商业方法之计算机软件相关专利可否申请专利做出有利于专利权人的判决，受到相关团体的高度关注，他们视本案为软件专利的经典判决，势必对今后商业运作在应用专利保护上产生深远的影响。该案胜诉人签记金融集团公司拥有美国第 51923056 号专利，专利名称为 Data Processing Systemfor Hub & Spoke Financial Services Configuration，用于计算机计算并管理共同基金之投资金额。因为与原告道富银行授权谈判不成，遭原告起诉。麻省联邦法院以该专利属商业方法，为专利保护之例外为由判专利权无效。后经签记金融集团公司上诉到联邦巡回法院，始得平反。本案的主要争议在于：商业方法所使用的数学算法以及经营方法本身是否为美国专利法所规定的法定标的。麻省联邦法院参考过去专利制度的演进及相关判例，以商业方法及其使用之数学算法为抽象的概念，不具有专利性，判决签记金融集团公司专利权无效，但联邦巡回法院认为金融服务业所使用之软件虽属商业方法，仍应与其他方法采用相同标准审查，只要其能产生“实用的、具体的及有形的结果”均可受到专利法保护。——译者注

2002年达成了和解，法院并未就此做出判决，也未对外公布调解的细节。

美国专利局最近决定提高对软件开发专利权保护申请的审核标准，而且人们希望法院和美国国会都仔细考虑过去的案例中是否有将软件和经营流程包含在专利权保护范围之内的先例。持赞成态度的人认为，对软件开发和经营模式授予专利权有利于提高生产率，鼓励创新。反对者则认为，对加密事件的处理和亚马逊公司诉讼案以庭外和解的方式解决都说明了过度保护专利权会导致潜在的、沉闷的垄断环境。

2010年，美国联邦巡回法院就一桩商务模式专利申请案作出判决，这是在“道富银行诉签记金融集团公司案”后最大的一个案件。联邦巡回法院就In re Bilski（可专利性认定）一案做出的判决标志着商务模式申请专利的形式和范围。[37]具体来说，就是法院考虑了一项专利是否一定要与机器设备相关联，是否一定要将一个事物从一种形式转变为另一种形式。原告诉称美国专利和商标局对其提出的风险管理商务模式专利申请不予受理，这样的做法还得到了法院的支持。联邦巡回上诉法院认为，该商务模式没有被认定为一项专利，是因为它不符合专利的适格性标准（即（1）它是与特定的机器或装置搭配在一起；（2）它将某一特定的对象转换为另一个不同的状态或东西）。这一判例使得其他的商务模式面临着一个风险，那就是如果联邦最高法院判决驳回，那么企业将申请专利无望。尽管最高法院肯定了基层法院关于风险管理模式不能申请专利，但是它并不完全否认商务模式可以申请专利，而且它还认为，尽管“机器绑定或状态转换”不是唯一的专利适格性标准，但它确实是一个很有效的解决争议的标准。[38]这一判例的主要意义在于商务模式的专利申请的审核将会十分严格，而且会根据具体的情况来确定。以后，类似的诉讼将会十分频繁。

版　权

在为网络行为立法的早期，人们用版权的理念来保护互联网上的各种表现形式（包括文本和其他各种数字信息）。在通常情况下，版权保护书籍、唱片和电影这几种形式的思想表现。在美国法律中，版权起源于为保护公众利益而建立的美国宪法，而且在法律体系中，版权法已经应用于为公众利益而制定的许多规定中。这些保护制度中最重要的部分是合理使用和首次售卖理论。[39]合理使用是指为了公共活动的目的（例如教育、新闻报道和社论等），可以无须支付费用而合情合理地复制受保护材料中的一部分。在传统法律下，首次售卖理论限制了版权持有者的权利。版权持有者在第一次出售他的作品后就不能再出售其作品获取利润。购买者被赋予了转让或以其他方式处理复制品的权利。首次售卖理论有利于一些社会事业机构（例如公共图书馆），也可以通过折价销售（例如二手书店）增加获得知识材料的机会。然而，在出现了数字资产以后（例如音乐下载等），问题就变得复杂了。

1997年，时任美国总统克林顿签署了**《反电子盗窃法案》**（No Electronic Theft Act，NET）。[40]该法案对计算机内容进行版权保护。不管是为了商业或个人的经济利益，只要是通过复制和销售受版权保护的作品获利，侵害了版权所有者的利益，其零售价格超过1 000美元的就将受到处罚。这个法案的惩罚包含刑事起诉。《反电子盗窃法案》的赞成者认为，该法案将通过保护放置在互联网上的作品推动创新，反对者则认为，“侵害”的定义由于游离了传统意义而造成很大的问题。传统的“侵害”通常是与永久的或半永久的复制（即“固定”的）联系在一起，而现在却转变为电子传递，而不仅是复制。他们认为，这个法案可能包括通过网络浏览器阅读电子材料，导致本来是由《第一修正案》（First Amendment）保护的活动变成了犯罪活动。还有人指出，新的对犯罪制裁的应用也有问题，因为目前人们对电子材料的经济价值还存在很大的争议。

1998年颁布了一部相关法律，即**《千禧年数字著作权保护法案》**（Digital Millennium Copyright Act，DMCA）[41]。该法案是一部综合性的法案，包含了几个条款。该法案规定，互联网服务提供商只要履行一些特定的程序，就能受到保护，不因网络用户的侵害行为受到牵连，这些程序包括及时通报以及迅速撤销侵害材料。这个法案的支持者认为，《千禧年数字著作权保护法案》会把互联网服务提供商从负有非法行为的责任中解脱出来，从而刺激行业的发展。批评者则认为，关于通报和撤销的要求可能导致无辜的行为被认为有害而遭受不公平的审查。

《千禧年数字著作权保护法案》宣布对软件的盗版以及盗版产品的开发和销售是违法的。[42]和人们对《反电子盗窃法案》的态度一样，《千禧年数字著作权保护法案》的支持者认为，这个法案将抑制网络盗版行为，使得人们更加愿意在互联网上放置资料。反对者则认为，《千禧年数字著作权保护法案》与教育和科研活动的目标似乎背道而驰，因为它限制了开发几乎没有侵害性的有价值的应用程序，赋予版权持有者对任何他们认为损害了自身利益的项目的否决权。[43]

《千禧年数字著作权保护法案》得以实施是因为它基本符合《世界知识产权组织版权条约》（WIPO Copyright Treaty）、《世界知识产权组织表演与录音制品条约》（WIPO Performances and Phonograms Treaty）的精神。[44]这些文件为版权资料设立了国际标准，而且近来已经得到美国的批准。条约的拥护者认为，在全球的网络环境下，关于数字资产的所有权、保护和让渡的国际共识是必不可少的。与《千禧年数字著作权保护法案》一样，批评者则担心条约要求的专门法律将对版权持有者产生不公平的利益。

2011年，美国国会经过长时间的辩论通过了两项法案，对涉及版权问题的互联网企业和网站提出了更加严格的规范。这两项法案分别是**《禁止网络盗版法案》**（Stop Online Piracy Act，SOPA）和**《互联网知识产权保护法案》**（PROTECT IP（Preventing Real Online Threats to Economic Creativity and Theft of Intellectual Property）Act）。[46]它们对个人和企业的盗版行为都提出了更加严厉的制裁措施。

这些法律和法规在网络社区和网络行为的倡导者中间引起了极大的反响。谷歌、脸谱等网络企业正在征集反对这些法律生效的签名，据说签名者已经达到了450万人左右。[47]维基百科、谷歌等众多的网站呼吁在2012年1月18日和19日关闭网站24小时以示抗议。[48]

在维基百科英文网站黑色的屏幕上打出了一行字，告诫网络用户如果即将出台的法律付诸实施，这对开放的互联网将是重大的灾难。许多其他的网站也都采取了相似的措施，最终，由于人们的广泛抵制和抗议，两项法案都夭折了。奥巴马政府也发出了声音，表示将不支持这样的法律。如何解决网络侵权问题依然需要人们十分重视，网络服务供应商与主张政府严加管理的人之间应该进行开诚布公的交流。[49]将来，政府依然会对网络加强管理，类似的法律法规也依然有可能出台。

商　标

商标法关注的也是知识产权，不过它主要是对商品或服务的识别。商标法归根结底依然是一个消费者权益保障法。根据美国的**《蓝哈姆法案》**（Lanham Act）[50]，商标可以在政府部门注册，但是不管注册与否，它们都能得到该法案的保护。为了追究侵犯商标权的行为，申请人必须证明该商标是受到保护的。通常商标越独特，这种主张的强度就越大。该法案还禁止**淡化行为**（dilution），也就是不允许将知名商标用在不相干的商品或者服务项目上，以此削弱消费者辨别商品或服务的能力。

1995年，美国国会通过了**《反商标淡化法》**（Federal Trademark Dilution Act）。[51]它为如何判断一个商标是否被淡化提供了依据，它还为那些为著名商标投入巨资的企业提供了保护。著名商标是指那些受到公众广泛认可的商标。

商标淡化有两种形式：第一是**冲淡**（blurring）；第二是**污损**（tarnishment）。冲淡是指淡化著名商标的独特性的各种行为。污损则是指故意诽谤著名商标的行为。

2003年，美国联邦最高法院做出关于Moseley诉Secret Catalogue公司一案判决。这是对《反商标淡化法》的进一步解释，说明淡化应以实际损害来认定商标淡化的存在。2006年10月6日，美国**《商标淡化修正法》**（Trademark Dilution Revision Act of 2006）颁布实施，它是对《反商标淡化法》的全面修正。[52]按照《商标淡化修正法》的规定，只要著名商标"有可能"被淡化，商标的主人就可以提起诉讼。

商标法近来还应用于互联网命名系统。域名是用来传送数据的字母或数字的一种独特结构。最熟悉的域名就是网站地址（例如someplace.com）。除了给网站命名，域名还可以用作电子邮箱地址。域名是寻找商业网站的主要手段，其重要性是显而易见的。

虽然创造性地使用语言可以形成许多独特的域名，但是不可避免地也会存在一些相似的域名。例如，人们一般会认为域名General Signpost与域名General Sign相似。按照传统的观念，商标法允许这种相似性存在，因为商标保护的是某一类商品或者服务，只要存在足够的差异性，就允许一定的重复。

另一类商标侵犯行为称为**域名抢注**（cybersquatting）。域名抢注是指注册一个域名，而该域名与某一家公司或者实体的名字相似或完全相同。域名抢注者一般都与该公司或者实体没有关系，注册以后，他会以远远高出注册费用的价格转让这一域名。1999年11月29日，美国总统克林顿签署了**《反域名抢注消费者保护法案》**（Anticybersquatting Consumer Protection Act）。[53]该法案规定，如果一个人出于恶意注册或出售一个与受法律保护的商标相同（或极其相似，或容易削弱商标的价值）的域名，将因此受到起诉。作为一项国家法律，该法案为制裁恶名昭著的网络域名抢注者提供了依据，而且能帮助起诉者（个人或者公司）方便地索回属于自己的域名。商标持有者对这项法案当然举双手赞成，但是这项法案像《千禧年数字著作权保护法案》一样也引来了争议，有人提出，迅速让渡有争议的域名很可能会剥夺被告的听证权利，也可能导致诉讼程序的不公正。

搜索引擎中常用的**文件元标签**（metatags）是一种超文本标记语言（HTML）中的标签，浏览器中通常并不显示出来。这种标签允许搜索引擎确认与查询主题相关的网址。显然，这些标签有助于吸引用户到网站上来。由于文件元标签是由超文本标记语言的作者定义的，因此有可能插入合适的词或短语以提供最有吸引力的东西，包括受到商标法保护的商标的资料。在涉及花花公子公司（Playboy）的案件中，被告在它的文件元标签中加入了受保护的词Playboy和Playmate。在随后的讼案中，法院认为这个网站的意图是从与花花公子虚假的联系中获利，因此禁止该网站中出现相关的内容，并判定该网站损害商标价值的行为成立。[54]最近，还发生了另外一桩案子，曾经获得"年度女郎"殊荣的一位小姐在自己的网站上加入了类似Playmate的词语（但是她本人反复强调与花花公子公司没有关系）。这一次，法院允许该女子在文件元标签中使用Playmate一词，因为法院认为它的存在只不过是"一种称谓"，意味着这些词语只是简单的描述，不会产生误导。值得注意的是，法院同时认为，商标术语在网站墙纸上的重复使用会造成侵害行为，而且没有简单描述的必要。[55]

文件元标签问题还有另一种存在形式，那就是在搜索引擎中设定**关键词**（keywords）。有这样一个案例，化妆品制造商雅诗兰黛（Estée Lauder）控告 Excite 网站和其他一些公司，声称在 Excite 网站中若输入自己的商标名，网站会把用户导向一个并未得到授权的销售商网站。[56]雅诗兰黛公司称，那家网站不仅是在欺骗消费者，而且这种行为降低了雅诗兰黛商标的价值。这个案件后来以雅诗兰黛公司重新控制自己的商标使用而告终。出售受保护商标的关键词的行为在其他一些门户网站上也有发生，在这些网站上，输入相关的关键词，就会跳出旗帜广告，而这些广告并没有获得商标持有者的批准或认可。

除了词语的专用以外，商标还涉及超链接使用的问题。虽然网络能够顺利地把信息从一个网站传送到另一个网站，并因此而迅速发展，但是一些企业开始担心如果通过链接使用户到达非它们引导的页面，可能会引起混乱或剥夺目标网站通过销售广告获得的收益。微软公司创建的 Seattle Sidewalk 网站提供本地的娱乐信息，这一网站制作了文字链接，浏览网站的用户点击这些链接，就可以绕过 Ticketmaster 公司（Ticketmaster 公司是一家专门的订票网站，公司的主页上包含广告）首页而直接到其订票系统所在的页面进行订票，于是引发了一场诉讼。Ticketmaster 公司声称，微软的这种行为淡化了 Ticketmaster 的商标价值，构成了不正当竞争。微软公司则认为，任何在网络公共领域放置的资料都应该能够进入。这些相反的立场没有在法院上一争高低，因为微软同意今后只链接到 Ticketmaster 的主页上，诉讼在庭外达成了和解。[57]

与链接相关的是**帧技术**（framing）。帧技术是指网页浏览器接受指令把自己分解成两个或多个分区，并通过自动链接的执行下载从其他网站上获取部分资料。在"《华盛顿邮报》诉 TotalNEWS 公司案"（Washington Post v. TotalNEWS，Inc.）中，针对的就是帧问题。TotalNEWS 将链接设在《华盛顿邮报》专门提取新闻样本的网页上。《华盛顿邮报》声称这种据为己有的做法弱化了商标，盗用了版权保护材料并夺去了华盛顿邮报公司的广告收入。[58]这一事件以 TotalNEWS 公司同意只在《华盛顿邮报》网站上使用非框架的属性文本链接而告终。

有关链接和帧技术的诉讼案件最近有几例在美国加州的法院审结。大部分诉讼的原告是版权的所有者，而被告则是各种搜索引擎网站，它们用链接技术和帧技术在搜索结果中展示拥有版权的图像资料。一般情况下，法院是支持被告一方的，只要它们在利用有版权的资料时只是一个小图标，目的是链接到版权所有者网站。例如，在"Kelly 诉 Arriba 软件公司案"（Kelly v. Arriba Soft Corp.）中，法院支持被告 Arriba 软件公司，因为该公司的搜索引擎是以小的图片形式来显示搜索结果，被告通过采用链接和视框技术展示原告完整图片，用户通过点击任何一个被称为"拇指"的小图片，就可以看到一个和原来一样大的图片。法院认为被告对 Kelly 图片的使用是属于"善意的使用"，是一种创新，对大众具有非常明显的价值。[59]在这种情况下，Arriba 公司的创新产品所创造的价值远远大于对原告造成的经济损失。

同样的情况发生在"Pefect 10 诉亚马逊案"（Perfect 10，Inc. v. Amazon. com，Inc.）中，该诉讼涉及谷歌公司。法院审理认为，谷歌使用的帧技术不能被判定为相关版权法律中所称的"展示"拥有版权的图片。谷歌公司并没有将这些图片保存在自己的计算机中，而是创建了一个链接，链接到版权拥有者的网站上，因此，搜索引擎的这种商务模式不能看作违法的行为。[60]考虑到谷歌公司的产品属于创新产品，因此法院判决原告败诉。

许可证

知识产权保护越来越受欢迎的一个方法是**许可证**（license）的使用。许可证是指消费者与软件销售商之间订立的一种契约性协议。这个协议允许购买者使用产品，但禁止复制和分销。由于与许可证相关的法律起源于与商业合同相关的法律，而不是由宪法延伸出来的版权法或专利权法，因此，传统上公共政策在许可证制度的发展上并没有扮演十分重要的角色，而且因为人们普遍认为签订协议的双方都是根据自我的利益进行交易的，所以许可证使用协议可以看成是对一部分权利的让渡（请浏览“相关技术”专栏）。

相关技术

许可技术

文件名称：LatestOperatingSystem. zip

下载时间：10 小时 34 分

文件数目：4 215 个文件，78 个文件夹

价格：0 美元

合法性：100%不合法

歌迷和音乐公司在专辑和歌曲的非法分销方面存在着宿怨，这种宿怨在媒体中随处可见。许多人都知道，拥有高速网络连接的计算机用户可以下载一个客户端以参加交易，当然是非法的交易。软件同样可以通过这种媒介进行分销。就像把音乐文件复制到共享文件夹中一样，用户可以复制软件安装盘中的各种内容（例如 Microsoft Office，Macromedia Flash，Adobe Photoshop 等）。

然而，当一个用户购买软件时，他通常只是购买了一个许可证，或者购买了在其计算机上安装和运行该软件的权利。在购买和安装软件时，用户必须同意《最终用户许可协议》。在安装过程中，他要选择“我同意”或“我接受”，表示认可。一旦该软件导致用户计算机的损坏，《最终用户许可协议》也可以保证软件公司免责。

破坏协议是很容易的，用户只要简单地复制光盘和序列号并免费传递就可以了。为此，软件开发公司设立激活程序，以便阻止软件盗版或非法销售。在安装软件之后，软件要么只能运行固定的天数，要么只能运行固定的次数。一旦用户注册了软件，不管是网上注册还是电话注册，这种限制就消除了。这个办法阻止了软件盗版，因为软件必须要与仅能注册一次的序列号相关联，因此，一套软件也只能安装在一台计算机上。

同时，这种方法也方便了软件开发公司销售软件的试用版。一旦超过试用期限，软件就不能继续运行，除非用户购买完整版。还有一些试用版仅仅提供有限的一些功能，这样用户就不得不为获得许可支付费用。

软件盗版有各种形式，人们往往不了解软件盗版的真正含义。软件盗版也包括对字体的盗版。商家可以专门为字体提供许可，没有许可证而使用版权字体是非法的。不管是为商业目的还是为个人目的而使用软件或字体，没有许可证都是非法的，会受到法律的制裁。软件盗版形式包括在互联网上非法使用软件程序，向未授权的市场销售某种教育版软件，以及不如实公布网站上软件用户的数量等，甚至拥有非法复制的软件也是盗版行为。

许多组织已经在世界各地建立起来，它们专事软件盗版行为和版权资料非法复制的调查。此类组织包括软件和信息行业协会反盗版委员会（Software & Information Industry Association's Anti-Piracy Division，siia. net/piracy）和商业软件联盟（Business

Software Alliance，bsa.org)。前者负责对用户进行有关反软件盗版教育的活动。最近，商业软件联盟称2011年软件盗版行为使软件行业在销售上损失了640亿美元。商业软件联盟根据各国盗版现象的严重程度进行排序。据该联盟称，美国、日本、新西兰、卢森堡等国的盗版率达到20%，这是相对比较低的，而同期亚美尼亚、孟加拉国、格鲁吉亚、津巴布韦等国家的盗版率高达90%。软件制造商（如微软公司和Adobe公司）都建立了网站，帮助用户确定他们的软件是否合法，并公布软件盗版行为。

苹果公司是一家非常注重创新的企业，它的反盗版措施别具一格。公司承认有些软件复制是合理的。用户如果在自己的iPhone或iPad里购买了app，就可以将这样的软件安装在本人拥有的不同的电子设备中，前提条件是这些设备属于苹果公司的同一个用户账户。如果一个家庭中的成员有多人购买了苹果的移动设备，可以设置家人共享，这样做对用户是十分有利的。如果用户在iTunes上购买了一部电影，就可以通过云技术用流媒体的方式观看电影，也可以从“云”上下载到自己的iPad或电脑里，所有的这些动作都要用到在苹果设备上注册的账户。

在专业领域方面，把光盘和序列号借给同事安装是非常有诱惑力的。然而，如果有外部人员进行检查，企业的日子就会很不好过。软件制造商可能采取警告、罚款或起诉之类的行动。对于企业来说，最好的方式是为整个企业使用的软件购买一个网站许可证协议（site license agreement，SLA）。一个网站许可证协议（或称“网站许可证”）就是一个简单的许可证，允许公司在特定的设备上使用软件。许可证通常注明软件是否可以安装在所有的（或只能在特定的）计算机或服务器上，复制品能否在这台设备上被制造和销售。

在计算机环境中，大部分的注意力都投向了软件行业许可证的合法性。在软件行业之外，许可的授予通常称为“撕去封装”(shrinkwrap）或“撕去封条许可证”。当用户被要求点击程序中的按钮来表明接受这个条款时，还称为“点击包装”（click-wrap)。在传统的经营环境中，法律对许可证的认定是很清晰的，但是对非商业购买者来说许可证究竟有多大的法律效力，情况却并不十分清晰，这主要是因为缺少买者和卖者之间发生的交易。通常合同要求能够提供双方协商一致的证明，但是如今人们很难确定一般的购买者是否同意相关的条款，甚至不能确定购买者是否阅读了出现在磁盘、外包装、安装程序或软件手册上的说明。

法律界有一种倾向，那就是应该严格执行软件使用的许可。在最近的一个案例中，法院支持“撕去封装”的条款，这一条款减少了销售方对程序中出现错误所承担的责任。[61]在另一桩诉讼案例中，法院认为有关“点击包装”的条款可以认定，消费者可以据此对销售商提起诉讼。[62]在“点击包装”的许可协议中，是否可以对某一条款提起诉讼，取决于这样的使用方式是否合理，这与普通的合同法内容是相似的。有些条款规定禁止未经许可的复制或传播行为，但是这样的规定或许会被认定为违法。有些条款规定只要违规就要罚款30万美元，这样的规定或许根本行不通。

美国**《统一计算机信息交易法案》**（Uniform Computer Information Transactions Act，UCITA）的出台说明立法机构对软件使用实施许可证制度的重视。如果这个法案被各州政府采纳，那么人们就可以依据这个法案去规范软件交易（包括软件销售）的各种协议。《统一计算机信息交易法案》得到了大多数软件制造商和发行商的支持，它们认为有了一个统一的操作模式。反对者却认为，该法案会将许可证强加于人，禁止资料的复制和转售，对因软件造成的损失要承担赔偿责任，甚至可能会有人因此而对软件的性能提出质疑。由于《统一计算机信息交易法案》可以应用在计算机可读的任何资料（包括电子图书和其他阅读材料）中，因此图书馆工作人员和教育界人士担心这会导致版权和专利权公共政策保护制度难以发挥效力，使网络信息变得昂贵而且限制重重。2001年，来自32个州和两个地方的律师陈述了对该法案的反对意见。2002年，美国律师协会的一个工作小组提出了改写法案的要求。随着争论的继续，我们有必要考虑虽然知识产权法能够刺激人们去创造有益的信息和资料，但是它同时也限制了为互联网普及做出贡献的数据交换，实现这两者的平衡将会是数字法律和道德研究领域的一个持续而重要的工作。

商业机密

商业机密在网络技术到来之际显得越来越重要。所谓的商业机密，是指外界并不知晓的，或者了解不透彻的商业信息，但是它具有一定的经济价值。1996年，美国颁布了联邦**《经济谍报法案》**（Economic Espionage Act，EEA）[63]，它出台的部分原因就是应对数字技术的进步。如今，国家把泄露商业机密归为犯罪行为。商业机密的外延既包括商务机密，也包括科学和技术机密。商业机密包括生产配方、市场信息、算法、程序、代码、经营模式等。这些资料有的存储在网络上，也有的以实体的形式保存。显然，通过计算机可以有许多泄密的方式，如电子邮件、下载、网页发布等，这些都是《经济谍报法案》涉及的范围。

掌握商业机密的员工可能会在一段时期内被禁止从事相关的商业活动。只要在雇佣合同中合理地阐明禁止从事相关活动的时间和区域，这一点就可以认作是合理的。在一个类似的诉讼案例中，法院判定一名在网络营销方面拥有专门技术的员工因为曾经与雇主签订了竞业禁止协议，所以雇主有权要求他在离职后的一年内不能为竞争对手工作。[64]

有关商业机密的重要法律还有一部称作**《统一商业秘密法》**（Uniform Trade Secrets Act，UTSA），它是标准法律委员会（Uniform Law Commission，ULC）于1979年制定，1985年修改后实施的。到目前为止，美国有47个州执行这部法律。[65]制定《统一商业秘密法》的宗旨是在美国50个州中统一现有的有关商业秘密的法律，使得美国所有企业的商业秘密都能够得到保护。

数据所有权

网络世界是靠数据运行的，这样说并不夸张。有关数据和数据库信息存取和所有权的问题引起了现今的法律和道德研究领域的争论。由于网络营销领域的竞争越来越激烈，人们越来越多地希望通过控制信息来获得竞争优势。

如今，有关网站使用技术的许多信息可以很容易获得，而且通常在网站所有者、营销专家、广告商和消费者之间共享。目前，又出现了一种新技术，这种技术能够通过旗帜广告收集信息，同时又不让网站业主及其客户知晓。这些信息有助于判断网站内容和营销策略，十分重要。然而，这种保护技术在信息所有权方面又带来了新的问题，因为这些信息不管是对在线互动，还是对网站自身价值的判断，都是重要的因素。一个特别值得思考的问题是，商家收集到的数据是否存在与版权、专利权、商标权或许可证相似的法律问题。厂商这样做不由得使人们对合作模型提出质疑。合作是网络发展的原动力，而且可以认为它也是互动数字媒体取得成功的一个主要原因。

涉及网络信息的另一个复杂的问题是**网络蜘蛛**（spider）。网络蜘蛛是利用一种应用软件（称作“机器人”）进入指定的网站，为软件的所有者获取信息。前不久，在线拍卖网站eBay对Bidder's Edge公司提起诉讼，后者通过网络蜘蛛提供相关拍卖信息。从 eBay 网站上收集到的信息并没有受到版权保护。eBay 的支持者认为，其他人使用 eBay 公司通过努力得到的信息构成了不公平竞争，而且降低了 eBay 的品牌价值，他们还断言，网络蜘蛛活动构成了侵权行为，潜在地损害了 eBay 的系统。Bidder's Edge 公司的支持者则认为，如果信息都被封锁而不让其他网络社区知道，那么如今信息充沛的互联网将会逐渐成为门户紧闭的社区，在这个社区里，对侵害行为展开诉讼将会成为建立壁垒的主要手段。这项诉讼在法院审判之前和解了。法院同意了 eBay 的请求，对 Bidder's Edge 公司的侵害行为下了禁止令。[66]

最后一个需要考虑的问题是有关实际信息的特殊保护问题。前文中已经提到，美国的版权法保护表达思想的出版物，但是并不保护思想本身。将出版物与思想区别开来，是因为公共政策强调保护自由言论和国民知识的原材料。出于类似的原因，版权不能用来保护事实真相。由于电子数据库经常包含事实的信息，因此有专家提出应该修订版权法，使得该法律能够保护为特殊用途编制的信息。

1995 年生效的**《与贸易有关的知识产权协定》**（Agreement on Trade Related Aspects of Intellectual Property Rights，TRIPs）是世界贸易组织国际条约纲领的一部分。在这个协议中，一些条款是关于“专门保护”（sui generis protection）的。同样，欧盟 1996 年颁布的《数据库指令》（Database Directive）[67]也包含对经编辑的事实的保护制度。现在，美国国会还没有制定专门保护的法律。

赞成制定“专门保护”相关法律的人认为，这样做的结果是使数据库软件的开发商和销售商会对投资回报有信心，知道它们不会被轻易侵权，于是就有了开发新产品的积极性。从长远来看，社会会从这种增长中获利，也有助于降低信息的价格。

制定此类法令的反对者则认为，人们难以用证据证明这种刺激会带来数据库的增长，即使增长了，价格也不一定会降下来。他们还认为，对盗版和侵权行为可以通过加密和类似的方法解决。权衡之后，他们认为专门保护制度可能会形成一种阻碍创新的法律障碍，并且导致所有有助于教育和学习的基础设施的垄断。另一个麻烦是，现今许多建议实际上是认可信息的无限期保护，公众难以对其自由利用。根据美国的现行法律，要解决这些问题首先需要了解美国的宪法根本上是不赞成对事实形成所有权的。人们是否有充足的理由去抗衡宪法的基本精神？这其中还涉及一个道德问题，即事实能否成为商品？还是应该认为事实无价，任何人都不能够对其拥有控制权？

5.4 在线言论

未经许可而群发的电子邮件（或称垃圾邮件）的泛滥是网络世界中人们抱怨最多的问题。不管是哪一类的网络用户，都在指责这种现象。互联网服务提供商认为，垃圾邮件使整个网络资源不堪重负。垃圾邮件是指没有经过授权的邮件，网络用户抱怨它们影响了自己的工作。人们担心隐私受到侵犯，而且这并不只局限于信息的传递过程中。大多数垃圾邮件来自邮件列表，邮件列表是从公开的电子邮箱地址（比如网络公告板或**新闻组**（newsgroups）等）中收集的。参加新闻组讨论的人，原本并没有打算要参与群发邮件的活动。同样，人们现在也十分关注一种新的现象，那就是出于某种目的递交给个人或团体的信息可能被收集起来，并转售给他人用于邮件的群发。人们讨厌垃圾邮件还有一个原因，那就是这些信息发过来，却没有回复的地址，也无从联系发信人。

人们有理由讨厌垃圾邮件，但是要对它进行管制应该十分谨慎，因为这涉及言论自由的问题，而言论自由在美国是受到《第一修正案》保护的。目前，专家之间存在着一些分歧，有的人认为群发邮件应该严格限制在自愿接收邮件的人群中间，也就是实行"选择加入"方式，只要对方没有认可，就不能发，有的人则坚持认为，应该采取"选择退出"的方式，只要对方没有拒绝，就可以发。尽管这已经是一种进步，但是持批评意见的人认为，只有美国直复营销协会的会员才有义务去遵守这个规定，他们同时还担心，类似的"选择退出"机制过于繁复，普通的网络用户难以适应。

在法律界，垃圾邮件已经成为一个人们普遍关注的问题。在费城的"在线经销公司诉美国在线公司案"（Cyber Promotions，Inc. v. America Online，Inc.）[68]中，法院认为，群发垃圾邮件的厂商是不能受到《第一修正案》保护的，因此，它不能把自己的产品发送给美国在线公司的订阅者。互联网服务提供商可以阻挡此类的信息递送活动。与此同时，法院还认为，发送垃圾邮件的行为触犯了美国联邦1986颁布的《计算机欺诈与滥用法案》（Computer Fraud and Abuse Act）[69]。另外，美国国会还通过了**《非请求色情材料及广告信息攻击控制法案》**（Controlling the Assault of Non-Solicited Pornography and Marketing Act，CAN-SPAM Act），由布什总统在2003年签发实施，这就是广为人知的《CAN-SPAM法案》[70]。这部法案为电子邮件直销手段的使用建立了完整的、普遍适用的法律框架。虽然一些消费者组织批评它相比许多州的法律显得宽容，但是这部法案允许联邦政府和州政府以及互联网服务提供商对产生了垃圾邮件的广告行为提起民事或刑事诉讼。目前，对违法垃圾邮件的确认由美国联邦贸易委员会来完成。定义为垃圾邮件的信息包括虚假信息、易误解的信息，以及邮件的主题栏与邮件内容不相符的信息。该法案还要求邮件要在标题中注明是广告，并且告知接收者如何终止继续接收到此类信息的方式。法案最后规定，自动信息收集的行为（如网络蜘蛛活动）将会被禁止。许多评论人士认为，该法案的一个重大不足就是没有明确普通网络用户如何针对垃圾邮件的递送者展开民事诉讼。

与垃圾邮件问题相关的是人们用垃圾邮件对一些产品或行业进行批评。在一个案例的审理中，一名员工因为抱怨公司用工问题而向公司所有的员工群发邮件，这一行为被法院禁止。初审法院的法官认为，公司的电子邮件与传统的交流场所不一样，因此，不能把它看成是公共集会地点，相反，要把它看成是私人的领域，不能随意侵扰。初审法院的这个裁决被上诉到加州的高级法院，不久前，州高级法院否定了初审法院的裁决。他们认为，由于这些邮件并没有导致计算机系统或网络系统的崩溃，因此并不构成侵犯。[71]人们还可以通过订立邮件服务协议条款来限制乱发邮件。加拿大有一个法院裁决，互联网服务提供商的用户应该与提供商订立合同，承诺不随意发送垃圾邮件。[72]

互联网服务提供商的出现引发了这样一个问题，那就是网络拥有者是否应该对网络公告栏或其他公共领域中的诽谤性信息承担责任。虽然大多数法官都认为互联网服务提供商与普通的出版商一样，不会动辄受到起诉，但国会还是在相关的联邦法律中阐明了这一点。[73]制定这项法律的基本精神，主要是担心一旦出了问题，人们会要求服务提供商对服务中提供的内容进行监督和审查，因此会降低言论自由的程度。1996年，网络上出现了一篇关于美国俄克拉荷马市爆炸事件的匿名报道，后来据称该报道是虚假的、带有诽谤性质的，目的是从中牟利，但是法院并没有以疏忽的罪名要求网络服务提供商承担责任。政府这项政策的意义在此得到了很好的证明。[74]

在讨论网络法和网络道德规范时，面对儿童的言论和信息问题仍然是一个众人十分关注的问题。1996年，美国国会对1934年颁布的《联邦电信法案》（Federal Telecommunications Act）进行修订，并制定了**《传播净化法案》**（Computer Decency Act，CDA）。该法案规定，若信息的发送者知道是在向 18 岁以下的接收者发送“猥亵或淫秽的”信息，就可以定为刑事犯罪。该法案还规定，在未成年人可进入的环境中，利用互动的计算机服务系统存放“按照当代社会标准，描画或形容明显令人不悦的性或性器官”的资料，属违法行为。1997 年，在“雷诺诉美国公民自由联盟案”（Reno v. American Civil Liberties Union）[75]中，美国最高法院认为，这些规定是违反宪法的、模糊的，因为它阻碍了一些信息的交换（比如艾滋病预防、如何做出生殖决定等）。最高法院还认为，有些条款会阻止或吓退成年人的言论。

尽管《传播净化法案》没有收到预期的效果，但是为儿童内容制定更严密的规章制度的许多努力正在进行中。另外，人们还在考虑如何使用过滤措施。也许广为人知的一项方案是**《互联网内容选择平台规则》**（Platform for Internet Content Selection Rules，PICS)，该方案允许过滤掉儿童不宜的网站。支持者认为，实施《互联网内容选择平台规则》有助于家长和学校对孩子的网络行为进行控制，也有一些人权组织认为，这是一种幕后操作，它会滋长不为人知，但又无处不在的审查手段。

2000 年 12 月，美国国会通过了《互联网儿童保护法案》（Children's Internet Protection Act，CIPA)。该法案要求联邦政府提供资金，帮助公用的网络终端使用过滤软件。2002 年 5 月，在进行了广泛的听证以后，一个联邦陪审团要求撤销这部法案，理由是屏蔽软件并不能充分保证只有危及未成年人的资料才会被隔离。这项判决上诉到了联邦最高法院。2003 年 6 月 23 日，根据多数人的意见，否定了陪审团的意见，他们认为，政府资助对信息过滤应该是有利的。从整体上看，这项决定的效力是有限的，因为在案件审理中，政府官员指出，如果赞助人要求保留删除过滤软件的能力，图书馆等提供网络接入服务的公共机构要满足赞助人的要求。在后来的实践中，确实在不同的地方发生过类似的事例，这对日后的决策会产生很大的影响。[76]

这些例子有力地说明，言论自由的界限将会不断地受到互联网的挑战。虽然人们会对一些特定的结果提出质疑，但是当法院和立法机构认识到电子传播的目的和重要性时，保护言论自由还是会受到重视的。对所有的相关人员进行教育，似乎是在线言论继续欣欣向荣的最有力的保证。

5.5　出现的新问题

伴随着网络经济的迅速发展，我们不仅会遇到越来越多的老问题，而且遇到了许多与互联网相关的新问题。要应对这些新问题，人们需要展示自己在互联网初创时期所具有的想象力和创造力。

网络管理和 ICANN

1998 年，美国商务部希望能够成立一家私有的、非营利的机构，专门负责管理互联网名称和地址系统，此后，便出现了**互联网域名与地址管理公司**（Internet Corporation for Assigned Names and Numbers，ICANN)。ICANN 公司成立的初衷是解决域名分配和拥有中产生的冲突。如今，ICANN 中有一个董事会，但是许多人批评董事会暗箱操作，不能代表大多数网络用户。出现这些问题主要是董事会面临的是许多新的工作，而一家民间管理机构要在网络中强制实施一项决定，有着自己的先天不足。正因如此，人们一旦遇到重大的争执，往往绕过 ICANN 或其他的仲裁机构，直接诉诸法律（就像商标侵权诉讼那样）。

管辖权

ICANN 的建立说明人们逐渐认识到网络的冲突已经超越了地域的界限。**管辖权**(jurisdiction) 是一个法律术语，它是指法院对某一方的管辖权力。传统上，管辖权是与地域联系在一起的，但是网络世界具有跨地域的自然属性，因此管辖权就成了一个问题。显然，试图在其他国家或地区跨地域实施管辖很可能遭到抵制。

在美国，大多数案件在审理时要考虑案件与受理法院之间的关系，看关系是否直接，是否密切。通常法院所在的州与事件的关系越密切，管辖权就越有可能给予该法院，因此，互联网活动的管辖权归属就要看法院的判断。法院要甄别一个非本州的被告在本州的诉讼案件中是不是主动地、有目的地与原告进行商业活动，如果是，法院就拥有管辖权。[77]也有的法院认为，只凭公司是否在一个州内做广告，就足以判断该公司的管辖权归属。[78]在另一项法院的裁决中，法院认为一个州的网络用户能够登录一家网站，并不意味着该网站的业主应该归属于这个州法院的管辖权。[79]前文中提到，人们赞成在数字许可证协议中注明一旦引发诉讼，如何确定管辖权的问题。在最近的一项法院裁决中，法院认为交易双方可以运用数字手段在合同中明确管辖权的问题，法院支持由卖方选择立案的法院。据网络上披露的信息，法院指出利用超链接的方式传递信息已经为越来越多的人所接受。因此，通过这种手段来确定对接案法院的选择是可以接受的。[80]

除了按照传统的方法提起法律诉讼以外，利用**虚拟法官**（virtual magistrate）[81]解决互联网争端的事例也越来越多。虚拟法官指虚拟的仲裁，实际上是一些软件程序，它们一般是围绕互联网的特殊环境来修正自己的运行方式。赞成虚拟法官的人认为，利用虚拟的方式有利于鼓励网络用户在非对抗的框架中解决问题；反对者则认为网络仲裁不能充分保证审判的实施或认同。

上述这些案例都涉及美国的管辖权问题。虽然问题很多，但是与涉及国际争端的问题相比，它们的复杂程度要低得多。要达成国与国之间的合作，一种方法就是建立国际组织进行协调。例如，世界知识产权组织仲裁和调解中心（WIPO Arbitration and Mediation Center）[82]的存在就是为了解决与知识产权相关的商业争端。

超国家的组织（如欧盟）同样可以帮助解决成员国之间的争端。人们也可以利用各种条约解决国际问题。**联合国国际贸易法委员会**（UNCITRAL）制定了**《电子商务示范法》**(Model Law on Electronic Commerce)[83]，它为数字商务制定了全球一致的规范。这些法律的制定可以解决一系列的问题，如数字签名、电子文档、数字产品销售、合同、信息交换和信用记录等。类似的示范法有两个作用：一是表现在有些国家直接采用这些法律；二是它们可以向一些国家的立法机构或组织施加压力，要求它们与国际标准保持一致。虽然有些国家采取不合作的态度，它们可能不会接受管辖权的理念，但是一些重大问题的国际协议会要求缔约各方共同承担责任。

欺诈

使用欺骗的手段来获取不正当的利润并不是互联网经济中独有的现象，但是促进互联网发展的一些基本特征却会影响人们去防止欺诈行为。第一个影响因素与网络通信技术相关。普通人并不十分了解信息显示、传递或存储的原理，这种知识的缺乏就为新型的欺骗手段提供了机会。欺骗手段之一就是使用电子邮件或网站冒充个人或公司。这种行为就是**哄骗**（spoofing），它诱使网络用户相信对方是善意的实体（比如一家互联网服务提供商，或者信用卡公司），用这种手段获取敏感信息。其他常见的骗术还包括使用一定的程序使得用户在不知情的情况下拨打长途电话，并为此支付费用，或错误地登录到记录用户账户信息的网页。

第二个影响因素与数字环境的心理学相关。媒体上到处是有关技术进步和快速致富的故事。遗憾的是，许多人不能区分什么是艰苦创业，什么是投机取巧。有些人把来自网络世界的信息看作权威的信息，因为它们和数字革命联系在一起。许多人吸引投资时就是利用这样的花言巧语，但是有时也确实成就了技术的进步和大规模应用。

人们用各种方法来对付消费者**欺诈**（fraud）的问题。一些美国的联邦机构（如联邦贸易委员会和联邦调查局）已经加大了追查欺诈行为的力度（见图 5—4）。同时，许多州政府机关也开始在本州内开展对网络欺诈行为的诉讼。对欺诈行为的制裁有许多方式，其中包括终身禁止从事电子商务业务、承担民事赔偿责任、没收财产、提起刑事诉讼等。2009 年，联邦贸易委员会发布新的规则，规定网络产品评论中，一定要披露评论者与被评论者之间的关系。其他一些国家的政府机构也做出了类似的规定。

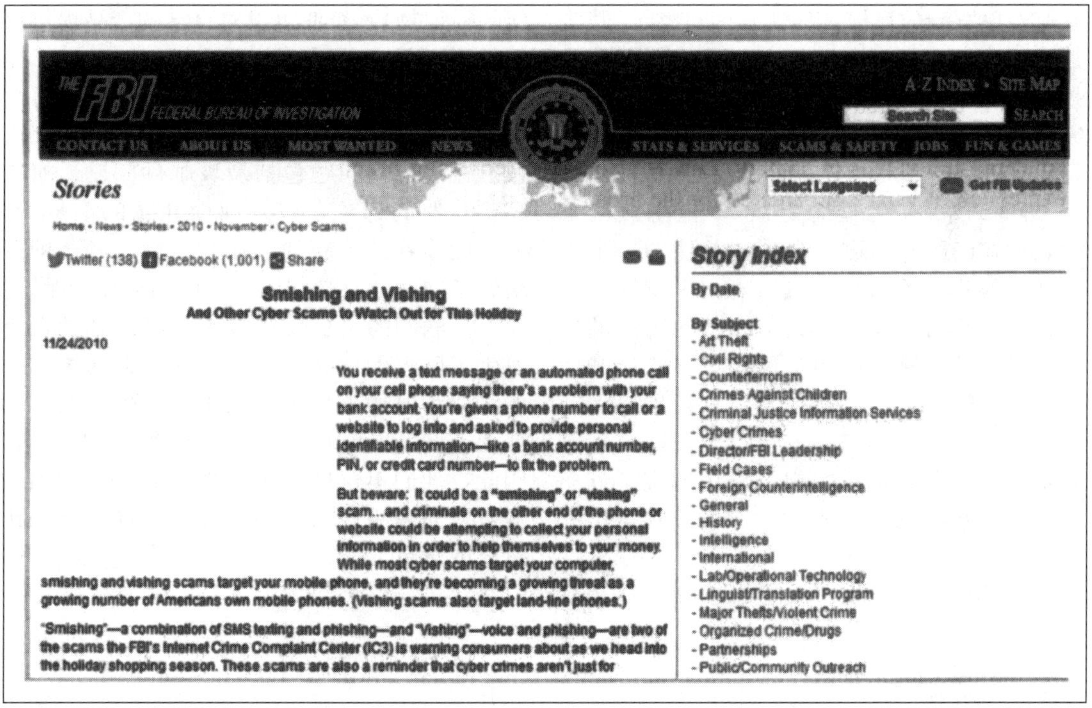

图 5—4　美国联邦调查局调查网络欺诈行为

资料来源：www. fbi. gov/.

网络欺诈的基础通常是不完整的信息或虚假的信息，因此，消费者应该学会判断网络信息。对行为规范进行宣传并且始终如一地遵守规范（比如像美国营销协会那样），有助于增强消费者的信心。有些企业禁止其员工与有问题的客户或第三方参与者进行交易。许多网络企业或实体企业（特别是金融机构和信用机构）要求获得许可经营的人必须严格遵守法律和道德规范，一旦违反法律和道德规范，它们就会终止与其合作。

面对欺诈问题，肯定需要制定并实施相关的法律，但是互联网涉及全球的各个角落，即使是非常完备的法律制度，也会有不足以应对的时候。此外，纯粹靠企业的自我约束，会形成企业之间的利益冲突，其效力也比不上法律的严厉执行。eTrust 公司[84]是互联网世界最大的非政府隐私保护监督机构，但是最近有消息称其成员侵犯了消费者隐私却逍遥法外，这使得许多人担心依靠行业管理是否真正有效。

法律一般总是后发制人。在互联网环境中，营销专家应该对潜在的欺诈受害者提前进行教育。专业协会可以利用互联网建立自己的网站，告诉消费者产品和服务的最低标准，如何进行自我保护等，还可以利用互联网开设“清算所”，对不道德行为或非法行为进行公开报道。即使在信息充分的互联网环境中，依然需要对人们进行网络知识教育。

小结

道德规范不仅与专业技术人员和专家的行为和价值理念有关，而且和整个社会的价值观有关。法律是价值观的一种表达方式，它有着更宽泛的目标，那就是面对整个国家，甚至面对整个世界。多年来，一些拥有专业技术和知识的人已经建立了自己的道德规范。究竟是用法律来约束网络行为，还是用自我约束来约束网络行为，人们持有不同的观点。

隐私权保护的概念是在 20 世纪提出来的，现在已经成为道德和法律关注的一个大问题。与此相关的观点包括隔离模型、存取控制模型和自治模型。美国和其他国家的网络隐私保护问题关注的是信息怎样收集和使用。美国的企业可以参与安全港计划以保证欧盟互联网用户的信息安全。美国联邦贸易委员会为消费者信息的规范使用制定了五条规则，这些规则包括告知、同意、存取、安全和执行的保护制度。

无形资产或知识产权通过法律的三个基本机制得到保护，那就是专利（与发明物相关）、版权（与思想相关）和商标（与产品的市场身份相关，比如图形、标记、词语或其他的标记物）。企业可以对自己的产品提供使用许可，同时限制对产品的复制与分销。企业关心商业机密的法律保护，还关心信息（例如网站内容、使用信息和事实等）的所有权。在线言论问题包括垃圾邮件问题、对产品或行业的评论，以及面向儿童的信息等。人们面临着三个新的法律和道德问题，即网络管理问题、管辖权问题和网络欺诈问题。

互联网的出现使得技术、经济和社会都发生了巨大的变化，与此同时，在网络通信的法律和道德框架里，也正在发生着快速的变化。营销专家是互联网世界的积极参与者，因此，他们不仅应该了解现有的法律和道德规范，而且应该为网络世界的全球对话做出自己的贡献。

思考与练习

复习题

1. 请解释什么是道德，什么是法律，并指出两者的不同之处和相似之处。

2. 互联网用户的隐私权受到哪些威胁？

3. 依据美国联邦贸易委员会的规则，规范使用消费者信息的基本要求有哪些？

4. 版权法的制定会有怎样的趋势？

5. 版权法、专利法及商标法有何区别？

6. 商标淡化有哪些形式？它们有什么区别？

7. 所谓“点击包装，获得许可”指的是

什么？

8. 什么是《反电子盗窃法案》？什么是《千禧年数字著作权保护法案》？

9. 什么是首次售卖理论？在网络环境中应该如何应用首次售卖理论？

10. 什么是合理使用理论？在网络环境中应该如何应用合理使用理论？

11. 什么是欧盟的安全港条款？对于在欧洲做生意的美国公司有什么意义？

讨论题

12. 软件盗版行为。通过教育能够解决软件盗版问题吗？为什么？如果能，那么应该使用怎样的教育形式？

13. 软件盗版行为。假如你是一位著名的唱片公司签约歌手，你将如何在美国应对唱片盗版的问题？

14. 通过法律管理行业或让行业自律，哪一个更好？为什么？

15. 如果一名员工通过在线讨论的方式抨击以前的雇主，或者通过给雇主现在的员工群发邮件进行攻击，哪一个在道德上更有问题？

16. 在互联网上，常常会遇到深度链接的现象。在制作网页时，只要是能够链接到其他的网站，而又跨过这一网站的主页，就是在进行深度链接。这种行为能够被允许吗？为什么？

17. 在互联网上，人们经常会用到帧技术。要了解什么是帧技术，可以登录 AskJeeves 公司的网站（www. ask. com）。这项技术能够被允许吗？为什么？

18. 亚马逊公司的首席执行官公开质疑对商务流程（例如亚马逊公司的"一次点击"订货程序）授予专利权。这种专利权会对电子商务的发展带来负面影响吗？为什么？

19. 对于互联网来说，如何判断法院是否拥有管辖权？为什么？

网络实践

20. 访问谷歌公司的网站 google. com/doubleclick/。该网站提供的服务从道德层面看有问题吗？为什么？

21. 访问美国联邦贸易委员会的网站 ftc. gov。该委员会目前正在调查中的与互联网相关的案件有哪些？以几个案例说明你认为该机构应该实施怎样的管理模式。

22. 万维网是一个跨越全球的媒介。登录网站 ilpf. org，了解互联网法律和政策论坛。美国国内以及全球在规范互联网行为方面已经做了哪些工作？在有关跨国媒介的司法和行政方面会产生哪一类问题？管辖权一般是按照网络服务器的地理位置来确定的，如果网络用户在参加网络赌博中受到了不公正的对待，而组织赌博的网络服务器又设置在美国境外，该如何处置？如果遇到了美国境外发送来的垃圾邮件又该如何处置？

23. 请登录 epinions. com 网站和 amazon. com 网站，了解这两家公司的隐私保护政策。其中涉及哪些问题？在你看来哪家公司的政策更好一些？

注释

[1] ***American Marketing Association***, *Statement of Ethics* (Chicago, IL, American Marketing Association, 2008).

[2] www. dhs. gov/files/events/stop-think-connect. shtm.

[3] www. getsafeonline. org.

[4] ***S. Warren and L. Brandeis***, ***The Right to Privacy***, ***4 Harvard Law Review 193*** (1890).

[5] 381 U. S. 479 (1965).

[6] 410 U. S. 113 (1973).

[7] ***Restatement*** (***Second***) ***of Torts § 652*** (1977).

[8] ***Lane v. Facebook***, ***Inc.***, ***No. 08-03845*** (N. D. Cal., filed Aug. 12, 2008).

[9] ***In re Google Buzz User Privacy Litigation***, ***No. 10-00672*** (N. D. Cal., filed February 17, 2010).

[10] ***Elec. Privacy Info. Ctr. v. F. T. C.***, ***844 F. Supp. 2d 98***, ***100-101*** (D. D. C. 2012).

[11] ***For more information on recent privacy cases please go to: business. ftc. gov/legal-Resources/8/35.***

[12] ***W. Adkinson, J. Eisenach, and T. Lenard***, *Privacy Online: A Report on the Information Practices and Policies of Commercial Web Sites* (The Progress & Freedom Foundation, 2002). Available at www. pff. org.

[13] ***Timothy R. Mc Veigh v. William Cohen, et al., 983 F. Supp. 215*** (D. D. C. 1998)

[14] ***Children's Online Privacy Protection Act of 1998, 15 U. S. C. 6501 et seq.***

[15] ***Federal Trade Commission, Children's Online Privacy Protection Rule, Final Rule, 16 CFR 312*** (1999). Available at http://www. ftc. gov/privacy/privacyinitiatives/COPPARule_2005SlidingScale. pdf.

[16] ***Fair Credit Reporting Act, 15 USC 1681*** (1992).

[17] ***Electronic Communications Protection Act*** (ECPA) 18 USC §2510-21, 2701-11 (1994).

[18] www. the-dma. org/library/guidelines/onlineguidelines. shtml.

[19] ***In re Northwest Airlines Privacy Litigation, No. 04-126*** (D. Minn., June 6, 2004).

[20] ***Consumer Data Privacy in a Networked World: A Framework for Protecting Privacy and Promoting Innovation in the Global Digital Economy*** (February 23, 2012). Available at www. whitehouse. gov/sites/default/files/privacy-final. pdf.

[21] ***OECD, Recommendations of the Council Concerning Guidelines Governing the Protection of Privacy and Transborder Flows of Personal Data*** (September 23, 1980), For more information Please see: OECD, *The Evolving Privacy Landscape: 30 Years after the OECD Privacy Guidelines (2011)*, available at www. oecd. org/dataoecd/22/25/47683378. pdf.

[22] *Directive 95/46/EC of the European Parliament and of the Council of 24 October 1995 in the protection of individuals with regard to the processing of personal data and on the free movement of such data*, Article 1.

[23] ***Updated Safe Harbor Principles are available at*** http://export. gov/safeharbor/.

[24] ***Commission of the European Communities, Commission Staff Working Document: The implementation of Commission Decision 520/2000/EC on the adequate protection of personal data provided by the Safe Harbour privacy Principles and related Frequently Asked Questions issued by the US Department of Commerce*** (October 20, 2004). Available at ec. europa. eu/justice/policies/privacy/docs/adequacy/sec-2004-1323-en. pdf.

[25] *Directive 2002/58/EC of the European Parliament and of the Council of 12 July 2002 concerning the processing of personal data and the protection of privacy in the electronic communications sector.*

[26] ***Regulation of the European Parliament and of the Council of 25 January 2012 on the protection of individuals with regard to the processing of personal data and on the free movement of such data*** (General Data Protection Regulation). Available at ec. europa. eu/justice/data-protection/document/review2012/com_2012_11_en. pdf.

[27] ec. europa. eu/justice/data-protection/document/review2012/factsheets/6_en. pdf.

[28] ***Personal Data (privacy) Ordinance*** (Hong Kong, 1995).

[29] ***Code on Access to Information*** (Hong Kong, 1995).

[30] ***Personal Information Protection Act*** (Japan, 2003).

[31] ***Personal Information Protection Act*** (South Korea, 2011).

[32] ***Personal Data Protection Bill*** (Singapore, 2012). As per September 30, 2012 (the date when this chapter was revised) the bill has passed its initial hearing in the Parliament.

[33] ***Federal Trade Commission***, *Privacy Online: A Report to Congress* (June 1998). Available at www. ftc. gov/reports/privacy3/toc. htm.

[34] ***ftc. gov/os/2012/03/120326privacyreport. pdf.***

[35] 35 U. S. C §101 et seq.

[36] ***Amazon. com v. Barnesandnoble. com*** (W. D. Wash., filed October 21, 1999).

[37] ***Bilski v. Kappos, 130 S. Ct. 3218*** (2010).

[38] ***Bilski v. Kappos, 130 S. Ct. 3227-3229*** (2010).

[39] 17 U. S. C. §§107 and 109 (1998).

[40] 17 U. S. C. § 506 (a) (as amended 1997).
[41] 17 U. S. C. § 512 et seq. (1998).
[42] 17 U. S. C. § 1201 et seq. (1998).
[43] ***Electronic Frontier Foundation***, *Unintended Consequences: Three Years Under the DMCA*, May 3, 2002.
[44] ***WIPO Copyright Treaty, adopted by the Diplomatic Conference on December 20, 1996, WIPO Doc. CRNR/DC/94*** (1996), and *WIPO Performances and Phonograms Treaty*, adopted by the Diplomatic Conference on December 20, 1996, WIPO Doc. CRNR/DC/95 (1996).
[45] ***Stop Online Piracy Act, H. R. 3261, 112th Cong.*** (2011).
[46] ***Preventing Real Online Threats to Economic Creativity and Theft of Intellectual Property Act, 112th Cong., S. 968*** (2011).
[47] ***Ian Paul, Were SOPA/PIPA Protests a Success? The Results Are In*** (PCWorld, 2012). Available at www. pcworld. com/article/248401/were _ sopapipa _ protests _ a _ success _ the _ results _ are _ in. html.
[48] www. sopastrike. com/.
[49] ***Macon Phillips, Obama Administration Responds to We the People Petitions on SOPA and Online Piracy*** (The White House Blog, 2012). Available at www. whitehouse. gov/blog/2012/01/14/obama-administration-responds-we-people-petitions-sopa-and-online-piracy.
[50] 15 U. S. C. § 1051 et seq.
[51] 15 U. S. C. § 1125 et seq.
[52] 15 U. S. C. § 1125 (c).
[53] 15 U. S. C. § 1125.
[54] ***Playboy Enterprises, Inc. v. Calvin Designer Label, 985 F. Supp. 1220*** (N. D. Cal. 1997).
[55] ***Playboy Enterprises, Inc. v. Welles, 279 F. 3d 796*** (9th Cir. 2002).
[56] ***Estée Lauder Inc. v. The Fragrance Counter and Excite, Inc.*** (S. D. N. Y. complaint filed March 5, 1999).
[57] ***Ticketmaster Corp. v. Microsoft Corp., No. 97-3055 DDP*** (D. Cal. filed April 28, 1997).
[58] ***Washington Post v. TotalNEWS, Inc., 97 Civ. 1190*** (PKL) (S. D. N. Y., filed February 28, 1997).
[59] ***Kelly v. Arriba Soft Corp., 336 F. 3d 818*** (9th Cir. 2003).
[60] ***Perfect 10, Inc. v. Amazon. com, Inc., 508 F. 3d 1059 - 1062*** (9th Cir. 2007).
[61] ***M. A. Mortenson Co. v. Timberline Software, 998 P. 2d 305*** (Wash 2000).
[62] ***Groff v. America Online, 1998 WL 307001*** (R. I. Super. Ct., May 27, 1998).
[63] 18 USC § 1831 et seq.
[64] ***New England Circuit Sales v. Randall, No. 96 - 10840 - EFH*** (D. Mass., June 4, 1996).
[65] www. ndasforfree. con/UTSA. html.
[66] ***eBay, Inc. v. Bidder's Edge, Inc., 100 F. Supp. 2d 1058*** (N. D. Cal. 2000).
[67] *Directive 96/9/EC of the European Parliament and of the Council of March 11, 1996 on the legal protection of databases.*
[68] ***Cyber Promotions, Inc. v. America Online, Inc., 948 F. Supp. 436*** (E. D. pa. 1996).
[69] ***America Online v. Christian Brothers, No. 98 Civ. 8959*** (DAB) (HBP) (S. D. N. Y., December 14, 1999).
[70]15 U. S. C. § 7701 et seq.
[71] ***Intel Corp. v. Hamidi, 1 Cal Rptr. 3d 32*** (Cal. 2003)
[72] ***267623 Ontario Inc. v. Nexx Online, No. C20546/99*** (Ontario Super. Ct., June 14, 1999).
[73] 47 U. S. C. § 230 (C) (1) [Communications Decency Act of 1996].
[74] ***Zeran v. America Online, 129 F. 3d 327*** (4th Cir. Va. 1997), cert. denied, 524 U. S. 937 (1998).
[75] 117 S. Ct. 2329 (1997).
[76] ***United States et al. v. American Library Association, Inc., et al., 539 US 194*** (2003).
[77] ***Zippo Manufacturing Company v. Zippo Dot Com, Inc. 952 F. Supp. 1119*** (W. D. Pa., January 16, 1997).
[78] ***Digital Control Inc. v. Boretronics, Inc., 161 F. Supp. 2d 1183*** (W. D. Wash. 2001).
[79] ***ALS Scan, Inc. v. Robert Wilkins, 142 F. Supp. 2d 793*** (D. Md. 2001).

[80] ***Net 2 Phone, Inc. v. Superior Court, 109 Cal. App. 4th 583*** (Cal. Ct. App. 2003).

[81] vmag. vcilp. org/.

[82] www. arbiter. wipo. int/center/index. html.

[83] http://www. uncitral. org/pdf/english/texts/electcom/05-89450_Ebook. pdf.

[84] www. etrust. org.

第Ⅲ篇 网络营销战略

第6章 网络营销调研

本章主要介绍为什么网络企业要把市场调研结果转化为相关的营销知识，并阐述使用它们的方法。我们将介绍互联网数据的三种来源，探讨在线调研中可能涉及的道德问题，介绍数据库分析的关键技术，以及如何使用信息管理的评测技术。

学习目标

- 了解网络企业开展调研活动的三个主要的数据来源；
- 了解网络企业为何需要判断从网络上收集的调研数据的质量，以及判断的方式；
- 了解企业利用互联网作为接触手段去收集一手数据的原因，并描述利用互联网收集一手数据的主要方法；
- 描述几种可以通过监控万维网来收集所需信息的方法；
- 比较服务器端数据收集法、客户端数据收集法以及实地数据收集法之间的区别；
- 了解大数据和云计算的基本概念；
- 了解网络企业对数据仓库中的信息进行分析的 4 种主要方式。

趋势与影响

- 如今人们比以往任何时候都更加依赖互联互通的网络技术，依赖无所不能的数字设备。电池、充电器已经成为崇尚网络生活的人不可或缺的东西。
- 充电毛毡 Power Felt 是一种新型织物，能够将身体的热量转换成电能，并为智能手机充电。这种织物不仅可以为手机充电，还可以为口袋里的电池充电以备用。

案　例

普瑞纳公司的故事

企业网站和在线广告有助于增加离线的商品交易，雀巢普瑞纳宠物食品公司（Nestlé Purina PetCare Company）清楚地知道这一点。那么普瑞纳公司是如何了解这一点的呢？原来它是通过对在线和离线的消费行为数据进行仔细的分析和研究获知的。

2001 年 12 月，总部设在瑞士的雀巢 S. A. 公司收购了罗尔斯顿普瑞纳公司（Ralston Purina Company），并把一系列的猫、狗饲养用品的品牌（如 Friskies，Alpo，Purina Dog

Chow，Fancy Feast 等）收入自己的麾下。雀巢公司如今经营着 30 多家品牌网站，服务对象有普通消费者、兽医和兽医培训学校、营养学家和食品科学家、饲养员及其他宠物爱好者。雀巢公司在开展市场调研时，总要先问三个问题：

1. 我们的消费者使用我们的品牌网站吗？
2. 除了这些品牌网站以外，我们是否还应该在其他网站上为在线广告投入资金？
3. 如果真的需要在其他网站上投放在线广告，那么哪些网站比较合适呢？

美国著名的数字媒体调研公司 comScore Media Metrix 开展调研的样本专题小组包括 150 万名网络消费者，Knowledge Networks 市场调研公司的样本专题小组则由 2 000 万户经常购买日用品的家庭构成。结合这两个数据发现，其中有 5 万名消费者同时属于这两个不同的样本专题小组，于是这 5 万名消费者最终成为普瑞纳公司调查的研究对象。在调研过程中，工作人员将这些研究对象分为三个小组，其中两组受调查者将在日常网上冲浪时看到 Purina O. N. E. 品牌狗粮的旗帜广告。这三个小组分别为一个对照小组（无广告影响）、一个低广告影响度测试小组（1～5 次广告影响）和一个高广告影响度测试小组（6～20 次广告影响）。在两组受广告影响的受调查者随意浏览网页时，旗帜广告就会随机显现。接下来，公司对所有三个受调查小组的成员进行测评，判断他们对普瑞纳的品牌意识、购买意向和广告知晓度。最后，研究者把该网络调查的结果与对 Knowledge Networks 公司的样本组实际离线购买行为的调查结果进行了比较。

雀巢公司的营销人员对这项研究的结果非常感兴趣。起初，旗帜广告的点击率很低（平均为 0.06%），后来，当调查参与者被问到“在想到狗粮时，您第一个想到的品牌是什么”时，两个受广告影响的测试小组中有 31%的人提到普瑞纳，相比之下，未受到广告影响的对照小组中仅有 22%的人提到此品牌。这个结果明显地显示出广告的影响程度。此外，与低广告影响度的小组相比，在高广告影响度小组中提到此品牌的人多出 7%。接下来，研究人员研究了购买普瑞纳产品的网络调查小组成员浏览网页的习惯，得出的结论是这些顾客平时访问最多的是有关家庭、健康和生活的网站。这些信息可以帮助该公司决定在哪些类型的网站上放置旗帜广告。在所有此类网站中，petsmart. com 网站和 about. com 网站的点击率最高，因此应该是广告投放的首选。

6.1 数据驱动战略

美国调查研究组织委员会（Council of American Survey Research Organization）公布的数据显示，美国的企业用于营销调研的资金每年高达 67 亿美元，而全球的这一数据应该在 189 亿美元左右。这些资金可以用来购买许许多多的数据。信息过载对企业和消费者来说都是一个问题。营销管理人员每天要面对各种各样的数据，例如市场调研数据、网站分析数据、呼叫中心数据、产品销售数据、竞争对手信息、社交媒体沟通信息等，还有许多数据是在网站上自动获得的，或从实体门店中与客户接触等各种渠道获得的。例如，如果消费者苏珊在推特网上搜索一个产品品牌，企业就会给她发送一条信息：“请点击此处，下次购物可以优惠 10 美元。”结果点击以后，她会被要求输入电子邮件地址等多种个人信息，然后才能得到优惠券。于是，她在推特网上的各种信息就被存入数据库中，以后如果她在网上购物，购物的信息都会存入数据库，如果她打电话询问产品信息，这一信息又会积累在数据库中，如此循环往复，有关苏珊的个人信息与消费模式信息越积越多。把消费者的各种信息积累起来，对厂商十分有利，它们能据此建立并维系客户关系，提升客户价值。

面对这些数据，厂商该如何处理呢？普瑞纳宠物食品公司的营销人员对消费者的各种数据分门别类，以此来确定如何制定网络广告战略。在阅读本章时，有一点需要格外关注，那就是这些数据如果不是用来制定营销战略，就毫无意义。

图 6—1 全面展示了这个过程。公司从无数的渠道中收集到数据，经过过滤输入数据库，并转化为营销信息，然后用来制定营销战略。本章将讨论互联网数据资源，讲述重要的数据库分析技术，最重要的是研究所有这些工作的利弊得失。尽管大部分的数据分析技术都基于大量的营销实践，但是营销调研人员在运用这些新技术的过程中仍然遇到了不少障碍。网络分析数据以及绩效考核指标都融合在这些营销实践中，这些在第 2 章中已经介绍过了，在后面的相关章节中我们还会阐述。

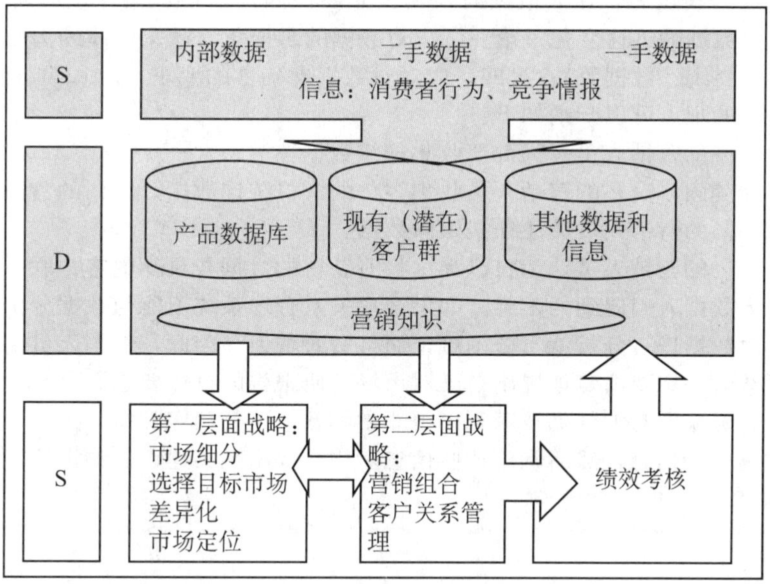

图 6—1　从数据来源到数据库再到战略（SDS 模型）

营销信息一般是由原始数据转变为知识的过程中产生的。知识并不是一系列信息的集合，它是存在于营销者大脑中（而不是计算机内）的东西。我们可以用教与学之间的区别来解释信息与知识的差异。比如一位教授可以通过课堂讲解或者教材向学生传授大量的信息，对学生而言，只有消化了这些信息，然后把这些信息与其他信息相联系，最后加上自己的理解，才能够真正地把它们转变成有用的知识。因此，是人类创造了知识，而不是网络或计算机。计算机的作用只是帮助人们进行更有效的学习。

6.2　大数据

2011 年，有一本名为《从消防栓饮水：在数据泛滥的世界做出明智的决定》（*Drinking from the Fire Hose: Making Smarter Decisions Without Drowning in Information*）的著作问世。我们也多次提到过类似的问题：厂商被泛滥的数据淹没了。IBM 公司认为，全球每天会产生 2.5×10^{18} 字节的数据，其中的大多数来自于网络环境。**大数据**（big data）指的就是用现有的软件难以处理的巨量的数据。例如，一个营销人员如何将来自于推特网的15太字节的数据转变到有意义的品牌决策中去？非常难。

目前，数据的增长率相当惊人，每年30%的增长速度对硬件存储空间提出了严峻的挑战，后者的增长速度只有20%。这就给信息技术管理者带来了不少麻烦，网络营销人员也必须学会如何从数以亿计的字节中提取有用的信息。根据**市场情报**（market intelligence）公司IDC的统计，2012年所售出的磁盘存储系统的容量达到6 037拍字节（1个拍字节相当于100万个吉字节）。这意味着什么呢？如果普通的故事片的容量是1GB，6 037拍字节相当于60亿部故事片的容量。如果一张数字照片的大小是1MB，那么6 037拍字节相当于6万亿张照片的容量。

IBM公司认为，在大数据时代，企业要做四件事情：第一，应对数据的量；第二，应对数据的迅速变化；第三，应对数据的多样化（社交媒体的沟通数据、客户点击的数据、统计数据等）；第四，应对对数据准确性的要求。2012年上半年，专家们对大数据的观点可以归纳如下：

- 31%的营销人员每天都要收集网络数据。
- 在美国，74%的营销人员收集客户的人口统计数据，64%的营销人员收集交易数据，35%的营销人员关注社交媒体数据。
- 42%的营销人员认为自己无法将所获得的数据与具体的客户联系在一起，这就是面对大数据人们遇到的困惑。如果客户关系管理系统不能与数据分析紧密结合，那么事后对数据进行分析就十分困难，而且费时费力。因此，营销人员在购买客户关系管理系统时一定要清楚地提出自己对市场调研报告的具体要求。

亚马逊公司对大数据技术利用得非常娴熟。该公司跟踪每一位客户的网站浏览信息和网络购物信息，然后利用这些信息对用户提出购买建议。请浏览“相关技术”专栏的内容。

相关技术

数据挖掘

假设你刚刚在一家营销调研公司获得了一个初级职位，你的老板就要求你为新开发的iXT桌面程序软件寻找交叉销售的机会。他要求你提出的方案必须基于公司数据库中有关新产品先期用户的行为特征。你知道这一次只能成功，不能失败，但是你又不知道从哪里做起。一个好心的同事建议你到大厅那头去请教本公司数据挖掘方面的高手，但是最好捧着一罐可口可乐去孝敬她。在冲向可口可乐自动售货机时，你的脸上露出了轻松的笑容。

数据挖掘是指搜索隐藏在大型数据库中的信息。除了研究的对象是人造数据而不是自然资源外，数据挖掘大致与科学调查相似。数据库越大，就越需要专业的数据挖掘工具来发现数据之间存在的潜在模式和联系。这些工具本身就非常复杂，因此数据挖掘者一般都有较高的学历，尤其要受过统计学方面的高级培训。

对于网络经营者来说，数据挖掘最简单的形式是交叉销售数据。根据既往的销售模式，营销人员可以预测哪些产品可以进行交叉销售，然后他们向销售人员发出信息，告知“购买iXT桌面程序软件的客户一般还会购买……”客户信息的数据库越大，这样的预测越精确。

交叉销售数据挖掘是这样进行的，假设一位名叫乔的客户购买了iXT桌面程序软件，同时又购买了阿尔法软件，数据库显示，其他200位客户也同样购买了这两款软件。数据库可以显示每一位客户同时购买什么商品，还可以显示这两款商品同时购买的频率，按照频率从最高到最低排序，营销人员就能由此得出向客户开展交叉销售的最大可能性。

亚马逊公司在交叉销售分析方面领先一步，它将页面浏览（page view）与购买行为联系起来。例如，假设你在亚马逊网站上浏览了一款照相机，页面上就会显示这样一行字："浏览此款商品的客户还会浏览（viewing）……"如果你正在犹豫该买哪一款照相机，亚马逊网站会告诉你，其他的客户最终挑选的是哪一款。亚马逊的做法是计算客户浏览过的网页，并且把计算结果与客户最终的购买行为联系在一起。在你点击亚马逊网站的页面时，你就是在创建数据，网站可以对这些数据进行自动挖掘。

交叉销售数据提供的是一种关系，我们寻找的是这种关系的密切程度。有些人将这种行为称为要素分析，但是要素分析并不能显示相依方向，也就是说，它不能显示要素之间的因果关系。要素分析也不能显示假设的变动趋势，难以找到能够完全和数据匹配的假设关系。

数据挖掘可以用来进行假设的测试。例如，调查者先提出一个假设（例如，"对老客户开展广告活动，投入产出比最高"），然后利用统计工具（如回归技术）来验证假设关系。这个过程也是许多学术研究的基础，但是这个过程有些缓慢，并且要求创造性的假设信息。人们一般使用的统计分析工具是SPSS软件和SAS软件。

还有一种更加复杂的数据挖掘技术，称为进化性编程。这个计算机程序就如同在一项科学调查中扮演科学调查者的角色。这个程序会构造一个假设关系并对这种假设关系进行测试。当程序发现假设看起来可信时，便将它稍加改变，形成一系列次级假设。这些假设被依次进行测试，试图找出与数据最符合的一个。计算机运行一段时间之后，程序就向用户报告数据中哪种假设可能性最高。

数据挖掘能够解决的问题包括预测、分类、探测关联度及购物篮分析（什么商品组合在一起销售得最好）。这些软件越来越体现出客户友好的特征，这对于营销人员来说是个好消息。许多企业（例如Megaputer公司等）迟早会将复杂的数据挖掘工作变成人人都能完成的操作。

普瑞纳公司市场调研图很直观地展现了一个企业是如何分类处理数亿个数据片段的（这些数据包含了大约2 150万名消费者的相关信息），并收集其他的相关信息，再根据分类整理结果做出经营决策（参见图6—2）。企业必须将所收集的数据运用于

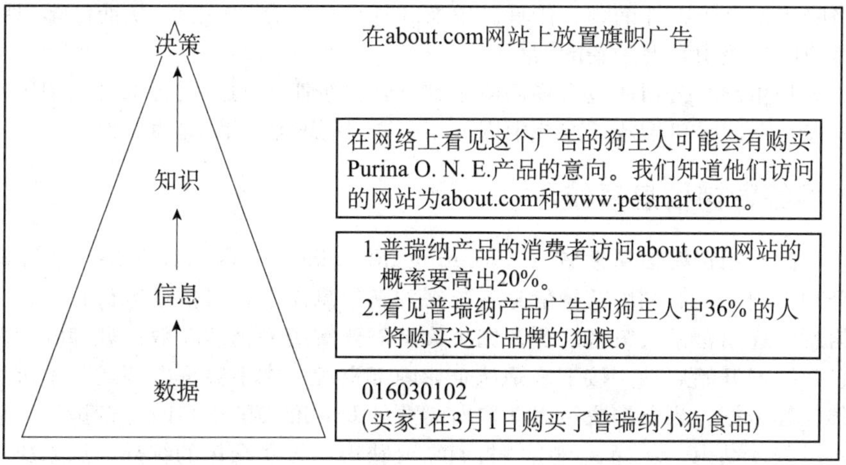

图6—2　雀巢普瑞纳宠物食品公司：从数据到决策

资料来源："Does Online Marketing Really Lead to Offline Buying?" 2002.

整个过程，否则这些数据只是一堆简单的事实和数字。

6.3 营销知识管理

知识管理（knowledge management）是指对知识的产生、运用和传播进行管理的一个过程。企业拥有的数据、信息和知识都必须与企业内部的营销决策者、商业伙伴、分销渠道参与者（有时还要与客户）共同分享。当企业的利益相关者能够获得和分享这些知识时，企业就变成了一个学习型组织，能够更加有效地实现预期的投资回报率和其他的经营目标。

营销知识是企业营销人员、咨询顾问、商业伙伴甚至公司员工的数字化“群体性意识”或“集体记忆”。有时，知识管理技术甚至允许营销人员通过实时交谈来解决问题，这也是为什么该系统包括了联络信息的原因。例如，一个在客户办公室处理电子商务问题的 Context Integration 公司咨询顾问可以通过输入“911 帮助热线”进入网页，并立即与企业内部其他专家交流如何解决问题。一个完整的营销知识数据库应该包括现有客户、潜在客户、竞争对手的全部相关信息，还要包括数据的分析和结论，以及与营销专家沟通的方式。这一切只需通过数字接收装置就能全天候获得。请参见如下的一些案例：

- 一家国际技术公司使用 Salesforce. com 网站来管理和控制公司的销售过程。当某个客户从网站上下载一份白皮书，在网上进行注册，或者发送电子邮件询购时，所有这些过程都将被 Salesforce. com 网站软件记录和保存下来，并且允许公司所有销售人员和经理人浏览和共享，甚至还可以提取电子邮件或电话号码等联系信息。每当信息有更新时，公司首席执行官就会收到一条短消息提示。
- 一家保险公司拥有 200 个独立经营的代理商，该公司允许这些代理商共享 100 多万个客户的索赔数据。这种信息共享使代理商规避了高风险客户，并能将自己客户数据库中的数据与索赔数据进行比较。
- i-Go 公司是一家产品目录直销商，也是网络零售商。公司将打入的客服电话与网络购买、电子邮件询购、传真订单及邮件订单整合在一起，从而使客户服务代表在与客户的交谈中掌握最新的信息。
- 强生制药公司通过市场调研了解到，隐形眼镜的使用者都喜欢用短信沟通，因此开发了一款手机游戏，游戏中嵌入了 ACUVUE 隐形眼镜的品牌。

网络营销信息系统

厂商利用**营销信息系统**（marketing information system，MIS）来管理所掌握的信息和知识。人们利用营销信息系统来判断信息需求，对信息进行收集、分析，并且将信息传递给营销决策者。当营销决策者需要解决一个涉及数据处理的问题时，营销信息系统便开始启动。接下来是从企业内部资源、二手数据资源或一手市场调研资源收集整理数据。当营销决策者获取所需要的及时准确的信息时，营销信息系统的整个工作过程才结束。例如，网络广告商需要获得广告受众量的统计数据来决定在哪个位置购买旗帜广告空间（这就是营销决策者需要解决的问题），它们想知道在目标市场内有多少人浏览不同的网站，以此来衡量网站广告的价值，并与电视广告或其他媒体广告进行比较（这就是决策者对信息的需求）。一种方法是通过二手数据资源（例如comScore公司或者尼尔森公司提供的网络评价服务）获得信息。此类公司通过研究大量消费者的网络使用习惯来评估网站。网络广告商使用这些数据做出可靠且高效的网络媒体购买决策。

过去，商家在遇到问题时总是先询问负责信息技术或信息系统的员工，什么样的软件可以用来解决这个问题。如今，网络营销推动了技术变革，并在以下几个方面改变了营销信息系统的环境。首先，许多公司在数据库和数据仓库（data warehouses）中存储网络营销数据，这些数据库和数据仓库使厂商在任何时间都能获得准确、适用并且有价值的信息。其次，通过传真机、智能手机，甚至普通手机上的相关应用软件浏览承载数据库信息的网页和电子邮件，而不仅是从台式计算机上获得数据信息。再次，客户也有权获得部分数据库的信息。例如，当消费者访问亚马逊公司的网站时，随时可以在产品数据库中查询书籍目录，并了解个人的账户情况以及购书历史记录等信息。许多企业客户、供应链渠道参与者以及商业伙伴还可以经常查看客户销售数据以便制定产品计划。客户数据库还可以使得客户询购流程自动化，并在瞬间生成个性化的网页。最后，大多数企业都认识到数据与信息只有在转化为知识以增加收益时才是有用的，因此，先进的企业使所有的利益相关者都能通过营销信息系统的网络查看员工的项目记录、建议及数据分析。总的来说，一家企业的营销知识体系是由所有的数据、处理这些数据所得到的结果，以及通过营销信息系统所收集的利益相关者的联系信息共同组成的。

互联网以及其他的新技术使营销数据收集的过程变得十分便捷。企业的内部记录向营销规划者提供了大量的有关销售与存货变动的信息。**二手数据**（secondary data）有助于厂商了解竞争者、消费者的相关信息，了解经济环境、政策和法律动态、技术资料，以及其他能够对组织产生影响的**宏观环境**（macroenvironment）因素。营销规划者还运用互联网、电话、产品条形码扫描仪和其他技术去收集有关消费者的**一手数据**（primary data）。厂商通过使用电子邮件与在线调研、网络实验、专题小组，以及与网络用户讨论进行观察等调查方法来了解企业现有的和潜在的客户群。

图6—3显示的是MarketResearchCareers.com网站进行的一次有关最常用的一手数据收集方法的调查结果，其中提到的**辛迪加调研**（syndicated research，也叫联合调研）通常指的是市场调研公司使用一个系统化的调研过程定期进行数据收集，例如尼尔森公司的电视收视率调查。有些公司也会购买辛迪加调研的结果作为公司的二手数据。图6—3中提到的扫描仪数据是指在销售点收集的数据，在本章的“实地调研法”部分我们会对此概念做进一步的描述。在图6—3描述的所有方法中，除了专题小组法，其他几种方法都非常适用于网络环境。

数据来源一：内部记录

营销知识的一个重要来源是内部记录（例如销售数据，参见图6—3）。会计、财务及生产人员收集并分析数据，这些数据都为营销规划提供了有价值的信息。营销部门本身也收集并保存有关客户特征和活动的相关信息。例如，物流部门的人员通过配送渠道跟踪产品运输的情况，这类信息能帮助厂商缩短从接受订单到交货再到付款的周期。

销售数据

销售数据来源于公司的会计部门和公司的**网站日志**（web site log）。若客户从网

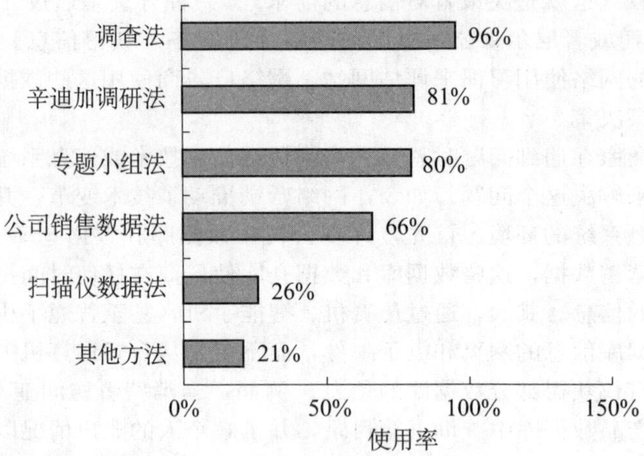

图 6—3 最常用的数据收集方法

资料来源：Data from MarketingResearchCareers. com "2011 Annual Survey of Market Research Professionals," 2011.

上购买产品，这个交易过程就会被记录到公司的数据库内以方便相关人员进行数据的提取。营销决策者通过审阅和分析这些数据以计算转换率（指进行网上购物的访问者的比率），并依次判断网络广告或者其他营销沟通方式能否刺激销售量。

企业可以利用销售业绩自动处理软件（例如 Salesforce. com）来构建销售信息系统。销售代表可以利用这一系统输入与实际客户或潜在客户进行电话销售的信息。许多销售代表还可以在路途中通过自己的手提电脑登录产品与客户数据库，输入信息，并浏览客户记录。例如，一家办公用品公司可能会有来自各个部门的销售人员拜访同一个大客户。当客户投诉时，销售代表必须将投诉内容输入数据库，这样做有利于其他的销售代表在走访该客户前预先浏览已有的客户记录。这家公司有一条规定：假如四个销售代表记录了同一项投诉，系统就会发出警告，这些销售代表必须立即组成一个团队去拜访这个客户并解决问题。同时，销售人员还可以输入在实地收集到的竞争信息和行业信息。在一些先进的企业中，营销人员还会将建议、报告和涉及各种话题的文章输入知识数据库中。

客户特征与客户行为

最重要的内部营销数据也许要数个体客户行为了。例如，图 6—4 显示的是一个假设的情节：一家计算机公司利用网络和电话收集客户数据，并使用这些数据来改进产品。即使是最小的数据库记录也至少得包括客户（或潜在客户）的姓名、地址、电话号码和购买行为。多年来，许多公司一直都使用这种技术。如今，随着新的存储和检索技术的出现，再加上获取大量电子信息的可能性提高，更加速了这种技术的发展。例如，在访问 Expedia 网络旅游公司的网站之前，访问者需要先进行注册。这家公司拥有一个庞大的数据库，该数据库录入了客户电子邮件地址、客户特征、网站浏览习惯、购买行为等。在此数据库中，每个客户文档中还可能包括与客服代表的通话记录、产品服务记录、与各种产品相关的具体问题，以及其他的一些信息（例如优惠券或其他促销凭证等）。一个完整的客户记录应该包括所有的客户接触点（即与公司接触的渠道）的数据，包括网络订单、电子邮件沟通以及在杂货店购买的产品和优惠券兑换等。实体店铺的购买行为数据是通过扫描产品上的**通用产品代码**（universal product codes，UPC，即条形码）来收集的。企业使用这些数据来提高销售的有效性，改进产品组合，确定产品的合适价格，评估促销效果，发现销售机遇。在你购买商品时，零售商有时会要求你留下邮政编码，你思考过原因吗？这是因为零售商要将这些信息输入营销数据库，并用这些数据判断新开一家店铺是否有利可图。

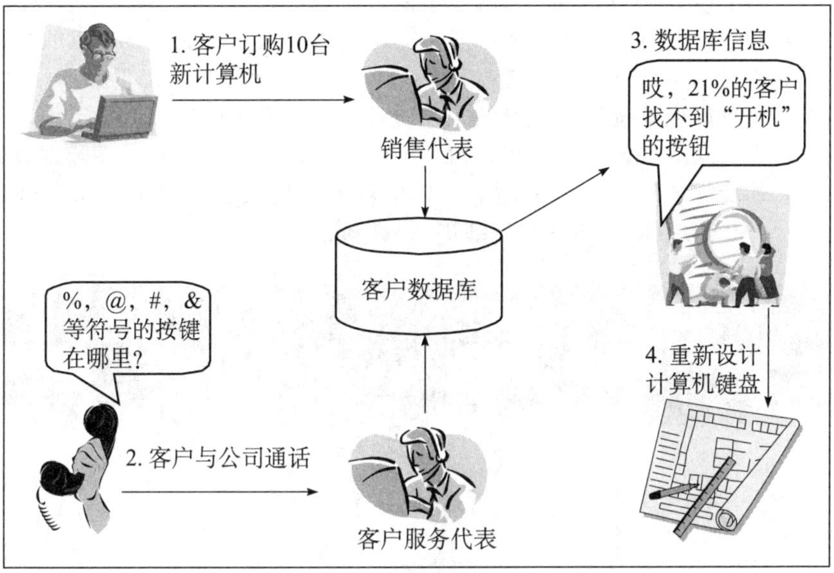

图 6—4　网络企业从客户那里获取信息

资料来源：Adaptation of ideas from “Facing up to CRM” at www. business2. com，Brian Caulfied，2001.

许多有自己网站的公司通过网页追踪用户的活动，并用这些数据来提高网站的效率。一旦了解用户在每个网页、每个网站逗留的时间长短以及他们进入网站的路径，网站开发商就能适时重新规划网页，调整网页内容。此外，公司也能判断网站用户在访问公司网站之前和之后还访问了哪些网站。这些信息可以为企业提供一些具有竞争力的预见，尤其当用户在搜索某种特殊产品时更是如此。这些数据可以从网站日志中自动记录下来，输入公司的营销数据库。比如联邦快递公司在使用互联网自动收集客户信息方面是相当擅长和娴熟的，客户能通过公司的网站预约取件人来取包裹，可以跟踪货物转运地点和装运过程，查明邮资，填写快递清单，还可以要求公司提供对方签收的凭证（提供多语种服务）。上述这些信息都可以为联邦快递的营销人员制定营销规划提供参考。联邦快递还专门为频繁邮寄物品的客户保留了一个外联网，用于提供个性化的收费标准和一些特殊的服务。此外，公司还有一个集人力资源管理、快递分拣车间、市场管理于一体的内联网，每月有近 2 万人次的访问量，这是一个非常完整的内部数据收集系统，为公司进行有效的营销知识管理提供了便利。

从以上的介绍可以得知，要把内部和外部的数据整合在一起是很不容易的，因为这些数据不管是形式、数量，还是形成时间都不同。2012 年，有专家对全球各地的企业做过一项调查，结果显示 43%的营销人员认为客户数据整合是数字时代他们面临的最大挑战。

数据来源二：二手数据

如果公司需要的是某些内部或合作伙伴的数据库均无法提供的信息，网络营销者就会首先向二手数据求助，因为二手数据往往比一手数据获得的速度更快，成本更低，尤其是在互联网的环境中，那里有 200 多个国家的最新信息，无论信息的使用者是在家中还是在办公室，只要花几秒钟搜索，就能随时获得所需信息。辛迪加调研数据则可以通过具有信用卡注册和密码登录功能的网络来获取。

因为二手数据是为其他的目的收集的，所以往往与厂商的信息需求不相符。另一个较普遍的问题是有关二手数据的质量。由于营销人员无法控制数据收集的程序，因此他们需要对二手数据的质量进行评估。还有一个问题是，二手数据往往已经过时。美国人口普查局虽然提供了大量的人口统计数据，但是由于数据量巨大，该部门只得将数据收集的间隔期定为每十年一次，而每次的调查结果也只能在数据收集完的一年或两年后才能完成并公布在网站上。如果营销管理人员要使用美国人口普查局网站（census. gov）的数据，那就要仔细辨别数据收集的时间（参见图 6—5）。

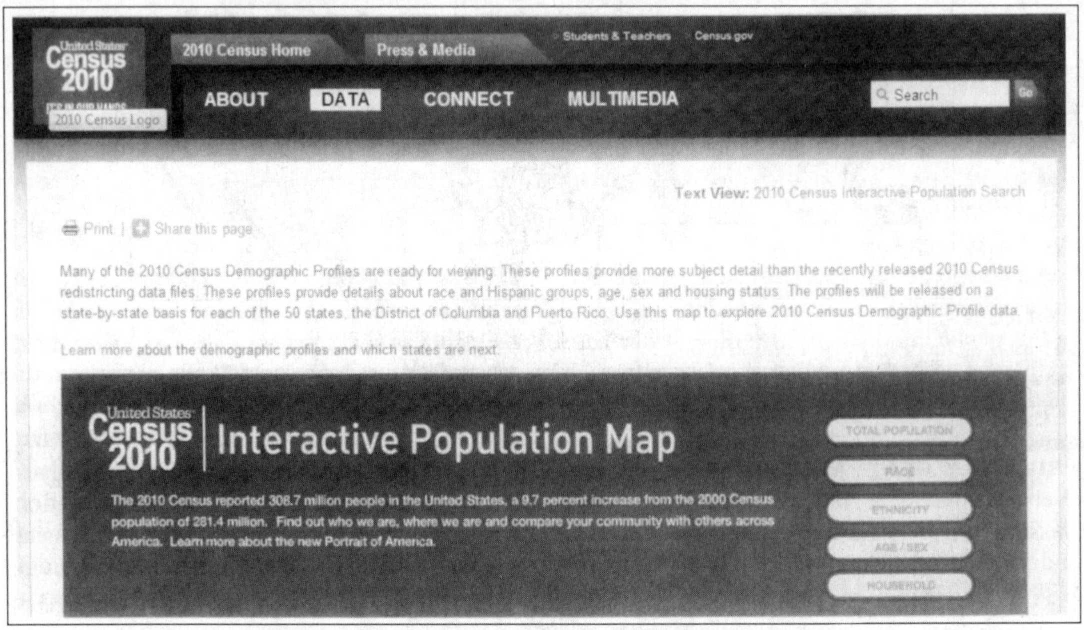

图 6—5 数据库之最：美国人口普查局

资料来源：census. gov.

厂商应该经常审视公司的宏观经营环境，借此发现所面临的挑战与机遇，这一过程一般称为**商务智能**（business intelligence）。那么，哪些信息是值得营销决策者关注的呢？审视公司的宏观环境以寻找市场信息的工作包括以下几个方面：

- 人口统计资料；
- 竞争对手信息；
- 技术发展趋势；
- 自然资源信息；
- 社会及文化发展趋势；
- 国内外经济发展趋势；
- 法律与政策环境信息。

例如，某家公司若想了解美国千禧一代的人口统计特征以及他们的行为特征，就可以访问美国人口普查局的网站，还可以在网络杂志及报纸中阅读相关的文章，并关注以这些群体为目标市场的网站（例如 Clickz 网站、MillennialMedia. com 网站、

gurl. com 网站）。下面将举例说明关于企业宏观环境数据的来源，既包括政府机构，也包括非政府机构。

公共数据

美国的许多政府机构在各自的领域提供网络信息。比如美国专利局网站主页告知人们如何申请专利，人们也可以在网站上检索哪些是正在申请中的产品商标。许多国际组织（如国际货币基金组织，imf. org）也是很好的信息来源，人们可以了解世界各国的社会、政治和经济环境。总的来说，与其他国家的政府相比，美国政府机构所收集并传递的数据更多一些。例如，在《美国中央情报局世界各国年鉴》（CIA World Factbook）中能够找到世界各国互联网的普及率。在非营利机构中，许多大学通过自己的图书馆提供大量信息，教师们也把自己的研究成果展示在网络上。此外，在一些行业和专业协会的网站上（例如美国营销协会的网站（marketingpower. com）有不少行业及专业的相关信息。

维基百科（Wikipedia）是一个拥有 2 900 多万篇文章的社交媒体数据库，这些文章由 77 000 多位民间撰稿人用 285 种语言编写而成（参见 wikipedia. org 网站）。此外，还有许多其他的维基系列网站提供一些专门的信息，比如 Wikihow. com 网站提供各种文章和视频资料，教人们如何自制手工操作台，或者自制巫毒娃娃等。这些信息大部分都是免费的，而且对所有的网络用户开放。表 6—1 显示的是一些重要的公共网站的例子。

表 6—1　　美国提供公共数据的网站举例

网站	信息
美国专利局网站 uspto. gov	为企业提供商标与专利数据
世界贸易组织网站 wto. org	国际贸易数据
国际货币基金组织网站 imf. org	提供许多社会问题与社会项目的信息
莫汉比尔・萨赫尼网站/大卫・查菲网站 mohansawhney. com davechaffey. com/	专业学术人员慷慨地在他们的网站上公布许多网络营销的文章
美国证券交易委员会网站 sec. gov	埃德加数据库提供美国上市公司的财务数据
美国小企业管理局网站 sba. gov	为小企业主提供信息和链接
得州大学奥斯汀分校网站 advertising. utexas. edu/world	为广告行业提供多种链接
美国联邦贸易委员会网站 ftc. gov	提供与消费者保护条例及反垄断法律相关的规则及判决
美国人口普查局网站 census. gov	提供关于美国人口的统计数据与发展趋势

企业及个人数据

许多企业的网站提供了大量关于公司使命、产品、合作伙伴和最新动态的信息。在一些个人网站上也会出现与企业相关的有用信息。在一些政治家和公众人物创建的网站上会对某些政治事件进行评论。目前还有一种新兴的实时信息和评论来源：各个领域的博客精英（例如著名的营销作家赛斯・高汀的博客 sethgodin. typepad. com）。

另一个好的数据来源是大型市场调研公司（例如 comScore 公司与 Forrester 市场调研公司），它们在网站上公布一些抽样统计数据和新闻稿，以此来吸引企业购买完整的调查报告。网络调研企业尼尔森公司旗下的 NetRatings 服务项目在开展市场调研期间会公布最佳网站和广告商的排行榜。如今一些大型市场调研公司还以电子邮件的形式公布时事通讯，自动发送到订阅人的电脑中。关于电子商务的信息，来自欧洲交互广告局（Interactive Advertising Bureau，iab. net）和 eMarketer 公司（eMarketer. com）提供的免费时事通讯是非常有用的。这些简短的信息虽然不完整，但是在判断经营环境时很有用，并能帮助厂商决定是否需要购买完整的调研报告。

许多商业性的网络数据库也会在网上提供一些供公众浏览的相关信息。不少数据库还会提供一些互联网新闻报道、行业数据、百科全书、航班信息和票价、黄页指南，以及电子邮箱地址等。如今不少营销人员还可以通过网络获取一些知名调研公司的辛迪加调研数据信息，如尼尔森公司的电视媒体收视率，Simmons 市场调研公司每年对 2 万多名消费者进行的调研，以及 SRDS 公司（Standard Rate and Data Service）提供的媒体广告费率与细节列表。学生们在家里也可以通过互联网登录他们所在大学的图书馆数据库浏览知名媒体发表的文章。

值得注意的是，这些数据库中的许多信息都不是以网页形式出现的，而就是我们平日在图书馆里检索到的文章或者其他信息的电子版本。其中的部分信息是免费的，有些则会相应收取一些费用。

表 6—2 列出了一些企业和个人提供数据的网站。

表 6—2　　美国企业和个人提供数据的网站举例

网站	信息
AC 尼尔森公司网站 acnielsen. com	提供电视观众信息及超级市场销售信息等
高德纳集团网站 gartnergroup. com	提供专业电子商务信息，在线发布最新研究成果
Symphony IRI 集团公司网站 symphonyiri. com	提供超市销售数据以及新产品购买数据
Arbitron 公司网站 arbitron. com	提供本地市场与网络广播听众数据
《商业经济日报》网站 cbd-net. com	罗列政府在线招标书的清单
Simmons 市场调研公司网站 Experian Simmons. com	提供消费行为数据
邓白氏公司（Dun & Bradstreet）网站 dnb. com	提供全球 1. 95 亿家企业的数据
LEXIS-NEXIS 公司网站 lexis-nexis. com	提供有关企业、消费者与营销活动出版物的文章
Hoovers 在线网站 hoovers. com	提供全球大型企业经营状况、财务状况及发展动态的信息

竞争情报

竞争情报是指对企业所在的行业进行分析，以此来定位公司战略，了解竞争对手的弱点。收集竞争情报是合法的行为，也是许多企业在做的事情。收集情报也很不容易，因为竞争对手意识到别的企业会来收集情报，所以会使用障眼法，混淆视听。美国主要的竞争情报机构福德咨询公司（Fuld & Co，fuld. com）的专家认为收集竞争情报应该做好如下一些工作：

1. 确定情报收集的要求；
2. 收集已经公开发布的各种信息；
3. 收集一手数据（靠人工收集情报）；

4. 对情报进行分析；

5. 报告情报利用的结果。

福德咨询公司网站上有关于协助竞争情报收集工作的专用软件使用情况的评论和相关论坛。该公司声称，企业如果没有处理情报的能力，还不如不要投资购买情报收集的软件，这与互联网领域的其他投资是一样的。

要收集竞争情报，就需要了解竞争对手的新闻发布会、新产品上市、合作伙伴、合作品牌、产品展示会以及社交媒体信息等。互联网的出现使竞争情报的收集变得更容易了。你可以直接到竞争对手的网站上去追踪其营销战略，有时还能在媒体正式报道之前预先了解到竞争对手新产品的上市或价格变化的信息。

营销人员应该了解竞争者的网页上有哪些其他网站的链接。要做到这一点并不难，只需在雅虎、谷歌或者其他提供这种服务的搜索工具上键入 link：companyname. com 就行了。搜索的结果会出现一个链接列表，从中你可以了解为什么这些网站能链接到竞争者网站。还有一种收集竞争情报的技术是通过分析一家公司的网站日志来查看网页用户在浏览此网站之前和之后所访问的网页。例如，假设日本本田汽车制造厂的营销人员发现用户在查看本田车型之前访问过丰田汽车制造厂 Toyota Matrix 款式汽车的网页，就可以通过消费者的视角来判断消费者的购车倾向。后面我们还将对此类互联网监控技术进行详细讨论。

除了竞争对手的网站以外，从第三方企业的网站或者行业网站上也能及时了解竞争情报。例如，航空公司都十分关注在线旅游公司（如 Expedia 公司和 Travelocity 公司）的网络信息，从中了解竞争对手的报价和航线变动情况。此外，航空公司也会关注诸如 Tripadvisor. com 等社交媒体网站（游客会在此类网站上发表入住酒店的感受）来了解相关信息。上市公司的情报可以在美国证券交易委员会（Securities and Exchange Commission，SEC）网站的在线数据库（EDGAR 数据库）和许多投资公司网站（如 E*TRADE）上找到。

获得有价值的竞争情报的另一个来源是网络用户的论坛，我们将在讨论一手数据收集方法那一节中详细叙述。脸谱网的注册用户超过 9 亿，这些用户都可以对各种产品评头论足，企业只需输入关键词，就可以找到消费者关于竞争对手产品优势或劣势的评论内容。不过若要了解更详细的信息，还是要到社交媒体的统计表中去搜索。

脸谱网

每一个脸谱网的用户都可以使用免费的网页数据应用软件了解自己在脸谱网上的行为数据。这一款软件是由 Inside Network 网络公司开发的（请浏览 pagedata. appdata. com）。该公司每天都会更新脸谱网上大部分网站的统计数据。网络用户可以了解到的信息包括：

- 网页浏览量最多的网站；
- 一天中浏览最多的网站，过去一周浏览最多的网站；
- 张贴评论最多的网站，分享最多的网页，帖子最多的网站。

用户可以浏览所有的脸谱网的网页，关注上面的各种统计数据。这些数据有助于营销人员将本企业在脸谱网上的网站内容与竞争对手的相比较，并采取相应的改进措施。

信息质量

二手数据和一手数据都存在许多局限性，因此，营销人员在使用时要十分谨慎。在审阅数据时应尽可能保持客观，在使用信息进行决策时要持一定的怀疑态度，尤其是在使用网络信息时，更应如此。这是因为任何人都可以随意地在网络上发布信息，不需要经过出版商的审阅，也不需要接受筛选以判断数据的准确与否或恰当与否。由于文化差异及信息收集方式的差异，在处理来自国外信息渠道的二手数据时，尤其需要谨慎对待。

网络营销人员不应被精巧的网站设计迷惑，设计最佳的网站上的信息不一定是最精确的，反之，设计不佳的网站上的信息也不一定就不能利用。例如，美国证券交易委员会发布的各种上市公司的报告，其信息格式都非常简单，并没有花很多纳税人的钱来美化报告的格式。美国纽约州州府奥本尼市的纽约州立大学（library. albany. edu）的两个图书管理员借制作一个假网页来告诉人们，在网上被人愚弄是多么容易的事（见图6—6），有趣的是，这个网页竟然在网上放置了将近10年，后来这两位图书管理员不得不从网上撤下了这个假网页，因为有太多的人误解了他们的真实意图，并且认为这是一个真实的网站。从网上收集的二手数据的质量是否过关可以采取如下一些步骤进行评估（部分信息取自奥本尼市纽约州立大学的网站）：

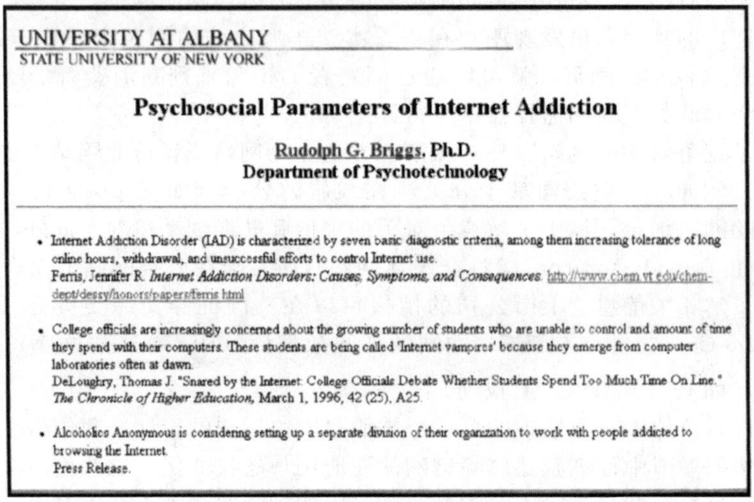
UNIVERSITY AT ALBANY
STATE UNIVERSITY OF NEW YORK

Psychosocial Parameters of Internet Addiction

Rudolph G. Briggs, Ph.D.
Department of Psychotechnology

- Internet Addiction Disorder (IAD) is characterized by seven basic diagnostic criteria, among them increasing tolerance of long online hours, withdrawal, and unsuccessful efforts to control Internet use.
  Ferris, Jennifer R. *Internet Addiction Disorders: Causes, Symptoms, and Consequences.* http://www.chem.vt.edu/chem-dept/dessy/honors/papers/ferris.html
- College officials are increasingly concerned about the growing number of students who are unable to control and amount of time they spend with their computers. These students are being called 'Internet vampires' because they emerge from computer laboratories often at dawn.
  DeLoughry, Thomas J. "Snared by the Internet: College Officials Debate Whether Students Spend Too Much Time On Line." *The Chronicle of Higher Education,* March 1, 1996, 42 (25), A25.
- Alcoholics Anonymous is considering setting up a separate division of their organization to work with people addicted to browsing the Internet.
  Press Release.

图6—6 这是一个真的网页吗

资料来源：Laura B. Cohen and Trudi E. Jacobson at library. albany. edu/briggs/addiction. html.

● **查明网站作者**。由政府部门或著名的公司建设和维护的网站比那些由不知名的人创办的网站信用度更高。有时，察觉其中的差异并不容易。例如，同一个音乐团体通常会有许多网站，其中有一些是官方的，而另一些则是由个别的音乐爱好者自建的。假如在谷歌网站上搜索“贾斯汀·比伯”（Justin Bieber）一词，将会出现6亿多个网站（2012年），在它们当中究竟有多少网站是真正获得了歌手的亲自授权呢？

● **判断网站作者是否为该网站话题的权威**。例如，一位来自哈佛大学或美林集团的经济学专家提供的有关利率方面的信息会比一位政客提供的信息更可靠。此外，由大学网站所发布的信息要比金融公司网站提供的信息更客观一些。

● **要判断网站信息的更新时间**。有许多网站会每日更新内容，也有一些网站的内容几年都未更新。显而易见，信息越新，对于决策的制定就越有用。此外，还可通过查看网站的超文本链接来判断网站内容的更新程度，当然许多网站偶尔也会出现一些无法打开的链接，若一个网站有太多无法运行的链接，那么该网站的更新程度必然遭到质疑。

● **要判断网站内容的综合性**。这需要查看网站的观点是比较片面，还是能够比较全面地分析问题。

● **通过其他途径寻找相同信息（如网络上的其他资源或查询图书馆资料）以判断所获信息是否可靠**。如果无法获得同样的统计数据，则可考虑通过寻找其他途径来解决。例如，想要确定互联网服务提供商的客户人数是否有效则可核查拥有计算机的人数（当然后者的人数会多一些）。一般来说，对包含同一主题的不同网站进行对比分析是一个很好的办法。

● **检验网站内容的准确性**。假如网站内容中有大量错误，或数字相互不匹配，就表明该数据是不可信的。

如果第一次搜索就出现了许多超文本链接，千万不要因此停止寻找，因为这些网站只是你寻找的潜在网站之一，而且这些相关的超文本链接列表可能只是网站提供的一种服务，所以这些网站未必是关于这个主题的最佳资料。

那么维基百科呢？它所提供的信息是否准确呢？学生们在做调研时都喜欢使用这个网站，但是许多教授都不太相信该网站内容的准确性，因为该网站的所有内容都是由公民记者（citizen journalists，一般是指那些通过在网络博客、论坛以及网站上发表未经专业人员审核的文章来表达自己观点的普通网络用户）编写完成的。有一家名为“自然”（Nature）的国际科学医疗杂志曾经开展过一项调查以对比分析维基百科和《大英百科全书》的文章内容的准确性，结果，经过 42 位预先选定的来自不同科学领域的专家对文章进行核查发现，《大英百科全书》每篇文章平均有 2.92 个错误，维基百科每篇文章则有 3.86 个错误。值得注意的是，维基百科中每篇文章的平均长度是《大英百科全书》每篇文章长度的 2.6 倍，这就意味着维基百科的错误率更低。这其中的部分原因是维基百科有众多的公民记者对文章进行编辑，而且他们相互之间还会进行核对以避免过多差错。然而，维基百科的信息毕竟不是百分之百准确，在使用其中的内容时，最好还是查找文章的原始资料来源或查阅其他作者的类似文章，以确保信息的准确性和可靠性。

数据来源三：一手数据

有时候，当无法找到足够的二手数据来帮助制定营销规划时，营销决策者就可以考虑由企业自己来收集信息。一手数据就是为了解决某个问题而进行的首次信息收集。与二手数据相比，一手数据的收集往往更费时费力，成本也更高，但是一手数据的及时性非常好，而且与营销人员所面临的具体问题的相关度更高。另外，一手数据还有一个优点，它属于企业所有，因此竞争对手无法获取。

本小节将介绍传统的一手数据收集方法（如实验法、专题小组法、观察法、内容分析法和调研法）如何通过互联网进行优化。**深度访谈法**（in-depth interviews，IDI）是另一种重要的一手数据收集方法，但是这种方法比较适合于离线操作，因为在访谈过程中涉及的大都是一些无结构化的、开放式的问题，不太容易在网络上完成（当然，现在可以通过 Skype 网络电话来实现）。在后面一节中还将讨论几种非传统的一手数据收集方法，而这些方法只有在网络技术环境下才能很好地应用。无论是在线还是离线，所有通过客户“接触点”（例如电子邮件、电话、网站、超市收银台、社交网站、商店柜台等）收集到的电子数据都将输入营销数据库，成为营销知识的一部分，并用于制定有效的营销规划。

每一种一手数据收集方法都可以提供重要信息，与此同时，网络经营者也应该看到一手数据的局限性。比如在线调研所收集的信息均来源于网络用户，却忽略了美国人口中还有20%的非网络用户，在其他国家，这个比例可能更大。为便于叙述，我们首先罗列出一手数据调研的步骤，然后具体讨论上述几种方法的用途，以及每种方法的优缺点。

一手数据调研步骤

一手数据调研包括以下五个步骤（见图6—7）：

图6—7 一手数据调研的步骤

1. 调研问题。与二手数据的收集一样，收集一手数据一定要明确目的。表6—3列出了通常出现的网络营销调研问题，这些问题均可依靠电子数据来协助解决。

表6—3 网络营销人员经常面临的调研问题

在线零售商	普通网站和社交网站
改进在线销售规划 预测产品需求 测试新产品 测试不同的价格点 测试合作品牌和合作伙伴的作用 评估合作项目的效果	判断经常受到访问的网页 提升客户的参与程度 增加博客上的发帖量 追踪用户浏览网站的路径 判断网站访问者的整体满意度 判断社交网站上人们交流时的情绪
实际客户与潜在客户	**营销沟通**
识别新的细分市场 测试网站注册用户的忠诚度 描述实际客户的特征 测试网站定制化技术	测试社交网络的应用程度 测试新的促销方案 优化网站的收益和效用 测量展示广告的点击率①

2. 调研计划。

● **调研方法**。根据所需收集信息的特征，调研人员选择合适的调研方法（例如实验法、专题小组法、观察法、问卷调查法、网络交流检测法、实时实地调研法等）。

● **样本设计**。在这一环节，调研人员要确定样本来源，预计受调研者的数量。

● **联系方式**。与调查对象联系的方式包括传统的方式（例如电话、邮件、面对面交流等）和非传统的方式（例如利用网络和其他新技术）。

● **工具设计**。如果调研人员准备使用的是调研法，就需要设计一个调查问卷作为调研工具；如果使用的是其他调研方法，就需要拟定一个标准来指导整个调研过程。

3. 数据收集。调研人员根据调研计划来收集信息。

4. 数据分析。调研人员根据最初确定的问题来分析结果。这个环节包括使用统计软件来分析传统的调查数据，或者通过使用数据挖掘技术和其他相关技术来探寻数据库中潜在消费者的行为模式并衡量变量间的假设关系。

5. 提交调研结果，输入数据库。调研最终获得的数据信息须输入营销知识数据库，并以书面或口头的形式传达给营销决策者。

① 展示广告通常是指网络上按点击率计费的图片显示广告。——译者注

网络调研技术

互联网是一手数据收集的沃土，原因之一是消费者对传统市场调研方式的合作热情正在逐渐减退。据统计，电话调查拒绝率在40%～60%之间。在2010年美国进行的人口普查中，约有28%的人未回复邮件。回复率不高，就不可能得到有代表性的样本。尽管网络上要获得有代表性的样本也不容易，但是随着在线消费者人数的日益增加，使用廉价且快速的网络调研方法将更有意义。根据MarketResearchCareers.com网站开展的一项调查显示，2011年美国有95%的企业使用网络调研方法，71%的企业担心回复率不高。以下是4个网络调研的成功案例：

● **创造性测试**。Leo Burnett是一家广告代理商，该公司为了测试面向儿童市场的广告效果，将50所小学作为调查对象。Leo Burnett公司的工作人员在网上刊登广告，然后向学生们发送电子邮件，引导他们访问刊登广告的网页，后来，学生们完成了评选最佳广告的一项调查。在这个测试中，800多名小学生为公司寻找最好的广告创意提供了帮助。

● **客户满意度测试**。英国航空公司在公司网站上登出一份调查问卷，用以收集英航会员俱乐部成员对公司服务的意见。9个月内有9 000多人完成了这份调查问卷。

● **产品开发测试**。地处里诺市的内华达大学在该校营销专业的网站上登出了一份调查问卷，邀请从业人员与学术界人士就高校电子商务专业中应该添加哪些课程各抒己见，结果有140名答复者为新课程的设置提供了极大的帮助。

● **企业声誉管理测试**。有一家大型制造企业在生产中发生了一个很小的差错，结果发现在谷歌网站关于该公司的搜索结果中，第一页中有90%含有负面信息，第二页中有80%含有负面信息，其中包括博客版主对事故的评头论足，还有在YouTube网站上观看公司视频后的负面评论。由此看来，收集一手调研数据时应该格外关注有关企业、品牌及企业高管的各种评论。

如今，营销人员正在学习怎样高效地将在线数据与离线数据整合起来（正如普瑞纳公司的案例所显示的），有不少实体商店也都在学习如何开展电子商务活动。要做到这一点，就需要将旧有的系统、电话呼叫中心、零售商的条形码扫描仪、政府统计数据以及其他一些难以整合的数据合并在一起。例如，美国知名市场调研公司comScore Media Metrix公司为信息资源有限公司（Information Resources，Inc.，IRI）的购物者热线专题访谈小组的几千位组员的电脑安装了一种叫做PC Meter的软件[①]，该软件所收集的网络数据包括广告影响率、被访问网站、购买的频率和模式等。公司将这些数据与专题访谈小组的离线调查数据相结合，离线调查数据则包括这些专题访谈小组成员在实体商店实际购买的包装产品的种类、购买量、购买时间、促销对他们的影响以及他们对品牌的忠诚度。

此外，人们还可以运用实验法、专题小组法、观察法、深度访谈法与问卷调查法等方法在线收集一手数据，下面将进行详细介绍。

在线实验法。利用实验法开展调研的目的是测试因果关系（如普瑞纳公司的例子）。研究人员首先挑选出调研对象并将其随机分成两组或多组，然后给予每组不同的刺激因素。随后，研究人员通常用问卷调查的形式测量调研对象对于刺激因素的反应，从而判断在这些组之间是否存在差别。如果能仔细掌控实验（也就是说在实验过

① 一款软件，它可以让你在第一时间了解计算机用户的网络使用情况，并且可以根据网络流量制定任务计划，从而更加合理地安排文件上传和下载任务。——译者注

程中只有刺激因素在发生变动），那么组与组之间的差别就能归因于这个刺激因素（这个过程就是所说的因果关系）。当然，这些结果必须在不同的条件下对不同的调研对象进行测试，由此来判断这些结果能否普遍应用。

营销人员在网上可以比较容易地测试备选网页、展示广告和促销活动。这种测试一般称为A/B测试。A组看到一则广告或一个网页，B组则看到另一则广告或另一个网页。企业可以用这种方法提高回复率和在线销售额。例如，企业可以将两个不同的定价方案以电子邮件的形式发送给客户群中各占一半的客户，如果在这两个不同的定价方案中还各自包含了一个超链接（可以分别链接到公司赞助方网站上的两个不同网页），营销人员就可以根据这两个网页的点击率来快速轻松地判断究竟哪种定价方案的拉动作用更大。另一个例子是，如果消费者在谷歌网站上搜索一款产品，企业可以随机地将一半的消费者链接到一个网页上，将另一半的消费者链接到另一个网页上，然后观察哪一个网页实现的销售额高。

Forrester调研公司曾经开展过一项调研，有71家企业开展在线测试，结果显示，71%的受测试者从A/B测试方法中受益，有的是订单增加了，有的是网站的访问量提高了。Forrester调研公司从调查中发现，开展各种形式的在线测试的企业有各种诉求：（1）71%的企业测试网站的效用，例如网站设计、网站导航能力；（2）58%的企业测试网站带来的收益（例如通过网络促销活动）；（3）42%的企业测试客户满意度和参与度；（4）42%的企业测试访问者细分和目标定位。此外，Forrester调研公司还发现100%的企业测试固定的网站，23%的企业测试移动网站。在开展营销调查和测试中，互联网的作用显而易见，因为它方便、快捷、成本低廉，而且结果可以量化。

在线专题小组法。**专题小组**（focus groups）调查是一种定性调查方法，它试图从少数参与者中收集比较深层次的信息。通常营销调研人员都会在使用调查研究法设计调查问卷以前通过专题小组法来预先了解一些重要的消费者产品体验和消费者行为，这将有助于更好地设计调查问卷。这种定性分析方法在过去5年中得到更加广泛的应用，2011年，开展市场调研的企业中有40家采用在线专题小组法（开展实地专题小组调研的企业占81%）。

当然，在线专题小组法与聚于一堂的传统专题小组访谈法相比还是具有一些优势的。首先，互联网可以使居住在不同地理区域的人聚在一起（例如来自五个不同国家的消费者可以组成一个专题访谈小组讨论在线购物经历）；其次，由于参与者在网上是在同一时间输入答案，因此不会受到其他人观点的影响（这种现象称作集体思考）；最后，由于使用网络，调研人员能向参与者展示动漫广告、示范软件或运用其他多媒体刺激因素来促进组内的讨论。

在线专题小组每次只能包括4～8名参与者，而传统的专题访谈小组通常包括10～12个人，其原因在于一旦参与者人数过多，研究人员就很难控制和解决网络环境下的回复同步性及会话内容的重叠问题。一些研究人员为了避免这个问题，会选择采用在线公告栏并保持专题小组的讨论持续数周。再则，在线方法无法对非言语沟通进行观察，而通常进行离线专题小组调研时参与者的面部表情对调研人员的调研工作很有帮助，但这种表情是无法通过网络上的一个笑脸符号来判断和观察的。另外，在线专题小组还有一个缺点就是无法保证真实性。在没有亲眼目睹的情况下，你很难相信调查对象如实地反映了他们自己的真实情况。例如，在网络上，小孩子装成成年人是很普遍的现象，当然这一问题可以通过检验回答者的**真实身份**（respondent authenticity）和要求用密码加入在线专题小组来解决。除此以外，技术问题也会妨碍在线专题小组的调查。最后，根据一项将面对面交流、电话交流与在线专题小组访谈等方法进行比较的研究结果，调研对象在网络环境下通常会比在其他情形下更倾向于使用偏激词汇，其原因就在于打字和说话是不同的。

这里还有一个有趣的案例，比利时市场调研机构 Synthetron 公司进行在线专题小组讨论时每组同时可以最多容纳 200 个参与人。在此过程中，某组的所有参与人首先输入他们自己对调查问题的见解，接着每个人在所有的答案中选出一个心目中的最佳答案，然后通过一种合作过滤软件将这一组中排名最靠前的几个最佳答案发送给另一个正在同时进行的专题讨论小组，也允许该组的参与人进行评选。这个评选过程将不断持续，直到大部分人一致公认的某些最佳意见置顶才算结束，而且这些意见都会纳入最终的调查报告。下面罗列出了用户参与这个公司在线专题小组的四个步骤：

1. 输入你的个人意见；
2. 浏览和评估其他人的意见（请选择同意的程度）；
3. 你可以通过添加更多的意见来反馈和评论你最喜欢的见解；
4. 点击总结按钮可以对本阶段所有的最佳意见进行评论。

还有一个类似的例子，TechSmith 公司开发了一款名为 SnagIt 的软件，这是一款非常优秀的屏幕、文本和视频捕获与转换程序软件。在软件开发进入贝塔测试（beta testing，当开发和测试已基本完成，需要在正式发行之前最后寻找毛病而进行的测试）阶段时，公司利用了众包这种调研形式。在为期 10 个月的贝塔测试阶段，有 40 万人参与了讨论和评价。TechSmith 公司估计，这样的调研为公司节省了 30 万～50 万美元的研发经费。传统的面对面专题小组调研一般只能持续几个小时，但是互联网为参与人数众多、时间持续够长创造了条件。

在线观察法。观察法指的是在相关自然环境中观察人们的行为。例如，零售商会对购物者进行摄像，以了解他们在商店内的选购模式和各种购物行为。一些研究人员认为，观察消费者行为往往比消费者自己表述更能反映他们真实的想法。因此，与调查法相比，研究人员往往更倾向于使用观察法。当然，作为一种定性分析方法，对于一小部分人的观测并不能完全用于描述所有人的行为。

有一种只能在互联网上应用的非常有趣又十分重要的观察调研法，就是对消费者在社交网站、公告板或其他社交媒体中的闲聊行为进行观察。若要了解消费者观察法的价值，可以参见图 6—8 关于苹果电脑公司产品的讨论。这类讨论小组多达 1 280 个。这类信息对于苹果公司和它的竞争者而言都非常重要。另一个追踪消费者闲聊的方法是在公司网站上提供聊天的空间，或者让消费者加入到相关产品话题的公司电子邮件列表。

公民记者在各种社交媒体上到处张贴多媒体的资料，因此，企业必须十分关注多达 1.81 亿个的个人和公司博客，以及 Flickr.com 图片网站上 60 亿张照片里有关自己的品牌、企业或经营者个人的各种信息。这是一个非常严重的问题，因为如今想要了解对公司不利的流言蜚语，光靠在谷歌上做一些简单的搜索已经远远不够。例如，MSN.com 网站有一个工作人员在站内张贴了一个帖子，标题是“家得宝公司对消费者是否十分苛刻?”结果一天之内他收到了 1 万封电子邮件，网站上还有 4 000 个帖子，都是表示对家得宝公司服务质量不满意的内容。公司需要及时自动地追踪对自己不利的信息并作出必要的回应，对风险进行控制。就是这些公民记者的言论使得公司对自己的品牌形象失去了控制。有些企业聘请公关公司或网络形象管理公司（例如 Weber Shandwick 公司、Reputationdefender.com 网络公司等）来做好品牌形象管理

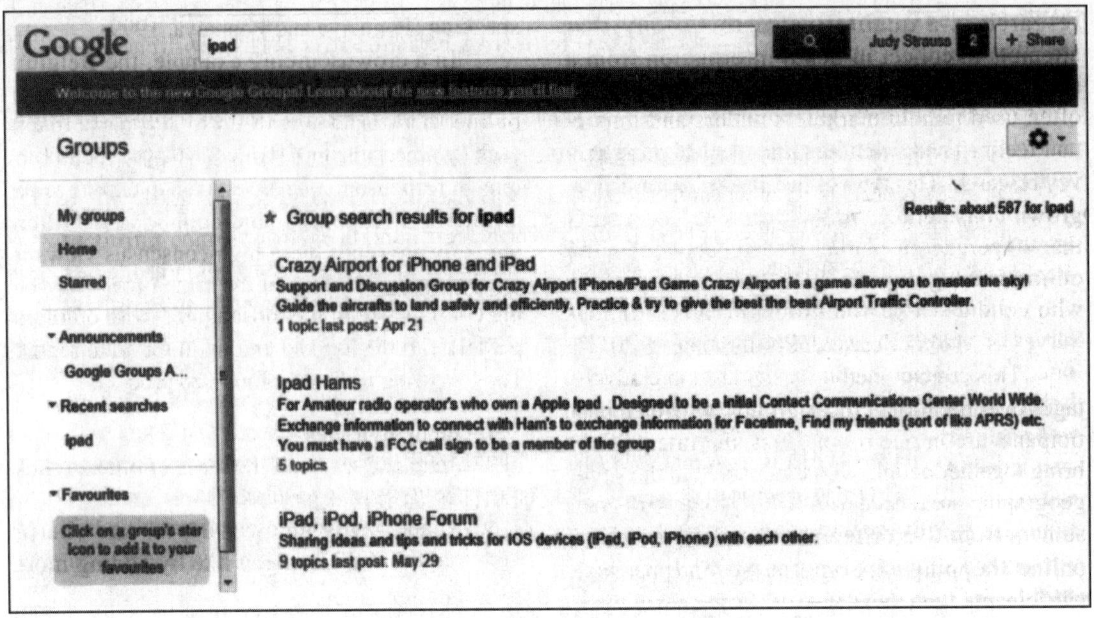

图 6—8　消费者在 Google Groups 上讨论苹果公司产品

资料来源：groups. google. com.

工作。企业也可以自己建立自动跟踪系统，利用电子邮件、简易信息聚合技术或专用软件来进行信息跟踪。

谷歌公司提供一种特殊服务，那就是按照用户设定的关键词（例如人名、品牌名、竞争对手的品牌名等）用电子邮件提示用户。图 6—9 显示的是谷歌公司每周向用户发送的警示性电子邮件（按照作者的名字）。用户可以设定对警示性电子邮件的要求，例如包括万维网、博客、新闻组、视频、专题小组等各种范围，可以要求实时发送，也可以要求每天发送一次，或每周发送一次。搜索引擎 Technorati 是专门监视博客内容的，它也能向用户发送警示性电子邮件。有些社交媒体网站（例如 YouTube）可以向用户发送电子邮件提醒有人在媒体上对其进行了评论。企业也可以订阅电子邮件了解行业内动态，监视竞争信息和市场动态，这些都是通过技术来实现在线观察。

简易信息聚合（really simple syndication，RSS）技术是可扩展标记语言（extensible markup language，XML）的一种，它用来分享标题和其他各种内容。如果用户利用 RSS 技术订阅博客内容或其他社交媒体的内容，这些内容就会自动地发送到用户的电脑中。用户可以通过下载一个免费的阅读器软件（例如谷歌阅读器，见图 6—10）来阅读 RSS 发送的内容。大多数企业就是利用 RSS 技术来跟踪行业内有影响力的博客版主，关注与公司相关的帖子，一旦有风吹草动，它们就可以及时采取措施应对。

有些专用软件可以帮助企业跟踪社交媒体上的言论，及时发送给相关人员。Copernic Tracker 软件功能强大，有些网站虽然不和其他站点共享内容，但是这个软件依然可以对其进行跟踪（例如美国公平贸易局网站上提供的企业动态），它还可以帮助跟踪在线论坛、竞争对手网站上的内容等。

企业需要到哪里去跟踪自己需要的信息？2008 年，比尔和斯特劳斯（Beal & Strauss）提出，企业可以通过 12 种途径监视有关自己声誉的在线信息：

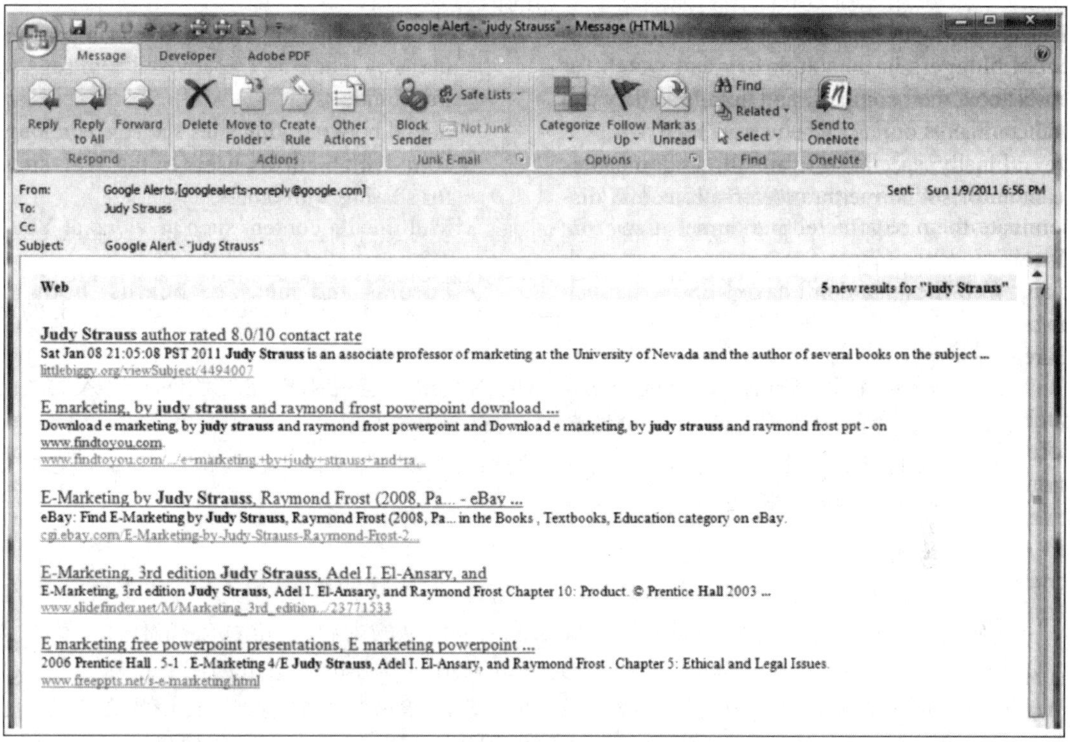

图 6—9　谷歌网站按照作者名字发送警示性电子邮件

资料来源：本书作者的电子邮件。

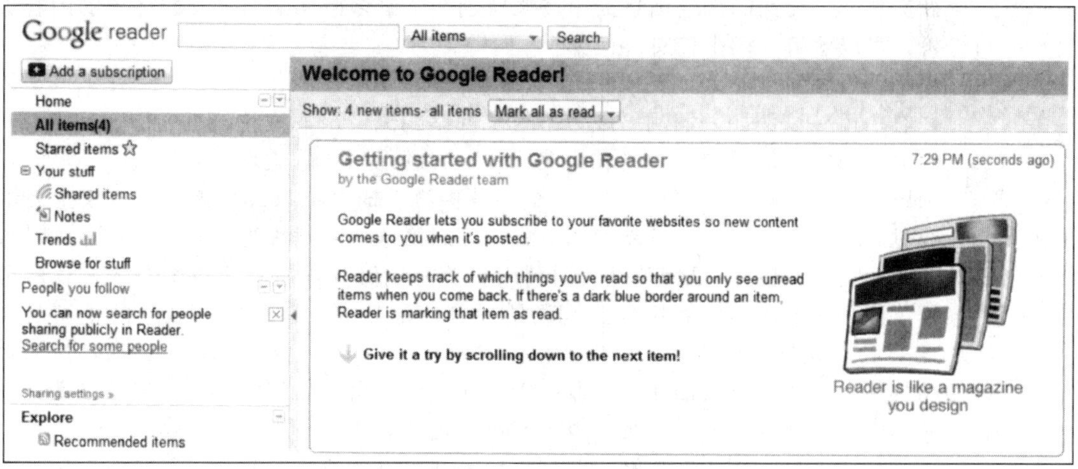

图 6—10　谷歌阅读器整合 RSS 发送的内容

资料来源：Courtesy of Google (google. com/reader).

● 企业自己的内容渠道。包括公司博客、公司网站上的评论专栏，以及允许用户发帖的其他公司网站。

● 利用警示性邮件和 RSS 跟踪社交媒体网站和博客网站。

● 谷歌网站上的视频、新闻、专题小组等内容。

● 电子邮件的时事通讯发送的行业新闻，以及竞争对手网站的内容。

- 相关利益群体在其他网站上发布的内容。
- 企业所在行业的网络社区，例如旅游行业的 tripadvisor. com 网站。
- 社交标签网站，例如 delicious. com 网站，用户可以在这样的网站上为各种网站贴上标签与人分享。
- 各种多媒体信息，例如 YouTube 网站上的视频，Flickr 上的图片。
- 各种论坛和公告板，例如 Google Groups，Yahoo！Groups 等。
- 各种网站上的客户评价，例如亚马逊网站上的书评，BizRate. com、epinions. com 网站上的产品评价。
- 社交网站（例如 LinkedIn. com，Facebook. com，ZoomInfo. com 等）上的品牌形象。
- 利用网络分析工具监视公司网站的浏览量，监视用户在谷歌网上输入的关键词，或是如何从其他的网站上链接到自己公司的网站。

我们将上述的这些实时监控技术归类到在线观察法的市场调研中，其实，它们也可以归类到内容分析法中。

内容分析法

这种方法用来观察文本信息和图片信息，目的是评价网络用户沟通交流的内容。利用这样的技术，市场调研人员评价各种文本信息的内容，观察广告的作用（例如男性消费者受到广告怎样的影响）。研究人员利用内容分析法做市场调研已有多年，他们以此来了解消费者沟通的环境、既往的情况、未来的发展趋势、促销的方式等。这种调研方法既可以用作定性分析，也可以用作定量分析。由于调研的目的不同，它可以用来收集一手数据或二手数据。有时候，调研人员还会计算出现的词语数量，提供定量分析的结果。

社交媒体上无数的沟通信息为市场调研创造了诸多机遇。对社交媒体上的内容进行分析，可以了解到很多信息。例如：

- 消费者的特征（例如脸谱网上的用户特征）；
- 客户偏好（例如公司网站或竞争对手网站的浏览量，推特网上的信息种类）；
- 品牌形象（例如产品评价和排名网站，谷歌网站上的论坛信息等）。

Solve Media 网络公司网站上有一个品牌标签（Brand Tags）板块。成千上万的企业通过这个板块来了解自己品牌的形象，厂商把这个网站称为“全球第一品牌形象网站”。图 6—11 显示的是普瑞纳公司利用免费的定量分析工具收集消费者提供的各种词语。该公司要求消费者用任意词语描述普瑞纳品牌。参与这一调研的消费者有 3 000多人。在这样的调查中，消费者只要在网站（brandtags. com）上注册，然后对任何品牌用自己的词语去描述。企业可以由此了解到自己品牌的形象，以及消费者对自己品牌的感知。其他的企业则可以免费进行定性分析。

一些社交网站（例如推特网、产品评价网站、谷歌论坛等）是进行市场调研、关注有关竞争对手言论的最佳场所，它们既可以用来进行内容分析，也可以用来进行实时在线观察。

在线调查研究

据 Market Research Careers 网络公司称，在线调查研究是如今使用最为广泛的市场调研方法。95％的市场调研人员使用在线调查研究的方法，35％的人认为这是最有价值的决策工具（见图 6—12）。网络营销企业开展在线调研有如下一些方法：

- 用户浏览网站或在网络上购物，或参与跳出窗口调研时，企业都可以使用拦截

图 6—11　Solve Media 网络公司品牌标签（Brand Tags）板块上有关普瑞纳品牌的调研结果

资料来源：Courtesy of Slove Media's Brand tags (brandtags. com).

取样法。这是一种自我选择的调研方法，营销人员有时候将其称为“河水取样”。这种方法与离线的拦截式市场调研方法相似，调研人员在公共场合随机地拦住调研对象询问一些预先设计好的问题。BizRate 公司是一个比较典型的开展拦截式调研的企业，该公司在客户网站上放置调研问卷，调研对象是随机的网络购物者，它用这种方法帮助客户网站改进营销模式。

● 企业也可以通过电子邮件向目标群体发送邀请，要求他们打开链接完成调查表，这种方法是直接定位法。调研企业可以根据电子邮件地址设定一个概率样本，也可以从数据库中挑选具体的调研对象。企业也可以按照年龄、地理区域、专业等从第三方购买电子邮件列表。

● 专题小组调研是一种选择参与式的调研方式。企业挑选一批调研对象，他们愿意参加调研。当然，企业可以给予一定的报酬（这一内容将在后面的章节专门讨论）。

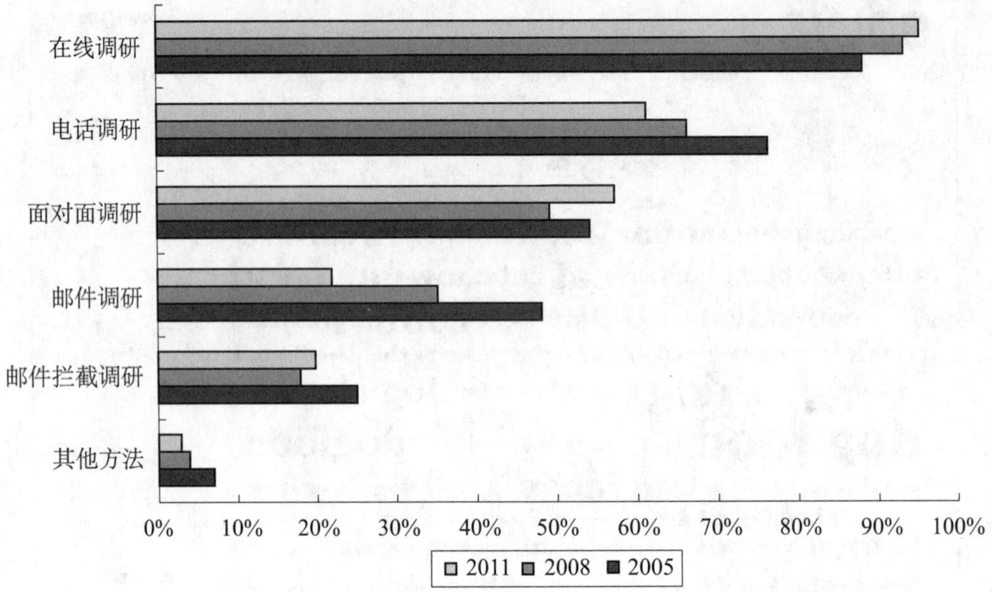

图 6—12　营销调研专家使用的各种调研方法

资料来源：Based on "2011 Annual Survey of Market Research Professional," 2001.

● 公告板调研中的调研对象被要求对某种产品进行评价。前面介绍的 Snagit 的软件中已经提到过。这样的调研一般是开放式的，调查对象可以随意发表意见。

万维网调查法

许多企业会在自己的网站上放置调查问卷，回复人将答案输入自动回复系统。在该系统中有的是单选按钮（用户点击表示回复）。有的是下拉菜单，还有的则是空白区域便于调查参与者回复开放式问题。曾经有一项网络调研就是通过这种方式来调查学生们购买什么样的饮料，由此作为企业产品定位的依据。图 6—13 列出了网络调查问卷中问题的设计类型。有时候，这些调查问卷的目的是收集某网站访问者的意见（如网站注册率），而有时调研的内容则要更深入一些。例如，New Balance 公司邀请随机选取的公司网站访问者对网站内各功能的重要性和运作方式（例如客户服务、导航的便捷度、产品选择和价格、网站安全、购物等）进行评估。通过这种调查，公司了解到客户愿意为递送付费，于是在定价时将这个因素考虑在内。

研究人员经常会在网站上设计一份调查问卷，然后以电子邮件或其他形式引导受调查人员登录该网站并参与完成这项调查。最高的回复率一般都来自该网站电子邮件列表的成员（实际客户或潜在客户），因为他们通常对调研的主题特别感兴趣。有时电子公告栏上的广告或者旗帜广告，以及其他网站对本网站的链接也都有助于提高网络问卷调查的回复率。例如，一家公司在雅虎网站放置了一个展示广告，实现的点击率是 1%，共计有 826 位问卷回复者。总的来说，网络调查的回复率通常接近或者超过传统调查方式的回复率，有时回复率竟可高达 40%。

与传统调查方式相比，在线问卷调查法有许多优点，也有不少缺点，我们将在下一段中详细讨论。表 6—4 列出了一个详细的清单。

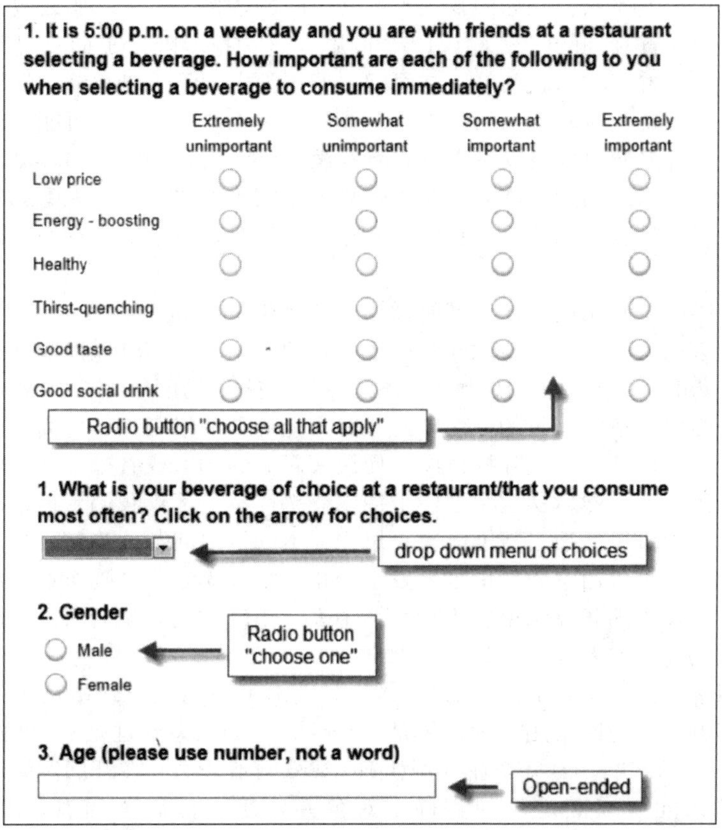

图 6—13 网络调研法的问题形式

表 6—4 在线问卷调查法的优缺点

优点	缺点
● 快速、经济 ● 包括全球范围细分市场中不同且特征各异的网络用户 ● 受调查者自己输入数据有助于减少调研人员录入数据时可能出现的差错 ● 对敏感问题能诚实回复 ● 任何人都能回答，被调查者可以决定是否参与，可以设置密码保护 ● 易于制作电子数据表格 ● 采访者的主观偏见较少	● 样本选择问题或普及性问题 ● 测量有效性问题，自我选择偏差问题 ● 难以核实回复人的真实身份 ● 轻率的、不诚实的回复 ● 重复提交问题 ● 回复率降低问题 ● 习惯性地把参与调研的邀请邮件视为垃圾邮件

与传统调查方式相比，在线调查法既快捷又经济，这也许是在线调查法最大的优势。调查人员无须向采访者支付劳务费，也无须支付邮资，便可以通过互联网将调查问卷瞬间传递至全世界各个角落。调查者只需将网络调查问卷转为 HTML 文件，不需要再花费打印、整理和收发邮件的时间。完成一份调查问卷一般只要 3 天时间，使整个过程更快捷。假如使用电子邮件邀请参与调查，企业还要重复发出提醒函。

许多调研人员认为，在线调查能减少差错。例如，调查中会设计一些预设问题（contingency question），这些问题的设计取决于受调查者对前一个问题的回答，并且是计算机自动生成的。假如回复人对第 9 个问题选择答案 C，那么调查软件便立即跳过三个问题而直接询问回复人第 12 个问题。这种技术降低了回复过程的复杂性，并为受调查者节省了时间。此外，在线问卷调查需由回复人自行输入答案，这有助于减少使用传统调查法时研究人员将书面调查问卷输入电脑过程中可能出现的数据输入错误。再者，许多调研人员发现受调查者在没有采访人在场的网络环境下都表现得比较诚实、不太会隐瞒问题，甚至还会比较直率地回答一些关于个人隐私的敏感问题。这是因为计算机是没有感情的，在回复人输入答案时，不会有人在一旁监视网络用户输入的内容。

与离线的调研相比，在线调研样本的代表性和计量的有效性是两个最大的弱项，但也有专家认为样本的代表性问题已经不是问题了。厂商难以抽取一个科学的**概率样本**（probability sample），因为目前还没有一个完全的网络用户的清单，除非样本是从厂商的客户清单中采集的，而且这些客户全部是网络用户，厂商还必须拥有所有客户的电子邮箱地址。在实际操作中，使用面对面的调查或者邮件调查的调研人员会有组群的总体列表，然后从这个总体中抽取概率样本。尽管我们手里也没有所有的电话号簿，但是随机拨号技术帮助解决了概率样本的抽取问题。当然，如果用户都停止使用座机而改用手机通信，事情也会发生变化。如果无法解决随机抽样的问题，调研人员就不能将样本的研究结果应用到总体中去。正因如此，调研人员可以通过电子邮件发送调查问卷，或者在万维网上开展调查，但是对调查结果进行分析时需要格外谨慎。如果参与网络调研的人中有 15 000 人点击了他们通过网络购买的商品，那能说明什么问题？它与网络用户的总体是一个什么样的关系？这是一个概化理论（generalizability）的问题。有些企业（例如 BizRate 网络公司）在开展网络调研时预先设定对网站的访问者以固定的间隔确定对象并发送一份调查问卷，以此来解决**抽样**（sampling）问题。如果企业希望从网站的访问者中组成一个理想的样本，这是一种很好的方法。

在线问卷调查目前存在许多度量上的技术问题。首先，由于参与问卷调查者的网络浏览器的类型不同，计算机或手机显示器的大小不同，屏幕分辨率设置也存在很大的差异，因此调研人员担心颜色会出现偏差，度量比例不能够正确地在线显示。

许多研究者都非常关注日渐下降的在线调研回复率以及在线调研数据的质量问题。在 2011 年开展的一项调查中，71%的市场调研专家表示担心在线调研的回复率不高。MarketResearchCareers 网络公司开展的这项调查中，绝大多数的调查对象提到，回复率不高是出于两个原因：一是调查问卷太长；二是被调查者收到的调查邀请太多。他们提出了几种解决方法，比如缩短问卷的长度、增加调查问卷的吸引力（调查对象对自己感兴趣的乐队肯定愿意回复问卷，而有关外国的政治问题又另当别论了）。

解决调查抽样问题的一个方法是给样本加权。将代表性不够充分的调查对象乘上一个系数，这样就能使得样本与总体的特征相对比较接近。

网上调查与不受密码保护的问卷调查所面临的另一个问题是无法控制回复者。一般来说，收到邮件的人通常是私人保存并亲自回复这个邮件，但是如果这个邮件地址被公之于众，那么其他所有人都能回复这项网络调查，这造成了难以衡量的自主选择性偏差。

与此密切相关的另一个问题是答复者的真实性。这是任何一种自助式调查方法都会遇到的问题，在网络环境中这个问题尤其突出。很多调查发现 20%～50%的网络用户都会伪装自己的性别，而小孩子则经常在网上冒充成年人。这种情况很难进行修正，且明显造成调查结果的偏差。许多研究人员目前正在尝试筛选出不合逻辑且轻率的回复者，其中有一种方法就是辨认出草率的回复，比如回复有规律可循（每道题的答案在前一道题的基础上加 1，由 1、2、3、4 构成，如此等等）。

还有一个问题是对在线调查重复提交的问题。要解决这一问题并不难，只需通过查找相似时间内提交的类似回复就可以从数据库中把它们删除。

最后，一些调研人员使用电子邮件恳请回复者完成网络调查问卷。除非这些邮件接收者都是该公司的客户，否则这些电子邮件极有可能被视为垃圾邮件而删除。

应当注意的是，调查表不像其他类型的网页那样易于制作。另外，为了使表格具有互动性，制表人必须在网络服务器上安放一个特殊程序（公共网关接口 CGI 或 Perl 程序语言）来“告诉”服务器如何处理回复者信息。有些企业自行开发软件来协助这个调查过程，诸如基于网络的 surveymonkey. com 网站。谷歌公司还开发了一些软件方便市场调研人员制作网络调查表，它们与其他网页制作工具或文字处理软件一样简单。调查表格完成以后，调研人员可以将网页发布在他们的网站上，并在谷歌网站服务器上完成所有的互动工作。调查回复由调研人员自行下载，调研人员就可以使用软件将这些内容转换成适合于表格程序或统计软件进行分析的数据信息。

网络专题访谈小组

许多市场调研人员利用网络专题访谈小组的形式来解决抽样问题及回复率不足的问题。**网络专题访谈小组**（online panel）也称为“选择加入”的群体，它是由一群同意成为营销调查对象的人组成的。有时是调查者向他们支付费用，有时则是提供免费的商品。在同意接受调查后，这些调查参与者需要完成大量的调查问卷，这样调研人员对他们的特征与行为有一个全面的了解。接下来当这些成员参与产品试样调查，或完成调查问卷，或使用优惠券或其他促销商品时，调研人员就可以将这些调查结果与已收集到的有关这些受调查者的人口统计数据联系起来进行研究。与此同时，调研公司可以使用相对简短的调查问卷以提高回复率（因为调查问卷设计时可以删除那些有关人口统计特征的问题）。本章开头的普瑞纳公司的案例中所使用的这类大规模专题访谈小组有一种优势，那就是可以将众多的消费者根据其行为和人口统计特征分类成数组不同的小型目标市场。

像这样拥有大量网络专题访谈小组的公司有美国消费者意见调研公司、Nielsen//NetRatings 调研公司、NPD 集团、Harris 互动公司以及数字营销服务有限公司（DMS）等。例如，Harris 互动公司有 40 多个专题访谈小组，有的是比较富裕的消费者群体，有的是内科医生，有的是移动设备用户，有的则是慢性病患者。

Nielsen//NetRatings 市场调研公司曾经非常巧妙地使用了公司拥有 10 万成员的专题访谈小组，该调查的目的是追踪这些调查参与者浏览网络广告的情况。公司要求广告代理商在广告内放置一个跟踪像元。像元就是电脑或者电视屏幕上的一个染色点，广告浏览者是无法看到这样微小的一个跟踪像元的。接着 Nielsen//NetRatings 公司在每位调查参与者的电脑上安置一个网络跟踪器文件用以追踪那个跟踪像元何时被浏览（也就是说，谁浏览了广告）。最后通过将追踪信息与专题访谈小组的人口统计特征进行对比分析，Nielsen//NetRatings 公司成功地整理出了一份网络广告浏览者的完整信息档案。

与传统的抽样调查相比，网络专题访谈小组对调查的客户公司来说成本更高。此外，由于一些调查公司在招募网络专题访谈小组成员时方法不够科学，导致最终的调查结果难以实现普及应用。当然，如果回复者的规模足够大，回复率足够高，就可以抵消这种问题的影响。网络专题访谈小组面临的另一个问题是由于这些参与者必须完成调查才能获得报酬，他们往往会为了获得报酬而说谎，以下是常见的三种说谎形式：

1. 对于某些有关他们从来没有使用过的特殊产品的提问或者一些他们应该回答“否”的筛选类问题，他们会选择回答“是”，这样可以避免他们在调查中途由于不符合调查要求而被强迫退出参与调查（如果中途退出调查，他们就无法得到报酬）。

2. 草率回答问题可以更快地完成调查。比如，在没有仔细阅读的情况下随机点击选项，或者“直线式答复”（接连几个问题全部选择同一标号的答案）。调研人员可以通过设置陷阱问题来避免这类问题，诸如设计一些前后相互矛盾的问题使回复者必须仔细阅读和回答以避免自己的答案前后不一致。

3. 与草率行为密切相关的一种不诚实行为是快速答复。调研人员可以通过计算回复者完成一份调查问卷所用的总时间来进行判别。假如调查参与者只用5分钟就完成了一份至少需要15分钟才能完成的调查问卷，这样的回复显然是无效的。

网络调研的道德规范问题

几乎每个公司在网上进行营销调研时都会考虑到“礼品文化”的问题，会考虑赠予回复者一些礼品来感谢他们的参与。在传统调查中，回复者时常因完成问卷而获得象征性的报酬（例如5美元），以提高参与调查的回复率。有些调研人员则从提交了回复的参与者中抽取部分人来赠送现金或免费的产品，另外一些则捐款给由回复者选出的慈善机构（比如每递交一份调查问卷，就捐赠3美元给网页上所列出的三家慈善机构之一）。在调查完成后，有些公司会将整个调查结果以可下载的格式发布在网站上，而大部分公司至少都会在网站上公布部分调查结果。

在互联网上开展调查研究，厂商还面临着其他几种道德规范问题：

1. 在电子邮件调查中，受调查者对那些不请自来的邮件越来越厌恶。

2. 许多调研人员未经允许就从新闻组中“攫取”电子邮箱地址。也许这种行为类似于从电话本上搜集人名，但是这种观点遭到了一些人的反对，因为消费者在网上发表言论时并不希望与营销人员联系。

3. 有些企业开展“市场调研”只不过是为以后的销售建立数据库。有道德的营销人员应清楚地区分营销调研与促销的区别，他们不会以调研作为伪装去开展促销活动。

4. 在网络环境中用户数据隐私是一个大问题，因为通过互联网将电子数据发给其他人是一种相对简单且有利可图的事。BizRate公司的首席执行官法哈德·墨西特（Farhad Mohit）指出，有许多公司都非常想得到他们所收集的数据，保护好受调查者的数据隐私是BizRate公司经营成功的关键。

正是上述这些因素导致欧洲民意与营销研究协会（ESOMAR）将在线调查的指导原则纳入其制定的《关于营销和社会调研实践的国际标准》中。2012年，ESOMAR在全世界130多个国家中拥有4 900多名成员（esomar.org）。

尽管存在许多严重的不足，网络仍然是营销人员的重要工具，对于完成一手调研至关重要，只是在使用一手数据或二手数据时，营销人员必须仔细评估数据的质量并适当地加以运用。

6.4　其他由信息技术支撑的调研方法

网络是观测用户行为的极好场所，依赖技术可以记录用户行为，而记录的数据则可以用简单、快速、数学的方法进行分析。计算机客户端与服务器端自动数据收集方法是两种非传统的技术辅助型市场调研方法，特别值得一提。其中，在网上进行实时建档是一种十分有用的服务器端数据收集方法。这些技术极为有趣，而且非同寻常，因为在互联网诞生以前它们并不存在，厂商可以利用这些技术对网页、促销方式和定价做出迅速的反应。

客户端数据收集法

客户端数据收集法（client-side data collection）指的是直接在用户的个人电脑上收集他们网上冲浪的信息，其中一种方法就是当用户访问某网站时，在用户的硬盘驱动器上添加一个小型数据文件，即网络跟踪器文件。对于网络营销和其他网络活动来说，网络跟踪器文件是很有帮助的，甚至是必不可少的。一些网络件跟踪器文件跟踪用户网上冲浪行为，并帮助营销人员向用户发布合适的促销信息和网页。图 6—14 是一个销售漏斗的例子，它显示了网络跟踪器文件和网站日志怎样识别有多少进入网站浏览网页并最终购买产品的访问者。正如我们在第 2 章中介绍的那样，这些数据可以从网站分析软件中获取。

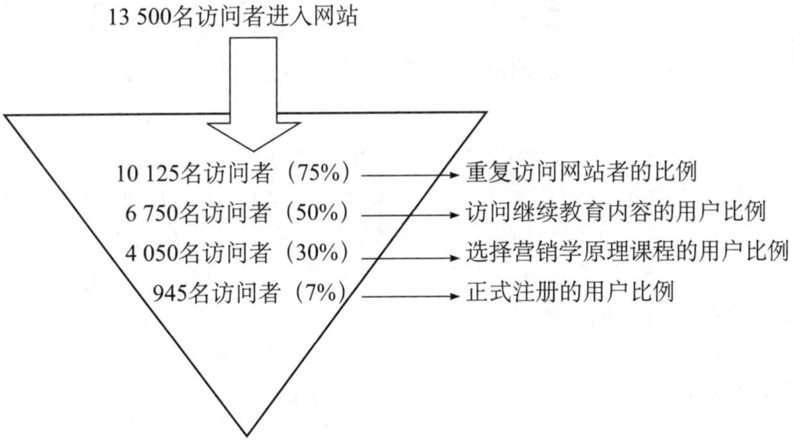

图 6—14　网站日志帮助进行销售漏斗分析

一个重要的客户端数据收集方法是在一组网络专题访谈小组成员的电脑上安装一个叫做 PC Meter 的软件，用来追踪用户的点击流，测量用户网上冲浪的模式。这种方法与 AC 尼尔森公司在电视机上安装“人群测试表”（people meter）相类似，该公司以此来测定不同节目的收视率。

服务器端数据收集方法

网站分析工具通过使用网站日志软件分析和记录访问网页的用户数、访问本公司网站以前用户所在的网站位置，以及用户在站点上购买的产品，并生成报告。这些都是**服务器端数据收集法**（server-side data collection）的基本要素。例如，Expedia 公司要求用户首先在网站上进行注册，这样公司就能追踪到访问者的购票情况、网站浏览的模式，以及访问网站的频率。Expedia 公司通过这些信息向客户提供个性化的产品和服务（比如票价比较）。亚马逊公司利用过滤软件追踪客户订购的图书，然后根据数据库中显示的客户购书倾向对客户进行购书推荐。这些观测数据有助于公司改进网络营销策略和促销广告，制作更有效的网站。图 6—15 展示了美国联邦贸易委员会网站上如何利用网站分析软件来协助点击率分析，这样该委员会就可以根据这些数据来判断哪些网页与人们的相关度最高，并且应该在网站首页显著的旗帜广告区域设置对这些网页的链接。

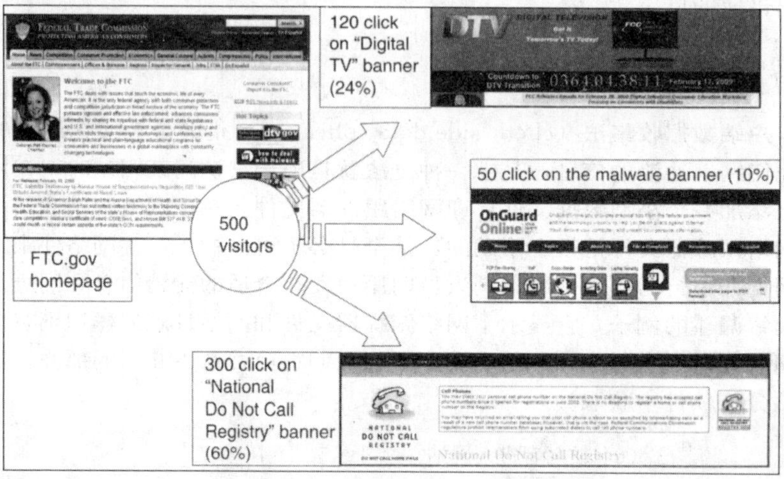

图 6—15　在美国联邦贸易委员会网站上的点击率分析

资料来源：ftc. gov.

越来越多的企业开始运用服务器端数据收集法对网页进行不断改进，提出新的促销方案。一旦软件追踪到用户在网站中的行为，就会自动生成**实时形象建档**（real-time profiling），然后即刻对数据进行编辑和报告。这种方法也称为“实时点击流追踪”，它方便了营销人员分析消费者的在线行为，并对网站促销方式和网页做出即时的调整。实时形象建档并不便宜，据估计，购置软件需要 15 万美元，维护软件每月要 1 万美元。尽管如此，如果企业能够通过此类软件根据客户过去的行为预测其将来的行为，并在此基础上对网页进行个性化的改进以满足客户的需求，那么如此高成本的付出也是值得的。

6.5　实地调研法

实地一手数据收集方法（real-space primary data collection）是指在离线购买点收集数据，然后通过技术辅助工具将这些数据输入营销数据库以便决策者日后使用。最重要的一些实地数据收集技术包括使用条形码扫描仪和实体零售商店的信用卡读卡机，当然还有其他方法，例如销售代表在与客户通话时将信息输入电脑等。

实地收集一手数据是在离线的购买点进行的。这种数据收集方法对网络营销十分重要，因为将这些数据与在线收集的数据相结合，就可以为零售企业描绘出消费者行为的全貌。实地收集消费者数据可以有多种方法，例如智能卡与信用卡的读卡机、互动式的收银机终端（iPOS）以及条形码扫描仪等。其中通用产品代码在1974年以后就开始广泛应用于各大超市连锁店，如今它仍然是一种重要的数据收集方式，每天对条形码的扫描常常高达数十亿次。如今，零售店扫描条形码收集产品销售数据主要的目的是进行库存管理。当条形码数据从收银机转到计算机时，软件会自动核减库存数量，并与供应商保持联系随时补充存货，这种即时更新库存的方法对零售商、批发商及制造商都十分有效。

Catalina营销调研公司利用条形码技术来开展促销活动。这家公司在超市的收银机旁边放置一些小设备，这些小设备会根据每个消费者的购买情况自动吐出优惠券。例如，假设一个消费者购买Smucker公司的果酱，小设备中就会吐出一张价值0.5美元的Smucker公司子品牌Knott果酱系列的优惠券。在消费者兑换这张Knott优惠券时，条形码扫描仪就会记录下来。在整个过程中，Catalina营销调研公司和零售商建立了一个庞大的数据库，记录大量消费者的购买行为，以及对于不同促销手段的反应。假如消费者只兑换了一小部分的Knott优惠券，Knott果酱系列的优惠券额度就可能增至0.75美元。许多企业试着将实体商店中收集的数据与在线商店收集的数据结合起来。许多多渠道营销的零售商把从网站上收集的服务器端数据与通过商品目录电话订购、邮购以及实体店铺条形码扫描仪收集的数据统统结合在一起，形成了一个庞大的数据库，这一套数据使客户服务代表在任何需要的时候都能从数据库中检索到客户完整的记录。

6.6 营销数据库和数据仓库

无论数据是在线还是离线收集的，它们最终都会被输入各种营销数据库中（见图6—1）。产品数据库有库存情况的信息，如产品特征、价格、库存水平；客户数据库有客户特征和消费行为的信息。按照交易情况实时刷新数据库十分重要，它能将数据从一个数据库移入数据仓库（见图6—16）。数据仓库是整个组织历史数据（不仅是营销数据）的储藏室，它是专门为制定决策提供必要的分析和数据支持而设计的。有时，数据仓库中的数据被分开放在许多主题明确的区域（叫做数据中心），这样便于检索。这些概念对于营销人员来说十分重要，因为他们要依赖数据仓库中的信息制定营销规划。

由于如今的网站非常复杂，通常有好几万个网页，来自企业不同的部门，也为众多的部门服务，因此，网站内容管理成为一个新的热门领域。许多软件开发商（比如微软公司）正试图通过其软件解决网站维护问题。这些软件有许多特征，例如，新闻发布数据库会将最新的文章自动放置在指定的网页上，将陈旧的文章归档，然后按规定的日期删除。

数据存储的发展趋势是**云计算**（cloud computing）。云计算是指网络服务器的一个网络，它远离企业所在地，人们利用这一网络来存储和管理数据（见图6—17）。企业的员工经过授权，可以读取数据或上传数据，只要设备联网就行。利用云计算技术的优越性在于企业可以不必为管理服务器或管理数据的软件投入资金，还可以免费

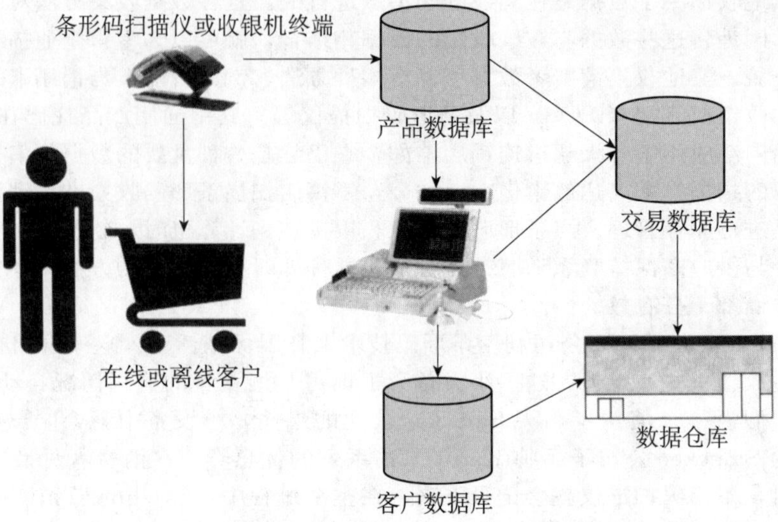

图 6—16　实体数据的收集与存储

利用一些数据（例如美国邮局、谷歌地图等提供的数据）。当然，企业要为使用云计算服务支付费用。最知名的提供云计算服务的企业是亚马逊公司和 Salesforce. com 网络公司。

图 6—17　云计算技术方便随时随地进行网络信息存取

个体用户也可以利用云计算技术。例如用 iCloud 将所有的数据（图片、联系人信息、日历等）存入苹果数字设备中，并可以通过任何苹果设备（iPhone、计算机、iPad 等）检索。Dropbox 是 Dropbox 公司运行的在线存储服务，是一款免费的网络文件同步工具，通过云计算实现互联网上的文件同步，用户可以存储并共享文件。本书的作者利用 Dropbox 技术编写这本书，虽然我们几个人远隔千山万水，但是我们可以分享各种文件。一位作者完成了一个章节，它就会自动地存储在另一位作者的计算机内。

云计算并不仅仅是数据存储的技术，数据处理也可以通过云来进行。例如，脸谱网上的数据和脸谱网站上的各种应用软件都存储在云里，推特网、Gmail、YouTube 等都是如此。许多供多人操作的网络游戏也是通过云来进行的。

6.7　数据分析和提交

从各个客户接触点收集到的数据都会存储在数据仓库知识管理系统中，可以随时用于分析并递交给营销决策者。用于营销决策的数据分析方式主要有四种，即数据挖掘、客户建档、RFM 分析（最近一次购买时间、购买频率、消费金额）、生成报告。

数据挖掘（data mining）是指通过统计分析从大型数据库中提取潜在的预测信息。营销人员在研究数据库时只需探寻数据中潜在的消费模式就行了。例如，营销人员可以通过数据来判断某个产品的大客户是否会在某些特定的月份增加购买量，也可以判断社交网络中有多少用户在与他人分享应用软件。通过数据挖掘发现的潜在消费模式可以帮助营销人员调整营销组合战略、开发新产品，并预测消费者行为。美国第二大邮购商 Fingerhut 公司拥有 20 亿美元的资产，它使用数据挖掘技术发现客户在搬家之后 12 周内的购买量是搬家前的 3 倍，数据挖掘还显示，搬家的人一般会较多地购买家具、电话及装饰品，而不是珠宝首饰或家用电器。Fingerhut 公司利用这些信息推出了一本特殊的《搬家者目录》，这本目录是从公司销售的 15 000 多种产品中精挑细选完成的。除此之外，在客户搬家后 12 周内，公司不会向其递送其他特价商品目录。数据挖掘方法还帮助美国汽车协会（AAA）亚特兰大分区简化了营销沟通的过程，减少了 96%的促销邮件，即从原来的每年 120 万封邮件减少到 4 万封，这样，公司在保持会员注册人数不变的前提下将成本削减了 92%。

客户建档（customer profiling）指利用数据仓库信息帮助厂商了解目标群体的特征和行为。通过这一过程，厂商能真正了解到是谁在购买哪种产品，以及他们对促销活动和价格变动有哪些反应等。客户建档还包括以下几种用途：

- 为促销活动挑选目标群体；
- 发现与社交媒体中的客户联络的最佳途径；
- 寻找并维系终身价值较高的客户；
- 了解大客户的重要特征；
- 向客户推荐可以交叉销售的产品；
- 明确回应率较高的目标市场，以便降低直复营销的成本。

有时候，企业利用数据挖掘技术开展经营，结果却侵犯了用户的隐私。例如，塔吉特公司的营销人员在分析用户消费行为变化时（例如她开始购买许多无香味的肥皂、沐浴露、棉球、洗手液、面巾等）预测到一位女性用户怀孕了，他们如何做的呢？他们对这位孕妇发放儿童用品的优惠券，不过又混进割草机的广告，其实是欲盖弥彰。

RFM 分析（RFM analysis，即 recency，frequency，monetary）是在数据库中寻找三种信息：第一，客户最近一次购物是在什么时间（最近一次购买时间）？第二，客户多长时间来购买一次产品（购买频率）？第三，客户在产品购买上花费了多少钱（消费金额）？通过这种方式，厂商可以对那些响应比较多的客户调整促销方式，从而降低促销成本，增加销售额。例如，一家在线零售商注意到对最理想的客户群的销售量占到总销售量的32%，平均订单价值（AOV）是69美元，或者说在谷歌网站上放置关键词广告，千次广告曝光率的销售额是22美元，这样，零售商能对这种广告形式的价值进行评估，并且尽可能直接地与购物量最大的客户沟通。

营销人员可以随时利用数据仓库进行数据挖掘、客户建档及RFM分析，分析结果也可传送至参与决策的工作人员手中。研究报告生成器可经常通过数据仓库内的信息自动生成易读的且高质量的营销报告，这些报告可以放置在内联网或外联网的营销知识数据库中，以供所有人浏览。营销人员可以对这些自动生成的报告中出现的某些具体信息，以及提交的时间间隔进行详细说明。这与前面提到的例子一样，一家零售商通过网络将每周销售报告递送给所有的经理。Back网络技术公司（backweb.com）、HotOffice技术公司（hotoffice.com）和其他类似的企业都会提供一种可以自动地将公司宏观环境和**微观环境**（microenvironment）中收集到的数据整合在一起的协同软件服务。例如，当某个制定营销计划的营销经理将计划存盘时，系统会自动将此文件放置在服务器上供其他经理进入查看。这种软件还会将公司的内部数据与公司网站、外部网站、新闻组和数据库紧密地整合在一起，以供相关决策者随时查看。这种软件为公司提交数据库分析结果提供了很大的帮助。云计算服务提供商也能够提供这样的服务。

6.8 知识管理考核指标

营销调研的成本往往比较高，因此，营销人员会仔细进行成本收益分析，比较获取额外商业信息的成本和潜在的商业机会的收益。他们还会仔细衡量和考虑根据不完整信息做出的错误决策带来的风险，以及以太字节（TB）计的数据信息的存储成本，这些数据来自网站日志、社交媒体信息、在线调查、网站注册以及其他各种实时实地的调查渠道。有一个好消息是，自1998年以来数据存储成本平稳下降，购买1吉字节（GB）的硬盘是1美元，如果将数据存储在网络上，1GB的成本是10～23美元。将数据存储在网络上有诸多的优越性，例如可以多处存储、随时下载等。下面是各大企业目前广泛使用的两种考核指标：

- **投资回报率（ROI）**。企业都希望了解为何应该保存所有这些数据，这些数据又是怎样被利用的。企业还希望了解，增加的收益或降低的成本究竟在多大程度上能补偿为构建数据存储空间而付出的成本。对于硬件存储空间来说，投资回报率往往是指节约总成本与安装总成本之比。值得注意的是，企业也常常会使用投资回报率来判断其他的知识管理系统是否物有所值。
- **总体拥有成本**（total cost of ownership，TCO）。该考核指标是信息技术管理者大量使用的，它不仅包含为数据存储所花费的硬件、软件和劳动力成本，而且包括其他项目，比如节约成本（降低网站服务器停工时间和对劳动力要求等）。

例如，Galileo国际公司是一家提供旅行预订服务的公司，拥有一个102TB的数据库，这些数据包含了500多家航空公司的航班、票务信息，以及47 000多家旅馆和37家汽车租赁公司的行程安排、运费和预订信息。这家公司在2000年有3.45亿次的预订量，有时一秒钟就得处理1万份预订请求。Galileo的投资回报率计算方式非常简单，据公司老板弗兰克·奥尔（Frank Auer）称，公司收入的16亿美元中，每一分钱都是数据存储系统的投资回报。

还有一个例子，美国最大的卡车运输公司Schneider公司掌握的数据如果用软盘存储，这些软盘可以装满10辆53英尺的集装箱卡车。尽管如此，公司仍然难以解释为什么将汽车运到得州的福特汽车销售商那里每1英镑重的货物要花费0.2美元，而运到其他地方却只要0.17美元。该公司使用约200万美元购买商业情报软件，这使得员工能够迅速地解决许多营销问题。这项投资在两年内实现了250万美元的回报（投资回报率达25%）。

小结

网络经营者需要数据来指导决策，制定或者改变营销组合。这些数据可以从各种渠道获得并被存入数据库，然后营销人员将其变为营销知识，并用来制定营销战略。知识管理就是对知识的创造、使用及传播进行管理的过程。营销信息系统是营销人员管理知识的过程。营销人员运用这个系统来评估信息需求，收集并分析信息，然后将其递送给营销决策者。

厂商能从三个渠道获得营销知识：第一，内部记录（如现金流、销售量数据、客户数据等）；第二，二手数据（指政府或非政府机构从在线数据库收集的信息，用作竞争情报）；第三，一手数据（指为了解决某一特殊问题而首次收集的信息）。竞争情报包括对公司所属行业的分析，并将此信息用于公司的战略定位和了解竞争者的弱点。营销人员在使用这些数据解决调研问题时必须评估数据的质量。

几乎所有的企业都通过网络进行一手数据的收集。一手数据调研通常分为以下五个步骤：第一，确定调研问题；第二，制定调研计划；第三，收集数据；第四，分析数据；第五，提交调研结果。网络调研包括在线开展的各种调研活动，比如实验法、专题小组法、观察法和问卷调查法等。问卷调查法可以通过发送含有调查问卷网页链接的电子邮件邀请函来完成。在线调查的优点是快捷、成本低廉、接触面广、差错少、人们愿意诚实作答、可以局限在愿意接受调查的群体中间进行，而且容易制成表格。这种方法的缺点是调查结果的普遍应用性太低，因为样本选择局限性大、存在自我选择偏差、难以确定回复者的真实身份、回复的随意性大、有时并不真实，以及重复提交等问题。

为了解决在线调查的抽样问题和回复率等问题，人们越来越多地使用网络专题访谈小组这种新形式。有些专题访谈小组规模较小，而有些专题访谈小组则包括了百万名参与者。与在线调研相关的道德问题包括不请自来的电子邮件、从新闻组攫取邮件地址、以调研作为伪装来销售产品，以及用户数据的隐私权不受保护等。

企业必须经常关注社交媒体和其他网站以了解由公民记者或其他利益相关者发表的有关公司产品和人事的信息。企业可以通过订阅警示性电子邮件、RSS以及使用一些特殊专业软件来简化或者自动化这些信息的追踪过程。

营销人员利用一些技术来观察用户的行为，包括通过网络跟踪器和PC Meter在用户计算机上（客户端）进行调查，或者通过网站日志和实时形象建档在服务器上（服务器端）进行调查。实地一手数据收集是在离线的购物场所进行的，例如智能卡和信用卡的读卡机、收银机终端和条形码扫描仪等，这些数据能用于存货控制或者制定促销方案。

数据仓库是企业历史数据的储藏室。数据中心则是按不同的主题区域细分出来的数据仓库的子仓库。来自所有客户接触点的数据都存储在数据仓库中。这些数据可以用四种方式进行分析：数据挖掘、客户建档、

RFM分析与生成报告。数据挖掘是指通过统计分析的方法从数据仓库中提取隐含的预测信息。客户建档有助于营销人员了解具体目标人群的特征与行为。RFM分析方便企业将促销活动定位于最有可能回应的客户。运用复杂的报告生成软件，计算机系统和网络系统能自动制定计划并生成营销调研报告。

思考与练习

复习题

1. 解决营销调研问题的三个主要数据来源是什么？

2. 比较一手数据和二手数据，并说明它们的优点和缺点。

3. 对于营销人员来说，为什么大数据反而成了一个问题？

4. 什么是竞争情报？在线竞争情报的来源有哪些？

5. 为什么网络营销人员要评估网站数据信息的质量？如何评估？

6. 在互联网上收集一手数据和二手数据的优势和劣势有哪些？

7. 一手数据调查有哪几种方法？营销人员应该如何利用？

8. 什么是A/B测试？它的意义是什么？

9. 营销人员怎样将营销数据转变为营销知识？

10. 企业声誉在线监测有哪12种渠道？为什么说这些渠道都十分重要？

11. 什么是实地一手数据收集？它的重要性体现在哪里？

12. 没有数据仓库能进行数据挖掘吗？为什么？

13. 什么是云计算？这种技术对营销人员有什么意义？

14. 请举例说明数据挖掘是怎样挖掘新知识的。

15. 营销调研过程包括哪几个步骤？

讨论题

16. 普瑞纳公司的故事。请浏览图6—2和图6—11。从这两个图中你可以对普瑞纳公司的品牌和客户进行怎样的评价？

17. 普瑞纳公司的故事。根据本章阐述的内容分析普瑞纳公司所使用的各种营销调研方法。

18. 你愿意使用哪些在线调研方法来测试新产品？为什么？

19. 你将运用哪些在线调研方法来测试某个现有产品的品牌形象？为什么？

20. 在收集竞争情报时，应该如何综合使用各种调研技术？

21. 作为消费者，对于在本章中提及的道德问题，你考虑最多的是什么？为什么？

22. 你能否想到一种无法在网络上进行的营销调研技术？请给出解释。

23. 在互联网上对大众进行营销调研有哪些局限性？现在和将来应如何克服这些局限性？

24. 通过电子邮件向10 000个人发送调查问卷的成本不比向10个人发送调查问卷的成本高，那么为什么营销调研人员进行在线调研时仍然要对样本进行设计呢？

25. 假如某公司收到的一份谷歌警示性电子邮件或者RSS显示许多客户正在抱怨公司产品的质量，你认为公司应该做出怎样的回应呢？

26. 云计算技术的优点有哪些？缺点有哪些？

27. 企业应该如何在社交媒体上监测自己的品牌形象？

网络应用

28. 参与美国消费者民意调研公司的在线专题访谈小组并参加一项调查（acop.com）。该网站有没有对特别类型的调查参与者进行筛选？对于客户和调研问题你可以观察到什么？

29. 在你的电脑硬盘里搜索网络跟踪器文件（如果你使用的是微软系统，请使用电脑中的搜索功能来搜索“cookie”），在其中你有没有发现有些网站你从来没有访问过？双击公司在这个搜索列表中吗？如果有，请访问双击公司的网站来查找原因。

30. 在网上或者图书馆里搜索有关美国人口普查局和尼尔森公司的电视收视率的信息。它们分别使用的是什么方法？根据你在本章中所学的调研方法，评估它们的优缺点。

31. 对你的一个正在网上冲浪的朋友进行10分钟的观察并记录相关的点击流（如果你使用的是IE浏览器，只需点击“后退”按钮旁的下拉箭头就行了）。罗列出你的朋友访问过的每个网站、网页，以及在网页上停留的时间。你能否根据这些点击流来判断朋友的态度、兴趣和观点？

32. 假如丰田汽车公司请你使用4种一手数据调研技术来测试其网站上新旗帜广告的效果，你该如何进行测试？

33. 浏览网站 allfacebook. com 及其主页上的报告，该网站提供了哪些统计数据？它们对营销管理人员有哪些帮助？

34. 浏览网站 brandtags. com，在网站上完成注册，并观察两个相互竞争的品牌（例如可口可乐和百事可乐），这两个品牌的品牌形象有什么差异？

第7章 互联互通的网络消费者

本章主要介绍网络消费群体的基本概况。你将了解网络消费行为发生的环境，网络消费者特征及来源分布，以及在线交易过程产生的一些成果。

学习目标

● 讨论互联网用户的一般状况；

● 描述互联网交易过程以及消费者在参与此过程中所涉及的科技、社会、文化和法律等因素；

● 描述消费者的总体特征，以及消费者用于网络交易的各种资源；

● 关注消费者从在线交易过程中寻求的5种主要利益。

趋势与影响

● 消费者对网络产品、服务和各种应用软件十分欢迎。网络服务时刻在监视着、提醒着、激励着，甚至“强迫着”消费者展示出“更好的”消费行为。

● 奥迪品牌的电动自行车 Wörthersee 集奥迪三大科技于一身，车身上的计算机与智能手机连接，告诉运动员如何提高运动技能。网络上有一个加分平台，方便骑行者时刻了解自己和伙伴的骑行成绩。

案 例

一位客户的故事

贾斯汀是一位25岁的职业青年，每个周末的下午，他都会有一小时的精彩体验。首先，他要打开iPod，收看上次从电脑上下载的最新一期的 Diggnation 栏目的播客节目。在这一期的播客节目中，Diggnation 栏目的两位主持人亚力克斯·阿尔布莱伊特与凯文·罗斯谈到了那一周在 Digg. com 网站上排名最靠前的几个最佳故事。Digg. com 网站属于一个社交媒体网站，用户可以在该网站上提交最感兴趣的新闻标题，然后网站的访客可以通过点击“挖一锹”（digg it）按钮来对这些内容进行投票。贾斯汀先生一边观看这个视频播客，一边还在观看电视上的足球比赛，同时他的手机和电脑也在身边。

播客放了一段时间后，其中一位主持人凯文·罗斯提到了他自己在 Tumblr. com 网站上的博客叫做 kevinhasablogg。Tumblr 是一个社交网站（tumblr. com），这一类的网站包含了许多短小精悍、可以迅速回帖，并且由用户自己撰写的内容。看到这里，贾斯汀不再继续看 iPod 的视频，而是打开电脑开始在网上寻找这个微博网站。当然，虽然他不看 iPod 上的这个视频，但是仍然在听着罗斯和阿尔布莱伊特的对话。这时他突然被那个博客上名为“对口型模仿哈维·丹戈尔演唱的歌曲 Flagpole Sitta”的视频吸引住了。这个视频是一群穿着街舞服装的公司员工对口型模仿演唱这首歌曲，而且还在办公室里绕圈，不停地跳舞，干一些很傻的事情。贾斯汀一边看这个视频，一边拿起手机给朋友发短信，他在短信上说：“你一定要看看这个视频。”

贾斯汀对究竟是谁制作了这个热门的视频很好奇，于是在谷歌上搜索这个视频的标题，最终找到了 Vimeo 网站，一个在 YouTube 之前就已诞生的网络视频分享网站。在这个视频下方有一段描述性文字：“我们在某天晚上下班后制作了这个视频。我们是一家名为 Connected Ventures 的公司。我们目前正在下述网站上招募员工：connectedventures. com/jobs. shtml。”贾斯汀点击这个网址链接进入，可是发现所有职位已满，该公司由于上传这个热门的模仿秀视频而接连收到几百份简历，贾斯汀来晚了一步，但是他真的很想为这样的一家公司工作。

在一小时精彩体验的最后几分钟里，贾斯汀把这个视频和 Vimeo 网站的链接附到了他的推特网站里。贾斯汀用这个网站和他的朋友及同事进行联系，很快其他人就对他的这个视频和网站的链接进行了回帖，于是这个口口相传的视频在网友间迅速传播开来。

这就是一位新型消费者，他能同时做好几件事情，同时使用不同的电子媒体。像他这类消费者很难在网络上捕捉到，因为他不会在一个网站上停留很长的时间。他与朋友或同事之间的联系由于网络的出现而更加便捷，他们可以随时随地分享互联网资源，可以通过多种途径（比如电子邮件、手机短信以及微博网站）进行对话和交流，他们对于传统网站没有多大的兴趣，反而比较喜欢在社交媒体网站上与他人交流或浏览最新信息。像贾斯汀这样的消费者对企业来说非常重要，因为如果企业无法吸引这部分年轻人群体，将最终面临倒闭。贾斯汀在网络上冲浪，与朋友聊天并不需要付费（支付无线通信费或手机流量费不计算在内），那么营销人员该如何通过这个群体来获利呢？是通过在线广告、网络音乐等内容下载，还是收取社交媒体的用户注册费呢？当你在阅读本案例时，营销人员正在试图寻找解决这一问题的方法。还有，别忘了，在阅读这篇案例时，你要从智能手机上把注意力移过来。

7.1　21世纪的消费者

本章讨论的主要对象是占全美消费者 85%的互联网用户（2012 年）。在我们深入探讨这个群体及他们的行为特征之前，有必要了解一下全美剩下的 15%的非网络用户。对于一家企业而言，如果目标市场主要是这一小部分群体，企业就没有多大必要去建立一个网站。2012 年，Pew 互联网与美国人生活项目（Pew Internet & the American Life Project）网站上的资料称，这部分与网络关系不大的群体一般都年事已高、受教育程度较低，以少数族裔群体居多，收入普遍较低，或家里有残疾人。这一群体一般不会很快地发生变化，因此可以这样认为，在过去的 5 年中，互联网普及率徘徊在从75%上升到80%之间，网络经济基本上成熟了（见图7—1）。

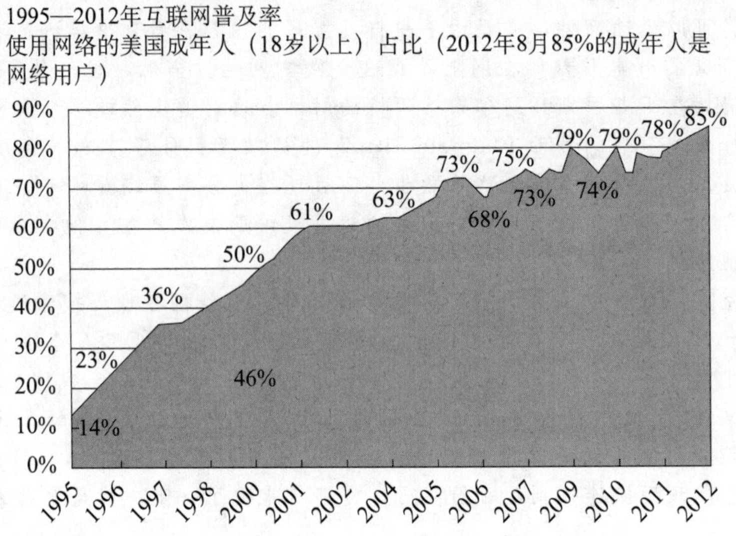

图7—1　互联网经济趋于成熟（1995—2012年的普及率）

资料来源：Pew Internet & American Life Project（accessed September 8，2012，from pewinternet. org).

在全球范围内，互联网普及率还在上升，但是上升速度已经很慢了。2011年10月31日，全球的互联网用户达到23亿人，占全球人口的32.7%，是2000年的528%。从附录A的统计数据可以看出，全球有65个国家的互联网普及率超过50%。按照绝对人数统计，网络用户最多的10个国家占到了全部用户的近60%。在这些国家中，互联网普及率从10%（印度）到84%（英国）。从2011年12月到2012年年中，这一数据依然在增长（美国的互联网普及率达到了85%）。

那么，世界上还有47亿人呢？他们还没有触网。第4章中曾经提到过，在新兴经济体中，由于社会、文化、技术、法律、政治的种种原因，许多消费者并不使用互联网。如果没有发生翻天覆地的变化，一些国家的消费者不会很快成为互联网用户。当然，手机的逐渐普及最终会改变这种现象。企业若想走向国际市场，有必要了解这种发展趋势。

互联网在发达国家的普及率已经达到了一个临界点，如今的营销人员在进行营销时通常都会问如下几个问题：一家企业的目标市场是否为互联网用户？这些用户在网上都做些什么？有哪些因素会促使他们在网上进行购物？企业应该在互联网渠道上花费多少营销成本？本章将分析美国网络用户的一般消费行为，找到这些问题的答案。有一点是确定的，那就是对工业化国家的大多数消费者来说，技术正在发挥着越来越重要的作用。

7.2　网络消费者的行为

消费者的在线购物行为与离线购物行为大体上是相似的，因此他们对网络营销活动也具有同样的意义。例如，以下的消费行为模式不管在线还是离线都一样，可以用来指导基本的营销决策：

1. 从购买流程来看，消费者一般要经历全部的或大部分的步骤，例如，需求确认、信息收集、评价与选择、购买、购买后行为。

2. 消费者会经历购买决策过程，即从知晓产品或品牌，到对产品做出正面或负面的评价，到最后采取行动，例如在线注册或购买产品。

3. 营销人员一般会用 AIDA 推销模型来开展工作，即“注意、兴趣、欲望、行动”推销模式。日本的一家广告公司 Dentsu 公司在 2004 年对 AIDA 模型进行了修订，将“欲望”改为“搜索”，还添加了一个新的因素“分享”，即“注意、兴趣、搜索、行动、分享”。

4. 消费者在与家人和朋友分享产品体验时，主要使用的是口口相传的方法，这种方法一旦迁移到网络上，分享的内容就会传遍网络世界，如虎添翼。

购买的过程由于消费者的参与程度深浅而各不相同。参与程度的深浅可以按照社会的、经济的、与个人名望相关等各种因素来判断。对于这一点，在线、离线是一样的。

本章将要讨论的是在线购买行为与离线购买行为不同的特征。保罗・马斯顿（Paul Marsden，《今天的社交商务》（*Social Commerce Today*）一书的作者）博士按照消费心理学的研究方法来解释社交商务活动中的购买行为（见图 7—2）。马斯顿博士从《影响力》一书的作者罗伯特・西奥迪尼（Robert B. Cialdini，全球知名的说服术与影响力研究权威）的传统理论出发，又结合了哈佛大学心理学博士丹尼尔・戈尔曼（Daniel Goleman，《社交商：人际关系新论》（*Social Intelligence: The New Science of Human Relationships*）一书的作者）的理论，得出了如下的一些结论：

	普及性	权威性	亲和性	持续性	互惠性	稀缺性
社交广告				★		
评价与排行	★	★				
推荐与指引		★	★		★	★
社交商务	★		★	★		
社区与论坛		★		★	★	★
社交媒体优化(SMO)	★	★			★	★

从工具到战略——社交媒体中的社交商

图 7—2　社交商务的社会心理学

资料来源：Social Commerce Today. com/Suzygy Group.

● 稀缺性：如果产品是稀缺的，那么需求就会增加，例如限时折扣。

● 普及性：普及性还有一个称谓，那就是“随大流”。亲朋好友喜欢和购买的东西，许多人都愿意购买，这种现象在脸谱网和亚马逊购物网站上都表现得很突出。亚马逊网站上有“五星级产品”评价专栏，浏览者看到这些信息，马上就认为这肯定是一本好书，或者一张好碟。

● 亲和性：消费者会受到家人和朋友的影响，因为这些人比较可靠。病毒营销利用的就是这个原理。如果朋友发给你一个 YouTube 网站上的视频链接，你一般会打开去看，同样，社交网站上朋友推荐的商品，你也可能去买。

● 权威性：如果一个名人使用或推荐一种品牌、一个社交网络、一个网站，许多人都会跟随。如果你喜欢 Lady Gaga（美国著名流行歌手），那么她推荐的歌手唱片你就会去买。

● 持续性：如果消费者对某种产品表现出一种特别的态度或偏好，要改变这种态度就不容易，这种现象也称作认知的持续性。购买行为是如此，浏览网上新闻是如此，观看天气预报也是如此。这也可以用来解释消费者为什么喜欢或不喜欢 Lady Gaga 的歌曲。

● 互惠性：礼尚往来。零售商店用免费试吃、试用的方式来开展促销，网站允许用户使用软件试用版 30 天，这些都有助于商品的销售。

马斯顿博士把这些最基本的营销学理论与社交媒体消费行为和社交媒体营销战略结合在一起，他提出了如下一些营销方式：(1) 在社交媒体上放置广告；(2) 在网络上对产品进行评价（例如亚马逊网和 ePinions 网）；(3) 在网络上进行产品推荐和指引（例如在脸谱网上）；(4) 开展社交购物（指网络朋友参与在线购物）；(5) 论坛和社区（例如在谷歌论坛或旅游网站上议论一个品牌）；(6) 社交媒体优化，这是搜索引擎优化的一部分，利用社交媒体网站宣传产品、品牌、事件、网站等。图 7—2 中显示的社交媒体营销战略与社交心理学的原理是有关系的。

7.3 互联网的交换进程

消费者的购买行为与许多因素相关，例如消费激励、消费者特征和消费过程等。消费激励就是鼓励消费者购买此产品而不是彼产品。这种激励包括营销沟通信息，以及文化、政治、经济、技术等因素。消费者个体的特征包括收入水平和个性，消费者心理的、社会的、个人方面的因素也会起到影响作用。最后，消费环境和产品属性也会影响购买决策。关于消费者行为的营销知识非常复杂，虽然我们能够归纳出许多一般规律，但是消费者的个体差异也非常重要，尤其是互联网技术使得市场定位更加有效，定位甚至可以精确到一个人一个市场。

为了制定有效的营销战略，网络经营者需要了解人们购买商品或服务的短期和长期动机（也就是培养客户的品牌忠诚度）。“交换”是一个基本的营销概念，它指的是一种行为，即从别人那里得到自己需要的东西，同时提供一定的商品或服务作为回报。当消费者购买一件产品时，就是用钱来交换所需要的产品或服务。当然，营销交换活动还有许多其他类型，例如政治家让民众用选票来交换他所提供的服务。

图7—3展示的是基本的网络交换过程，我们用图来帮助理解这个问题。个体消费者将自己的特性以及个人资源带入交换过程，同时在交换中得到自己想要的结果。这个过程是在技术、社会、文化、法律的大背景下发生的。整个交换过程往往会受到营销刺激的影响，这将在本书的第Ⅳ篇进行阐述。

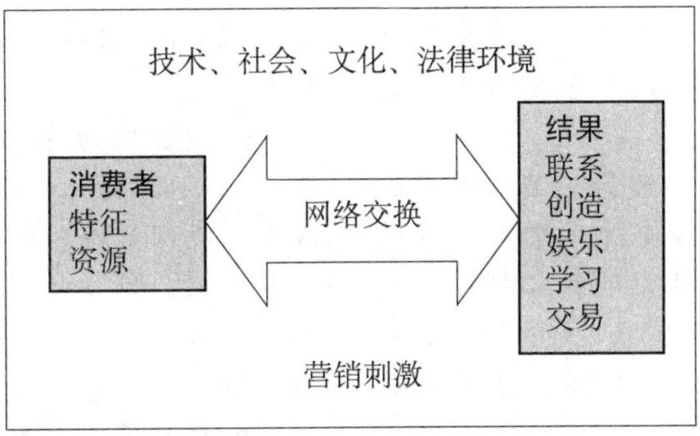

图7—3　网络交换过程

技术环境

在美国和大多数发达国家，互联网已经从一种新奇的事物变成了一种实用的事物（参见附录A）。获得互联网服务提供商的服务就像获取电话服务和邮政服务一样，大多数美国消费者认为享受互联网服务是一件很平常的事情。对于网络经营者来说，要想吸引消费者参与交易活动，就有必要了解日新月异的互联网技术的发展现状。下面的“相关技术”专栏试图帮助读者理解这一点。在第1章中，我们提到过语义网的概念，还提到过其他各种网络创新活动，这些都值得一读。在本章中，我们主要讨论影响当今网络消费行为的三个重要发展：（1）家庭用户网络连接速度；（2）数字接收设备（如智能手机、电视机）；（3）Web 2.0技术。

相关技术

带宽和市场商机

假设公司要求你帮助设计一个网站，网站上的图案要具有吸引力，你的经理还要求你能够报出所设计图案的带宽，可是你对带宽不够了解，又不愿意在开会时看起来像个傻子，因此你需要了解一些有关带宽的常识并且知道它会如何影响网站的设计。

网络世界可以分为慢速接入互联网和快速接入互联网。如果你已经体验过这两种接入方式，你就会知道两者有多大的区别。工作时，大多数人能通过公司网络快速连接到互联网上，人们将此称为宽带连接或快网连接。在家时，许多人还是通过电话线和低速的调制解调器上网。不过，如今已经有越来越多的家庭用户通过光缆公司或电话公司的宽带接入互联网。手机上网一般也不太快。许多用户会由于连接速度的改变而改变上网习惯（例如在工作时间上网购物，因为打开网页的速度比较快）。

对于厂商来说，网速两极分化是一个极大的挑战。丰富的多媒体内容若是用宽带连接表现出来就流畅自然，但若用低速调制解调器连接，等待过程就变得难以忍受。对此，厂商应该如何应对呢？

面对不同的带宽受众，厂商可以有三种应对方案：

1. 为网速最慢的用户设计。最安全的策略就是为低速连接用户设计内容，这样就不会流失任何一群用户。一些网络巨头（例如亚马逊公司和雅虎公司等）使用的就是这种技术，它们的网页图片少，大多是易于下载的文字。

2. 为网速最快的用户设计。不去考虑连接网速慢的用户，而是为高速宽带用户设计高质量的网页，通常这种类型的客户也更能为企业带来丰厚的利润。有一些网络服务（例如流媒体视频网站）只对高速连接用户提供服务。

3. 为网站制作高速传输和低速传输两个版本。根据用户的连接速度定制内容。这可通过自动探测装置或直接询问用户的连接速度来实现。提供视频剪辑的新闻网站和提供音乐下载的网站就常常使用这种方式。

带宽问题类似于从广播到光缆和卫星电视的转化。光缆和卫星电视的订户若要在家中接收信号需要付更高的价钱，作为回报，他们能收看更多的频道（接入的网络更宽）和更清晰的图像。在美国，消费者都倾向于选择这种服务。与此类似，越来越多的数据显示，美国的消费者同样愿意为高速的网络连接支付高额的费用，作为回报，他们能得到如下服务：

- 将电脑作为视频会议接收装置，通过电脑完成上门销售或客户服务。这种视频会议服务对于那些需要向用户进行详细解释才能实现销售的产品是一种非常重要的工具，比如由 FaucetDepot. com 网站提供的卫生洁具类产品。
- 通过诸如 Skype 之类的互联网声讯协议（voice over internet protocol，VOIP）服务在互联网上拨打网络电话。
- 通过网络收听或下载音乐，使用诸如苹果公司的 iTunes 软件，或者 Rhapsody、潘多拉等网站。
- 通过网络观看或下载电影，可以通过苹果公司的 Apple TV 或者 Netflix 网站。
- 应用虚拟现实技术，比如谷歌的 Earth 功能。

网络的带宽（速度）是用每秒多少比特（bits per second，bps）来衡量的，给一个字母编码一般用 10 比特，编制一幅图片要用 50 万比特。由于数字庞大，人们常常用每秒千比特表示。问题在于当用户使用较慢的连接速度上网时，愿意等待多久？调查显示，最长的等待时间是 10 秒。按照这个数字，下表列出了传送不同媒体所需要的带宽最低值：

媒体类型	最低带宽（每秒千比特）
文本	25
图片	50
声音	100
视频	1 000

如今最快的电话调制解调器以每秒 56 千比特运行，对于文本和图表来说，这样的速度已经足够。然而，这样的速度却不足以支持高质量的多媒体文件（如声音和视频）。若想实现高速的网络接入就得向提供电缆、电话和卫星通信设施的公司支付较高的费用，如今越来越多的消费者也愿意选择这样的付费服务。

家庭用户网络连接速度

据统计，2012年美国有66%～77%的网络用户是在家中通过宽带上网的。值得一提的是，美国的宽带普及率并不是全球最高的，宽带市场的发展也不是最快的（宽带普及率最高的是瑞士）。用宽带上网的用户的网络行为与用窄带上网（指用手机上网或56K调制解调器上网）的用户是不同的。有一点似乎有点不可思议，那就是美国的网络用户现在还有近10%的人不是用宽带上网。宽带用户在玩多媒体游戏、听音乐、娱乐等方面的体验要好得多，因为下载速度要快得多（请浏览“相关技术”专栏中的内容，了解宽带选择以及与宽带有关的营销问题）。用普通手机或智能手机上网的用户一般都是浏览文本文件、脸谱网上的好友信息、新闻、天气预报、股市信息以及其他各种服务信息。这些信息中图片一般比较少。如果智能手机通过WiFi上网，那么浏览视频或各种大型文件也很流畅。如果用屏幕大一些的设备，效果就更好。Travelocity是一家知名的旅游企业，和其他一些公司一样，它的普通网站能做到客户友好，顺利地安排出行，同时，公司的移动网站也能够保证智能手机用户搜索各种信息，当然主要是文本信息和简单的图表。

相关技术

宽带选择

假设你正在犹豫是否需要为住房安装高速的网络连接。你知道有很多种不同的选择，比如电话调制解调器、DSL和卫星传输等，但是你不了解它们的区别，并且不想配置超出自己需要的宽带，因此你需要了解家庭宽带连接和选择范围的相关知识。

互联网信息渠道有着令人惊奇的流通能力，而且有些企业（例如思科公司、Sprint公司、AT&T公司等）一直致力于这种流通能力的升级换代。消费者只需支付这条通向互联网路径中的最后一英里——由网络通向消费者家中的这段距离，而且可以通过多种有线和无线渠道接入互联网。

有线连接方式可以通过两种已连入用户家庭的线（电话线和有线电视线）来实现。这两条线都具有双重功能，即一边在一个信道上传送网络内容，另一边在其他信道上完成其基本功能。

数字用户线路

数字用户线路（digital subscriber line，DSL）技术指通过标准电话线以每秒8兆比特的速度传递信息的一种方式。DSL利用已在用户家庭安装的电话线，允许用户同时拨打电话和上网，这是因为数据是在可听声音波段外传送的。用户必须安装DSL调制解调器。某些计算机生产商将这种装置作为标配装置提供，而有些则是电话公司提供。一些大的电话公司已经投入了基础设施以支持DSL技术，但是这已经有些滞后。电话公司一直在与电缆传输公司一争高低，结果电话公司常常使用竞争性的低价策略来吸引电缆用户。

电缆调制解调器

电缆传输公司已经联合成两个大的集团，其中一个集团是由时代华纳公司、Time Warner/Advance-Newhouse传播公司与Media-One媒体集团公司合并成立的，称为Road Runner控股公司。这些集团公司一方面制定行业标准；另一方面则共摊开发费用。

这些集团公司吸引了不少风险投资。例如，康柏电脑公司（现在是惠普公司）和微软公司各自投资2.125亿美元给Road Runner控股公司。可见，生产个人电脑的企业将赌注投在那些需要升级电脑以得到额外带宽的消费者身上。

电缆调制解调器通过用户已连接到家的电视电缆线传送数字信息。电缆调制解调器的传送速度可以达到每秒500千比特到每秒10兆比特不等。电缆传输公司面临的最大问题可能是用户太多！这个问题凸显出来是因为在同一个电缆附近的用户要分享带宽，用户越多，能分享到的带宽就越少，因此，如果一个区域的用户饱和，每个用户都会感到网速减慢。

电缆传输公司具有的最大优势是较早占有市场和较大的信息输送渠道。早期的使用者选择电缆调制解调器是因为那是第一种他们可选的技术。这种早期的应用赋予电缆调制解调器一种优势，那就是通过用户的口口相传扩大渗透的范围。另一种优势是电缆传输公司早早地解决了基础设施问题，如今，它们可以将精力集中于增值服务上（例如视频点播、高品质音乐、网络在线游戏的下载和购买等）。

对于电话公司来讲，每次增值服务的开发都会遇到一些障碍。消费者一般不愿意购买毫无特点的服务，而且由于每提供一项新的增值服务都要有一个学习过程，因此电话公司每次都要为吸引消费者付出很多的努力。

从理论上讲，电缆的最快速度要远远高于调制解调器，但是像AT&T这样的电话公司仍然会质疑电缆的速度在实际操作中是否有广告宣传的那么快。不过，在这两种网络渠道受到同等技术支持的前提下，最终还是电缆取胜。

各大电话公司之间竞争的方式之一就是通过价格。尽管DSL在不同地区的服务价格有所不同，但是很明显，它还是会比电缆便宜很多。在很多实例中，如果用户与电话公司签订一个延长期服务，公司还会免费为用户安装设备。

无线宽带

在宽带传输的竞争中有三个比较弱小的竞争者，那就是卫星传输、固定无线接入和移动无线接入。卫星宽带传输服务是由美国的HughesNet公司提供的，这种传输方式最大的局限性是带宽限制，这是由用户人数激增引起的。

我们可以用距离和带宽为固定无线接入方式分类。一些系统可以在几英里的范围内工作，这能有效替代家庭的有线接入方式。另一些系统则只能在几百英尺的范围内工作，只能为家庭或办公室提供局域网连接。不管是哪种情况，作为宽带连接的系统，它的带宽决定了它的适用性。

移动无线接入可以通过手机网络实现。在许多地区已经建立了手机信号发射塔，通过手机接入网络似乎是自然的发展结果。手机网络已非常可靠。在一些地区，通信模式已经是数字通信，但问题还是在于带宽。手机网络是为传送占用低带宽的声音而设计的，因此，通过网络的数字通信相对缓慢。第三代（3G）手机网络解决了这个带宽的问题，它的网速达到了每秒0.2兆比特，有时还会更快一些。最新的第四代（4G）网络的传输速度可以达到每秒100兆到1 000兆比特，这样的速度甚至超过了光缆的传输速度。家庭用户迟早都会放弃有线联网的模式，而采用手机上网，就像当年放弃固定电话而拿起手机一样。由于智能手机和笔记本电脑的普及，终将帮助3G和4G技术广泛应用。网络用户可以用任何设备，在任何地方，任何时间去浏览自己想要浏览的信息。

数字接收设备

据美国消费电子协会（Consumer Electronics Association）统计的数据，普通的美国家庭一般拥有26种电子设备。传统的纸质媒体的发行量在持续走低，电视机一统天下的局面正在改变。据尼尔森市场调研公司的报告称，2012年美国的卫星电视接收装置以及人们观看电视节目的数量都在减少。图7—4显示的是2012年美国消费者所拥有的各类电子设备的统计数字。人们越来越多地谈论“三块屏幕”收视的话题（见图7—4和表7—1），以下是一些具体的例子：

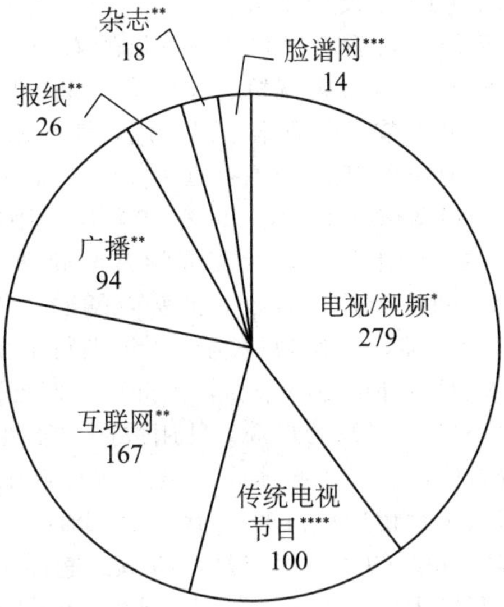

图 7—4　美国消费者每天媒体的使用情况（分钟）

资料来源：* "Media Use Statistics Report", 2012.

** "Media Multitasking...", 2012.

*** "comScore Introduces Mobile...", 2012.

**** Stelter, Brian "Nielsen Reports a...", 2012.

表 7—1　成年互联网用户的三块屏幕

美国各种技术普及率统计（2012 年）	
2.34 亿	手机用户（占人口的 88%）[1]
58%	拥有台式计算机（61%拥有笔记本电脑）[5]
1.013 亿	拥有智能手机（48.6%是安卓系统，29.5%是苹果公司的 iOS 系统）[1]
44%	拥有 MP3 播放器[5]
29%	拥有平板电脑的网络用户[2]
18%	拥有电子阅读器[5]
2012 年三块屏幕（电视机、PC 机、各种移动设备）使用的统计数据	
52%	看电视时使用手机的人数[3]
20%～35%	观看网络电视的同时用手机浏览电子邮件、运用应用软件的人数[3]
65%	网络用户用手机购物，同时继续用 PC 机上网[4]
25%	用 PC 机或笔记本电脑购物的网络用户[4]
11%	用平板电脑购物的消费者[4]

资料来源：1. "Smartphones Account for Half..."，2012；2. "iPad Use..."，2012；3. Smith，Aaron and Jan Boyles，"The Rise of the Connected Viewer"，2012；4. "Smartphones Launch 65%..."，2012；5. "Adult Gadget Ownership..."（these figures are 2010—2012 from this Chart），2012.

● 美国消费者平均每月用普通的电视机观看电视节目 1 小时 40 分钟，但是他们会用各种联网设备观看直播或录播节目大约 4.5 小时。

● 美国消费者每天在网络上的时间超过 2 小时。

● 美国消费者每天用在移动设备上的时间超过 1 小时。

● 据 Pew 互联网与美国人生活项目公布的数据，52%的手机用户会一边看电视，一边用手机，23%的人发送短信，11%的人会在网上对所观看的电视节目发表评论，电视播放广告时有38%的人会使用手机。

● 换一个视角看问题，观看电视和视频节目的人中，3 000万人通过手机、1.43亿人通过互联网、2.88亿人通过电视机、1.11亿人通过回放设备观看节目。

通过回放设备观看电视节目的数据也很有代表性。据尼尔森市场调研公司公布的数据，2000年，拥有数码录像机的美国家庭为1%，而2012年达到了44%。有线电视企业提供的数码录像设备（如DVR，TiVo等）使得用户可以先录下电视节目，然后通过家庭无线网络在电脑上播放。杜克大学富卡商学院的卡尔·梅拉教授（Carl Mela）认为，这些设备的使用并没有改变消费者的购买行为，也没有更多地受到产品广告的影响。2010年以前，梅拉教授连续3年进行消费者媒体应用研究，他发现95%的消费者还是喜欢看直播的电视节目，因此广告对他们还是有影响的。在拥有回放功能设备的用户中，只有70%的观众会使用快进功能跳过商业广告。

越来越多的消费者使用云计算技术，用流媒体听音乐、看电视和视频的人多了。有一项统计显示，网络影片租赁提供商Netflix公司在2012年有2 300万流媒体娱乐节目的注册用户，其中50%的注册用户是在游戏控制器上观看节目的，另外42%在计算机上看，6%在手机上看。还有一项调查是eMarketer公司做的，结果显示，38%的美国家庭至少有一台电视机是连接互联网的。消费者收听音乐节目的方式多种多样，有的是通过iTunes网站，有的是通过流媒体音乐服务提供商潘多拉，有的是通过Sonos无线音响，有的则是通过智能手机。媒体消费会出现更多的形式，这对营销模式是新的挑战，企业要了解到哪里去寻找消费者。

Web 2.0技术

Web 2.0这个名词往往与社交媒体联系在一起，它是指第二代互联网技术，包括博客网站、维基网站、社交网站、产品评价网站、图片和视频网站、通俗分类网站（folksonomy）。Web 2.0这个名词是O'Reilly媒体公司在2004年提出的，如果要阐述Web 2.0技术需要长篇大论，本书提及Web 2.0只是告诉读者它对营销战略的意义所在。

问题的关键是了解客户使用的是哪种联网技术。企业要将各种信息发送到客户的数字信息接收装置中，这些装置包括PC、笔记本电脑、电子寻呼设备、传真机、电视机、游戏机、智能手机等，甚至还可以将信息发送到客户的联网冰箱上。网络用户可以坐在出租车里用智能手机查看股市行情，跟踪联邦快递的包裹信息，了解天气预报等信息。远程信息处理也是一个重大的技术发展。用户坐在汽车里也可以通过GPS系统与自己的公司联络。GPS系统方便驾驶员接受上司的指令，或者接收网络信息，也可以在紧急情况下发出求救信息，当然，该系统也可以让营销人员向汽车里的客户发送营销信息或娱乐信息。不过，我们在书中阐述的各种技术或许在读者拿到本教材时已经过时了，因为网络技术发展得实在太快，它对企业来说充满着新的机遇。

社会和文化环境

厂商仅凭电视上30秒的广告吸引消费者的日子已经不长了，而且仅凭网上的展示广告吸引消费者也不切合实际。传统媒体已经难以轻易地接触到众多的消费者，因为他们分解成越来越小的市场，甚至是一个人一个市场。互联网方便消费者和企业在线商讨有关产品、服务等各种信息，而且不受时间和地点的限制。例如，消费者在走进实体的汽车销售店以前，已经在网络上与亲朋好友甚至陌生人讨论过有关汽车的信息，把需要的资料以及汽车报价打印在纸上，因此，控制权已经转移到消费者手中。厂商无法再像过去那样，用电视广告吸引消费者，只给他们有限的信息。要吸引如今的网络消费者，厂商要借助三大法宝，那就是声誉、相关性和主动参与（见图7—5）。

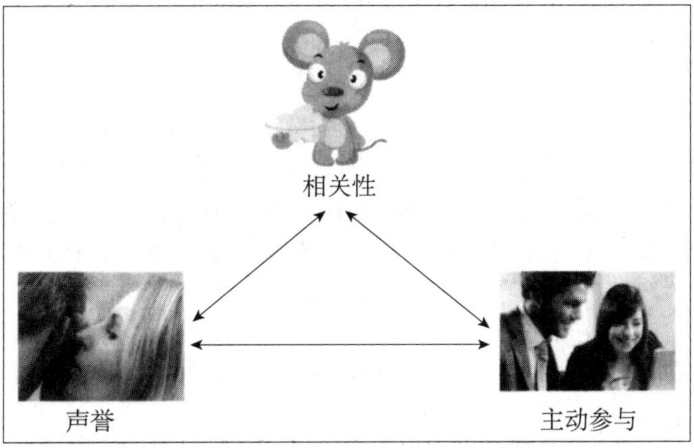

图7—5　用口味和相关的信息去吸引消费者

声誉

消费者对品牌的感知决定了品牌的形象和声誉。声誉好的企业一般都比较真诚、诚实，有了差错会主动道歉，能够兑现品牌承诺，对此，市场会给予相应的回报，客户会主动推荐它们的产品，企业与客户的良好关系也能长久，产品、服务的销量会提高。社会的发展有一种重要的趋势，那就是消费者宁愿信任消费者相互之间提供的信息，而不愿相信广告或者企业在网上发布的信息。脸谱网、亚马逊网、YouTube网、推特网、谷歌网等都有许多用户上传的信息，消费者更愿意了解其他消费者的意见和建议。例如，Askapatient网站（askapatient.com）上有几千条消费者自己发布的信息，描述了各种药物的副作用。很多消费者都会访问该网站来查看某种药物对其他人是否有跟自己相似的副作用，或者了解某些自己正要使用的新药物会有哪些副作用。在消费者心目中，这些信息似乎比医药公司提供的信息更可靠。Edelman公关公司在2007年所做的一次名为“信任度测试表”（trust barometer）的调研中曾经问过这样一个问题：“假如你可以从以下资源中获取信息，你对每种信息的信任程度是多少？”下面列出了一些调查参与者认为值得信任的人（2012年）（请浏览trust.edelman.com网站了解年度调查报告）：

- 学术界专家（68%）；
- 公司里的技术人员（66%）；
- 跟你相似的人（65%）（2011年尼尔森公司做过一个调查，结果显示92%的消费者相信熟识的人，70%的人相信网上的消费者帖子）；
- 公司的普通员工（50%）；
- 非营利组织以及组织成员（50%）；
- 金融行业的分析师（46%）；
- 公司的高管（38%）；
- 政府官员（29%）。

这里“跟你相似的人”是指与你有共同利益和兴趣的人，比如其他的病人、游客或者运动迷。消费者是同病相怜，他们的观念相同、购物模式相同、娱乐方式相同，还有许多相同的地方，他们可以是实体环境中遇到的人，也可以是网络环境中遇到的同道。例如，旅游者在寻找餐馆时，会先看一下 Yelp. com 网站上其他消费者的评价。精明的营销人员懂得把握这样的机遇并时刻关注有大量自己公司的客户访问的网站和论坛，但是仅仅关注还不够，真正资深的营销人员懂得与消费者进行互动并从中获取信息和经验。

相关性

消费者其实并不仇视所有的广告，他们只是不喜欢被不相关的促销信息打扰。2003 年 6 月，美国联邦贸易委员会宣布，为那些不希望接听推销电话的消费者提供全国性的“请勿打扰”（do not call）登记，受到消费者的普遍欢迎，他们反映登记以后推销电话少多了。与此同时，许多网络用户同意接收他们感兴趣的产品信息的电子邮件。后面的章节中我们会介绍，企业采用各种方式（例如行为定位法、关键词广告法等）向消费者发送相关信息。不过，企业先要开展调研，积极思考，与消费者沟通，以保证在合适的时间向合适的消费者推销合适的产品。

主动参与

吸引网络用户的关键手段是提供相关的信息和娱乐活动。据 Time 公司调查，客户参与的三种主要形式是内容参与、媒体参与和营销活动参与。本章开篇的案例中，消费者贾斯汀就是被有趣的信息吸引，他希望了解更多的信息，并且将信息与朋友分享。信息的相关性越大，越有趣，越能够打动人，受众参与的积极性就越高。媒体参与是指内容所在的环境。有些媒体环境，例如推特网、脸谱网，以及苹果智能手机里的各种应用软件都是很吸引人的环境，它们激发了消费者的参与热情。这些网站还有一个特征，那就是方便用户向亲朋好友推荐内容，这是品牌宣传必不可少的。企业通过参与型营销活动把用户吸引到媒体和内容上来，最理想的营销活动是帮助消费者建立与品牌之间的关系。例如，消费者参与产品设计，把相关视频上传到 YouTube 网站上，把朋友的信息嵌入到与品牌相关的内容中，等等。

例如，据社交媒体调研企业 Networked Insights 称，电视连续剧《迷失》在 2010 年 2 月到 4 月期间是客户参与最多的节目。《迷失》在尼尔森调研公司的电视连续剧排行榜中名列第十，可是在观众在线议论排行榜中却排名第一。2012 年，“探索”频道播出了《鲨鱼之周》节目，它成了社交媒体上谈论最多的节目，34%的观众表示喜欢这档节目，29%的观众称一边看电视，一边喝酒聊天。Networked Insights 调研公司分析称，8 亿多调研对象表示观看过某档电视节目后会在社交媒体上上传帖子，或者阅读相关的评论。对消费者的参与进行分析，可以得出相应的统计数据。应该强调的是，社交媒体与口口相传的营销模式是类似的。

其他的各种发展趋势

以下罗列的是一些对在线交易活动有重大影响的社会和文化发展趋势：

● **信息过载**。大量的信息涌向消费者，这就形成了注意力经济（attention economy）。注意力经济是指信息是无限的，而人类对信息的需求却是有限的。互联网使这一严峻的问题更加严重，而这也是消费者无法忍受垃圾邮件（指不请自来的邮件，以及各种促销的视频和社交媒体内容）的原因。

● **一心多用**。这加速了日常工作程序，但是降低了对每种任务的注意力。例如，跨世纪一代（millennials，指生于 1974—1994 年的消费者群体，也称为“Y 一代”）就是一心多用的喜好者，他们很可能一边在家收看电视，一边用手机发送短信，同时还要用 iPad 在网上搜索比赛成绩。据 Pew 公司的调查显示，52%的手机用户会在看电视的时候用手机上网。

● **家庭和工作融为一体**。家庭与工作之间的界限正在逐渐消失。许多美国的互联网用户无论在家还是工作期间都会上网。据调查，约 14%的美国人由于互联网的出现而花更多的时间在家办公（参见 pewinternet. org）。美国著名的数字媒体评估公司 comScore Media Metrix 公司发现，一些美国员工会在工作时间通过互联网安排旅游行程、购物或处理其他个人事务。对很多人而言，家庭已经变得更像“生活中心”和“家庭办公室”。随着越来越多的美国人选择远距离工作（工作地点和生活居住地分别在不同的城市，并且很少去现实中的办公室），这种现象将会变得更加普遍。

● **随时随地得到想要的东西**。对于繁忙的人而言，随时随地的“便捷”对他们至关重要。无论购买地在何处，无论是否有在线服务，无论早晚，忙碌的人总是希望随时都可以浏览在线内容、购物和付账，并在自己方便时（而不是厂商或包裹投递商方便时）收到商品。网络用户可以从任何移动设备登录网络，发送电子邮件、发短消息、分享照片、在网络上搜索地图或处理其他事情，而且消费者一般期望企业在 48 小时内回复邮件，并像期望的那样行动，否则他们就可能会在消费者点评网站（例如 Epinions. com）上发牢骚，并将这个公司言行不一致的事情告诉几千个“朋友”。企业满足消费者的一个例子是迪拜的红番茄比萨饼公司，该公司向消费者赠送形状像比萨饼的钥匙链，上面写着“饿了就按一下”，消费者只要按一下钥匙链上的按钮通知公司（通过智能手机的蓝牙功能），公司马上会按照消费者预订的口味送比萨饼上门（请浏览 redtomato. biz）。

● **网络氧气**。这是由 trendwatching. com 网站创造的一个新概念，意思是越来越多的消费者没有网络接入就什么都做不了——他们渴望网络。举一个例子来说，当加拿大的网络用户被问到“如果被困于一个孤岛，最想携带的物品为何物”时，51%的人回答是个人电脑，21%的人提到电话，只有 12%的人说是电视机。只要是对收发电子邮件或某些特殊网站有强烈依赖感的人，都能理解这是怎样的一股风潮。

● **互联互通**。在社交媒体世界里，所有的人都是互联互通的。人们关心的是在社交网络上与哪些人相连，有多少朋友，有多少人喜欢自己的帖子，自己的照片和视频有多少人浏览，推特网上有多少粉丝，等等。厂商只要能开发出帮助客户以喜闻乐见的形式互联互通的应用软件，就能为创立品牌做出积极的贡献。

● **了如指掌**。这是由 trendwatching. com 网站创造的又一个新概念。所谓“了如指掌”是指你了解别人不知道的各种信息，例如 iPad 的应用软件、校园附近有哪个乐队正在演出等。这样的消费者被看成是手中握着移动设备的“路路通”，是跟上技术发展步伐的专家，而开发出各种应用软件，将应用软件与搜索引擎、GPS 定位系统等技术结合起来应用的厂商则是顺应潮流的先驱。

● **自助服务**。目前这是一种不可或缺的服务形式。在市场中占据主导地位的消费者总是希望一切都由自己做主——登录网站、搜索信息、购买商品、追踪包裹运输进程、检查账户并且随时查询，而且希望每周 7 天、每天 24 小时都能进行交易。他们希望通过电子邮件、万维网或者智能手机等都能完成上述这些工作，而且不管是哪一种方式、哪一种设备，都能获得相同的信息。这是一个有趣的悖论，消费者有时喜欢自助服务，而有时又对公司提供的服务要求颇多。

● **隐私和数据安全**。隐私与数据安全都极为重要，尤其在欧洲更是如此。消费者希望厂商能对他们的个人信息保密，他们希望自己的孩子可以免受令人生厌的网站的毒害。消费者也希望厂商在发送推销邮件时能征得他们的许可。Edelman 公司的一份报告显示，消费者中有13%的人愿意用自己的个人信息交换免费的网络娱乐项目。同时，消费者在社交网络上又把自己的个人信息敞开地上传，他们或许没有意识到这些上传的信息是没有隐私可言的。最近的一个发展趋势是，越来越多的用户放弃了智能手机上的应用软件（特别是能用来定位的GPS系统软件），目的是保护个人的隐私。

法律环境

第5章已经详细阐述了影响网络经营者的各种法律因素，本章只讨论两个问题。第一，尽管美国有新的《非请求色情材料及广告信息攻击控制法案》（《Can-Spam法案》），但是那种未经请求就发送的电子邮件数量依然在增加，2012年6月达到了71.9%（请浏览kaspersky.com网站内容）。这些电子邮件称为垃圾邮件，因为消费者并不欢迎它们，消费者实际上需要的是相关的、有意义的信息。第二，尽管有许多反盗版法，但是非法软件的使用仍然很猖獗。当美国唱片工业联合会（RIAA）起诉几千个非法下载歌曲和乐曲的网络用户时，法律因素实际上已经对网络消费者的行为产生了巨大影响。2002年，有37%的在线消费者与其他人分享音乐文件，但是这个比率在逐渐下降。2012年美国唱片工业联合会发布消息称，唱片行业每年由于盗版给行业造成的损失依然高达125亿美元，行业损失的就业岗位是71 060个，政府税收损失则高达4.22亿美元。这是一个非常严重的问题，因为所有的数字产品（例如电影、软件等）都面临这样的困境，而且消费者在使用盗版数字产品时并没有觉得不妥。如果整个市场都能像美国唱片工业联合会那样做，那么法律应该对消费者行为进行规范，一方面要保证消费者能够从网络上获得商品；另一方面要保证企业的经营利润。苹果公司的iTunes在这方面开了一个好头。

消费者个体特征和资源

除了社会和文化发展趋势以外，个人的网络行为差异也十分明显。有些差异是消费者个体特征的差异（比如人口统计特征的差异和态度的差异），有些则是消费者参与交换和交易的个人资源的差异。

消费者个体差异

网络用户与非网络用户有很多特征上的不同，网络用户之间也存在着很多的需求差异。第一种差异是人口统计特征的不同，例如年龄、收入、受教育程度、种族、性别等，这些都会影响网络行为。例如，在18～29岁的人群中，96%的人使用互联网（美国总人口中互联网用户占85%），而65岁以上人口中使用互联网的人所占的比例只有58%（Pew Internet & American Life，2012）。

第二种差异是网络用户对技术的态度。那些参与在线购物的网络用户往往认为技术让他们的生活变得更为丰富和便捷（第8章中将要说到这一点，专业网络市场调研公司Forrester市场调研公司正是利用这一差异制定了市场细分策略）。第三种差异是在线技能和经验在网络交易过程中发挥作用的差异。使用互联网三年以上的消费者比起新手在寻找信息和产品方面表现得更为熟练，他们不会像新手那样因容易遇到技术问题而放弃购物。第四种差异是热衷社交媒体的网络用户偏好推特网平台，而新手则喜欢脸谱网社交平台（请浏览eMarketer.com）。

美国的市场调研人员沃尔夫芬巴格和吉利发表的研究文章认为，网上购物者在购物时目的性很强，而实体商店中的购物者重视的是体验。目标导向的行为通常是抱着一个目的进入一个网站，或者说为购买某种商品搜寻最低价格。体验导向型的消费者一般是寻找乐趣、讨价还价，或只是上网冲浪寻求新奇。目标导向型的网络用户喜欢网络环境，因为那里不必与店员或拥挤的人群打交道，而且他们喜欢网络上丰富的商品选择、购物便捷以及大量的信息。如果消费者要寻求购物体验，客观地讲他们会在实体商店里得到比网络上更好的体验。虽说这种想法太过传统，但还是有一定的道理。如今，社交购物和分享网站出现了（例如 Polyvore，Pinterest 等），网络购物也会有更多的体验。

从人们对互联网的应用来看，互联网已经发展成熟。如果要详述网络行为的个体差异，我们可以写出厚厚的一本书。然而，85%的消费者已经成为网络用户，对他们的研究也就与对离线消费者的研究没有多大的区别了。不过，营销人员可以通过观察目标市场之间网络行为的差异，来制定相应的营销组合策略。更重要的是，由于市场被分割得越来越细，厂商需要提供更多的选择。

消费者资源

第 2 章介绍了价值等式及该等式的含义。在消费者看来，价值等于收益减去成本，而这些成本正是由消费者为交易而付出的各种资源构成的，这些资源包括货币成本、时间成本、精力成本和心理成本。

货币成本。是消费者需要足够的可自由支配的收入来换取所需要的产品和服务，还需要支付购买电脑（包括智能手机、平板电脑等）和连接网络的费用。在线交易与离线交易的不同之处就是消费者通常不能通过现金或支票来完成网上交易，取而代之的是用信用卡、借记卡、电子支票或智能卡等完成支付。发达国家的大多数人使用信用卡。然而，不是所有人都能得到或希望得到一张信用卡。如果厂商试图开发巨大的青少年在线市场，或者要在信用卡持有率很低的国家开拓市场，将会面临一个大问题。

有银行账户的消费者可以用借记卡支付或干脆用电子支票支付。电子支票（electronic checks，也叫“数字货币”）是这样运行的：消费者在银行开立一个账户，授权第三方网站（例如 PayPal 公司网站）支付一笔金额，并从该消费者的支票账户划拨资金。这种方式很受欢迎，PayPal 公司已经成为市场的领导者（2002 年被 eBay 公司收购），目前拥有 1.13 亿用户，并且在 190 个市场用 25 种不同的币种进行在线交易（2012 年）。很多国家还使用智能卡，它在英国也日益流行。智能卡也称作“防潮塑料卡”，它内含一块电子芯片，能够写入资金数额，由银行或储蓄机构划拨资金。这种卡的优点在于凡是持有现金的人都能获得智能卡，若遇到网络欺诈行为，损失的最大数额也十分有限（就是写入卡中的数额）。

在有些国家和地区，还出现了一些新形式的数字货币。在韩国，有内置电子芯片的手机消费者可以直接用手机在自动售货机上购买商品。在日本，一种零售商扫描仪能够读取一种卡西欧手表上的数据，同时从用户的银行账户中扣取资金。在香港，智能卡利用射频芯片存储相当于 128 美元的货币，用户可以把它当作自己的自动取款机。西班牙的一个海滩俱乐部中有 38 位贵宾级的客人，他们在胳膊上植入了射频识别芯片，只需在吧台上抬抬胳膊就能付账。

时间成本。对于今天的消费者来说，时间匮乏是一个问题，因此，他们要求得到与他们在互联网上花费的时间相匹配的利益。表 7—2 显示的是 2011 年 4 月的统计数据。普通的美国网络用户一个月内上网 56 次，浏览的网页有 2 500 多页，每个网页停留时间是 57 秒。这些用户在投入的时间内都得到了他们想要得到的信息吗？网络公司的责任是优化网站内容，方便用户找到所需信息。

表 7—2　　美国网络用户在家庭和工作场所的互联网使用状况

评价指标	评价时间：2011年4月
平均每人访问网站次数	56
网站访问数量	80
每人浏览网页数	2 573
在电脑上花费的时间	56小时20分54秒
在网页上停留的时间	57秒

资料来源：Nielsen. July 2012. Available at http：//blog. nielsen. com/nielsenwire/online _ mobile/may-2011-top-u-s-web-brands/.

第1章中曾经谈到，互联网具有时间调节的作用，它可以帮助消费者合理利用有限的时间，这是因为互联网用户可以在任何时间购物、发送电子邮件或者做其他事情。对于那些只有在孩子入睡之后才能在深夜购物的父母来说，全天候服务是一种很大的便利。

时间资源是一个非常重要的话题，因为消费者对网络的关注是一个很有价值的、稀缺的资源。目前，网站（包括社交网站）杂乱无章的程度已经可以和其他媒体相匹敌了，当然也有不同。一些市场调研人员相信，比起其他媒体，消费者对网站内容更能集中注意力（或许电子邮件和短信算是例外）。坐在电视机前时，环境中的其他人或活动容易分散消费者的注意力，广播的情形也是一样。消费者对印刷媒体可能会投入更多的关注，但是他们仍然会快速地翻阅报纸或期刊。

消费者在上网时会百分之百投入，并且不容易分散精力。无论是目标导向型或者体验导向型的网络购物者，他们都是聚精会神的，这是美国田纳西州范德比尔特大学的两位教授霍夫曼（Hoffman）和诺瓦克（Novak）提出的一种“流畅状态”。因此，网络经营者只要能够捕捉到消费者的眼球或耳朵，只要网站够有趣、有魅力，就会在短时间内给消费者留下最深的印象。宝马汽车公司的网站 BMWfilms. com 就是一个很好的例子，这个网站三年内吸引了3 000万名观众在线观看由著名导演拍摄的8～10分钟的微电影。2012年7月15日，韩国音乐人PSY的《江南style》上传到YouTube网站，仅仅过去8个月，到2013年3月，浏览的次数就超过了15亿次。

精力成本与心理成本。与时间资源紧密联系的是体力资源和心理资源。对于网络用户而言，打开计算机、登录到互联网、查看电子邮件有时会很麻烦，尤其对拨号上网的用户更是如此，我们可以以此来解释为什么越来越多的人喜欢通过移动电话和掌上移动设备来传输短消息。智能手机可以方便用户随时随地浏览网页、查收电子邮件，但是很可惜，目前国际标准还无法很好地满足用户使用这种移动连接方式的需求，用户必须找到WiFi接入区域才能实现网络连接。

当网页难以打开或遭遇技术问题时，消费者消耗的是心理资源。这可能是所有在线购物者中有近75%的人最终放弃购物车的原因（Goldwyn，2012）。这就好比实体商店里有3/4的购物者推着满满一购物车的商品来到结账台，然后把东西留在那里，什么都不买就离开了。网络用户往往会由于技术问题或其他一些原因放弃购物，因为购物环节实在太麻烦了。如今网络购物者遇到的主要问题是物流的费用和其他各种交易费用太高。网络用户放弃购物车还有其他的原因，例如不愿意提供自己的信用卡信息，或者其他的个人信息，还有的是网站没有回答有关产品和退货政策，等等。有些消费者宁愿价格高一些，也希望购物的环节简单一些，也就是判断哪些资源比较充裕，哪些资源比较稀缺。例如，有些专业人士很忙，因此他们会去亚马逊网站上购书，至于各种费用加在一起究竟是否太高，他们并不在乎。

网络交易

接下来是实际的交易。当消费者寻找或购买产品时，浏览器收藏夹会帮助消费者迅速跳转到他们中意的网络零售商网站上去。另外，公司发送给消费者的电子邮件信息以及社交网络的弹出窗口通常会含有超链接，消费者通过点击链接能直接得到详细的信息、新闻报道或特价产品的广告。互联网已增加自动操作功能使交易变得十分便捷。例如，CNN. com公司网站会给那些预订公司服务的人一天或一周发送几次重要新闻的邮件，这些邮件通常只包含一句话，若用户要了解完整的信息，只需点击一下链接就可以看到。还有，亚马逊公司会将消费者曾经在该网站上购买过的书的作者出版的新书链接发送给该客户，这种自动邮件使交易更便捷。

交易结果

消费者用货币、时间和精力去从事交易，究竟得到了什么利益呢？美国的Pew市场调研公司进行了题为“互联网与美国人的生活”的连续调查，再加上通过comScore公司、尼尔森公司、ClickZ公司等企业和机构的调查，以及从其他许多渠道得到的信息，我们充分了解了美国消费者在网络上的行为，明白了互联网是如何改变人们的行为。利用这些结论，厂商设法明确目标市场中的差异，并据此制定在线和离线的经营策略以满足目标市场的需求。

人们在互联网上一般只会开展六项基本的活动，即联系、创造、娱乐、学习、交易和奉献。每一项活动都充满了商机。下面我们根据消费者需求和期望将网络上无数的互联网活动分别归入这六个方面，这样划分能帮助厂商牢记利润来自对客户的关注。

联系

与其他媒体不同，互联网允许用户利用多媒体以双向交流的方式与个人或组织进行沟通。几乎所有的互联网用户都发送电子邮件（91%）。尽管有垃圾邮件，如今又出现了社交网站（66%的网络用户使用社交网站进行沟通），但在全球范围内电子邮件仍然是互联网的“制胜之道”。消费者喜欢在线交流，使用电子邮件、推特网的微博、脸谱网的帖子，这些都是廉价的保持联系的方式，而且信息多半是文本格式，即使通过慢速的调制解调器，或小型的无线装置也能轻松实现。另外，用户可以与在网上认识的人或生意伙伴建立新的联系，必要时再将这种联系延伸到实体环境。

消费者为什么喜欢用社交网站联络？有人在2012年做过一项调查，结果显示，消费者的目的各种各样，例如，获得折扣券（占调查对象的61%），购物（占55%），浏览产品评论和排名（占53%），获得一般信息（占53%），获得特殊信息（占51%），能够与他人保持联系（占33%），等等。

消费者能通过即时聊天工具（IM）聊天，或者通过网络打电话（Skype），与人在线约会（见表7—3）。一些专题网络社区会组织交流活动，例如在线约会、亚马逊网站上的书评会、博客网站等。网络用户花费时间、精力与家人和朋友联系，甚至与企业员工一起解决面临的问题。

表 7—3　　美国各种在线联系方式所占的比例

联系方式	百分比（%）	联系方式	百分比（%）
收发电子邮件	91	浏览博客	32
用手机发送短信	74	通过网络打电话	25
特殊用途网络联系	58	文件共享（P2P）	15
使用社交网站	66	使用推特网	15
发送即时消息	46	访问在线约会网站	8
网络上观看评论或发帖	32		

资料来源：Data from 2009 to 2012 studies at pewinternet. org.

电子邮件受到普遍欢迎，说明了网络邮件服务提供商（如微软公司的 Hotmail、谷歌公司的 Gmail、雅虎等）经营的成功。这些网站始终拥有大量的访问者，而且谷歌公司的 Gmail 首创的邮件提示功能通过满足网络消费者的需求，依然能在目前这样一个高度竞争的行业内为许多新企业提供不少商机。

许多电子设备功能的合并为沟通增添了一种新形式。调查显示，大多数网络用户会收发数码照片，其中有部分是通过智能手机来完成的。新的联系方式使得消费者可以通过网络发送电子贺卡、多媒体视频贺卡，也可以进行其他多种数字操作。

创造

这种新的沟通需求推动了社交网站的广泛使用，用户可以在这类网站上建立自己的个人档案、上传图片和其他内容、与朋友和同事进行联系。创造内容是用户参与的最高表现形式，他们通过加入网站参与互动。到 2012 年 6 月，脸谱网是最为流行的社交网站，占据了社交网站市场份额的 62.7%。排第二位的是 YouTube（20.1%）（请浏览 dreamgrow. com）。调查显示，推特网的市场份额是 1.8%，其他的一些网站，例如 Google+，Pinterest，MySpace 等，市场份额都不到 1%。对于职场人士而言，LinkedIn 是一个不错的网络社交媒体，它拥有 200 多个国家 2 亿多万份个人档案资料（其中 64%不在美国）。LinkedIn 的用户包括所有《福布斯》500 强公司的高层管理人员（请浏览 linkedin. com）。

用户自创并且上传到网络的内容发展非常迅猛，我们专门为此进行了分类。表 7—4 显示有 30%的互联网用户会自创和上传内容。在网络上进行最多的一项活动是在 Flickr. com 等网站上分享照片（占到互联网用户的 46%）。此外，用户会在博客网站上发表评论，在 YouTube 网站上传自制的视频，还有的用户参与各种网络自制视频资料竞赛（比如 Doritos 薯片食品公司举办的"超级碗"竞赛）。用户喜欢创建视频并且上传到网络。网络用户中有一半以上的人喜欢观看视频、浏览社交网站。有些人（6%）喜欢在虚拟世界里（例如"第二人生"（Second Life），儿童光顾的 Webkinz 网站等）创建化身。后面几章我们将介绍厂商如何利用网络用户的创造活动来制定社交媒体战略。

表 7—4　　美国网络用户自创和上传内容的比例

网络活动	百分比（%）	网络活动	百分比（%）
上传照片以供分享	46	自创内容并上传	30
使用在线评分系统对某个产品、名人或服务进行评分	37	创建网页	14
在博客或其他网站上发表评论	32	在虚拟世界创造虚拟人物	6

资料来源：Data from 2009 to 2012 studies at pewinternet. org.

娱乐

很多消费者通过互联网开展娱乐活动（见表 7—5）。74%的网络用户访问网站参与娱乐。互联网最具发展潜力的是音频和视频娱乐。目前有近 3/4 的美国用户在线收看视频，37%的用户通过网络下载音乐，这主要是由于宽带用户的增加。我们相信，如下一些原因会使这些数字在未来继续快速增长：第一，所有的电视内容都已经转用数字信号发射；第二，许多设施（DVR 等电视接收系统）使得电视节目能按需发送，此外，类似 Akimbo 公司提供的新服务能够存储节目，然后通过网络发送到电视机或个人电脑上；第三，消费者使用 WiFi 观看电视节目。如果消费者都这样做，在线娱乐内容将快速增加，并成为消费者在线消磨时间的方式之一，同时，流媒体和改进后的压缩技术能使网络用户参与更多的在线娱乐活动。

表 7—5　美国网络用户参与在线娱乐的比例

网络活动	百分比（%）	网络活动	百分比（%）
娱乐冲浪	74	玩网络游戏	36
在社交媒体上浏览视频	71	下载视频文件	27
查看体育比赛结果	52	下载音频文件	21
下载音乐	37	访问成人网站	13

资料来源：Data from 2009 to 2012 studies at pewinternet. org.

厂商要想把握住网络用户的脉搏，就要了解搜索引擎（例如 Google，Yahoo! 等）关键词的发展动向。流行的搜索关键词根据爆炸性新闻事件或节假日新闻每月更换。粗略地统计 2011 年输入最多的关键词，能够发现最多的关键词还是关于娱乐、名人新闻和体育新闻的（见表 7—6）。

表 7—6　2011 年十大搜索关键词

Google		Yahoo!		Bing	
排序	关键词	排序	关键词	排序	关键词
1	Rebecca Black	1	iPhone	1	Fauja Singh
2	Google +	2	Casey Anthony	2	Katy Perry
3	Ryan Dunn	3	Kim Kardashian	3	The cardinals
4	Casey Anthony	4	Katy Perry	4	Harry Potter
5	Battlefield 3	5	Jennifer Lopez	5	Adele
6	iPhone 5	6	Lindsay Lohan	6	Rory Mcllroy
7	Adele	7	American Idol	7	Japan Earthquake
8	Tepco	8	Jennifer Aniston	8	Job crisis
9	Steve Jobs	9	Japan Earthquake	9	Foreclosures
10	iPad 2	10	Osama Bin Laded	10	Weather disasters

资料来源：Data reported by Google，Yahoo!，and Bing.

学习

用户利用互联网在线获得信息，诸如新闻、驾车导航、旅游信息、就业岗位、天气、比赛成绩以及在线收听广播等（见表 7—7）。13%的用户参加网络课程。Harris

Poll公司开展的一项调查显示，72%的被调查者称互联网使得他们的信息更灵通，46%的被调查者称互联网使得他们更聪明（参见 redefineyourworld.com）。这些消息都是好消息，因为网络用户变得更加消息灵通、更加时尚。

表7—7　　美国网络用户在线学习和获得信息的比例

网络活动	百分比（%）	网络活动	百分比（%）
使用搜索引擎搜索信息	91	查询学校、培训班信息	57
搜索地图或驾车导航	84	查询就业相关信息	56
查询业余爱好信息	84	查找电话号码、地址	54
查看天气预报	81	使用维基百科	53
查询健康、医疗信息	80	虚拟参观	52
浏览新闻	76	查询金融信息	37
查询个人信息	69	查询宗教信息	32
查询“怎么办”或者维修信息	68	在线收听直播赛事	29
查询政府网站信息	67	查询家谱信息	27
预订宾馆酒店	65	查询地方或人物的图片信息	17
查询政治新闻和信息	61	参加休闲培训班	13

资料来源：Data from 2009 to 2012 studies at pewinternet.org.

网络经营者懂得，消费者用于媒体消费的时间是有限的，而且互联网占用了非网络媒体的时间。例如，76%的美国人称互联网是他们收看新闻的主要媒体，81%的网络用户会上网查看天气预报信息。

互联网用户怎样寻找学习的信息？许多人偏爱特定的媒体网站，这些网站会发给他们有关重要新闻的提示邮件。91%的人用搜索引擎，53%的人使用维基百科了解信息。搜索的内容千奇百怪，有些问题比较自恋（如“我的名字在谷歌上出现过多少次?”），有些则是比较神圣的问题（如“上帝是谁?”），有些会显得比较滑稽（如“什么是什么?”），而有些则令人伤心（如“妈妈得了乳腺癌，我该怎么办?”）。

交易

大多数消费者在网上选购商品，或进行其他以交易为目的的活动。据估计，美国有71%的网络用户曾经在网站上购买过商品，大多数人是通过网络进行旅行预订（见表7—8）。变化最大的要数在线分类广告了，首当其冲的是Craig网站的分类广告。此外，网上拍卖数量在减少，15%的网络用户通过分类广告和拍卖网站在线售卖产品。eBay公司拥有1亿参与交易的注册用户，2011年成交的产品总价值高达686亿美元（请浏览 ebay.com）。正是由于eBay网站的人气很旺，有些企业用特殊的软件帮助竞拍者从eBay网站上获得物有所值的商品。与此相反，网络日用品零售却在近几年消退，主要是由于大多数的美国零售商缺乏一种可行的在线交易模式。

表7—8　　美国网络用户参加在线交易的比例

网络活动	百分比（%）	网络活动	百分比（%）
购买产品之前进行调查	78	在线支付账单	38

续前表

网络活动	百分比（%）	网络活动	百分比（%）
购买产品	71	参与在线拍卖	26
进行旅游预订	65	在线销售物品	15
使用网络银行	61	参加大学计入学分的网络课程	13
搜索网络分类广告（Craig列表）	53	买卖股票、债券、开放式基金	11

资料来源：Data from 2009 to 2012 studies at pewinternet. org.

78%的互联网用户在购买产品之前都会在线搜索信息，这一点十分重要。有时他们利用这些信息直接进行在线交易，有时却会去当地的实体商店购买商品（不少消费者喜欢在线搜索信息，然后离线进行购买）。2012年尼尔森市场调研公司的一项调查显示，59%的人愿意在网络上购物，68%的人认为这样做比较方便，但是也有77%的人认为实体店购物最安全，还有27%的人认为通过移动设备购物最便捷。

典型的网络消费者每天都用一小时进行在线选购，一年完成21次在线交易。57%的人认为互联网使得他们成为更理智的消费者（请浏览redefineyourworld.com）。

消费者也在网络上提供咨询或其他形式的服务。他们在Foap网站上张贴照片，如果有人愿意出钱购买这些照片，他们可以从每幅10美元中分享一半的收入（请浏览foap. com）。旅游者可以从自己的家乡带来各种纪念品，然后在pleasebring-me. com或bistip. com网站上销售给需要这些纪念品的人。需要通过网络提供服务的人可以浏览网站cloudfactory. com或guru. com。

奉献

前文中已经提到过，许多网络用户创造图片、文字及其他各种数字资料，目的是与他人分享。Trendwatcher公司网站在2011年曾经说过，“慷慨一代”（Generation Generosity）是2011年最明显的消费者趋势之一。奉献包括经济上的资助，也包括情感上的安慰。Trendwatcher公司指出全球有86%的消费者希望企业在关注自身利益的同时，也能够关照全社会的利益。企业的奉献精神表现得比较突出的是中国、印度和巴西。美国的消费者中至少有1/4的人通过网络为公益事业做奉献，也有很多人通过网络帮助有需要的人。

- 2011年，25%的网络用户为慈善事业捐助。所涉及的网站主要是政府网站及非营利机构网站。这样的网站上一般都有专门的捐助网页。许多消费者愿意向亲友发送电子邮件劝捐（例如家人因心脏病突发去世向美国心脏协会捐助），或者为慈善事业募捐，为贫民窟里的孩子捐献书籍，等等。电子邮件里一般都有一个链接，方便接收电子邮件的人捐助。
- 2006年，有22%的网络用户参加在线对话活动，帮助那些有心理疾病或身体疾病的人。2012年，谷歌讨论组开辟了专门的健康专题，脸谱网上也有专门针对抑郁症患者的帮助。许多网站开辟专门的板块解答各种问题，例如如何帮助孤独者，如何把借出去的书要回来，等等。

在专门为各种奉献活动开发的网站中kickstarter. com是比较典型的一个。该网站搭建了一个平台，为那些专注发明创造的人募集资金。这些项目五花八门，有的是时尚产品、艺术品，有的是电影、音乐、书籍出版、技术发明，等等。例如，有人提出要发明一种个性化的腕表，结果在37天中从68 000多个捐助者那里募集到1 030

万美元，平均每一位捐助者捐助了148.95美元。

小结

互联网的发展比历史上任何其他的媒体发展都快得多。2011年，网络用户多达21亿人（全球人口的32.7%），然而，另外的47亿人却不用网络，这有社会、文化、技术、法律和政治等方面的原因，当然也有人持有一种观念，即互联网并不能代替所有活动。

网络消费者的消费行为和消费心理与实体的消费者是相似的，但是互联网的环境也极大地改变了人们的消费行为。钟情于社交媒体和其他网络媒体的消费者使得厂商有可能将新技术和传统的营销理论结合在一起。

营销的一个基本概念"交换"指的是从他人那里得到自己想要的东西，同时给予相应的东西作为回报。消费者在交易中寻找自己想要的东西，同时也贡献了自己的资源，融入了自己的个性特征。这些交互作用都发生在一定的技术、社会、文化和法律的大环境下。吸引消费者的主要手段是品牌声誉、相关性、参与性。技术环境是非常复杂的，包括信息接收装置的种类、联网速度，以及通过DVR、VOD等设备改变了人们观看视频节目的习惯等。在美国，影响在线交易的社会、文化潮流的各种因素包括：信息过载、一心多用、家庭和工作融为一体、希望随时随地满足需求、网络氧气、互联互通、了如指掌、自助服务，以及对于隐私、数据安全和网络犯罪的忧虑。

互联网用户对于技术一般持积极的态度，使用时也比较熟练。性别、年龄、种族等因素也会影响使用网络技术的态度。在线购买者一般目的性很强，要么关注便捷性，要么关注价格。最后，宽带连接意味着用户可以在线观看视频和收听音乐。

网络用户用4种资源换取交易利益，那就是货币成本、时间成本、精力成本和心理成本。浏览器收藏夹、社交书签、内含超链接的电子邮件，以及来自网站为吸引访问者而自动发送的电子邮件等，都使网络交易变得便捷。消费者在网络上的主要活动大体可分为：联系、创造、娱乐、学习、交易、奉献。对于精明的网络经营者来说，每一种活动形式都代表了一种商机。

思考与练习

复习题

1. 从在线和离线环境看，有哪些消费行为理论？

2. 马斯顿博士的著作里提到哪6种消费行为理论？

3. 什么是交换？

4. 在美国，影响在线交易的趋势是什么？

5. 什么是Web 2.0技术？

6. 客户参与指的是什么？

7. 影响在线行为的个体特征是什么？

8. 什么是"两栖消费者"？厂商应该如何应对这样的消费者？

9. 消费者用于交换的资源有哪4种？

10. 网络经营者如何简化网络交易过程？

11. 网络用户在线活动可以分为哪5个主要方面？

12. 消费者在网页上自创内容可以有哪些方式？

讨论题

13. 一位客户的故事。尝试用马斯顿博士提出的6个消费行为理论来解释贾斯汀面临的购物环境。

14. 一位客户的故事。贾斯汀使用的是怎样的在线活动模式？请举例说明。

15. 利用马斯顿博士提出的消费行为理论，举例说明厂商应如何用网络营销的战略鼓励消费者购物。

16. 厂商该如何将消费者使用的电子设备和消费者信息浏览的模式结合起来？为什么厂商需要关注消费者使用的电子设备？

17. 云计算技术和流媒体技术如何转变消费者的内容消费模式？

18. 你使用盗版的音乐作品吗？本章中提到过厂商遭受的损失，你该如何自圆其说呢？

19. 为什么有的消费者利用图书馆而不是网络做调查？

20. 介绍你最近发生的在线购物和离线购物的经历。你投入了哪些资源？在线和离线的环境有什么区别？

21. 注意力经济能够在互联网普及率低的国家存在吗？为什么？

22. 网络经营者应如何去迎合体验型购物者？

23. 网络消费者热衷于建立关系，网络经营者应该如何利用这种热情？为什么？

24. 什么原因促使社交类网络使用率提高？

25. 你认为消费者为何宁愿相信相互间提供的信息而不相信厂商提供的信息呢？营销人员该如何应对这个问题呢？

26. 厂商应该如何鼓励消费者参与内容创作？

27. 在脸谱网上有你喜欢的企业或品牌吗？为什么？

网络应用

28. 在 Netflix，whattorent.com，rottentomatoes.com 等网站上搜索一部自己喜欢的电影，比较几个网站上对该电影的评价，解释这些评价的相同点和不同点。

29. 客户进行在线购物时会遇到很多障碍，许多在线交易会被中途放弃。请你参与小组讨论，想想有哪些方式有助于网络零售商将网站的访客转变为最终购买用户。

30. 访问一家你当地的报纸的网站，看看该网站上的分类广告，然后根据你所在的地区查看 Craigslist 列表。你认为 Craigslist 列表为何要与 eBay 网站共享报纸分类广告？你有哪些建议可以帮助该报纸重新获得客户？

31. 假设你要购买一部 iPhone 手机，上网去挑选一个理想的型号。将自己的购物流程与本章介绍的消费行为理论结合起来思考。

32. 浏览网站 Tripadvisor.com，搜索美国加州旧金山的宾馆，浏览对该宾馆的评价。你相信这些评价吗？为什么？

第8章 市场细分战略、目标市场战略、差异化战略、市场定位战略

本章主要是帮助读者了解市场细分的各种基本方法，网络营销细分市场的分类和特征，还将介绍网络经营者为什么要使用差异化战略和市场定位战略。

学习目标

- 概述电子商务的三个主要细分市场的特征；
- 了解网络经营者进行市场细分来吸引网络消费者的原因和方法；
- 罗列最常见的市场细分方法与变量；
- 概述几种类型的网络细分市场及其特征；
- 了解网络经营者选择网络客户目标市场的两种重要战略；
- 对差异化战略和市场定位进行定义，并举例说明网络企业如何使用这样的战略。

趋势与影响

- 消费者向企业提供各种创新思想来换取报酬，他们还与伙伴分享自己的创新意识，转让二手商品。在过去的5年中，这种趋势越来越明显。消费者为企业、为他人提供各种服务，赚钱的渠道很多。
- EasyShift是一款能够帮助消费者赚钱的应用软件，2012年5月在美国旧金山上线。EasyShift帮助网络用户为各种企业做一点事情获取报酬。这款应用软件让用户随手帮助企业收集市场情报，或者针对购物中心的促销活动拍几张照片，或者回答几个问题，而企业每天用PayPal支付平台向用户支付报酬。用户一旦积累了声誉，就有机会获取更高的报酬。

案　例

1-800-鲜花公司的故事

吉姆·麦卡恩（Jim McCann）是一位始终关注技术进步的小伙子。1976年，他在纽约

市以 14 家零售花店起家，如今已经发展成为通过多种渠道进行销售、了解目标顾客的零售商。经营 10 年后，他开通了免费的订购电话“1-800-Flowers”（即 1-800-3569377）。消费者在纽约市的任何地方都可以通过电话进行订购，花店还提供市内的递送服务。1995 年，麦卡恩迅速进入电子商务领域，捷足先登地用网站 1-800-flowers. com 来延伸品牌价值，并且提供全天候、全年无休的全球递送服务。在此之前，公司早已扩大了商品种类，提供盆栽、美食、礼品篮和其他与礼品相关的商品。

网站运营情况良好，许多消费者在线注册并进行在线购物，公司因此获得了大量潜在客户和实际客户的信息。如何对这些客户信息整理分析，并加以利用以增加利润呢？麦卡恩使用数据挖掘软件（该软件由 SAS 公司开发）来识别各个消费者细分市场，以便更准确地定位目标市场。公司拥有 2 100 万条顾客信息，数据挖掘软件根据点击流量和购买方式进行整理分析后得出一些有趣的结论。客户信息公司（Enterprise Customer Cano）的副总裁阿伦·卡侬（Aaron Cano）认为：“不同的消费者需要不同的客户关系。有些顾客希望你能多与他们沟通，有些顾客则限定了与其接触的方式。每天工作结束，你都会增加许多消费者信息，他们是谁，他们希望如何与之沟通，等等。”有些细分市场里消费者只在每年情人节购买商品，在另外的细分市场内，消费者每年需要你提醒他们一些重要的日期，这样他们就不会忘记朋友和家人的生日。对于不同的客户需求，“1-800-鲜花网”都会满足他们的要求。所有这些个性化的服务都可以在麦卡恩的花店享受到。正因如此，1-800-鲜花网网站连续 7 年被评为“50 家最佳零售网站”，还被《福布斯》杂志评为最佳网站。

该公司在脸谱网上的名声也很好。公司网站的粉丝有 50 万，2012 年 9 月，谈论 1-800-鲜花网的网友多达 13 829 人。用户在公司脸谱网的专用网页上提出种种有关插花的创意，为各种节日添彩。在推特网上，公司的粉丝超过了 20 000 人。

1-800-鲜花网用 SAS 商业分析软件来管理客户关系，提升客户价值，这些工作使公司的客户满意度提高，销售业绩也增加了几百万美元，客户的投诉则下降了 40%。到了母亲节，公司向女客户推出母亲节鲜花套餐，因为女顾客是购买鲜花献给母亲和婆婆的重要细分市场。公司可以实时地分析销售数据，按照不同的地区细分市场调整鲜花的供给。

通过商业数据分析、缩小细分市场、提升客户服务等种种手段，1-800-鲜花网运营得十分出色。2012 年，销售收入达到 7.163 亿美元，同比上升 7.6%，毛利率达到 41%。公司网站吸引了 460 万名新顾客，其中有一半的顾客每年都会重复订购。公司的创始人麦卡恩将成功经营归结于做好了三个细分市场：第一是普通花卉市场；第二是网络花卉销售市场；第三是食品及礼品销售市场。公司对不断扩展的社交网络及移动通信技术也应用得非常出色。

8.1 市场细分和目标市场定位

1-800-鲜花公司清楚地了解自己的不同目标市场的需求和行为。企业必须对市场信息有深入的了解，并且很好地设计市场细分和目标市场战略。正如第 3 章中所阐述的，网络营销计划涉及两个紧密相关的层面：第一层面战略包括市场细分、选择目标市场、差异化以及市场定位，这些内容都将在本章介绍。第二层面战略包括 4P（产品、价格、促销、渠道）和客户关系管理，这些将在第 9 章到第 15 章讨论。

厂商根据内部数据、一手数据和二手数据（见图 8—1）来制定市场细分战略并选择目标市场。**市场细分**（marketing segmentation）是指将具有相似特征（如产品或服务的用途、消费量或利益）的个人或企业整合在一起的过程。市场细分的结果是形成若干消费者群，称为细分市场。我们这里用“群”（groups）这个词并不十分严谨，实际上，一个细分市场有大有小，小到仅有一个人，大到由数百万人组成。明确这一点十分重要，因为网络营销技术使厂商很容易制定适合个体目标市场的营销组合。另外值得一提的是，只有当不同的细分市场之间存在的差异比各细分市场内部的差异明显时，才值得进行这样的分类。譬如，假设互联网用户在工作和生活中的行为存在差异，营销人员才可以根据这些差异进行细分，否则就没有必要把这些用户分为两个细分市场。

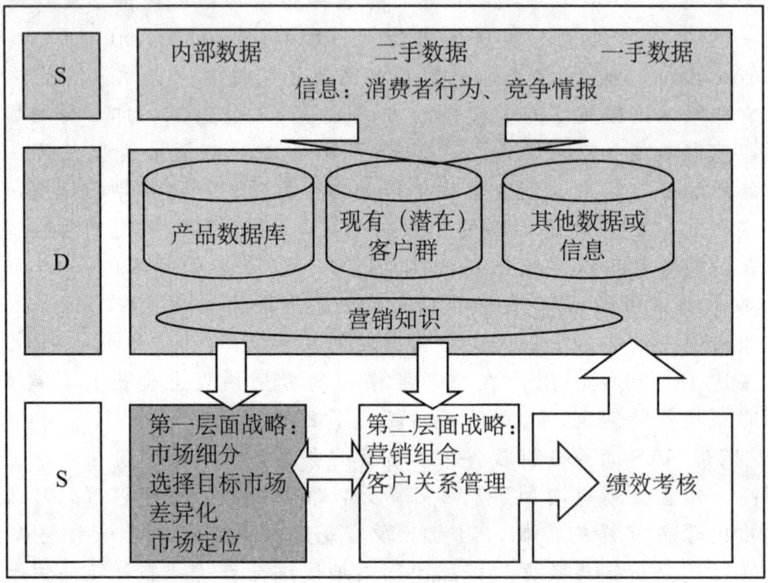

图8—1 数据来源、数据库和战略：第一层面战略

目标市场定位（market targeting）是指选择对企业最具吸引力的细分市场的过程。有些企业会采用一些标准以确定目标市场，这些标准包括：可行性、盈利性、增长性。

8.2 三种市场

可口可乐公司前全球营销总监塞尔希奥·齐曼（Sergio Zyman）曾说过：“营销就是要把东西卖出去。”信息技术有助于销售商品的表现形式之一就是在交易前后，使公司能够更加便捷地与潜在客户、现有客户、合作伙伴及供应链成员建立关系，但是，如果营销人员无法识别合适的目标市场，那么即使是最新的技术也无法帮助商品销售。表8—1列出了存在买卖关系的三方市场，即企业、消费者和政府。本书重点介绍的是**企业与消费者交易**（business to consumer，B2C），同时适当介绍**企业与企业交易**（business to business，B2B），下面将首先对这三方市场中的每一方做简要描述。值得一提的是，除了B2C和B2B市场以外，大多数电子商务活动也发生在**企业**

与政府交易（business to government，B2G）和**消费者与消费者交易**（consumer to consumer，C2C）的市场中。

表 8—1　三种基本市场

	与企业	与消费者	与政府
企业发起	企业与企业交易（B2B） The Idea Factory ideafactory. com	企业与消费者交易（B2C） Classmates Classmates. com	企业与政府交易（B2G） State Supply Commission ssc. wa. gov. au
消费者发起	消费者与企业交易（C2B） Better Business Bureau bbb. org	消费者与消费者交易（C2C） eBay ebay. com	消费者与政府交易（C2G） U. S. Department of The Interior govworks. gov
政府发起	政府与企业交易（G2B） U. S. Small Business Administration sba. gov	政府与消费者交易（G2C） 加利福尼亚州 state. ca. us	政府与政府交易（G2G） 美国政府 usa. gov

资料来源：Updated in 2012 from Wood，Marian.（2012）. *Prentice Hall's Guide to E-Commerce and E-Business*，Upper Saddle River，NJ：Prentice Hall.

企业市场

企业市场指企业在运营过程中将产品销售给其他的企业、政府或者各种非营利机构，所销售的产品可以是其他企业最终产品中的配件，也可以供其他企业对最终产品进行再销售。由于公司连接到互联网的比例高于消费者（特别是在发展中国家），因此网络 B2B 市场十分庞大。由于许多网络企业都有自己的企业网站，企业间可以实现信息和数据库的共享，消费者可以通过网络了解企业间的商务活动。美国联邦快递公司（FedEx）就是一个很好的例子，这家公司拥有关于企业客户货运业务和账目信息的庞大数据库，它的客户可以通过网站预订寄件时间，利用个人电脑或 PDA 跟踪包裹，在线支付货运账单。有时，当消费者向联邦快递的客户在线购买商品时，可以自动生成货运订单，然后联邦快递通过电子邮件通知零售商，告知商品递送进展情况。

信息技术为 B2B 市场创造了惊人的效率。同时，由于互联网引发的全球化和较低的市场准入门槛，使在线销售的企业面临日益激烈的竞争。许多企业正在调整自己的供应链结构，因此经常引发渠道冲突。当制造商直接通过网络向消费者销售时，这种冲突表现得更为明显，因为这样一来，零售商的生意被抢走了。另外，由于许多公司之间在线合作，使它们在价值链上更加相互依赖。在 B2B 市场上，企业既获得新的机遇，也面临新的挑战。

互联网允许陌生的商业伙伴加入其中。企业在非竞争行业中比较容易建立合作关系，为消费者带来价值。例如 MSNBC 公司（指微软公司与 NBC 电视网合作建立的企业）的出现就是一个很好的例子。在这种情况下，企业不仅要为赢得消费者而竞争，而且要为吸引更多的合作伙伴而竞争，有时甚至要为此与竞争对手结成伙伴关系。例如，多家实力雄厚的航空公司联手组成一个航空票务预订中心，削弱了网络旅行社的实力（例如美联航与另外26家航空公司结成的“星空联盟”）。另一个很好的例子是，美国几大汽车制造商拥有一个共享的物资采购中心，以此来联络它们的供应商。

政府市场

美国联邦政府是全球最大的买家，再加上各州、县、市及其他地方性政府机构的购买力，形成了一个巨大的市场。其他国家的政府也是主要的买家。例如，西澳大利亚州的州政府每年购买60亿美元的产品和服务，同时授权签订4万多份劳务合同。

希望能和政府进行交易的企业面临政府市场特殊的挑战。供应商需要遵守政府机构的各项规定，包括提供资质证明、各种书面文件等。另外，公司必须通过竞争才能得到政府的认可，成为供应商名单中的一员。然后公司还得通过竞标取得供货合同或劳务合同。政府机构特别重视在价格合理的情况下及时交付合格产品。

值得庆幸的是，企业无论大小，通常拥有同等的竞争机会。政府也会在投标前在网站上公布其采购需求。美国政府有一个政府采购网站，2012年9月，网站上有近40 000个向政府机构供货的机会（见图8—2）。互联网技术使得企业能够有效地向政府供货，因为它们能将自己的产品信息上传到政府网站，完成许多竞标的流程。

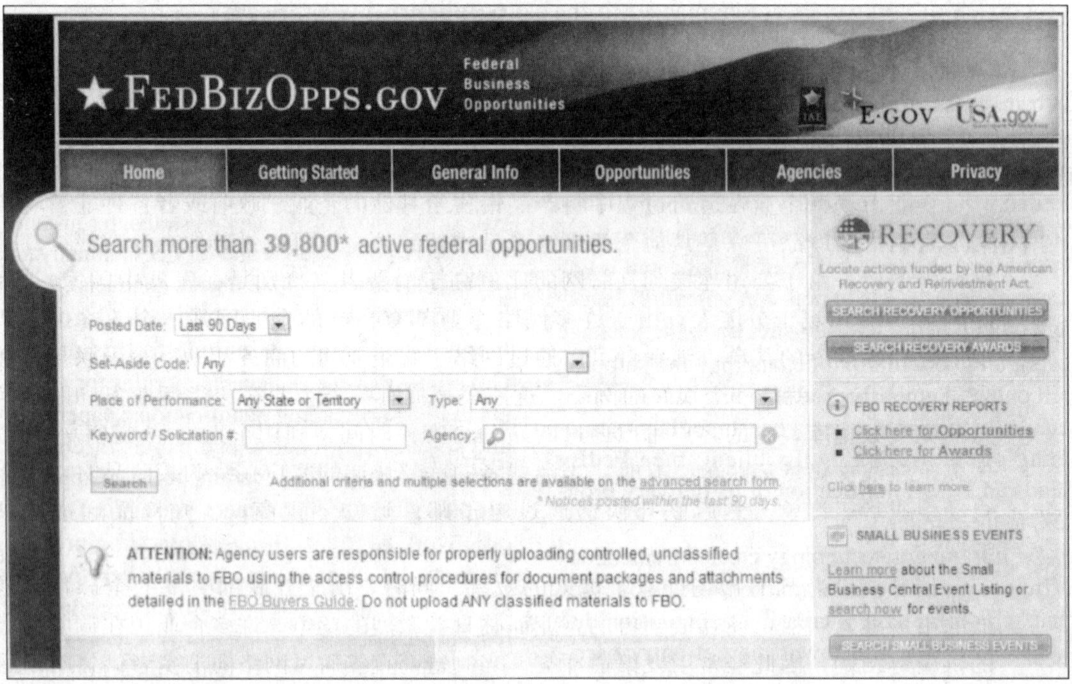

图8—2 美国政府的“联邦商业机会”

资料来源：fbo. gov.

消费者市场

消费者市场是指把商品或服务销售给最终消费者的市场。本章描述了许多消费者细分市场，而本书的大部分内容也着重描述消费者市场上的网络营销。

8.3　市场细分要素和变量

对消费者市场进行细分，营销人员一般考虑 4 个要素，即人口统计特征、地理位置、心理特征和行为特征。在每个要素中，又有许多**细分变量**（segmentation variables，见表 8—2）。例如，麦当劳公司按年龄和家庭生命周期这两个变量将目标市场细分为成年人、儿童、老人和家庭。我们可以把市场细分要素看成几个大类，而细分变量则是许多子类目。

表 8—2　市场细分要素及相关变量举例

地理位置	人口统计特征	心理特征	行为特征
市 县 州 地区 国家	年龄 收入 性别 受教育程度 种族	行为 兴趣 观念 性格 价值观	寻求的经济利益 适用程度 网络活动参与程度 社会地位

厂商经常将多个要素结合在一起考虑，形成市场细分的大类。例如**地理人口统计特征**（geodemographics，即地理位置加上人口统计特征）。例如，尼尔森市场调研公司旗下的克拉瑞塔斯公司（Claritas）开发的 PRIZM 系统将美国人口按照邮政编码的统计分析划分，将美国划分成 62 个细分市场。厂商也可以运用任何变量组合，建立对所在行业有意义的细分市场。最重要的是，营销人员根据不同变量选择目标市场，这有助于识别客户，适时地接触到目标市场的客户。

对这 4 个要素单独使用或者组合使用后，营销人员再用许多其他变量来确定细分市场的成员。例如，一些家庭主妇在网站（例如 iVillage. com 网站）注册，网站就可以通过直接或间接调研数据收集这些家庭主妇的资料，比如孩子的年龄，家庭偏爱的活动，等等。这些资料可能显示 30％的家庭主妇喜欢搜索旅游资料，带着孩子去远足。iVillage 网站就可以判断其他的网站如何面对这样的市场做广告，自己的网站上应该展示哪些内容，如何向她们发送电子邮件。如果在离线环境下，要接触这个妇女群体就不那么容易了。因此，营销人员可以通过使用变量对营销组合进行重新调整，包括网站内容和广告。本章的导入案例 1-800-鲜花公司就是用这种分析方法进行市场细分的。

下面将具体描述互联网上的地理细分市场、人口统计细分市场、心理细分市场和行为细分市场。

地理细分市场

尽管对网络用户而言开展网络经营的企业所处的地理位置并不重要，但它对企业自身是很重要的，因为大多数企业瞄准的是它们提供产品或服务的具体城市、地区、州或国家。即使最大的跨国公司通常也是根据地理特征来制定多重细分市场策略的。

产品的分销策略对地理细分是一个重要的驱动力。一些在线消费品零售商（例如 rakuten. com 网站等）只希望与销售其产品的国家的客户打交道，同样，提供在线服务的公司只会向它能够用合适的语言提供客户服务的地区开展销售。在一个组织决定为网上社区服务时，它必须调查所选地理目标市场中网络用户所占的比例。例如，为南太平洋的萨摩亚群岛的居民开发专门的网站是否值得？那里的互联网普及率只有6.6%（附录A中的统计数据显示，还有40个国家的普及率比这个还低）。

网络营销重要的地理细分市场

中国的互联网用户在全球是最多的，达到5.13亿，尽管从相对数来说，中国的互联网普及率只有38.4%。[①]美国的互联网普及率位居全世界第二位，拥有2.45亿互联网用户（占人口总数的78.3%，也有的资料称美国的互联网普及率已经达到85%）。相比之下，冰岛是全世界互联网普及率最高的国家。总体上说，67个国家的互联网普及率已超过50%，这些国家为新技术提供了良好的市场条件，因为它们对互联网的使用已经相当娴熟。附录A列举了世界上所有国家有关互联网使用方面的有效数据，这些数据为地理细分市场提供了良好的前提。然而，这些数据是2011年一个时间点上的统计数据，而且不同的个人和组织提供的数据出入很大。营销人员运用地理位置变量进行市场细分还得按地区、城市、城区等几个因素评估在线市场。例如，整个北美地区和斯堪的纳维亚地区[②]都拥有诱人的市场；大多数国家的城区（如墨西哥的墨西哥城）往往比郊区更容易接入互联网。许多因素对电子商务和其他各种商务活动发挥着重要作用，在美国是如此，在其他国家也是如此（请参考第4章内容）。

脸谱网及搜索引擎在全球的作用

中国的互联网普及率很高，但是脸谱网的用户并不多（占人口的3.3%）。尽管谷歌网和脸谱网是全球应用最普遍的网站，但是许多国家有自己的类似的社交网站和搜索引擎网站，因此许多当地的用户会使用本国的网站。例如，中国的新浪微博就类似于推特网，有22%的中国网络用户选择新浪微博。人人网的功能类似于脸谱网，注册用户达到1.47亿，占到中国大陆人口总数的11%。在搜索引擎市场，谷歌在中国大陆显得很弱，只占到6.6%的市场份额，而市场巨头百度网却有78.6%的市场份额。希望走向全球的网络企业在制定营销战略时，一定要先仔细地研究当地的地域经济环境。

网页上的语言

许多年来，大多数网页和其他的一些网络内容已经不是英语一统天下了，但是在过去的两年里，英语的覆盖面增加了一些。2011年，互联网上使用的主要语言是英语（33%）、中文（29%）、西班牙语（9%）、日语（6%）、葡萄牙语（5%）（见图8—3）。这些数据对渴望通过互联网拓展全球市场的网络经营者来说，无疑有重要的意义。除非更多的在线文本以当地语言出现，否则这些国家的用户就不能参与到电子商务和其他在线活动中。许多亚洲和中东国家的网络开发者正面临着技术上的挑战，由于当地的语言要求双字节符设置（罗马文字只需要单字节符），因此要求更大的数据库、更加个性化的交易方式以及复杂的搜索运算法则。

还需要考虑的一个因素是有些国家的官方语言有多种，例如加拿大就使用英语和

① 据中国互联网络信息中心2014年7月公布的数据，截至2014年6月30日，中国网络用户达到6.32亿人，普及率达到46.9%。——译者注

② 指斯堪的纳维亚半岛地区，包括丹麦、挪威和瑞典的北欧区域，有时还包括芬兰和冰岛。——译者注

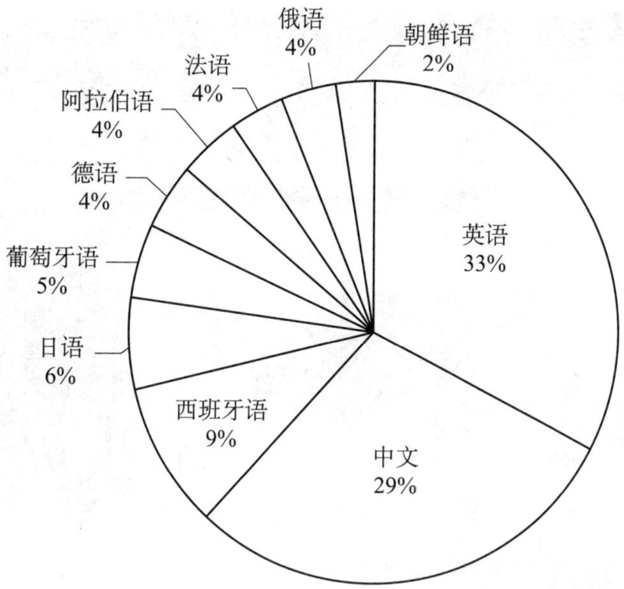

图 8—3　2011 年 1/3 的网络用户在线使用英语

资料来源：Data from internetworldstats. com.

法语。美国小企业管理局（SBA，参见图 8—4）是一个政府机构，专门为讲西班牙语和英语的用户服务，并且像许多其他企业或者非营利组织一样将网站的内容设计成不同的语言版本。

本土营销

由于谷歌和雅虎都具有本地搜索功能，使得本土营销在网络上运作得非常好。一些小公司（诸如本地的小诊所或汽车维修商）即使没有网站也可以出现在这些搜索引擎的相关词条上。谷歌还为那些想要寻找一家本地企业的用户提供智能手机应用软件，用户可以手握智能手机找到任何企业。不久前，comScore 网络公司进行了第五次年度本地搜索使用研究，结果显示，2012 年，61％的智能手机用户用手机搜索本地的企业，实际完成购物的用户占搜索者的 72％（用平板电脑搜索后完成购物的占 86％）。同样的研究还显示，一半以上的移动设备用户在搜索时会浏览社交网络上的评论，45％的人会上传自己的评价。参与本土营销的其他网络企业还包括 eBay 分类广告（2011 年 1 亿多用户完成了 686 亿美元的商品交易额）和十分普及的 Craigslist 网站。

人口统计细分市场

在互联网发展初期，普通的网络用户都具备一些共同的特征：年轻男性、大学毕业、拥有高收入。除了性别以外，这是一个典型的创新者的形象。这一现象在互联网普及率低的国家依然普遍存在。在发达国家，互联网用户看起来更像是主流人群，年轻、高收入、受教育程度好等特征，已经不是很明显了。

为了接近这些群体，营销人员必须能识别出哪些人口统计细分市场比较具有吸引力。下面将讨论两种细分市场，目前这些细分市场已引起网络经营者的注意，它们是跨世纪一代市场和儿童市场。

图 8—4　美国小企业管理局网站西班牙语版和英语版

资料来源：sba. gov.

跨世纪一代

在美国，大约有 6 000 万人出生在 1979—1994 年，这些人即将在 21 世纪初成年。他们中有 95%以上使用互联网，超过美国平均水平的 10%。Pew 市场调研公司调查认为，这群人有自信心、比较合群、愿意接受变革，他们是联系最广泛的一个群体。他们有能力同时处理多项任务和过量的信息，这一点比上一代的互联网用户强。跨世纪一代是随着互联网一同成长的，这一代人能够熟练地操作各种接收设备，他们把信息、沟通和娱乐全部看成一股数据流，并且可以在多功能设备上同时操作。他们知道如何屏蔽自动弹出的广告窗口，如何使用电视机机顶盒观看节目表上的各档电视节目，而且跳过电视广告，除非广告的内容和形式特别吸引人。他们是成功的社交网络用户，睡觉也要把手机放在枕边，而且短信不断。

跨世纪一代是一个重要的细分市场，因为他们是第一代能够快速地控制信息，在短时间内学会使用各种网络小插件，并且完全忽视营销人员存在的消费群体。在这个年轻群体中，半数以上的人会边看电视边上网，有时会一边收看《美国偶像》或其他电视节目，一边在网上投票。他们会使用多种媒体渠道，比如手机短信、电子邮件、脸谱网聊天室、iPod 或其他类型的 MP3 播放器、P2P 社交网络、网络游戏以及虚拟世界。

如果营销人员能够吸引他们的注意力或向他们提供娱乐活动，他们就会通过网络口口相传的方式倾听和传播这类信息。这个群体对需求的及时满足要求很高，厂商必须对他们的要求及时回应，而且要模仿他们的行为方式。这对于那些 35 岁以上的中青年人来说是很不容易的。对网络营销人员而言，这个消费群是未来坚实的保证，是一个真正的挑战和十分重要的目标市场，如果企业无法吸引这些年轻人，最终会被市场淘汰。

儿童市场

据 eMarketer 市场调研公司统计，美国 11 岁以下的儿童在 2011 年有 2 020 万，到 2015 年，将会增长到 2 500 万。对他们来说，最主要的网络活动是看视频（2012 年占 62%），他们也会玩网络游戏。许多孩子还没有学会阅读，还不会骑小自行车，就学会了操作计算机、手机以及形形色色与网络有关的电子设备。

12～17 岁上网的青少年人数也在增长。他们在网络上做什么呢？据 Forrester 市场调研公司的统计数据显示，男孩们每周要玩视频游戏 6.1 小时。41%的女孩、32%的男孩每天都会在社交网络上发帖子，许多人每天要在 Webkinz. com 社交网站上流连几个小时。在实体店里，秀娃（Webkinz）是一些可爱的毛绒玩具，一般售价为 10～20美元。当这些玩具被买回家后，孩子们会撕开玩具上的标签，并在标签上找到一个 8 位数代码。孩子们可以使用这个代码在 Webkinz. com 网站上给他们的新玩具进行注册，并且会得到一个与毛绒玩具长得很像的电子宠物。完成注册后，孩子们就会收到一些电子货币（称为秀币（KinzCash）），可以用来为他们的电子宠物独角兽、宠物猫或者宠物青蛙买衣服或其他东西。孩子们在网上可以通过玩游戏来赚取秀币，当然，父母们也可以给孩子们的秀娃账户存钱。秀娃世界提供安全的网络供孩子们在网上和其他宠物主人联系和聊天，允许会员参与虚拟工作以赚取秀币，同时提供一些创新的活动，比如允许孩子们自创电视节目秀。

许多父母对儿童上网非常担忧，但是他们无法阻止这样一个有巨大潜力的新市场的形成，他们能做的就是替孩子进行网页内容的筛选（参见下面的“相关技术”专栏）。孩子们对营销信息是愿意接受的，但是厂商必须十分谨慎，因为孩子的家长会把各种促销信息看成厂商在操纵自己的孩子。不过，这群孩子是一个十分巨大的市场，他们会紧随跨世纪一代成为不可忽视的营销对象。

相关技术

内容审查程序

不知出于什么原因，你得照看 7 岁的堂弟。他问是否可以在你做晚饭（当然还是奶酪通心粉加大大的热狗肠）时让他上网，你想：“我怎么才能一边在楼下做饭一边照看他呢？”要知道，你和他的父母都不希望他在网上看到一些不适合他年纪的内容。当你停下手边的活儿，正在左右为难时，你堂弟说：“不用担心，爸妈已经帮我把计算机设置过了，上网很安全。”

未满 18 岁的儿童市场是一个正在增长的网络用户细分市场。孩子们通常会有属于自己的个人电子邮箱和网络昵称。许多家长担心孩子会在网上接触到一些不良信息（如色情或暴力），这些内容都非常令人讨厌。即使孩子不主动查找这类信息，也可能在不知不觉中接触到这些内容。比如，用任意一个常用的搜索引擎搜索“girls’sites”，搜索结果中有无数个色情网站链接，如一个链接名为“裸体女孩网站，醉酒和裸体少年”。

有许多方式可以满足这类用户细分市场的需要，使得用户接触不到这类信息。一种方法是通过教育引导或法律法规阻止接触这类不良信息；另一种方法是使用技术屏蔽这类信息。教育教导或法规的方法包括：

● 教导儿童不要去查找网上的不良信息。

● 通过法律手段禁止不良信息。

● 要求并鼓励这类不良信息的提供者在网站上提出年龄限制的警告（如“未满18岁者请勿进入”）。

● 要求并鼓励这类不良信息提供者运行年龄核对系统，这类系统要求用户输入信用卡密码或要求提交有效的信用卡号码来确认年龄。使用这种方法的前提是未成年人无法获得信用卡。

● 要求并鼓励这类不良信息提供者用行业标准的评价等级来鉴定信息，这类评价标准类似于电视或电影行业使用的评级标准。

基于技术的方法包括：

● 要求互联网服务提供商过滤传输给用户的网页内容。

● 在用户的计算机上，运用专门软件过滤网页内容。

● 运用搜索引擎的用户使用偏好来过滤搜索结果。

上述这些方法都有各自的优缺点，已成为激烈争论的焦点。本专栏仅针对基于技术的解决方法进行讨论。

互联网由各种各样的计算机组成。当用户进入万维网页面，就好比从一台计算机跳到另一台计算机上，直至到达终点。每跳到一台计算机上，人们就可以浏览和审查网页。在公司里，会有一台计算机安装安全软件，在互联网上像看门人一样禁止员工进入不良网站，这类计算机称为**代理服务器**（proxy server）。公司的任何计算机与互联网沟通都要通过这个代理服务器。这是行之有效的方法，甚至允许老板在必要时记录试图进入不良网站的行为并进行惩戒。另外，代理服务器也可以防止员工在工作时上网娱乐。例如，一些公司选择屏蔽与运动有关的网站（例如espn.com网站），或者像脸谱网一类的社交网站。

家庭网络用户一般不使用这类服务，互联网服务提供商也不愿意过滤这类信息，原因是许多用户愿意获得这类信息。有些国家的政府会要求互联网服务提供商就某些内容对所有上网用户（成年人和儿童）进行筛选。在这个问题上，审查制度也是道德争论的核心。

通常家庭用户会在自己的计算机上安装软件，审查网页内容。有很多产品可以执行这项任务，包括网络保姆（NetNanny）、互联网保姆（Cybersitter）和网络巡警（CyberPatrol）等内容审查程序。从这些软件名字就可以看出，这些软件产品可用于阻止儿童进入不良网站。许多软件可以设置密码，这样其他的家庭成员就可以按意愿接入互联网。内容审查程序同样可以具有个性化操作功能，允许为每一位用户设置不同的审查级别。

这些软件操作的一种方法是拥有一个未许可列表和一个许可列表。在未许可列表中，过滤软件拥有一份未许可网站名单（多达好几万个网站名单）。

每当孩子试图进入一个网站，过滤软件根据未许可网站列表检查网站地址，如果地址名称相符，软件会采取如下几种措施：

1. 允许进入网站，但悄悄地留下记录，让家长以后察看；

2. 允许进入网站，但屏蔽不良的文字或图片；

3. 阻止进入任何被禁止的网站；

4. 完全关闭浏览器。

在许可列表中，孩子只能浏览经审核的网站。这些网站可能包括迪士尼网站（disney.com）或玩具反斗城网站（toysrus.com）等普通级（G-rated）网站。家长可以根据孩子的要求添加列表内容。如果孩子试图进入不在许可列表上的网站，程序同样会进行一系列相同的操作。

随着未许可网站列表内容的增加，这类过滤软件大多数可免费升级。由于新的成人网站不断增多，升级服务是一个非常重要的问题。阻止进入网站的过滤软件是根据网站名（如 cybersextalk. com）或网页中的词（如“这个网站有色情图片”）来进行的。过滤软件服务不断升级，阻止新的不良网站，甚至连电子邮件或微软的 Word 电子文档也会受到审查。不管是哪一种情况，软件都可以采取上述这些操作方式。

过滤软件也可以监测要发送的电子邮件，确保孩子不会向网络恋童癖泄露私人信息（如姓名、电话号码或家庭地址）。为了能够完成这项监控服务，软件需要通过编程来识别姓名、电话号码和家庭成员的地址，这样才能在发送的信息中扫描这些关键词。互联网服务提供商已经开始提供电子邮件审查服务。用户虽然觉得电子邮件审查服务想法不错，但仍然不愿意接受互联网服务提供商审查自己的网络信息。美国在线（AOL）提供的审查服务是根据用户提供的报告进行的。当一定数量的消费者向网站报告某封电子邮件中含有不良信息时，美国在线就会把这封邮件从所有用户的电子邮件收件箱中删除。

一些主要的搜索引擎（如谷歌和必应）也提供内容审查服务。谷歌等网站默认一套内容审查适中的网页设置程序，用户也可以根据自己的使用偏好调整审查程度较高或较低的固定设置。还有一种搜索引擎服务是专为儿童设计的，如 Ask Jeeves for Kids 公司的 ajkids. com 网站和雅虎公司的 Yahoo!-Kids。

苹果公司将家长控制程序嵌入到操作系统中。这种控制程序不仅可以帮助家长控制孩子浏览的内容，而且可以设定孩子一天使用计算机的时间，甚至还可以设定每天使用计算机的时间段。这样，即使家长已经睡觉了，孩子也打不开计算机。家长们都欢迎这种对时间进行控制的软件程序，因为省去了他们为限制孩子的上网时间而喋喋不休。

许多人认为，这些**内容审查**（content filtering）软件确实根据家庭的需要提供了不同程度的保护措施。一些社区在公共图书馆里也安装了同样的内容过滤软件。内容审查软件是很典型的营销组合的例子，因为它根据人口统计特征（年龄）和**心理特征**（psychographics）来划分目标市场。然而，由于网站变化速度太快，有些小孩又非常聪明，这些软件程序不可能提供百分之百的保护。

心理细分市场

用户心理特征包括个性、价值观、生活方式、活动、兴趣以及观念。个性是指诸如他人取向、自我取向、习惯（比如做事拖沓等）等显著的特点。价值观是指内在的信念，比如宗教信仰、绿色环保等。生活方式和活动在心理学中指的是与产品无关的活动，比如喜欢运动、喜欢撰写网络产品评价、喜欢外出吃饭。例如，用户认为他们上网冲浪的时间是从其他活动中抽出来的：阅读（39%）、睡觉（23%）、社交（14%）和工作（12%）。兴趣和观念是指人们所持有的态度和信仰。例如，有些人认为上网是在浪费时间，而有些人认为如果离开了电子邮件，几乎无法生活。

兴趣社区

互联网是把具有相同兴趣和目的的人聚集到同一社区的理想场所。社交媒体和其他各种网络社区吸引网络用户，允许他们在网上发表自己的评论，建立自己的信息档案，或者上传信息与他人分享。有时，浏览者需要支付订购费用。社区可以在网站上或者博客上根据用户发表的内容或通过电子邮件与成员沟通而组建。我们罗列了 10

种重要的网络社区（见表8—3）。

表8—3　　10种重要的网络社区

社区类型	解释与实例
1. 娱乐社区	人们加入这类社区的目的是玩多人在线游戏，如在secondlife.com网站上玩“第二人生”虚拟三维网络游戏，或在雅虎游戏网站下国际象棋
2. 社交网络社区	用户加入和访问这类社区是为了交朋友，比如用于约会的网站（Match.com）、找工作的网站（Monster.com），或者建立工作社交圈的网站（LinkedIn.com）。用户愿意为加入这类社区支付费用，特别是大规模的社区。有些网站的存在纯粹是为了让志同道合的人进行联系和交朋友，这些网站包括推特网、脸谱网等
3. 交易社区	这类社区为用户交换产品或服务提供场所，例如，消费者市场的在线拍卖网站（eBay.com）、企业市场拍卖网站（Guru.com），以及音乐共享网站（Kazaa.com）
4. 教育社区	按照教学领域形成的社区，例如Elmar营销学教师社区（marketingpower.com）、教育软件使用社区，或学生参与课堂或大学讨论的社区
5. 预定事件社区	比如《美国偶像》节目是一档电视大赛，邀请观众在线投票并畅所欲言；或企业召开网络会议，它们会为一次性的活动组建社区
6. 倡导社区	组建这类非营利社区的目的在于影响公众舆论，如MoveOn.org网站是为了支持当时还没上任的共和党领袖，该网站运用社区影响力去创建和支付电视广告，正如该网站的发起者认为的，互联网应该倾听用户的声音，而不是一味地告诉他们
7. 品牌社区	公司在网站上根据公司品牌创建的客户关系管理社区，允许消费者张贴信息。例如，关于产品的评价（Amazon.com）、旅游经历（Tripadvisor.com）和电子设备软件（engadget.com）或SAP软件（Sap.com）的使用提示。许多企业还专门建立了自己的品牌社交网站
8. 消费者社区	消费者在Epinions.com网站上对产品进行评论或在谷歌论坛组里讨论他们的产品使用经历，消费者社区与客户关系管理社区的区别在于前者缺乏品牌赞助，因此基本上是一些未经编辑的评价
9. 员工社区	一个例子是前任微软员工组建的巨大网络，他们通过电子邮件和电子公告板讨论微软公司的小道消息或由于工作需要组建网络，LinkedIn.com网站和Xing.com网站就是两个非常重要的职场社交网站
10. 专题社区	除上述社区外，有些网站纯粹为进行范围有限（如电影、某个汽车品牌、模型或不同宗教等）的用户聊天和电子公告板而存在，这类社区主要有谷歌论坛（原来是新闻组网络）、雅虎论坛等

可能最重要的一种网络社区就是**社交网络**（social networking），这是指通过人与人之间的交往，扩大工作或生活的接触范围。它是建立和应用在六度分隔理论（指“任何两个人结识，中间最多通过五个朋友就能达到目的”的一种假设）基础上的。LinkedIn就是一个很好的职场社交网络的例子，该网站拥有来自世界200多个国家和地区的1.7亿职场人士用户（参见图8—5）。本书在前面曾提及人们宁愿信任跟他们相似的人所提供的信息，而不愿相信企业提供的信息，因此，社交网络和其他类似的网络社区将会变得越来越重要。

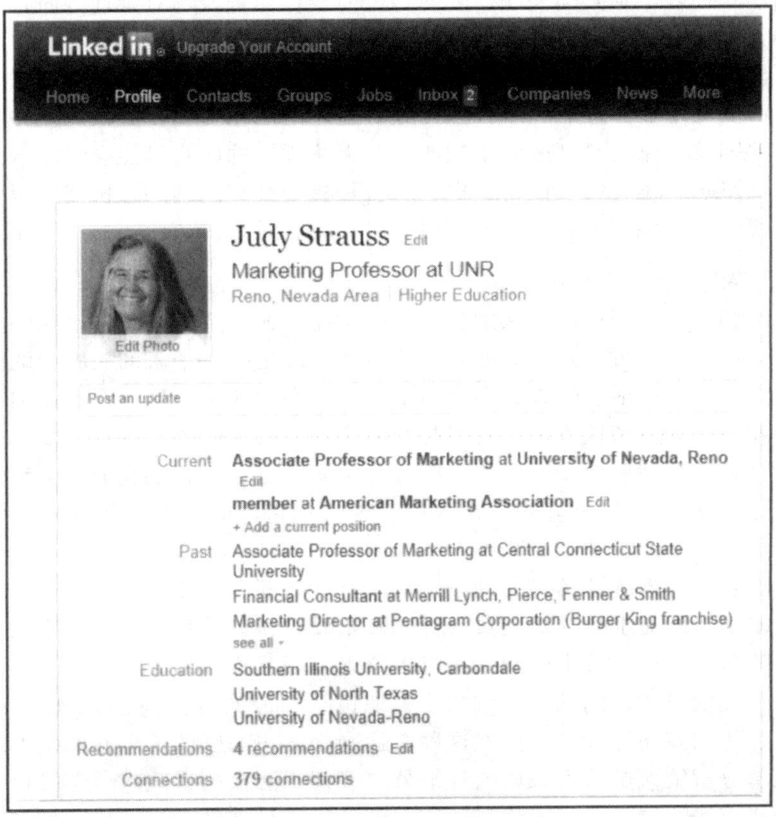

图 8—5　职场人士的社交网络社区

资料来源：linkedin. com.

建立网络社区有 3 种方法：第一种，可通过聊天室、讨论组、电子公告板或其他在线活动等形式在公司网站上建立社区，有共同兴趣爱好的人聚集在虚拟世界里进行交流，他们所接纳的信息和**社会纽带**（social bonding）所产生的价值观会保证用户再次回到社区；第二种，企业可以在另一个公司社区网站进行广告宣传，或通过电子邮件告知社区成员；第三种，是许多公司加入社区，听取网友对于公司所在行业的讨论并获取相关信息。比如，斯科特·欧里尔瑞（Scott O'Leary）是美国大陆航空公司客户体验部门的常务董事，他每天要花费好几个小时在旅行类网站（flyertalk. com）上搜寻客户投诉的问题。像这样的网站拥有将近 50 万名用户，他们经常发帖披露乘飞机出行时遇到的问题，或者为网友提供一些小贴示。根据《辛辛那提邮报》的报道，欧里尔瑞有一年在 Flyertalk 及类似网站上总共发布了 500 多个回帖，以回答客户的提问并辟谣。

建立网络社区既有优点又有缺点。当企业建立和维护社区时，可在社区展示根据消费者兴趣进行定位的产品并掌握相关信息（如亚马逊网站），对某产品感兴趣的消费者而言，这类社区也是他们所关注的。例如，网络游戏用户总是有兴趣了解最新的付费游戏，而哈雷车主会（Harley Owner's Group）的成员希望了解哈雷-戴维森（Harley-Davidson）品牌的产品。可能最重要的是，企业可以通过这些社区听取客户的问题和建议，正如欧里尔瑞及戴尔的案例所反映的那样。相反，如果网络社区的议论内容没有得到很好的控制，就会出现一些对产品不利的评价和过激的言论。如果公司出面建立社区，则必须关注社区内容，但是，如果公司对于社区内容编辑太多，人们又会失去继续在网上跟帖的热情。此外，如果企业删除了一些负面的评论，那么用户很可能会在网络的其他地方发表同样的内容，与其如此，还不如把这些内容保存在企业自己的网站上。最后，以社区为核心建立的网站（如雅虎社区）在吸引广告方面存在一些困难，原因是社区内出现的一些无法预知的内容可能会给广告商的品牌形象带来负面影响。还有一点值得一提，那就是参与社交网站的评价活动很费时间，要监视社交媒体或其他网络社区上的言论也是很不容易的。

态度和行为

态度和行为之间有哪些差别呢？态度是指对人、产品或其他事物的心理评价，它可以是正面的，也可以是负面的，评价过程是发生在一个人的头脑中的。行为是指人的机体行动，如说话、吃饭、在网站上注册、在博客上发帖，在脸谱网上点赞，或访问网站购买产品。营销人员没有把与产品有关的行为归入心理细分要素中，这是因为行为特征是描述细分市场一个非常重要的要素，它自身就能组成一个大类（下一小节将讨论这一话题），因此，当营销人员讨论心理特征时，他们指的是消费者消磨时光的一般方式，一般都和产品联系在一起。

消费者的心理统计信息有助于网络经营者判断和描述细分市场，可以使公司更好地满足消费者的需求，这对网页设计尤其重要。譬如，日本用户不喜欢一些美国网站轻浮、挖苦的语气。日本的网站相对更严肃，而且没有政治讽刺一类的内容。“婴儿潮”一代比较喜欢的网站颜色偏向于大地色①，而跨世纪一代的年轻人则比较喜欢更加新潮、更加亮丽的颜色。类似这种表达网络用户态度的信息在网络上越来越多见。

大部分营销人员认为人口统计细分要素并不能预测哪些人会选择在线购物，哪些人会选择离线购物。人口统计特征所起到的作用是帮助营销人员找到需要进行沟通的目标市场，如果需要对市场进行预测则必须借助其他细分要素才能完成，因此营销人员在选择市场细分要素时要找到一个平衡点，这样才能更好地定义细分市场。Forrester 市场调研公司曾经以用户“是否会进行在线购物为题”展开过一项调研，其中一种方法就是根据细分市场对技术的态度来进行判断。

对技术的态度

美国 Forrester 市场调研公司在衡量消费者和企业对技术的态度时运用了一种理论系统，称为**技术消费学**（technographics）。自 2002 年以来，Forrester 市场调研公司每年在全球进行数十万次调查，其中 1/3 的调查数据是通过离线方式收集的。技术消费学研究的是消费者如何看待技术，如何购买和使用技术（指涉及医疗卫生、金融服务、零售和旅游等领域的多种设备和媒体）。

技术消费学将 3 种具体变量结合起来应用于实践（见表 8—4）。首先，研究人员设计一些问题来判断一个人对于技术持积极态度还是消极态度；其次，他们估量一名用户的收入水平，因为这是在线购物行为的重要决定因素；最后，他们询问用户上网的主要动机。在进行了多年的数据收集的基础上，Forrester 营销调研公司将全美消费者分为 10 个技术消费细分市场。表 8—4 显示的是对这 10 个细分市场的具体描述。按照 Forrester 市场调研公司得到的调查数据，可以从技术的角度对市场进行如下细分：

① earth tone，顾名思义就是接近大地的颜色，包括棕色、古铜色、灰色、绿色、橙色、白色、蓝色以及略带红色的一系列色系。——译者注

- 快走族（fast forwards）：商用软件最主要的用户；
- 新观念族（new age nurturers）：最容易被忽视的技术消费者；
- 网虫族（mouse potatoes）：热爱 PC 机互动娱乐节目；
- 拼搏族（techno-strivers）：低收入用户中 PC 机拥有率最高的消费群；
- 数字潜力族（digital hopefuls）：低价 PC 机的巨大潜在市场；
- 追星族（gadget grabbers）：低价高科技玩具（例如任天堂游戏机）的消费者；
- 握手族（handshakers）：进行商业交易时不涉及技术的使用；
- 保守族（traditionalists）：除了录像机之外不用其他的设备；
- 新闻八卦族（media junkies）：喜欢看电视，是卫星电视接收机早期使用者；
- 局外族（sidelined citizens）：技术落后者。

表 8—4　美国技术消费细分市场

			使用互联网的动机		
			职业	家庭	娱乐
对技术的态度	技术积极群体	高收入	快走族	新观念族	网虫族
			有愿望也有能力改变自己的现实环境。他们希望为产品和体验投入资金，并以此来提升自己的社会地位	有愿望也有能力为亲友改变现实环境。他们希望通过技术来相互联络，有一份安全感	希望得到娱乐和刺激。主要目的是利用新技术来体验新事物
		低收入	拼搏族	数字潜力族	追星族
			像快走族那样愿意为自己的社会地位投入资金，但是又有一点力不从心。若达不到目的，拼搏族是会犹豫的	他们愿意为亲友或工作投入时间和精力。为了达到目的，他们可以先使用低配置的产品，而不是等着高配置的产品降价	他们像网虫族那样追求娱乐和刺激，但目标是较廉价的项目，这样既得到了娱乐，又不花太高的价钱
	技术消极群体	高收入	握手族	保守族	新闻八卦族
			他们使用较传统的品牌，保持自己的社会地位。对创新技术并不太追求，但是也不拒绝	他们希望传统的产品和服务依然能够维持自己的生活和工作。他们希望在用惯了的产品和服务中依然能得到安全感	他们在两个世界里徘徊，他们既希望体验新事物，又对新事物不放心；他们希望得到刺激，又不想去体验它，因此电视节目就是最好的依靠
		低收入	局外族		
			这一群体的差异很大，但是他们也有共同的特点，那就是收入相对比较少，对创新事物带来的利益也不太信任，因此就不在乎什么刺激。他们担心的是自己会失去什么，而不在乎是否有机会改变自己的处境		

资料来源："Segmenting Customers by Technology Preference," 2012. Forrester Research, Inc. Reprinted with Permission.

Forrester市场调研公司的研究揭示了一些有趣的现象。技术乐观者的人数随着年龄的增长而逐渐减少，年纪大的用户对于技术持比较否定的态度，但是，如果这些年长的用户在工作中需要使用电脑，或者他们居住在美国最大的50个城市中，他们对技术的态度就不会那么消极。男性用户态度更为积极，在所有的人口统计群体内，来自同辈间的压力可以增添乐观态度，也就是说，当朋友们聚在一起讨论电子邮件和网络时，悲观者经常会重新思考自己的态度。从收入来看，某些低收入人群（如在校大学生和年轻家庭）对技术也很乐观。

这些调查结果与在线消费有何关联呢？首先，高收入的乐观主义者在网上购物是其他群体的2倍，而低收入的悲观主义者中只有2%的人会在线消费，因此，这类群体不是电子商务企业理想的目标市场。其次，Forrester市场调研公司的研究运用技术消费学分析早期使用者的情况，发现他们多为高收入的技术乐观主义者，从而确定了在线购物的第一批消费者。相反，**滞后者**（laggards）是最后上网购物的悲观低收入者。最后，企业可以使用技术消费学细分市场并对网上购物的消费者进行分类，决定如何分配资源吸引更多同类别的消费者。星巴克公司运用技术消费学理论研究发现，其47%的客户是早期使用者（“快走族”、“新观念族”和“网虫族”）。该公司还进一步发现，22%的消费者是热衷事业的快走族，他们使用互联网是为了提高自我能力。根据这些研究结果，星巴克公司多年前就开设了网上销售业务。

Forrester市场调研公司拥有一个针对企业市场技术消费特征的统计数据库，该公司访问了2 500多位北美各大企业的资深经理人，这些企业的年经营收入都在10亿美元以上。总体上说，对技术消费特征的调查结果有助于推动企业进行产品开发与推介，引领潮流，促进交叉销售，改善客户服务及创立品牌。

影响者

许多网络经营者把自己的营销对象定位在有影响力的人物身上，因为他们是意见领袖。这些影响者有的是公司的利益相关者，他们对公司的品牌很在意，而且社交网络也比较大。有的则是有一定社会地位的人，他们能够影响人们的购物行为。在传统的营销活动中，负责公共关系的人会把目标锁定在媒体记者身上，因为他们在报道有关公司的新闻中会产生影响力。到了网络时代，有比较大的影响力的是如下一些人：

- **网络记者**。Huffingtonpost. com网站是阿里安娜·赫芬顿（Arianna Huffington）创建的，如今已经成为知名度很高的信息网站，许多专家就各种各样的话题提供信息。2012年估计有400万～600万的用户浏览该网站。有些传统媒体记者（例如CNN的记者）也在这样的网站上发表意见，影响网络用户。

- **行业意见领袖**。行业意见领袖因行业的不同而不同。这些人一般包括行业分析师、传统媒体记者、知名博客版主、思想领袖、大公司高管等。企业要操纵意见领袖并不是容易的事情，但是如果出现了一种新的社会趋势，意见领袖的思想还是会对舆论起一定作用的。例如，Altimeter集团的营销总监、社交媒体专家布赖恩·索利斯（Brian Solis）就有一个影响力很大的博客，他专门对社交媒体对营销活动和文化趋势造成的影响发表自己的意见。

- **知名社交网络作家**。Lady Gaga是推特网上粉丝数量超过2 000万的第一人。只要她对某家餐馆或酒店发表意见，人们都会去关注。许多消费者在自己的社交圈里是意见领袖，因此，营销人员一旦意识到某人有一个大的社交圈，就会主动找上门去与之联络。

我们不应该忽视公民记者的作用。有时候一个没有什么名气的人如果在网络上对某家企业发表负面评论，互联网上顷刻就会“坏事传千里”。2005 年，戴尔公司因为拒绝更换或维修一个损坏了的笔记本电脑而得罪了一个名叫杰夫·贾维斯（Jeff Jarvis）的客户，结果他在网络上发了一个帖子“戴尔去死吧”（Dell's Hell），影响很坏。许多人会在网络上发一段视频或一张照片，告诉他人某件产品的瑕疵。当然，人们也会对某些产品发表正面的评价，但是这样的评价影响力就小多了。

厂商应该了解自己的行业里有哪些人是意见领袖，应该判断如何让这些人对自己的企业或产品进行评价，或帮助监视网络舆论。

行为细分市场

将消费行为作为要素来对市场进行细分，人们一般会考虑两个变量，即追逐利益和产品使用习惯。**利益型细分市场**（benefit segmentation）指营销人员往往根据消费者希望从产品中获得的利益来划分消费者群体。例如，如果用户在网络上搜索旅游网站，他们的利益诉求是什么？大多数人希望在航空公司或旅行社网站上（例如 Expedia. com 等）搜索到机票价格、航班信息。有的希望了解其他旅行者对宾馆的评价，有的则想了解到了目的地可以做什么、看什么，网络用户的这些诉求告诉厂商应该如何设计网站（例如 Travelocity，TripAdvisor 等），如何编辑内容去迎合消费者。只要厂商做得好，消费者就会购买商品或服务。

产品使用习惯在很多方面可以运用于市场细分中。营销人员往往依据消费者对产品使用的多少（少、一般、多）加以细分。假设使用互联网“最多”的一群人是那些每天用 PC 机或掌上无线设备上网的用户，使用情况“一般”的是每隔几天用 PC 机上一次网的用户，使用“少”的是每隔一两个星期才接入一次互联网的人，那么企业必须通过调研判断这些用户的实际使用情况，才能决定如何按几个合适的用户类型来划分自己的目标市场。例如，亚马逊公司就是用免递送费的方式将使用“少”的用户变为使用“一般”的用户（设定为一份订单要超过 25 美元）。另一种方法是把消费者分成品牌忠诚者、竞争产品忠诚者、**摇摆者**（switchers，不在乎使用哪个网站）和非产品使用者 4 类。下面我们将讨论如何将其中的一些变量运用于互联网。

利益型细分市场

很明显，每个人都能够从互联网上有所收获。如果营销人员可以根据用户寻求的利益构建细分市场，那么他们就可以设计产品或服务来满足这些需求。与简单地按人口统计特征细分市场相比，按利益细分市场的方法通常比较实用。例如，它可以帮助识别位于美国伊利诺伊州皮奥利亚市的职业女性上网需要什么？尽管营销人员可以使用各种市场细分要素来定义、评价和确定目标市场，但是对利益的追逐是制定营销组合策略的关键因素。

有什么更好的办法能确定消费者追求的利益，而不是仅仅看到人们在网上做什么呢？营销人员可以评估在线活动（如在第 7 章介绍的活动，即 6 种基本的在线活动：联系、创造、学习、娱乐、交易、奉献），营销人员还可以判断哪些网站最受欢迎。一些网站每月报告主要的在线功能。以下列出的是尼尔森公司 2012 年 5 月介绍的几家大网站母公司的排名，其中微软、谷歌和雅虎在大多数国家一直处于领先地位。几年前，脸谱网甚至都进不了前10名。这个排名显示了人们对互联网的应用，例如搜索信息、使用电子邮箱、下载软件、浏览新闻、在线购物等。将这些数据与第7章中介绍的活动相比较，就可以看出网络用户所追求的各种利益。

1. 谷歌网：4.137亿用户，占总用户比重91.5%。
2. 微软公司网站：3.509亿用户，占总用户比重77.6%。
3. 脸谱网：3.232亿用户，占总用户比重71.5%。
4. 雅虎网：2.467亿用户，占总用户比重54.6%。
5. 维基百科网：1.753亿用户，占总用户比重38.8%。

使用习惯细分市场

营销人员也可以根据用户使用技术的特征（如使用智能手机、平板电脑还是计算机上网，以及他们都使用了哪些浏览器）来对互联网用户进行市场细分。下面将讨论两种根据消费者在线使用习惯划分的重要细分市场：移动设备接入和在线参与程度。当然也可以用其他的变量来对市场进行细分，例如视频浏览用户、社交网络用户、在线玩家，等等。

移动设备接入。毫无疑问，使用怎样的设备接入互联网，如何接收信息，这些都会影响用户的使用习惯。根据Pew市场调研公司的统计，手机用户中有55%的人是使用智能手机上网的。对移动互联网的接受程度与早期的互联网使用情况相似，就是年轻人、受教育程度较高的人、收入较多的人一般走在前面。高加索地区的居民相对比较保守。手机用户更加愿意接受移动互联网是因为方便，而且手机一般总在身边。

无线用户不仅用手机接电话、接收电子邮件，他们随时随地接收各种信息，例如语音通信、文本信息、视频信息、音乐、图片等。他们还用手机跟踪包裹信息、股票行情、航班信息、新闻等。前面已经提到过，智能手机用户往往一心多用，一面用手机，一面看电视、玩电脑、看书、听音乐，做各种各样的事情。2011年，有人做过一些统计，得出如下的数据：

- 在家使用智能手机，93%；
- 浏览网络内容，81%，其中最多的是搜索信息，77%；
- 浏览社交网站，89%；
- 浏览新闻和市场调研数据，82%；
- 参与购物活动，79%；
- 使用下载的应用软件，68%；
- 看到手机上的广告后搜索信息，49%；
- 观看视频资料，48%；
- 在移动网络上购物，27%。

在所有的统计数据中，最有意义的数据是90%的用户利用智能手机搜索信息以后就会有所行动，例如预订酒店、购买产品等。

用户用平板电脑做什么？据2011年谷歌网站做的一项统计显示，84%的人玩游戏，74%的人搜索信息，72%的人收发电子邮件，56%的人逗留在社交网站，51%的人看娱乐节目，42%的人购物。

Pew市场调研公司对移动网络用户和固定网络用户进行比较，结果发现了5种细分市场（见表8—5）。从这些细分市场再去寻找产品机遇。尽管这些统计是几年前进行的，但类似的细分市场还是存在的。

表 8—5　移动网络用户和固定网络用户形成的细分市场

移动用户的细分市场（39%）	固定用户的细分市场（61%）
数字合作者（占总体的 8%）：非常关注与他人的信息沟通，愿意与网络伙伴合作，共同创造、分享内容。	计算机老用户（占总体的 13%）：喜欢信息技术，但是依然停留在“2004 年模式”。用传统工具利用网络信息（例如用家庭宽带发送电子邮件）、与他人沟通，手机只用来打电话。
潜水者（占总体的 7%）：积极使用社交网站和各种数字信息，但是并不积极地与人联系，有时甚至希望暂时地摆脱网络。	偶尔的冲浪者（占总体的 14%）：有上网设备，但使用并不多，觉得离开网络和手机无所谓。尽管已经触网多年，但是似乎准备游离出去。
媒体行动者（占总体的 7%）：积极利用信息技术创造数字内容，并将制作的内容（照片、视频等）上传到网络。	信息厌倦者（占总体的 10%）：参与网络活动一般，但是厌倦了信息爆炸，没有别人帮助无法使用各种软件。
移动中转站（占总体的 9%）：利用基本的通信技术（短信、电子邮件）参与社交活动，与他人联络，既做二传手，也主动创作内容。	无所谓者（占总体的 10%）：家里无法上网，尽管也有手机，但是讨厌随时被人打扰。
移动新手（占总体的 8%）：很少上网，是手机的新用户，但是对移动通信有很高的热情，舍不得离开手机。	局外人（占总体的 14%）：没有联网设备，也没有手机，无法上网。

对于那些希望开发无线网络平台的厂商来说，移动细分市场为它们创造了很大的机遇。无线网络平台就是带宽较窄的专用联网节点。网络企业面临着众多的技术难题，它们需要针对移动用户和固定用户的消费群体提供不同的服务模式。移动市场的发展是一种难以抑制的势头，将快速发展。将来，网络用户会用冰箱、汽车等设备上网，那时，互联网技术又会有翻天覆地的变化。人们希望获得的数据将不再是普通的网页数据，而是个性化很强的信息。

网络参与程度

第 1 章中介绍过客户网络参与的概念，这是指网络用户积极参与网络活动，提供各种信息与网友分享。第 7 章中我们讨论了内容创造的各种形式，例如上传照片、评价产品、评价网络内容、在虚拟世界里创建化身，等等。由于网络参与主要发生在社交媒体出现以后，所以 Forrester 市场调研公司利用社交技术问卷相应地提出了网络参与的各种形式（见图 8—6）。图 8—6 中显示的是 2011 年美国和欧盟各国网络用户参与程度的分类（同时考虑网络行为细分市场和地域细分市场）。

在调查中，Forrester 按照对社交媒体的参与程度来对用户分类，其中创作者、交流者、评价者三类是参与最积极的群体。调查者没有将管理者这一重要群体归入分类（他们与收集者类型相似）。管理者一般是指博物馆或艺术馆里管理艺术品或展品的人。到了网络上，管理者的作用就是把其他人的信息上传、分享到自己的社交媒体网站上。Pinterest 网站是一个图片分享网站。管理者对这个网站很热衷。创作者、交流者、评价者，再加上管理者这四种类型的人占了社交媒体用户的大部分，这是因为他们都想创立自己的品牌。咨询人员、企业家、演讲者都属于这一类。还有一些移动设备用户和即将走入职场的学生也加入了这一群体，他们往往会对人介绍自己：“你想了解我，去看我的社交网站内容就行了。”

如果一家企业要使用 Forrester 调研公司的调研报告，它得了解自己的客户属于

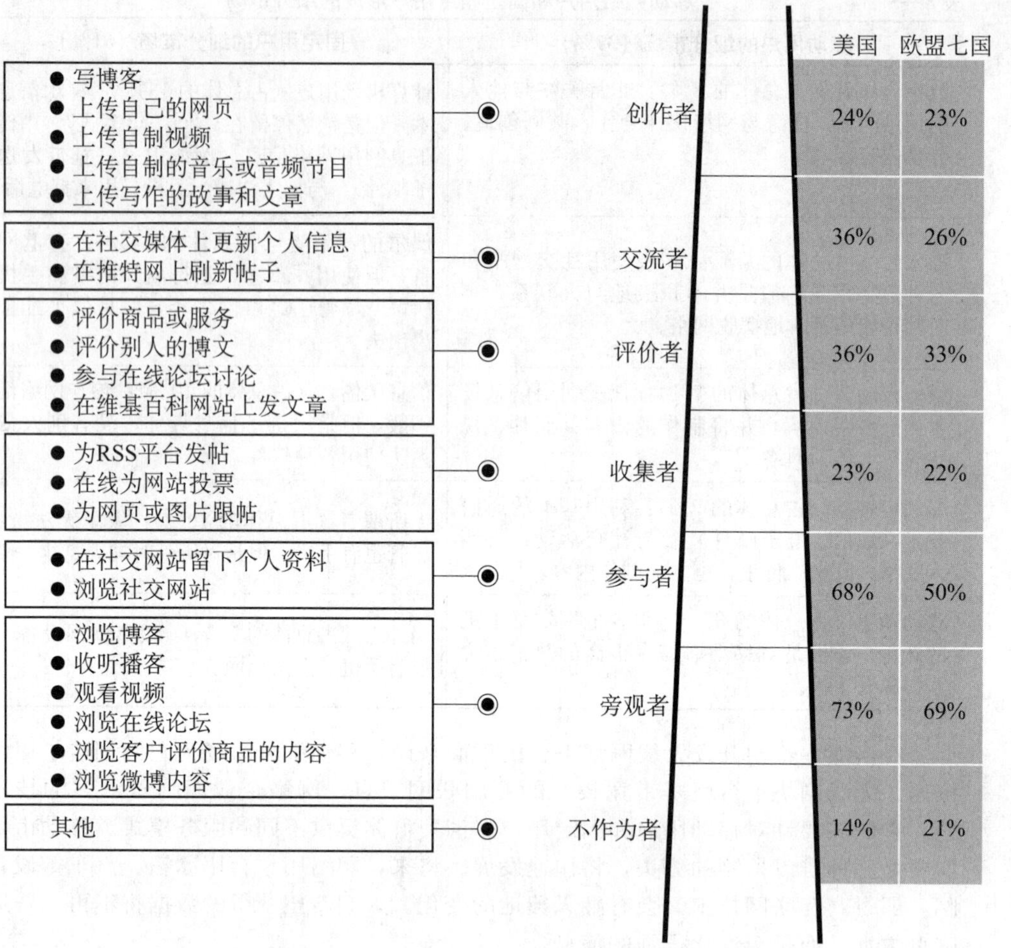

调查对象：美国成年网络用户57 924人；欧盟七国成年网络用户16 473人（欧盟七国一般是指英国、法国、德国、意大利、荷兰、比利时、卢森堡）

图 8—6　按社交媒体参与程度细分市场（2011 年）

资料来源：Forrester Research，Inc.

哪种类型的网络用户。如果公司的客户不属于内容创造者，那么公司若是组织客户参加视频创作比赛就是没有效果的。当然，如果能因此吸引新的客户，则又另当别论。换一种思考方式，如果公司的客户都属于旁观者，那么公司发布帖子或各种社交媒体内容，尽管客户不发议论，但并不说明他们没有关注网站的内容。厂商应该仔细判断如何参与社交媒体活动，如何与各类客户以及市场影响者进行沟通。按照社交媒体参与程度对市场进行细分有助于网络企业制定社交媒体营销战略。

行业使用习惯细分市场

按使用方式对市场进行细分，这在行业之间是有很大差异的。例如，Forrester 市场调研公司和 comScore 公司的研究表明：汽车网站访问者的行为与其他电子商务网站访问者的行为是不一样的（参见 forrester. com 和 comscore. com）。即使真想买车的人访问汽车网站的次数也不会太多。64％的购车者通常在线浏览不会超过 5 次，而 25％的人会在访问汽车网站后的 3 个月内购买汽车。Forrester 市场调研公司为汽车网站确定了如下 3 种访问者细分市场：

● 探索者：这是最小的一个消费群体，但差不多有一半的人在访问一个汽车网站后两个月内会购买新车，他们需要一个方便、直观的购买过程。

● 离线购买者：他们倾向于上网了解市场信息，然后可能会在实体商店购买汽车。

● 观察者：他们经常访问汽车网站，但只有 15%的人会在短期内购买汽车。尽管如此，他们对汽车非常感兴趣，而且对其他购买汽车的人有很大的影响，这使得这类用户成为重要的访问者。

8.4　网络客户目标市场定位

在审视了诸多潜在的细分市场后，厂商必须选择最佳的目标客户。为实现这一目标，厂商需要进行市场机遇分析（见第 3 章），对 SWOT 分析结果进行评价，并且通常要寻求市场环境与企业专长和资源的最佳契合点。这个过程有时很简单，比如发现新的细分市场客户浏览了公司的网页，然后用可能吸引这类客户的产品去试着了解这类细分市场。有时却是冗长烦琐的。一个有吸引力的在线细分市场必须是可以通过互联网接近、规模大且不断增长、拥有巨大潜在收益的市场。

接下来，网络企业需要选择目标市场战略，其中包括决定哪些目标市场适合在线战略，哪些适合离线战略，哪些需要通过产品目录邮购。网络的出现对于以下两大类目标市场战略特别有效：

● **单细分市场营销**（niche marketing），这是指企业选择一个细分市场并开发一个或多个营销组合来迎合这个细分市场的需求。① 亚马逊公司就是采用这种战略对网站用户分别定位的。Fulcrum 市场调研公司称互联网为“及时出现的事物”，意为单细分市场时代到来了。运用这种市场战略虽然能获得实在的收益，但常会令企业处于一种危险的状况，因为竞争者经常会纷纷挤入这个赚钱的市场。还有，市场也会突然不景气，这样企业就等于把所有的鸡蛋都放在快要翻倒的篮子里了。

● **微型市场营销**（micromarketing），也称为**个性化市场定位**（individualized targeting），是指企业为一小群人定制全部或部分的营销组合。如果把这种营销战略发挥到极致，就是一个客户一个目标市场。

互联网的一个发展趋势就是目标市场个性化，这也是许多企业目前正在努力实现的目标。图 8—7 显示了一个允许营销人员跟踪用户在网站上进行注册和购买全过程的销售漏斗。每一步骤都创造了一个用户细分市场，营销人员可以根据这些细分市场客户的具体行为通过有说服力的沟通方式来吸引客户，比如发送邮件给那些在网上注册过但未购物的用户。亚马逊网站为每一位在网站上浏览或购买图书的用户建立个人档案，追踪用户阅读的图书，根据他们过去的购买行为推荐书籍。亚马逊也会给那些可能会感兴趣的潜在用户发送相关产品的电子邮件。这个方法充分体现了营销理念的极致状态：在适当的时间和地点，准确地给予个人消费者想要的产品。互联网技术的出现让这种个性化营销的普及成为可能，而在互联网问世以前这是完全不能想象的。

---

① 单细分市场（niche）在有些文献中也译为利基市场。——译者注

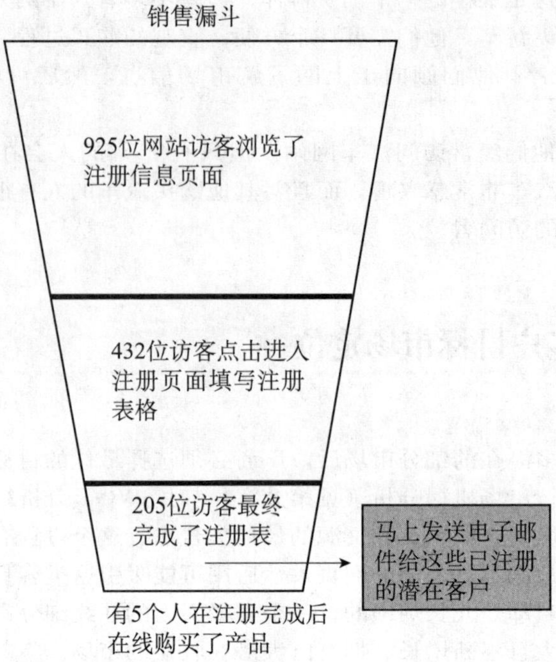

客户细分市场	访客人数	丢失客户人数	转换率（%）
浏览注册页面	925		
点击进入注册页面	432	493	46.7
完成注册	205	227	47.4
购买产品	5	200	2.4

图 8—7 瞄准合适的客户

8.5 网络经营的差异化战略

面对各种目标市场，厂商应该如何行动？在设计企业的营销组合以前，企业应该根据目标市场的需求以及竞争环境的状况制定差异化经营战略和市场定位战略。制定战略的目标是体现**差异化优势**（differential advantage）：（1）产品的特性，在同类产品中显示其独特性，这种独特性要能够让客户感知，能够给他们带来价值，一个企业的差异化优势就是它的竞争优势；（2）企业独有的优势，竞争对手难以企及。简言之，差异化定位与市场定位不同，差异化定位体现在产品上，而市场定位是作用在消费者的心理上，要消费者明白产品具有差异化优势。产品的差异化体现在许多方面，例如：

- **产品创新**。Pinterest 网站有一个全新的服务理念，那就是将图片保存在网络上，并建立一个网络公告板，称为“pinboard”。“相关技术”专栏里介绍了苹果公司的 iPod 和 iPad 的创新理念，它们是产品创新的一个很好的案例。

相关技术

苹果公司的 iTunes + iPod + iPhone + iPad 模式

假设你正开着宝马的 Mini Cooper 敞篷轿车在乡村旅行，两旁是一望无际的玉米地，你已经开了 200 英里。尽管你的座驾拥有很棒的音响系统，但是你已经听了 4 个小时的本地谈话节目，遗憾的是你忘了带一张 CD 出来。突然，你想起来储物柜里有一个苹果公司的 iPod 播放器，从储物柜中取出 iPod，打开 iPod，整个汽车就沉浸在摇滚乐的世界里。时间很快流逝，一眨眼，落基山脉就横在面前了。

苹果公司一直致力于打造简单时尚的数码产品。iTunes 软件和与之相关的各种数码产品延续着这一传统。iTunes 是一种音频和视频的数字播放软件，它支持苹果电脑和 Windows 电脑，可以进行数字化集成。iTunes 软件可以对音乐、视频、电子书、各种应用软件进行数字化编辑和存储，方便用户在需要时下载到 iPod，iPhone，iPad 等数字设备中。苹果公司免费提供 iTunes，但是对内容和各种播放设备是收费的。iTunes 数字商店里销售的数字产品以及代理商销售 iPad 等各种数字设备，苹果公司要收取佣金的，这就是苹果公司的收入来源。

实现这一点需要三项关键的技术：压缩数字媒体（音乐、视频、app、电子书等）、高速的数据传输和小巧的存储装置。

存储在 CD 上的文件不是压缩格式的，因此它们会占用很大的空间——一张音乐专辑（CD）大概需要 600 兆的空间。如果电脑硬盘里面塞上 50 个专辑的话，硬盘的空间几乎就被占满了。在数字化以后，这些同样的专辑可以在电脑上压缩为音轨格式，而大小只有原来的 1/10。你也许听说过 MP3 格式，它就是一种压缩的音乐文件。MP3 是一种压缩格式的标准，其他的压缩格式还有苹果电脑公司的高级音频编码（AAC）。压缩可能会导致音频质量有所下降，但大多数用户是听不出来的。iTunes 和 iPod 既可以播放 MP3 格式的音乐，也可以播放 AAC 格式的音乐。

然而，即使是压缩过的音乐专辑占用的空间也可能非常大，从电脑传输到 iPod 可能需要几个小时，这就降低了产品的吸引力。为了加快传输的速度，苹果公司使用 USB 接口的电缆传输。iPod 运用同步传输技术用 USB 电缆与电脑相连，仅需要几分钟就能把几百张 CD 唱片的数据传输到 iPod 里面。

最后需要实现的技术是存储。所有的音频和视频资料必须塞进一个小巧的装置里。现在高端的 iPod 使用的硬盘空间达到 160GB，但是硬盘（不管多小的硬盘）都会消耗电量。色彩绚丽的 iPod touch、iPod nano 以及 iPhone、iPad 都使用“闪存”存储音乐——这是一种功能强大的记忆芯片，日益普及的 U 盘也是用这种技术。因为它没有驱动的部件，所以电池的寿命大大延长。

随着 iTunes 等各种数字设备的推出，苹果公司创造了一种新的盈利模式，但是这并不代表可以高枕无忧。苹果公司延伸自己的产品线，生产出 Apple TV（苹果电视机），用户不必使用计算机就可以从互联网上直接将内容（电影、音乐、图片）下载到电视机的存储盒中。通过 Apple TV 用户可以申请有线电视公司提供网络服务、听音乐、看电影，甚至不必使用有线电视的电缆。在实施差异化战略中，苹果公司的确胜人一筹。

- **规模定制**。蓝尼罗河网站与同类珠宝销售网站有很大的差异，因为在蓝尼罗河网站上，客户可以定制钻戒或其他的珠宝饰品。
- **服务差异化**。亚马逊网站的差异化体现在客户服务上，公司的经营理念中就强调了差异化经营，而且它也确实做到了。在 2011 年进行的一次市场调查中，亚马逊的客户好评达到80%以上，该公司被评为“客户服务十佳企业”。

- **客户关系管理**。客户关系管理与服务的差异化是密切相关的，它要求企业从不同的客户接触点（将在第15章中介绍）去全方位地了解客户。例如，美国加州的金州勇士队利用社交媒体推介自己的新标识和篮球队的品牌，结果球队在脸谱网、推特网上的粉丝数量大增，2011年，球队因此获得了“客户关系管理优胜奖”。
- **员工差异化**。Zappos网络公司在客户关系管理方面做得也很出色，但是它的差异化主要体现在员工的工作上（参见第11章的导入案例）。
- **渠道差异化**。Netflix公司和Hulu公司都是美国的在线影片租赁提供商，它们提供流媒体视频节目，用户只要使用各种联网设备（例如电视机、平板电脑、计算机、智能手机等）就可以观看。两家企业全新的数字渠道为企业带来了差异化优势，把传统的电视放映模式远远地甩在了后面。
- **形象差异化**。如果读者把谷歌和美国在线（AOL）两家企业放在一起比较，结果还需要做什么解释吗？
- **网站氛围**。这种差异化表现在一个网页或社交媒体网站页面的客户友好、提供合适的内容、视觉设计大方美观。企业要做到网站的差异化，就要在图案设计、排版、小屏幕效果、社交媒体整合（例如链接到脸谱网）、高级网络技术等各方面做文章。例如，自1996年开始，Webby网络设计奖就一直在评选全球各地的互联网网站，读者可以浏览评选网站webbyawards. com，查看最近的获奖网站和app应用。
- **用户制作内容**。企业可以通过使用有效的众包方式来收集用户提供的内容，当然也可以在网站上开设一个空间让用户上传评论和意见。星巴克公司在这方面做得很出色，该公司开发了一个名为“我的星巴克点子”的空间，用户可以在该空间里对新产品、体验、服务以及改进意见等发帖，也可以对金点子投票。
- **高效及时的订单处理**。有些企业在订单处理上胜人一筹。用户在网站上下单以后，企业能在很短的时间里送货上门，而且这期间会发送多个确认递送的电子邮件。以下是航空公司和机票代理机构自动发送电子邮件的地址，旅客购票后会收到企业发送的电子邮件。读者可以自己评价哪一家公司在高效、可信、信息完整等方面做得最好。
- Member@p21. travelocity. com（Travelocity旅游公司）。
- pgtktg@bangkokairwaysna. com（泰国航空公司）。
- SouthwestAirlines@mail. southwest. com（西南航空公司）。
- notify@aa. globalnotifications. com（美国航空公司）。
- itinerary@pcsoffice02. de（汉莎航空公司）。
- travelercare@orbitz. com（Orbitz旅游公司）。
- confirmation@usaupport. com（联合航空公司）。
- travel@expedia. com（Expedia旅游公司）。

8.6 市场定位的基础与战略

市场定位战略就是帮助在特定的客户群（普通消费者、企业、政府机构）中建立企业形象和产品形象。定位的第一步就是判断产品能否提升品牌形象。例如，平板电脑刚推向市场时，人们并没有把握它能与笔记本电脑或智能手机竞争。瓶装水能敌得过碳酸饮料吗？这些都是摆在厂商面前的问题。一旦企业明确了谁是直接的竞争对手，就要判断品牌是否具有差异化优势，形成竞争性市场定位的基础。

前面介绍过一些企业具有的差异化优势，这使得它们的产品具备了竞争优势。网络企业在进行市场定位时一般会以如下一些要素为基础：技术（新型的 iPad，智能手机拥有各种应用软件）、特殊利益（网上下单后快速送达）、用户类型（Nick. com 网站是最受欢迎的儿童网站）、竞争优势（安卓手机比苹果手机价格低），等等。有些网络企业把自己定位为集成商。例如，TheKnot. com 网站把与婚事有关的事情整合在一起，例如订购礼品、筹划婚礼、婚姻咨询，等等。

尽管有上述这些市场定位的基础，但是从客户的角度看，品牌依然是重要的，否则就成了自我标榜、自我膨胀了。网络企业要吸引市场的眼球，但是市场留给它们的时间并不多，它们要用内容来吸引消费者和企业客户，让更多的网络用户参与进来。

小结

电子商务主要分为三类市场：B2B，B2C 和 B2G 市场。当然，C2C 市场上也存在一些商务活动。许多公司与互联网连接，在 B2B 市场产生了很大的交易量。信息技术提高了商务活动的效率，同时加剧了竞争。消费者市场是最大最活跃的在线市场。政府市场指各级地方政府机构及中央政府购买商品和服务。为了与政府市场客户交易，企业必须密切关注法规和条例。各种发展趋势在不断影响着厂商开发新市场和成功进行网络营销的能力。

市场细分是指集合有相似特征（产品或服务的使用习惯、消费量、利益诉求等）的个人或企业的一个过程。市场细分的结果是形成若干客户群，又称为细分市场。选择目标市场是指选择对企业最具吸引力的细分市场和选择适合的细分市场战略的过程。

消费者市场细分的 4 个要素分别是有关产品的人口统计特征、地理位置、心理特征和行为特征。每个要素可进一步划分出多个细分变量（比如人口统计要素有年龄和性别等细分变量）。目前，网络营销人员针对一系列的人口统计要素关注一些新兴的细分市场：跨世纪一代市场、儿童市场等。不同的战略可以用来针对不同的细分市场。

用户心理特征包括个性、价值观、生活方式、活动、兴趣和观念。互联网是一个绝妙的方法，能把有相同兴趣和任务的人聚集到网络社区进行有效的市场定位。对技术的态度是预测在线购买行为的一个重要的市场细分变量。网络营销人员通常运用的行为细分变量分别是追逐利益（指消费者想要从产品中得到的利益，如电子邮件或网络购物），产品使用习惯（指消费者在互联网上的行为），影响者（指记者等能够影响舆论的人）。Forrester 市场调研公司提出的社交技术消费学可以用来作为社交媒体参与程度的一个衡量指标。

网络用户细分市场可进一步分为家庭上网用户或工作场所上网用户细分市场，移动设备接入网络细分市场，网络参与程度细分市场，行业使用习惯细分市场，等等。

营销人员针对细分市场运用两种营销战略：（1）单细分市场营销；（2）微型市场营销（指目标市场个性化）。互联网拥有无限的发展前景，特别是在有效的微型市场营销方面，更是如此。

差异化定位针对的是产品，市场定位则针对顾客的感知。信息、产品和服务在网上的传播要求企业必须找出使自己的产品或服务表现出差异化的方式，这样才能吸引顾客并和他们建立长期的关系。很多传统的差异化战略可以运用到网络营销的战略中，例如产品、服务、人员、渠道、形象等。尽管这些战略可以有效地应用到网络营销中，但是网络营销还需要一些新的、独特的差异化战略，主要包括网站环境、建立信任、提高效率、准确定价、改善客户关系、邀请用户提供原创内容等。

传统的离线定位战略也能运用于网络。不过，网络经营者要制定专门针对网络的定位战略，例如基于技术、用途、用户类别、竞争对手的定位，或者是综合定位。

思考与练习

复习题

1. 电子商务的三个主要市场是什么？它们的区别在哪里？

2. 解释主要的四种市场细分的方法。分别对每种细分市场方法列举两个以上的细分市场变量。

3. 网络企业为什么要十分重视跨世纪一代细分市场和儿童细分市场？

4. 为什么网络经营者需要衡量细分市场对技术的态度？衡量的标准是什么？

5. 消费者在网络上追求哪些利益？

6. 利益型细分市场与使用习惯细分市场有何区别？

7. 按在线参与程度划分有哪三个重要的细分市场？Forrester 市场调研公司提出的社交媒体技术消费学在市场细分活动中有什么意义？

8. 微型市场营销与单细分市场营销的区别在哪里？

9. 为什么网络经营者要创建并维护网站，建立在线社区？

10. 差异化定位与市场定位有什么不同？

讨论题

11. 1-800-鲜花公司的故事。该公司用到了哪些细分市场的理论来赚取利润？还可以开发哪些细分市场？

12. 1-800-鲜花公司的故事。该公司的竞争优势表现在哪里？它的差异化优势在哪里？市场定位的基础是什么？

13. 美国的阶级划分现象十分明显，在欠发达国家这一现象更加严重。一个国家2%的人口拥有全国80%的财富，这并不罕见。作为一名营销人员，在这些国家你该如何运用专业知识选择客户目标市场，并制定市场细分战略？

14. 有些网站主要针对儿童和青少年，家长们对此感到担忧。分别从正反两方面阐述企业针对该市场进行市场细分并选择目标市场战略的观点。你赞成哪种观点？为什么？

15. 一些公司管理者禁止员工使用互联网进行与工作无关的活动，这对网络经营者根据不同接入方式（家庭接入和工作场所接入）细分市场会产生哪些影响？

16. Forrester 市场调研公司根据消费者的在线参与程度设计了一个市场细分模型。请你询问一些同班同学，看看他们分属于每种细分市场的比例。

17. 表 8—3 中列出了 10 种社区类型。请挑选一家网络企业说明它如何针对这些社区开展营销活动。

18. 企业如何挑选有影响力的人帮助自己进行产品销售和品牌建设？

19. 厂商应该如何利用有关智能手机使用的各种数据来开发自己的细分市场？

20. 网络企业为什么要按照竞争者来进行市场定位？或者按照集成商来进行市场定位？

21. 你属于哪一类移动网络细分市场或固定网络细分市场？在这个细分市场中哪些产品最有竞争力？

22. 如果对手把自己定位为竞争者，网络企业应当如何应对？

23. 若网站将自己定位为集成商，“什么都能买到”，顾客是否会对此无所适从？这种定位的优势是什么？劣势是什么？

网络应用

24. SRI 咨询公司通过互联网商业情报中心（Business Intelligence Center）提供美国人价值观与生活方式细分市场服务。许多愿意了解实际客户和潜在客户心理特征的厂商会使用这套市场细分方法，网络上的企业和广告公司也会使用这套方法来开发网站。

请访问 SRI 网站（strategicbusinessinsights.com）并点击 VALS 测试问卷的链接。做完这项测试后你就可以知道自己属于哪种类型的消费者并可以浏览与该类型相关的具体信息。你属于 VALS 的哪种类型消费者？你认为这项测试是否准确？为什么？营销人员如何使用 VALS 调查结果的信息呢？

25. 浏览 iVillage 网站，按照网站内容为普通的女性消费者写一份简历。

26. 利用雅虎和谷歌网站进行本地搜索，寻找一家你所在区域的便利店，然后用手机在谷歌网站上搜索住地附近所有的便利店，并对搜索结果进行有效性和便捷性的比较分析。

27. 亚马逊网站（amazon.com）受到了几百万网络用户的青睐。请登录亚马逊公司的网站，判断它的哪些特征赢得了人们的信任。

28. 有些网站的目标市场是儿童，有些是青年、中年、老年。请分别寻找一个这样的网站。对这些网站的氛围进行评价，并说出它们的差异化特征。

第Ⅳ篇　网络营销管理

第9章 网络产品与服务

本章主要介绍消费品及工业品的开发。利用网络环境和新技术帮助厂商获利，同时通过产品特征、产品品牌、售后服务、产品标签等诸多要素为厂商创造收益。网络产品的开发既为厂商带来了机遇，也对厂商提出了挑战。

学习目标

- 了解产品的定义，以及它们与客户价值的关系；
- 讨论如何将产品特性、产品品牌、售后服务以及产品标签应用到在线产品上；
- 归纳网络营销促成产品开发的几个要素。

趋势与影响

● 消费行为与消费者的身份及地位密切相关。新产品、新服务在推向市场以前，厂商总是会想方设法将其与消费者的身份与地位联系起来，它们会利用各种途径，在网络上发帖、发微博，在社交媒体上分享信息。

● 2012 年 4 月，耐克公司利用推特网平台向市场推出一些可供收藏的限量版运动鞋。上市的那一天，耐克运动鞋的销售店家在推特网上随机将一款产品用＃号标记推出，只要是第一位直接用短信回复的推特粉丝，就能获得这样一款限量版运动鞋。

案 例

谷歌公司的故事

有一家网站每天要处理 181 个国家网络用户十多亿次网络搜索，可以用 146 种语言进行搜索（其中包括科萨语、毛利语、祖鲁语等），是最受欢迎的美国网站，这是一家什么样的网站？它就是谷歌公司的网站（Google. com)。谷歌在 Interbrand 公司的全球品牌调查报告中，被评为 2011 年度全球第四大著名品牌。尼尔森公司的调查结果显示，2012 年 4 月，谷歌的品牌位居全球网络企业排行榜第一名，它的浏览人数超过 1. 713 亿，4 月份平均每位用户在谷歌网上花费的时间达到 1 小时 56 分钟。谷歌的知名度越来越高，它的影响甚至波及英语的词汇，有两本英语词典最近将 google 一词作为动词收录，词条是“google 一下”。2011 年，该公司的收入达到 379 亿美元，净利润率为 25. 7%。谷歌公司还在持续发展，不管是销售额，还是市场份额、员工规模、新产品数量，都达到了空前的规模。

谷歌公司是1998年进入市场的。那时候，网络上已经有了许多家搜索引擎网站，各自拥有自己的忠实客户，若考虑到这一点，谷歌的成功是非常骄人的。那么，谷歌是如何做到后来者居上的呢？首先，它拥有一项低成本的专利。公司的共同创始人拉里·佩奇（Larry Page）和瑟盖·布林（Sergey Brin）构想出一种方式，他们能够用普通的硬件设备提高服务器的数据存储能力，比同行高出8倍。其次，他们创造了一种新的搜索方法，那就是不仅按照与关键词的接近度来对搜索结果的网页排序，而且考虑网页的受关注程度，也就是有多少网站链接到该网页。利用这种搜索方法，网络用户能够通过搜索找到相关的网站。最后，谷歌的创始人十分关注提高客户满意度，他们采用简单的页面设计，不在主页上放置广告，只允许在搜索页面上放置没有图片的文本广告，这种策略使搜索页面下载速度更快，阅读更方便。

在产品创新方面，谷歌始终处于领先地位。参与创新的人员首先在公司的实验室里开发新产品，然后将开发出来的软件交给一些准用户去进行测试，最后再推向市场。整个流程一般持续一年时间。在这个开发过程中，谷歌善于向客户学习，把客户提出的修改意见体现在最终推向市场的产品中。谷歌始终在修改自己的搜索算法，它包括200多个变量，按照用户输入的关键词提供相关度最高的搜索结果。图9—1展示的是如何从创新思想，再到外部测试，最后到改进搜索方法的全过程。谷歌网站上的产品组合包括24种搜索产品，例如网页、

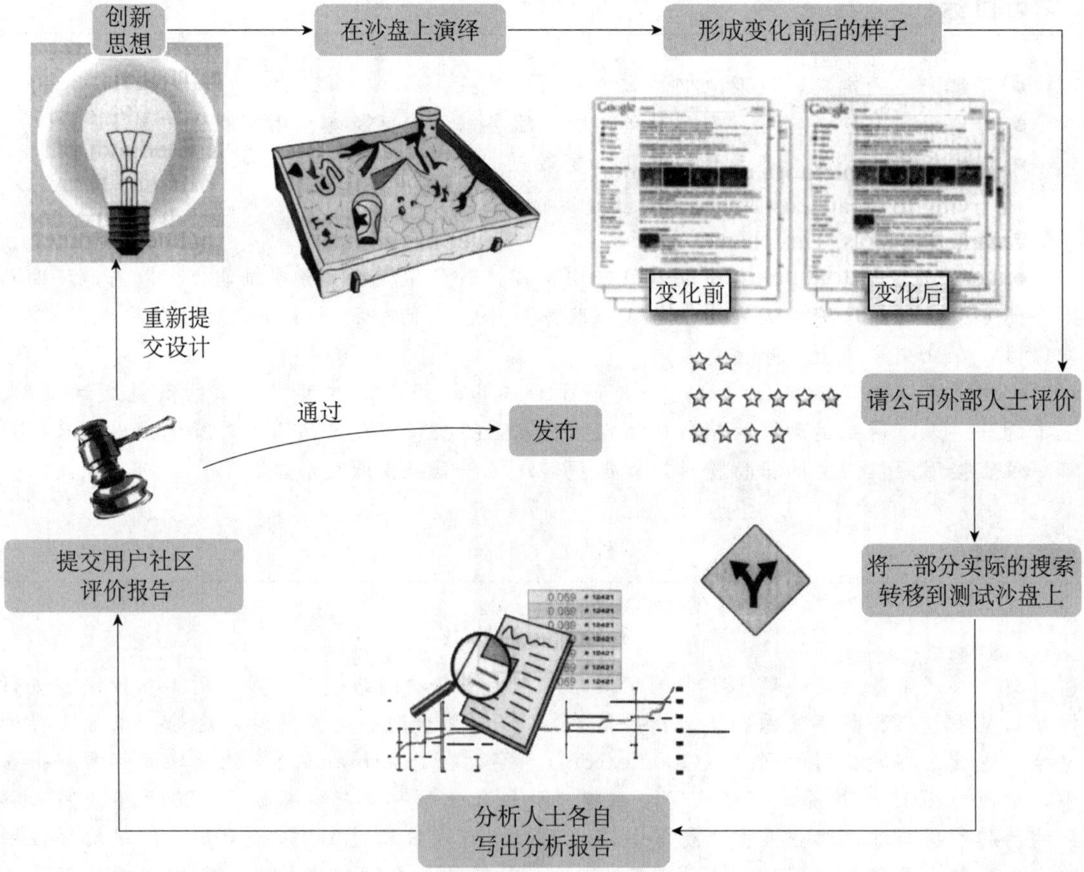

图9—1 谷歌进行新产品测试的流程

资料来源：Courtesy of Google（google.com）.

博客、谷歌地球、地图、资讯等。网站上还有3种广告产品（AdSense、AdWords、Analytics），20种网络应用产品（例如谷歌在线办公软件、网络相册、YouTube视频分享、博客、移动产品等），以及多种企业产品，目的是从网站内容中获得最大的收益，提升营销的投资回报率，开发新的客户市场，提高生产力，提升网站的品牌。所有的这些网络新产品都符合谷歌公司的经营理念，那就是简洁、快速、优质、客户友好。

谷歌的商务模式主要是媒体电子商务模式，它将用户与信息连接在一起，再把用户的关注，也就是所谓的"眼球"销售给广告商。2011年，谷歌收入的96%来自于广告。它的收入来源于若干B2B市场：第一，向企业的搜索引擎提供后台网页查询服务，这使得谷歌公司占据全球搜索引擎查询市场的大部分；第二，向企业提供服务；第三，向网络广告商出售广告，通过使用"每次点击收费"模式来降低广告商的风险（这是指只有在使用者点击广告时，广告商才支付费用，不点击则不发生费用）。谷歌公司不仅自己的网站广告收入持续增加，而且其客户的网站广告收入也有大幅增长，因为按照关键词搜索，谷歌能将广告有效地锁定在自己的目标受众上。

谷歌公司有许多员工拥有博士学位，这使得公司能够在创新中不断发展。公司执着地针对目标市场需求提供新的产品和服务，提升消费者对谷歌网站的热爱和推崇。谷歌关注客户价值、保持低成本运作方式，并为广告商提供极高的眼球效应，这些策略使得公司的收益一直持续增加。

9.1 许多产品帮助厂商在网络市场中获利

谷歌的成功证明，一种纯粹的网络新产品可以利用网络资源建立成功的品牌。微软公司的搜索引擎必应紧随谷歌网拓展市场，这说明尽管网络上新产品层出不穷，但创新产品还是能为自己争得一席之地。产品就是具有各种能够满足企业和消费者需求的利益的一个集合体。为了追求这些利益，企业和消费者愿意用货币购买或舍弃其他的利益。产品通常包含以下一些内容：有形产品、服务、理念、人才（例如管理人员、运动员、影星、歌星，甚至约会对象等）和场所。所有这些都可以在网络市场上交易。

网络环境下催生的新产品（如搜索引擎、智能手机的应用软件、社交网络等）在传统市场上是不可能出现的，而其他一些产品（如歌曲）则是将网络作为一种新的渠道，有的则是将网络当做虚拟的门店。在全新的网络环境中，根据客户的需求，同时顺应网络营销发展的趋势，开发产品的厂商可以使用网络技术创造客户价值，同时面临着种种机遇和挑战。本章主要介绍如何利用网络资源和网络技术开发消费者产品和公司产品，还将介绍已经被广泛接受的传统产品战略和品牌战略。

要想创造出新的产品，企业首先需要进行市场调研，了解客户的需求，进而制定产品战略，努力为客户提供价值，从而在竞争中胜出。在本书第Ⅲ篇所讨论的"数据来源—数据库—战略"模型中，营销战略的第二层面战略包括营销组合（4P）和客户关系管理（CRM）。因为设计这些战略与实施战术是紧密联系在一起的，所以在第Ⅳ篇我们将分章介绍营销战略与实施战术。如图9—2所示，将营销组合（产品、价格、渠道、促销）与客户关系管理结合在一起，就会产生两种结果：一个是厂商与消费者建立关系；另一个是厂商和消费者实现交易。建立这一模型是基于这样一种理念，即所有的市场中都会发生类似的情况，也就是厂商希望与政府和企业客户（特别是供应链中的伙伴）达成相同的结果。本章将主要描述信息技术对产品战略的影响以及实施方式。

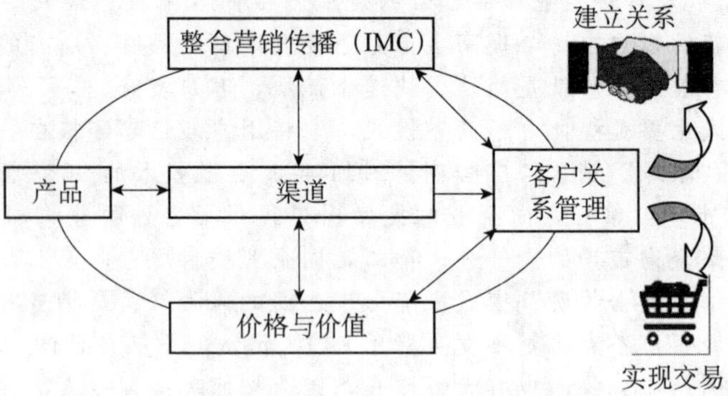

图9—2 营销组合和客户关系管理的战略和战术

9.2 创造网络客户价值

争夺网络客户注意力的竞争、为实现与客户的网上交易的竞争都异常激烈。为了获得成功，企业必须使用一些基本的营销战略，从而产生客户价值。第2章中曾经提到，客户价值等于收益减去成本。客户价值的精确含义是什么？第一，它是全方位的产品体验。它始于客户对产品的知晓，然后是客户与产品的所有接触点（这些接触点包括客户的网上冲浪经历，以及收到公司的电子邮件等），结束于客户实际使用产品，以及得到公司为客户提供的售后服务，从而完成了客户与产品接触的全过程。这一过程中甚至还包括客户在iPad上从朋友那里获得的称赞，或在Skype、脸谱网上向朋友显摆时得到的乐趣。第二，价值是由客户所持有的观念和态度决定的。不管企业如何看好自己的产品，产品价值由客户说了算。第三，价值还包括客户预期。如果使用产品后客户发现没有达到预期目标，就会感到失望。第四，价值适用于所有价格水平。不管是支付5美分浏览一篇刊登在网络上的报刊文章，还是花200万美元购买电子商务软件，都可以得到价值。

网络能够帮助企业增加收益并降低成本，但是也可能产生反作用。下一节将讨论网络价值诉求。

9.3 产品收益

随着网络技术的发展，涌现出许多新的收益形式。在第7、8两章，我们讨论了许多客户希望从网络上得到的收益，他们通过联系、创造、学习、娱乐、交易、奉献等各种活动获得这些利益。网络用户希望获得较好的网上浏览体验（就像谷歌网那样）、较快的下载速度、清晰的网站结构、美观和实用的页面设计。网络用户希望能够进行安全交易、得到隐私保护、获得免费的信息和服务、有界面友好的浏览器和电子邮件等。互联互通的网络用户还希望有一个场所可以方便交流，管理自己的图片、视频等资料，还可以创造各种信息，并上传到网络上。移动用户希望得到有趣、实用的应用软件，还要得到定位服务，快速的下载速度，如此等等。根据这些要求，数以千计的产品和网站诞生了，它们达到了这些标准，满足了客户需求。伴随着互联网技术的发展，客户的需求也发生着转变，对企业来说，面临的机会也随之增多。机敏的商家已经捕捉到了其中蕴涵的商机。

厂商如果想充分利用这样的机遇，就必须制定出五种产品决策（产品属性、品牌、服务、标签和包装），能够用不同的收益来满足客户的需要。除了包装以外，其他的4个方面都可以为实现网上交易而发生从实体到虚拟的转变，这里，我们将从这4个方面来讨论产品提供给客户的在线收益，以及这些收益与网络营销战略之间的关系。

产品属性

产品属性包括产品的总体品质及其特征。品质使消费者知道是否物有所值。价格高一些通常意味着品质好一些，以此来满足消费者的价值诉求。产品的特征包括以下一些因素：颜色、味道、风格、型号、在线服务效率，以及连接及个性化服务的能力。从用户的角度看，这些特征就是收益（也就是产品具有的属性能否解决客户碰到的问题或者满足客户的需求）。脸谱网就是一个很好的例子，它提供了网站列表（产品属性）来帮助网络用户快速联系到新老朋友（满足需求的利益）。产品收益在价值诉求中是关键的内容。

网络在许多方面增加了客户的收益，使营销活动发生了巨大的变化。最基本的变化就是从实体世界到虚拟世界的转变，这是网络的关键特征之一。正因为网络具有这样的特征，所以它为媒体、音乐、软件和其他数字产品提供了在网上展示的窗口。在网络环境下，最重要的收益是可以根据客户需要实现规模定制。有形的产品（如笔记本电脑）可以以极低的价格出售，也可以以较高的价格与其他附带的软件、硬件或服务一起出售，提供附加收益。这对无形产品同样适用。厂商可以通过灵活的捆绑形式为消费者提供产品或服务。例如，在线市场调研公司可以以各种不同的形式提供服务；音乐零售商可以根据预定要求来制作音乐光盘，可以根据消费者的愿望将不同艺术家的歌曲组合到一张光盘中。值得一提的是，信息产品可以重新组合并采用个性化设计，其实施过程与传统的工业品相比简单便捷且成本低廉。例如，改变汽车的设计可能需要花费几年时间，一种型号可能只有几种款式，但是对软件产品的改造和定制就容易得多（例如你购买了一款应用软件，就会不时地得到升级服务）。

虽说产品收益的组合在网络环境和实体环境中都可以发生，但是在网络环境中，客户可以通过敲击键盘自动对产品进行个性化设计。例如，蓝色尼罗河珠宝公司是一家在网上获得盈利的珠宝零售商，该网站的用户可以挑选不同品质的钻石（例如钻石的类型、透明度、尺寸大小等），然后自己挑选与之相配的戒托。

用户个性化是产品定制的另一种形式。通过网上注册和其他的技术手段，网站可以直接向用户问候，然后按照用户以前购买产品的记录为用户提供感兴趣的产品。例如，亚马逊网站的老客户会在网站上看到标注自己姓名的产品列表，上面写着："萨姆，您好。以下商品或许是您感兴趣的。"根据客户以前在亚马逊网站所购买的书籍或同类用户的购买记录，列表上会显示一连串的书名，这些书或许都是萨姆感兴趣的。亚马逊网站上还有客户的“希望清单”，这些信息会自动地传输给零售商，这又是一种新的利益。个性化的另一种形式是客户可以从脸谱网或其他的社交网站上完成亚马逊网的注册，可以得到的利益就是便利。

品牌

品牌包括一个产品名称（如“麦当劳”）、一个产品标识（如M形的金色标志）和其他的识别信息。如果一家企业在美国专利局注册登记了商标，它就变成了一个注册商标，政府将对其进行保护，避免他人模仿。依照美国政府的规定，“一个商标可以是一个词、一个短语、一个标识或一种设计，或者是词、短语、标识及设计的组合，是用来确定和区别于其他公司的产品或服务的。”尽管企业不一定要注册商标，但是注册可以为企业带来诸多好处。例如，可以告知公众，注册过的商标是属于企业专有的，这种法定的专有权在全国范围内有效，而且具有排他权，等等。

需要提及的是，普通的词汇若用在网站上，就不能注册。例如，企业可以以books. com，music，com作为域名，但是不能将book一词用来注册。

在营销资料中，品牌并不仅仅是词语和图案。许多企业已经意识到，品牌还有如下的诸多意义：

- 品牌是对客户的一种承诺；
- 消费者相信品牌所代表的利益；
- 创新会持续地兑现品牌承诺；
- 品牌会引发客户对品牌的信任；
- 品牌承载着所有的客户体验；
- 品牌代表着产品与客户之间的纽带。

厂商的品牌承诺能够建立起消费者信任，降低风险，帮助客户降低因选择商品而产生的压力，这种压力的减轻在网络环境中显得格外重要，因为消费者普遍担心网络安全和隐私保护，还因为厂商和消费者之间有一定距离。像亚马逊、苹果等知名品牌能够获得消费者的信任，让消费者感知到利益，因而商品定价也可以高一些。下面的“相关技术”专栏介绍了McAfee和Symantec企业版杀毒软件，说明品牌能给客户带来信任感。当然，也有一些品牌（例如美国的沃尔玛、德国和澳大利亚的Aldi食品连锁店）给人的印象就是物美价廉，对于这类品牌，客户的价值诉求也会适当降低，因为产品提供给客户的收益较少（例如，产品的特色少一些，或者服务的内容少一些）。

客户了解了品牌，在与品牌接触的过程中逐渐培养起对品牌的信任。有些接触是单向的，例如通过广告、包装来了解品牌，有些则是双向的，例如与企业的客户服务代表或销售代表进行交流，可以通过电话交流，也可以在展会、网站上或通过电子邮件等交流。

相关技术

计算机病毒与防范

今天，终于到了你为公司最大的客户做演示的时候。在此之前，你已经为制定这项新的营销方案工作了一年有余，而且过去的一周你每晚都要痛苦地工作到10点，对方案做最后的修改。你走进办公室，穿着自己最好的一套西服，冲上一杯咖啡，打开电脑开始一天的工作。这时，你突然发现计算机开机时原先熟悉的界面并没有出现，取而代之的是短短的一行字："无法找到硬盘"。你赶快与公司的信息技术中心电话联系，这才知道是人力资源部的一位员工打开了有病毒感染的电子邮件附件，病毒通过公司的局域网迅速传播。病毒的事先放一下，你冷静地从公文包中拿出了一张光盘，上面已经刻录了你今天要演示的内容。讨厌的病毒不能阻止你今天的演示。

计算机病毒与垃圾邮件

计算机病毒是网络经营者经常会遇到的噩梦。病毒使得消费者都有这样的一种感觉，那就是互联网和计算机并不安全。计算机病毒是秘密地附着在文档中的具有破坏性的计算机编码。病毒往往能够自行复制，并且很可能对数据造成大规模的破坏。破坏程度高的病毒可以通过计算机网络迅速传播，并且把数字文档变得面目全非。另外，一些恶搞的病毒会在一个月的某一天攻击计算机，前提是用户在键盘上敲击到某一个键，也可能是每过几分钟就打开一下光盘驱动器。除此之外，还有一种睡眠病毒，它们会在某个具体的日期或时刻发作。

三种常见的病毒是宏病毒、蠕虫病毒和木马病毒。**宏病毒**（macro viruses）是一种附着在文档中的计算机病毒。使用者一旦打开这样的文档，其中的宏就会被执行。例如，一种名为 NightShade 的宏病毒专门感染微软 Word 97 的文档。当使用者关闭被感染文档时，病毒会感染系统和文档，同时给受感染文档设置密码 NightShade。

蠕虫病毒（worms）可以快速地在计算机内存中复制和传播，破坏存储信息，并侵蚀计算机资源。2004 年，震荡波蠕虫病毒感染了整个计算机世界。德国的一个十几岁少年斯文·雅舍恩（Sven Jaschan）是病毒的制造者，他在这一事件发生之后被逮捕。有时，人们会用病毒去对付病毒，结果却引起了更大的混乱。

木马病毒（trojan horses）不会复制再生，通常被视为一种合法的程序。这种病毒通常会破坏计算机，并且方便黑客进入计算机盗取用户资料。普通的红色代码病毒可以将木马病毒放置在计算机内，黑客则可以利用木马病毒进入计算机程序，对计算机进行远程控制。

计算机病毒可以出现在数据中、电子邮件中或各种软件里。2000 年，"我爱你"（I Love You）病毒及其变种袭击了全世界的计算机，在短短数天的时间里造成了几十亿美元的损失。这种病毒通过电子邮件传播，主要影响微软的 Outlook 应用软件。未经补丁修补的 Outlook 老版本允许一些小程序（通常叫做"脚本"）在用户的计算机上运行，目的是进行一些自动操作。虽然这意味着用户可以根据自己的需求来制定程序，但也意味着脚本可以执行任何 Windows 软件的指令，包括"删除"的指令。根据这一原理，病毒的制造者将脚本作为附件随文档一起发送，然后去删除用户计算机上的文件。这种病毒还会浏览 Outlook 的地址簿，然后给用户所有的联络对象发送一个附带病毒的邮件，结果是破坏性病毒的快速传播。"我爱你"病毒的变种会使问题变得更加复杂，破坏性更强。例如，由于邮件的接收者在主题栏中看到"我爱你"就会十分警觉，它的变种会在每次传输中随机产生新的主题。再如，由于杀毒软件会通过寻找病毒脚本来扫描病毒，因此变种病毒就在每次传播过程中对原版病毒做少量的修改，以逃避杀毒软件的检测。恶意的程序开发者通常将矛头直指 Outlook 应用软件，因为它与 Windows 操作系统紧密地捆绑在一起，有时它还攻击其他的微软应用程序，因为这些程序的普及性太高。不过，自 Windows 7 操作系统问世以来，微软公司已经开发出了能够警示用户潜在威胁的系统。

虽然病毒通常是对计算机造成破坏，但现在它们也开始感染移动设备（如手机、掌上电脑等）。2004 年，名为 Cabir 的蠕虫病毒感染了移动电话的 Symbian OS 操作系统，并且迅速蔓延感染了蓝牙设备，因为蓝牙设备与手机是密切相关的。

面对病毒的侵扰，网络经营者应该如何应对呢？最好的办法就是阻止计算机病毒到达客户端。所有通过邮件服务器的电子邮件都存储在用户的磁盘邮箱中，杀毒软件可以安装在邮件服务器上，以扫描来往邮件，寻找病毒。对已识别出的邮件中含有的病毒要杀掉，对怀疑的邮件，采取隔离的方法防范病毒。通过这种方法病毒就不可能到达终端用户，感染的情况就能避免。用户要经常为软件打上补丁。微软公司及其他众多的软件开发公司一直在开发升级版的杀毒软件。用户应该在电脑中设置自动升级的功能。杀毒软件也应该安装在每一台电脑上。有一种功能强大的杀毒软件是 McAfee 杀毒软件（mcafee. com）。时下还有一种很流行的杀毒软件是 Symantec 公司开发的诺顿杀毒软件（symantec. com）。前不久，微软公司向市场推出了一款免费的杀毒软件 Windows Security Essentials，因此，许多杀毒软件的市场份额会受到影响。病毒活动的报告是通过国际病毒测试标准组织（WildList Organization International）报道的，并且可以在该组织的网站上（wildlist. org）查询到病毒的相关信息。

能够攻击苹果计算机的病毒要少得多，这是因为苹果计算机的操作系统和分布系统中嵌入了杀毒的功能。苹果公司的应用软件大多是通过苹果应用程序商店在网络上发布的。在上市以前，苹果公司就已经进行了全面检测。如果不是在应用程序商店里购买苹果公司软件该怎么办呢？苹果公司发布了新一代电脑操作系统美洲狮（Mountain Lion），美洲狮操作系统中有一项全新的安全功能就是 Gatekeeper，该功能会帮助用户选择安全的应用程序，避免恶意软件的入侵。软件开发商要到苹果公司去注册，获得一个代码，如果开发出来的软件受到了病毒的入侵，苹果公司会收回代码。

像病毒一样，垃圾邮件既烦人，又令人无可奈何。垃圾邮件占据了用户邮箱的大量空间。垃圾邮件是指同时向多个电子邮箱地址发送的未经许可的邮件。垃圾邮件的主题通常是这样的："快速致富"，"便宜订阅"。根据 2004 年 Nucleus 市场调研公司的一份研究报告显示，垃圾邮件降低员工工作效率，雇主为此在每位员工身上遭受的损失是 1 934 美元。该公司的报告还特别强调，这一数字中并不包括为对付垃圾邮件购买软硬件的开支、IT 人员的雇佣成本、垃圾邮件所占带宽资源的消耗等。

虽然大多数垃圾邮件是无害的，但是病毒通常隐藏在垃圾邮件中。网络用户在使用网上服务时，通常也公开了个人的邮箱地址，由此增加了接收垃圾邮件的数量。许多网络服务提供商和电子邮件服务提供商都设置了垃圾邮件过滤器，这些过滤器都尽量将垃圾邮件和重要邮件区分开来。有些杀毒软件可以对邮件进行杀毒扫描，并可以将病毒从收件箱中隔离或删除。

杀毒软件和反垃圾邮件检测工具都给厂商带来了便利，这些工具可以清除受袭击的或来路不明的信息，帮助网络用户将精力放在真正需要关注的内容上。

品牌价值

品牌价值（brand equity）是一个品牌的无形资产，可以按货币单位（比如美元）来计量。表 9—1 列出了 2011 年在美国排行前 100 位的品牌。谷歌的品牌获得了 2011 年的年度大奖，因为其品牌价值从 2008 年开始大幅度增长，跻身前 10 位，而且其品牌价值在 2011 年依然在大幅增长。在 Interbrand 公司的排名中，谷歌名列第四，但是在 Brand Finance 公司的排名中它位列第一，在 Brand Z 的排名中是第二。出现排名不同是因为各家市场调研公司使用的指标有差异。品牌价值的评估并不十分科学，因为它还包括了对未来收益的估计。

表 9—1　　2011 年全球最有价值的品牌

2011 年品牌价值及排序（百万美元）			品牌
Interbrand	Brand Z	Brand Finance	
1（71.9）	6（73.8）	16（25.8）	可口可乐
2（69.9）	3（100.8）	4（36.2）	IBM
3（59.1）	5（78.2）	2（42.8）	微软
4（55.3）	2（111.5）	1（44.3）	谷歌
5（42.8）	10（50.3）	7（30.5）	通用电气
6（35.6）	4（81.0）	17（21.8）	麦当劳
7（35.2）	58（13.9）	27（19.1）	英特尔
8（33.5）	1（153.3）	8（29.5）	苹果
9（29.0）	38（17.3）	47（15.4）	迪士尼
10（28.5）	18（35.4）	13（26.8）	惠普

Interbrand 公司评出的其他纯网络企业（指绝大多数业务在网络上完成）品牌排序

2011 年品牌排序	品牌	品牌价值（百万美元）
26	亚马逊	12.8
36	eBay	9.8
43	戴尔	8.3
76	雅虎	4.4

资料来源：Interbrand（2011）. *Best Global Brands*. Available at interbrand. com *BrandZ Top* 100 *Most Valuable Brands*（2011）. Available at millwardbrown. com *Brand Finance Global* 500（2011）. Available at Brandfinance. com.

谷歌受到 Interbrand 公司的褒奖，因为谷歌从单一的搜索引擎拓展出丰富的产品线，但是又不改其始终如一的价值诉求。雅虎和美国在线本来应该与谷歌并驾齐驱，但是结果并不理想。倒是搜索引擎新秀必应发展很快，2011 年在搜索市场上排名第二。戴尔、亚马逊、eBay 等几家企业在互联网问世以前根本就不存在，如今也都在排行榜 100 强中占有一席之地。那么，这些品牌是如何跻身其中的呢？表 9—2 汇集了诸多品牌研究专家和厂商的意见。

表 9—2　　成为全球最有价值品牌的条件

Interbrand	Brand Z	Brand Channel
● 内部结构明晰 ● 内部重视品牌建设 ● 适应市场变化 ● 获得法律保护 ● 顺应客户需求 ● 真诚 ● 具有品牌差异性 ● 各客户接触点的一致性 ● 社交媒体上正面评价 ● 得到客户理解	● 呼应价值诉求 ● 顺应变化 ● 顺应客户需求 ● 有很好的声望 ● 能够同时在实体世界和虚拟世界展示 ● 品牌能够带来经济收益 ● 品牌个性始终如一 ● 持续地探索和创新 ● 技术领先 ● 数字化品牌展示	● 具有一流的创意 ● 与企业的核心价值一致 ● 品牌能够成为企业的核心 ● 坚持品牌承诺 ● 商品、服务和技术一流 ● 具有独特的品牌定位和客户体验 ● 重视企业内部的品牌创立 ● 不断改进与创新

资料来源：Interbrand（2011）. *Best Global Brands*. Available at interbrand. com *BrandZ Top* 100 *Most Valuable Brands*（2011）. Available at millwardbrown. com "What Makes Brands Great." Available at brandchannel. com.

正如图9—3所示，我们将著名品牌融入通俗文化中，让消费者有机会与之接触。通俗文化通常指音乐、娱乐、体育等活动，它们能帮助品牌与消费者进行接触，跟上时代的潮流。出于这个原因，许多企业请名人做品牌代言人，或赞助体育赛事来引起目标市场的注意。例如，iPad找到了创立品牌的好方法，客户手持iPad可以一面坐车，一面看书，在社交网站上与人交流，或者享受各种娱乐活动，这种品牌战略迎合了年轻人的时尚需求，那就是全天候地获得娱乐或网络社交的便利。即时通信软件Skype在全球用户中推广**网络电话**（internet telephony），白领社交网站LinkedIn在商务人士中建立社交网络，这些都是最佳切入点。

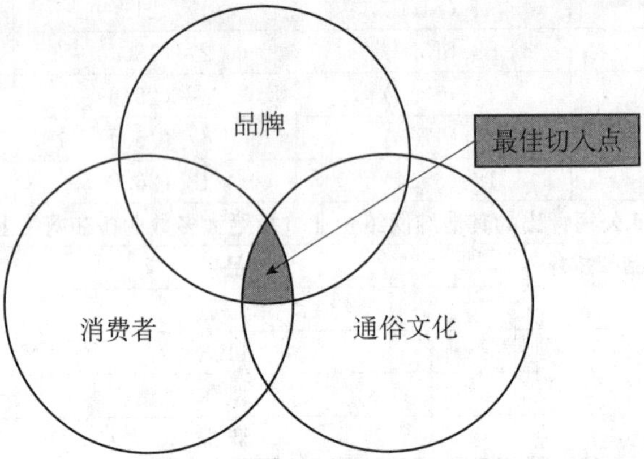

图9—3　大品牌与通俗文化和消费者的碰撞

品牌关联与社交媒体

雅虎网站经营得十分成功，网站的客户自发地创办了雅虎博客（Yahoo! yodel），而后，雅虎公司又将博客中的内容用在了公司的广告中。为虔诚的客户建立品牌社区，让他们在其中畅谈自己喜欢的品牌，这是为品牌开展营销活动的厂商梦寐以求的事情。哈雷摩托车（Harley-Davidson）车主，萨博汽车（Saab）车主，苹果电脑的爱好者，iPod的拥有者，在Craigslist、谷歌网站上搜索信息的用户，等等，都为厂商创立品牌出了力。亚马逊网站也从客户那里获益，许多网络用户都希望自己能成为网站的顶级书刊评论家。一个品牌是如何从不知名到被大多数人接受的呢？

2002年，美国著名营销学者邓肯提出了消费者与品牌关联程度的五个层次：

- **品牌倡导**。主动告知其他消费者品牌特色。
- **品牌社区**。消费者在脸谱网等网络社区上会谈论品牌。
- **品牌联系**。消费者在购买商品的前后，会主动与厂商联系。
- **品牌认可**。消费者会自豪地展示自己使用的产品的品牌。
- **品牌知晓**。购买产品时，消费者知道有这一品牌存在。

金字塔形的结构表明，只有很少的一部分消费者处于金字塔顶端，但他们是品牌的倡导者，会主动告知其他消费者这个品牌有多么出色。YouTube和推特网目前正处于这样的位置。

社交网站的兴起在金字塔里又增加了网友之间对品牌的评头论足。雅虎网站将自己重新定位为"生活引擎"。雅虎公司员工之间开展竞赛，有800个参赛者讲述为什么雅虎会成为自己生活的原动力，在此基础上，雅虎网站将自己的定位从"搜索引擎"转变为"生活引擎"。这是一种企业内部的营销活动，但是它有助于员工在与客户接触时始终如一地传递同样的信息（参见表 9—2）。

企业在使用互联网传递信息时，应该保证在线发布的消息或者员工的电子邮件都要传递积极的品牌形象，同时，这些信息要与消费者所接触的其他信息相一致。有一位作家曾经创造了一个词汇，叫做“破碎测试”（smash test），他以可口可乐为例，认为即使可口可乐的玻璃瓶碎了，消费者也能从任何一块碎片中看出是可口可乐。企业的网站设计也应该通过这样的“破碎测试”。即使没有网站的标识，或者其他的识别符号，用户也应该能够从网站的细微处识别出网站的品牌。这种识别是指颜色、字体、字号、文章的语气、图像的大小和外观等，它们都应该向消费者传递品牌形象。

虽然互联网能够帮助企业将消费者推向品牌金字塔的顶端，但是它往往很难控制品牌形象，因为在互联网上消费者获得的品牌信息，往往并非企业计划发送和能够控制的信息，例如博客、社交网络、消费者之间用于沟通的电子邮件、客户焚烧伪劣商品并在 YouTube 网站上上传视频等。互联网上也会出现许多有关企业品牌的信息，有的好，有的不好，有的则是恶意中伤。正因如此，厂商应该对品牌的网络信息实行监管（如前几章讨论的），并且尽最大努力用各种工具（如互联网技术）来塑造品牌形象。后几章中有品牌危机管理的相关内容。

总部设在英国伦敦的跨国服务企业安永公司（Ernst & Young）在 2012 年 9 月对娱乐企业和媒体的高管进行调查，其中有 63%的企业使用社交媒体来创立品牌。Forrester 公司也持同样的观点，他们的研究认为品牌建设和社交媒体是互补的。Forrester 公司的调查还显示 92%的调查对象认为社交媒体从根本上改变了消费者与品牌之间的关系。该公司归纳了社交媒体在品牌建设方面发挥着 3 个方面的作用：(1) 通过社交媒体在消费者之间建立信任；(2) 提升消费者与品牌的情感联系，在社交媒体上形成品牌的差异化优势；(3) 在社交媒体上建立消费者对品牌的忠诚。这项研究还显示，营销经理认为对于在 B2C 市场上创立品牌，万维网和互联网最重要，社交媒体位居第二，第三是搜索营销，最后是内容开发和电子邮件营销（但是在 B2B 市场上，第一是互联网，第二是内容，第三是电子邮件，第四是社交媒体）。由此可见，互联网在品牌建设中所占的位置依然很高。

网络产品的品牌决策

企业若有产品在线销售，就会面临一些品牌决策问题：新产品是沿用已有的品牌还是重新创造一个品牌，是否将自己的品牌与其他公司的品牌组成联合品牌，网站该使用什么样的域名，等等。

在网络上使用已有的品牌。对于新产品来说，企业可以使用现有的品牌，或者创造一个新的品牌。一个已有的品牌可以用于任何新产品，若品牌具有足够的知名度和价值，这样做更有意义。例如，亚马逊将音乐 CD、视频产品、软件、电子产品等加入到公司的产品组合中。对于亚马逊来说，这些产品沿用已有较高知名度的品牌，而不是使用一个新的品牌是十分有益的。同样，当企业将离线产品搬到网络上销售，形成一种**在线延伸**（online extension）时，很多产品都沿用以前的品牌（如《纽约时报》，它的网络品牌是 nytimes. com）。事实上，20 世纪末 21 世纪初互联网的崩盘证明，只有传统商业模式下的品牌延伸到网络市场，才能为网络市场的持续发展带来力量。

很多公司不愿意对其在线产品和离线产品使用相同的品牌，这其中有诸多原因。首先，如果这个新产品或者营销渠道具有很大的风险，公司就不想将好的品牌与失败的产品联系在一起，使品牌受到损害。例如，出版界有一本杂志《体育画报》

（*Sports Illustrated*），出版商在试探性地进入在线出版领域时，并不想使用原有的品牌，而是使用一种延伸品牌，将网络杂志命名为“茁壮”（*Thrive*）（thriveonline.com），在杂志的网站上并不提及该网络杂志与《体育画报》的关系。后来，在线的“茁壮”品牌被卖给了Oxygen媒体公司。

其次，有时一个强有力的、成功的网络品牌也会对离线品牌进行重新定位。大多数在线产品具有高技术、“酷”、年轻的形象，这样的形象会渗透到离线品牌。例如，NBC电视网络服务的市场比微软与NBC合作的MSNBC市场更加成熟，NBC电视网络希望从MSNBC的市场上获得一些年轻的观众，因此决定仍采用原有品牌，并且对离线产品形象重新定位。在这种情况下，公司必须谨慎行事，以确保在线品牌能为离线品牌带来预期的效果，并且确保延伸的产品系列不会使产品形象变得模糊。最后，由于在线品牌和离线品牌有不同之处，公司有时候也想为一些新市场和新渠道稍微改变一下名字。例如，《连线》杂志将其网络品牌的名字改为《热线》（*HotWired*），目的是传达这样一种信息，即产品富含高科技，也有利于对两种产品进行不同的定位。

为网络营销创造一个新的品牌。如果一家企业想要创造一个新的网络品牌，就应该起一个好名字。好名字应该对产品的特征有所暗示（例如WebPromote.com、MySpace.com），应该与竞争者的产品有所区分（例如gURL.com），并且能够形成有效的法律保护。在互联网上，一个商标的名字应该短小、易记、易拼写，并且能够很好地翻译成其他国家的语言。例如，戴尔电脑公司在网上的名字dell.com就比Hammacher Schlemmer礼品零售商的名字（hammacher.com）容易记忆。我们还可以举出一些例子，请考虑以下这些名字中哪个更适合做搜索引擎的名称：Yahoo!，Excite，Lycos，Ask，AltaVista，AOL Search，DogPile，AllTheWeb，InfoSeek，HotBot，WebCrawler，Google，Technorati，GigaBlast，iWon，LiveSearch，About，LookSmart，等等，哪个更符合上面列出的标准？

联合品牌。联合品牌（cobranding）是指两家公司将各自的品牌合在一起，为一个产品或服务命名。这种做法在网上十分普遍，只要两家企业的目标市场相似，合作的企业就可以通过声誉和品牌识别发挥协同优势。例如，《体育画报》现在与美国有线电视新闻网CNN共用CNNSI这个联合品牌，它们的网站地址也体现出两种品牌的联合：sportsillustrated.cnn.com。雅虎网站是比较典型的体现联合品牌优势的例子。一开始，该网站与“电视向导”（TV Guide）联合，后来又与Gist公司联合，共同提供电视节目表，网站上还有雅虎公司和维萨公司（Visa）合作的电视导购页面。另一个例子是全球最大的互联网服务提供商EarthLink公司。早在1998年，该公司就与Sprint电话公司合作，用EarthLink-Sprint这个联合品牌作为公司的品牌。它们不仅用联合品牌向Sprint公司的客户提供互联网服务，还用这个联合品牌去吸引美国在线的客户。

互联网域名。企业花费大量的时间与资金去开发有影响力的独特品牌，目的是创造品牌价值。Netcraft公司的调查显示，2012年3月全球有94亿个可以搜索到的网页，独立的网站有6.44亿个，.com网站的数量是2.015亿个，那么企业该如何去寻找自己所需要的网站名字呢（见表9—3）？其实，实际情况比这个更不乐观。据Royal Pingdom公司统计，已经被放弃的网站名字有3.8亿个。在公司网址中使用公司商标或品牌可以帮助消费者迅速找到网站。例如，可口可乐公司的网址（cococola.com）就为可口可乐公司增加了品牌效应（见表9—1）。绝大部分的知名品牌都将自己的品牌用在公司的网站域名里。例如，迪士尼公司的网站域名是disney.go.com，说明用户登录的是迪士尼公司的网站，若用户在浏览器上键入的是

disney. com，依然能登录到相同的网站。迪士尼公司拥有的网站地址甚至还不止这两个域名。然而，这样的技术设计并不总是有相似的效用，在设计网站域名时，我们应该考虑其他的诸多因素。

表 9—3　　2012 年 1 月主机数量最多的一级域名

一级域名	一级域名名称	主机数量（百万台）
net	互联网网站	332.7
com	商业网站	201.5
jp	日本	63.6
it	意大利	25.5
de	德国	20.6
br	巴西	24.3
cn	中国	20.2

资料来源：Data from Network Wizards. Available at isc. org.

统一资源定位器（Uniform Resource Locator，URL）就是网站地址，有时也叫做 **IP 地址**（internet protocol address），或**域名**（domain name）。域名的分类方法非常巧妙，就像电话区号一样，能够帮助电脑使用者找到互联网上的其他电脑。URL 实际上只是一些号码，为了方便使用者记忆，域名服务器就将它翻译成网址。如果不是这样设计，那么你或许就要对朋友这样报出自己的域名：71. 24. 607. 304。域名包括几个级别：

"http：//"表明浏览器中的数据使用的是超文本传输协议，也就是通过超链接将文件连接在一起。有时，URL 符串以"ftp：//"开头（FTP 为**文本传输协议**（file transfer protocol）），这意味着支持 FTP 服务器将数据直接传送给用户（这些数据大多数都是像微软的 Word 文档这样的文件或者其他应用文档，而不是基于超文本标记语言（HTML）的文档）。www 并不是非要不可的，大多数的商业网站注册域名时把带 www 的和不带 www 的都注册了。有时，URL 是指向电子邮件的网站的，因此就用英语的 mail 替代 www，例如 http：//mail. yahoo. com。

例如，http：//www. support. dell. com：

http：//	www.	support.	dell.	com
超文本传输协议	万维网	三级域名	二级域名	一级域名

公司购买域名时，首先要考虑注册哪一类一级域名。在美国和其他一些英语国家，大部分企业都选择带 . com 的域名，因为在寻找网址时一般客户都是输入公司名再加上 . com 作为猜测的首选。有些国家有自己的一级域名，比如墨西哥是 . mx，英国是 . uk，德国是 . de。亚马逊公司在英国的域名就是 amazon. co. uk。表 9—3 列出的是按主机的数量排名的最大的一级域名。主机是一台连接互联网的电脑，它可能拥有多个 IP 地址。正因如此，加上其他的一些技术原因，在每个域名里都只包括可能存在的最小数量的 IP 地址。

有时，一个国家以外的企业或厂商也会设法获得该国的一级域名，这其中有许多有趣的诀窍。例如，很多医生在摩尔达维亚登记，以便获得以 . md 为后缀的域名。还有一个有趣的例子是关于太平洋岛国图瓦卢的，该国的一级域名是 . tv。DotTV 公司同意支付给图瓦卢5 000万美元购买.tv的扩展名。对于一个年国内生产总值只有2 000万美元的国家来说，这可是一笔大买卖。然而，有些人们想当然的域名（例如cbs.tv或nypdblue.tv）却并没有出现。1998年VeriSign公司接手成为.tv的新东家，到2001年为止，该公司共花费6 000万美元对.tv这一扩展名开展促销活动，一共招募到40万个注册用户，到2003年，留下的类似域名只剩下了一半。到目前为止，大多数的电视网络都为其品牌选择.com的网址。然而，其他许多可能的一级域名仍可以作为选择的对象。互联网域名与地址管理公司（ICANN）是一家负责全球域名分配和注册服务的非营利机构，该机构通过专家委员会的模式来制定互联网的一级域名，例如.xxx，.post等。有两个一级域名.edu和.com是1985年定的。据最新统计，全球共有7个通用的一级域名，相应的组织和机构必须使用这样的一级域名，例如.com，.edu，.gov，.int，.mil，.net，.org；有250个两个字母组成的代表国家的一级域名，例如.de，.mx，还有.pn，它代笔只有50个居民的皮特凯恩群岛；还有一些普通的一级域名，例如.biz，.info，.pro，.name，.coop，.aero，.museum，.asia，.cat，.jobs，.mobi，.tel，.travel，等等。

GoDaddy公司和其他很多站点一样，提供域名注册服务。该公司对域名注册每年收费10美元，还包括一个电子邮箱地址（godaddy.com）。按照这个价格，学生可以较少依赖非专业的网站（例如雅虎网站）发送电子邮件，并给招聘人员留下更加深刻的印象（例如"姓名@姓.com"这样的电子邮箱地址）。

我们面临的一个问题是词典里97%以上的词汇都已经被注册为域名了，这样一来，企业所期望得到的域名就有可能得不到了。一个照搬词典得来的名字可能并不是理想的选择，它很难建立起竞争优势，因为在字面上它已经有一定的意思。给酒厂注册一个叫wine.com用来识别品牌的域名，不如就用gallo.com这样的域名（gallo是美国知名的酿酒企业的品牌），因为这个品牌已经众所周知。亚马逊公司在选择域名Amazon.com时是独具匠心的，如果当初它选择了book（书）这样的词语做域名，那么要不了多久，就会被雷同的域名淹没。下面我们列出了一些缺乏特色的域名，几乎都用book来组成自己的域名，它们在网络上根本不可能异军突起，许多网站现在已经销声匿迹了。

1bookstreet	BooksAMillion	gobookshopping
A1Books	BookSense	Gobookshopping
abebooks	books-forsale	HalfPriceBooks
allbooks4less	BooksNow	nwbooks
Allbookstores	Bookspot	Textbooks
Alotofbooks	Bookwire	Textbooksatcost
BestBookBuys	CheapyBook	Textbooksource
BookCloseOuts	Classbook	Textbookx
Bookland	CoolBooks	TheBookPeople
BookNetUSA	Ebooks	TrueBooks
BookPool	eSuccessBooks	VarsityBooks

如果公司名称被别人抢注了，该怎么办？例如，北卡罗来纳州的一家软件开发商和互联网服务提供商DeltaComm公司最先注册了delta.com的域名，它抢在了美国达美航空公司（Delta Airlines，该公司最初的网站域名是delta-air.com）和三角水龙

头公司（Delta Faucet，该公司的网站域名是 deltafaucet. com）的前面抢注了域名，后两家公司被迫使用其他的名字。另一种解决办法是从目前域名持有者手中购买名字，达美航空公司采用的就是这样的办法。另一个例子是关于 Grupo Posadas 公司的，该公司是墨西哥的一家大型连锁酒店，它花了 18 个月的时间，与当地相同名字的一个家庭旅馆谈判，买回了 posadas. com. mx 的网站域名，该公司付出的代价是同意提供一套公寓房，给那个家庭的成员在旅店免费居住，再加上大量的金钱。很多精明的网民抢先注册了许多热门的名字，然后转手出让，最高要价达几百万美元。GoDaddy 公司在网站上拍卖二级域名。GreatDomains. com 公司允许用户买卖热门的域名。美国一家保险公司日前将自己的域名 Insure. com 以 1 600 万美元的高价售出，与 2001 年该公司购买这一域名的价格相比，上涨了 10 倍。如果你有闲钱，就可以花 25 000 美元购买一个域名 heroine. com，也可以去竞拍 shoppingbuzz. com 的域名。第 5 章中曾经提到，域名抢注（注册一个已经注册的商标作为域名）是不合法的，不过，如果是词典中的名字或者个人的名字，则不在此列。在 GoDaddy. com 网站上，可以根据已有的域名搜索到域名的注册者。

顺便提一下，在注册公司域名时，公司可以把相关的域名一起买下来，以免受控于他人。有些消费者会注册一些网站，上面登载对产品或服务不满意的客户对相关企业的批评，例如将网站命名为“公司名＋sucks. com”（例如 paypalsucks. com）。于是，有些企业在注册域名时将这样的域名也一并注册，防患于未然。

有些消费者不清楚通过什么样的域名来寻找公司的网站。墨西哥的酒店 Posadas 购买了 17 种关于酒店名称不同拼写的域名，目的是使顾客查找更容易。可口可乐公司注册的域名包括 cocacola. com，coca-cola. com，coke. com，cocacolacompany. com，thecocacolacompany. com，以及将 cocacola 加上不同的一级域名，例如 . net，. info，. us，. org，. me，等等。

美国内华达州的 Bently 机械公司注册了 bently. com 和 bentley. com 两个域名，因为人们很容易将公司的名称拼错。最近，我们发现 netmanners. com 网站的域名在一本亚洲人写的书上被添上了一个短横，变成了 net-manners. com，而这是一个完完全全的亚洲网站。康柏计算机公司（Compaq Computer Company）花费 300 万美元开发了 AltaVista 搜索引擎（altavista. com），却发现一家成人性保健网站公司已经注册了一个叫 alta-vista. com 的网站域名，幸运的是，和这个搜索引擎地址相近的成人网站后来倒闭了，康柏公司的过失有机会得到弥补。

为了吸引用户访问网站，使企业的营销沟通信息保持一致，选择恰当的域名至关重要。例如，时代华纳公司的 Pathfinder 是该公司的第一个网站，在该网站上用户可以浏览到很多声誉卓著的期刊，例如《人物》（*People*）、《时代》（*Time*）、《财富》（*Fortune*）、《金钱》（*Money*）、《娱乐周刊》（*Entertainment Weekly*）等。Pathfinder 网站的《新媒体》杂志（*New Media*）的编辑丹·奥克伦特（Dan Okrent）抱怨说，该网站一开始犯的最大错误就是选择了 Pathfinder 作为网站的域名，Pathfinder 并不能很好地利用公司杂志品牌的认知，因此，公司就丧失了对其品牌价值的利用。奥克伦特说，最重要的是，Pathfinder 对用户来说没有价值。如今，用户若输入 pathfinder. com 域名，搜索到的是链接到所有公司杂志的网页。

售前、售中、售后服务

在产品的销售过程中以及销售后提供的客户支持是价值诉求中十分关键的环节。

客户服务代表应具有丰富的产品知识，并十分关注客户的体验。关注建立和发展客户关系的企业网站（例如亚马逊公司的网站 Amazon. com）把公司一些最优秀的员工安排在客户服务部门。在网站创办的早期，亚马逊公司的亿万富翁，公司的创始人兼首席执行官杰夫·贝佐斯甚至亲自回复一些客户发来的电子邮件。有些产品需要特别的客户支持。例如，当一些客户想购买产品评价软件（Constant Comment）来做邮件新闻或邮件数据库设计时，技术支持就变得很重要。客服代表帮助客户解决产品安装、日常维护、产品质量和售后保修等问题，并在平日的工作中提升客户对公司产品的满意度。

CompUSA 股份有限公司是美国最大的计算机零售商，灵活地运用在线和离线的渠道改善产品服务。在公司的网站（compusa. com）上，客户只要输入所在地邮政编码就能够查询到最近的五家实体商店中任何产品的性能和价格，也能通过搜索网站中产品的序列号来了解送修的计算机维修的状况。客户服务是产品收益中的一部分，是客户关系管理的一个重要部分。如今客户服务已经成为比商家之间的竞争优势更为重要的因素。

在线交流已经成为客户服务中的重要一环。只要用户处于连线状态，就能与客服代表进行实时沟通。这种沟通可以是在购物过程中，也可以是在购物完成以后。资料显示，尽管参与在线交流的消费者只占网络用户的 2%，但只要是参与了在线交流，客户购买产品的可能性就是其他有意购买的人数的 7.5 倍。

在线客户服务十分重要，我们将在第 15 章用很大的篇幅来讨论这一问题（它是客户关系管理的一部分）。

标签

产品的标签可以用来识别产品的品牌、生产的公司、产品成分，同时为使用者提供使用说明，甚至还有一些促销信息。有形产品的标签可以带来对产品的认同感，并影响购买决策。在网络世界，标签是各种数字标识。就在线服务而言，标签上有产品使用条件、产品特征以及其他的产品信息。例如，如果用户从网站上下载 iTunes 软件，用来整理 iPod 中的音乐，他首先会阅读“标签”了解软件的安装和使用方法。

另外，许多公司的网页上有大量的合法使用的版权信息。比如微软公司，它在网页上说明允许其他企业复制其产品标识，不必事先征得微软公司的同意，但是在公司过去的网站 Expedia. com 上，其他企业若要使用网站的标识，或者将其印制在实体产品上，都必须事先征得公司的同意。有一些组织，如联邦贸易委员会，有“标签”页专门讨论其隐私保护政策（见图 9—4）。用在网络上的在线标签与离线标签的功能相似。许多传统的实体企业在大门上张贴美国优质企业局颁发的标志，目的是建立消费者对它们的信心。同样，美国优质企业局也给每一位会员提供在线标志。其他的知名标签有 TRUSTe，这是一种隐私保护认可标志。如果企业同意按照某些规定使用在网络上获得的用户信息，它们可以在 TRUSTe 机购进行注册，下载 TRUSTe 的标志，并粘贴在它们的网站上作为标签的一部分。

许多网站将社交媒体的标识作为网站的标签贴在网页上，目的是方便用户通过脸谱网及其他各种社交网站完成分享、评价、注册等活动，这些标识提升了企业的可信度和技术竞争力。

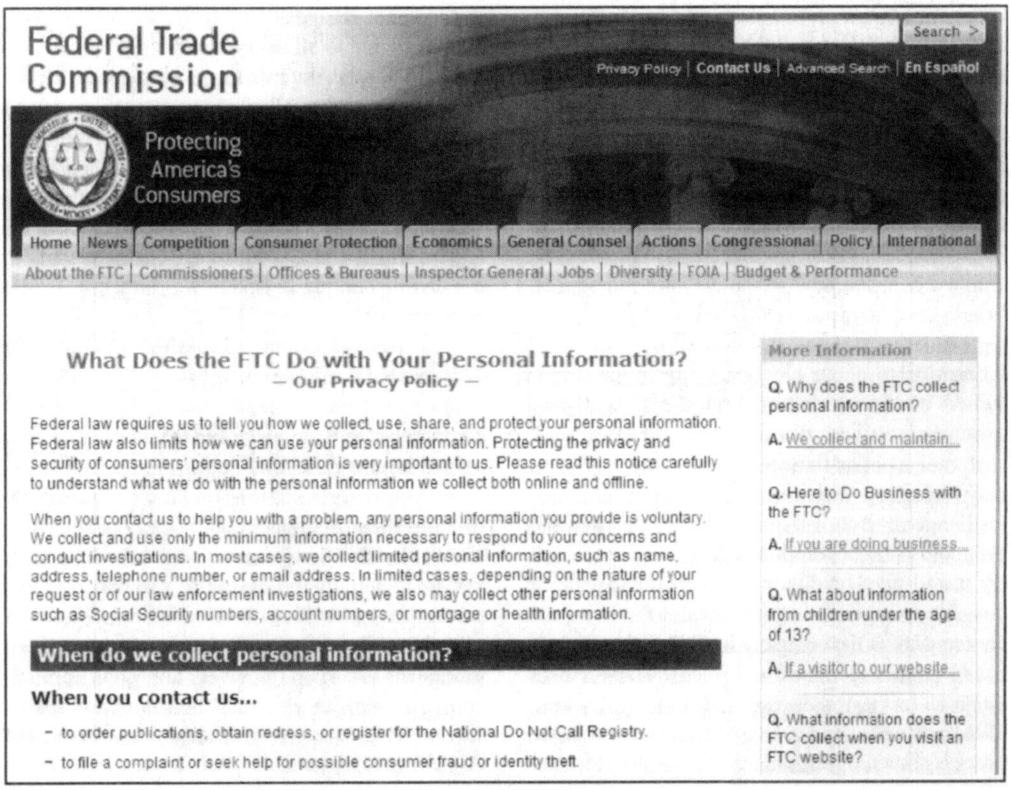

图 9—4　美国联邦贸易委员会隐私保护政策

资料来源：ftc. gov.

9.4　网络营销促进产品开发

从原子到比特，从实体环境到虚拟环境的转变，使在线商品的供给过程变得更加复杂。企业的研发部门必须综合使用数字文本、图形、音频和视频等各种手段来进行产品的开发（第 11 章将专门介绍如何将数字产品推向市场）。为了使交付产品的过程更加有效，企业还必须将前台的客户服务工作和后台的数据收集和处理程序结合起来。这些工作对传统企业提出了更高的要求，使它们的学习曲线变得十分陡峭。因此，网络经营者必须考虑新技术条件下如何进行产品开发，如何制定产品组合的营销策略。

客户协同设计

随着互联网在全球的广泛应用，传统意义上的空间距离丧失了其重要意义，许多以往不常见的商业合作关系以及企业与消费者合作的模式层出不穷。合作双方试图形成一种协同优势，设计出能够传递价值的消费者产品。例如，戴尔电脑公司曾经将25%的电脑显示器订单交给一家供应商，接到订单以后，该供应商便派工程师参与戴尔公司的产品开发团队的工作，戴尔电脑公司的员工向客户进行新产品介绍时，这些工程师就站在他们的身边。

互联网技术还方便了超越国界的虚拟化合作。例如，软件开发者总是希望从客户那里获得尽可能多的信息。网站、移动设备中的应用软件等都有 Beta 测试版，这时产品还在开发阶段，用户可以试用，并将试用的体验告知开发商，由开发商进行改进。这个过程可以进行多轮，网络浏览器、客服软件等都用这样的方式进行开发（见图 9—5）。

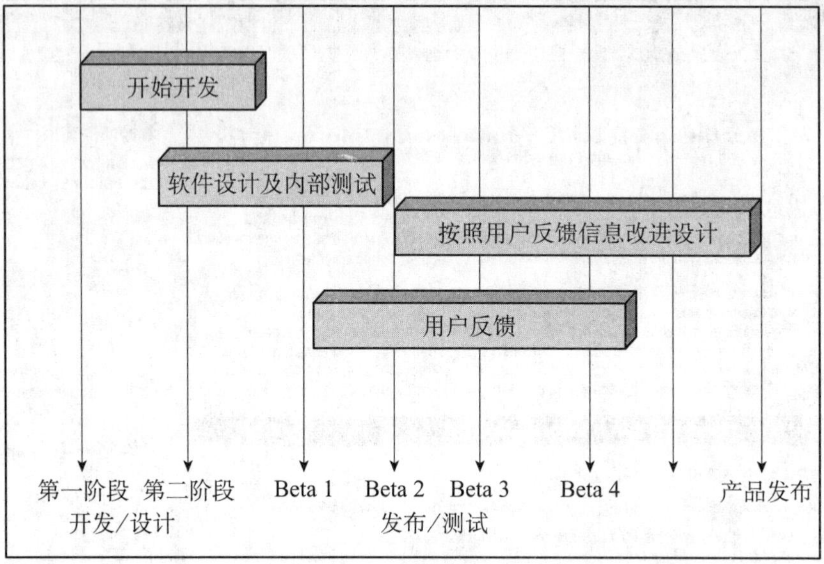

图 9—5 客户参与软件产品开发

乐高玩具制作公司（LEGO）的案例也是一个有趣的例子，该公司允许消费者下载公司软件来进行虚拟的玩具设计（参见 ldd. lego. com），设计完成后，消费者可以将自己设计的宫殿、机器人等上传到公司网站，其他用户都能看到这些设计。乐高公司就是用这种创新的方式让客户参与，而且了解到什么样的玩具会在实体商店里畅销。

克里斯·安德森在撰写《长尾理论》一书时，将书的初稿挂在自己的博客上，让读者对这种新理念品头论足。正是在与读者的互动中，这本新书出炉了。

今天，许多公司允许客户加入到网站内容的制作中来，用户可以在普通网站或者社交网站上制作广告和其他的网站内容。在亚马逊公司的网站上，有客户对产品的评价，也有人撰写博客。CNN 鼓励公民记者上传重要新闻的视频。在另一些公司的网络社区中，也有客户参与论坛（如 Epinion. com）。为了鼓励评论者说话有理有据，Epinion. com 网站还允许所有的网络用户都来对评论者的评论打分。企业与客户的内容合作开发可以利用网络博客，写博客的人鼓励大家评头论足，以此来提高博客内容的价值。

好的厂商总是非常重视客户的反馈信息，目的是改进产品。有些厂商还专门辟出博客专栏，就是为了收集客户的评价。一个比较好的例子是星巴克公司开发的“我的星巴克点子”网站，以此聆听顾客的想法（我们在第 2 章中提及过）。还有，例如戴尔公司的 IdeaStorm 博客从用户那里征求产品建议，到 2012 年 9 月，已经征集到 17 808个产品开发和改进的点子，有 738 740 人次参与了讨论和评价，其中有 500 多个点子被采用。

然而，有时候反馈信息并不令人愉快。随着网络用户的增加，网络速度的加快，视频网站和"口口相传"的电子邮件迅速普及，再加上消费者对厂商信任度的下降，不管产品是好是差，这样的信息总是可以很快传遍千家万户。在这样的环境里，精明的厂商会充分利用通过网络传递的客户信息（见第 6 章）。正是因为密切关注网络上的信息，Mrs. Field's Cookies 公司捕捉到了在网络上广泛传播的一则谣言，该谣言让该公司的实体门店在很短的时间里销售量下降了 1%。

互联网环境催生多种机遇

在第 1 章中，我们讨论了互联网独一无二的特征，它催生了许多新产品和新企业。定位服务（LBS）就是这样的一个例子。全球定位系统（GPS）可以通过智能手机以及其他各种无线上网设备为用户定位，方便找到餐馆、零售商店等设施，这对厂商来说又创造了许多新的商机。

另一个例子是 AutoMall 汽车销售公司和 Lending Tree 贷款咨询公司，这两家企业联手为用户提供服务。Lending Tree 公司提供网络搜索，介绍优惠的抵押贷款和其他各种贷款。在互联网诞生之前，这些公司提供的利益是难以想象的，它们代表了一种新的中介类型（本书将在第 11 章中详细介绍）。

互联网是一个信息均衡的平台，这就意味着激烈的竞争、产品的相互模仿以及极短的产品生命周期。在线拍卖就是一种很具有代表性的例子。就在 eBay 开展在线拍卖业务不久之后，亚马逊和其他一些网站也开始模仿 eBay 经营在线拍卖业务。现在，旧金山的一家餐厅在食客较少的时段，甚至用在线拍卖晚餐的方式来吸引顾客。一些团购网为广大的消费者提供了新的竞争方式。大多数搜索引擎有趋同的趋势。在这种环境下，网络服务只有走差异化的道路才不至于重蹈实体市场日用品打价格战的覆辙。

出售互联网搜索引擎软件的 DHT 公司（Direct Hit Technologies Inc.）据说在几天内就推出了 6 种新产品的版本，这是产品短命的极端例子。到 2012 年，产品的更新换代更快了。还有一个例子，法兰克·辛纳屈（Frank Sinatra）去世时，索尼 BMG 音乐娱乐公司的 5 人新产品开发小组在短短 6 个小时里开发出一系列网络新歌纪念辛纳屈，如果按照常规的开发方式，这些产品的开发或许得花费 4 个月。美国有线新闻网和其他的一些新闻网站每周 7 天，每天 24 小时，几乎每分钟都在更新网站上的新闻。面对新技术，企业必须做出迅速的反应，否则就会失败。有人曾经说过："不成功便成仁。"（Eat lunch or be lunch.）尽管网络经济的泡沫曾经破灭，网络创新依然值得称赞。

网络营销的新产品战略

许多新产品（例如 YouTube、雅虎、推特等）是由一些独家经营的企业推出来的，公司在最初成功的产品基础上推出新产品。另外一些企业（比如微软公司）则是将互联网产品捆绑到一个已经很成功的产品组合中。这一小节要探讨产品组合战略，帮助营销人员制定战略，将在线产品与离线产品整合在一起。

产品组合的六大战略

厂商应该如何将新颖的产品构思融入当前的产品组合中去呢？企业可以采用的新产品战略有六种，其中，非连续创新产品战略所具有的风险是最高的，而**低价格的相同产品战略**（me-too lower-cost products）则是风险最小的。企业可以根据营销目标和其他的各种因素（例如风险偏好、品牌价值、可利用的资源、竞争优势等）选择一种或几种产品战略。

非连续创新产品（discontinuous innovations）。指的是开发一种以前从来没有见过的新产品。呼啦圈、电视机在刚刚问世时就属于非连续创新产品。在互联网上，第一个网页制作软件、购物代理、搜索引擎等都属于这一类。一个最近的例子是有关身体扫描的硬件和软件产品，它是李维斯公司开发的个性化裤型服务系统，这对那些不能找到合适的衣服或者希望在衣服设计方面有更多个性化的客户来说是一个很好的主意。此外，它还有利于制造商和零售商提高客户忠诚度，降低库存成本，避免季节性折扣。再有一个非连续创新产品的例子是社交网络。社交网络使网络用户拥有大量的沟通对象，既可以是为了娱乐，也可以是为了获得经济利益。2012 年，谷歌公司开发了 675 000 种安卓版应用软件，这些应用软件趣味性强，能用于娱乐和教育。互联网上还会出现许多非连续创新产品，若要了解这方面更多的信息，可以浏览近来知名度很高的网络博客 Engadget（engadget. com）。

颠覆性创新（disruptive innovation）是非连续性创新的一个分支，指的是对现有市场的一种颠覆性变革，有时也称作“颠覆性技术”。比较典型的例子是数字音乐下载颠覆了 CD 唱片的市场，电子出版物颠覆了纸质的报刊市场，GPS 定位设备颠覆了纸质的地图市场，脸谱网、推特网的出现彻底改变了人们的沟通模式。正因如此，厂商必须严密关注新技术的发展。

尽管这种战略的风险极大，但是成功的回报也很丰厚。采用非连续创新产品战略的网络经营企业必须懂得客户了解和接受新产品要有一个过程，因为这是他们从未做过的事。企业面临风险是因为客户需要从充分熟悉产品，到能够驾轻就熟，到他们感觉物有所值以后才会转变他们的消费行为。如果目标客户是 35 岁以下的年轻人，风险就会小得多，因为这一人群对新技术有一种天然的亲和力。

新产品线（new-product lines）。如果企业用一个现有的品牌为完全不同的新产品命名，就形成了新产品线。例如，微软公司介绍和推广 IE 浏览器时，就创造了一种新的产品线。因为网景公司已经开发出了浏览器，所以微软的浏览器并不能算是非连续创新产品。遗憾的是，网景公司的产品已经退出市场。

产品线延伸（additions to existing product lines）。如果企业只是增加现有产品的花色品种，那只能算是产品线延伸。例如，《今日美国（网络版）》（usatoday. com）只不过是纸质的《今日美国》的在线延伸，是《今日美国》产品线的又一个品种。本章的开头我们提到过谷歌公司有许多条产品线（搜索引擎、广告、网络应用、企业版产品，等等），所有这些产品都提升了品牌的知晓度，也增加了品牌价值。

对现有产品的改进或调整（revisions of existing products）。这会形成一种新产品，它也可以替代旧产品。例如，以网站为基础的电子邮件系统是对基于客户端的电子邮件系统（例如 Eudora 和 Outlook）的发展，用户可以从任何联网的计算机上收发电子邮件。像 Web2Mail. com 网站这样的网络服务提供商允许用户不经过注册（例如泰国的一家网吧）就能使用现有的电子邮箱账户收发电子邮件（例如 Gmail，Hotmail，Yahoo！等）。在互联网上，企业不断地促进品牌发展以增加客户价值，并且保持竞争力。

重新定位的产品（repositioned products）。这是将现有产品定位于不同的目标市场，或者提供新的用途。前文中已经提到，雅虎公司一开始定位于网络搜索引擎，后来又将自己定位为门户网站（提供多种服务），如今，该公司将自己重新定位为生活引擎。由此看来，雅虎公司开始是与行业领军者美国在线公司抗衡，如今却是避免与主要的竞争对手谷歌公司正面冲突。MSNBC 公司也对自己进行重新定位，把目标市场定位为年轻的网络用户。

低价格的相同产品（me-too lower-cost products）。这种战略用低价与现存的品牌展开竞争，赢得价格上的优势。例如，MailChimp 邮件服务公司与 Constant Contact 邮件服务公司展开竞争，它们推出的产品是免费电子邮件营销服务，目标市场是各类企业。MailChimp 的邮件服务定价是 500 封电子邮件收费 10 美元，Constant Contact 邮件服务的收费标准是 500 封电子邮件收费 15 美元。互联网在发展的过程中产生过许多免费的产品，这是因为企业希望先抢占市场，赢得客户群，然后推出其他产品。例如，Eudora 电子邮件程序软件和 WS _ FTP LE 文档传输软件都是依靠这种战略很早进入市场的。这种战略也可以称作促销型抽样。

尽管人们更多地关注 B2C 市场，但是本书的“相关技术”专栏则大部分讨论 B2B 市场中的先进技术。

投资回报

在本书的第Ⅰ篇我们讨论了绩效考核指标，企业用此来评估网络营销战略和战术是否成功。企业在向市场推出新产品时（不管是在线的还是离线的）进行这种评估尤为重要。在新产品上市以前，厂商通常要预测一定时期之后产品将创造的收入，从中扣除营销成本和其他各种费用，计算出新产品的投资回报率。通常品牌经理会设法证明新产品将产生较高的投资回报率，或者产品将在短期内收回投资，说明对新产品的投资是值得的。收回投资是指按照预期的销售水平，在一段时间以后，企业可以收回研发费用和其他各种成本支出。用同样的方法，可以计算出项目收支平衡的日期，然后是盈利期。对企业来说，多长时间达到收支平衡是合适的呢？2002 年，一些企业经营者认为网络产品项目达到收支平衡的时间应该控制在 3 个月以内，否则就难以获得风险投资。当然，各个行业的投资回报期限是不一样的。例如，波音飞机公司研发一种新飞机，预期的回报期长达 20 年。推特网目前正在预测如何从成功的商业服务模式中获得实质性的收益。无论如何，投资回报率和收支平衡点都是重要的产品绩效考核指标，是判断新产品销售的内在动力和能否获得市场成功的标准。

小结

产品是指具有各种能够满足企业和消费者需求的利益的一个集合体。为了获得这些利益，企业和消费者愿意用货币购买或舍弃其他的价值。这里所说的产品可以是有形产品，或是服务、理念、人才和场所等。产品为客户提供价值，由客户认可，影响着客户的预期，并且可以适用不同的价格水平，将这些合在一起，就是产品体验。

厂商可以通过五种产品决策产生的不同收益来满足客户的需求。产品的四个方面（产品属性、品牌、服务、标签）都可以为实现网上交易而发生从实体到虚拟的转变。企业为在线销售制造新产品必须考虑是使用原有品牌，还是为新产品创立新品牌；是否选择联合品牌，挑选什么样的域名。售中和售后的客户服务是价值体系中的重要组成部分。在线标签就是数字化的产品标签，它可以发挥与离线标签相同的作用。

在为产品设计品牌时，厂商应该考虑到产品所蕴涵的文化、品牌名称和客户群体。企业应该设法将客户从产品的感知者发展成为产品的倡导者。

在开发网络新产品时，网络经营者可以与客户合作设计产品，在网络上征求客户对产品的反馈信息，并使用互联网资源来寻找更多的机会。企业可以利用六种新产品开发战略（非连续创新产品、新产品线、产品线延伸、对现有产品的改进或调整、重新定位的产品，以及低价格的相同产品），同时，要估计新产品给企业带来的收入、消耗的成本、投资回报率，为企业的决策提供依据。

思考与练习

复习题

1. 在网络上使用现有的品牌，赞成的意见是什么？反对的意见是什么？

2. 列出六种新产品战略，并且给出网络营销中的相应例子加以说明。

3. 为什么价值问题会贯穿产品体验的始终？

4. 选择互联网域名有哪些重要标准？

5. 网络标签的作用有哪些？

6. 网络经营者应该利用怎样的技术来帮助新产品开发？

7. 网络经营者为什么需要事先评估新产品的收入、支出、投资回报率以及收支平衡期？

讨论题

8. 谷歌公司的故事。为提升品牌价值，谷歌公司采用了各种战略，例如产品属性、品牌建设、客户服务、标签等，请举例说明。

9. 谷歌公司的故事。为什么说谷歌公司收益的主渠道是广告？谷歌公司还能从怎样的产品中获得实质性的收益？

10. 表9—2中列出了构成好的品牌需要的条件，它们的共同点有哪些？还有哪些条件可以列出来？

11. 在什么情况下为网络产品选择已有品牌会比较有意义？什么情况下没有意义？

12. 本章中罗列了一系列的在线书商的名称。如果你要在网络上开设一家书店，同时销售新书和二手书，你会选择哪一个名称？

13. 你可以如何利用社交媒体为自己所在的大学创立品牌？

14. 本书编辑出版以后，你还发现了哪些非连续创新产品？你希望再开发怎样的产品？

15. 网络经营者评估新产品的收入、支出、投资回报率以及收支平衡期的困难在哪里？

网络应用

16. 请登录网站 greatdomains. com，你能发现哪些属于抢注的域名吗？

17. 请登录网站 icann. org，查询国家一级域名数据库。为什么有些美国的网站一级域名不用 . us？如果是出于商务的目的，企业可以不用国家一级域名作为区分，这样的一级域名有哪些？如果要申请某个国家的一级域名，需要符合哪些条件？域名注册网站（例如 GoDaddy. com）上提供哪些国家的一级域名？

18. 请浏览网站 godaddy. com，用你自己的名字加 . com 后缀进行搜索。有结果吗？如果有，需要花多少钱把这个域名买回来？如果支付了这样的费用，该网站会提供怎样的服务？如果没有，你应该如何在该网站上申请这样的域名？

19. 许多企业使用一种新产品开发流程，称作“情景规划”。例如，微软公司的管理人员正在思考如果用一个词检索出电话号码、电子邮箱地址、文档名和文档内容，该如何做？请设想5种利用互联网的情景，让它能使你的生活更方便。

第10章 网络产品的价格

本章的重点是介绍互联网技术对厂商定价策略的影响。通过本章的学习，你将会理解买方和卖方对网络产品定价的不同看法，思考网络市场是不是一个有效的市场，了解固定价格，以及从固定价格到动态定价（例如拍卖价格）的变动趋势。

学习目标

- 了解网络营销过程中所采用的固定价格和动态定价策略。
- 了解买方对网上定价的观点，掌握实际成本和买方控制等知识。
- 了解卖方对网上定价的观点，掌握影响定价的内部因素和外部因素。
- 了解对网络能否成为有效市场的不同观点。
- 了解在线支付的几种形式，以及在线支付给网络零售商带来的利益。

趋势与影响

● 消费者普遍感到时间紧迫，他们都希望在购物下单和支付时能够简单一些、方便一些，最好是手指点一下、轻轻一划，或者按一个键就一切搞定。

● 西班牙巴塞罗那的 Ushuaïa Ibiza Beach 酒店与名为 PayTouch 的支付服务提供商合作，方便住店客户用指纹完成各项支付活动。

案　例

iPhone 应用程序的定价

Instapaper 是一款受到普遍欢迎的移动客户端应用软件，支持 iPhone，iPad，iPod Touch 等移动设备（见图 10—1）。用户可以在 WiFi 或 3G，4G 的网络环境下下载 500 页的文章，然后离线阅读。字体和文本的大小可按照用户的偏好调整，文章可下载到软件的文件夹中，用户甚至可以浏览其他的网友在下载哪些材料。多家权威媒体（例如《纽约时报》、《连线》杂志、*Mac World*、*PcMag* 等）的记者都对这款应用软件进行过报道。

下载这样一款应用软件需要支付多少钱呢？移动设备的应用软件有多种定价模式：

● 免费加增值模式。应用软件开发商提供基本的软件功能，不收费，然后在提供升级版时收费服务。例如“愤怒的小鸟”免费版就是这样一种模式。

● 许多精简版本的应用软件都是低价模式，它们与完整版相比少了许多功能。例如“愤怒的小鸟”精简版就是如此。

● 非折扣版的应用软件功能齐全。例如，“涂鸦跳跃”（Doodle Jump）售价0.99美元，一年中为苹果公司创造了208万美元的收入。

图10—1 Instapaper，最受欢迎的手机应用软件

资料来源：Used with permission from www.marco.org.

2011年6月，热门游戏应用软件开发者收入的52%来自免费加增值版的软件。开发者是如何通过精简版应用软件或免费加增值软件赚钱的呢？营销人员相信，尝试过免费版的软件以后，用户会愿意付费使用有更高级功能的软件。有些开发商是在免费版的软件中植入广告，按点击次数收费。著名软件开发商FreeTheApps公司（freetheapps.com）一年的广告收入高达80万美元，还有一些开发商依靠销售应用软件附带的产品赚钱。在线影片租赁提供商Netflix等公司则是利用免费加增值的商务模式将用户引向付费的网络服务。

2008年，Instapaper应用软件以免费加增值的商务模式推向市场，其增值的完整版售价9.99美元。2009年，公司将售价降低到4.99美元，苹果公司则对其补贴降价部分的70%，即3.50美元。这项措施出台以后，低价版的Instapaper软件的下载量增加了3倍。2010年秋天，开发商尝试停止发行低价版Instapaper软件，结果完整版软件的销售量越来越大。

据Instapaper软件的开发者马可·阿蒙特（Marco Arment）称，停止免费版的供应以后，不仅增加了付费版的销量，而且降低了公司的运营成本。首先，要维持、升级多个版本的应用软件的开发时间和成本要高许多；其次，用户下载应用软件要用到网络服务，而这样的运营成本是无法从低价版本的用户那里收回的。尽管低价版本中也有植入广告，但是许多用户根本不去点击，因而也不会为开发商创造收益。付费应用软件则为公司带来了可观的收入。此外，从iTunes中的评价来看，人们对付费软件的评价要高于对免费软件的评价，究其原因，或许是付费应用软件的功能更加齐全。

通过网站分析的数据，软件开发者马可·阿蒙特注意到从低价应用软件升级到付费版软件的用户并不多。他说：“我希望从软件销售中赚钱，如果用户不想付费，或者付不起费，我还有什么积极性去让我的用户满意呢？”

10.1 互联网改变了企业的定价策略

狭义地讲，**价格**（price）是人们为得到某种商品或服务支付的货币数量。从广义上说，价格是指消费者为获得某件商品或某项服务与销售者所做的交换，这其中包括货币、时间、精力和心理成本等。在整个经济发展过程中，价格都是由买卖双方协商确定的。在一些新兴的市场经济国家，人们依然用这种模式来确定价格。固定价格策略（就是对所有的消费者规定相同的售价）是一种相对新颖的价格策略，它是伴随着 19 世纪末商品制造业和零售业的发展而兴起的。如今，一个世纪后，互联网将我们带回到**动态定价**（dynamic pricing）时代，即针对不同的消费者制定不同的商品价格。

信息技术的发展使得网络市场中商品定价更复杂，同时改变了厂商的定价方式，对网络经营者来说更是如此。此外，由于消费者权力的增加，他们在一定程度上拥有了商品的定价权（例如网上拍卖商品）。在互联网环境中，特别是当人们将互联网作为信息渠道时，商品定价增加了**价格透明度**（price transparency），厂商和消费者都可以通过网络了解一种商品所有生产商的售价。互联网的这种特征将有助于商品网上销售，促使网络市场成为一个更加有效的市场，但是事情果真如此吗?

本章我们将从经济学的视角考察，系统地研究网络如何成为一个有效的市场。另外，我们还将讨论买方和卖方对价格的不同观点，并且解释一些传统的定价策略在互联网市场更加有效的原因。

10.2　买方和卖方的定价观点

买方和卖方由于所处的立场不同，因此对价格的认识也不同。买卖双方出于不同的目的提出各自认为合理的价格，然后，双方通过协商确定价格并达成交易，否则，交易就不会达成。

从买方的观点看问题

前文中已经提到，买方对价值的界定是收益减去成本（价值 ＝ 收益－成本）。在第 9 章，我们讨论过利益的各种形式，说明互联网给企业和个人都带来了各种利益。接下来，我们将讨论上述等式的另一个要素，那就是成本——货币、时间、精力和心理成本。

实际成本

如今，买方哪怕是仅仅要了解产品的货币成本，也要学习很多东西。卖方开出的价格往往并不包含一些隐性的要素（比如运输费、消费税等）。卖方会把这些要素有意隐藏起来，直到网络交易的最后一个环节才显示出来。表 10—1 显示的是《饥饿游戏》(*The Hunger Games*) 一书在不同的网络书店上的标价。表中的价格很清楚，但是非常复杂，消费者要自己去弄懂它们，做出正确的比较。价格表中并没有包括消费税，因为各个国家的消费税税率不同，一个国家中的各个州也不同，这又是一个复杂的因素。表中列出的最低价是 Biblio 网店的价格，但是人们对它的评价并不高。那么，有没有必要多付几元钱，挑选人们的好评比较多的网站去购买这本书呢？不同的网站、不同的地方，快递费要差很多。最后，为什么同样的一本书，最高价和最低价的价差是 80.5%?

表 10—1 《饥饿游戏》一书的零售价比较 单位：美元

图书零售商	星级/评论人数	价格	运费	含运费价
DeepDiscount. com	无	10.39	0.99	11.38
Alibris. com	*****/17	5.13	3.99	9.12
Books-A-Million	****/102	9.98	2.99+0.99/本	13.96
Biblio. com	*/1	3.74	4.00	7.74
Tower. com	无	5.74	3.99	9.73
Barnes & Noble	*****/44 012	9.98	3.00+0.99/本	13.97
Ecampus. com	*****/1	7.03	2.98+0.99/本	11.00
Amazon. com	****/6 783	5.82	3.00+0.99/本	9.81

资料来源：第一栏中的图书零售商。

表 10—1 中的例子表明，除了货币成本以外，消费者还要支付时间成本、精力成本和心理成本。有时，由于网速慢、搜索信息困难以及其他技术问题，消费者不得不花费更多的时间和精力，直至最后灰心失望（心理成本）。网络上的购物代理方便了消费者通过网络对比了解商品的最低售价，但是这种对比的过程增加了消费者的时间成本。例如，消费者登录 orbitz. com 或 travelocity. com 搜索最低飞机票价，所花费的搜索时间与节约的费用相比微不足道。网络用户应该知道，网站上并没有包括有些航空公司的信息（例如 Expedia. com 网站上就没有美国西南航空公司的信息）。如果是搜索一本书的售价似乎就不合算了，因为这关系到多种因素，例如网上搜索时间、搜索节约的费用、消费者对商品的熟悉程度以及搜索经验等。互联网远没有达到尽善尽美，然而，随着宽带的普及，技术的进步，企业制定出更加完善的网络经营策略，其中一些费用将会随之下降。

尽管如此，消费者通过网络购物，还是能节约多种成本的：

● **网络的便利性**。网络是一周 7 天、全天 24 小时处于运行状态的。消费者随时可以上网搜索、购物、娱乐或浏览网页，而且可以用各种网络设备上网。电子邮件使得网络用户之间无论何时何地都可以相互交流，也可以避免消费者想与厂商电话联系时厂商却下班了的尴尬。在网络上，沟通双方不必同时在线，购物机器人（指网站上自动应答和动画客服程序软件）提供了同步的在线购物支持。

● **网络的快捷性**。尽管消费者下载网页可能要花费不少的时间，有时也会不耐烦，但是他们可以方便地登录网站（例如 iGo. com 网站），预订笔记本电脑电池，说不定第二天就能收到，哪怕是在国际商务旅行途中，依然可以这样做。

● **自助服务节约时间**。消费者可以随时追踪运输的货物，或者在线支付账单、买卖股票、查询账户余额，还可以做许多其他的事情，并不需要等候销售代表上门。此外，网络技术便于消费者随时查询商品信息，而原本这些活动都是要花费很多时间的。

● **一站式购物可以节约时间**。企业借助互联网可以实现一站式购物，这为消费者提供了便利。美国的 AutoMall 网络公司与许多公司合作，使得消费者可以在该网站对比了解汽车售价、款式以及汽车制造商的信息，还可以了解贷款、保险和服务等信息。该公司有一个由许多汽车经销商组成的巨大网络，客户可以在网上商定价格，随后，网站会为客户提供一份购车证明，凭着证明上的报价，客户可以在任意一家经销商那里按这个价格购车。AutoMall 网络公司的跟踪记录显示，有 50%以上的网络用户会在接受公司网站服务的 45 天内购买新车，90%的用户在 6 个月之内买了车，这说明客户是欢迎这样的服务模式的。

- **网站间互相融合有利于节约时间**。一些门户网站（如雅虎和谷歌移动服务）为消费者搜索信息提供了便利，消费者可以利用各种上网工具连接网络。甚至像社交图片分享网站 Pinterest 这样的网站现在也可以被看成是网络门户。一些网站允许消费者建立自己的个性化网页，网页内容可以包括新闻、股票行情、天气预报和其他购物信息。例如，一名消费者通过电子邮件预订了一个极具个性的背包，后来他收到电子邮件得知该公司倒闭了，但是没有问题，因为该网站将订单递给了与其合作的电子商务网站，并且一天内就送货上门了。
- **自动化使消费者购物更轻松**。客户一般都喜欢简单、快捷。尽管网络购物很复杂，但是技术可以帮助解决问题。例如，网站为消费者保留登录密码和购物记录，这就节省了消费者购物的时间和精力。

值得一提的是，并不是所有通过网络购物的人都是冲着省钱来的。客户会将收益和成本进行比较，而每一位消费者的需求和价值观又各不相同。例如，虽然消费者知道亚马逊网站的商品价格比其他网站要高，还是宁愿到亚马逊买书，因为亚马逊网站所销售的书籍就在本地书库储存，能实现隔夜送达，即使这只能节省一天时间，而且成本要高一些。亚马逊的品牌是值得信赖的，消费者拥有在亚马逊购物的经验，他们对亚马逊网站非常了解，因此，很快就能在该网站上找到要买的书籍。当人们考虑到网站能节省时间和精力这些优势时，就不再计较比较高的收费了。

买方的控制力

控制力从卖方转向买方（包括定价权力），这对网络营销策略影响深远。比如在**反向拍卖**（reverse auction）中，由买方确定新商品的价格，然后由卖方来判断能否接受这样的价格。priceline.com 网站就是一个典型的例子，在这个网站上，用户可以自行确定宾馆、航班、汽车、旅游度假等的价格。在 B2B 市场上，交易中由买方来对企业积压的存货出价，或者对一些公司（例如通用电气公司、卡特彼勒公司等）的产品报价。在 B2G 市场上，政府采购人员列出商品或劳务的需求计划，然后由厂商投标（见图 10—2），最终政府采购人员与报价最低的厂商达成交易。实际上，政府采购人员控制着整个交易过程。

与实体交易相比，网络经营企业更愿意与消费者通过谈判协商商品价格，这有利于消费者在交易中掌握主动权。美国的消费者愿意与营销人员在网上交易，而不是在实体市场面对面交易，而且卖方也认识到，信息技术有利于他们更好地管理存货，自动地频繁调整商品价格。

消费者在网络上是否具有控制力取决于两个必备的因素，那就是网站上丰富的信息和充足的商品供应。结果是网络消费者变得越来越精明——当然他们不得不如此，前文提到的众多网站上《饥饿游戏》的图书价格信息就说明了这一点。麻省理工大学电子商务研究中心主任埃里克·布琳乔索（Erik Brynjolfsson）曾经提到："我们正在步入一个复杂多变的经济时代，这是厂商的贸易技术和客户的消费技术（有人将这样的消费者称作'购物机器人'（shopbots））之间的博弈。如果消费者缺乏经验，就会不知所措，而如果掌握得当，这些技术将引发一场革命。"

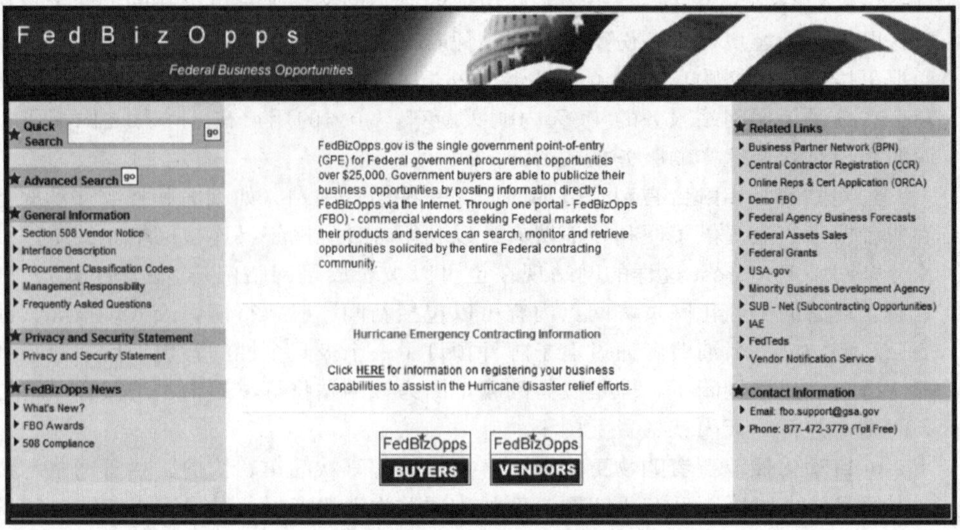

图 10—2　方便厂商搜索的政府采购平台

资料来源：fedbizopps. gov.

社交媒体也能够帮助消费者节约时间和金钱。消费者可以关注社交媒体上与自己相似的用户对商品或服务的评价。例如，人们可以在 epinions. com 上查看哪种轮胎的评价最高，在亚马逊网站上哪本书的评价最高。如果到实体书店里去，消费者面对的是一排排的书架，按照字母顺序排列，几乎无从下手。像脸谱网、推特网等社交网站都能帮助消费者了解哪些商品是质优价廉的商品，他们不必去浏览其他网站。网络上还有协同采购的社交网站，例如团购网 Groupon. com。在这样的网站上，消费者选中某一款商品，随着选购同样的商品人数增加，商品的价格会逐渐走低。

消费者在享受权利的同时也要承担一定的风险。在一场网络竞价中，有许许多多的出价者，人们常说“赢家的诅咒”，意思就是竞价胜出者以过高的价格竞拍到了商品。研究表明，B2B 市场上的二手车交易，网上交易往往比实体交易的价格要高得多。在 B2C 市场上，研究人员在评估 Egghead. com 网站的商品售价后发现 20%的竞价胜出者以高价购买了商品。几年前有这种现象，如今依然如此。2011 年有个卖家在 eBay 网站上销售一款视频游戏，售价 10 美元，实际上他的平均售出价是 15 美元再加 4 美元的快递费。或许消费者在网上交易过程中获得的快乐可以弥补高价格带来的不快，但是可以想见，消费者并不知道他们以高价购买了商品。

从卖方的观点看问题

除了**物物交换**（barter）以外，价格对卖方来说就是消费者为获得商品而付给他们的货币。厂商为生产产品或提供服务支付的成本就是商品的基本价格。低于这个最低价，厂商就无利可图。为在激烈的竞争中处于有利地位，厂商会以最低价为基础定价。成本和价格之间的差额就是利润。

厂商定价时会考虑影响定价的内部和外部因素。内部因素包括通过 SWOT 分析得出的优势和劣势、厂商总体的定价目标、营销组合策略、生产和销售成本等。正如前面讨论过的，外部因素包括市场结构、消费者的观点，它们对网上定价影响尤其大。

内部因素：定价目标

厂商在考虑了利润、市场、竞争等因素之后，开始确定定价目标。最普遍的定价策略就是以利润为目标，追求利润最大化。该策略主要考虑眼前的利润最大化，而不是长远利益。一些网络市场调研公司（例如 Forrester 市场调研公司和 Gartner 公司）采用的是利润导向型的定价策略，客户若想从它们的网站上下载最新的电子商务研究报告，要支付 1 500～4 500 美元，甚至更多。

厂商还可以选择各种以市场为目标的定价策略。消费者数量的不断增加有助于降低公司成本，取得较大的长远利益。低价格有助于公司占领市场。例如，美国著名的在线调查系统服务网站 Survey Monkey 以低价销售最基础的调研软件，以此来抢占市场，但是高级别软件（指功能更齐全的软件）的销售价以及软件的维护费定得很高。谈判和拍卖也是以占领市场为目标的定价策略。例如，消费者可以在 priceline. com 等网站上竞拍宾馆的客房。

以竞争为目标的定价策略是指厂商根据竞争对手的价格而不是以自己的生产成本和市场需求来定价。互联网的透明度使得厂商能更快地了解竞争对手的价格变化，随时作出价格调整。

内部因素：营销组合策略

成功的厂商都有自己的一套完整合理的营销组合策略。例如，2011 年有专家对 4 000位美国的消费者进行调查，结果发现 70%以上的新车和二手车的购买者都会在出手购买前先到网络上查询信息，时间长达 18～19 个小时。在这一调查中，58%的人回应说网络信息对自己的消费行为影响最大，近一半的人愿意听从亲朋好友的意见，而传统媒体（电视、广播、直邮广告等）的作用要小得多。不过，只有 3%的人承认社交媒体影响自己的购物行为。有高达 42%的受访者称谷歌和其他一些搜索引擎帮助自己了解汽车的促销信息。厂商对这样的市场调研信息很关注，它们可以据此决定该如何整合促销活动（例如普通网站、社交媒体网站、传统媒体、其他促销方式等），对产品定价，以及安排实体店的销售。

互联网只是一种营销渠道，必须与其他营销手段配合使用。营销经理必须考虑将网上销售和实体销售结合起来，为商品制定合理的价格。例如，2012 年 10 月，用户可以用智能手机订阅《纽约时报》，前 4 周是促销价，为 0.99 美元，此后是每 4 周 7.50～10 美元，也可以订阅纸质报纸每周 7.7 美元。教育培训以及其他各种商品或服务的定价也有类似的差异化。关于这一点，目前还没有成功的规则和标准可供参考，只能根据商品或行业的具体情况具体对待。

内部因素：信息技术影响成本

信息技术代价昂贵，但一旦应用于实践，它将大大提高成本效益，其结果是商品价格走高或者走低。

互联网促使商品价格上涨。许多互联网企业购入了昂贵的客户关系管理软件或者其他的软件，但是这些企业提供的产品或服务却因为竞争激烈无法使用高价政策，结果公司入不敷出，最终被迫倒闭。下面是一些使企业遭受网络定价压力的因素：

- **网上客户服务**。过去，一些企业（如戴尔电脑公司、亚马逊公司等）由于能够通过网络提供客户服务，形成了竞争优势。如今，消费者都希望公司销售人员能及时回复电子邮件，增加网络“帮助”和“常见问题解答”的功能，通过电话或别的方式沟通，网上提供客户服务不再是一种竞争优势，而是参与竞争的必要手段，而且代价很高。

● **商品递送**。网上零售商递送成本巨大：每件商品必须分装送达目的地，而不是装进一只大箱子，直接送到实体零售商店，或者送到仓库，它与开展邮购业务的厂商面临着同样的成本问题。零售商为了将运输费用转嫁给消费者而抬高价格。毫无疑问，如果消费者觉得递送费用太高（厂商有时一直到商品放入购物车时才告知递送费用是多少），就不会购买商品。昂贵的递送费已成为顾客放弃购物的原因之一。

● **会员活动**。许多网站开展会员活动，只要会员向他人推荐网站，就可以得到佣金。这样的网站对那些主动推荐并且最终达成交易的推荐者支付7%～15%的佣金。这种佣金的形式与向中间商支付的佣金其实是相似的，它使商品价格抬高，公司利润降低。

● **网站的开发和维护**。开发和维护网站所需的费用很高。Forrester市场调研公司的研究表明，一个“保守”的网站花费是1万～10万美元，而一个“大手笔”的网站花费是100万美元以上。这还仅仅是网站开发费用，网站维护（包括硬件、软件购置，网络月租费）的费用也不低。

● **社交媒体维护**。企业在监测和回应各种社交媒体网站（脸谱网、推特网等）消费者的帖子上要投入很多的人力和物力。企业必须识别哪些社交媒体是开发客户的重点，到哪里去吸引客户参与企业的营销活动（后几章中将重点介绍）。

● **开发新客户成本**。许多网站支付了高额的**新客户开发成本**（customer acquisition costs），结果被迫倒闭，2000年的网络企业倒闭风潮就是如此。网上零售商开发新客户所需成本平均为82美元。为抵消这样的成本，公司必须得到多少订单？商品价格要提高多少？网络顾客对品牌的忠诚度远不及离线顾客。

互联网促使商品价格下降。互联网也有利于网络经营者降低成本，从而以低价为消费者提供产品，形成较高的客户价值。若成本降低，无形中就提高了价格，最终会提高厂商的利润。下面是厂商借助网络技术降低成本的方法：

● **自助服务的订购过程**。互联网环境下消费者自己填订单，厂商节省了订单输入和票据处理的人工费用，这些费用是相当可观的。生成和处理一张电子货物清单的平均费用是10美元，而实体交易中要花100美元。在网上零售过程中，银行转账的平均费用是0.15～0.20美元，而实体交易中这一费用是1.5美元。全球最大的网络设备零售商思科系统公司的消费者都在网上订购商品，日常文书工作的减少每年为公司节省了几亿美元的成本。

● **实时库存**。一些生产商运用电子数据交换系统（EDI），通过协调价值链和产品的实时（JIT）递送服务来降低库存。有些零售商甚至实现了零库存，节省了大量的融资成本。有些生产商按照客户订单进货，甚至要求合伙人直接将产品送到客户手中。

● **企业管理费用**。网上商店不需要租赁销售店面，也不需要雇用员工站柜台，从而节约了管理费用。与传统的大卖场相比，亚马逊公司的仓储费和人员工资要低许多，而且网络企业的仓库往往设在租金低、人员工资低、税收低、运输便利的地方（例如美国的北内华达地区）。

● **客户服务**。尽管客户服务会增加企业的成本，但是若厂商用自动化客服代替过去的员工客服就可以节省大量费用。购物机器人就是企业提供自动化客户服务的最新形式。企业还将“常见问题解答”、视频方式指导等挂在网络上，还用电子邮件的方式自动回复，这些都帮助企业节省了大量的成本。例如，在实体客户服务呼叫中心为客户服务平均花费为15～20美元，而如果顾客登录厂商网站，客户服务只需3～5美元。

● **印刷和邮寄**。厂商不必为网上寄送的商品目录支付邮递和印刷费用，只需将商品目录放置在网站上，网络用户上网浏览就不会再发生其他的费用。若是利用电子邮件促销和社交媒体促销也是如此。本书后几章中还将提到，由于直邮广告业务急剧下降，美国邮政局已经显得入不敷出，因为消费者都把直邮广告看成垃圾邮件。

● **数字化商品的销售成本**。网上销售数字化商品的成本非常低。例如，消费者从音乐网站 iTunes. com 上下载音乐文件就是如此。相反，网上销售其他实体商品的成本要高一些，这主要是因为实体商品的消费者主要是一些需求较少的个人，而不是有大批量需求的中间商。

所有这些因素都有利于商品价格的降低。互联网技术使得消费者可以对比和选择理想的价格。例如，在线股票交易的成本每笔只要 10 美元，而由经纪人帮助促成交易的成本一般要几百美元。2003 年有一项研究显示，纯粹的网络零售商定价要比多渠道零售商的定价低 6.42％（除去递送成本，则低 3％）。2008 年，美国的零售商 Circuit City 提出了“一价承诺”的定价政策，即消费者不管是在线还是离线购物，都是一个价。这一定价政策得到了美国数据分析企业 SPSS 公司调研结果的呼应。该公司的调查显示，47％的消费者认为，厂商尽管在线、离线用的是不同的价格，但实际上商品是一样的。超过半数的消费者称如果厂商在多个渠道采用统一价格，他们会给予更多的信任。这是否意味着所有网上零售商品的价格都低呢？最近的一项研究显示，45％的零售商制定统一价格，49％的零售商根据实际情况制定价格政策。由于经济不景气，85％的消费者愿意到价格较低的渠道去购物，这是厂商应该要面对的实际情况。

影响网上定价的外部因素

外部竞争、市场环境、价格—需求关系（即“弹性”或“刚性”）以及消费行为等，所有这些都会影响在线和离线定价策略。前面我们已经提到过消费者的观点，第 7 章也曾经叙述过消费者的网上行为对商品定价的影响。下面，我们将讨论网络环境下两个重要的市场要素：市场结构和市场效率。

市场结构。厂商会根据不同的市场类型采取不同的定价策略。经济学家将市场划分为 4 种类型，每种市场类型都有不同的定价策略。

1. **完全竞争的市场**。完全竞争的市场中有许多买方和卖方交易同一种商品（例如谷物）。产品差异和营销沟通所起的作用微乎其微，卖方不会花太多的时间去制定营销策略。许多网络产品可以看成完全竞争产品，例如 MP3 音乐的下载，但是由于客户服务的差异，相同的产品也会形成差异性。

2. **垄断竞争的市场**。垄断竞争的市场中有许多买家和卖家。卖方会向买方展示自己产品的特性，会以各种价格而不是单一价格进行交易。产品的差异定价是因为卖方可以使产品形成差异性。在线大学课程就属于可以形成差异化的产品。

3. **寡头垄断竞争的市场**。寡头垄断竞争的市场条件下，只有少数几个卖家，它们之间的定价和营销策略相互影响较大。如果某一厂商产品价格下降 5％，买方就会转向购买它的商品。Expedia 和 Travelocity 等在线旅行社就属于这样的寡头竞争者。

4. **完全垄断的市场**。完全垄断市场条件下，只有一家生产厂商，通常由政府控制商品价格。如果用户生活在一个较小的城镇，那么城镇里的网络服务供应商或许就属于完全垄断市场。

对于网络零售商而言，这种市场结构划分非常重要，因为如果价格透明度促使完全有效市场形成，营销人员将无法控制网上零售价格（如图 10—3 所示）。一个近似有效市场的例子是股票市场。网上股票交易公司以垄断竞争的方式操纵股票市场，因为它们是以委托价格而不是实际股票价格为竞争基础的。如果别的商品都像股票那样，互联网将对厂商定价策略起重要作用。然而这是不可能的，其理由将在下一节中列出。下面我们将讨论有效市场的组成因素以及网络市场的有效性。

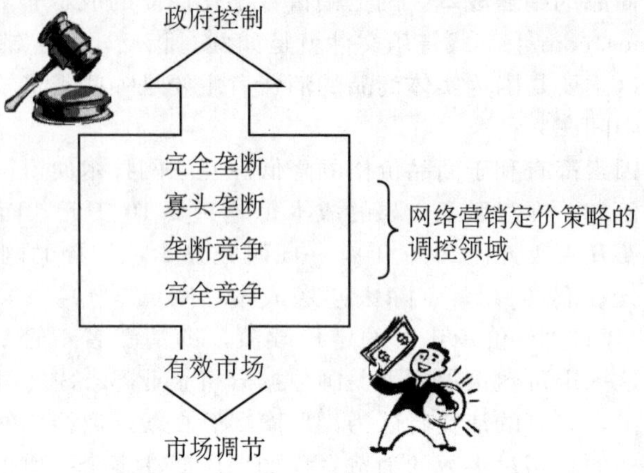

图 10—3　有效市场意味着没有任何价格控制

有效市场。经济学家深入研究了**有效市场**（efficient market）中的消费者行为。有效市场中的商品处于完全价格竞争之中，消费者能平等地获得商品、价格和渠道信息的市场就是有效市场。在有效市场中，消费者面临的情况是商品价格较低、**价格弹性**（price elasticity）大、价格频繁变动且变动幅度较小、**价格离差**（price dispersion，指某一产品最高价和最低价之间的差额）小。如前所述，关于有效市场的一个典型例子是股票市场。在没有政府调控下，商品市场逐渐发展成为有效市场。由于互联网具备了许多有效市场的特征，因此，它完全有可能发展成为一个有效市场。有趣的是，互联网上的消费者行为与经济学家的预期并不相符。

网络市场是不是一个有效的市场？许多人认为互联网是一个有效市场，因为消费者能通过公司网站、购物代理和营销渠道了解相关商品信息。例如，到 Kayak. com 或 Travelocity. com 等网站上去搜索飞往泰国首都曼谷的航班，结果会出现各种航班和价格信息。网上零售商品价格较低、价格弹性较高、价格变化灵活，且变动幅度较小，所有这些都是有效市场的特征。这些因素真的使网络市场成为一个有效市场了吗？下面的外部市场因素使得互联网商品价格降低，从而促成了互联网市场的有效性：

● **网上购物代理**。网上购物代理有的也称为“比价代理”，例如 bizrate. com，为消费者比较商品价格，进而为消费者以最低价购买所需商品提供了方便。表 10—2 列出了 2012 年的顶级购物代理商。许多人使用网上购物代理。你为本书进行过价格比较吗？表 10—3 是在 Shopzilla. com 网站上搜索本书第 6 版的例子，价格从 11. 95 美元到 142. 74 美元不等。价格的离散程度很大，当然对消费者的意义也就很大。

表 10—2　　零售购物代理网站比较（2012 年 7 月）

购物代理网站	网站访问量（百万）
BizRate. com	18. 4
NexTag. com	17. 5

续前表

购物代理网站	网站访问量（百万）
Shopzilla. com	8.9
Shopping. com	8.3
PriceGrabber. com	3.8
排名前 5 位的购物代理网站访问量	56.9

资料来源：Data from compete. com.

表 10—3　《网络营销（第 6 版）》在购物代理网站的搜索结果

价格（美元）	图书品相	卖方
Textbooks. com（35 个比较者）		
122.25	全新	Textbooks. com
81.25	良好	Textbookcenter. com
73.65	良好	Bookbyte-OR
78.00	好	Firstclassbooks. com
Shopzilla. com（3 个比较者）		
142.74	全新	eCampus. com
121.22	全新	Amazon. com
11.95	旧书	Alibris. com
Nextag. com（8 个比较者）		
100.74	可接受	Skyo
84.92	全新	Amazon. com
72.82	二手	BigPlanetBooks. com

资料来源：Data from Textbooks. com，Shopzilla. com，and Nextag. com.

● **限时抢购**。**限时抢购**（flash sales）就是在有限的时间里网络用户可以按大折扣价购买商品。最先尝试限时抢购销售模式的是 Gilt 和 Rue La La 等网站，折扣幅度达到 20%，限时 4 小时。限时抢购消息的主要发布渠道是电子邮件。不过也有人质疑限时抢购是否有可持续性，因为它违背了正常的营销沟通模式，而且电子邮件会因此充斥邮箱，也有许多用户并不是随时都打开邮箱检查邮件的。

● **价格弹性大**。价格弹性是指价格对消费者购买行为的影响。例如，休闲旅游是价格弹性很大的市场。如果航空公司大打价格战，消费需求会急剧上升，消费者就会一窝蜂地去抢购机票。对于像书籍和 CD 等商品，网络市场的价格弹性比实体市场更大，因此可以认为，网络用户对价格变化会更敏感。

● **反向拍卖**。反向拍卖是指由消费者定价，厂商被动接受价格最终达成交易（例如 priceline. com 网站）。这种定价方式使得厂商之间互相竞争，通常会促使商品降价。

● **免税区**。大多数网上零售都是跨地区销售的，因此，消费者购买商品不必交纳销售税，这使得每笔交易可以为消费者节省 5%～8%的费用。尽管美国各州和其他的一些国家都已经开始关注网上销售的“免税”现象，但是美国政府依然倾向于暂时不对网上交易征税。

● **风险资本**。许多网络公司的资金来源于风险投资者或个人小额投资者。为建立品牌、占领市场，许多投资者会从长远利益考虑，而不会计较暂时的亏损。因为定价目标并非利润最大化，所以这些公司的商品价格较低。

● **竞争**。网上竞争非常激烈，而且透明度很高。有些参与竞争的企业会制定短期回报较少甚者亏损的价格以占领市场，建立品牌优势。

● **频繁的价格变化**。网络市场比实体市场价格变化更灵活，主要有以下几方面原因：第一，网上零售商必须制定具有吸引力的价格来赢得竞争优势；第二，购物代理网站提供给消费者的价格信息也可能会促使参与竞争的企业调整价格，目的是使自己的排名靠前；第三，厂商可以利用网站数据库随时调整商品价格；第四，在网络市场中厂商可以提供多种数量折扣（例如，联邦快递公司按照运送量的多少为消费者提供多种折扣价的价目表）；第五，网络上厂商很容易见机行事，厂商会根据需求在网站上随时调整商品价格以应对竞争。

● **价格小幅调整**。有一项研究表明，实体市场中价格的最小变化幅度是0.35美元，而网络市场仅为0.01美元。实体市场中有利于价格灵活调整的某些因素在互联网上也起作用。首先，对价格敏感的消费者会对竞争对手细微的价格调整迅速做出反应；其次，购物代理网站会根据价格差异将厂商划分为不同等级——只要比竞争对手低0.01美元就会处于更高的等级；再次，因为实体市场价格调整相对比较困难，所以零售商不会轻易调整价格。

网络市场是不是一个无效市场？尽管网络市场具备许多有效市场的特征，但它并不具备“价格离差小”这一特征。实体市场中的期货与期货之间（比如同样是一蒲式耳的豌豆）差别不大，因此价格基本相同。由于在互联网上能了解所有商品信息，网上价格差别也应该不大。例如，消费者可以在网上搜索到多家销售商对本书的定价信息，厂商设定的价格应该是一致的。

然而，实际情况是，由于消费者认为网络零售商会因为多种因素（例如自身的品牌、定价模式、配送方式、消费者对时间的敏感程度、产品的差异化程度、转换成本、购物代理的作用等）而调整价格，因此，在网上购物的过程中，人们反而容易接受价格的差异。

● **品牌**。尽管网络发展迅速，品牌仍然是消费者追逐的目标之一。研究表明，知名网站的浏览量要远远大于其他的网站，消费者在使用搜索引擎等网络服务时会优先考虑它们。有时，有些品牌网站的商品价格较高，但消费者还是会选择在这些网站购物。考虑到品牌的重要性，知名品牌网站会花大量资金吸引消费者。2011年，亚马逊公司花了16亿美元开展营销活动，占年销售收入的4%。由于消费者对亚马逊品牌的忠诚，亚马逊可以比其他的网络零售商定价高一些。

● **产品的差异性**。品牌的差异导致了产品的差异，这样的差异有的是感知差异，有的是真的有差异，厂商也可以因此进行差异化定价。

● **网络市场中的商品定价法**。在工业化国家，实体市场中大多数商品价格固定，但是网络经营者要运用多种定价策略。同样的一件商品，有的网站上价格固定，有的网站上价格则自动更新，或者竞价拍卖，商品价格差距也很大，而且厂商还会将商品价格与运输和专业服务捆绑在一起，这使得消费者想要比较价格也不容易。

● **商品运输**。对于消费者来说，同一件商品如果运输条件（时间、地点）不同，商品的外延价值也会不同。例如，在酒吧里啤酒给消费者带来的满足感比超市更大。类似地，商品送货上门比消费者到商店购买价值更大。网上零售商运用的就是这种价值模式。有人认为，杂货店送货上门的商品和消费者到商店购买的商品是不相同的。正是出于这样的考虑，我们可以认为附加的收益使产品出现了差异。一般来说，消费者要花很长时间等待厂商送货上门，但是这种情况正在改变。在部分大城市，亚马逊已经做到了热销书籍和音乐碟片一小时送达，其他公司为保持竞争优势也开始效仿。

● **追求效率的消费者**。有些消费者对效率特别敏感，他们不想花太多的时间和精力去比较哪一个网站的价格最低。另外，一些网站设计很复杂，使得消费者购买商品时不得不花费较多的时间。

● **转换成本**。当消费者选择不同的网上零售商时会产生转换成本，一些消费者为避免这样的成本，会选择与某一零售商长期合作。例如，如果亚马逊网站的消费者到别的书籍零售商那里购买，将见不到熟悉的网页，不再享有亚马逊的特色书籍推荐，也享受不到一次点击的订购便利（这是该公司网站的专利）。B2B市场上的转换成本更高。许多厂商认为，与供应商长期合作比竞标对公司更有利，这些厂商愿意适当多支付一点费用而获得优质的服务。

● **二代购物代理商**。**二代购物代理商**（second-generation shopping agents）对消费者可以得到的利益进行量化，帮助消费者进行价值判断。如果消费者认为有些利益更大，就愿意出高价以获得这种利益。例如，BizRate网站允许消费者根据他人的购物经验评估零售商的等级。PriceScan网站和DealTime网站允许消费者对供应商进行筛选，那些为消费者带来利益的零售商的级别就能得到提升。请浏览下面的“相关技术”专栏，了解购物代理的详细情况。

互联网是一个有效的市场吗？答案是否定的，至少目前还不是，但是互联网已经具备了有效市场的很多特征，这些特征将会影响厂商的定价策略，因此，网络经营企业应密切关注互联网的这种发展趋势。

相关技术

揭开网上购物的神秘面纱

再过5天就是圣诞节了，你还没有购买节日礼物。晚上7点以后你才回到家，感觉很累。因为忙于今年的新工作，你忘记了所有人的生日，在一个月后才寄出祝福卡片。上个月你的爱车刚刚报废，打算尽快买辆新车，你不得不开始攒钱。妹妹想要一台数码相机，母亲想买台电视机放在卧室。便利的网上购物很具有吸引力。你打算选择在购物网站RetailMeNot.com上用折扣券购物。经过几个小时的点击，你选好了自己想要的节日礼物，省了不少钱。一切就绪，该做一点圣诞甜品犒劳自己了。

多数美国大零售商和世界各地的消费者已经习惯于网上购物。过去，人们常常在周末去大商场，现在则沉迷于网上购物。不管是新款的电子产品还是一套新床罩，人们都喜欢在网上购物——这样可以不必注意穿着打扮。很多消费者承认自己迷恋网上购物的便捷。零售商习惯于通过海报、广告、优惠券和其他类似方式吸引消费者到自己的商场来，网络经营者也是靠这些手段吸引网络用户登录公司网站购买商品。

自从网上购物这种形式出现以来，消费者往往认为网上交易更加合算。当然，合算不合算取决于消费者个人的价值观。如今，许多购物代理网站专门为中低层消费者服务。过去是消费者忙着剪下优惠券，或者翻看商品宣传册，如今却是忙着寻找购物代理网站。对于网络经营者来说，了解和使用为消费者服务的网络技术至关重要。

购物代理商实际上是一些网站，它们从网上零售站点收集商品和价格信息，并将这些信息传递给消费者。例如，许多网站销售数码相机，如果消费者打算选购一台索尼相机（例如索尼DSC-RX100），消费者只要把所要购买相机的信息输入购物代理商的搜索引擎，就能看到销售该相机的所有零售商的报价，许多购物代理商列出的是厂商的广告报价。也有一些代理商要求消费者输入所在地区的邮政编码，以便计算消费税和运输费用。最后，网页上列出能够用一定的价格购买到这种商品的网站。有些代理商在列出所有相关的零售网站的同时，还提供直接登录到公司网站和商品专栏的链接。除了以上服务之外，有些购物代理商还会对零售商和产品进行追踪调查，邀请消费者对零售商做出评价，并记录下他们的网上购物心得。

购物代理商对于网络营销意义重大，因为它有助于吸引消费者光顾零售商网站去购买商品，而这正是网络经营者求之不得的事情。很多消费者认为网上代理商会为他们提供客观公正的商品信息，但事实并非如此。有些购物代理商列出的仅仅是在其网站注册过的零售商，还有一些是为排名靠前缴纳了一定费用的零售商。

购物代理商深受大众喜爱。在购物代理商网站，消费者只要使用一般的搜索引擎就可以找到多种商品。如果某厂商计划使用购物代理商，那么了解如何注册和选择一个合适的购物代理商非常重要。

厂商在某购物代理网站注册商品时，要缴纳一定的费用并提供商品信息，多数购物代理商按点击率收费。消费者每点击一次，厂商就要向购物代理商缴纳几美分到1美元不等的费用。有些代理商还要求厂商注册登记时缴纳100～200美元的保证金，这主要是针对按点击收费的账户。

网站上的产品信息包括产品的特征，比如品名、性能、类型、价格、是否有现货等。购物代理商还要求厂商提供URL，以方便链接。提供产品信息并不十分麻烦，厂商可以借此吸引消费者到自己的网站上购物。网络营销专家建议厂商在介绍商品信息时应注意准确性，不应使用行业中常用的产品缩写形式。例如，营销人员把惠普公司的DeskJet打印机缩写成DJ似乎很正常，但最好写出全称。代理商要求厂商提供商品信息时选择一种通用方式，比如网络格式或文件上传。

厂商应慎重选择购物代理商。有些网站以丰富的商品信息著称，还有一些网站则专业得多。由于代理商之间相互链接，因此在某代理商网站注册的商品信息在其他类似网站也能找到。例如，在Shopping.com注册的商品信息在DealTime和eBay网站上也能找到。

有些购物代理网站（例如BizRate，NexTag，DealTime等）因为访问量大而闻名。每个代理商提供的服务各有不同。就像多数网站一样，BizRate根据厂商缴纳的费用来进行排名，它的特点是网站访问量大，商品信息丰富。BizRate最初是一家顾客调查网站，2000年增加了产品对比服务。

使用网上优惠券的顾客数量在不断增加，一些零售商为推销新产品也会在自己的网站上免费赠送优惠券。例如，Veet公司在2004年首次推出它的女用激光剃毛刀时，顾客只要在公司网站填完相关信息，就可以获得价值2美元的赠券。

互联网上还有专门的优惠券网站，有些站点会为节俭的消费者提供各种服务，例如：

- 链接到有免费服务的公司网站；
- 提供可自行打印并在实体商店使用的优惠券；
- 为网上零售商提供优惠券编码；
- 链接到自动为订单打折的网站；
- 发布网络零售商清货处理的消息。

一些优惠站点要求消费者提供个人信息。网络经营者通过电子邮件将优惠券及促销信息发送给这些站点。著名的优惠站点包括retailmenot.com，couponcabin.com，couponmountain.com等。传统的优惠券提供商（比如SmartSource和ValPak）也提供网络优惠券。研究人员指出，网上优惠促销的量很大，吸引消费者的最好办法就是同时推出两种优惠服务，比如，免费送货和10美元的订单折扣。

10.3 支付方式

电子货币（electronic money）实际上是一个支付系统，它利用计算机技术和网络技术通过电子的方式完成支付。电子货币有时也称作“数字现金”。电子货币不仅能用于在线交易，而且能用于离线交易，通过网络在买方和卖方之间进行资金的转移。美国最知名的离线电子货币交易是高速公路收费站上设置的自动收费系统。安装了发射机应答器的汽车只要从系统前经过，就能在瞬时完成资金转移，管理部门再按月向司机寄送账单。电子货币在许多国家和地区有着广泛的应用。例如，中国香港有2 000万张“八达通卡”（Octopus card），其数量是香港人口的3倍。这是一种智能卡，可以充值使用。据八达通网站提供的信息，香港居民用八达通卡每天完成的交易多达1 200万笔，包括乘坐摆渡船，在便利店购物等。美国旧金山的捷运系统（BART）发行一种称为“路路通”（Clipper Card）的智能卡。离线电子货币支付系统还包括以下几种：

● **智能芯片支付系统：**韩国的Harex信息技术公司发明了一种称为MZOOP的智能芯片，它被植入普通的手机，用户拿着手机就可以在商家的销售终端“刷卡”消费，交易的金额会转移到用户的银行卡上用于结算。日本的卡西欧公司也开发了一款智能芯片支付系统，称作Offica Watch，它是把芯片植入手表中，戴表的用户可以用手表来“刷卡”消费，消费者抬抬手腕，结算就可以完成了。假如用户什么都不想带，他还可以选择将芯片植入手臂，只要人走过，结算就可以完成，这是西班牙巴塞罗那Baja海滨俱乐部开发的无线射频识别（RFID）系统。用户也可以用指纹去支付巴塞罗那Ushuaïa Ibiza Beach酒店发生的费用。

● **手机钱包支付系统：**日本和芬兰的消费者可以用手机在商场或其他场所完成传统消费。谷歌公司前不久推出了一款手机钱包，用户可以将各种信用卡信息存入到手机中，在零售商店购物时，只要用手指划划手机屏幕就可以用无线的方式完成支付，一旦手机丢失，也能及时在网上挂失中止支付功能。调查显示，美国的消费者中有41%～60%的人不喜欢使用手机钱包，主要是对安全的担忧。

在网络上，61%的购物者是利用网络银行的电子支付系统完成交易的（第7章中已有阐述）。各个国家有自己的支付系统，进行跨国经营的厂商要了解各种支付技术，以方便电子商务活动的开展。表10—4显示的是12个国家的网络厂商使用的各种支付系统。

表10—4　　不同国家电子商务交易使用的支付系统的比例（%）

	信用卡	借记卡	借记贷记双用卡	PayPal	货到付款	银行转账	凭发票支付
巴西	75					13	
加拿大	79			47			
中国	10	31			43		
丹麦			89				
芬兰			21		19	44	21

续前表

	信用卡	借记卡	借记贷记双用卡	PayPal	货到付款	银行转账	凭发票支付
法国		80		14			
德国	10	30				51	
日本*	52				18	10	
墨西哥	73					12	
挪威			61			18	12
瑞典			35			30	28
英国	75			21			

* 10%的日本用户用 Konbini 支付系统，那是在便利店里支付货款。

资料来源："Global Payment Options" 2012.

行业的标准是 PayPal，全球的网络用户在 PayPal 开设的账户多达 1.13 亿个以上。PayPal 是 eBay 公司旗下的子公司，它的用户可以通过信用卡或者银行的支付卡完成网上支付，购买商品或服务。表 10—5 显示的是网络厂商在 PayPal 上开立的各种账户，以及厂商为获得网络服务而支付的费用，这与厂商向信用卡公司支付费用的形式相似。为了与 PayPal 竞争，西联公司（Western Union）也推出了网上支付系统 MoneyZap，网络购物的用户可以通过这一系统完成支付。西联公司的目标客户是 29%不使用信用卡的美国百姓。

表 10—5　　PayPal 上的各类账户

	电子邮件支付	普通网站支付	高级网站支付	Payflow 支付平台	PayPal 快速结账
客户体验					
购物地点	各类交易场所	网站上	网站上		网站上
结账地点	PayPal	PayPal	网站上或 PayPal	网站上或PayPal	PayPal
是否需要 PayPal 账户	否	否	否	否	是
整合					
网络厂商账户	不需要	不需要	包括	需要	需要
使用购物车	不需要	是	是	是	是
技术支持	不需要	HTML	API 接口	API 接口或 HTML	API 接口或 HTML
定价					
软件安装	免费	免费	免费	14.95～249 美元	免费
按月支付	免费	免费	30 美元	9.95～59.95 美元	免费
按单笔交易支付	1.9%～2.9%+0.30 美元	2.2%～2.9%+0.30 美元	2.2%～2.9%+0.30 美元	不定	2.2%～2.9%+0.30 美元
电话、传真、电邮订购	30 美元/月	30 美元/月	包括	包括	30 美元/月

资料来源：Data from paypal. com.

还有一种重要的电子货币支付方式与 PayPal 有很大的差异，这种方式称作“账单后寄”（Bill Me Later），消费者在网络上购买商品或服务时不需要使用信用卡，他们先要获得“账单后寄”所在公司的确认，再到网络上按照这种支付方式进行消费。此类服务增长很快，沃尔玛、苹果公司、麦克斯办公用品公司（Office Max）、Overstock.com零售网站等都使用账单后寄方式。这种付款方式特别受小型企业的欢迎，因为它们在网络上购物时不需要支付信用卡的手续费和交易费利息，进货成本可以降低一些。

对网络零售商来说，电子货币有诸多的优越性，它带来的是高效率和低成本，还能吸引更多的客户，而不必担心信用风险。有些网络用户没有信用卡，也可以在网络店铺消费。此外，网上支付手段多种多样，可以吸引更多的客户参与网络购物。据ecommercetimes.com网站上的报道，Quality市场调研公司对147家大的在线零售商开展调研，结果发现，只用一种支付方式（例如信用卡支付）的企业，将网站的浏览者变为实际购买者的转换率是60%，而用多种支付方式的企业，其转换率是72%。当然，用电子支付的方式开展商务活动也有其负面影响，例如减少了本地政府的税收，引起汇率的波动，还可能引发洗钱等犯罪活动，这些都是伴随着电子商务的广泛开展及跨国电子交易的出现而形成的。

电子货币支付对产品定价有很大的影响，这表现在两个方面：第一，若厂商使用PayPal或其他形式的网络支付手段付款，会提高交易成本，而这样的成本是会转移到产品的价格中去的；第二，虽然产品价格提高了一些，但是消费者得到了便利，这又起到了平衡作用，正如前文中提到的，交易成本既包括货币成本，又包括时间成本、精力成本和心理成本。

10.4　定价策略

产品定价过程充满矛盾，它既是一门科学，又像一门艺术。制定合理的价格需要充足的资料，并考虑诸多因素。如果价格太低就会减少厂商的收益，价格太高又会降低销售量，这些都还只是短期的效应。从长远来看，厂商以低价占领市场形成规模经济就可以降低成本，增加利润。说白了，厂商如何制定定价策略就是“收多少钱”。PayPal的定价系统反映的就是制定价格的定价策略。

另一个矛盾是，信息技术的发展使定价变得既简单又复杂。厂商可以根据买方过去的购买行为在瞬间调整价格。另外，由于消费者价值观有理性和感性之分，因此消费者的反应也会不同。例如，高收入消费者习惯到沃尔沃汽车经销商那里去看车，手中拿着打印好的网络信息，说明自己想要什么，价格范围是多少。另外一些消费者则喜欢与自己中意的销售人员建立友好的关系，每隔三年就换一款新车，他会说：“汽车经销商老乔会对我特别关照。”最后，厂商在选择各种递送方式时，应考虑费用支出和消费者在线购物和离线购物的不同感知。定价是一种复杂的商业活动，它受数据资料、经验、感知等多种因素的影响。

总之，在网络环境下厂商可以借鉴所有传统的定价策略。下面，我们介绍4种特别重要的定价策略：固定价、动态定价、租赁价、网站价。

固定价

固定价（fixed pricing，也叫“牌价”（menu pricing））是指由销售人员制定商品价格，消费者只能被动接受。由于价格固定，对每位消费者商品售价都相同。美国大多数实体零售店采取这种定价模式。虽然厂商会提供数量折扣，但是购买相同数量的客户价格水平是不变的。实体市场定价基本原则也同样适用于网络市场。网上使用的 3 种固定价格策略是价格导向定价策略、促销定价策略、免费增值定价策略。

- **价格导向定价策略**。**价格导向**（price leadership）是指厂商以最低价占领市场。沃尔玛既是实体市场的价格导向者，也是网络市场的价格导向者，它为其他的零售商设定了一个风向标。由于网络上有购物代理商，实行价格导向策略是很有吸引力的，但是为了采取这种策略，厂商必须将生产成本降至最低。厂商可以像前文中提到过的那样降低网络营销成本，但是必须有自己的竞争优势。通常规模较大的企业以其规模优势而成为市场价格导向者，但是网络经营中一些不起眼的新兴企业（例如在地下室开发应用软件的创新企业家）也向大的生产商挑战。在网络市场上，尽管竞争激烈，有些企业成了过眼烟云，但是价格导向策略依然是行之有效的。有时候，次低价的商品也卖得很好，尤其是这些商品与价格导向者相比具有一定的优势时更是如此。在网络市场，Buy. com 网站是众多网站中的价格导向者，该网站销售各种商品，其价格往往比实际价值要低一些，网站通过网络广告来弥补低价造成的损失。

- **促销定价策略**。许多网络零售商为开发新客户、维系老客户、完成销售指标，会采取**促销定价**（promotional pricing）策略。许多促销活动会规定促销限期以营造一种紧张气氛。例如，只要在亚马逊公司购物超过 25 美元，公司就会为你免费递送商品。这种服务使得亚马逊获得了竞争优势，也成了网上经营的一种固定模式。然而，该公司是对各种订购水平一点一点尝试最优促销模式，最后才定位在 25 美元上的。公司可以通过电子邮件来开展网络促销定价。研究表明，客户对网上购物的满意度很高。

- **免费增值定价策略**。在本章的导入案例中我们介绍了 Instapaper 的定价模式，许多企业会开发免费版的软件产品。在这一点上，Skype 公司做得十分成功，用户可以免费与全球各地的好友通话，但条件是计算机对计算机，或手机对手机。若要用计算机对固定电话通话就要付费，虽然价格很低，但是不免费。Skype 还推出了多种增值业务，例如语音邮件、呼叫转移等。免费增值定价模式与免费产品不同，后者的供应是有时间限制的。例如，用户可以免费下载某一款软件使用 30 天，但是 30 天过后软件就过期了，再要使用就得付费。

动态定价

动态定价（dynamic pricing）是指针对不同的消费者采取不同的价格。调查显示，个性化定价和促销是如今零售商对付网络价格透明的首要手段。其次则是对竞争对手价格的监视。旅游行业中有许多企业都运用一种管理模式，叫做**收益管理**（yield management），目的是通过价格调整来优化存货管理。航空公司很早以前就开始使用动态定价软件制定机票价，比如淡季降价。如今，网络技术的发展更有利于厂商的动态定价策略。旅游企业可以为汽车租赁、飞机座位和宾馆的床位随时变换价格。

按照动态定价策略，买方和卖方都可以定价（固定价则是由卖方定价）。动态定价有两种形式，即差异定价和谈判定价。**差异定价**（segmented pricing）是指厂商不仅根据成本，还会根据消费者差异对商品或服务制定不同的价格。**谈判定价**（price negotiation）则是指公司会与消费者个体协商商品价格，从而实现差别定价。差异定价是一次定价，对不同的客户有不同的价格，而谈判定价则会变化多次，销售人员和消费者可能要经过多次的谈判协商才能确定价格。通常谈判定价一般是由买方发起的，而差异定价则是由卖方确定。

差异定价

差异定价是指利用互联网进行规模定制，根据订单规模、交货时间、供求关系和其他因素自动定价。按照网络差异定价策略，公司根据既定的规则对一群客户，甚至单个的消费者进行差异定价。例如，所有预订一周内要出行的机票都是全价（没有折扣）销售。在传统的营销活动中也有差异定价。例如电影院由于下午观众较少，就降低票价。随着信息技术的发展，厂商可以在线收集大量消费者行为信息，这使得厂商得以根据不同的客户行为制定不同的价格。图 10—4 就是针对不同消费者制定不同售价的例子。该图显示的是 Constantcontact. com 网站如何根据客户的电子邮件数据库的规模灵活定价。Constant Contact 公司对于预先付款的客户给予一定的折扣，如果是非营利机构，公司也给予折扣。

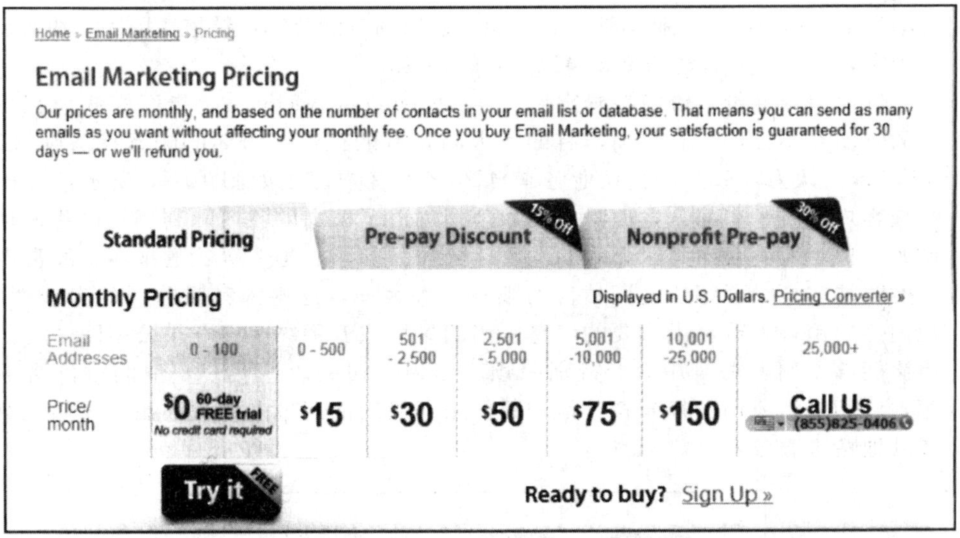

图 10—4　Constant Contact 公司为服务制定差异定价策略（2012 年 8 月）

资料来源：constantcontact. com.

企业使用先进的软件和大型数据库制定相应的规则并随时调价，这使得厂商可以随时实行差异定价，甚至消费者正在浏览网页时就可以进行。这种功能深受厂商的青睐，因为它可以利用互联网进行差异定价，使营销沟通、产品实现个性化。厂商利用网络跟踪器文件可以识别消费者的个体差异，并根据这些差异定价，最终达成交易。有时，个体是指某些客户（比如亚马逊网站识别客户并提供个性化的建议），有时，个体是指细分市场中的一部分客户（比如在某个网站登录或中途放弃购物车的消费者）。当某网络用户登录公司网站时，销售人员会确定他的类型并根据定价规则制定相应的价格。例如，网络经营者可以通过对消费者的每一次登录都提供小幅降价来考察消费者的购买意向，就像航空公司的常客计划一样，网络企业可以记录忠诚消费者的名单，给那些经常购买公司商品的消费者提供优惠价。

只要市场是可以细分的，差异定价就会非常有效。不同的价格反映了产品价值的差异性，这种差异性反映的是消费者不同的需求层次。只要差异定价带来的收益增加大于因市场细分产生的成本，差异定价就是一种有效的策略。此外，厂商必须保证差异定价策略符合法律规定和行业规则。最后，厂商必须保证当消费者知道他所买的商品与别人的价格不同时，不会对该厂商感到失望。亚马逊公司就曾因为差异定价而引起了一场风波。出于某些原因，飞机乘客对这种现象已经习以为常，但是书刊的购买者一般不愿意接受这样的定价策略。因此，网络经营者在进行差异定价时要言之有理（例如对新客户或忠诚客户给予价格折扣，或者对偏远的客户给予运费优惠）。

如第 8 章所讨论的那样，网络经营者可以运用多种策略对网络用户进行细分。区域和价值是进行网络差异定价的两个至关重要的因素。

区域差异定价。**区域差异定价**（geographic segment pricing）是指不同地方的商品售价不同。网络经营者可以参照用户注册的 IP 地址得知用户的居住地。一级域名反映用户所在的国家（例如日本的客户是 .jp）。区域定价有助于厂商更好地考虑不同国家或地区之间的差异（诸如竞争程度、当地消费水平、经济条件、法律法规和市场环境等因素）。例如，一台在洛杉矶售价为 1 000 美元的戴尔电脑在伦敦的售价是 839 英镑（2013 年 5 月相当于 1 303 美元），导致这种价格差异的主要原因是商品在另一个国家销售的价格要包括运输费、关税、进口商利润及其他销售费用等。即使在同一个国家，也会因为运费的差异导致价格的差异。

价值差异定价。**价值差异定价**（value segment pricing）是指厂商认为客户对公司的价值并不相同，有的高，有的不太高，有的很低。著名的**帕累托法则**（Pareto principle）认为，80%的公司业务来自 20%的客户。正如图 10—5 所示，公司的五星级客户只占一小部分，但是他们为公司创造了很高的收入和利润。这些人是最忠诚的客户，他们会向其家人和朋友宣传公司品牌，总坐头等舱的乘客、经常惠顾赌场的赌徒、享受联邦快递网站自助服务的大客户，这些人都是公司的忠诚消费者，他们会向销售人员提供重要的信息。当四星级或五星级客户登录公司网站时，公司应该能够立刻识别，并给予特别照顾。作为公司的忠诚客户，他们对价格不太敏感，他们认为公司品牌或者其他的延伸服务能给他们带来更大利益（诸如免费升级或其他特殊服务）。

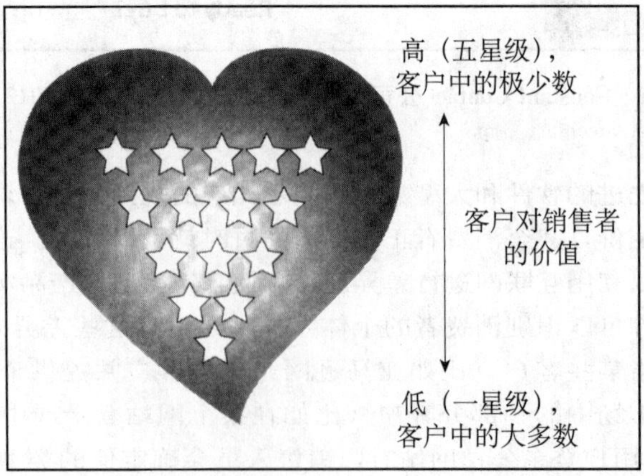

图 10—5　从低（一星级）到高（五星级）的客户价值划分

资料来源：clip art courtesy of openclipart. org.

客户群中占相当大比例的三星级客户可能只是到商店逛逛或偶尔问问价钱，他们很少购物，对企业的销售收入贡献也不大。二星级客户很看重价格，但与一星级客户相比，他们购买商品的可能性更大一些。

各种市场要素都有可能把客户归入一星级客户中，而竞争、降价等市场因素则会吸引四星级和五星级客户。厂商的目标是保持五星级客户对其品牌的忠诚度，并使各类型的客户向上一级靠拢，定价策略有助于实现这一目标。例如，给予五星级客户比其他客户优先竞标库存商品的权利，让高级别客户优先选购新产品或享受优惠（例如亚马逊网站的免费递送），这有助于提升他们的忠诚度。相反，一星级和二星级客户更关注低价商品，折扣商品不可能提升客户的忠诚度，他们会根据商品价格的不同而转向其他的品牌。这类客户更习惯于通过电子邮件了解商品售价，从而进一步了解公司品牌和竞争优势。这些客户不在乎电子邮件铺天盖地，只要能比较各家厂商的价格，了解其品牌优势即可，因此，营销人员可以利用网络技术建立数据库，提升客户价值。从图 10—5 中可以看出，企业对所有的客户都是欢迎的，但是企业营销活动的重点依然是能够给企业带来高价值的客户。第 15 章将详细叙述价值差异和营销沟通技术，以及如何建立客户关系。

谈判定价和拍卖

在使用差异定价策略时，一般由卖方制定不同的价格。消费者在网上竞拍时，通常会给出自己的价格，双方经过几轮谈判后形成商品价格，这是谈判定价与其他定价策略的主要区别。在许多国家讨价还价是很正常的事情，但美国消费者对此并不习惯。随着网上拍卖方式的普及，美国消费者的心态也在慢慢变化。许多消费者将网上拍卖看作一项娱乐，而另一些消费者是为了在交易中获益。

在 C2C 市场上，买卖双方的信任是个大问题，因为交易是在两个陌生人之间进行的，人们无法通过品牌来建立信任。为了减少买家的担忧，eBay 公司开发了一种评价系统，按照“好评”、“中评”、“差评”加一分、不加分、减一分，分别对卖家的信誉做出评价。在 eBay 网站上，卖家可以凭积分换星或钻石，提升等级。卖家的星级会显示在 eBay 的网页上。卖家用 10 万个点可以换取一颗红钻。这一评价系统运行得很好。等级高的卖家更容易做成交易，价格也可以比其他的卖家定得高一些。美国学者杰弗里·利文斯通（Jeffrey Livingston）在一项研究中调查了 861 次高尔夫球杆的网上拍卖，研究期间，卖家得到的评价从 0 分提升到 25 分，成交的机会多了 3.4%，成交价格也可以提高 5%。

虽说网站上的正面评价越多，说明这个卖家的价格可以定得越高，但是实际上 eBay 也会做一些手脚让卖家出钱来购买正面的评价。美国学者詹妮弗·布朗（Jennifer Brown）和约翰·摩根（John Morgan）的研究结果显示，eBay 网站上有一个完整的市场，专门交易“好评”，根据对 5 000 笔“好评”交易的统计，平均一个好评的交易价为 61 美分。

企业利用网络 B2B 市场可以有效地将多余的库存脱手，价格则随行就市。例如，有 7 000 多家企业参与过 uBid 拍卖网站的交易，处理自己多余的库存，交易金额多达 20 亿美元。

软件租赁

开发软件的企业有时候并不销售软件，而是将软件租赁给客户。有些软件（比如微软的办公软件）是要购买的，因为一直要用，但是有时候企业只是为了做一个项目而短时间使用软件，不需要在自己的服务器上安装这样的软件并对其进行维护，租赁就是一个理想的选择。例如，Salesforce. com 软件开发公司可以向客户提供一款高级的客户关系管理软件系统，客户往往不愿意将软件买回来自己安装，以免发生很高的隐性成本（Salesforce 公司估计此类的隐性成本要比购置成本高出 90%）。Salesforce 公司向客户提供租赁服务，按一年的租赁期计算，单个用户每月支付 65 美元，5 家用户合租一年为 1 200 美元。软件租赁其实类似于汽车租赁。与购买汽车相比，租赁减少了维护成本和其他许多意外开支。

网站价

在实体市场，许多零售商发现这样一个规律，向客户销售商品时如果开始的价格高一些，那么整个售价就可以高一些；反之，如果开始的价格低一些，那么整个的商品售价就会低一些。例如，有一组类似的桌子，售价从 400 美元到 4 000 美元不等，那么商家应该先销售 4 000 美元的桌子。客户希望看到售价低一些的桌子，但是看到的总比自己期待的高。全球知名的说服术与影响力研究权威罗伯特·西奥迪尼（Robert B. Cialdini）写过一本很有名的书《影响力》。书中讨论了一种营销原则："取乎其上，得乎其中"（larger and then smaller request）。这一营销原则在网络上也适用。网络企业如果想要提高平均售价，最后实现理想的总销售量，就应该将网页设计成如图 10—6B 的模式，而不是图 10—6A 的模式。

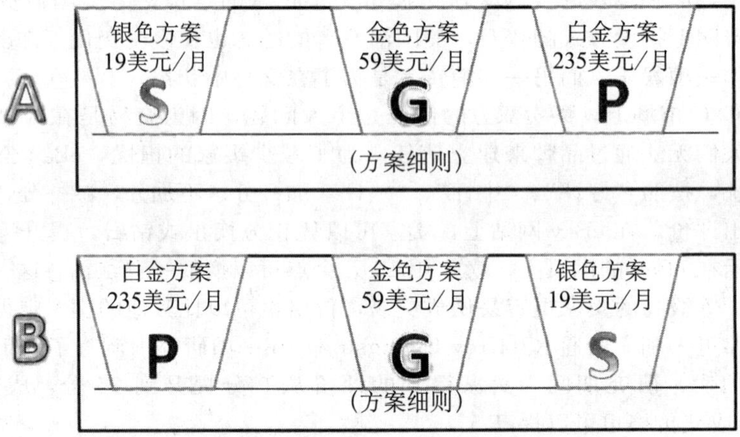

图 10—6 网站定价方案设计

小结

价格是为得到商品或服务而支付的货币量。广义地说，价格是消费者付出的价值总和（货币、时间、精力、心理成本）与其所得的商品或服务之间的交易。固定价格是指对所有买方的售价都一样，动态定价则是指针对不同的消费者制定不同的价格。网络技术的发展促进了商品的规模定制，使动态定价更加普遍，特别是针对细分市场（有时是单个的消费者）进行的谈判定价和差异定价，这为营销人员提供了更多定价策略的选择，每天，甚至是每时每刻频繁地调整价格。另外，互联网也为提高价格透明度提供了方便，买卖双方都可以在网上了解所有竞争厂商的价格。

从消费者的角度来说，网上购物成本可能比实体市场要高，因为有许多隐性成本，比如运费、搜索和比较价格所花费的时间和精力等，但由于互联网的方便快捷、自助服务、一站购齐、功能整合、自动化等，消费者仍然认为网上购物更合算，而且消费者能通过反向拍卖、有效的商品信息和谈判策略等更好地掌握主动权。

从厂商角度来说，任何超过生产成本的价格都会带来利润。厂商在定价时要考虑许多内部因素，例如定价目标、营销组合、信息技术等。影响在线定价的各种因素中，除了消费者的定价观念以外，还包括市场结构和市场效率，这些都是定价重要的外部因素。

消费者能平等地获得产品、价格和配送信息的市场就是有效的市场。有效市场的特征包括：价格较低、价格弹性较大、价格变化频繁、变化幅度小、价格的离差较小。网络体现了所有有效市场的特征，但是价格离差较小除外。鉴于互联网有可能成为更有效的市场，营销人员必须将其商品与别的商品从根本上而不只是从价格上区分开来，生产能带给消费者多元化利益的个性化产品，定价时要考虑消费者的看法，只有这样才能保持对价格的控制。

思考与练习

复习题

1. 固定价格和动态定价的区别在哪里？

2. 价格透明度的含义是什么？它对网络营销人员的重要性体现在哪里？

3. 列出促使网络市场商品价格下降的主要因素。

4. 列出促使网络市场商品价格上升的主要因素。

5. 网络是如何影响消费者支出的？

6. 什么是有效市场？是什么因素使互联网成为一个有效市场？哪些特征表明它不是一个有效的市场？

7. 网络营销人员该如何使用区域差异、价值差异和网上谈判定价？

8. 为什么说充分利用 PayPal 是厂商的明智选择？

9. 用电子货币这种支付方式对在线零售商的意义是什么？

讨论题

10. iPhone 应用程序的定价。假设你开发了一款很酷的应用软件，你的定价模式是什么？为什么？请考虑本章中罗列的各种定价要素。

11. iPhone 应用程序的定价。“愤怒的小鸟”游戏软件有三种版本，即免费版、精简版和完整版，它们之间有什么差别？它们的价格差异是否与产品差异相关联？

12. 几乎完全公开的定价信息是近年来一直困扰航空公司的问题。航空公司是如何采取应对措施的？网上交易应该采取类似的策略吗？

13. 网络成本节省要素中哪一个对价格的影响最大？为什么？

14. 若为一家无线网络企业推销一种新产品，你会选择哪种定价策略？为什么？

15. 互联网技术使得厂商可以针对不同的客户制定不同的价格，如果亚马逊卖给教师和学生的同一本书的价格不同，你认为它的优缺点是什么？

16. 作为一名消费者，如果厂商在 eBay 网站拍卖某新产品，你认为价格透明度将会如何影响你的竞拍策略？

17. 作为一名销售人员，你认为价格透明度将如何影响你在 eBay 网站拍卖的二手产品定价？

18. 你会用手机去付费吗？为什么？

网络应用

19. 通过购物代理商（如 MySimon 网站），你能找到的网上出售的最低配置笔记本电脑的最低价是多少？它的配置如何？同样的电脑最高价是多少？

20. 剪下报纸上的一则有关电子产品的广告，选择一款电子产品，通过购物代理商

（如 bizrate. com 或 pricegrabber. com）在网上查找产品。制作一张表，显示网上价格与本地广告的比较结果。

21. 登录 PayPal、西联公司的 MoneyZap 和 Bill Me Later 网站，选择一家新开的网络书店，了解其价格和支付方式。比较各种支付方式的利弊，你倾向于使用哪一种方式？

第11章 互联网与分销渠道

本章主要介绍网络的渠道作用，认识网络渠道成员，并分析这些成员在渠道中的作用。读者将会了解到互联网如何帮助改变渠道的长度，如何改变渠道中介的结构，增强渠道的作用，协调渠道的管理，以及如何帮助考核渠道的绩效。书中将重点介绍电子商务、移动商务和社交商务的内容。

学习目标

- 了解分销渠道的三个主要功能；
- 解释互联网对分销渠道长度的影响；
- 解释供应链管理的发展趋势及渠道成员之间的权力关系；
- 解释网络渠道成员的主要经营模式；
- 区分电子商务、移动商务、社交商务和脸谱商务；
- 了解企业如何使用分销渠道的绩效考核指标。

趋势与影响

● 15 年前，研究互联网经济的大师们曾经预测，电子商务会成为经济的主流。事实证明了他们的英明。在成熟的市场中，消费者正在逐渐把消费渠道转移到网络上。在新兴市场中，随着城市化的推进，传统电子商务和移动电子商务催生了新的消费模式。消费者用电子商务把市场推到新的高度。

● 2012 年 5 月，韩国现代企业旗下的现代电视购物公司（Hyundai Home Shopping）推出了新的移动应用模式 H-Codi，它是采用增强现实技术实现的“虚拟协同”项目。应用这一新技术，消费者可以以虚拟的形式在公司网站上尝试或测试绝大多数的产品。例如，智能手机上的照相机可以扫描用户的脸部和身体，然后在照片上配上各种协同产品，比如耳环、领带、手袋，等等。

案　例

美捷步公司的故事

只是短短的十年时间，美捷步（Zappos）就从一个简单的概念发展成为全球最大的网络鞋业销售企业，公司价值12亿美元。这一切都是怎样实现的呢？公司的创始人尼克·斯威姆（Nick Swinmurn）与早期的投资人及前首席执行官谢家华（Tony Hsieh）依靠一流的客户服务创立了公司的品牌，使得收益持续稳定地增长。1999年，公司白手起家，到2009年，净资产已经超过了10亿美元。2009年11月，亚马逊公司用12亿美元收购了美捷步公司。亚马逊是网络零售业中的大鳄，但是它清楚地知道收购美捷步公司后有一点是不能改变的，那就是美捷步的管理团队。总部设在内华达州亨德森市的美捷步公司以亚马逊公司的全资子公司的形式在经营。2012年，在线鞋类市场总值达到78亿美元，美捷步公司的网络经营依然在健康地发展。

1999年，尼克希望能够募集到一笔风险投资，却四处碰壁，因为人们都怀疑会有人愿意到网上去买鞋。鞋子不能试穿，怎么买？尼克却认为，1999年的鞋类市场总值高达400亿美元，其中有20亿美元是以邮购的方式实现的，因此，网络销售应该可以从中分一杯羹。尼克后来经历了网络经济崩盘的考验，又度过了许多网络企业仿冒的困境，他站住了脚。美捷步公司的成功之道主要是以优质的客户服务为代表的企业文化。公司希望自己的客户都能够说一句“这是我所经历过的最好的客户服务”。美捷步公司曾经出版过一本小册子《文化宝典》，让员工写文章阐述自己对文化的理解。公司的客户服务有多种形式，包括送货、退货免收运费，一年包退，全年无休式的呼叫中心，等等。在公司运营最初的9年中，美捷步对客户提供了110%的价格保护。其他促使美捷步公司成功经营的手段还有：

- 一流的搜索引擎营销。消费者在线购买鞋子时一般是搜索品牌，因此美捷步公司并不刻意地宣传公司的品牌，而是把网站维护成能够便捷地搜索到如Rockport（乐步）和Vans（万斯）品牌。在1999年，搜索营销还是一个新名词，由此可以看出美捷步公司经营者的前瞻性思维。
- 口碑相传。美捷步公司20%的新客户是由老客户介绍来的，可以这样认为，老客户是美捷步公司的品牌鼓吹者。
- 精明的竞争者。网络经营者及邮购公司以往都是6天内将客户购买的鞋子送货上门。针对这样的竞争态势，美捷步公司推出了对老客户隔天免费送货上门的服务，这给了客户大大的惊喜。公司给老客户发送邮件，告知他们能够享受到隔天送货的服务，因为公司十分珍视这样的客户。
- 老客户。据美捷步公司的首席执行官称，2005年他们的回头客占到了客户总量的60%，这都归功于一流的客户服务。

一流的客户服务的基础是一流的员工。在美捷步公司，不管处于哪一个管理层次，只要是新进的员工，都要接受为期两周的客服培训。培训的内容包括在呼叫中心接电话，与客户面对面交流。两周培训结束后，员工可以选择离开，公司还会支付2 000美元的离职补贴。结果是97%的员工选择留下，他们情愿不要那2 000美元。公司的文化给了他们很大的教育和启发。

美捷步公司所做的这一切让人想起了营销学里的经典理念“多做少说”。该公司在客户服务方面始终如一，而可观的经营利润就是他们努力的硕果。企业注重客户价值，注重员工的忠诚，这是成功经营的不二法门。美捷步公司已经将业务拓展到衣服和手袋上，公司还在发展，客户服务依然是企业的重中之重。谢家华为网络经营的成功写过一本书《奉上幸福》（*Delivering Happiness: A Path to Profits, Passion, and Purpose*），建议读者阅读。

11.1　分销渠道概述

厂商重视分销工作，因为这关系到采购决策以及客户对产品和服务的满意度。**分销渠道**（distribution channel）是指一群相互独立的企业，它们共同合作将产品和信息从供应商处递送到消费者手中。在渠道中包括如下成员：

- **制造商**：指产品的生产者或服务的提供者；
- **中间商**：指将买方和卖方撮合在一起，促成交易的企业（例如批发商和零售商）；
- **购买者**：指产品或服务的消费者和使用者。

客户在获取产品过程中的各种体验，决定了客户对产品是否满意，也决定了他们对品牌的印象和对品牌的忠诚，这也将导致网络上对产品的评价，会形成社交网站上人们对品牌的议论。

互联网为营销工作创造了许多机遇，分销渠道的结构可能促成企业去利用这样的机遇，也可能阻碍企业去利用这样的机遇。如果交易能够在网络上自动完成，消费者就能自行进行一些工作，从而减少支出。网上购物的消费者必须在网上进行搜索，而这项工作本应由零售商完成。如果客户通过网络旅游中介查找特价机票，就会明白通过网络操作比到实体的中介订购机票要节省时间。下文中我们将介绍企业渠道结构的四个要素，它们都会对网络营销战略产生影响：

1. 各种网络渠道中介；
2. 网络渠道的长度；
3. 渠道成员发挥的作用；
4. 将渠道成员联结在一起的实体架构和信息系统，方便对渠道成员的管理，加强相互之间的合作，更好地提供商品和服务。

11.2　在线渠道成员的分类

对网络中介进行分类的最好方法是根据商务模式来分类。许多电子商务的经营模式都有自己的新称谓，但是这其中究竟有多少真正新的商务模式？经过我们仔细辨别，大多数的电子商务模式都是现有营销理念的变异，技术的发展使得它们更加行之有效。对于数字产品（例如软件、音乐），分销渠道的所有组成部分都可以在互联网上形成。如果通过网络购买一款软件，供应商往往是直接从网络上递送到客户的电脑上。在大多数情况下，分销渠道中只有一部分企业是完全或部分地利用网络来帮助完成配送工作。例如，非数字产品（如鲜花、葡萄酒）可以在网络上购买，但是要用其他的交通工具递送。尽管如此，商品递送的具体位置却是可以通过互联网界面追踪的（这就是配送中的信息传递作用）。表 11—1 汇集了我们将要讨论的各种商务模式。

表 11—1 电子商务模式

1. 内容赞助商 2. 信息中介 3. 中间商	
经纪人：	在线交易 在线拍卖
代理商：	代表卖方的代理模式 卖方代理（协同合作项目） 制造商代理（商品目录聚集商） 代表买方的代理模式（采购代理） 购物代理 反向拍卖 买方合作
在线零售商（电子商务、移动商务、社交商务）：	数字产品 有形产品 直接配送

渠道中介包括批发商、零售商、经纪人和代理人。

● **批发商**（wholesalers）从制造商手中购买产品，再将其销售给零售商。

● **零售商**（retailers，不管是实体零售商还是网络零售商）把产品从批发商手中购来，再销售给消费者。

● **经纪人**（brokers）是指那些在买卖双方之间建立关系，但并不代表某一方的中间人。有人把他们叫做“做市商”（market makers），他们一般不拥有物权。

● **代理人**（agents）一般会代表买方或卖方，这取决于受雇于哪一方，从哪里获得酬金。他们促成买卖双方的交易，但是不拥有物权。**制造商代理**（manufacturer's agents）代表销售方，**买方代理**（purchasing agents）则代表购买方。

内容赞助商

第1章里，我们曾经提到企业如何使用内容来增加收入。在本章中，我们将介绍人们如何用电子商务的形式销售内容，什么是内容赞助。按照内容赞助模式，企业创建网站以吸引网络用户来浏览，借此销售广告。有些企业（例如 iVillage. com）采用的是单细分市场营销战略，它们吸引的是一个特殊的群体；有些企业（例如 CNN. com）则是吸引普通受众。不少著名的网络企业都采用内容赞助这种商务模式，其中包括所有的大型门户网站，例如谷歌、雅虎、MSN 等。许多杂志和报纸也采用这种模式。当然，网络上的许多内容也是靠广告来支撑的。潘多拉网络广播（Pandora Radio）提供的是基于用户偏好的、免费的流媒体广播，听众只要输入自己喜欢的歌曲或者歌手的名字，潘多拉就会为其创建一个个性化的音乐广播电台。潘多拉网络广播将内容传递到用户的计算机、智能手机、汽车等设备上，也可以通过 WiFi 传递到电视机或收音机里。该公司利用这种电子商务模式，在用户收听音乐的网页中投放广告，从中获取收益。用户每个月可以免费在潘多拉网站上收听音乐 40 个小时，但是这期间要插播广告。40 个小时以后，网站就要收取月租费。按照网站的统计数据，2012 年 9 月网站有 11.5 亿用户，同比增长 67%。庞大的用户数量使得网站有可能获得大量的内容赞助商。

很多网站试图销售广告空间，但是它们的网站流量不大，根本无法与门户网站和新闻网站相匹敌。图 11—2 显示的是提高广告收视率（广告收视率是指广告被收看的次数）的一些统计数据。谷歌是获得内容赞助最多的网络企业，2012 年 8 月，该公司的网络广告受众有 4.1 亿，获得的广告收入占网络广告行业总收入的 74.4%。

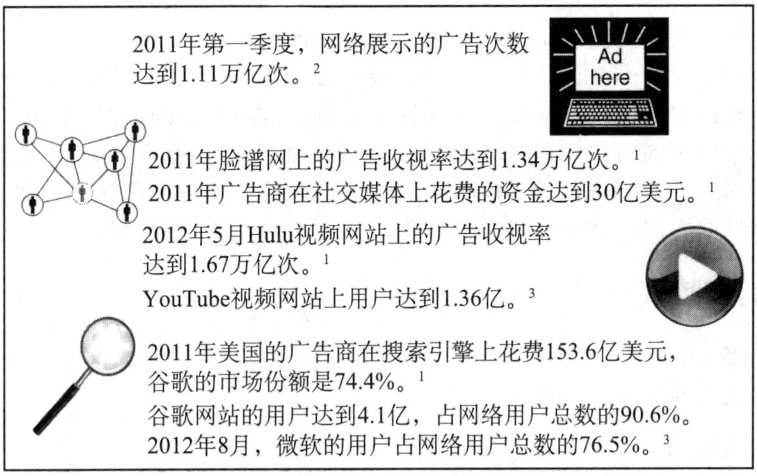

图 11—1　有关网络内容赞助模式的统计数据

资料来源：1. khalid 2012；2.“U. S. Online Display…2011”；3.“Top 10 Global…” 2012. clip art courtesy of openclipart. org.

我们将内容赞助的商务模式纳入电子商务的范畴是因为内容赞助在 B2B 市场（指网络企业向其他企业销售广告空间）上能够为企业带来可观的收入。据 eMarketer 公司的统计，从 2010 年年中到 2012 年年中的两年中，内容赞助为企业创收少的有 72 美元，多的达到 15.6 亿美元。内容赞助的产品形式是网站上的广告空间，其价格随网站用户数量的增加而提升。这种商务模式与传统媒体上的模式相似，因为传统媒体（电视、杂志、报纸等）也将版面或时段销售给客户。第 14 章我们将从问题的另一个方面讨论，那就是企业购买广告空间作为营销沟通的途径。

Craigslist 搜索网站也使用内容赞助的商务模式。2012 年，该网站每月提供免费的广告信息达 6 000 万条，这些广告吸引的浏览量每月超过 500 亿次。网站的收益模式是企业的付费分类广告，例如纽约的公寓房租赁信息、企业的招聘信息等。

内容赞助（content sponsorship）这种模式往往与其他的商务模式混合使用，企业可以从多种渠道获取收益。例如，网络零售商 Buy. com 在自己的网站上销售广告，目的是增加收益渠道。收益增加了，网站上产品的价格就可以降下来。同样，大多数的网络报纸当期是免费提供的，但是用户若要查阅过期的文章，就需要支付一小笔费用。

信息中介

信息中介（infomediary）是一个在线机构，它将信息整合在一起，再传递出去。信息中介的一种形式是市场调研机构。通常消费者若愿意与信息中介分享信息，该中介要给予一定的回报。例如，comScore 媒体调研公司就要向网络专题小组的成员支付报酬。当然，也有一些信息中介悄悄地收集信息，而且不向任何人支付报酬（例如，DoubleClick公司利用网络跟踪器文件追踪用户的上网信息）。有些网站要求用户先完成注册，然后才能下载所需要的文件内容，网站可以将这些用户的信息提供给文件的作者等人，这也属于信息中介。

产品评价类网站（例如ePinions. com）也是一种信息中介。这类网站将用户的评价汇集起来并展示在网页上，可供其他的消费者和相关的企业浏览。网站上有链接可以点击进入零售商的网站，零售商则为此支付佣金。

信息中介这种商务模式的初衷是让消费者对营销信息拥有控制权。对信息中介来说，收益是消费者提供的信息，因为这些信息使信息中介的数据库增值了。利用这种商务模式，广告商可以精确地定位广告受众，因为这些受众都是主动选择加入系统的。这种形式的许可营销使得广告商实现了这样一个愿望，那就是消费者在浏览竞争对手的网站时它居然能够插进去做广告，这在过去是不可思议的。

中间商模式

在互联网上，有三种**中间商**（intermediary）参与的商务模式，即经纪人模式、代理商模式和在线零售商模式。

经纪人模式

经纪人为买卖双方的谈判和交易提供了一个市场。在这种商务活动中，经纪人会向买卖双方中的一方或者双方收取交易费，但是在交易和谈判中，他并不代表任何一方。有些经纪人还会收取上市费（listing fee，也称“挂牌费”）。经纪人所提供的服务是一种增值服务，因为他帮助吸引客户，促成交易的达成。在互联网环境中，不管是B2B市场，还是B2C、C2C市场，都存在经纪人模式。离线经营中，最典型的经纪人模式是证券交易经纪人公司（例如纽约证券交易所等），它们把买卖双方撮合在一起。在线交易和在线拍卖都是在线经纪人模式最常见的例子。

这种商务模式对买方来说最大的收益是方便，订单执行和交易处理速度较快，同时，这种交易方式对买方也意味着低价，搜索速度快、省力，也容易寻找到卖方，可以降低成本。对卖方来说，它能集中有意购买的客户，还能降低开发新客户的成本和交易成本。

在线交易。在互联网上，有许多经纪人公司（例如E*TRADE公司、Ameritrade公司、Schwab公司），客户可以通过这些网络经纪人在计算机上开展交易，而不必打电话或者登门寻找经纪人。由于交易费用降低了，因此买方能降低成本。同时，客户依靠网络经纪人可以加快交易进程，获取相关的信息，还可以开展程序交易。[①] 有些网络经纪人公司是专门为那些炒股票的人提供服务，它们干脆绕开网络，让股民直接与市场联系。

汽车销售的网络经纪人（例如Autobytel公司等）方便客户去搜索本地汽车交易商的报价，省去了打电话和实地走访的麻烦。这些网络经纪人提供的是整个行业中的一口价，因此，客户没有必要与经纪人为了讨价还价争得面红耳赤。

阿里巴巴网站是全球买家和卖家的交易平台。2012年6月，阿里巴巴网站的注册用户达到3 000万，来自240多个国家，网络供应商有250多万家。一个国家的客

---

① programtrading，也称“程式交易”，指将交易条件写进电脑程序，然后由电脑监测市场状况，一旦出现预定的交易条件，即由电脑自动下单买卖。——译者注

户在网络上向外国的供货商购物，货款先托管在阿里巴巴网站，待到买方填表确认货物寄达并且完好无损，再由网站放款。

B2B 市场上衍生出了各种各样的经纪人商务模式，都运行得很成功。Converge 公司（converge. com）是全球电子产品市场上一家知名的匿名交易经纪人公司，该公司在网站上将几千家制造商、批发商和零售商撮合在一起，对电子设备和零配件互通有无，它所使用的模式与股票交易相似。客户在交易所与 Converge 公司的经纪人接触，提出自己的需求（例如订购 10 万个晶体管），经纪人设法寻找到供应商，购入商品，他所得到的利润是买卖双方的差价。Converge 公司还要收取一些固定的费用。交易是匿名的，供应商将商品运送到 Converge 公司的质量控制中心，由公司派人对商品质量进行检测，然后将商品递送到买方手中。Converge 公司对商品的质量提供担保，并承诺无条件退货。Converge 公司的网站所提供的服务是多种多样的，例如，每位客户的买卖记录，与经纪人的即时信息沟通，还提供多种求购方式（上传购物清单，对所需商品进行逐项搜索等）。

Guru. com 是一个人才招聘平台，该公司数据库中记录着 100 万名自由职业者和 8 000 个雇主的信息。招聘公司可以通过 Guru. com 这一大型的全球市场查找 220 个专业领域的人才，包括网站设计、程序设计、美术设计、商业咨询和行政管理等。一旦配对成功，Guru. com 公司就从中收取一定的费用，这与证券公司的模式相同。

在线拍卖。拍卖完全不同于固定价格的商务模式。拍卖活动的盛行已经有 100 多年的历史。在互联网环境中，不仅在 B2B 市场上存在拍卖这种商务模式（如 uBid. com），而且在 B2C 市场（如 Priceline. com）、C2C 市场（如 eBay. com）上也有拍卖活动。尽管有一些厂商自主开展拍卖活动，但是大多数的企业还是委托拍卖经纪人（例如 uBid 拍卖公司）来销售自己多余的商品。如果厂商在自己的网站上进行拍卖活动，就是直接销售，只不过使用的是动态定价模式；如果请第三方开展拍卖活动，使用的就是经纪人中介这种商务模式。

对卖方来说，利用拍卖这种商务模式的好处是可以按照市场价格销售商品，而且可以处理库存；买方对拍卖感兴趣，是因为他们可以用较低的价格获得商品，还可以从中得到乐趣。当然也有不利的方面，那就是购买者在竞拍的过程中要消耗许多时间，有时竞拍的价格可能会更高（即前文中提到过的“赢家的诅咒”）。有的购买者也使用自动竞拍的软件参加竞拍，但是有调查显示，这些竞拍者还是会不断地浏览网站观看竞拍的进程和结果。

一些拍卖网站所拍卖的商品或者服务多种多样。例如，uBid 公司的网站上既可以对计算机进行竞拍，又可以对旅游套餐进行竞拍。也有一些拍卖网站是专事某一个细分市场的。拍卖行业巨头 eBay 是专门进行 C2C 市场的拍卖活动的，网站上参拍的商品多达几千种。eBay 网站的服务有许多创新之处（例如由第三方担保，通过 PayPal 进行电子支付、交易评价等），不仅加速了拍卖的流程，也方便了网站用户。

代理商模式

与经纪人模式不同，代理商是代表买方或者卖方参与商务活动的，问题是看由谁来向其支付报酬。在有些地方，法律规定代理商只能代表其受雇的那一方的利益。在实体经济中，房地产代理商受托对房产或者地产进行挂牌销售，它们只能代表卖方的利益。

代表卖方利益的代理商模式。代表卖方利益的代理商有许多种，例如卖方代理、制造商代理、中介代理、**虚拟卖场**（virtual malls）等。

卖方代理（selling agents）只代表一家企业，帮助该企业销售产品，它们的报酬形式一般就是佣金。例如，参与**协同合作项目**（affiliate programs）的企业向网站的拥有者支付佣金，因为网站向它们推荐了客户。一般情况下，这种推荐一定要最终导致交易的实现，否则佣金就无从谈起（见图11—2）。例如，欧洲的一家大型控股公司KarstadtQuelle AG旗下有多家百货商店，该公司与4 000多家协同项目的卖方代理合作，这些代理每向KarstadtQuelle AG公司推荐一位新客户，公司就向其支付2欧元佣金。有些参与协同合作项目的代理商提出要在客户的终身价值中分享一份收益，而不是一次性收取佣金。

图11—2 协同合作项目

亚马逊公司的网站是协同合作项目的首创者之一。该公司于1996年推出了“亚马逊联盟”计划，合作销售代理的网站上都会展示可链接到亚马逊网站的图片。该联盟已拥有几十万个成员，它们都是亚马逊产品的销售点。只要协同网站将客户推荐给亚马逊网站，就能得到交易金额10%的佣金。

制造商代理（manufacturer's agents）代表的是多个卖方。在传统营销活动中，制造商代理一般只代表销售产成品的厂商，目的是避免厂商之间发生利益冲突，但是在虚拟市场中，制造商代理会建立网站帮助整个行业来销售产品。从网络营销的角度来看，制造商代理往往被称作“卖方集成”，因为它们在同一个网站上代表多个卖方。

旅行预订网站一般都属于制造商代理，因为它们得到的佣金是航空公司或者宾馆、饭店支付的。一些旅行代理网站（例如Expedia，CheapOAir，Orbitz等）提供在线预订服务。有时候，通过网站预订可以便宜一些，但是对旅行者来说最主要的利益是便利。

在B2B市场上，人们一般把制造商代理称作“商品目录聚集商”，它们所代表的卖方一般都拥有多种产品。以往采购经理常常是窝在一间小小的屋子里，周围是满满当当的商品目录，“商品目录聚集商”这个称谓就是这样来的。对这些代理来说，最重要的工作就是将所有这些产品目录信息存储到数据库中，然后在网站上展示出来。通常网络制造商代理会向厂商提供软件，使得网站与制造商的内部数据库系统连接在一起。只要制造商使用了行业中的标准软件（例如Arriba，CommerceOne，Concur，

Alliance 等)，管理商品目录的工作就会变得十分容易。值得一提的是，产品数量的增减、价格的变动，都应该实时地在商品目录上反映出来。

一些比较先进的制造商代理能够保证产品目录的定制化，而且能够和买方的企业资源计划（ERP）系统整合在一起。定制化的产品目录是指展示过去成交的产品和产品价格。有些软件还有一些特殊的功能，比如对某些员工的采购量进行一些限制，如果订单大了，软件会自动传送给上级主管报批。有的软件还能推荐替代产品，告诉买家生产的进程，帮助处理订单和跟踪订单等。

用这种商务模式进行交易能给买方带来许多利益，例如缩短订购周期、减少库存、加强控制等。由于交易中减少了纸质的单证，询购和询价的过程都是自动完成的，再加上交易与 ERP 系统整合在一起，厂商的成本可以降低不少。

College Source 公司（collegesource. org）是一家商品目录聚集商，在专门面对大学生的市场上学生们可以通过该网站搜索到 66 958 种商品。涉足这一领域的还有 Catalogs. com 公司。

另外还有两种中间商的模式，它们的运作与代理商模式十分相似，但是又有区别。其中一种中间商代表一群与日常活动或大型设备采购相关的制造商、在线零售商和内容提供商，它们为消费者解决了四大难题：第一是减少了搜索商品的时间；第二是提供了制造商的质量担保；第三是方便了许多相关的采购活动；第四是提供了与采购活动相关的客观公正的信息。这些网站靠向厂商推荐客户收取佣金。有些情况下，佣金是与完成的交易挂钩的。Edmunds. com 公司是汽车交易市场中的典型，该公司专门提供新车或二手车的信息，并为价格谈判提供咨询，还为有意购车的客户提供其他的各种服务，例如融资信息、零配件采购信息、车辆保险咨询等。Knot 公司是婚庆市场的典型，它所提供的服务包括婚礼策划，婚俗介绍，美容，男、女傧相，婚介等，它还为准备嫁娶的新人准备各种婚庆用品，例如婚纱、签到簿、礼金登记簿、来宾名册等。Knot 公司的网站上还有各种赞助内容，例如，通过 OurBeginning. com 新人网站发出邀请函，通过 GiftCertificates. com 礼品网站召集为新娘举行的送礼会。

另一种中间商模式与实体的大卖场相似，网站上聚集了众多的网络销售商，加入网站的厂商可以通过虚拟卖场与网站的浏览者进行接触，卖场则通过多种渠道收取费用，例如挂牌费、交易费、店铺开张费等。实体的大卖场有许多优势，例如可以把各类商店聚集在一个场所，从高速公路出口可以方便地进入卖场，有很大的停车场供消费者免费泊车等，但是这些优势在网络卖场上无法显现。尽管如此，网络卖场也有消费者重视的六大优势：第一是品牌，消费者更愿意从网络的“雅虎大卖场”（Yahoo! Shopping）的虚拟店铺里购物，因为那样比较放心；第二是数字钱包，使用数字钱包的便利之处是消费者只需要输入一次自己的运输和开票信息，再到虚拟卖场的任何一家店铺购物时就不需要重复输入，这就简化了订购的程序；第三是卖场实行的常客计划，这鼓励消费者经常光顾卖场；第四是虚拟卖场提供的跨店铺礼品登记功能；第五是卖场中跨店铺的商品搜索功能；第六是虚拟卖场中的推荐功能，例如母亲节时向消费者推荐合适的礼品等。

雅虎大卖场的网站上有许多著名的零售商，例如百思买（Best Buy）、塔吉特（Target）等。在这个网站上有各种便利消费者的功能，例如提供数字钱包，消费者可在多个挂牌店铺中使用；网站实行常客计划，提供礼品登记功能，进行商品推荐，提供商品搜索等。亚马逊公司的网站也可视为虚拟卖场，它提供了大量的产品，拥有很多第二方零售店铺。

代表买方利益的代理商模式。购物代理是代表买方利益的。在传统营销中，买方代理一般会与一家或几家企业结成长期的代理关系，但是在互联网上，它们可以为任意多家的买方客户进行代理，一般是匿名的。购物代理以及反向拍卖的模式都方便了买家按照自己的意愿出价。多个买家可以结成联盟，增加了采购量，降低了采购价格。

本书在第10章中曾经提及，购物代理这种商务模式刚刚出现时，许多人担心它们可能将价格压得非常低，使厂商几乎无利可图，但是事实上这种情形并没有出现，因为消费者在购物时，价格并不是他们考虑的唯一因素。新型的第二代购物代理所考虑的除了价格以外，还有其他的各种价值。PriceScan公司和CNET购物网站都提供此类服务。

一位消费者如果希望能够对厂商进行定量的价值分析，他可以利用Shopzilla公司旗下的BizRate.com这一网站，该网站根据售后客户满意度对企业进行考核与评级。该公司对在线经营的企业评级的基础是客户的反馈。BizRate网站将消费者在某一厂商那里的购物体验张贴在网站上，同时张贴厂商的经营政策。BizRate网站还向购物者提供商品打折优惠。

提供**反向拍卖**（reverse auction）的网站也是一种购物代理，它们为个别的购物者提供服务。在反向拍卖这种商务模式中，由购物者出价，销售者参与竞拍。买方表示在某一价位上愿意买入商品或服务，而卖方则设法去满足买方的出价条件，或者至少应该接近这一价格。Priceline公司是第一家主要按照这一商务模式开展经营活动的公司。

有些卖家提供的商品是不可储存的（例如航班的座位、宾馆的客房等），因此销售方会设法减少多余的库存，但是又不影响正常的销售渠道经营，这对卖方是有利的。反向拍卖带给买方的利益是低价，还有自主定价带来的愉悦，但是对买方也有不利的一面，那就是对品牌、供应商以及产品特性的选择面缩小了。正是因为选择面小了，所以与渠道伙伴之间的冲突并不是很激烈。

买方合作（buyer cooperative，也称作“买方团购”（buyer aggregator））是又一种商务模式。买方聚集在一起，就某一种产品把价格谈下来。由于采购量大，每一位买家都能从低价中受益。一般来说，参与买方合作的人越多，价格就越低，它们之间呈现一种负相关的关系。例如，假设有1～5位买家，那么每位支付的价格是69美元，6～10位买家，每位支付的价格是58美元，依此类推。正是因为价格呈阶梯式下降的趋势，所以购买者会劝说自己的亲朋好友一起来参与购买，买方可以将价格一直杀到预先设定的价位。

有些专门从事买方合作的企业（例如Mercata公司、MobShop公司等）未能从这种商务模式中获益，最终只能终止经营。有些在线买方合作企业（例如Solar and Renewable新能源公司，soarenergy.org）采用类似于传统的实体企业买方合作的方式经营，得以生存下来。尽管如此，我们依然认为互联网对买方合作这种商务模式是有利的，新的买方合作企业又开始不断地涌现了。

Groupon和LivingSocial两家团购网站是在美国经营的两家大型买方合作网站，其他许多国家也有类似的网站。网站向消费者提供限时折扣商品，用户可以报名参加某一项团购，一旦人数达到了预定的数字，每一位买家都能享受预定的折扣。对卖家来说，他们获得了许多新的客户，客户所在的地域也各不相同。买方合作还有一个很好的例子，那就是家庭学校教育模式，参加的家庭已经有57 000多家。

在线零售商模式

在线零售商模式是最普通的电子商务模式。厂商建立自己的网络店铺，然后将商品或者服务销售给企业或个体消费者（请参阅本章的导入案例“美捷步公司的故事”）。

网络上销售得最好的是哪些商品和服务？图11—3显示的是美国商务部对11 000家零售商的调研结果。排在首位的是服装服饰，有近250亿美元的交易额。有一家民间调研机构做过类似的调查，结果显示2011年第四季度网上销售最热的是数字产品、珠宝、手表、家用电器、玩具、软件等（请浏览comscore.com）。若是从消费者群体的角度看问题，又会有不一样的结果：购书的占81%，购服装的占74%，购音像制品的占65%，购美容用品和保健品的占59%，其后才是鞋类、家用电器、各类服务、珠宝、家具，等等。在其他国家，网络用户中购物的人所占比例高低不等，其中韩国为99%，英国为97%，德国和日本都是97%。

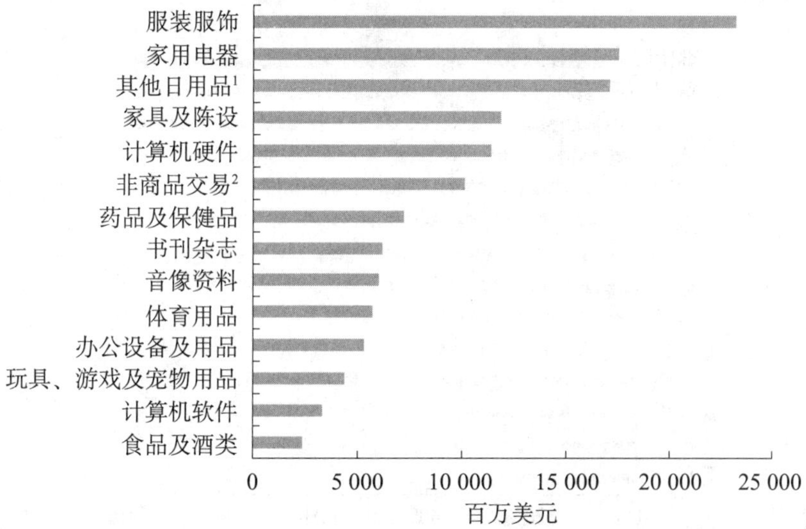

图11—3　美国消费者在线购买的商品和服务

注：1. 其他日用品包括收藏品、礼品、汽车零配件、五金、园艺用品、珠宝等。2. 非商品交易包括拍卖佣金、客户培训、售后服务、广告、运输费等。

资料来源：census.gov.

数字产品可以直接通过互联网递送，实体产品则由物流服务企业（例如UPS、美国邮政公司、联邦快递（FedEx）等）负责递送。在网络上销售实体产品的企业有的涉水很深，开展纯粹的网络经营，有的则浅尝辄止，绝大多数有一定规模的实体企业都或多或少地将一些产品放在网络上销售。

有些实体企业在开展网络经营以前有一定的品牌知名度，但是这并不意味着它们在网上经营就一定能成功。一些纯粹的网络企业由于没有老牌实体企业的文化羁绊，往往能够针对客户的需求做出一些创新的举措。如今，有些网络企业也建立了实体的店铺，目的是提高品牌的知晓度，增加客户与公司产品接触的渠道。其中做得比较好的企业是E*TRADE公司，不久前它开设了实体店。

尽管在线零售商销售的产品数量要比实体店面少，但是种类很多，这是这种模式的优势之一。这是因为商场或者独立的店面租金昂贵，而在网络环境中，不会受到这种空间的限制，而且在线零售商可以在租金便宜的地区租用仓库，并从那里发货。这就是《连线》杂志的主编克里斯·安德森提出的长尾理论，它可以解释为什么在网上销售少量但种类繁多的产品能够盈利。例如，2004年Netflix.com网站有75 000张DVD库存，而普通的Blockbuster实体店铺DVD的库存只有3 000张。Netflix公司销售了大量在离线出租店中难以找到的光碟，尽管数量少，但是它们却实现了该公司总销售收入的20%。2012年，Netflix网络公司的在线浏览客户有2 300万，其中35%的客户依然愿意使用租借DVD这样的传统商务模式。

消费者有时在网上购物时遇到困难，而这些困难还是需要网络企业去解决的。为了实现网上购物，消费者需要一个银行账户，一张信用卡，还要有上网的条件，这就把一部分消费者，特别是欠发达国家的消费者排除在外了。在美国，网络普及率达到85%，这其中有71%的人喜欢网上购物。78%的网络用户在购物前会先去网上进行搜索（见第7章内容）。有4个国家的在线购物人数比例超过了美国（见图11—4）。图中这14个国家的网络购物者总数达到6.397亿，这对跨国经营的企业来说是一个很好的机遇。

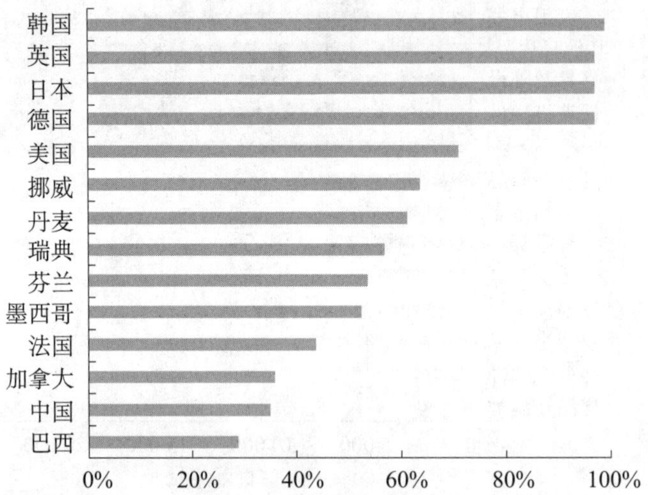

图11—4 14个国家的网络购物人数比例

让在线零售商最头痛的问题之一便是消费者中途放弃购物车。企业的目标是将网站浏览者转变为购物者，但是据invesp.com公司的调查，这种转变率平均只有2.2%，最好的10家网站的转变率也只有12%。图11—5显示的是相关的统计数据以及人们放弃购物车的主要原因。

多渠道营销是指利用一种以上的销售渠道开展业务，例如网络渠道、实体渠道和邮购等。多数大型的传统零售商也在网上销售产品，它们采取的是多渠道策略。多数的邮购商也采用多渠道营销模式。78%的邮购商认为，在它们使用了多渠道后投资收益率有所提高，其中部分原因就在于它们可以通过每个渠道接触不同的消费者。不管是何种渠道，产品选择和合理定价都是非常重要的。

全渠道购物（omni-channel shopping）指的是消费者接受各种渠道的营销信息，他们在各种购物渠道之间（例如普通网站、实体商店，用计算机、移动设备还有目录邮购，等等）游刃有余。例如，消费者首先去实体店，手里拿着智能手机进行搜索，进行价格对比，甚至扫一扫二维码，然后到网络上去购物，再到实体店取货。消费者可以在去实体店以前先到网站上去搜索信息，在实体店里逛逛社交媒体网站，看看其他消费者对商品的评价。一般认为，这样的消费者购物次数会比较多，花费比较多，对零售商的忠诚度也比较高。2012年的一项调查显示，有45%的网络购物者会将实体渠道和网络购物渠道整合在一起。了解了这些信息，我们就可以接着讨论移动商务了。

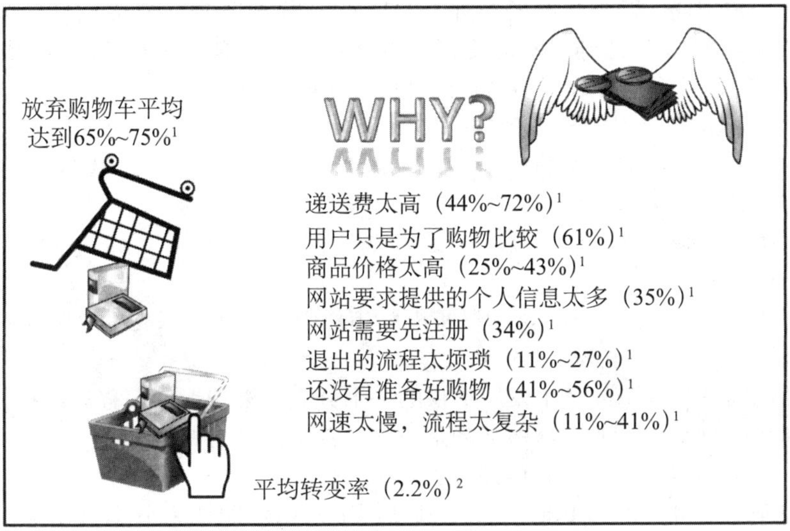

图 11—5　放弃购物车的原因

资料来源：1. Various studies (e. g. , visibility. tv and invesp. com). 2. Shop. org clip art courtesy of openclipart. org.

移动商务

移动商务（mobile commerce，m-commerce）指的是使用智能手机或者其他各种移动设备（例如 iPhone、iPad、安卓手机）等完成交易。移动商务属于电子商务的一个分支（见图 11—6）。据 eMarketer. com 公司的统计数据显示，美国的手机普及率约为 77%，其中近一半的用户手持的是智能手机（这是移动商务的基础）。comScore 公司统计发现，2011 年有 38%的美国智能手机用户通过手机购物，但是统计数据也有出入，有的统计结果是 63%。我们在第 8 章中曾经提到过 90%的智能手机用户在信息搜索后做过其他的动作，例如购物或者在宾馆预订房间。移动用户的交易活动各种各样，例如在网站上购物（购票、购买服务等），支付网络信息费用（例如网络音乐、移动 app 等），开展网银活动，等等。以下是与移动商务相关的一些数据和资料：

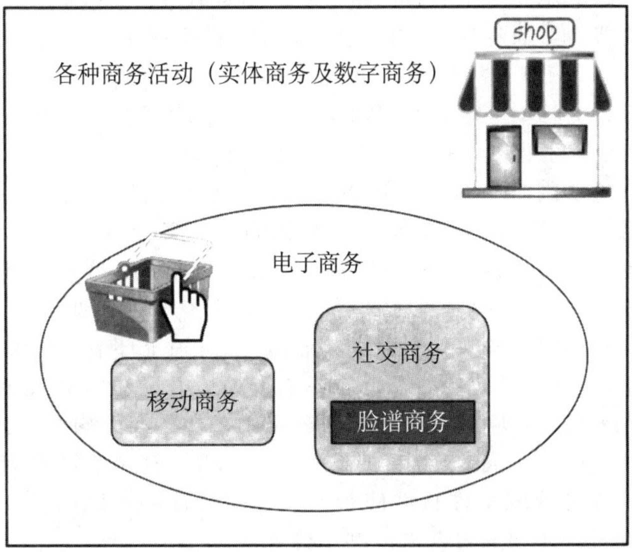

图 11—6　普通商务活动及电子商务、移动商务、社交商务、脸谱商务之间的关系

● 据美国商务部等机构的统计，2012年移动商务的交易额预计可以到达116亿美元，到2015年将达到310亿美元。2012年，移动商务交易额占整个电子商务交易额的5.9%，尽管相对数并不高，但是增长速度很快。

● 据Meeker的统计，2011年网络用户用来购买移动app的花费达到85.2亿美元，占到移动商务交易额的54%。Forester市场调研公司预计到2015年，移动商务市场将达到540亿美元。

● 据Meeker的统计，2011年从iTunes网站上下载音乐和app每天的交易额达到4 600万美元。

● 据Lunden的统计，美国平板电脑用户中为下载音乐支付费用的占62%，电影占51%，电视剧占41%，新闻占19%。

移动商务是电子商务中发展最快的一个分支。消费者利用移动设备并不仅仅为了最终达成购物交易，还有许多活动是与网络营销活动有关的。例如：

● 移动搜索（例如搜索店铺位置）。

● 定位服务（例如Foursquare网站，手机用户同他人分享自己当前所在地理位置等信息）。

● 二维码扫描，获得更多的产品信息和促销信息。

● 二维码扫描，用来建立购物清单或进行产品比较。

● 图片识别，用于链接网络信息。

● 接收企业发送的语音或短信信息，例如航班信息，或者重要新闻等。

● 参与社交网络活动，例如在推特网上回答有关产品的提问。

● 与营销活动相关的应用软件。例如高乐氏公司（CLOROX）就有三款应用软件，包括MyStain应用软件，可以在苹果iOS系统和安卓系统下载，帮助消费者随时随地解答去除污渍的小方法、小技巧。

近距离无线通信技术（near field communication，NFC）是一种新开发出来的技术，指两部智能手机或者一部智能手机与一台其他的通信设备进行近距离的信息沟通。第10章讨论的谷歌钱包使用的就是这样的技术。NFC技术还可以用于宾馆登记、会议签到、信息下载，等等。

移动通信的应用有一个有趣的例子。Sonos是一种无线高保真音乐系统，用户可以用智能手机或者普通的计算机通过无线路由器控制家庭里的立体声音乐播放。Sonos音乐播放软件可以连接到潘多拉、iTunes等音乐网站。

有些专家认为移动互联网应用将会取代固定计算机网络接入的模式。对企业来说，这是一个巨大的市场，因此企业在开展营销活动时，要把移动营销的形式考虑进去，包括建立移动网络平台（图片少一些，下载速度快一些）。eMarketer市场调研公司2012年做过一项调查，结果显示45%的企业高管称自己的企业在使用移动技术开展营销活动，其余的企业中有43%计划在近期开展这样的业务。由于企业将移动技术整合进了网络营销计划，所以它们格外重视客户的便利和参与，在整个电子商务转化漏斗中（从知晓到购买，再到品牌忠诚），每一个环节都开展工作。

图11—7显示的是iPhone手机与一个小的长方形塑料装置结合在一起，使用时只要将其插入手机的音频插孔就行了。若是用户在展会上购物，就可以用这个移动装置刷借记卡或贷记卡，商家则将发票通过电子邮件发送给消费者。开发这一装置的Square公司向企业收取少许软件使用费，这一装置还可以将钱存入用户的银行账户中，整个流程对企业和消费者来说都十分方便。

图 11—7　Square 公司开发的银行卡读卡器方便移动商务交易

资料来源：© 2012 Square，Inc.

社交商务

社交商务（social commerce）是电子商务的一个分支，指利用社交媒体和消费者之间的互动来促进在线销售。图 11—8 显示了社交商务的发展轨迹。由于社交媒体的出现，市场的控制力从企业转向了消费者。与此同时，用户在社交媒体上的沟通使得企业有机会增加收入，降低成本，还能提升客户满意度。例如，半数以上的社交媒体用户愿意在脸谱网上登录到其他的网站，其后是谷歌网和雅虎网，这种方式称为**“社交登录”**（social sign-in）。

社交商务中一个典型例子是家用电器零售商百思买，它通过推特网上的公司账户回答消费者有关产品和服务的问题。还有一个例子，生产粉碎机的企业 Blendtec 公司在网站上开辟了“粉碎得了吗?”的视频专栏，用户们分享视频，结果粉碎机的销量大幅度提高（例如有一段视频是粉碎一个 iPad，结果在 2012 年 10 月前的两年中，有 1 460 万人浏览，46 358 次点赞，评论者无数）。

社交购物是社交商务中的一种。Polyvore 是一个服饰搭配网站，它的用户多达 1 700万，用户按自己的兴趣，把服装、饰品图片自行组合，形成个性化的搭配，与人分享，用户也可以点击购买自己看中的服装、服饰。在 Pinterest 网站上，用户可以上传信息到公告板上，将时尚用品、房屋装饰等与人分享，也可以在网站上点击购买产品。2012 年下半年，comScore 公司调研发现 Pinterest 网站用户中 18%～23%的人会去浏览其他的网站，例如珠宝、奢侈品、鲜花、化妆品、食品、书籍、旅游服务，等等。由此可以看出，Pinterest 网站的社交商务开展得卓有成效。

团购网站（例如 Groupon，Living Scocial 等）也属于社交商务的范畴。这类网站的销售模式是“限时抢购”，用大折扣来吸引消费者。Gilt. com 是美国最有名的大型闪购类网站，它的模式是短短几小时的促销活动，还要消费者动员足够的亲朋好友来参加。在 Kaboodle 网站上，用户可以与亲朋好友交流，讨论想要选购的商品是否值得购买。

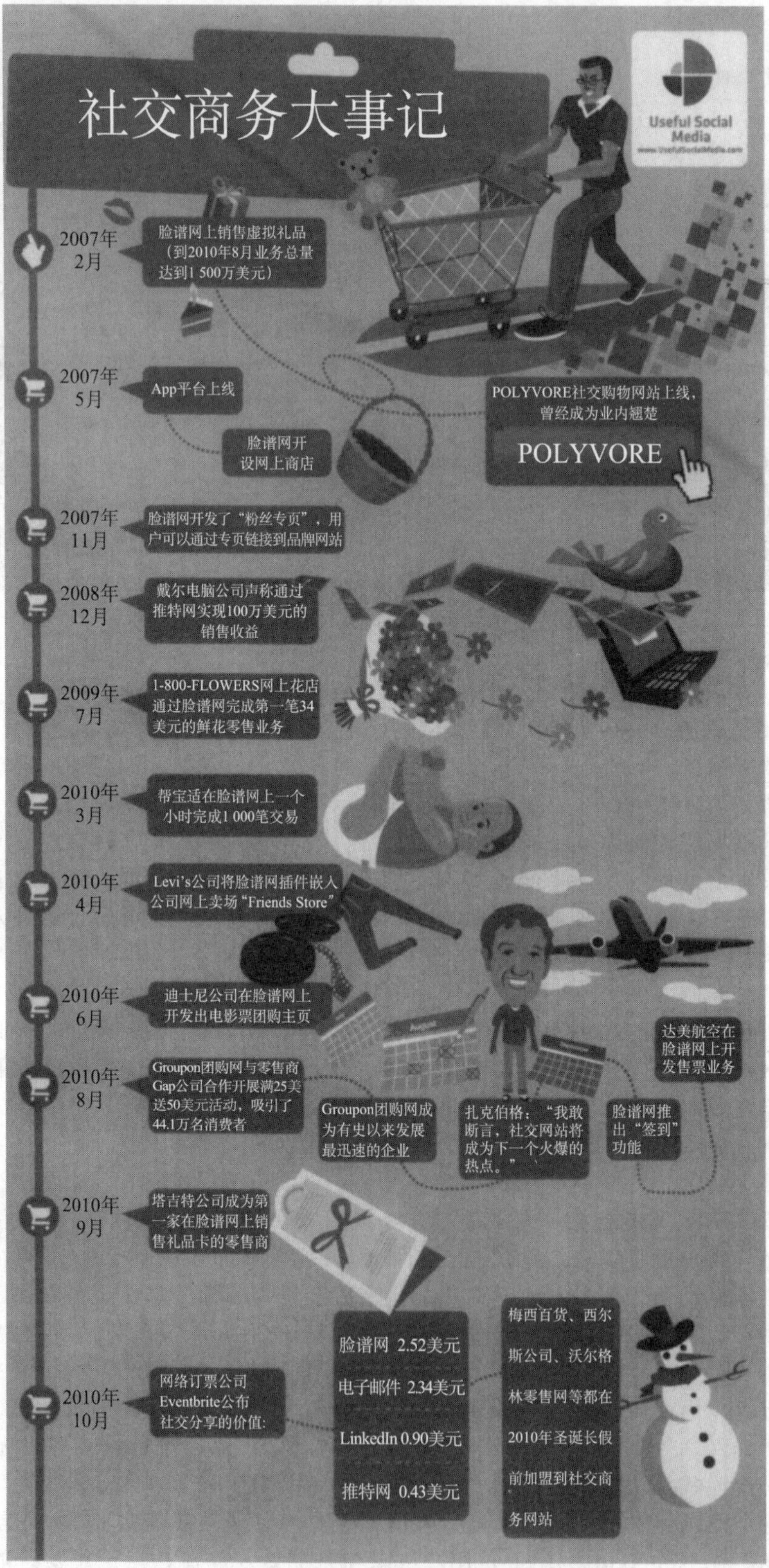

图 11—8　社交商务发展大事记

资料来源：usefulsocialmedia. com/. Reproduced with permission from Useful Social Media.

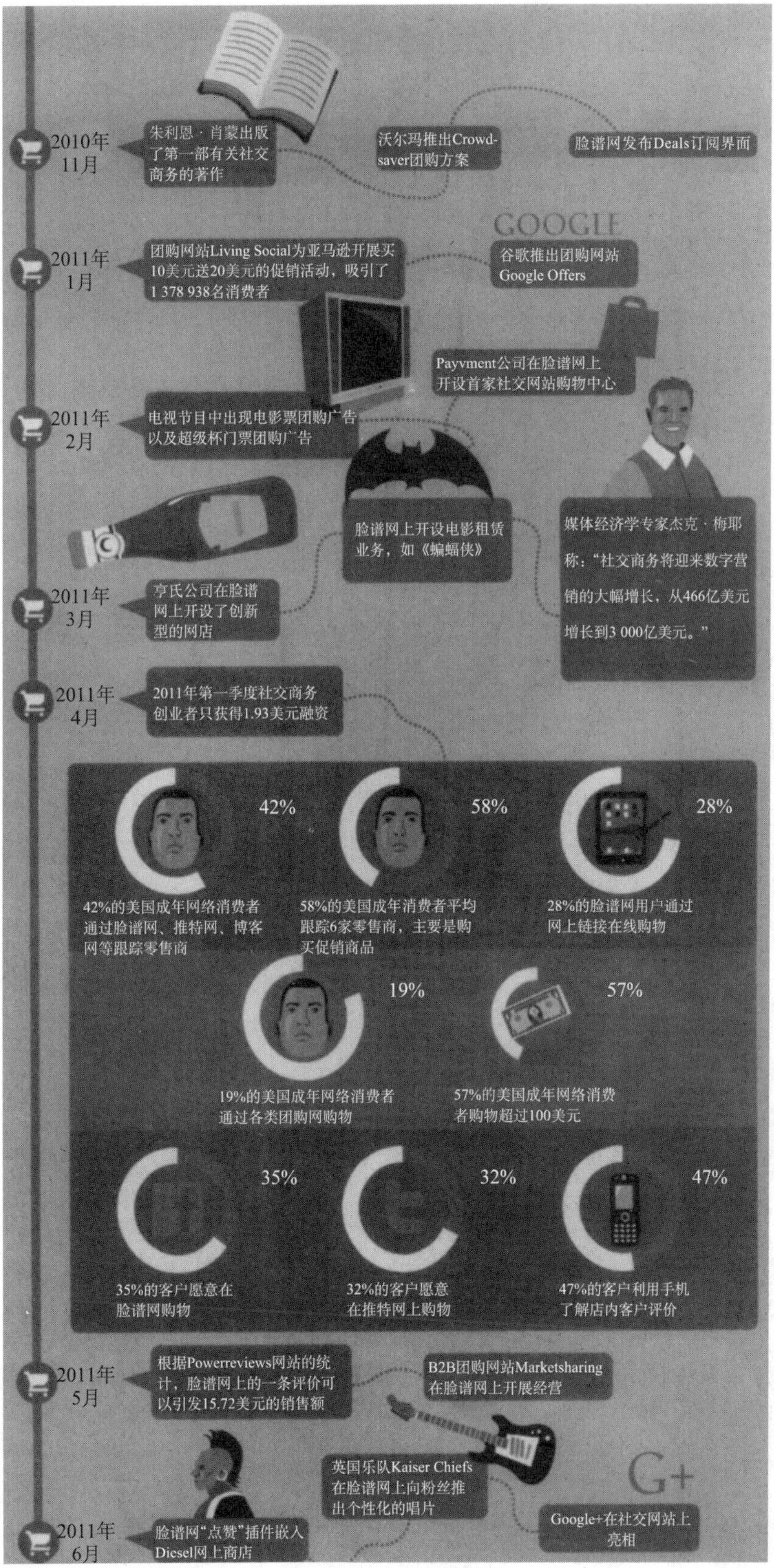
2010年11月
朱利恩·肖蒙出版了第一部有关社交商务的著作
沃尔玛推出Crowd-saver团购方案
脸谱网发布Deals订阅界面
2011年1月
团购网站Living Social为亚马逊开展买10美元送20美元的促销活动，吸引了1 378 938名消费者
GOOGLE
谷歌推出团购网站Google Offers
Payvment公司在脸谱网上开设首家社交网站购物中心
2011年2月
电视节目中出现电影票团购广告以及超级杯门票团购广告
脸谱网上开设电影租赁业务，如《蝙蝠侠》
媒体经济学专家杰克·梅耶称：“社交商务将迎来数字营销的大幅增长，从466亿美元增长到3 000亿美元。”
2011年3月
亨氏公司在脸谱网上开设了创新型的网店
2011年4月
2011年第一季度社交商务创业者只获得1.93美元融资
42%
42%的美国成年网络消费者通过脸谱网、推特网、博客网等跟踪零售商
58%
58%的美国成年消费者平均跟踪6家零售商，主要是购买促销商品
28%
28%的脸谱网用户通过网上链接在线购物
19%
19%的美国成年网络消费者通过各类团购网购物
57%
57%的美国成年网络消费者购物超过100美元
35%
35%的客户愿意在脸谱网购物
32%
32%的客户愿意在推特网上购物
47%
47%的客户利用手机了解店内客户评价
2011年5月
根据Powerreviews网站的统计，脸谱网上的一条评价可以引发15.72美元的销售额
B2B团购网站Marketsharing在脸谱网上开展经营
英国乐队Kaiser Chiefs在脸谱网上向粉丝推出个性化的唱片
G+
Google+在社交网站上亮相
2011年6月
脸谱网“点赞”插件嵌入Diesel网上商店

图 11—8（续）

2011年7月
脸谱网要求所有的游戏开发商通过Facebook Credits完成支付
美国运通推出Link, Like, Love应用程序，将美国运通卡与脸谱网账号捆绑到一起
2011年7月
由于无法与Group Buying Space团购网竞争，脸谱网决定停止Deals团购服务
2011年9月
8th Bridge公司公布社交商务报告，对脸谱网上200家知名的美国零售商进行分析，排名前5的品牌分别是：
GameStop
Walmart
VICTORIA'S SECRET
CLINIQUE
SEPHORA
Kaboodle公司与StyleSpot公司合并，旨在向热衷在线购物的女士提供一流的内容、商务和网络社区最新发展
最新发展
脸谱网上有8亿多用户，使用的语言有70多钟
推特网上的用户超过2亿
Foursquare社交网上的用户超过1 000万
脸谱网上粉丝追捧的3大热销品牌
可口可乐 3 400万
迪士尼 2 800万
星巴克 2 500万
你在客户热衷的社交平台上是否有所作为？
Useful Social Media
http://usefulsocialmedia.com/socialcommerce

图11—8（续）

社交商务中最重要的是要在网站上对商品进行打分、评价、推荐，与人分享。此类网站中比较知名的有 ePinions、Tripadvisor、亚马逊等。还有许多网络市场，例如 Craigslist，eBay 等，也是社交商务的好去处。有些 P2P 网站（例如 Zopa 网站）把借贷双方撮合在一起开展交易。开展拍卖活动的 B2B 市场也可以进行社交商务活动。

从上面的叙述可以看出，社交商务就是企业搭建一个网络平台让客户进行互动。为方便开展社交商务，企业会在网站上开设一些小窗口，例如"现在购买"，或者用众包（吸引用户帮助企业开发新产品）、定位商务（向将企业位置分享给亲友的客户提供折扣）、协同商务（利用博客、威客等开展商务活动）等模式开展经营。以下列举的是社交商务的一些实例：

- 据戴尔电脑公司称，公司两年中利用推特网平台实现 650 万美元的销售收入。
- 百事可乐公司向客户发送实时信息，告知他们附近销售百事公司产品的实体门店，例如超市、餐厅、加油站等，公司再通过 Foursquare 网站发送折扣券和折扣信息。
- 星巴克、激浪、戴尔等企业都通过众包的形式开发产品和服务。

脸谱商务（Facebook commerce，F-commerce）是社交商务的一个分支，指的是企业利用脸谱网开展电子商务活动。由于脸谱网上的用户众多，活动也多种多样，所以许多企业都设法在脸谱网上销售商品。这样做需要一定的营销措施，例如在脸谱网上开发一个商品的专用网页，在网页上嵌入"需要"、"拥有"等按钮，开发脸谱网专用应用软件，在脸谱网页上设置可以搜索的内容，等等。

例如，迪士尼公司在脸谱网上销售门票，李维斯公司（Levis）按照朋友推荐在脸谱网上为有车族设置购物车，美国快餐 Wendy's 连锁餐厅在脸谱网和推特网上对能够幽默应答的客户赠送价值 50 美元的礼品卡。美国达美航空公司的客户可以直接在脸谱网上搜索航班信息、购买机票。美国的贺曼公司（Hallmark）在脸谱网上开发了广受欢迎的社交日历 app，提醒用户自己和亲友的生日，亨氏食品公司也有一款 app，用户可以在汤料罐头的标签上写上朋友的名字和祝福语（例如"早日康复"），由公司直接递送给客户的亲友。

所有这一切能够起作用吗？如今还没有肯定的答案。成功的案例不少，例如用户在 Ticketmaster 公司的脸谱网网页上购买机票，并将这一信息分享给朋友，朋友如果也在这一网站上购票，就能享受到折扣，以此类推，平均的折扣额可以达到 5.3 美元。也有不成功的例子，Gap 公司、JC Penny 公司等企业因为脸谱网上的生意清淡，已经关闭了开设在脸谱网上的网络门店。脸谱网前不久推出了一款照片分享 app，用户可以选择"喜欢"、"需要"、"保存"、"购买"等。可以这样认为，脸谱网属于社交沟通网站，而不是销售网站。网络上的 app 推广得比较理想，方便用户交流沟通，而网络门店却并不很兴旺。

有形产品

网上销售的有形产品（例如书籍、家具等）都是通过传统的配送渠道递送的，这样的配送渠道效率较低。在传统销售模式中，100 本书籍可以递送到一个门店销售，可是在网上销售，100 本书就有可能递送到 100 个客户手中。消费者要为此支付额外的费用，有时这样的费用超过了在线购物节省的钱。有时候，地方的法规会阻碍商品的直接递送。例如，Wine. com 酒类销售网站为了不违反州的法律，不得不通过当地的中间商配送，不可以直接跨州配送，这就延长了配送的渠道。

数字产品和内容的销售

如果网上销售的是数字商品和服务（例如新闻、音乐、软件、电影、网络课程等），那么互联网就可以成为直接的配送渠道。这是内容营销的重要组成部分，发展得很快。与实体的配送渠道相比，数字产品的配送成本大大降低了。《纽约时报》(nytimes. com）是第一批通过网络渠道配送的产品，结果它增加了几亿新的客户，这些客户原本是不阅读纸质的《纽约时报》的。Classmates. com、iTunes、《华尔街日报（网络版）》等都是在线内容销售成功的例子。亚马逊公司开发的电子阅读器Kindle，苹果公司开发的iPad等都成了在线内容销售的助推器。

为了促进网络内容的合法使用，有企业开发了**“收费墙”**（paywall）系统，有些内容网络用户只有在交费以后才能够浏览。研究显示，网络用户都希望先享受到免费阅读的优惠，然后才愿意为网络内容付费。有些企业在公司官网的主页上注明，用户可以在一个月里免费浏览5篇或再稍多一些的文章，然后就要付费。有些企业则允许用户免费浏览一篇文章的一部分，要想阅读全部内容就要付费。厂商都在尝试，看哪一种模式能够带来更多的收益。例如，《华尔街日报（网络版）》采取的措施是允许非订阅用户看一部分文章，其余的文章则只能看几段。有意思的是，《华尔街日报（网络版）》有时把一些文章放在脸谱网上，所有的网络用户都能阅读。2012年10月，《华尔街日报》全年的订阅费是259.48美元（网络版），311.48美元（网络版及部分纸质版），119.08美元（纸质版）。

消费者花钱购买了大量的网络内容（见图11—9），其中最多的是音乐、杂志和电影。也有专家对全球各地的网络内容消费进行调研。尼尔森公司调查了27 000名消费者，询问他们是否愿意为网络内容付费，其中85%的人说希望能免费获得这些内容，这就是互联网文化。不过，网络内容的销售依然在持续增长，主要原因是平板电脑用户的增加，还有就是B2B市场上的交易，企业需要网络调研报告，也需要数据库里的资料。

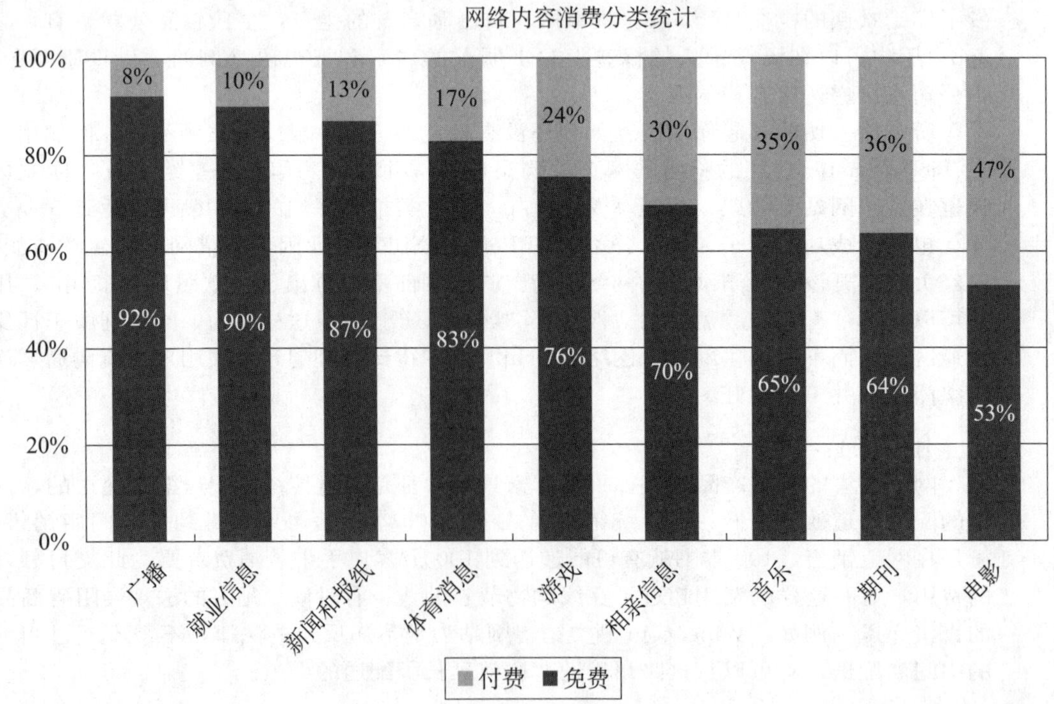

图11—9 美国网络内容消费统计

资料来源：MarketResearchCareers/DigiCareers.

如何成为电子商务企业，将原创的内容在网络上销售出去？艺术家们在deviantArt网站和Zaarly网站上销售自己的字画，手艺人可以在Etsy.com网站上销售自己制作的手工艺品，YouTube网站会与视频制作人分享广告收入，Scribd网站和亚马逊网站可以让作者在网站上销售电子书，并且与作者分享利润（有一位年轻的作者在亚马逊网站上销售一本价值1.99美元的超现实小说，据说赚到了几十万美元），音乐作品可以在CD Baby网站和iTunes网站上销售。如果将图片和图片后面的新闻上传到Demotix网站，网站会向作者支付报酬，作者还能赚取眼球。Gumroad网站方便用户在网站上销售自己制作的产品，还可以在网站上挂上链接，链接到产品的网页上。Gumroad网站上的价格可以设置成动态的，随着需求量的上升，用户可以将销售价格调高。

直接配送。制造商可以通过**直接配送**（direct distribution）的模式将产品直接销售给消费者或者企业客户，这种销售模式在传统的离线经营中很多见。自从出现了互联网，这样的销售模式运行起来就更方便了，制造商可以绕开中间渠道。

在B2B市场上，直接配送可以节约大量的成本，这表现在人员成本、产品配置成本、订单处理成本，等等。在线销售系统中嵌入专家系统，可以方便客户自行配置产品，戴尔电脑公司的销售系统就是这样帮助客户完成在线订购的。

在B2C市场中，可以用直接配送模式完成数字产品的销售。企业可以免去库存、取货、包装、递送等各个经营环节。直接配送对鲜花、新鲜食品等商品的销售也十分有利。例如，Proflowers.com网站就直接将鲜花从花圃递送到客户的手中，既新鲜、保存时间长，又降低价格。

直接配送省去了中间环节，为客户节省了费用，递送时间也快了。例如，Fresh Direct公司把自己称为“个性化网上农场”，该公司每天向纽约和费城的客户按订单递送新鲜农产品和肉制品。由于绕开了中间环节，同时利用数据库压缩库存，取得了同行望尘莫及的利润。

制造商可以通过减少中介赚取更多的利润，但有些工作还是需要中介来做的。对客户来说，直接配送中发生的成本主要是搜索成本提高了，还有与单个的制造商进行交易所花的时间也是一种成本，还有配送成本（Fresh Direct公司对30美元的订单收取6.99～8.99美元的递送费）。

11.3　分销渠道的长度和功能

分销渠道的长度是指在供应商和消费者之间中介的数量。最短的分销渠道中不含中介，而是由制造商直接与最终消费者进行交易。戴尔公司就采用直接分销渠道的形式，直接与客户打交道。可是，大多数的分销渠道中包含一个或多个中介，这就是**间接分销渠道**（indirect distribution channel）。通常间接分销渠道包括供应商、制造商、批发商、零售商和最终消费者。渠道中介都有重要的功能（这一内容将在下一节中介绍）。

最初，人们都认为互联网能够取消所有的中介，形成渠道的“去中介”现象。**去中介**（disintermediation）就是去除传统的中间商。中间商减少了，就能大幅降低成本。Fresh Direct公司采取的就是这种去中介模式。如果将去中介做到极致，那就是供应商在分销渠道中直接将商品或服务递送给消费者，但完全地去中介只能是一种例外，因为与制造商相比，中介在渠道中发挥的作用要有效得多。擅长某一项功能（例如产品推介）的中介在完成某一工作时一般比非专业人士效率高。

许多人都在宣传互联网去中介的作用，并称网络帮助去除了中介以后，企业的成本下降了，产品价格能大幅下降，但是这样说实际上忽视了一些非常重要的因素：第一，美国的物流系统在全世界是效率最高的；第二，利用中介帮助开展配送工作，企业可以专注于发挥自己的比较优势；第三，许多传统的中介实际上是被网络中介取代了。大多数情况下，网络中介的效率高于实体的中介机构。例如，互联网上有许多在线门店，网络零售商不像实体的零售商那样需要花许多钱在闹市区租赁门店，雇用店员看店。企业可以到租金比较低廉的地方去租用仓库，满足网络销售商品的需要。当然，要开发并维护电子商务网站，也会发生成本，尽管这样的支出有时也非常大，但是与维持一家实体门店的花费相比，还是要小得多。

互联网上还出现了许多在实体市场并不存在的中介形式。例如，雅虎网站上出现了多媒体内容。雅虎网站上出现的 Yahoo! Launch 专栏就像是一个集多项功能（如唱片商店、音像书店、广播电台、电视台等）于一身的门店。其他的中介形式包括销售代理、购物代理等。

分销渠道的各项功能

分销渠道的主要功能是将产品从制造商那里传递到消费者手中，至于由哪些人员来完成这些功能并不重要。例如，网络零售商一般是建立一个仓库储存商品，然后根据客户的订单进行拣选、包装、递送。当然，网络零售商也可以将这些工作**外包**（outsource），由其他的物流企业（例如 UPS）来实施拣选、包装、递送等工作。若是这样的流程，零售商将订单传递到 UPS 公司的仓库，后者再进行拣选、包装和递送。负责递送的厂商开展的工作也是增值服务。分销渠道的功能可以大致地分为交易功能、物流功能和促进功能。

交易功能

交易功能（transactional functions）指的是与购物者接触，利用各种营销沟通的手段让购买者了解产品。交易功能还包括寻找符合购买者需要的产品，商议价格，完成交易环节的各项工作。

与购买者接触。互联网为厂商提供了一个新的与购买者接触的渠道。据 Forrester Research 公司称，互联网是第四个沟通渠道（传统的三个沟通渠道是人员推销、邮购目录销售和电话销售）。一般的零售商则把互联网看成是实体商店销售和目录销售之外的第三条销售渠道。我们认为，互联网对于与购物者接触和交易流程带来的增值主要表现在如下几个方面：第一，利用网络进行接触可以更多地满足购买者的个性化需求。例如，本田汽车公司网站（honda.com）方便客户寻找就近的汽车经销商，上门购买本田汽车。第二，消费者可以在网络上找到许多相关的参考信息，例如搜索引擎、购物代理、新闻组、聊天室、电子邮件、网页、协同合作项目等。第三，互联网提供了一个全年无休式的经营场所。

营销沟通。营销沟通活动包括广告和其他多种产品促销活动（本书将在第 12 章到第 14 章中讨论这一专题）。营销沟通的工作一般是由渠道成员共同完成的。例如，制造商启动一个产品广告的活动，由零售商来提供折扣券。还有一种形式是合作广告，那就是由制造商和零售商共同承担广告费用。因为是由渠道成员共同开展营销沟通的工作，所以这样的方式最有效。

互联网为营销沟通工作带来的增值主要表现在如下几个方面。第一，过去要由人员来完成的一些工作如今可以由计算机自动完成。美国航空公司曾经通过互联网向几百万注册会员传递促销信息，但是并不需要折叠信纸、装信封、贴邮票以及盖邮戳，只要点击“发送”，就完成了一切。还有一个典型的例子是在搜索引擎上为网站做广告，企业只要利用 Submission Pro 公司（submission-pro. com）或 MoreVisibility 公司（morevisibility. com）的网站提供的服务就能自动完成。这些企业专门研究搜索引擎的排名技巧，然后设法让自己的客户企业在搜索引擎排名中尽量靠前。

第二，企业可以时刻关注营销沟通的效果，并对其进行调整。例如，谷歌公司开发的 AdWords 软件允许自己的客户对旗帜广告的点进率进行实时监控，一旦发现运行效果不佳的广告就及时更换。第三，有些企业利用软件来跟踪用户的网络行为，这样就能有针对性地开展营销沟通活动。

第四，互联网有助于渠道中介相互之间的协调，更好地开展促销活动。企业可以通过电子邮件传递广告和其他的营销资料，还可以实时浏览其他企业在网站上的促销信息。在实体商店里，往往会发生这样的情况：总部发起了一项促销活动，一些零售商却蒙在鼓里，直到消费者到门店来要求享受优惠，他们才恍然大悟。通过互联网进行沟通，就可以避免发生这样的尴尬。

使产品满足客户的需求。网络的优势之一是使产品与客户的需求相匹配。一般情况下，客户只要提出自己的要求，网络购物代理就能够罗列出一张相关产品的清单。网络零售商还能帮助消费者获得与其需求相吻合的产品。例如，服饰搭配网站 Polyvore 公司、Pinterest 公司（全球最大的图片社交分享网站）、Gap 服装公司（gap. com）会帮助消费者进行服装选配。大部分汽车公司的网站上，消费者可以自己对汽车进行配置。网络上还有一个有趣的现象，那就是**协同过滤购物代理**（collaborative filtering agents），企业可以利用这样的软件根据消费者以往的购物行为来预测他们的偏好。亚马逊网站就是利用这样的代理软件来向客户推荐图书和音乐制品。这样的系统一旦建立，企业就能够同时面对几百万个用户，而边际成本几乎可以忽略不计。数据库中的消费者信息越多，协同过滤购物代理系统的效率就越高。值得一提的是，这一类的服务可以迅速扩张，因为所有的操作都是自动的。与此形成对照的是，在实体商店使产品与消费者的需求一致是一项费时费力的工作，随着消费者和产品的增多，这项工作会变得越来越困难。在实体店铺，这项繁重的工作是由售货员来承担的，而在互联网上，随时都可以回应消费者的需求，而且零售商之间可以互通有无来解决匹配问题。当然，由于网络有这样的优势，在线零售商面临一个新的压力，那就是价格的透明竞争，零售商必须使自己的产品具有独特性，才能在竞争中胜出。

价格协商。指买方和卖方讨价还价的一种双向沟通，这在人员销售、电话销售和电子邮件销售中都是存在的。购物代理在价格协商中是代表消费者利益的，它将企业出价按照从低到高进行排列。另一种动态定价或灵活定价的形式是竞价，是由买方提出价格，然后由供应商在公平的条件下竞争（参见第 10 章中的内容）。许多企业现在都开展网络采购竞价。在消费者市场中，有 eBay 公司和亚马逊公司在开展竞价销售。在企业市场中，通用电气公司也在让供应商开展网络竞价。网络采购竞价增加了供应商的数量，这样竞争激烈了，价格就降了下来。有些网络拍卖公司允许购买者利用购物代理来参与竞价，以便更好地与其他的购买者或者购物代理进行竞争。

完成交易环节的各项工作。研究显示，网络渠道大幅降低了交易处理的成本。美国的全国购物管理协会（National Association of Purchasing Management）由于用人工处理采购订单，每笔交易收取过程处理费 79 美元。

物流功能

物流功能（logistical functions）指的是产品的运输、储存和收集等工作。物流工作一般是外包给第三方物流企业。**无线射频识别**（RFID）标签是在配送过程中对产品进行跟踪的重要新型设备（参见“相关技术”专栏）。人们可以利用RFID将信号传递给扫描仪，扫描仪就能识别到产品、信用卡甚至植入人体或动物皮肤中的标签上的信号。

相关技术

无线射频识别技术

你是否有过在日用品商店里排着长长的队伍等候结账的经历？有时候，只不过是买一盒牛奶，却让人等得不耐烦。许多消费者到超市或者大型的折扣店购物时都遇到过这样不愉快的经历。不管什么时候去买东西，都要排长队，浪费宝贵的时间。借助无线射频识别技术，超市里收银台前的长队将会消失，消费者只要挥挥手中的信用卡就可以轻松走出超市。

无线射频识别（radio frequency identification，RFID）技术在自动识别研究领域并不是一项新技术，但是近来人们对它格外关注起来。说到自动识别，一般包括条形码（无数的日用品上面都有这样的条形码）和磁条（信用卡上面有这样的磁条）。这两项技术替代了人工的数据输入，减少了差错，为企业节省了大量的支出。这两项技术并没有完全消除人员的参与，收银员要用扫描仪扫描条形码，消费者还要在读卡器上刷卡，但是在第二次世界大战期间开发出来的RFID技术却不需要人工的辅助。由于RFID技术的价格持续地下降，它迟早会使自动识别领域发生根本的变革。

正如“无线射频识别技术”的名字所显示的那样，人们利用无线射频将信号传递给扫描仪，扫描仪识别到标签上的信号。这项技术由三个部分组成：第一，无线射频识别标签；第二，无线射频识别扫描仪；第三，数据存储设备（指计算机）。人们跟踪的是无线射频识别标签，它是附着在产品上的。标签由无线射频识别芯片和一个微型的天线组成。标签的结构有的简单，有的复杂，成本也有高有低（从7美分到15美分不等）。由于RFID技术的逐渐普及，标签的价格也一直在走低。EPCglobal是一家行业标准制定机构，他们认为标签的价格最终会跌到单价5美分。

RFID扫描仪（也有人将其称为“芯片阅读器”）是与计算机连接在一起的。扫描仪不断地发送低频的电磁波（从100千赫兹到5.8千兆赫兹）。电磁信号激活RFID芯片和天线，它们再把数据传输到扫描仪。扫描仪接收到信息以后，它再把信息传输到计算机，由计算机进行存储和分析。随着RFID技术的不断成熟，芯片中存储的信息越来越多，传递到扫描仪中的信息也越来越多。

RFID标签与扫描仪之间的距离究竟可以有多大？这取决于芯片的大小和天线的功率。芯片的结构越复杂、天线越长，标签与扫描仪之间的距离就可以越大。

在零售和物流行业中，RFID技术有着各种各样的应用。在一些大型的配送中心，人们用RFID技术来追踪盛放货物的托盘。货物在进出配送中心时，RFID设备会对它们自动跟踪，极少会有差错。

RFID技术还被用在加油站和公路收费站。有些石油公司给消费者发放一个小巧的钥匙链，上面有消费者的信用卡信息。消费者到加油站加油时，只需要在油泵上的扫描仪上扫一下钥匙链就可以了。扫描仪接收到信用卡的信息，确认加入的油量，然后从信用卡上划转消费的金额。石油公司提供这样的服务是为了培养客户忠诚，因为它们发出的钥匙链只能在本公司的加油站使用。

许多上班族每天都要在上下班的路上经过收费站，有时车辆太多，他们就得耐着性子等候。美国的有些州政府和地方政府（例如宾夕法尼亚州、弗吉尼亚州、佛罗里达州等）已经在使用RFID技术。上班族只要花一点点钱（有的甚至不要钱）就能得到一个小盒子，把它放置在汽车的前挡风玻璃边上，驾车的人到了收费口可以从安装了RFID扫描仪的专用通道通过，扫描仪识别到驾驶员的信用卡信息（或者其他的账户信息），然后从账上划转通行费。在有些收费站，驾驶员可以保持55英里的时速顺利通过。RFID技术另一项类似的应用便是无钥匙进入系统。

沃尔玛超市有600多家供应商，它已开始利用RFID技术来进行供应链管理。利用该项技术，沃尔玛不仅可以使缺货率降低16%，还可以使补充存货的效率提高63%。另外，RFID技术还可以证明货物的交付，便于协调多份采购订单。

这项计划的最终目标是在整个公司所属的门店里取消条形码，提高供应链工作的效率。

启动RFID技术对沃尔玛无疑是有利的，该计划的实施对供应商也是有利的，因为供应商可以借此追踪商品进场和上架的信息，对产品的需求了如指掌。沃尔玛还将RFID标签放置在收银机边的陈列商品上，以及用作店内促销的陈列商品上。供应商常常抱怨，制作这些陈列商品代价不菲，可是用完了总是被丢弃在仓库的角落里，有了标签，供应商就能对这些陈列商品进行追踪了。由于使用RFID技术，新产品上架的速度提高了3倍。

由于全球最大的零售商支持RFID技术，相信这种技术会日臻成熟，走向成功。全球的配送网络应该接受RFID技术，把它作为开展商务活动必然要发生的成本来看待。

产品递送。大多数通过网络销售的产品依然是通过传统的实体渠道递送的，当然，也有一些数字化的产品（例如文件、图片、音频、视频等）可以以较低的成本通过互联网传递到消费者的手中。Trisenx公司已经可以通过互联网传递数字化的气味和味道。伯明翰大学的鲍勃·斯通（Bob Stone）教授在视频游戏中加入了气味的元素（例如凝固汽油弹的气味、未经处理的污水的气味以及一些芳香的气味），这些都是依靠计算机外围设备来实现的。

产品的整合。一般来说，供应商如果生产的产品品种不多，产量却很大，那么生产效率会高一些，但是从消费者的角度看，他们一般愿意多购买些品种，每种数量少一些，于是就出现了渠道中介，它们的主要工作是从多个供应商那里进货，方便消费者在一地购得多种产品。这种传统的**整合**（aggregation）运作方式搬到网络上，就出现了网络“品类杀手”，例如亚马逊公司，该公司在网络上销售各种产品。还有一种形式是虚拟的产品整合，就是把多家制造商的产品整合在一起，然后展示在用户的计算机桌面上（例如Pinterest网站利用社交网站整合产品）。网络销售代理将各种产品归拢在一起，以在线店铺的形式在计算机上展示产品网页。如果用户在网络上搜索一种产品，网页上就显示出一张列表，上面有产品信息的比较，还有与厂商的链接。

第三方物流——物流外包。在B2B市场上，人们遇到了这样的一个难题，那就是既要降低库存量，又要做到及时向客户送货，这两者往往是冲突的。许多企业是这样解决问题的：它们把存货委托给**第三方物流企业**（third-party logistics，例如UPS公司、联邦快递公司等）保管。如果把这项工作做得再好一些，那就是由第三方来管理供应链，提供增值服务，例如产品的加工和整合。物流企业还可以帮助处理订单、补充库存、编制订单跟踪号码，这样就方便了客户跟踪订单。例如法国著名的电信设备制造商阿尔卡特公司（Alcatel）就是利用UPS公司来进行订单管理的，以便在整个欧洲地区向客户递送手机。

在B2C市场上，人们遇到的问题是退货处理（这是逆向的物流）问题，有的企业产品退货率高达15%。客户往往抱怨退货不方便，代价太高。有些网站承担退货的费用，即使如此，客户依然不满意，因为他们需要称量邮寄的包裹、垫付邮寄费用、安排取货时间，或者自行将包裹送到投递集散中心去。

美国邮政服务公司（U. S. Postal Service，USPS）在简化退货流程方面有过人之处。该公司的客户，即众多的零售商，可以在自己的网站上安装一款软件，其用户再下载该软件，打印“邮资已付”的标签，这样零售商的客户只要把商品包装起来，贴上邮资标签，放在门边让邮政投递员取走就可以了。即使零售商的网站没有参与USPS的这项服务计划，客户也可以自行对包裹称重，在eStamps邮政服务网站上用打印机打印相应的邮资标签，完成类似的退货工作。

在C2C市场上，eBay公司与实体的Mail Boxes邮政服务连锁店合作。网络用户在eBay公司的网站上完成了网络竞拍以后，eBay只要将销售的商品送到附近的Mailboxes邮政服务连锁店，它们会负责包装和递送。

最后一英里问题。对网络零售商和物流公司来说，还有一个大问题就是如何将小件商品挨家挨户地递送到普通消费者或企业客户手中，这是一项花费不菲的工作。制造商若将大件商品递送到批发商或者零售商的手中，再由它们零卖给客户，这样的成本并不高。厂商还面临两个问题：第一是许多商品要送多次才能递送到客户手中（占25%），这样就会增加成本；第二是客户家中没有人，货物送到要放置在大门边（占30%），这就给小偷提供了可乘之机。美国每年递送的包裹数量是几十亿件，网络经营者都在设法降低递送成本，解决最后一英里问题。

一些有创新意识的企业提供了4种解决方案。第一种解决方案是“智能投递箱”技术。消费者购买一个小型的金属箱，上面有与互联网联网的数码键盘，还有一个双向的调制解调器。包裹递送人员（例如联邦快递或USPS的投递员）的每一笔业务都能得到一个代码，用这个代码开锁，把货物放置在金属箱内完成投递。这一动作通过互联网传递，而且存储在数据库中。消费者则使用自己的代码开启金属投递箱取件，这同样会存储在数据库中。如果消费者愿意为安装金属投递箱支付一笔费用，那么这种解决方案是十分安全有效的。这项技术是由Brivo公司开发的，但是该公司现在已经不再供应这样的产品了。

第二种解决方案是与零售商合作。消费者可以要求将递送的包裹放在就近的参与合作的零售商处（例如一些便利店或者社区服务站），然后自行取件。与前一种方法相比，它也有一些不方便之处。在日本，NTT DoCoMo公司的客户用手机订购货物，然后到就近的7-Eleven便利店取包裹。第三种解决方案是建立一种特殊的电子商务投递站点，它是专门为客户开车去取件而设的店面。

第四种解决方案则是适用于多渠道经营零售商的。客户在线订购商品，然后由离线的零售商负责递送。Recreational Equipment公司（REI）是一家专门销售户外活动用服装、服饰的商店，该公司在2003年中期开始在美国境内67家零售店开展这项业务。一个月过去了，网络订单业务中有25%是通过实体店铺取货的。更可喜的是，客户到零售商店取货，还会临时产生购物欲望，平均每人的购物金额达到32美元。

促进功能

渠道成员发挥的促进功能包括市场调研和支付保障。

市场调研。市场调研是分销渠道发挥的主要功能之一。市场调研就是要确切地了解目标受众的规模和特征。渠道中介收集到的信息有助于制造商规划产品开发和营销沟通活动。本书的第6章详细介绍了市场调研，第7章则叙述了网络用户的行为，这里则重点关注网络市场调研的成本收益问题。

互联网对市场调研的价值会产生影响，主要表现在5个方面：第一，网络上的许多信息（尤其是政府机构的各种报告）都是免费的；第二，企业的管理人员和普通的员工可以在自己的办公室里开展市场调研，而不需要花费不菲的交通费到图书馆或者其他的渠道去获取信息；第三，互联网上的信息往往更加及时，比如广告客户可以实时地了解消费者与旗帜广告的互动情况；第四，网络上的信息都是数字化的，网络经营者可以方便地将信息复制到表格中，或复制到相应的软件中；第五，网络经营者可以通过网络了解到消费者的行为数据，所获得的信息更加细致。例如，comScore公司（comscore. com）可以向客户提供一份网站互动报告，其中详细地显示一家网站如何与另一家网站共享广告受众，这样，客户就可以了解到哪些受众是重复的，哪些又是两个网站都未能覆盖到的。

然而，很少有市场调研是免费的。即使是一份政府部门的免费报告，也需要众多人力的投入，将原始数据变成可供决策使用的信息。另外，许多企业要花巨资去购买商业信息，例如，comScore公司的一份市场调研报告往往就要价5万美元。

支付保障。为一笔交易进行支付保障是网络中介的一项非常重要的促进功能，不管对消费者市场还是企业市场都是如此。中介总是希望消费者能方便地支付，以完成一笔交易。大多数网络消费者的交易活动都是通过信用卡，或者其他的支付保障系统，这与实体店铺的交易相似，但是消费者都会担心自己的信用卡信息在网络上被泄露，因此，安全问题成为人们最关注的问题，它成为网上安心购物的一个障碍。

网络经营者也有担心的问题：与之交易的那个消费者可靠吗？他所使用的信用卡是有效的吗？针对这些问题，几家大的信用卡公司联合签订了**《安全电子交易协议》**（Secure Electronic Transaction，SET），将其作为证明厂商和消费者身份的一种工具，同时保障消费者信用卡信息的安全。按照SET协议，消费者的信用卡信息并不是传输到厂商那里，而是传输到第三方，厂商和消费者都通过这个第三方来验明对方的身份，同时为交易提供保障。这种沟通都是自动进行的，对消费者来说并不存在技术障碍。当然，SET协议这种技术非常复杂，很少有消费者真正懂得它的运作原理，同时，厂商一般都不愿意为系统的升级支付大笔的款项。

在美国SET协议运行得还算很顺利，这是因为美国对这一领域有特殊的法律保障体系。消费者的信用卡如果被盗用，持卡人最多承担50美元的偿债责任。为了维系客户，信用卡发卡机构往往将这50美元的债务揽到自己的身上，有些发卡机构甚至声称网络交易的消费者不用承担偿债责任。在有些国家并没有这项法律，持卡人挂失以前在卡上发生的所有交易，本人都要承担责任。

在B2B市场，经纪人和代理商常常会主动向买方提供信用，目的是促进交易的完成。正是由于这种信用的存在，网络购物的流程加快了，网络渠道的吸引力也更大了。

配送系统

分销渠道实际上是一个系统，它伴随着产品、信息、资金的流动。只要产品向消费者流动的速度快了，价值就增加了。促进产品增值的是参与其中又相互依存的多个组织的协同努力。从这个角度看，只要渠道中的成员能够团结一致，胜过其他的渠道系统，那么该渠道系统就是优秀的。

把分销渠道看成一个系统，可以从3个方面考虑：

第一，只关注渠道的配送功能，即产品从制造商向消费者的顺向流动，这是分销渠道的传统功能。

第二，只关注供应链中的逆向流动，即从制造商反向流动到原材料，这就是传统的供应链的定义。

第三，既关注供应链，又关注制造商、分销渠道，将这三者看成一个整体，就是**价值链**（value chain，如今比较时髦的说法叫做“整合物流”）。许多人把供应链称作价值链。如果是那样，供应链就应该包括上游和下游的各个流程，还应该包括企业内部的各个工作环节。图11—10中的一个个圈代表各类企业，即渠道网络中的供应商、制造商和中间商。

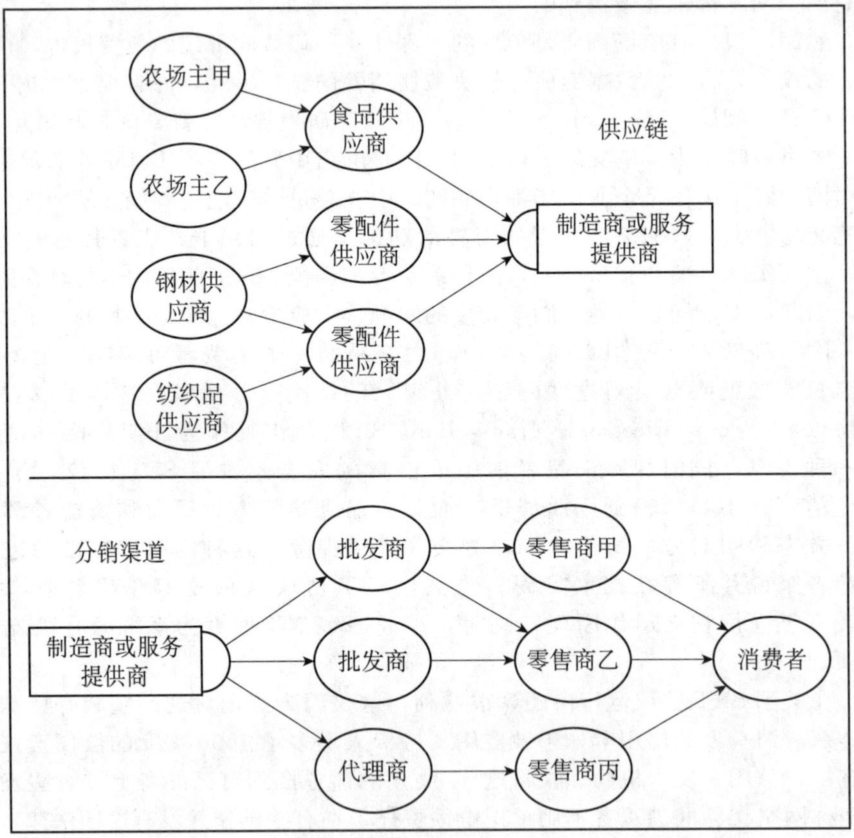

图11—10　供应链＋分销渠道＝现代意义上的供应链

当前的主流观点认为，供应链应该涵盖整个价值链。许多业内人士在谈论供应链管理时，他们实际上指的是一种新的供应链。正因如此，不管是说价值链，还是说整合物流，或者供应链，其实是同一个概念。

这一供应链的概念明确了**供应链管理**（supply chain management，SCM）的研究领域。供应链管理指的是对三种流的管理，即物流（如实体产品）、信息流（如需求的预测）和资金流（如信用条件）。说到“流”，人们会想到产品、信息、资金在渠道成员中源源不断地流动，就像血液在人的肌体里流动一样。在三种流中，信息流是最主要的，因为物流和资金流的产生都要依赖信息流。

供应链管理中的信条就是“找到一个，完成一个，尽快完成递送”（scan one，make one—and deliver it fast）。这一流程称作**连续库存补充法**（continuous replenishment，也称作连续补货法）。有些产品比较复杂（例如计算机），供应链的目标就是**按订单制作**（build to order），及时递送。不管是连续库存补充法还是按订单制作，其目的都是减少库存。对厂商来说，这样做还可以降低成本，因为库存是占用资金的。厂商的利润也可以因此得到提高，因为库存积压意味着商品陈旧，而陈旧商品的销售是要打折的。再进一步，成本降低了，商品的价格就可以降下来，客户也可以从中受益，客户价值就提高了。然而，问题总有它的反面。按订单制作一般就意味着延迟交货，要提高客户价值，就要设法将这种延迟的时间控制在可以接受的范围之内。如今客户的要求是全方位的：低价、及时递送，再加上“自定义配置”。要做到这些，企业就得将上游的供应商、企业中的各个职能部门以及下游的分销渠道都协调起来。在信息时代到来以前，这简直不可思议。

在供应链管理中人们遇到的一个难题是，由多家企业组成的偌大一个渠道究竟应该由哪一个参与者来管理？例如，太阳微系统公司（Sun Microsystems）是一家设计计算机的企业，但是它并不制造计算机。不过，该公司管理着整个供应链，甚至包括它的供应商，也就是那些按照合同制造计算机的企业。太阳微系统公司依靠一种供应链管理软件（由供应链管理软件开发商 i2 公司提供），通过互联网来实施这种复杂的管理。值得一提的是，这种协调一致的管理的基础是合作，而不是指手画脚。太阳微系统公司将客户的需求公布在网络上，由供应商自己来决定能够承接其中的哪一块任务。由于实施了这样的供应链管理，参与其中的成员能够协调一致，而支撑这种协调一致的基础就是互联网技术。

在供应链管理中，这种协调一致十分重要，因为供应链中的许多企业都有自己的**企业资源计划**（enterprise resource planning，ERP）系统，它们依靠这一系统来管理企业内部的库存和工作流程。如果每一个企业的 ERP 都能够与供应链管理系统共享信息，那么就能实现实时的综合协调（见图 11—11）。

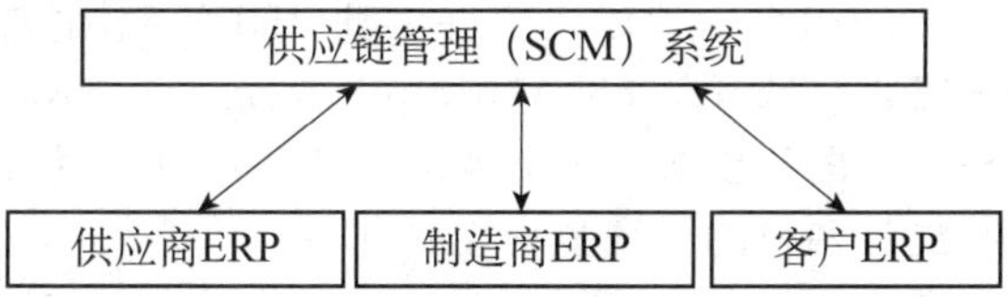

图 11—11　供应链管理系统与 ERP 系统的整合

11.4　分销渠道的管理与权力

分销渠道一旦建立起来，企业就要采取适当的措施对渠道成员进行协调、沟通和管理，目的是减少成员之间的冲突。在整个渠道中，应该有一个处于相对优势的企业来充当领头羊的角色，协调沟通和管理工作，就像太阳微系统公司在供应链中所发挥的作用一样。供应链之间的市场竞争日趋激烈，因此，网络经营者需要了解渠道成员之间的权力关系。

不管在何时将信息技术引入分销渠道，它都会影响渠道成员之间的权力关系，这种影响在互联网环境中尤为明显。在大多数情况下，是购买方的权力增大了，供应商的权力却相应地减小了。当然也有一些例外，供应商的权力增大了。沃尔玛公司通过计算机系统和网络系统告知供应商消费者对产品的需求，它实际上是扩大了自己对整个分销渠道的权力。这种权力的转移会引起分销渠道的激烈动荡，曾几何时，渠道中都是大的制造商（例如宝洁公司等）拥有掌控权。传统上，零售商在分销渠道中获得支配权靠的是地理优势，因为零售商在当地占有一席之地，容不得制造商插足。互联网的出现，使得地理位置的概念模糊了，消费者可以在网络上得到新的供货渠道。

在网络上，客户有机会得到更多的供应商和供货信息，权力随之增大了。与此同时，供应商的权力也随之增大了。首先，那些在网络上获得先占优势的供应商有机会与愿意在网络上从事商务活动的消费者和企业进行交易。虽然互联网上的供应商并不少，但是供应商可以设法与客户建立结构关系，以此来获得权力。例如，亚马逊公司利用一次点击订购技术和协同过滤技术与客户建立结构关系。如果亚马逊的客户想改换门庭，就得重新输入各种订单信息，还有可能失去亚马逊网站提供的推荐服务。

有一种企业与企业之间的商务活动称作**电子数据交换**（electronic data interchange，EDI）。这种商务活动特别有利于建立企业之间的结构关系。电子数据交换是指企业之间的电算化数据交换，其目的是减少纸质单证的处理。买方登录到供应商的计算机系统，输入订购信息，订单用电子化的形式传输到供应商的电脑上，买方同时可以得到一份电子化的票据。

互联网的出现使得电子数据交换有了一个新的发展，网络电子数据交换拥有一套新的标准和一个互动的系统。第一，互联网取代代价很高的专线网，使企业大大降低了成本；第二，企业可以用同一台计算机与多家供应商进行沟通；第三，整条供应链中的供应商和客户可以利用联网的计算机进行便捷的数据交换。

因此，我们可以认为电子数据交换是由3个要素构成的：一个开放的系统，一种数据传递的方式（互联网或互联网以外的方式），以及用以实施的各种技术。如果对这3个要素进行不同的组合，就形成了许多种EDI的应用方式，例如API应用程序接口、**可扩展标记语言**（Extensible Markup Language，XML）等。

业内人士的努力方向是创造一个标准的、依托互联网的开放系统，目的是使所有的供应商和客户都能将各自的系统整合在一起。

11.5 分销渠道效率的考核指标

企业的在线商务活动是否有效？要回答这一问题，企业就必须考虑网络经营能否有效地接触到目标细分市场，能否吸引消费者参与在线购买。

B2C市场

电子商务交易模式自问世以来，得到了飞速的发展。然而，2011年实现的1 943亿美元网络交易额只占当年零售总额的4.6%（见图11—12）。互联网的应用促进了离线销售（例如在实体市场里利用移动设备搜索信息）。Forrester市场调研公司预测，2011年跨渠道商品和服务的交易额将是原有电子商务交易额的5倍。至于“网络促成的”销售额（指由于受到网络信息搜索或网络营销的影响而在实体店里完成的销售），2012 年将增加到 1.23 万亿美元。

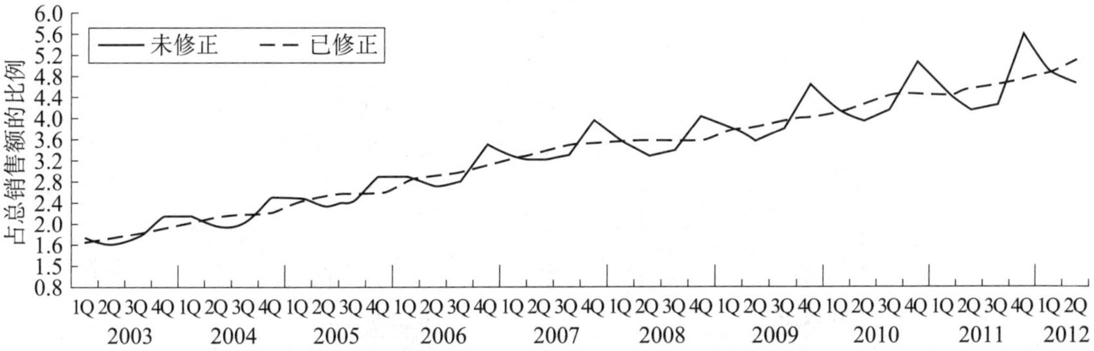

图 11—12　美国电子商务零售额占比（2003 年第一季度至 2012 年第二季度）

说明：考虑到季节性波动、假日和交易日的不同等因素，图中的数据已经经过修正，但未考虑物价的波动。

资料来源：census. gov.

不过，这些统计数据只是总体的消费水平，个体的零售商究竟经营得如何，还要看其在线经营战略是否有效。企业每天都要核算各种渠道（在线销售、实体门店销售、邮购）的销售情况，看是否实现了销售目标，还要对网站内容、跨渠道促销活动、在线或离线的营销沟通进行调整，以达到更理想的销售业绩。

麦肯锡公司曾经对在线零售商开展过一项全球调研，结果显示，有两种在线经营战略格外有效：

- 一种是大量接触客户的战略。客户转换率比较高（指浏览网站后愿意购买），购买的频率比较高，每次购买（比如 CD、图书）给公司带来的利润并不是很可观，但是公司对其投入的成本也比较小。亚马逊公司网站实施的就是这种经营战略。
- 另一种是细分市场战略。公司接触的客户并不是很多，销售的商品或服务的品种（例如奢侈品或高档服装等）也有限。戴尔电脑公司实施的就是这种经营战略。

至于其他的零售商，则是将在线零售看成离线零售渠道的一种补充。本书一再强调，企业要把客户放在第一位，厂商要关注营销活动的各种细节，以识别哪些营销战略能取得成功。

第 2 章中我们曾经提到过多种绩效考核指标，帮助网络经营者评价在线零售业绩和供应链管理的效率，其中比较重要的是收益、投资回报率、客户满意度、客户获得成本、客户转换率、订单平均金额等。客户转换率是指客户在浏览网站的过程中进行了实际购买的比率。表 11—2 显示的是 2011 年 10 家最大的网络零售商销售额及客户转换率。值得思考的是，销售额排在前 10 位的零售商的客户转换率却并不理想，欧迪办公公司（Office Depot）是唯一的例外。销售额及客户转换率是衡量从事电子商务的企业的一个重要指标。

协同合作网站的考核指标还包括它们向合作伙伴推荐了多少客户，介绍过来的客户中有多少人实施了购买活动，客户在登录自己的网站以前浏览的是哪一个网站，等等。这些考核指标帮助网络企业评价协同项目的效率。

2012 年通信管理咨询企业 PulsePoint 集团开展过一项调研，列出了协同项目的其他一些考核指标，例如，渠道的优化程度、跨渠道经营的效果、客户能否得到一致的体验、各种渠道得到的品牌感知是否一致，等等。这些指标都说明了只有开展多渠道营销才能更好地吸引全渠道体验的客户。

表 11—2　2011 年电子商务企业销售额十佳排行榜

排序	销售额十佳企业[1]	2011 年在线销售额（10 亿美元）	客户转换率十佳企业[2]	2010 年 3 月浏览者的占比（%）
1	亚马逊	48.1	Schwan's 公司	40.6
2	史泰博	10.6	Woman Within 公司	25.3
3	苹果	6.7	Blair. com 公司	20.4
4	沃尔玛	4.9	1800 宠物用品公司	17.7
5	戴尔	4.6	VitaCost. com 公司	16.4
6	欧迪办公	4.1	QVC 公司	16.0
7	Liberty Interactive 公司*	3.8	ProFlowers	15.8
8	西尔斯	3.6	欧迪办公	15.4
9	Nerflix 公司	3.2	Oriental 贸易公司	14.9
10	CDW 公司*	3.0	Roamans 公司	14.4

注：* 号标注的公司为未在 Pinterest 网站上开设账户的公司。

资料来源：1. Data from Internet Retailer（available at internetretailer. com/. 2. Data from Nielsen Online（available at marketingcharts. com).

移动商务的评价指标与传统电子商务并不相同，例如点击呼叫率、跟进动作（指用户浏览了移动网站或促销信息后的动作）、点进率、搜索门店信息次数、短信回复率、应用软件使用时间、点击社交网站次数，等等。脸谱商务也有自己的评价指标，这将在后几章中探讨。网络企业最关心的指标是点进率、用户的评价热情、订单平均金额、营销成本，等等。

B2B 市场

B2B 市场是一个很大的市场。人们很难对供应链中的交易总额给出一个确切的数字，因为许多是企业内部的交易。许多 B2B 交易依然是通过电话、传真以及人员销售的形式完成的。在提升交易水平和交易效率、订单的及时处理、电子采购以及流程优化等方面，互联网的作用不可小觑。企业可以通过网络去搜索供应商，但是更多的时候它们还是利用网络与现有的合作伙伴完成在线订购、订单跟踪等工作。

与 B2C 市场一样，B2B 市场上的网络经营者也需要选择绩效考核指标，用以判断网络营销目标是否实现。厂商应该研究电子商务是否符合企业总体的营销战略，通过网络希望实现怎样的目标，以及电子商务模式是否有效等。对 B2B 市场来说，绩效考核指标包括从订购到递送的时间、订单履行的水平，以及渠道成员的各种活动是否有效等。

小结

互联网有助于提高买方和卖方的权力，它还改变了电子数据交换的形式，加强了供应商和买家之间的关系。网络中介的主要商务模式是内容赞助、直接销售、信息中介和网络经纪人（在线交易和在线拍卖）或代理商（卖方代理、制造商代理、购物代理、反向拍卖和买方合作）。在线零售也是一种非常重要的商务模式，它涉及数字产品或有形产品的在线销售，通过直接渠道、间接渠道或多渠道营销策略得以实现。

分销渠道由多个相互关联的企业组成，这些企业通过合作将产品或者信息从供应商递送到消费者的手中。这种递送工作有的是直接的，有的则是通过一个或多个中介完成的。中介在分销渠道中发挥着各种各样的作用。由于中介专司递送工作，因此它们的工作效率要高于供应商。

渠道中介包括批发商、零售商、经纪人、代理商等。供应商与消费者之间的中介数量决定了分销渠道的长度。最短的分销渠道没有中介，制造商直接与客户打交道。间接渠道则包括一个或多个中介。去中介指的是去除传统的中介。去中介从理论上说可以降低成本，但是中介的工作却需要其他的成员去完成。尽管人们认为互联网能够帮助完成去中介，降低商品的售价，但是网络上也形成了新的中介。

渠道成员发挥的增值功能主要有三种，即交易功能、物流功能和促进功能。交易功能指的是与购物者接触，利用各种营销沟通的手段让购买者了解产品。交易功能还包括寻找符合购买者需要的产品、商议价格、完成交易环节的各项工作。物流功能指的是产品的运输、储存、收集、拣选等工作。网络经营企业的物流工作一般是外包给第三方物流企业。促进功能包括市场调研和支付保障。最后一英里问题是如何将商品挨家挨户地递送到普通消费者或者企业客户手中，这是一项花费不菲的工作。

分销渠道是一个整合的系统。在这个系统中，相互依存的企业协调一致，共同将产品从制造商手中传递到消费者手中，以这种方式实现增值。正因如此，一个渠道如果能够联合行动，就能够在与其他渠道的竞争中胜出。供应链管理就是对物流（例如实体产品）、信息流（例如需求预测）和资金流（例如信用条件）进行整合。对于渠道战略，厂商要用各种绩效考核指标来评价其绩效。

思考与练习

复习题

1. 什么是分销渠道？
2. 分销渠道中有哪些类型的中间商？
3. 分销渠道的三个主要功能是什么？
4. 什么是供应链管理？它的重要性是什么？
5. 网络厂商为什么关心最后一英里问题？
6. 什么是去中介？请举例说明。
7. 什么是信息中介？请举例说明。
8. 什么是多渠道营销策略？请举例说明。
9. 怎样区分经纪人和代理人？
10. 在B2C市场上，有哪些分销渠道考核指标？
11. 请列出五种避免消费者放弃在线购物车的方法。
12. 社交商务、移动商务、脸谱商务之间有哪些相同点？有哪些差异？

讨论题

13. 美捷步公司的故事。美捷步公司开展移动商务、社交商务、脸谱商务是必然的趋势吗？如果答案是肯定的，那么它该如何实施？如果答案是否定的，为什么？
14. 美捷步公司的故事。该公司实施的是直接营销的模式，向客户直接配送。渠道中介的功能有哪些？美捷步公司取消了中介，它还需要做哪些工作？
15. 在互联网环境中，分销渠道的功能价值表现在哪里？
16. 广义的供应链应包含整个价值链，你同意这一观点吗？为什么？
17. 直接销售能使价格降低，它对买方的不利因素是什么？
18. 渠道中的每个中间商都为了获得利润而提高商品的价格。一些零售商几乎以批发价的两倍价格来出售商品。那么，它们应该如何来为产品增值，证明价格的合理性？
19. 网络厂商应该如何解决最后一英里的问题？
20. 按照你的观点，电子商务的未来趋势如何？它还会继续发展吗？在线的销售额会不会超过实体的零售业？为什么？

21. 从用户的角度看问题，社交商务应该采用怎样的战略？为什么？

22. 你怎样看待脸谱商务？企业在脸谱网上开展销售有意义吗？它们应该实施怎样的战略？

23. 在未来的 5 年中，怎样的数字内容能为企业带来可观的收入？

网络应用

24. 对 20 个人进行问卷调查，要求他们用 1～10 分对其在线购物体验进行评价，最优的情况为 10 分。如果他们从不在网上购物，了解其中的原因。总结调研的结果。

25. 分小组进行讨论，探讨各自的在线购物体验，企业为满足你们的需求所采取的措施（例如后续电子邮件，客户服务等）。

26. 对 10 个人进行问卷调查，要求他们回忆在线购物过程中放弃购物车的经历，并回答在线零售商是如何阻止此类事件发生的，总结调研的结果。

27. 浏览 Polyvore.com 和 Kaboodle.com 网站。这两家企业是如何开展社交商务活动的？它们的商务模式是怎样的？

第12章 网络营销沟通：自有媒体

这一章将要讨论厂商应该如何利用各种传统媒体和社交媒体与客户进行沟通。在对整合营销沟通进行总体阐述以后，我们将讨论如何选择、应用、评价自有媒体信息的各种工具。本章还将介绍搜索引擎优化的手段和方法。

学习目标

- 解释整合营销沟通（IMC）的定义；
- 解释厂商如何使用效果层次模型进行营销沟通决策；
- 阐述传统营销沟通的5种方法，以及传统媒体与社交媒体的差异；
- 阐述自有媒体、付费媒体及口碑媒体的差异；
- 阐述使用内容营销的意义；
- 介绍常用的自有媒体以及它们在营销沟通中的作用；
- 介绍厂商利用搜索引擎优化的意义和方法；
- 介绍自有媒体的绩效考核指标。

趋势与影响

- Datamonitor 市场调研公司调查发现，14个国家的受访者中有44%的消费者抱怨每天的工作做不完，没有时间放松，他们都希望互联网所创造的最大利益（即实时的信息和及时的愉悦）能够在自己的办公室里实现。
- Marks & Spencer 公司的虚拟美甲（Virtual Manicure）服务可以在网络上进行，也可以在门店里进行，而且是免费的。消费者可以在自己的指甲上试用英国零售商销售的各种指甲油，他们只要把自己手的照片上传到网络上，点击指甲油的颜色，就能看到自己美甲的效果。

案　例

粉碎机促销

“粉碎得了吗？我看难。”这是一段视频的开场白。该视频由 Blendtec 公司的首席执行官汤姆·迪克森（Tom Dickson）担任主角。他穿着白色实验室工作服，戴着防护眼镜，看起来既有学问，又十分滑稽。他的旁边放着一台普通的家用粉碎机，粉碎机就放在餐桌上。他想要粉碎的东西都是稀奇古怪的，例如花匠用的木把小耙子、高尔夫球棒、荧光灯泡、大理石，甚至备受推崇的 iPad 和 iPhone。粉碎 iPhone 的视频 8 个月内在 YouTube 网站上的点击量达到 390 万次，而且点击量还在持续上升。该视频 2010 年在网络上发布以后的 3 年中，总点击量达到 820 万次。点击量超过这一纪录的只有粉碎 iPod 的视频，一年内点击量超过了 500 万次。人们怀着无比好奇的心情点击观看这些林林总总的东西被粉碎，就像观看火车失事一样。观看的人会抑制不住地向朋友发送相关链接，这是最佳的病毒式营销。

Blendtec 公司在工业市场中的名声很响，它主要向星巴克等公司提供商用粉碎机，而这些搞笑视频则是为了在消费者市场中建立高品质粉碎机的知名度。迪克森在公司产品的视频挂到网络上以前曾经说过一句话："好的产品加上疲弱的品牌推广，就等于疲弱的市场业绩。"由于公司推出了视频宣传资料，迪克森的等式就改写了。该系列视频播出后第一年内，价值 400 美元的粉碎机的零售额大幅增加。2008 年，销售额增加了 700%，而第一段视频的初始投资只有 100 美元，营销效果很不错。Blendtec 公司将这些视频放在 YouTube 网站和它的微型网站 WillItBlend. com 上，后者还为公司带来了副业收入。网站浏览者可以自行购买印有"Tom Dickson is My Homeboy"的 T 恤衫以及相应的视频。

"粉碎得了吗?"的促销方式是迪克森想出来的，它以一种中肯、滑稽又吸引人的方式展示产品的优点。这一促销模式给我们以启示：人们很讨厌垃圾广告，但是愿意接受与之相关的信息。从这一促销案例中还可以看出，与消费者的沟通会产生意想不到的效果。在观看了 YouTube 网站上 iPhone 被粉碎机粉碎的促销视频以后，有 12 000 人进行了回复，其中还有 5 个视频回复。该视频被近 10 000 名 YouTube 网站注册会员评为最受欢迎的视频。此后，Blendtec 公司还进行了搜索引擎优化和关键词广告宣传，吸引更多的用户来观看视频。Blendtec 公司干得真棒!

12.1 网络营销沟通问题概述

正如开篇的粉碎机案例所显示的，网络营销是建立和加强与客户关系的一种有效方式。网络经营者必须不断地动脑筋，设计和传递可以俘获和保持受众注意力的品牌信息，因为在互联网上网络用户拥有控制权。网络用户能够删除不想收到的电子邮件，当网站不能快速传递他们想要的信息时，他们会不耐烦地点击离开，而且互联网使得消费者能够通过电子邮件和网络日志广泛地传播他们对产品的态度和品牌经历，这样，对品牌形象的控制权就从厂商手中转移到了消费者手中。在这种情况下，要想成功就必须做到两点：第一，在目标客户需要的时间和地点提供相关的、有趣的信息；第二，通过吸引网络用户上传内容、进行评论，甚至只是玩游戏等有趣的方式来赢得客户。

运用技术来提供便利的营销沟通工具，改善客户的产品体验，使产品增值，这些都有助于吸引客户的注意力，有助于建立长期的客户关系。尽管在线广告可以帮助创立品牌，但本章以及第 13、14 章中介绍的其他新技术通常会更有效。此外，技术还能帮助降低成本。例如，根据 Forrester 市场调研公司的调查，公司通过电话为一个客户服务要花费 33 美元，通过电子邮件服务花费 9.99 美元，而使用基于网络的自动化辅助服务，只需花费 1.17 美元。

整合营销沟通

整合营销沟通（integrated marketing communication，IMC）是指企业为品牌沟通规划、实施和监督所进行的跨部门合作，目的是吸引客户，维系客户，扩大客户规模，最终为企业创造收益。整合营销沟通是跨部门的，因为顾客与公司各部门或代理商的任何接触都有助于形成品牌形象。例如，美国零售商家得宝公司（Home Depot）的顾客也许通过网站购买产品并使用了产品，然后通过电子邮件或拨打 1-800 免费电话来投诉某个问题，或者在产品投诉网站或脸谱网上描述自己对产品的不满，最终将产品退回到实体零售商店。不管是直接与员工打交道，接触商店里的实体设施，还是与网站打交道，或者浏览博客中的产品评论、YouTube 网站视频、杂志广告、移动 app、商品目录等，都能帮助顾客形成对公司的印象。此外，客户的产品体验、定价水平和分销渠道也有助于改善公司在网络或离线媒体上的品牌形象。如果这些在线或离线的接触经历不能以一以贯之的方式与客户进行沟通，创建和维持正面的品牌关系，那么再好的广告模式也无济于事。

良好的客户关系是企业生存的关键。成功的企业都明白，客户的价值各不相同。例如，航空公司的常客就比其他客户更重要。公司可以运用技术来一个个地审核客户带来的利润，在分析的基础上，公司可以更多地关注高端顾客。第 6 章中介绍了数据库技术和分析技术，这些技术使得企业能够根据客户价值来区分客户，然后分别发送电子邮件，提供个性化的网站登录页面，跟踪企业营销沟通活动的效果。读者可以在第 15 章中查找更多有关客户关系管理方面的内容。

开展整合营销沟通战略首先要对目标市场、品牌、竞争状况以及各种内部和外部因素进行全面了解。美国互动广告局（Interactive Advertising Bureau，IAB）认为，营销沟通要做好以下 4 项工作：

1. 制定明确的、可量化的目标和战略。
2. 了解广告受众的动机和行为，特别是社交媒体用户的动机和行为。
3. 制定在多个平台上（自有媒体、付费媒体和口碑媒体）创立品牌的营销沟通方式。
4. 制定有效的评价指标。

许多整合营销沟通专家认为有 4 点很重要，那就是：(1) 相对宏观的战略（不能仅仅说“一种声音，一种形象”）；(2) 不仅仅是关于广告和促销信息；(3) 既包括单向沟通，又包括双向沟通；(4) 以实际效果为准绳。

整合营销沟通的目标和战略

厂商根据整体的营销目标和既定目标市场的理想效果来制定营销沟通目标。例如，三菱汽车公司想要销售更多的汽车，因此它确定的营销沟通目标是：(1) 为网站带来潜在顾客；(2) 增加网站的注册量；(3) 增加客户试驾的预约。增加销售量是公司的主要目标，上述 3 个沟通目标帮助三菱公司实现这个主要目标。

传统的 **AIDA 模型**（即知晓（awareness）、兴趣（interest）、愿望（desire）、行动（action））或“思考（think）、感受（feel）、行动（do）”的**效果层次模型**（hierarchy of effects），都是指导营销人员如何为实现目标而选择在线和离线营销沟通工具的。AIDA 和效果层次模型都认为，消费者首先是知晓、了解新产品（“思考”），然后对其形成积极或消极的态度（“感受”），最终决定购买（“行动”）。“思考”或认知的步骤是知晓和了解。“感受”或态度就是喜好和偏爱。

以下是各个层次上（从知晓到行动）可以利用社交媒体开展的工作：

● 产品知晓。Sick Puppies 是澳大利亚的一支乐队，2006 年，该乐队把自己演奏的视频上传到 YouTube 网站上，标题是“抱抱团”。6 年中，该视频的浏览量超过了 7 300 万次。

● 兴趣和愿望。唐恩都乐甜甜圈（Dunkin' Donuts）在脸谱网上开展众包形式的营销活动，公司邀请网络粉丝设计新的甜甜圈。对于在竞赛中胜出的产品设计，公司承诺放在门店里销售，并给予价值 1 200 美元的甜甜圈商品券。2010 年，关注这一竞赛的用户达到 9 万人，是公司在脸谱网上原有粉丝的 3 倍，在推特网上也获得了 53 000名粉丝。社交媒体调查机构 WaveMetrix 对网络上的沟通情感进行了测试，结果发现，绝大多数的网络沟通是积极的，其中 44%的网络沟通是有关促销活动的，38%在讨论自己的美食体验，20%谈论对品牌的偏好。负面的评价主要是关于购物难或门店位置不方便。

● 行为和购买。英国的马自达汽车公司在脸谱网上开展了一项“网上登录”的促销活动，给予一定数量的客户购买马自达 Mx-5s 款汽车 20%的折扣。2011 年 2 月活动开展期间，销售量提高了 34%。两周内，该款汽车的 100 辆库存全部售罄。促销活动吸引了 742 位客户造访销售门店，因为在那里用户可以用手机登录公司网站，竞争那 100 个折扣名额（请浏览“脸谱网成功促销故事”（Facebook Success Stories）了解更多案例）。

网络营销人员必须选择合适的整合营销沟通工具，即根据预期的结果在不同的阶段运用各种不同的工具。例如，网络经营者会选择使用传统的整合营销沟通工具——运用促销活动（如发放免费的 iPad）来吸引消费者的注意，或者宣传博客内容吸引用户浏览博客网站，使用电视广告来引起消费者的兴趣和购物愿望，使用电话直销来得到预期的结果（消费者购买）。网络经营者也可以结合使用网络促销（在 iTunes 上免费收听音乐）、在搜索引擎上做关键词广告，或者在网络店铺开展直销等。

如果一家企业想要建立自己的品牌并让客户知晓，就会在效果层次模型中的思考和感受阶段运作，可以利用博客、网络白皮书（通常为 PDF 格式）、网络广告、电子邮件、社交网站粉丝页面等促销技术。Ourbeginnings. com 公司花费 400 多万美元在美国超级碗第 34 期比赛中做电视广告，目的是提高网站的知名度。由于公司急于求成，它在这次广告活动上花去的经费是年收入的 4 倍，这次营销活动最终被证实收效甚微。如今只有一些实力非常雄厚的企业（比如 2002 年、2008 年的E*TRADE网络公司，2010 年的 Careerbuilder. com 公司）才会在超级碗的赛事上做广告。如果一家企业想要鼓励消费者进行网上交易（行为），它需要更有说服力的沟通信息，通过电话等途径指导消费者如何来完成网上交易。在效果层次模型中并没有涉及购后行为，然而许多营销沟通战略都寻求在购物后建立客户满意度，电子邮件尤其适合实现这个目标。

效果层次模型非常重要，它帮助营销人员判断消费者处于购买周期中的哪一个环节，以便选择合适的沟通目标和战略，促使消费者购买和保持对品牌的忠诚。需要指出的是，有些营销沟通工具比较适合提高产品的知晓度和消费者对品牌的态度（比如广告、公共关系），另一些工具则更适合促成交易行为（比如直复营销、促销活动、人员推销等）。不过，对于每个阶段所有工具都是可以使用的。

企业的经营者都希望能够找到合适的社交媒体工具以实现在全新领域里的经营目标和投资回报目标。要做到这一点，首先要明确企业的经营目标。图 12—1 显示的是社交媒体营销从易到难的一系列目标，从具体的品牌战略到全面的经营战略。前面已经叙述过每一种目标在效果层次模型中的位置。社交媒体有助于提升品牌知晓度，引发网络用户对品牌的议论，它们还有助于在线或离线销售的实现。企业可以使用多种整合营销沟通工具，随着时间的推移，这种营销模式将越来越显现出它的作用。

	效果层次模型位置	社交媒体战略
战略活动	知晓	提升品牌知晓度
	态度	提升对品牌、产品、服务的正面感知
	行为	开发新客户
	行为	维系客户忠诚度
	态度	引起用户宣传产品和品牌
		形成随意的信息搜索
		形成目标市场新的热情
	知晓	形成口碑相传及病毒营销的效果
	知晓	形成对品牌体验的热议
	知晓	增加与客户的接触
	行为	提高营销活动的投资回报率
	知晓	促进消费者对品牌的讨论
	行为	增加有效注册人数（索要新闻通讯、参加竞赛活动）
	知晓	支持新产品上市
	行为	增加网站浏览量
战术活动	行为	增加销售额

图 12—1 社交媒体战略和战术

资料来源：Adapted from "IAB Social Media Buyer's Guide" (2010).

传统营销沟通工具

消费者一般认为，不管是什么信息（脸谱网上的竞赛活动、公司网站、YouTube 上的视频资料、iPhone 手机的应用软件等），只要有公司的名字在上面就是广告，但厂商对广告是有具体界定的，它们使用 5 种主要的营销沟通工具，专家将其称为促销组合。企业在面对目标市场选择营销工具时，要考虑这些因素。以下是对各种营销工具的解释，并提供一些社交媒体的实际案例：

● 广告。**广告**（advertising）指的是"由确定的个人或组织为宣传一种思想、商品或服务，并为之付费的一种特定呈现形式"（Kotler and Armstrong，2011）。社交媒体应用举例：YouTube 视频中付费的信息、脸谱网等网站广告、谷歌 AdWords 广告、推特网上的促销信息、虚拟世界或网络游戏中的产品放置、手机上的赞助内容等。

● 公共关系。**公共关系**（public relations）指的是"企业或组织得到正面的公共宣传，建立良好的形象，清除各种负面信息和事件的影响，目的是与各方建立良好的关系"（Kotler and Armstrong，2011）。社交媒体应用举例：企业制作的多媒体内容（如网络视频、博客、威客、图片、书或产品评价、播客、eHow 等网站上的问答等），社交媒体新闻，用于病毒营销的视频和其他内容，社交媒体会展，虚拟世界活动参与，社交书签，有关品牌的议论和评价，移动设备的社交应用软件，等等。

- 营业推广。**营业推广**（sales promotion）指的是“为促进产品、服务的买卖而开展的短期促销活动”（Kotler and Armstrong，2011）。社交媒体应用举例：团购用户共享折扣，数字产品（例如音乐、软件、调研报告、新闻稿等）的免费试用，竞赛及抽奖，游戏（植入产品的广告游戏，是广告与营业推广的结合），等等。

- 直复营销。**直复营销**（direct marketing）指的是“利用一种或多种有针对性的沟通与互动手段，实现可计量的销售或者慈善捐助，通过数据库分析发展厂商与客户（或捐助者）之间的互利关系”（“The Power of...”，2011—2012）。社交媒体应用举例：互联网及社交媒体本质上就是直复营销的渠道，具体来说，有厂商利用电子邮件及短信推销产品和服务，行为定位营销（指按照用户的网络行为发送定向广告），基于位置的营销（例如地理位置社交网络 Foursquare），针对用户的内容聚合，等等。

- 人员销售。**人员销售**（personal selling）指的是“企业与客户的销售及采购人员之间的人际沟通，目的是实现销售，并建立客户关系”（Kotler and Armstrong，2011）。值得一提的是，一对一互动不仅可以以面对面的形式实现，也可以在网络上实现。社交媒体应用举例：网站上的聊天机器人（也称为虚拟代理），销售线索搜索工具，等等。

一般来说，厂商对广告的控制力很弱，因为广告信息是放置在他人的媒体平台上，而且媒体还要受到技术、法律、内容形式、广告尺寸的种种限制。厂商不仅要制作广告内容，还要为广告位支付费用，而对于其他的营销工具只要员工花费时间并为技术支付费用就可以了。值得一提的是，厂商往往是将多种营销工具结合使用，目的是提升网络营销的效率。例如，广告中附赠营业推广的折扣券，甚至链接公共关系内容（如一段视频）。有时候，一则广告的主要作用是增加消费者对某一款新产品的知晓度，同时提供产品网页的链接，吸引消费者购买，并且在网页上提供限时打折的机会。

这些营销工具在传统媒体上（例如电视、广播、报纸、杂志、户外广告等）已经使用多年，社交媒体为厂商提供了一个更加广阔的空间。传统的方法依然有效，但是由于数字媒体越来越多地出现，新的技术手段层出不穷，传统媒体的营销手段效率就大不如前了。面对新的技术和新的媒体，厂商在思考全新的整合营销沟通模式。

- 发送者和接收者。**一对一营销**（1 to 1）指的是一个营销人员面对一个受众的营销活动，例如人员销售、数据库营销、直复营销等。**一对多营销**（1 to many）是指一位营销人员同时面对多个受众开展的营销沟通。例如传统的电视广告、营业推广中的折扣券发放以及公共关系活动等。**多对多营销**（many to many）是指社交媒体上的纷纷议论。

- 媒体的种类。厂商一般考虑的是传统媒体（例如电视、广播、报纸、杂志、户外广告等）和社交媒体（例如社交网络）。

- 自有媒体、付费媒体及口碑媒体。对媒体进行这样的区分主要考虑谁是沟通的主体，谁是媒体的主人（例如企业拥有媒体，企业为媒体空间付费，或者第三方在社交媒体上对厂商或其品牌的议论）。谷歌公司最近的一项调查显示，许多企业都在按照这种分类重新思考如何理解、如何选择和组织营销沟通的目标和手段。我们也算是顺应潮流，按照这种分类方式对营销沟通进行探讨（见第12、13、14章）。

如今，随着社交媒体出现，消费者在网络上掌握了主动权，他们更加相信同样是消费者的网络伙伴，而不是厂商。面对这样的形势，厂商该如何来把控自己的品牌形象，是一个需要认真对待的问题。企业很难控制自己的品牌形象，它们可以做的是利用品牌网站、博客（这些是自有媒体）、在其他网站上做广告（这是付费媒体）、利用社交媒体去宣传企业的经营故事，并时刻监视网络上对自己品牌的议论（这是口碑媒体），适时地做出回应。图 12—2 显示的是企业对品牌形象的控制以及与受众接触的程度，图中也列示了我们已经探讨过的各种营销沟通模式。

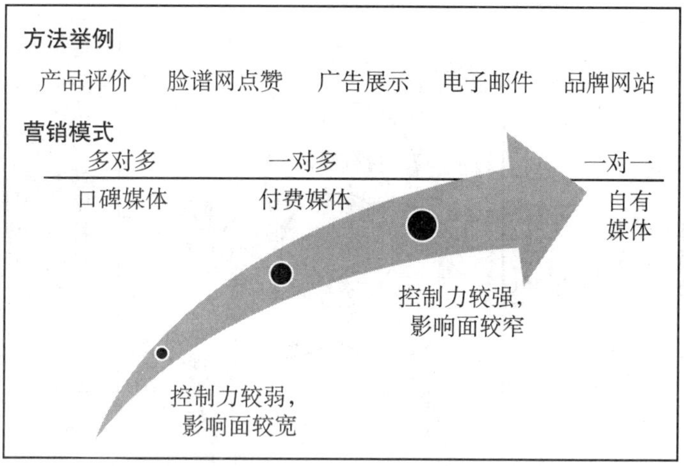

图 12—2　各种整合营销沟通模式中厂商的控制力及影响力

自有媒体、付费媒体及口碑媒体

在讨论“媒体”一词时，原来只是指传统媒体，但是现在对媒体的界定要宽泛一些了。**沟通媒体**（communications media）指的是传播新闻、一般信息、娱乐信息和促销信息的沟通渠道。数字媒体有各种不同的形式，例如文本、图片、音频、视频等。例如网络视频、产品评价网站、网络报纸、智能手机 app、电子邮件等，甚至网络口碑相传也可以看做一种媒体，例如你在键盘上的手指动作，或者你通过网络传出去的声音。**社交媒体**（social media）是有着特殊性能的一种媒体，它把技术与社交互动结合在一起，使社交网络里的用户共同创造内容和价值。人们利用社交媒体进行互动。在这个定义中，“人们”指的是组织、员工、现有客户和潜在客户以及所有互联网用户的集合体。

在传播内容时，有的媒体是免费的，有的则是收费的。不过所谓的“免费”指的是厂商不需要为传递信息的空间付费，但是硬件、软件等技术费用，还有人员工资、创作沟通信息的成本还是会发生的。

Forrester 市场调研公司的行业分析师肖恩·考克兰（Sean Corcoran）绘制了一幅注释图，用来对三种媒体（传统媒体、网络媒体、社交媒体）的作用、定义、利益和不足进行解释。后来，其他的专家对该图进行修正，将数字媒体分成 3 大类（见图 12—3）。

● 自有媒体。**自有媒体**（owned media）指的是由企业向网络用户传递沟通信息，沟通渠道是企业自有的，因此，企业至少可以部分地控制沟通渠道。离线的自有媒体包括企业的产品手册、宣传册、企业标识、促销用品（例如带有企业标识的钢笔）等。

● 付费媒体。**付费媒体**（paid media）指的是企业付费使用其他的媒体传递沟通信息（例如产品广告）。企业可以对内容加以控制，但是企业要遵守媒体有关内容和技术的具体要求，因此企业对内容的控制力要弱于自有媒体。离线的传统付费媒体包

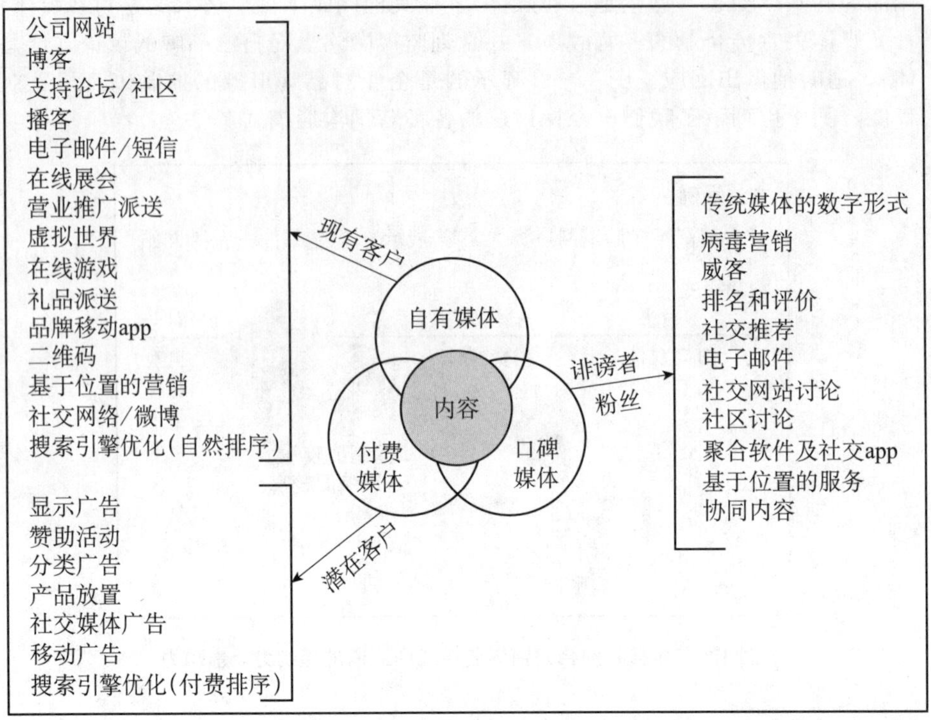

图 12—3　内容导向的自有媒体、付费媒体、口碑媒体

括报纸、杂志、广播、电视、户外、电影院和实体门店等。

● 口碑媒体。**口碑媒体**（earned media）指的是消费者的议论成为沟通的渠道。这样的沟通信息包括：社交媒体作者（例如博客版主）对企业的议论，传统的媒体记者在网络上发表的议论，网络用户在网站上或智能手机 app 上发表的观点、体验、意见、感知等信息。这样的沟通信息有时也称作用户制作媒体，或者用户制作内容。离线的口碑媒体包括传统媒体上对企业或品牌的口碑相传。对这样的沟通渠道，企业的控制力最小，但是企业依然试图对消费者的议论做出回应，希望将口碑转到树立品牌的正面形象上去。

从整合营销沟通的角度去思考，企业会利用自有媒体和付费媒体塑造口碑媒体，例如，用企业制作的 YouTube 网络视频（自有媒体）和脸谱网上的广告（付费媒体）去引发口碑媒体，例如消费者对视频进行评价，并且将脸谱网上的视频链接发送给亲朋好友（口碑媒体）。如果媒体上的视频呼声比较高，博客的版主和传统媒体记者会对这样的视频评头论足（口碑媒体）。图 12—4 显示的就是这样一种氛围。

图 12—4　自有媒体和付费媒体塑造口碑媒体

本章将重点介绍自有媒体，第13章介绍付费媒体，第14章介绍口碑媒体。许多新的社交媒体技术与传统营销沟通工具并不一致，因此，可以认为社交媒体对整合营销沟通的作用更大一些。当然也应该承认，一些传统营销工具的作用超出了上述3种媒体的范畴。

12.2 自有媒体

本章中，我们将讨论网络营销媒体渠道，企业对这样的媒体可以全部地或者部分地进行控制。大部分的多媒体内容是由企业制作的。例如，企业的网站、电子邮件等内容完全是由企业控制的，但是脸谱网上的内容以及其他的一些媒体渠道并不是企业自己说了算的，也就是说，有些企业拥有的媒体属于其他企业或组织的网站，它们有专门的规定和要求。尽管如此，自有媒体依然有如下一些目标：(1) 用正面的品牌内容影响消费者；(2) 设法使消费者将这些内容传递给亲朋好友（形成口碑媒体）；(3) 提升客户关系管理水平。所有的这些目标都是为了促进企业的商务活动，开发新客户，维系老客户。企业可以通过这些渠道让消费者了解产品信息和促销信息（例如打折销售信息、竞赛和抽奖信息、免费试用信息等）。企业可以在自有媒体上使用各种整合营销沟通工具，只有广告是个例外，因为广告属于付费媒体。

自有媒体首要的是企业制作并传递各种网络内容。

12.3 内容营销

内容营销（content marketing）指的是在普通网站和社交网站上制作并上传内容的一种营销方法。这是一种有趣的趋势，因为企业都把自己打造成网络媒体的发布者了。其实，在传统的离线环境里，厂商制作内容由来已久。例如，发放纸质传单、新闻稿、商品目录、公司宣传册、专题广告片、DVD宣传片等，这些都是主动出击式的营销手段。不同的是，厂商如今使用的是数字内容，它们用这种“集客营销”的方式吸引现有客户和潜在客户。企业通过这些内容对那些搜索企业信息的消费者进行告知、娱乐和参与的工作。不管是B2B市场还是B2C市场，消费者都会开展搜索活动。例如，传统的旗帜广告点进率只有0.5%，但是企业用“粉碎得了吗?”这样的视频资料能娱乐消费者，吸引他们访问企业的网站，了解更多的信息。

自有媒体都属于内容营销。不过，如今许多企业都把自己看做网络出版商，会在组织中安排内容管理者和具有媒体经验的员工。这一点十分重要，也成了企业的重要支出，因为网络上的内容需要不断地维护和更新。实际情况是，许多企业的网站、脸谱网网页以及博客或推特网上的帖子都十分陈旧。

有些企业的网络内容比较简单，比如简短的视频、简单的新闻发布以及短小的博客帖子等。有些企业的网络内容篇幅则很长，例如经营白皮书、市场调研图表、电子书等。例如，本书的作者收到过各种电子邮件，告知发表网络营销白皮书的信息。我们点进链接，下载这些白皮书作为二手数据，成为现在的书稿的参考资料。在B2B市场上，企业就是用这样的方法获得销售线索，扩大潜在的客户群。图12—5显示的是一份样表，可以收集潜在客户的联系信息，并向他们发送下载免费报告的电子邮件。用这样的方法，企业开展人员销售的工作。

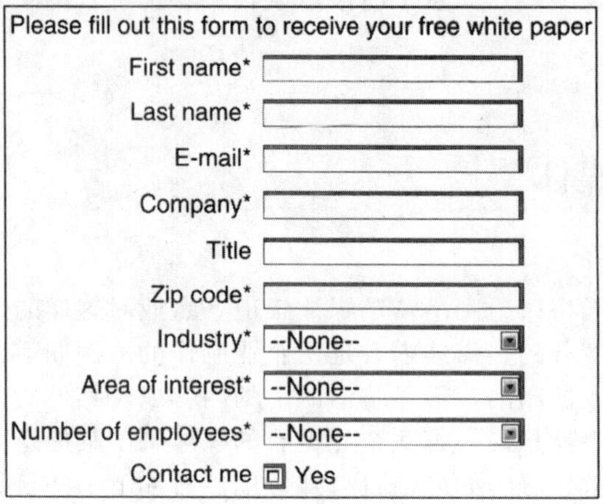

图 12—5 销售线索登记表举例

在开展整合营销活动时，企业需要了解自己的营销目标是什么，目标市场在哪里，自己制作的内容应该是娱乐性的、教育性的，还是应用性的（例如利率或运价的计算方式）。例如，美国的 Camp Finder 网站提供移动 app，告知用户全美 15 000 多个停车场和露营地的信息。用户可以利用智能手机寻找最近的露营地，还可以浏览网友的评价（请浏览 camp-finder. com）。要把所有的相关信息收集起来并上传到数据库，耗费的人力和物力可想而知。

企业当然也可以通过自有媒体上的内容来赚钱。首先，它们可以出售自有媒体上的各种数字内容，例如白皮书、音乐、软件、在线研讨会等。其次，它们可以与谷歌等网站的广告平台链接，用户点击这些链接，就可以得到合作的佣金。这些广告可以出现在企业的网站或博客上，也可以出现在它们上传的多媒体内容里（例如在 YouTube 视频中，若是这样，企业就要与 YouTube 网站一起分享收益）。再次，与其他的网站（例如亚马逊）开展协同项目，只要用户在博客或其他的社交媒体上点击一本书或其他的产品，并且最后在亚马逊网站上下单购买，他们就能分享收益。前几章中讨论过的各种商务模式说到过利用自有媒体赚钱的例子。

自有媒体的形式多种多样，下面一一呈现。

网站

营销公共关系（marketing public relations，MPR）指的是与品牌相关的各种活动，它所使用的渠道是免费的第三方媒体，目的是对目标市场施加正面的影响。因此，可以认为营销公共关系是营销部门公关工作的一部分，目标是提升客户对品牌的知晓度，形成对品牌的正面态度。本章导入案例中有关粉碎机的视频资料就是用企业的自有媒体开展的营销公共关系活动。营销公共关系使用的网络技术包括网站内容、在线活动等。

据统计，到 2011 年底，全球共有 5.55 亿个网站。一个组织、一个企业，甚至个人、品牌的网站，都是营销公共关系的工具，因为它们的主要作用是宣传产品、企业或组织本身。第 7 章中曾经提到过，大多数网络用户在网上购物前（不管是在线还是离线）都会先进行一番信息搜索，这就说明公司网站以及所使用的搜索引擎技术非常重要。有的人认为随着其他网络技术的发展，公司网站会逐渐失去作用，其实这是一种误解。例如，专门介绍烹饪及食品雕刻技术的 Butteball 公司的网站（butterball.com）在感恩节长假期间每天的浏览量达到 55 万人次。尽管网站维护花费了公司的人力和物力，但公司网站的作用是网络广告（在其他的网站上租用空间做广告）所不能比拟的。

利用公司网站传递产品信息有诸多优势。首先，与纸质的产品宣传册或邮件广告相比，公司网站的产品宣传成本要低得多；其次，产品信息在公司的数据库中是时刻刷新的，因而网站内容也能随时刷新；再次，网站信息可以传递到那些在网络上搜索产品信息的潜在用户（这属于集客营销的范畴）。有关开发公司网站的书籍很多，本书将不再深入探讨。需要强调的是，公司网站要尽量满足目标受众的需求，要在竞争中胜出，而且网站内容要时刻更新。公司网站可以是娱乐型的（例如网络游戏、电子贺卡等），可以是社区建设型的（组织在线活动、发挥社交媒体的作用），也可以成为与客户的沟通渠道（收集客户的反馈信息、组织论坛、提供客户服务），提供信息（选择产品、完成购买、产品推荐、零售商推荐）等。

公司网站是走进公司的大门，因此上面的内容应该亲和、有序、有说服力。图 12—6 显示的是美国人口统计局的主页，上面有方便快捷的导航系统，用户可以很快地获得各种人口统计数据。如今该机构也提供移动设备的 app，用户可以从中了解各种经济数据。在人口普查年，不断变化的人口时钟提供了该机构最重要的产品，这就是最新的人口统计数据。由于人口统计数据信息量大，占据的网页要有几万个，应该承认美国人口统计局的网站是客户友好型的，它上面的导航非常便捷。

图 12—6　美国人口统计局网站主页

资料来源：census. gov.

还有一种网站称作**微网站**（microsite），它的功能很少，只有 3～5 幅网页。例如，WillitBlend. com 就是一个微网站，该网站上只有与“粉碎得了吗?”相关的视频，还有一些社交媒体的链接（例如简易信息聚合（RSS）的订阅按钮）。公司的主网站是 blendtec. com，微网站可以链接到主网站的网络门店上，方便客户购买公司产品。也有一些企业认为，自己公司的微网站已经链接到主网站，因此再在搜索引擎上对网站进行宣传的作用就不太大。像谷歌这样的网站能够自然地认定主网站和微网站是有关联的，因此在搜索结果的页面上不会同时列出两个搜索结果。还有的微网站是专为某款汽车、某部电视剧或者某次竞赛开发的。

引导页

引导页与微网站的作用类似。大多数的网络用户都是通过在谷歌等搜索引擎上键入关键词搜索网站的。网络用户一般会点击广告、社交媒体上的链接、电子邮件里的链接等登录公司网站。在互联网营销中，引导页就是潜在用户点击广告或者利用搜索引擎搜索后显示给用户的网页。**引导页**（landing page）是一种独特的网页，网络用户点击链接以后，一般进入的就是引导页。例如，如果用户搜索“戴尔笔记本电脑”，他们点进的页面会是 dell. com/laptops，而不是戴尔公司的网站主页。在谷歌搜索引擎搜索结果的页面中，还会出现各种其他的链接，每一个链接都会把用户引向与关键词相关的一个引导页。同样地，如果用户点击脸谱网上某个促销活动的广告链接，跳出来的是该促销活动的网页，而不是相关公司的主页。

现在有一种趋势，那就是企业制作多个引导页，分别对应不同的关键词、各种促销活动、产品广告等。企业利用这些引导页与不同的协同网站或媒体上的链接对应。引导页上还有相应的图片，引导用户采取行动，例如实施购买等。与公司主页相比，引导页的相关性更大。

企业还进行 **A/B 测试**（A/B testing），就是同样的内容用不同的网页显示，判断哪一种形式的作用更加明显。通过 A/B 测试，企业希望能够更加优化点进率和转换率。在 A/B 测试中，有些网页开发技术员放置不同数量的文字、不同的图片（有的只是产品图片，有的则是有用户在使用产品），有的甚至用动画形式，有的仅用固定的文字内容。有的时候，A/B 测试中只变动一个要素，以此来判断哪一个要素的作用更大。如果在 A/B 测试中变动多个要素，那就不是单项测试，而是综合测试。

在对引导页进行测试时，企业有时做得更加深入一些，例如在网页中添加跟踪链接，对多个指标进行测试。例如，企业可以测试客户从哪里来，浏览了引导页后到哪里去（例如 Expedia. com 旅游网站了解到用户在离开自己的网站后会直接去某个航空公司的网站）。企业可以判断用户的注意力在网页的哪个区域停留的时间长一些，多长时间以后用户会将网页向下滚动。厂商还可以从移动用户那里收集数据，例如用户在手机屏幕的哪一个部分划动，什么时候用两个手指把页面放大，还有用户是盯着相片看，还是喜欢浏览风景。

2000 年，CustomInk 开始销售个性化的 T 恤衫和帽子，他们充分利用引导页这种技术，制作了各种引导页，而且经常变换公司网站的主页，对内容进行优化，把它当做另一种引导页。图 12—7 显示的是该公司的主页。在主页左侧 Fold 一词的上部显示的是主页打开时的状态，这部分是最重要的内容，其余的部分需要下拉才能看到。

以下是图 12—7 中用数字标出的不同区域，说明该公司如何对这些内容进行优化：

1. 页眉。

● 网页左上角有公司网站的图形标识和文字标识，网站的其他位置都有这样的标识，只要点击标识，就能返回到主页。

● 标注网站的各个功能区，方便老客户查询和链接，例如“您已保存的设计”（指客户自己设计的 T 恤衫图案）。

● 突出销售服务电话和语音服务。

● 网站方便快捷的导航条。

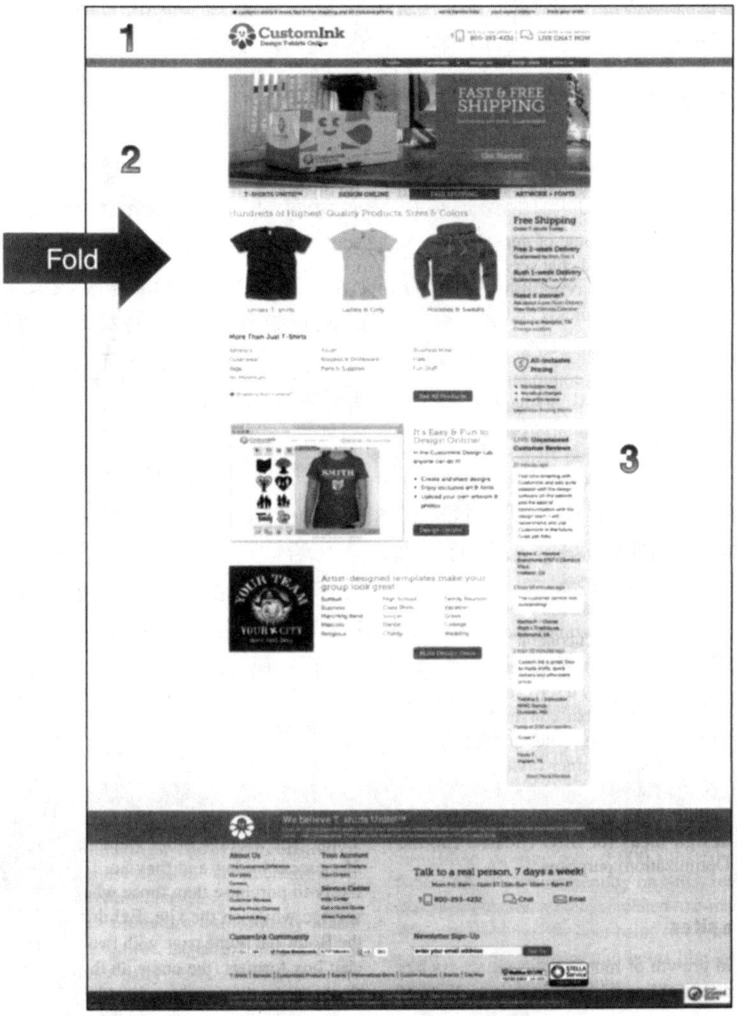

图 12—7　CustomInk 公司注重优化网站主页

资料来源：customink. com.

2. 主要信息区域。

- 4 条主要的信息滚动出现（“滚动”是指图片或文字交替出现）。
- 以醒目的颜色提示“立即行动”，其颜色与品牌标识颜色一致。
- 展示样品，让浏览者难以抗拒。

3. 次要信息区域。

- 显示只要滚动鼠标就能获得更多有趣的信息。
- 用左侧的滚动条提供更多的信息，例如免费递送、价格信息、客户评价等。
- 其他产品和设计理念的链接，方便搜索引擎优化。

移动网站

移动互联网技术的迅速发展使得厂商争相开发公司网站的移动版。2012 年，IBM 公司曾经做过一次调研，结果显示，41%的受访跨国经营企业认为未来几年最大的挑战是营销渠道的拓展和接入设备的多样化选择。为了应对这样的挑战，46%的受访者称正在开发公司网站的移动版，45%的受访者称正在开发移动 app。移动网站毫无疑问下载速度更快，页面更简洁，内容更有针对性。

网站聊天

人员销售是传统的整合营销沟通工具之一。在这种营销模式中，销售人员与客户要进行实时的交流，使用的渠道可以是面对面的，也可以是通过电话或计算机平台。有些企业提供网络的实时销售支持。世界上 15 家最大的邮购企业之一 Lands' End 公司开发了实时聊天技术，用户可以利用这种技术平台与销售代表交流有关产品的信息。聊天的过程中，销售代表可以将产品网页链接发送给消费者，消费者也可以直接下单。如今，出现了自动**聊天机器人**（chat bots）技术，也有人称其为“虚拟代理”、“虚拟助手”、“虚拟化身”等。聊天机器人能够回答各种问题，而这些问题都是存储在数据库里的数据。

如果网络用户在 audible. com 网站上下载电子书遇到了困难，他可以用在线聊天的方式与客户代表交流，马上就能得到技术支持。如果用户想要在网站上寻找一款服装，同样也能求助于与客服聊天解决，它会给你一个网络链接，直接把服装的款式展示给你。据网站在线聊天工具 BoldChat 的开发商称，20%的网络用户愿意使用聊天工具，企业也因此增加了 20%的在线销售额。使用聊天工具，网络用户的订单额平均增加 25%，他们出手购买的概率则提高了 4 倍。图 12—8 显示的是 BoldChat 公司网站的主页，上面有两个有趣的聊天窗口，设计者把它们设计成像一个在主页上四处漂浮的百宝箱，目的是吸引用户的注意。

图 12—8 BoldChat 公司网站实时聊天窗口

资料来源：boldchat. com.

博客

博客（blogs）是网上日记或期刊，频繁地更新并按时间顺序显示在网页中（该术语取自 Web log，即“网络日志”）。据 DazeInfo. com 网站数据显示，2011 年，网络世界的博客数量已经超过了 1. 81 亿个（例如 WordPress、Blogger 以及公司网站上的几百万个博客），而 2006 年这一数字才是 3 500 万个。据尼尔森市场调研公司提供的资料显示，有 670 万人在网络上开设了博客，还有 1 200 万的博客出现在社交网站上，还有许多人是在自己的网站上发表博客内容。1999 年博客刚问世时，上面的话题鱼龙混杂，人们认为它与营销战略完全没有关系，那么它的形象是怎样改变的呢？营销人员开始关注博客，是因为许多撰稿人传达了有价值的信息。例如，微软公司营销部的罗伯特·斯科贝尔（Robert Scoble）围绕微软在行业中的地位这一话题表达了他的观点，竞争者毫无疑问会浏览他的文章。博客属于一种社交媒体，是因为所有的评论都是由文章的读者发表的（这属于口碑媒体）。

有些博客还允许企业的员工多人合作发帖。例如，技术类博客网站 Engadget 每天会有很多关于新型技术的发帖，它们大多是由多人合作发表的。根据阅读量、回应量以及用户评出的信用等级等指标，Engadget 公司的博客总能位居 Technorati 网站的前 3 名。因此，只要写的内容主旨相同、风格一致，采用合作博客的方式对于提高发帖的点击率十分有益。

博客的类型有很多，很多公司的 CEO 发表博客文章的目的都是个人出面试图解决企业的问题。2007 年 2 月，在捷蓝航空公司面临重大危机时，其首席执行官大卫·尼尔曼（David Neeleman）在博客中发表致歉声明，并介绍了公司最新提出的顾客权利法案。伊士曼·柯达公司的企业博客也很成功，收录的都是员工的故事和相片。

很多专家和意见领袖通过创建博客宣传他们的观点，吸引顾客，推销书籍。图 12—9 显示的是著名网络营销专家安迪·比尔（Andy Beal）在其博客中的个人资料。我们注意到，该博客网站上对博主的个人介绍简洁明了。比尔的 MarketingPilgrim. com 博客网站很成功，已经拥有 3 000 名用户，他们一直追踪比尔对搜索引擎优化、排名管理等网络营销领域的相关课题的最新评述。比尔为什么要写博客呢？除了个人的兴趣爱好之外，撰写博客有利于保持自己处于行业的理论前沿地位，还会获得演讲、咨询等有偿工作的机会。

图 12—9　咨询专家安迪·比尔的商业博客

资料来源：andybeal. com.

除此之外，营销人员还可以利用博客来吸引用户浏览企业的网站。例如，在 2004 年，美国七喜公司（Dr. Pepper/Seven-Up）利用“奶牛”写的博客（愤怒奶牛的博客）来介绍新口味的牛奶产品。这组博客是6个青少年在营销人员的指导下写出来的，听起来像是一头奶牛在讨论它在全国旅行时的历险，读起来像是基于产品定位的带有Y一代态度的游记：“……奶制品饮料‘变得疯狂’，因为有难以想象的美味。”在博客登出后的3周内，每天有20 800名用户登录网站阅读“疯狂的奶牛”漫游的故事。例如：

> 嚯嘿，我们成功了！那晚命运站在了我们这边——月亮就要落下去了。（我听到许多人在问：“一头奶牛怎么也知道月圆月缺？简直不可思议。”您说得不错，但是经历过那次月亮事件以后，我们奶牛和天上的月亮已经配合得很默契了……）

此类的营销策略也可能起到反作用。吉姆和劳拉开着汽车到全国各地旅游，途中会到沃尔玛停车场扎营休息，他们为此写了一篇博客：任何人开着汽车或者活动房车都可以免费在沃尔玛过夜。该博客的点击率很高，但是后来有人质疑：为什么有关与沃尔玛互动的报道这么热门？难道没有批评的意见吗？后来，有人揭露劳拉是受雇于沃尔玛的自由作家，因此他们才写了这篇博客，此举严重影响了沃尔玛的声誉。透明、真实、言行一致是网络环境中必须遵循的原则，一旦其他博客发现企业的欺诈行为，整个博客圈就会群起而攻之。最后，劳拉和吉姆返还了相应的报酬并公开致歉。

《华尔街日报》每天发送电子邮件，提供网上文章的免费链接（与常规的订阅相比应该说是“免费”的）来帮助博客写手，报社鼓励博客写手写出对文章的感想，并将博客链接到报社的网站上（这属于口碑媒体）。报纸报道称，来自博客站点的访问量常常与那些来自搜索引擎的一样多。

企业在谋划建立博客网站之前需要考虑的问题很多，例如平台和博客写手的选择、发帖的频率、博客的目的等。关于建立博客网站的详细内容，我们向您推荐黛比·威尔（Debbie Weil）的《企业博客手册》（*The Corporate Blogging Book*）（见图12—10）。

图12—10 资深咨询师黛比·威尔博客的主题：企业博客

资料来源：debbieweil.com.

最后，即使企业不建立自己的博客网站，也可以进行博客营销。寻找行业中有影响力的博客写手，使用 RSS 技术进行跟帖，然后定期加以评论，这些对于企业都十分重要，它们可以保障企业参与重要的对话，凸显自己的专业才能。当企业使用自动监控系统进行跟帖（第 6 章中有过阐述），会发现潜在的破坏企业声誉的对话，此时企业可以站在自己的角度参与讨论。

网络论坛和社区

许多企业在公司网站上开辟空间供消费者、潜在客户和企业客户商讨他们感兴趣的问题，提供新产品的思路，寻求企业提供的技术支持等。客户之间的讨论属于口碑媒体，我们将在第 14 章阐述，本章只涉及公司网站（例如 tripadvisor. com）或者在谷歌网、脸谱网上建设网络社区的一般原则。建设网络社区并不像在脸谱网上开发一个网页那样简单，似乎粉丝们都会召之即来。与企业争夺消费者眼球的网站、活动、社区成千上万。与所有的电子商务战略一样，建设网络社区也需要谋划。2007 年，著名的数字营销专家拉里·韦伯（Larry Weber）提出了网络社区建设的 7 个步骤：

1. **观察**。了解企业所在行业的网络用户对哪些话题感兴趣，他们是否有意参与社交媒体社区。例如，美国通用汽车旗下的土星汽车公司品牌管理人员就在博客网站和同行公司网站上观察用户及行业分析师的动向，寻找最大的、最活跃的网络社区。

2. **招募**。寻找愿意就汽车行业发表意见的网络用户，邀请他们参加新开发的社交媒体社区活动。

3. **平台评价**。判断社区平台应该以什么形式出现，是博客、纯粹的网络社区，还是社交网站。

4. **促进**。设计出能够促进社区成员交流和上传内容的有效方法。

5. **测量**。制定能够测量社区是否成功运作的计量指标。例如上传的评价数或社区成员数量等。

6. **提升**。计划如何在社交媒体或搜索引擎上刊发广告，引发人们的议论，目的是为网络社区吸引用户。

7. **改进**。观察计量指标，不断改进网络社区。

上述这些步骤都与客户关系管理有关（见第 15 章内容）。例如，社区成员如果与公司员工的关系密切，他们对社区的忠诚度就高（例如戴尔公司的网络社区 IdeaStorm）。同时，企业在网络社区的表现（公司发帖）应该是真诚的、诚实的、透明的，否则，一旦被社区成员识破，公司在社交媒体的形象就会一败涂地。

播客

播客（podcast）是指一种数字媒体文件，它聚合网络信息，将它们发布到互联网上，以便在便携式媒体播放器或者个人电脑上录制重放。播客最初仅指可在 iPod 等 MP3 播放器中播放的音频文件，现在用户也可以下载视频播客（简称为 vidcasts 或者 videocasts），它可以在多款收听装置上使用。视频播客和其他的在线视频之间的界限十分模糊。根据 Pew 互联网与美国人生活项目的调查显示，21%的网络用户曾经下载过播客，而数字分析研究公司 cScape 的客户参与度调查结果显示，近 18%的企业提供这项服务。

尽管作为整合营销沟通工具，播客的使用十分有限，尤其是在网络视频逐渐流行的情况下，但是有些公司将它使用得恰到好处。例如，伊士曼·柯达公司记录了对专业摄影师的采访过程，并允许用户通过 iTunes 播放器下载播放。柯达公司指出，很多上班族都喜欢在乘车上班时收听播客。利用播客建立品牌知名度的公司还包括媒体公司（例如美国喜剧中心频道、ESPN、《纽约时报》）、音乐公司（例如 MTV、昆西·琼斯公司）、体育公司（例如 HBO、NBA）和科技公司（例如 Diggnation 公司、CNET 公司）等。

电子邮件

直复营销涉及的技术有多种，例如电话营销、电子邮件、普通邮件等，这其中大多以商品目录营销的形式出现。由于互联网的出现，纸质的直复营销形式急剧衰退，就连美国的邮政总局也几近破产（当然破产也有其他的原因，例如运营成本太高，特别是人员成本高企）。人们还将能够引起用户直接回复的在线定位广告以及其他形式的广告和营业推广活动归入直复营销的范畴。为了叙述简单，我们将讨论集中在电子邮件和它的变异形式**短信**（text messaging，也称为 short message services，SMS）。第 15 章我们还将讨论电子邮件在客户关系管理中的应用。

全球有 30 亿个电子邮件账户，每年有几万亿封电子邮件通过互联网在世界各地飞来飞去，它属于互联网的“杀手级应用”。按照美国直复营销协会的统计，75.4%的厂商投资于电子邮件活动，这说明电子邮件仍然是建立客户关系最为重要的沟通工具。MarketingProfs 公司和 Forrester 市场调研公司的调查显示，在 B2B 市场中电子邮件是最常使用的营销工具，84%的受访企业都会使用。

尽管不少人预言电子邮件将会消失，但是电子邮件并未被 RSS、博客和社交网络代替，许多厂商将电子邮件与社交媒体结合在一起使用，我们将在第 14 章中专题介绍。电子邮件可用来建立产品的口碑，但是人们对电子邮件的回复率并不高（见图 12—11，这是统计了 290 亿份电子邮件后得到的统计数据）。统计数据还显示，纸质

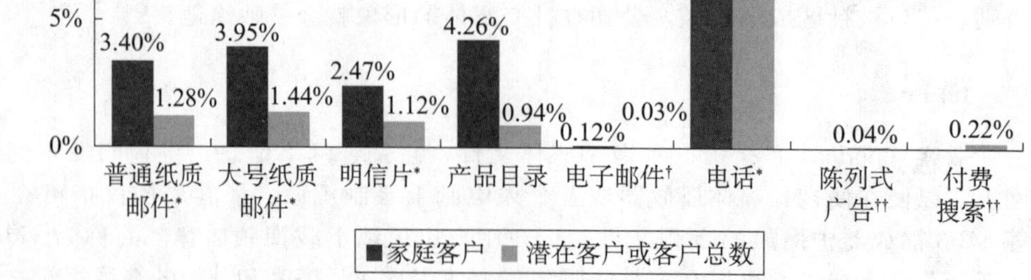

*回复率。
†点进率及转换率中位数。家庭客户和潜在客户的电子邮件转换率平均数分别是0.33%和0.21%。
††点进率及转换率。

图 12—11 不同媒体的回复率（2012 年）

资料来源：美国直复营销协会，newdma. org。

邮件的回复率从 2003 年以来下降了 25%。尽管纸质邮件的递送成本要高得多，但是它与电子邮件的统计指标并没有多大的差别，例如直邮营销的平均订单成本是 51.4 美元，而电子邮件的平均订单成本是 55.24 美元。

电子邮件比普通邮件多了几个优点。第一，它不需要邮资或印刷费。第二，电子邮件为直接回应提供即时和便利的途径，事实上，电子邮件广告经常使用超链接将用户引导至网站。第三，也许是最重要的，电子邮件可自动个性化地满足特殊用户的需求，而不仅仅是有针对性地用用户名发送邮件。电子邮件可用来进行行为定位。例如，美国在线旅游公司 Expedia 的一位客户在网上搜索到达某一旅游目的地的航班信息后就收到了该公司相关的电子邮件。第四，电子邮件比普通信件快得多。

电子邮件只有在发送成功、被打开，且消费者按照其中的内容行动了之后才真正起作用。电子邮件当然也有缺点。首先，由于网络服务提供商的**垃圾邮件过滤器**（spam filters）的拦截，电子邮件很难发送成功（2004 年美国在线公司拦截了近 80%的传入电子邮件，每天发送给该公司会员的邮件有 20 亿封，其中 75%被拦截）。Microsoft Outlook 等电子邮件软件也使用用户电脑中的垃圾邮件过滤系统。有些统计数据显示，全球有71%～95%的电子邮件是垃圾邮件。在用户同意接收的电子邮件中，有 17%～60%被错误地拦截了。与未经消费者同意就发送的普通邮件相比，消费者对垃圾邮件更反感，只要看起来像垃圾邮件，他们可能就不会打开。

其次，难以找到合适的电子邮件列表。厂商可以用三种方式来建立列表：(1) 通过网站注册、订阅登记或购买记录（回应次数最多的会员列表）生成；(2) 从邮件列表经纪人处租借；(3) 从新闻组记录或网上电子邮件指南处获得（这个办法值得商榷，我们将会讨论个中原因）。因此，即使有 91%的美国人有一个或多个电子邮箱地址（见第 7 章），但就目前来看，这些电子邮箱地址列表还很难与公司数据库中的个人用户和潜在顾客挂钩，除非是用户在线订购商品，或者申请电子邮件通讯，自行告知邮箱地址。有时，刚刚编制好一个列表，用户的电子邮箱地址又变了。这是一个问题，因为电子邮箱地址不像电话和邮政地址那样存在升级系统。

网络厂商必须记住，电子邮件不是简单的邮政信件减去纸张和邮资。电子邮件不仅是用于争取顾客的方式，还提供了纵向和横向的发展客户关系的方式，以及与个人顾客真实对话的机会。公司可主动发送电子邮件来发布公告、发送促销信息，或者与利益相关者就相关的重要事件进行沟通。2006 年，Pendleton Mills 公司通过电子邮件向客户发送了折上再打 8 折的优惠信息，33%的客户点击了该邮件，其中多数是在该公司邮件发出 3 个小时内完成的。2001 年，亚马逊公司尝试对超过 49 美元的订单免递送费，2003 年，又将标准降低到 25 美元。该公司的首席执行官杰夫·贝佐斯给公司的客户发送了电子邮件，将新的优惠政策告知他们。当有新的软件补丁可以下载时，微软公司会给注册用户发送电子邮件。许多公司定期发送电子邮件通讯（e-mail newsletters），这是一个与客户沟通的极好工具。正因如此，大多数美国网络客户乐于接收它们。电子邮件通讯处于增长期，它有许多优点：

- 定期、合法地向客户宣传公司的品牌；
- 个性化发送定制的内容；
- 树立公司在某个领域的专家形象；
- 引导收件人返回公司网站或社交媒体网站；
- 方便客户将信息传递给他人；
- 厂商在邮件中附带小广告来降低成本。

许可营销：选择加入和选择退出

从列表经纪人处租借电子邮箱地址时，营销人员应搜寻确保100%选择加入的列表。选择加入是指用户自愿接收他们感兴趣的话题的商业电子邮件。其他的邮件列表是从外部渠道获得的（例如公共信息），这些收件人对广告信息并不回应，因此，厂商不应该收到这样的邮件就心动："百万电子邮件地址仅收99美元"。经纪人宁愿出租而不出售列表，因为他们希望对每封邮件收费，而不是让客户多次使用邮件地址。从雅虎公司租借消费者选择加入的邮件列表的收费标准是千人250～350美元。普通邮件B2C市场的邮件列表千人成本是100美元。

网络用户可以通过各种方式来选择加入网站上的邮件列表，比如在选择加入的选项上打钩，或者输入电子邮箱地址。研究显示，有选择加入选项的列表比单纯的列表所得到的回应要多得多。按选择加入的列表发送的营销信息能产生高达90%的回应率，因为该列表中都是密切相关的用户。例如，Ticketmaster公司称对于那些已经购买摇滚乐歌手布鲁斯·斯普林斯廷（Bruce Springsteen）音乐会门票的歌迷来说，如果再向他们推荐其他的音乐会，邮件的点进率高达90%。选择加入列表成功的一个主要原因是用户回应会得到奖励（比如优惠券、现金或产品）。

选择退出类似于选择加入，用户为了阻止被放在电子邮件列表中，在选择退出选项上打钩。一些营销人员质疑这种做法，因为用户往往不会充分阅读网页，弄清楚选项框的意义，等收到电子邮件时又会感到惊讶和不安。一些美国立法者建议用法律来禁止选择退出的电子邮件。

选择加入的技术实际上就是传统营销战略中的一部分，称为**许可营销**（permission marketing）。根据塞思·戈丁（Seth Godin）1999年的研究，许可营销就是将陌生人转化为客户。怎样完成这种转换？询问人们感兴趣的是什么，请求他们准许发送信息，然后以娱乐的、教育的或令人感兴趣的方式操作。

电子邮件营销的制胜法宝

了解如何使电子邮件不被垃圾邮件过滤器拦截，被收件者打开并激发相应的行为既是一门艺术，又是一门科学。电子邮件营销是最有效的一种营销手段，直复营销协会时常会报告它的使用情况。当然，不同的行业所使用的营销策略不同，下列为通行的一般原则：

- 使用选择加入建立自己的邮件列表，相对于建立一个大型的邮件列表，树立客户导向的企业形象更为重要。
- 检查电子邮件的信誉度，核实其能否通过网络服务提供商的过滤。查看电子邮件黑名单，使用类似Return Path公司的"发件人声誉管理"（sender score reputation manager）等服务（该项服务可以审查60项声誉指标）。
- 使用专业电子邮箱。使用雅虎、Hotmail，以及Gmail的电子邮箱要比使用企业的或者教育机构的电子邮箱更易遭到拦截。最佳的电子邮箱地址应是"名.姓@公司名称.com"，或者是"名.姓@学校.edu"。
- 方便用户取消订阅，这样可以赢得客户的信任。
- 使用市场微观细分策略，向少数相关客户发送邮件，提供个性化的服务。
- MailerMailer.com网站显示，稍稍增加电子邮件的创意并结合使用多媒体技术，可以将回应率提高至75%。尝试各种HTML邮件方式，明确不同的营销活动中最佳的邮件形式。

● 向收件者提供充足的时间来处理电子邮件并做出回应。根据Peppers and Rogers集团公司的观点（1to1.com），对于高效的电子邮件，每条信息中平均包含27个链接。

● 利用考核指标来跟踪电子邮件的打开率、回应率和投资回报率。例如，本书的一位作者最近利用Constant Contact公司开发的电子邮件服务系统向178位选择加入的收件人发送邮件，结果是7封邮件因为地址错误无法投递（占3.9%），一个地址选择退出，92位打开邮件（占53.8%），19位点击了邮件中的链接（占20.7%）。调查者可以精确地判断哪些收件人属于哪一类，哪一位点击了哪一个链接。同时，厂商还要考虑未回应的成本。如果邮件被视为垃圾邮件，那么这可能导致品牌价值的降低（今后要减少邮件列表中记录的数量）。

正如前文中提到的，很多机构都在研究有效的电子邮件营销策略，它们提出了各种行之有效的方法。例如，如何建立最佳的选择加入的邮件列表、有创意的界面和主题、取消订阅页面，以及如何利用电子邮件建立客户关系。前面所列的几点只是其中一二，对于想要使用电子邮件营销的厂商来说，网络中还有更多的相关信息。

垃圾邮件

电子邮件营销也有不好的一面。网民不喜欢未经允许就自行发送给自己的电子邮件，因为这将筛选的责任从发送方转移到了邮件的接收方。在提及这类电子邮件时，用户使用“垃圾邮件”这个术语以示蔑视。美国有《反垃圾邮件法案》（CAN-SPAM Act），按照该法案，发送垃圾邮件是非法的。然而，即便如此，这个法案似乎仍不足以制止垃圾邮件（参见第5章）。营销人员在开展类似活动时必须十分小心，因为病毒式营销也可能起反作用。如果电子邮件的接收者把邮件当作垃圾邮件，他们就会将自己的反感通过博客或社交媒体平台告知成千上万的用户，通过电子邮件列表告知他们的朋友，对企业迅速进行负面宣传。许多企业（例如耐克公司）对垃圾邮件非常敏感，它们制定了反垃圾邮件的政策（请浏览Nike.com）。

垃圾邮件发送者定期从新闻组或网络社区记录中收集电子邮箱地址，然后发送垃圾邮件给所有的新闻组成员。垃圾邮件列表也可能来自为方便查询学生的电子邮箱地址而提供的公共目录。垃圾邮件发送者经常隐藏他们的电子邮件回复地址，这样收件人就无法回复。其他不道德的策略包括，通过某个合法机构的电子邮件服务器发送垃圾邮件，这样信息看起来像出自这个机构的某个员工之手。

垃圾邮件不仅是B2C市场上的问题，也是B2B市场上的问题。媒体编辑抱怨经常收到来自公司公共关系人员的垃圾邮件。人们采取了一些措施来限制垃圾邮件。许多有制约的新闻组可以筛选垃圾邮件，大多数电子邮件服务商也给用户提供了筛选垃圾邮件的选择。互联网服务提供商提起的大量诉讼也寻求从垃圾邮件发送者处要回成本，以补偿难以计数的垃圾信息给其系统带来的损害。需要注意的是，所有不请自来的电子邮件都被视作垃圾邮件，不过，当电子邮件对收件人来说合适和有用时，电子邮件仍是受欢迎的，不管是不是不请自来。

许多企业都在使用选择加入列表，它的目的是提醒用户此邮件不属于垃圾邮件。通常此类邮件以一条放弃声明作为开头，“你收到此条信息，因为你要求被告知……”这类信息也会告知用户如何轻松地退出邮件列表。这样的声明很重要，因为许多用户并未意识到他们已被加入列表，尤其是他们可能在很久以前或者在不知不觉的情况下被加入列表了。

隐私保护

数据库推动了电子邮件营销的发展。这样的一个数据库需要收集在线和离线的个人信息，用来发送商业电子邮件、个性化的网页、图片广告以及其他一些信息。精明的营销人员发现，对于那些把消费者的个人信息用于提高产品价值，并且未经允许不会与他人分享信息的公司，消费者愿意向它们提供个人信息。例如，亚马逊网站总是在得到明确的许可后才将顾客的购物信息收集到数据库中，并将收集的信息提供给其他寻求图书推荐的人。用户并不介意这项服务，因为他们会收到有价值的信息，而他们的隐私也将按个人的标准受到维护。亚马逊也被允许向客户发送电子邮件，通知客户已推出了他们可能感兴趣的书籍。当亚马逊宣布会与合作者分享客户数据库时，受到了媒体的强烈指责，这又一次证明，想要建立客户关系的公司必须保护客户数据的私密性。值得一提的是，与其他的区域相比，网络隐私保护在欧洲格外严格。欧洲几乎所有的国家都出台了相关的法律，限制互联网企业对消费者个人信息（包括个人的电子邮件地址）的随意使用。例如，在德国，如果网络用户未经同意就将他人的图片上传到脸谱网上属于违法行为。

利用间谍软件去收集计算机里的个人信息是侵犯个人隐私的严重违法行为（见下面的“相关技术”专栏），这一话题在第5章有更全面的讨论。

相关技术

间谍软件

一个看起来像傻瓜一样的紫色大猩猩一直在你的电脑屏幕上跳来跳去，你并不知道它来自何处，它持续地刺激着你的神经。然而，隐藏在画面背后的还有更大的潜在危害。紫色大猩猩是一个间谍软件程序的一部分，这个程序称为Bonzi伙伴，可在互联网上传播你的个人信息。你该如何清除这个讨厌的家伙呢？

已经有太多的网络用户有过这样的经历，间谍软件在网上无处不在。下载到计算机上的任何类型的程序，只要收集你的信息，都被认为是间谍软件。在你毫无察觉的情况下，间谍软件就被下载和安装到你的计算机上，它也能将收集到的关于你的信息传送给第三方，而且不被发现。例如，一般的间谍软件程序能发送一张你的计算机上的MP3列表，或者你最近访问过的网站的列表，它们也能发送你的地址簿或银行信息和密码。

有些间谍软件是收集你上网冲浪的习惯的信息，然后将有针对性的广告发送给你，这类程序常常被看作广告软件。那些有恶意行为的间谍软件程序（如盗取你的银行账号），称为恶意软件，收集的信息被存储在大型的数据库中。恶意广告软件在网上（例如谷歌公司的Double-Click网站）非常普遍，网站拥有者会将它发送至访问者，以期追踪他们的浏览习惯和喜好。虽然网站拥有者和开发者可使用这些信息来改善网站，使其更符合顾客的喜好，但是他们更感兴趣的是这些信息有助于出售广告版面。

网站拥有者可从媒体网络公司获得恶意广告软件。媒体网络公司的目的是追踪和记录网上消费者的行为。信息存储在大型的数据库中，并用于目标市场定位。当你访问一个与媒体网络关联的站点时，恶意广告软件就会被下载，并开始监视你的互联网使用情况。由于它记录你的使用情况，它能确定你的某些人口统计信息。例如，如果你访问babystyle.com儿童用品网站，它会推断出你刚刚当上了父母或祖父母。媒体网络在网站上租借广告版面，反过来，再出售给广告客户。然后，在你下次访问某个相关网站时，媒体网络会使用你的信息来提供有针对性的广告，如出售给生产尿布的公司的旗帜广告。当广告客户从媒体网络上购买广告时，它们得到的承诺是广告会获得多少客户印象，或者在用户的页面上显示多少次。

要想让间谍软件感染一台计算机，计算机用户就必须访问包含间谍软件程序的网站，它内嵌在网站程序代码中。在安装已受间谍软件感染的常规程序时，间谍软件也能被用户偶然激活。

实际上，间谍软件的源头是网络跟踪器文件，这是一些下载和存储到用户的计算机上的小文件。网络开发者使用网络跟踪器文件来收集使用信息，一般是无害的。例如，那些在你登录时能识别你的身份的网站，很有可能在你的计算机上存储了一个网络跟踪器文件，当你再次返回站点时，就能读出这些信息。用户可以使用浏览器来设置接受或拒绝网络跟踪器文件。

现在的间谍软件非常危险，因为收集的信息可以使用在任何地方。间谍软件也可以进行如下一些活动：

- 用弹出广告来"淹没"你的计算机；
- 发送垃圾邮件到你的电子邮箱；
- 降低你的互联网连接速度；
- 降低你的计算机运行速度；
- 让你的计算机崩溃。

网上存在着成千上万个不同的间谍软件程序。需要戒备的软件包括：CoolWebSearch，Internet Optimizer aka DyFuCa，Zango，HuntBar aka WinTools or Adware，Websearch，Movieland aka Moviepass. tv，Popcorn. net，Zlob Trojan，等等。

所有连接到互联网上的计算机都应该安装专门查找和清除间谍软件的软件。一些杀毒软件公司提供了各种专门处理间谍软件的产品。常用的、可信赖的反间谍软件程序包括 AdAware，Spybot，Pest Patrol 等。微软公司甚至在其 Windows 7 操作系统中嵌入了免费的反间谍程序 Windows Security Essentials。微软公司的反间谍软件是免费的，而且它不像市场上其他许多同类产品那样要降低计算机的运行速度。要想减少你的计算机上出现间谍软件的情况，最简单的方法就是不要下载任何东西，除非你知道它的来源可以信赖。

短信

短信服务（short message service，SMS）指的是用户通过互联网给另一个用户发送 160 个字符以内的文本，通常利用移动电话或智能手机完成。推特网上的短信是类似的，不过它发送的信息限制在 140 个字符，而且是将短信从手机上传到推特网网站，而不是在手机间传递。在美国，SMS 通常称为**文本信息**（text messaging），主要是手机用户使用。它不同于**即时通信**（instant messaging，IM），那是同时在线的用户之间发送的短信（38%的网络用户使用）。即时通信在消费者和员工中使用得很普遍，因为他们希望提出的问题立刻得到回复。如今，大多数即时通信的商业应用包括用户互相发送信息时传输到即时通信屏幕上的广告（如呈现给使用美国在线 AIM 即时通信软件的用户的电影广告）。多媒体信息服务（multimedia message service，MMS）包含多媒体内容，但使用者很少，因为掌上接收装置一般无法接收 MMS。

短信不同于电子邮件，用户可以在移动电话上轻松快捷地接收信息。SMS 使用存储—发送技术，信息只能保存几天，对移动电话用户尤其具有吸引力，因为他们能快速地进行沟通，费用也不高。当用户发送短信时，按移动电话通话时间或短信数量收费，与使用电话交谈相比，成本是很低的。此外，SMS 很容易使用，用户不需要打开电子邮件或其他软件来发送或收取，他们只需要在电话键盘上简单地打出信息就可以了。据报道，日本的消费者对使用SMS十分熟练，人们称创造出了“拇指文化”（因为他们可以使用拇指快速地打出信息），这种沟通形式已经传遍了全球。

据尼尔森公司的统计显示，短信最大的用户群是青少年，平均每月要收发3 146条短信，这意味着除去睡觉和上课的时间，他们每小时收发短信10条（有的甚至在上课时收发短信，学生们将铃声设置成振动，年纪大的老师听不见）。在所有的工业化国家中，SMS的使用都在持续增长。

厂商应该如何利用短信服务的优势呢？大多数专家认为，在顾客想要接收信息的时间和地点，营销人员在得到顾客许可后可通过发送信息与他们建立关系。为了获得成功，信息应该是简短的、个性化的、互动的和相关的。一些顾客也许想收到一条来自他们的保险公司的短信，告知将要到来的自然灾害，或者一条关于飞机晚点的短信，或者隔夜快递的短信。在外旅游的人会收到短信，告知手机已经连接到国外的通信网络，收费很高。在德国，选择加入本地俱乐部的顾客每周会收到周末演奏乐队的短信。

一个令人感兴趣的例子是，全球啤酒品牌喜力啤酒使用短信促销方法，将其与英国酒吧传统——“智力竞赛之夜”结合在一起。“智力竞赛之夜”是这样进行的：一个酒吧的忠实顾客大声喊出一系列问题，其他顾客在答题纸上回答问题，获胜者可免费饮酒或就餐。使用在线和离线促销组合，喜力在酒吧里放置了销售点的标记，邀请顾客在这些销售点用移动电话或其他移动设备向一个电话号码发送短信，短信内容为“播放”一词，然后，顾客会收到一条短信，内容包含三个问题，正确回答所有的问题后，举办者会以食物或饮料作为奖励，顾客只需要向酒吧招待报出收到的短信确认数字就可获得，20%的参加者获胜。据Interbrew啤酒公司（该公司拥有喜力这一品牌）营销主管伊恩·纽厄尔（Iain Newell）称：“大家都认为这是一场了不得的促销活动。消费者觉得很有趣，而企业则认为这样的活动有助于吸引消费者。”

网络活动

企业开展网络活动的目的是吸引用户的兴趣，给站点增加流量，或者通过收取参与费增加收入。网上最令人记忆深刻的商业活动要数1999年由Victoria Secret时装公司组织的网络时装秀，该公司在《纽约时报》、超级碗橄榄球比赛和其他传统媒体上进行广告宣传，整个活动吸引了120万名网站的浏览者，网上流量增加了82%，使公司网络服务器疲于应付。

公司和组织可在网上组织研讨会、讨论会或演讲，主办一些可以让客户与社会地位高的人或有声望的人对话的活动，也可以招徕一些客户。比起主办或参加真实的研讨会，网上研讨节省了相当可观的时间和成本。企业家参加网络研讨会时要注册，这就为后续的人员销售创造了理想的销售线索。

CVENT公司是一家网络公司，该公司为客户提供了一个网络平台，方便邀请在线或离线的讨论者，提供客户与网络接触的机会（请浏览cvent.com）。该网站的功能强大，允许注册会员在线支付、在线进行旅行安排，并向客户提供公司的商业情报，增进在讨论中的参与性（如转换率和活动后调查）。通过使用CVENT网站，纳斯达克证券交易所的营销总监使客户的回应率翻倍，并减少了92%的营销成本。另外，WebEx公司提供在线会议和网络研讨会的平台，Meetup.org网站的用户按地域组建了特别兴趣小组，然后安排离线会议。一些居民用户在Meetup.org网站上张贴本地各种活动的日程表，可供当地的网络用户搜索。脸谱网、Evite.com等网站上用户个人可以筹划活动（例如一次聚会），然后通过电子邮件邀请亲朋好友来参加。收到邀请的人可以在网站上回应，选择“参加”、“不参加”或者“待定”，还可以对活动进行评价。

12.4　营业推广活动

网络营业推广活动可以发挥各种各样的作用，例如创立品牌，建设数据库，促进在线、离线的销售，但是与离线的营业推广活动一样，它并不能建立长期的客户关系。网络营业推广活动主要是影响消费者改变短期的消费行为（例如浏览一个网站，完成在线注册，然后下一周实施购买）。网络企业的统计结果显示，与直邮营销的形式相比，网络营业推广的客户回应率要高出3～5倍。离线的营业推广大多是针对供应链上的企业，在线的营业推广活动针对的则主要是普通消费者，只有网络研讨会算是一个例外。与离线的面对消费者的营业推广活动一样，在线的营业推广活动大多也和广告结合在一起。营业推广其实就是展示性的广告活动，包括折扣券、打折销售、购物返券、商品试用、竞赛活动、抽奖活动、免费或低价奖品等。在所有的这些营业推广活动中，网络上常用的是折扣券、打折销售、商品试用、竞赛活动、抽奖活动等。

折扣券

互联网发展早期，网络折扣券就已经出现了，但是直到美国经济开始衰退以后，它才在网络上盛行起来。据一项调查显示，到2012年底将会有9 250万名网络用户使用网络折扣券，这一调查还显示，27%的受访者表示他们喜欢网络折扣券，因为使用方便，但依然有33%的受访者表示还是喜欢纸质折扣券。喜欢网络折扣券的用户表示，获得折扣券的途径最好是电子邮件。

产品试用

有些网站允许用户在购买数字商品前先试用。许多软件开发商让消费者下载全功能版的演示软件，但是演示版30～60天到期，到期以后，用户可以选择付费购买或从系统中卸载试用版。网络音乐出版商允许用户试听音乐片段，然后决定是否付费下载音乐或订购CD唱片。网络调研机构也让企业浏览调研报告片段，再购买报告的完整版。例如，网络调研机构comScore Media Metrix公司将对著名网站调研的月度报告挂在网络上，让企业浏览，以此吸引客户来购买它的深度报告。

竞赛及抽奖

许多网站都用竞赛和抽奖的方式来吸引用户浏览，增加回头客。参加竞赛需要一定的技能，例如回答一些问题，或者上传自己拍摄的照片，而抽奖只要凭运气。与离线的竞赛和抽奖活动相似，这样的营业推广活动有助于宣传品牌，吸引客户来访问网站。通过这样的活动，客户会更多地浏览网页，延长在网站的逗留时间（指“网站黏性”）。如果抽奖活动的形式经常变换，网络用户就会频繁光顾，希望找到更多的碰运气的机会。

ContestHound.com 是一家奖券和竞赛目录网站，于 1999 年成立，它出色地将许多网站的促销活动整合在一起。该网站每年的浏览者人数将近 20 万，其中 10%的浏览者确认加入了时事通讯列表，它的 3 个主网站还提供其他娱乐项目和个性化的策略来增加客户的互动，例如游戏、时事通讯和协同合作项目。ContestHound 网站利用电子商务和媒体模式，即利用付费广告和所参与的协同合作项目来赚取利润。该网站每天会发布 20 种新竞赛。该公司举办过的最疯狂的竞赛莫过于“赢得免费卫生纸”的活动。每个月都会有一个新的赢家获得 24 卷卫生纸，这项竞赛非常流行。

温迪餐馆和加拿大 TSN 体育电视网络发起了 2012 年温迪杯“为百万美元射门”（Kick for a Million）奖券和竞赛活动，这也是一个广受欢迎的促销活动。参赛者通过互联网报名，TSN 公司从 1 400 万名参赛者中抽取一名优胜者。参加决赛的选手只要能在温迪杯加拿大足球联赛半场的时间内射门进球，就可以获得 100 万加元的奖金。2012 年的赢家最后射门（在离球门 50 码处射门）没有成功，但是他得到了一张价值 25 000 美元的礼品卡、一辆日产 Titan PRO-4X 轿车、42 000 美元的现金，合在一起相当于足球在球场上每滚动一米他就获得 1 000 美元的奖励（请浏览 wendys.tsn.ca）。

虚拟世界

虚拟世界其实就是网络用户以自己的化身在网络空间中出现。企业在虚拟世界中（例如“第二人生”网站）展示自己，或者开展商务活动。例如在 Webkinz 公司网站上，孩子们可以用在实体商店里买来的毛绒玩具中得到的密码，在网站上创造一个小动物的化身，接着就可以在网站上与其他小朋友创造的动物互动了。在“第二人生”的网站上，企业可以建立自己的虚拟门店，开展多媒体的活动，举办竞赛，还可以开设公司自己的博客。企业可以建立自己的统一资源定位器（URL），上传音频和视频资料。在“第二人生”虚拟世界里的居民可以浏览这样的信息，还可以订阅这些信息。企业也可以参与到“第二人生”的多媒体活动，例如向虚拟世界的广播台或电视台提供节目。当然，这些内容必须在虚拟世界里有足够的吸引力，否则就难以满足受众的需求。虚拟世界里还有一些营销方法，例如向用户发放品牌商品（例如印有品牌标识的服装，所有的用户化身都希望得到一顶 CK 品牌的帽子）。有些企业利用自己的化身开展促销活动，促使其他的化身议论自己的品牌，并用折扣券等作为赠品。例如雀巢公司旗下的 Nesquik 小兔子的化身就在“第二人生”虚拟世界里到处参加各种活动（请浏览 secondlife.com）。

网络游戏

网络游戏可以在 3 种设备上玩，即游戏机、计算机和手持移动设备。Zynga 公司开发网络游戏并且向玩家出售这些虚拟产品，收取的却是真实的货币。例如，在“鱼塘乡村”（FishVille）的游戏中，公司向玩家销售虚拟的、半透明的琵琶鱼，每尾鱼售价 3～4 美元。在“城市小镇”（CityVille）和“农场小镇”（FarmVille）等游戏中，有些玩家每个月要花费几千美元购买虚拟的摩天大楼和虚拟的小鸡。

广告游戏（advergames）在网络上越来越受欢迎，它们将网络广告和游戏结合起来，用户在游戏中可以看到产品或服务。在 B2B 和 B2C 市场上使用广告游戏可增加流量和建立品牌。例如，消费者可在网上试驾一辆丰田车，或在 Nickelodeon 网站上玩激动人心的游戏，如海绵宝宝投比萨饼的游戏等（nick.com）。2008 年秋季开学时，杰西潘尼公司（JCPenney）在脸谱网上开发了一款名为“鲸鱼道奇”（Dork-Dodge）的游戏，专门针对女孩子。游戏的玩家要在路途中设法绕开不是她们心仪的男孩的追逐，最后到达自己梦中情人的身边。零售商还开发了一段互动视频（与电影《早餐俱乐部》相关），视频中用户可以到杰西潘尼的商店里为自己挑选服装。广告游戏毫无疑问是一种广告，但是如果它们充满趣味，那么就会受到玩家的欢迎，并且会得到口口相传。广告游戏是一项重要的策略，企业认识到消费者不断增长的潜力，让消费者参与到包含产品相关内容的娱乐活动中。

在线礼品赠送

GroupCard 公司开发的应用软件方便零售商在公司网站上或者社交网站上销售礼品卡。这款应用软件的独特之处是设计出礼品卡的客户可以在网络平台上分发给其他的用户，这些用户再在卡片上添加自己个性化的内容，不过需要通过支付平台支付 1 美元给最初的设计者。GroupCard 公司还提供团体礼品卡，一些人一起支付费用，每人可以获得一张礼品兑换券，凭礼品券到商家的网站上兑换礼品（请浏览 groupcard.com）。

JibJab 公司网站方便用户用自己亲朋好友的照片制作电子贺卡或者视频资料。网络用户可以从自己的计算机里找一张头像，把它拖到视频资料中，再向头像的主人发送一条链接，或者上传到社交网络中。这是一种病毒营销的模式，谁要下载视频，就要交 1.99 美元，也可以交 12 美元就可以全年使用网络上的电子贺卡制作软件或视频资料（请浏览 sendables. jibjab. com）。

品牌移动 app

许多企业为自己的品牌开发出移动应用软件（app），将这些软件放在社交网站上，方便用户之间的互动。45%的企业已经将品牌 app 在移动网络平台上线，还有 31%的企业计划在 2012 年底前完成这项工作。还有一些移动平台上的**“小插件”**（widgets，也称为“微件”），它们是社交网站上传递和分享内容的微型网络应用软件。这些小插件可以下载到移动设备或者桌面电脑中，也可以用其连接网站或博客。小插件中的内容可以是品牌宣传、游戏，也可以是其他形式的互动内容。例如，Nike+iPod 跑步感应器就是一种应用软件，它可以用来测量实体环境中用户走路或跑步的距离和速度。用户可以将感应器嵌入到跑步鞋中，用其将信息传递到 iPod 上，耐克公司开发了许多这样的应用软件。品牌 app 数不胜数。由于移动用户越来越多，联网技术也越来越发达，大大小小的企业都可以利用移动平台，而客户就在移动平台上。

二维码和移动标签

二维码（QR codes）是一种新型的条码技术，表现形式是一个小型的正方形，白色背景上不规则地分布着许多黑色模块（见图 12—12）。最初开发出二维码是在 1994 年，目的是跟踪汽车的库存，如今人们用二维码在离线的付费媒体上吸引用户浏览互联网内容。消费者可以用智能手机扫描印刷品或户外广告上的二维码，然后就可以到相关的普通网站或社交媒体网站上浏览品牌信息或其他的各种内容。扫描二维码还可以方便用户了解电影预告、下载壁纸或了解活动的时间和地点，而且这些信息都是动态的。2011 年 6 月，扫描二维码的用户多达 1 400 万。

图 12—12　本书网站的二维码

我们在撰写本书时，厂商已经能够在实物媒体（例如纸质广告）上印刷二维码，用户只要用手机扫描二维码，就能在脸谱网的相应网页上点赞，就像利用计算机鼠标在网站上点赞一样。谷歌的“谷歌地方信息”（Google Places）网站也用上了二维码，可以预料这项技术将会在社交媒体上成为一种很重要的促销手段。企业在许多网站上（例如 ZXing Project，BeQRious，Delivr，Kaywa）都可以免费获得二维码，并且将这样的二维码印刷到纸质媒体上，例如广告或公司名片上。

有些人认为二维码的寿命不会长，因为许多厂商没有规范地使用二维码。如果没有特殊的需求和刺激，消费者不会轻易地去扫描他们所见到的二维码。我们曾经看到过一份介绍高档住宅区的刊物，每一套住宅都有一个二维码，用户扫描后会看到一段视频，介绍房子内部的结构和装饰。在刊物的封面上还有一个二维码，用户扫描后会发现是当地一家餐厅的大额折扣券，着实给用户一个惊喜。这种营销方式就是鼓励用户扫描二维码。使用二维码是需要一些刺激的，例如娱乐、信息或购物折扣。你认为二维码作用大还是不大呢?

移动标签是一种新生事物，它是一种二维图片，一般使用在零售商店里。购物者只要用智能手机扫描这样的标签，就能得到一张折扣券或商品信息。

定位营销

有些厂商已经在试验定位营销，这是指推向移动设备的定制促销信息，而且是以用户的地理位置为基础的。谷歌在本地搜索方面处于领先地位（见图 12—13）。在 iPhone 智能手机上用户只要输入相应的问题，例如“比萨饼店的地址”，谷歌马上会给予信息回复，提供用户所在地的比萨饼店所在位置的地图。据 eMarketer 市场调研机构提供的信息，25%以上的美国手机用户用手机查询过基于位置的服务信息，例如地图、导航、门店位置等。如果能够一面开车，一面收到你喜欢的奢侈品商店的信息，提供 20%的折扣优惠，这该有多称心。如今，美国有 27%的购物中心对那些选择加入的消费者用短信的方式通知促销信息。还有的定位营销方式是让用户与亲朋好友分享自己所在的位置信息（我们将在第 14 章讨论）。

社交网络

社交网络（social networks）是指由许多节点（通常指个人或组织）根据一种或多种相关性（例如价值观、理想、友谊等）构成的一种社会结构。它的理论基础是六度分隔理论，即在社会网络中，任何两个人之间最多只需五个人就可以建立联系。如果你加入了 LinkedIn 商业网络，可能只需要联系五个人就可以结识名列《财富》100

图 12—13　谷歌公司的本地信息搜索服务

资料来源：google. com.

强的企业 CEO，所需的就是你们之间的其他人的引荐。社交网络不仅可以用在个人之间，也可以用在企业之间，两者没有截然的区别，因为企业必须在现有的和潜在的客户热衷的网站上展示自己的品牌。

由于客户大多在网络上搜索品牌商品，通过社交媒体从其他消费者那里了解产品的信息，所以企业都想参与到客户的社交网络中去并设法施加影响。有时，一款新产品上市，企业甚至希望能发起一轮对产品的讨论。社交网络对厂商来说是一个很好的工具，当然它们必须明白，这样的网络主要不是用来销售产品的，而是用来与用户进行沟通交流的。2011 年 12 月的一项调查显示，在脸谱网上，几乎所有的品牌商品都会将用户导向自己的公司网站，但是只有 50%的企业会引导用户对自己的商品评头论足。据市场调研机构 eMarketer. com 估计，90%规模超过 100 人的企业都参与到社交媒体的活动中。脸谱网是社交媒体中的巨头，2012 年 10 月，脸谱网用户超过了 10 亿，该月的网站访问量超过了 20. 2 亿人次。YouTube 视频网站紧随脸谱网，2012 年 10 月的用户数量达到 8 亿，用户观看网站视频的时间超过 40 亿个小时。第 3 位到第 10 位的社交网站在 2012 年 10 月用户总数达到 2. 368 亿（见图 12—14）。

许多论文和专著中都论述了企业该如何在社交网站上成功经营。在前几章中我们也进行了讨论，第 14 章将讨论口碑媒体中企业的做法，例如点赞、评论、粉丝分享等。有许多证据证明，在脸谱网上经营比较好的企业都有一套增加粉丝用户的好方法，例如：

● 不断刷新网页，使得用户愿意频繁光顾，同时又保证品牌形象的一致性。

● 开展一些有吸引力的活动，例如游戏、比赛、竞猜等。

● 经常推出一些吸引眼球的内容，例如视频、广告片段、活动预告、公司最新动态、消费者制作内容等。

● 开展互动交流活动，例如“请为我们点赞”、“请浏览我们的网站”等。

● 与粉丝经常交流，注重大众性和娱乐性，提升粉丝对品牌的忠诚。

● 倾听用户对产品的评价，提升品牌形象。

● 利用脸谱网的网站跟踪功能，时刻监测公司的脸谱网运行情况以及应用软件的功能，不断改善内容，对用户更有吸引力。脸谱网上的这项服务是免费的。

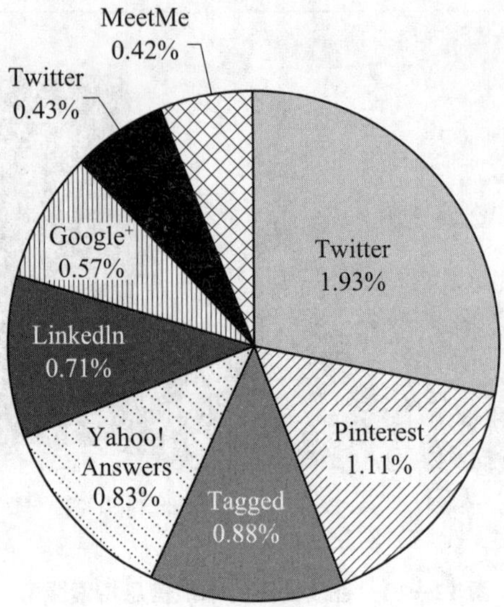

图 12—14　社交网络访问者份额（2012 年 10 月）（脸谱网和 YouTube 分别为 58.8%和 24.6%，它们包括在该份额计算中，但未显示在图中）

资料来源：Data from experian. com.

社交网站不仅局限于集客营销，广告和其他各种营业推广活动也能够将网络用户吸引到社交网站上来。

在脸谱网上，有些企业在聚拢人气方面做得很成功。2012 年 1 月，脸谱网上人气最旺的网页是一个名叫“Facebook Official”的短片电影网页，拥有粉丝 5 850 万。其次是介绍德州扑克玩法的网页（拥有粉丝 5 550 万）和世界级说唱天王埃米纳姆（Eminem）的网页（拥有粉丝 5 090 万）。2012 年 8 月，人气最旺的公司网页是可口可乐公司，它拥有粉丝 4 780 万，该公司网页上的内容主要是由粉丝和一些艺术家制作的，有音乐、电影、电视节目等。紧随可口可乐公司的是迪士尼公司，它拥有粉丝 3 780 万。迪士尼公司的网站风格亲和有加，在公司的板块中，还有 268 个粉丝自建的网页，专门开展各类讨论。

有些社交网站也称作**“微博客”**（microblogs），它们也是一种博客，但是内容十分短小，是很短的帖子，例如一段超链接、一张图片、一句话的评论等。Tumblr. com 网站上有许多免费的微博帖子。该网站上有一句宣传语：“如果说博客是一本杂志，那么我们就是一本剪贴簿。”网站用户可以聚成一个个团体，跟踪不断更新的帖子。推特是一种更加短小的博客，例如“你在干嘛呀？”一类的句子。推特网的用户上传的短文往往不到 140 个字母。朋友之间利用计算机或智能手机跟踪彼此的“推文”。目前，美国著名流行歌手 Lady Gaga 是顶级的“推特迷”，拥有的粉丝超过了 3 100 万。

企业是如何利用推特网的？美国有线电视新闻网（CNN）不断地用推文这种形式发布重要新闻，目前拥有粉丝 300 万。有些大公司的高管通过推特宣传公司正在发生的事件，以此来征求粉丝的意见和建议，他们用推文来推销自己的企业和产品，宣传促销活动，吸引粉丝造访企业虚拟的门店和实体门店。例如，维珍美国航空公司为拥有大量粉丝的推特版主提供免费机票，目的是吸引人们来议论公司新开辟的到加拿大多伦多市的航线。

有些咨询专家（例如网络营销顾问安迪·比尔）往往一面参加咨询会议，一面用微博发布一些某一领域的最新研究成果，他们的粉丝会点击链接到他们的网站上，或者直接与他们联系征询建议。WordPress 是一种使用 PHP 语言开发的博客平台，科林·洛伦茨（Collin Loretz）利用这一平台建立了名为 WordCamp 的博客论坛，该论坛在脸谱网上建立了专门的网页，还通过推特网来回答问题。微博也是一种社交平台，但它不仅仅用作普通的社交活动，有 62%的用户是在工作岗位上发布推文的。

有一点值得一提，那就是对待推文不能太一本正经，应该注意趣味性和信息的丰富性。人们希望通过推特了解“你在做什么?”“你能告诉我什么?”而不是“你在卖什么?”聪明的营销人员一般都会把自己的促销信息隐藏起来。最好的方法是让拥有大批粉丝的大 V 们告诉人们自己要到哪里去用餐。精明的营销人员把自己打扮成某一领域的行家里手，他是“碰巧”进入了与自己的研究相关的一家企业。与其他各种接触客户的方式（例如直邮销售、贸易展览、商业通讯等）相比，微博的成本效益最高。

12.5 将互联网与传统媒体 IMC 计划整合在一起

Marketing Sherpa 公司曾经开展过一项调查，结果显示受访的 3 300 家厂商中，有近 25%的企业将社交媒体与传统的在线营销和离线营销战术整合在一起。

营销工作以客户为导向，与客户建立长期的互动关系，为企业创造收益。有些自有媒体和付费媒体（例如传统的公司网站或在线广告等）不能让企业与客户进行社交互动。传统的营销沟通媒体一般是单向的沟通，不过它们对于提升品牌知晓度（例如在超级碗赛场上做广告能接触到 60%的人群），引发兴趣和欲望，引导现有客户或潜在客户实施购买活动（例如在报纸的周末版上印制折扣券或展会广告）等都还是十分有效的。如今的营销活动更多的是趋向集客营销（第 1 章中提及过），这样的营销活动能吸引客户的关注。

实际上，对于营销人员来说，自有媒体、付费媒体和口碑媒体是融为一体的，它们共同承担着各种促销功能，例如广告、营业推广、直复营销、公共关系、人员销售等。究竟选择哪一种媒体和营销工具，取决于企业的目标市场在哪里，要达到怎样的沟通目的。例如，如果企业要把新开发的软件销售给会计人员，它们就可以采用如下各种不同的方式：(1) 在自有的公司网站上宣传软件，或者在社交媒体上发布消息；(2) 在推特网上谈论行业中对这款软件的需求，提供免费试用的代码；(3) 在 LinkedIn 网站上请老客户对软件进行评论；(4) 用视频展示软件使用方法；(5) 在纸质的会计专业期刊上或行业网站上做广告（包括 LinkedIn 网站上的推荐证明）。所有这些促销手段都有可能引导潜在的客户到网站上去下载免费的试用版，并在 30 天试用期结束后购买软件。与利用脸谱网免费赠送 iPad 相比，这些营销手段的效率更高一些，因为免费赠送并不能保证送到目标市场中，或者完成预定的营销目标。

整合营销沟通媒体的方法多种多样，它们一般是提供普通网站或社交媒体网站的链接，并且将对产品、品牌的正面评价整合到合适的媒体中。

需要指出的是，传统媒体以及一些新型的网络媒体都是单向沟通的渠道，而社交媒体是与目标市场的双向沟通。尽管两种沟通模式各有千秋，但是双向沟通显然略胜一筹，因为它有助于实现企业客户导向的营销目标。

搜索引擎优化

搜索引擎优化（search engine optimization，SEO）指的是网站或社交媒体访问者数量的最大化，其手段有两种：一是输入合适的关键词就能保证网站的名字或网站链接出现在搜索结果页面的顶端；二是搜索引擎网站上的广告有很高的点击率。搜索引擎优化有两种类型：自然搜索（也称为"有机搜索"）和付费搜索。付费搜索属于付费媒体的一部分，我们将在第13章讨论。本章中我们主要讨论自然搜索与自有媒体的关系。**搜索营销**（search marketing）是一个比较大的概念，它是指通过搜索引擎来开展营销活动。它可以是提升排名，为排名付费，也可以是其他形形色色与搜索引擎有关的营销活动。

搜索营销是一门复杂的艺术，也是一门科学，它融合了人类行为、语言偏好、营销技巧、分析技术、网站可用性及相关技术，目的是吸引适当的访问者浏览网站，并将他们转化为真正的客户。

搜索引擎是一种**信誉度聚合平台**（reputation aggregator），这是指按照一定的排名规则对网站、产品、零售商或各种其他的内容进行排序。在这个平台上，众多网站根据种类、价值、信誉度等评价要素整合在一起，按照一定的规则进行排列。用户对这些网站的好恶决定了网站的排序。

在搜索引擎领域，谷歌网独领风骚，它占据了66.9%的市场份额（见图12—15）。谷歌网对搜索结果的排序主要是依照各网站相比较而言的受欢迎程度来决定的。现在很多学者认为"信誉度引擎"要比"搜索引擎"的叫法更贴切。用户之所以浏览谷歌网站，是因为该搜索引擎的搜索结果相关度高，而不是像另一些搜索引擎，只是将关键词相同的链接堆积在一起，不考虑网站的普及性。迎合网站浏览者需求使得谷歌网坐上了搜索引擎的第一把交椅。

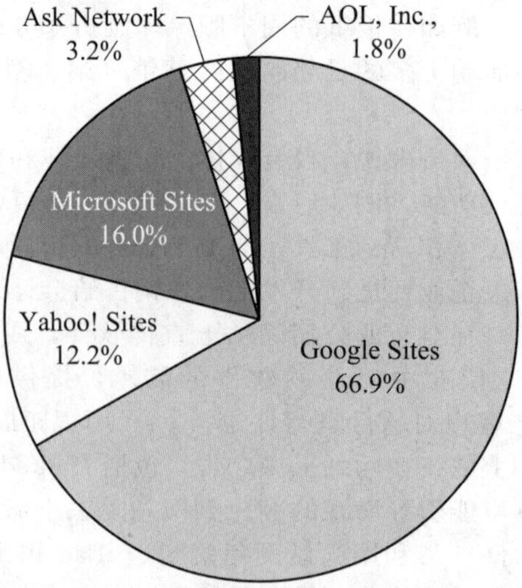

图12—15 搜索引擎市场份额（2012年10月）

资料来源：Data from comscore. com.

其他的信誉度聚合网站包括有检索功能的社交媒体细分市场网站，例如提供视频排名的YouTube网站和提供旅店排名的TripAdvisor网站。我们将在接下来的垂直搜索部分加以讨论。

自然搜索

自然搜索（natural search，有时也称为有机搜索（organic search））是一种搜索营销工具，通过网站的优化，尽可能使网站排在搜索结果中的第一页。自然搜索对于企业至关重要，因为每天通过搜索引擎的查询超过47亿次（2011年），搜索信息的人一般都会点击搜索引擎结果页面中第一页的链接，很少有人会滚动鼠标到第二页中去点击。

要想使网站尽量出现在搜索结果中的第一页，方法有很多，首先你必须了解每种信誉度聚合网站的排名标准。谷歌公司使用的是一种可不断调整的算法，它涉及200多个变量，其中最重要的是链接广度，该变量部分由网站的相关导入链接来衡量，因此，我们也将其称为“信誉度引擎”。希望迎合谷歌公司的算法进行网站优化的企业，必须尽量获取相关度高的优质网站的导入链接。

另外一种重要的策略便是**关键词**（keywords），即用户为了获得自己想要查询的结果而在检索框中输入的词语。当网站中的内容和载有关键词的HTML元标签经过优化之后，搜索引擎就很容易对网站进行分类，而且当用户确实输入了相应的关键词时，也便于进行相关的匹配。除非网站访问者选择浏览网页的源代码，否则他们是无法看到这些元标签的。例如，eBay.com网站使用的关键词有ebay、电子产品、汽车、服装、服饰、收藏品、体育用品、数码相机、古董、门票、珠宝、网上购物、拍卖、在线拍卖。一旦有人在谷歌网站中输入其中的关键词，该搜索引擎就会整体考虑200个变量，从而确定各个网站的匹配度。谷歌可以通过网站文本、标题、超链接标签等信息来确定关键词。

为了寻找最佳的关键词，企业可以采取如下几种方法：（1）通过网络日志了解访问者进入网站之前在搜索引擎中输入的词语；（2）通过网络工具（例如谷歌公司的AdSense关键词竞拍服务）了解该行业所使用的关键词，从而为自己的网站寻找独特的词语（例如使用vintage jewelry（古董珠宝），而不仅仅是jewelry（珠宝））；（3）通过问卷调查了解现有客户和潜在客户在查找业内相关企业的信息时所使用的词语。此外，企业应该精心构思网页中的文本内容，有目的地使用搜索者可能使用的关键词的不同拼写方式（例如email和e-mail）。试验通常是了解对网站点进率贡献最高的词语的最佳途径。

图12—16显示了谷歌网站中检索“电子邮件营销”（email marketing）的结果。在页面左下方，Constant Contact公司成为该关键词下自然搜索排名第一位的结果，在该领域竞争激烈的情况下，取得这样的排名实在难能可贵，因为其他的网站都是通过付费才得到这样的搜索结果。

搜索引擎优化在许多教材和专著中都有论述，我们这里只是讨论一些与社交媒体和口碑媒体相关的基本原理，读者可以浏览谷歌Webmaster网页了解更多的信息。

1. **让最新的内容出现在网络的各个角落**。一个企业或一个品牌开发的网站或社交媒体网页越多，它在搜索结果页面上出现的链接就越多，这一点十分重要，因为如果有人在社交媒体上张贴负面的信息，该信息很快就会出现在搜索结果的首页上，然而，只要品牌的业主张贴最新的正面信息（例如照片、播客、视频、文章、新闻发布等），这些正面的信息马上就可以覆盖负面信息。例如，如果在网站上搜索“粉碎得了吗？”（“Will it Blend”），Blendtec公司开发的微网站马上就会出现在搜索结果的第一个页面上，其后是YouTube网站的3个视频，Blendtec公司在YouTube网站上的

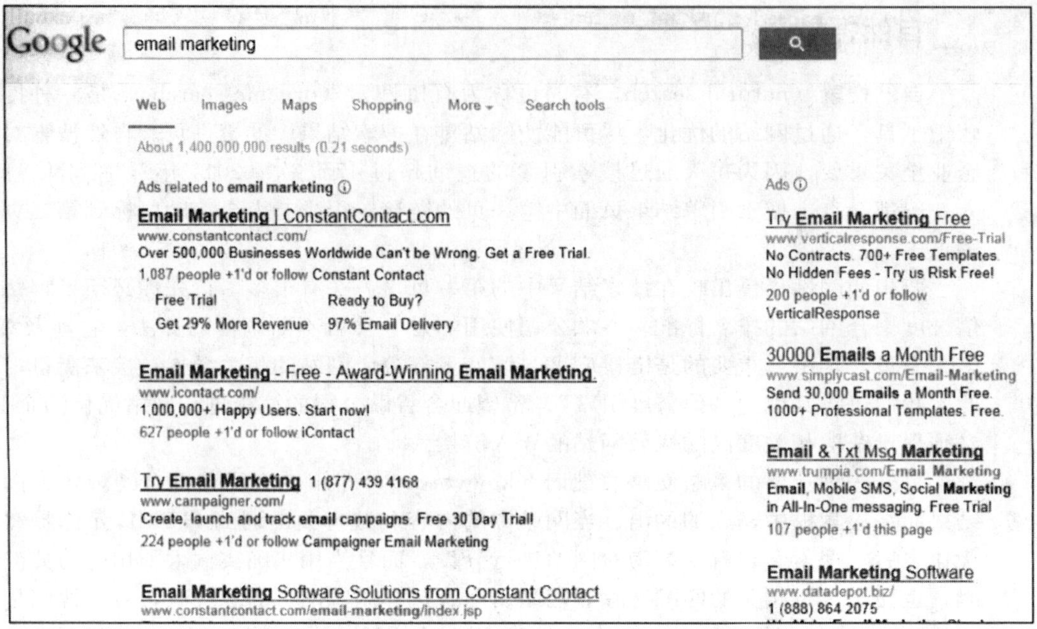

图 12—16　“电子邮件营销”关键词下的自然搜索和付费搜索

资料来源：google.com.

链接，维基百科上的相关词条，Blendtec 公司在脸谱网上的网页，后面是社交媒体上的两篇评论，评价 Blendtec 公司的粉碎机，以及公司开展的一项促销活动，用的是一则病毒营销视频“粉碎机能把自己粉碎吗?”

2. **相关性及流行性**。谷歌网站在判断相关性时，其标准是有多少链接指向该网页。流行性是按照搜索结果页面上的链接有多少次点击，或脸谱网网页上有多少次评论或点赞确定的。例如，如果一个音乐家的网站有众多可靠的类似网站（例如广播台的博客）链接它，那么就证明它的流行性很强，谷歌判断这个网站的相关性和流行性都很强，因此将它放置在搜索结果的顶端。企业对这样的导入链接十分青睐，例如，本书作者为本书的上一版采访过一位博客版主，他希望我们同意将其博客链接到我们大学的网站上，因为高校的网址后缀 .edu 比以 .com 为后缀的商业网站可信度更高一些。社交媒体网站的营销人员会对各种网站进行交叉链接，例如将脸谱网上的网页链接到微博网站上，或者在一个网站上让各个网页相互链接。例如，搜索 blender 粉碎机时，Blendtec 公司网站会出现在前十的位置，因为几百万用户点击、链接或观看 YouTube 网站和微网站上的该公司的病毒营销视频。谷歌网还利用社交图标（就是朋友圈）来确定某一具体网站的相关性，例如，如果用户搜索本地的“最佳餐厅”，那么脸谱网朋友圈在 Yelp.com 中强力推荐的餐厅就会跃上头条，但若是换一个人去搜索，那么排在首位的餐厅就是他所在的朋友圈推荐的餐厅了。

3. **优化内容**。搜索引擎的搜索机器人在各个网站上搜索，看哪些词汇是最重要的，它尤其关注新闻标题、网页标题（就是出现在浏览器标签栏上的词汇）、URL 名称、元标签以及其他各种用大字标出的词汇。这就意味着营销人员应该懂得受众的利益诉求、搜索习惯，这样才能正确选择关键词，使得自己的网站在目标市场上更受欢迎。例如，谈论学生贷款问题以及富国银行（Wells Fargo Bank）放贷问题的博客网站 Student Loan Down 在元标签中设置了 29 个关键词，但是只有 3 个关键词进入了谷歌网搜索结果页面上，这就是 Student，Loan，Down 三个词（请浏览 blog. wellsfargo. com）。因此，该博客网站应该调整自己的关键词，数量少一些，但是使用频率要高一些。

4. **设定的网页地址名称要响亮一些**。网页名称一般与品牌名称一致，这样用户能够方便记住。例如 facebook. com/品牌名称。网址一般都出现在广告中。

5. **图片搜索**。人们越来越多地通过图片来搜索企业形象，而不是靠文字描述。谷歌网可以让用户通过文字搜索图片，也可以通过文件的格式（例如 jpg）、颜色等要素来搜索。TinEye 识图网站使用的是“反向图片搜索引擎”，用户只要自己上传一张图片，网站就可以寻找其他网站上是否有类似的图片（例如上传一张自己的照片，去寻找朋友的照片）。以图搜图的应用将会越来越成熟，越来越普及。

6. **将社交媒体和搜索引擎整合在一起**。谷歌已经把社交媒体上的活动作为排名的一种因素了。例如，一篇推文如果有 1 000 条跟帖，那么它的排名肯定要高于只有 10 条跟帖的推文。必应搜索引擎网站在排名时把点赞的数量也考虑进去。

7. **搜索引擎优化技术在不断变化**。谷歌网站十分重视搜索算法的调整，这在业内很有名。谷歌每年要调整几百次，目的是改进搜索结果，同时也为了避免遭受恶意网站的攻击（例如将关键词用白色的文字放在全白的背景上，用户看不清，但是搜索引擎却能分辨出来）。例如，谷歌在 2011 年和 2012 年分别推出名为“熊猫”和“企鹅”的新算法，这样，质量上乘的网站以及社交媒体沟通内容会排名靠前，而广告，特别是一篇文章中多处出现广告用语的内容则排名靠后。谷歌还声称，为了公平起见，要对为了搜索结果而过度优化的网页进行惩罚。从另一个角度看，这也意味着企业必须跟上技术发展的步伐。建议读者浏览相关网站的内容，了解技术的最新发展（请浏览 searchengine land. com、searchenginewatch. com、seomoz. org 等网站）。《福布斯》杂志预言，到 2014 年，搜索引擎优化技术将走到尽头，我们将拭目以待。

美国内华达州前州长吉姆·吉朋斯（Jim Gibbons）把自己的照片贴在博客上，还有以他个人名义写的白皮书也发表在内华达州政府的官方网站（nv. gov）上。后来，该州的百姓对他的决策和公开场合行为提出异议，于是，在搜索引擎上输入 Jim Gibbons，结果州政府的网站首先跳出来，紧接着是 9 条在其他网站上批评州政府的链接。有些链接在搜索结果的第一页上滞留了几年，后面的网页也不时地弹出这样的链接。只要州长有新的内容发表，例如在 Flickr 网站上贴一张照片，用一个新的网址发表博客，在脸谱网或推特网上建立账户，在维基网站上上传内容等，必定会以他的名字为关键词出现在搜索结果的前 10 个网页中，这就说明有时候在社交媒体上太积极也不一定是好事。

尽管有些网站需要用密码登录，例如脸谱网和推特网，但是搜索引擎依然会对其内容进行搜索，并且展示在搜索结果的页面上。如果用户要通过链接跟帖，还是需要先登录的。如果企业希望自己的内容能够出现在谷歌网站上，并且方便用户浏览，那么就需要开发一个公共网页，用户不需登录，就能浏览内容。脸谱网为网站用户提供功能强大的搜索引擎，许多社交网站上也有专用的搜索引擎，例如 Cue 和 Boolshaka 等。许多企业正在努力使自己的内容出现在专门的公司网站上。

开展社交商务的企业，若要进行搜索引擎优化，首先得了解目标市场客户以及对目标市场有影响力的人的在线行为模式，了解他们使用哪些网站，看他们上传怎样的内容，如何与人分享信息，再采取行动进行优化并观察效果。

垂直搜索

垂直搜索（vertical search）是就某一专题（例如旅游、网络零售商或者书籍）对特定的网站进行的搜索。与谷歌、必应等通用搜索引擎不同，垂直搜索网站是为少数用户搜索十分具体的内容。例如，Tripadvisor. com 网站在 2012 年每月可吸引 7 500万名访问者，他们对世界各地各种各样的宾馆、酒店发表评论和意见。如果你想查找纽约或者曼谷旅店的信息，就可以到 Tripadvisor 网站上进行搜索，得到一系列旅店的列表。该列表的顺序是按照旅店的热门程度排列的，而且每家旅店还附有几百条评论以及几幅观光图片，因此，宾馆、酒店都希望自己能出现在网站的列表上。事实上，消费者之间的信任程度要高于他们对企业的信任，而这家社交媒体网站利用的恰好就是这一点。

其他的垂直搜索网站还有 ZoomInfo 和 LinkedIn（提供个人信息的搜索）、Guru. com（提供 B2B 市场中对供应商的搜索）、Autobytel（汽车销售信息）、CareerBuilder（招聘信息）、Retrevo（消费类电子产品信息）、YouTube（视频网站）和 iTunes（音乐网站）。B2B 时尚搜索引擎 Infomat 提供了 35 万多条关于服装设计师、展览室、零售商和制造商的信息。DPRWorld 网站可以帮助牙科医生找到从牙齿美白产品到麻醉剂等各种产品。

企业应当了解所在的行业是否存在垂直搜索网站，然后确定它们是否被通用搜索引擎收录。例如，英国有种酱叫"马麦酱"（Marmite），它在脸谱网上建立了自己的网页，拥有 36 万粉丝。在谷歌网的搜索结果页面上，该网页位列第四。与此形成对照的是，也有人反对食用马麦酱，他们建立的"马麦酱反对派"网站 Marmite Hate Party 拥有 15. 6 万粉丝。这就说明，不管是消费者还是企业，都离不开社交媒体。从社交网站上我们可以了解消费者喜欢什么，讨厌什么，这省去了企业大笔的市场调研费用。

由于垂直搜索可以帮助用户快速地找到所需的内容，该领域发展很快。iProspect 公司的数据显示，20%的网络用户会选择使用垂直搜索网站。如果消费者想要查找本地的一家比萨饼店，那么使用黄页式的垂直搜索引擎比通用搜索引擎的效果更好。如果使用通用搜索引擎，当地的搜索结果将深藏在全国上万家类似的企业中，消费者很难查找。不过，谷歌网现在已经可以将本地企业的信息显示在搜索结果的网页上。

垂直搜索网站的定价模式包括目录网站收录费用、点击付费、营销效果付费以及传统的每千次成本（CPM）。如果目录网站的内容是用户自制的（例如 Tripadvisor. com 网站），广告客户可以为网站中的图片广告支付费用，也可以根据他人的评论免费输入相应的内容进行说明。

下一节将要介绍的是企业如何对自有媒体进行评价。

12. 6 自有媒体绩效考核指标

自有媒体的形式多种多样，企业必须花大力气确定究竟在哪种形式的自有媒体上进行投资。需要考虑的因素主要是市场环境和沟通目标。如图 12—1 所示，如果营销目标是增加销售量，那么销售额和销售量就是重要的考核指标，当然还有成本指标（例如每次点击成本、投资回报率等）。如果企业的营销目标是提升品牌知晓度，那么就应该判断知晓度是否得到了提升（网站访问量也是一个指标）。

如果是企业自主开发的网站和博客，那么就可以应用网站分析技术，例如测量网站访问者的数量、网页黏度、客户转换率等（请阅读第 2 章内容）。“谷歌分析”（Google Analytics）是一款免费的分析软件，它可以提供各种分析指标来判断网页的效度。例如，企业可以逐日分析每一个网页的浏览量，用户是从哪一个网站或网页上登录到本企业网站的，通过 IP 地址了解网站浏览者属于哪个国家等。

自有媒体还可以考虑如下一些考核指标：

- 播客：下载次数以及收听时间长度。
- 在线活动：参与人数，网络研讨会上提问的数量。
- 虚拟世界：参观公司场所的人数，他们在公司逗留的时间，他们是否与公司员工有过沟通和交流。
- 在线游戏：玩家的人数，他们玩游戏的时间，购买虚拟装备的数量，点击游戏中链接的数量。
- 品牌移动 app：软件下载的数量、更新的数量、个人行为（例如定位用 app 的“签到”、口碑媒体的分享等）植入 app 的数量。
- 二维码：扫描二维码的数量，目标网站上动作的次数。
- 登录的网页：退出率（登录后即刻退出的人数）、点进率、转换率。

社交媒体绩效考核指标与普通网站的绩效考核指标不同，这是因为用户用不同的方式与品牌社交媒体进行互动。企业首先想了解有多少粉丝，公司网站浏览次数有多少，回头客有多少，发展一位粉丝的成本是多少，这里主要考虑员工的时间成本。企业还需要考虑用户参与指标，例如，有的用户会花 4 分钟时间观看网络视频，有的则是打开视频后即刻关闭。如果用户上传视频资料或对品牌视频进行评价、点赞、分享，这些都可以作为评价指标（本书第 2 章、第 14 章对用户参与度有较深入的叙述）。

下面我们将阐述与营业推广及直复营销相关的绩效考核指标。

营业推广绩效考核指标

厂商需要了解营业推广对总体营销沟通的贡献度。例如，企业希望提升网站的浏览量，那么就要测量究竟有多少用户是通过在线竞赛活动登录网站的。网站访问者变成实际的购买者转换率是多少？如何设计考核指标，取决于营销活动的总体目标，这一点与其他的考核指标是一致的。软件供应商及音乐作品的供应商都希望了解有多少用户使用了在线的免费试用版软件或音乐，有多少用户最终实施了购买活动。

例如，2003 年 Russell Athletics 运动服饰公司与体育电视网 ESPN 公司合作，为 ESPN. com 网站带来了流量，同时为 Russell Athletics 公司建立了潜在顾客的数据库。Russell 公司一直在赞助大学橄榄球超级碗锦标赛（BCS），以此为基础，该公司创建了网络竞赛。Russell 公司在 ESPN 动作片频道播出了宣传视频，鼓励观众访问 ESPN. com 网站，挑选出大学橄榄球超级碗锦标赛的 10 名获胜者。每周最高得分的获胜者会收到 Russell 公司赠送的运动衫，而长期参与评选且次数最多的用户也可以得到奖励，即到现场观看大学橄榄球超级碗锦标赛。为了测评宣传活动的效果，Russell 公司和 ESPN 公司收集到了如下的一些数据：

- 50 万名观众观看过 Russell 公司的宣传视频，这是 ESPN. com 网站流量的目标；
- 2 100 万人访问过 ESPN. com 网站，这是网站的用户印象目标；
- 目标年龄组中有 85 000 名男性用户访问过游戏网站；
- 目标人群中有 2 万人登录游戏；
- 34％的竞赛参与者有意继续与 Russell 公司进行沟通，这是数据库目标。

很明显，营销人员在开始促销活动之前必须计划收集这些信息，并不断监测结果。网络技术使这些活动变得比较容易。

直复营销绩效考核指标

对任何直复营销活动来说，回应率是最合适的考核指标。此外，许多公司使用直复营销策略来建立数据库，并根据客户记录增长的情况来评估成功与否。电子邮件营销者收集鼠标点击量作为考核指标，希望知道哪一种促销手段效果最好，哪些信息引起的回应最多，什么时候是发送电子邮件得到最多回应的最佳时间等（据了解美国东部时间周一上午 6 点到 10 点是最佳时间）。

电子邮件为赞助商网站带来的点进率差异很大，而且一般都不高。当然，正如我们前文中提到的，适当的邮件列表和促销活动会提升点进率。对所有的直接媒体来说，电子邮件的投资回报率是最高的，平均能够达到 42.08 美元。

短信营销人员也研究了回应率。在一项针对 200 多个短信活动的调研中，回应效果也是成效卓著：

- 94％的信息被收信人阅读；
- 23％的信息被展示或传递给朋友；
- 15％～27％的收信人响应短信活动；
- 短信每次回应成本是 1.92 美元，它比普通邮件直复营销的投资回报率更高。

小结

整合营销沟通是一项集计划、执行和监控品牌沟通于一体的跨部门工作，目的是获得、维系和增加能为企业创造盈利的顾客。营销人员根据 AIDA（知晓、兴趣、意愿和行动）模型或“思考、感觉、行动”效果层次模型来进行营销沟通工具选择的决策，目的是一步步将消费者引向营销沟通的目标。企业制定社交媒体战略，并制定具体的措施来提升消费者的知晓度，影响他们的消费态度和消费行为。

传统的营销沟通工具是广告、公共关系、营业推广、直复营销和人员销售。在制定整合营销沟通计划时，企业可以使用传统营销工具以及一对一、一对多营销，进而使用多对多的营销战略，即众多的消费者在社交媒体上相互沟通。自有媒体是在企业自主开发的平台上传递营销沟通信息，因此，企业可以部分地甚至全部地控制这些信息。付费媒体是在他人拥有的平台上付费传递企业的促销信息（例如广告）。在口碑媒体上，企业信息的接触面最广，但是企业对其控制力是最低的，它的形式是其他人发起的多对多的交流和评价。

沟通媒体指的是传播新闻、一般信息、娱乐信息和促销信息的沟通渠道。社交媒体是有着特殊性能的一种媒体，它把技术与社交互动结合在一起，使社交网络里的用户共同创造内容和价值。内容营销指的是在实体环境或在普通网站和社交网站上制作并上传内容的一种营销方法。因此，数字内容就以集客营销的方式吸引现有客户和潜在客户，在用户需要信息的时间和场所，向用户提供适合的信息。

最常见的自有媒体包括：公司网站（提供信息、娱乐，建立社区，形成与客户的沟通渠道），博客（发表观点、吸引网站浏览者、发起讨论、支持专家观点等），论坛和社区（方便客户对感兴趣的话题进行讨论，提供产品信息，寻求帮助等），播客（支持品牌建设），电子邮件（建立客户关系，鼓励直接回应），短信（方便瞬时沟通，有利于建立关系），在线活动（引发兴趣、增加浏览量、增加收入），营业推广（例如发放折扣券），虚拟世界（鼓励参与），在线游戏（用与产品相关的内容来鼓励用户参与），在线礼品（增加收益），品牌移动 app（支持社交互动），二维码（提供更多的信息），定位营销（与在营销活动附近的客户进行联系），社交网络（为企业或个人的目的进行联络）等。由于有众多的媒体选择（自有媒体、付费媒体、口碑媒体），企业在进行媒体决策时需要考虑目标市场的营销沟通目标。

搜索引擎优化（SEO）指的是网站或社交媒体访问者数量的最大化，其手段有两种：一是输入合适的关键词就能保证网站的名字或网站链接能够出现在搜索结果页面的顶端；二是搜索引擎网站上的广告有很高的点击率。自然搜索的结果取决于网站的质量，它必须能够形成许多相关的并且是高质量的链接，或者选择合适的关键词。垂直搜索是就某一专题（例如旅游或者书籍）对特定的网站进行的搜索。企业可以运用各种指标去测量自有媒体的绩效，这要看市场环境如何，企业的营销目标是什么。对于播客，可以测量下载次数以及收听时间长度；对于在线活动，可以测量参与人数；对于二维码，可以测量扫描二维码的数量，目标网站上动作的次数。厂商需要了解营业推广对总体营销沟通的贡献度，可以测量究竟有多少用户由网站访问者变成实际的购买者，有多少用户使用了在线的免费试用版软件或音乐。直复营销的测量指标包括回应率、投资回报率、回应的最佳时间、回应的成本等。

思考与练习

复习题

1. 什么是整合营销沟通？它的重要性在哪里？

2. 在规划社交媒体战略时，营销人员为什么要关注 AIDA 模型和效果层次模型？

3. 传统营销沟通工具有哪 5 种？每一种工具在社交媒体平台上有哪些具体的应用？

4. 自有媒体、付费媒体及口碑媒体在营销沟通的接触面及控制力方面有什么差异？

5. 什么是营销公共关系？企业如何利用自有媒体网站开展营销公共关系？

6. 在营销活动中，企业为何用电子邮件和短信来取代传统邮件？

7. 营销活动中如何利用广告游戏这种形式？

8. 在社交媒体上发起、参与、影响沟通和交流对营销活动有什么意义？

9. 自然搜索与垂直搜索、付费搜索有什么差异？

10. 搜索引擎优化与企业的自有媒体战略有什么重要关系？

讨论题

11. 粉碎机促销。该公司还能够利用哪些自有媒体在网络上提升自己的品牌？请说明理由。

12. 粉碎机促销。视频内容如何创立自有媒体？该公司还能采取哪些措施来鼓励用户创造更多的口碑媒体？

13. Blendtec 的 CEO 在公司产品的视频挂到网络上以前曾经说过一句话："好的产品加上疲弱的品牌推广，就等于疲弱的市场业绩。"能否用效果层次模型来解释这个等式？它与公司的营销业绩及销售业绩有什么关系？

14. 企业为什么愿意通过对自有媒体的控制来影响多对多营销模式？

15. 如果不重视搜索引擎优化战略，会

对营销活动产生怎样的影响?

16. 如果消费者在推特网上发起了一次交流，随后，企业的销售代表发推文进行应对，作为消费者的你会作何感想? 你认为营销人员参与这样的活动时应该遵守怎样的规则?

17. 你扫描过二维码吗? 厂商开展整合营销沟通时是否应该加入二维码这一形式? 为什么?

18. 航空公司进行机票销售时，通用搜索引擎和垂直搜索网站哪一个平台更重要? 请说明理由。

网络应用

19. 浏览某一品牌、某一营销活动，或某一新产品的微网站。根据你寻找这一网站以及登录到相关网页时的经历，你觉得 A/B 测试还需要做哪些更改? 列出需要测试的 3 个项目，说明你列出这些项目的理由。

20. 浏览宜家公司的网站 ikea. com，点击网页上方聊天机器人“Ask Anna”的链接。试着问 Anna 有关产品或公司政策的两三个问题。该公司网站的聊天机器人作用如何? 如果要对其进行改进以支持客户服务，还需要做哪些工作?

21. 利用你喜欢的搜索引擎搜索某一家企业的 CEO 撰写的博客。观察他多长时间写一篇博客。最近上传的帖子主要是什么话题? 从他的博客中能否分析出公司的营销目标? 哪些网页已经或应该链接到他的博客上? 这样的链接能起到怎样的作用? 如果要你向这位 CEO 提一个问题，你会提出怎样的问题?

22. 用品牌搜索一种全国知名的消费品，分析搜索结果的第一个网页。第一条结果显示的是哪家网站? 有多少付费搜索链接? 前 6 条链接有哪些相关性? 如果为了自然搜索而优化品牌网站，应该设计怎样的关键词?

23. 浏览大型零售商的网站主页（例如梅西百货（macys. com）、塔吉特超市（target. com））。在这些公司网站上注册是否可以索取电子邮件促销信息或短信信息? 这些公司采取什么手段来吸引消费者注册? 公司如何开展承诺营销? 通过链接观察这些公司在社交媒体上有哪些动作。你认为这些公司还可以通过社交媒体完成哪些营销沟通活动?

第13章 网络营销沟通：付费媒体

这一章将要讨论的是内容营销三大要素中的第二个，即付费媒体。除了介绍付费媒体的最新发展趋势，以及企业对付费媒体的各种具体应用以外，还将讨论厂商选择营销工具时应该考虑的定价模式。最后，本章中还将讨论广告管理人员运用哪些评价指标来评价付费媒体的效率和效益。

学习目标

- 了解付费媒体的特征、意义及局限性；
- 了解付费媒体的重要技术，以及广告商对这些技术的应用；
- 了解社交网络用来吸引广告商的三大特征；
- 介绍最流行的几家社交网站、虚拟世界、在线视频网站提供的广告手段；
- 讨论厂商如何利用移动广告及付费搜索来接触目标受众；
- 介绍如何利用付费媒体在营销漏斗中提升B2B客户；
- 介绍广告商用来考核付费媒体效率和效益的重要指标。

趋势与影响

● 全球有92%的消费者称信任口碑媒体，也就是亲朋好友之间口碑相传的信息，但是对广告却持怀疑态度。68%的消费者称如果同时存在正面评价和负面评价，他们更愿意相信专家评论。30%的消费者认为，如果没有负面的评价，他们就不会相信统计数据。

● BZ WBK是波兰的一家大银行，该银行开发了名为“点子银行”的网站，客户可以在网站上提出建议，帮助银行改进服务和设施，客户也可以对这些点子点赞或抨击。银行已经将300多条建议付诸实施。

案　例

联想公司从付费媒体中受益

联想公司是中国的一家企业，专门销售计算机和其他各种电器产品。公司总部设在中国香港，在美国也有多家联想公司的运营机构。1995年，联想并购了IBM个人电脑业务，到了2011年，它已经坐上全球PC机销售的第二把交椅。联想公司既有企业客户，又有普通的消费者客户。

联想公司是一家跨国公司，它的广告平台同时搭建在传统媒体和网络媒体上。2008年，联想公司开始在谷歌网站上做广告，开展二次营销。二次营销是指对那些曾经访问过公司网站的用户开展营销活动。谷歌的广告网络分布在不同的网站上，例如新闻网、博客网等。广告商可以提供视频、文本、图片或者互动广告在各种网站上展示。二次营销活动使得联想公司可以为公司网站的浏览者贴上标签，以后只要用户登录到谷歌广告网络的任何一个网站上，公司都可以有针对性地向用户展示广告内容。

联想公司根据用户不同的消费行为为其贴上不同的标签：(1) 普通的浏览者；(2) 放弃购物车的浏览者；(3) 在网站上完成购物的浏览者。然后公司针对网站用户不同的行为有针对性地发送广告。例如，普通的浏览者会收到广告信息，告知他们购买笔记本电脑时可以享受折扣，放弃购物车的浏览者收到的广告则是直接针对他们放弃过的商品给予5%～10%的折扣。已经完成购物的消费者收到的广告则是电脑周边产品，例如电脑包等。

这样做的效果如何？很好。2010年，看到联想公司在谷歌网上广告的用户的订单数占到整个订单数的20%，广告费用也因为采用了定向营销而下降。联想公司持续地利用二次营销作为营销工具，并且用很多指标来调整标签使营销活动的效率和效益最大化。

13.1 付费媒体

联想公司利用付费媒体吸引目标市场客户浏览公司的自有媒体网站。第12章中曾经介绍过，企业利用付费媒体刊登促销信息。正如联想公司向谷歌网支付费用，以此实现在谷歌的广告网络上刊登定向广告。“付费媒体”一词常常与“广告”混用，在本章中就是这样处理的，但是有些付费媒体战略并不适用于广告，例如在虚拟世界或一些游戏以及推文里通过付费植入企业的产品。

如今，付费的实体营销沟通平台（也称“传统的”、“离线的”）和数字营销沟通平台（也称“非传统的”、“在线的”）之间的界限越来越模糊。例如，Current. com网站允许用户上传视频短片，如果短片受到网站浏览者的追捧，公司就将其在有线电视节目中播出。现在，美国的电视节目都是数字格式的，许多网站（例如iTunes，Hulu. com，Akimbo. com）可以播放电视节目和电影，“在线”、“离线”的定义也逐渐模糊。同样，传统媒体（报纸、杂志、广播、电视、户外）和非传统媒体（除了传统媒体以外的各种媒体形式，包括数字媒体）的概念也会逐步混淆，原本在报纸上刊登的广告和文章，现在已经无处不在。

需要强调的是，媒体不仅仅指一种设备，电视节目中播放的内容和广告在电视机、手机、计算机上都能播放，广播节目也可以在多种设备中播放。图12—3中列出的媒体种类，其中有许多可以在电视机、桌面电脑等各种设备中显示。从这个角度看问题，最有效的方法应该是将整合营销沟通的各种工具融合在一起，高效、低成本地接触目标市场，而无须考虑使用的是哪一种沟通渠道。这一点尤其重要，因为许多消费者都是同时做多项工作。要做到这一点，营销人员应该懂得每一种媒体的功能、优势和劣势。

付费媒体可以吸引目标市场顾客，把他们转移到自有媒体上来，并且愿意参加社交媒体上的讨论（口碑媒体）。重要的内容不会仅仅出现在自有媒体上，它们会发散到其他的媒体中，正像有些视频短片一样。付费媒体上往往会出现许多营业推广的内容，例如联想电脑公司在展示广告上附赠折扣券等。把自有媒体、付费媒体和口碑媒体整合在一起，可以有效地提升网络营销的绩效。

网络付费媒体与传统媒体广告一样，企业可以利用它创造内容，吸引受众到公司网站或移动 app 上，然后趁势销售自己的广告空间，其功能与电视广告相似。在网络上，一切都显得不确定。例如，一家企业可以在网站上张贴一个旗帜广告，推销自己的产品，这里的关键是交易是否发生了。如果企业为了刊登自己的营销信息支付了费用，或者用自己的商品去交换这样的营销空间，那么这样的营销空间就属于付费媒体。第 11 章中曾经讨论过企业如何销售广告空间获得收益，本章则从另一个侧面看问题，即企业如何购买他人的广告空间来接触自己的目标市场。这些对于消费者来说是没有意义的，因为他们将所有的营销信息都看成广告，但是对厂商来说，却非常重要，因为不同的营销工具实现的是不同的营销目标。

本章我们将讨论付费媒体的发展趋势以及付费媒体的各种形式，其后将讨论定价模式，以及测量付费媒体效率的各种指标。

13.2　对付费媒体的信任

你对广告有多信任？从需求来看，人们首先信任的是口碑媒体，其次是自有媒体，最后才是付费媒体。数字媒体中，最受信任的是品牌网站、选择接收的电子邮件、折扣券（这是自有媒体）、与自己相似的消费者的评价，以及社交网络的交流（这是口碑媒体）。图 13—1 显示的是多项研究的结果，在信任程度上，付费媒体处于最低层。尼尔森市场调研机构发现，消费者对传统的付费媒体其实也不信任。尼尔森的调查结果显示的各种媒体的信任度排序是：电视广告（47%），期刊广告（47%），报纸广告（46%），电影广告和广播广告的信任度更低。

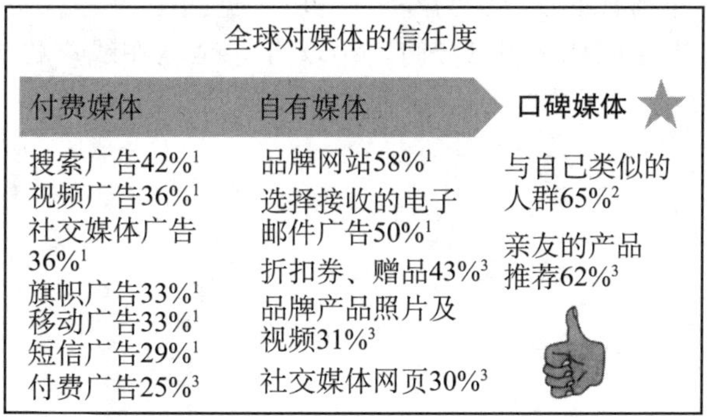

图 13—1　消费者对媒体的信任度

资料来源：1. Nielsen Trust in Advertising Survey 2011 (blog. nielsen. com). 2. Edelman Global Trust Barometer (trust. edelman. com). 3. Vision Critical Study (U. S. only) (womma. org).

尼尔森公司的调查显示，移动广告的信任度较低（移动展示广告为 33%，短信广告为 29%）。有些调查显示，社交媒体上的广告比较容易被人记取。消费者向社交媒体的聚集意味着广告投入应该向社交媒体倾斜。厂商也更加重视制作可信的广告，目的是吸引更多的人来浏览自有媒体。

尽管许多消费者都不喜欢广告，但是他们都知道总得有人为媒体上免费的内容掏腰包。网络用户大多不喜欢网站上的弹出广告以及其他形形色色的广告。据市场调研机构 Catalyst 的调查显示，有 10 种最令人讨厌的广告形式，厂商要尽量避免：标题下面的旗帜广告、以内容形式出现的广告（例如赞助广告）、游标广告、自动扩大占据一半屏幕的广告、紧贴公司标识的旗帜广告、位于网页右上角的广告、截断谷歌文本信息的链接广告、隐藏在页面下的按钮广告、占据首页的满屏广告、占据其他页面的满屏广告。简而言之，就是无端打断网络用户获取信息的各种广告。不过，付费广告依然是提升品牌知晓度和将用户吸引到自有媒体上的重要手段。网络广告依然在不断地发展。

13.3 网络广告的发展趋势

美国最早的互联网广告是旗帜广告，它出现在 1994 年 10 月 27 日的 Hotwired.com 网站上。比较有代表性的旗帜广告是为 AT&T 公司做的广告，它只是邀请用户"点击此处"，没有图表，没有动画。这个广告发布了 12 周，花费了 3 万美元，点击率令人惊讶，居然达到了 30%。到了 2012 年，类似广告的点击率只有不到 1%，这说明每千人中只有不到 10 个人会去点击旗帜广告。有趣的是，网络用户中只有 16%的人会去点击收看广告（2007 年时这一统计数据为 32%）。85%的广告点击来自 8%的网络用户，comScore 公司称他们为"频繁点击者"。该公司认为，网络广告增加了在线、离线的销售额，即使人们不去点击广告，但网络广告还是增加了网站的访问量，这说明品牌营销沟通增加了直接的回应，影响着产品和服务的销售。

美国的网络广告市场在 1998 年达到了 10 亿美元，在 2000 年增长到 82 亿美元。2001 年、2002 年下跌了 12.3%（由于经济萧条）。到 2011 年持续上升至 310 亿美元，其中 2009 年稍有下跌（因为经济危机）（见图 13—2）。预计 2012 年在线支出会上升 23%（上半年同比上升 14%）。2011 年，全球在线广告支出达到 848 亿美元，

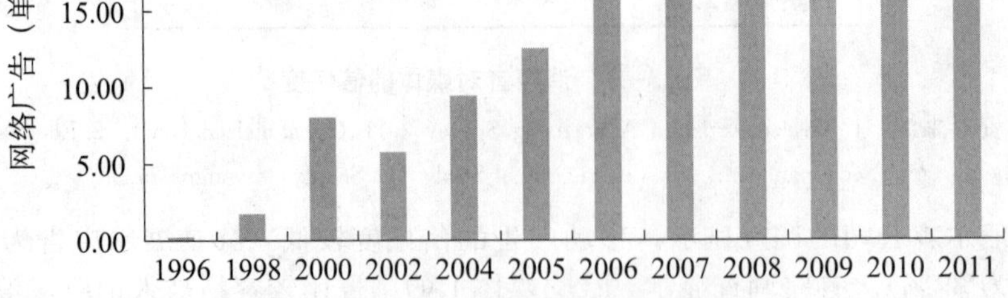

图 13—2 美国互联网广告支出（1996—2011 年）

资料来源：PricewaterhouseCoopers LLP/IAB Internet Advertising Revenue Reports.

现在多数广告客户相信，互联网已经成为接触目标市场的重要手段。对于零售商来说尤其是这样，在所有的行业中，它们是付费媒体的生力军，据美国互动广告局的统计，2011 年零售商的付费媒体支出达到 71 亿美元（见图 13—3）。

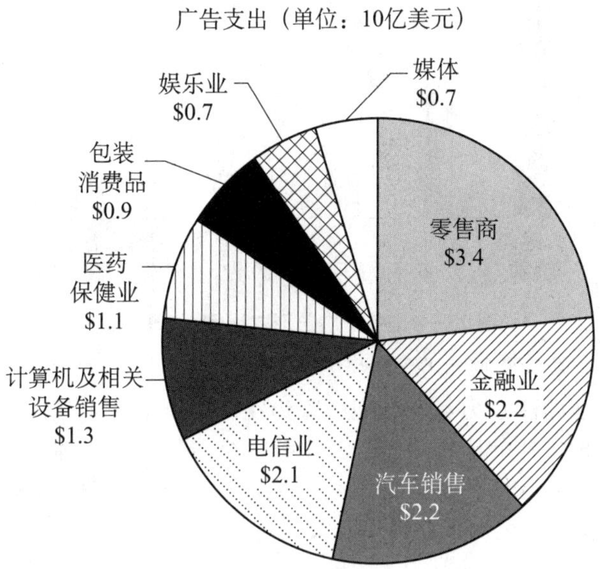

图 13—3　美国各行业互联网广告支出（2012 年上半年）

资料来源：PricewaterhouseCoopers LLP/IAB Internet Advertising Revenue Reports.

要了解广告客户在互联网上花钱的前因后果，就要考虑这样一个因素，那就是 2012 年仅在美国的全部广告支出就达到 1 695 亿美元。换句话说，在 2012 年，互联网公司售出的广告版面获得了广告客户 23.3%的资金，有史以来第一次，网络广告支出超过了纸质媒体的广告支出。

13.4　付费媒体的形式

网络付费媒体的形式多种多样，包括文本（有的是一个句子，有的是一篇故事）、图表、音频、视频、超链接，甚至是在网页上虚拟的汽车试驾。以关键词为主要形式的付费搜索广告是所有付费媒体中最为重要的（见图 13—4）。关键词搜索属于第 12 章中讨论的搜索营销战略的一部分。移动广告这种形式发展得最快，2012 年上半年同比增长了近一倍（从 6.36 亿美元增长到 12 亿美元）。

许多广告形式具有互动功能，方便消费者与厂商进行沟通和交流。这种互动广告有的是链接，有的是游戏，有的则是隐藏在广告后面的购物车，消费者点击广告下拉菜单，也有许多其他的功能。例如，美国维珍航空公司开发出一种互动广告，用户可以对航班上出现的各种便民设施投票，例如：（1）座位上的插座；（2）MP3、电影、电视；（3）新鲜食品及各种饮料。广告的下端显示投票的人数，如果这样的广告放置在社交网络上，下端则显示投票者中有多少是用户的亲友。

展示广告在各种形式中排名第二，占厂商网络广告支出的 20%多，紧随其后的是分类广告和发展迅速的移动广告。在过去这些年里，广告的形式变化很大，说明厂

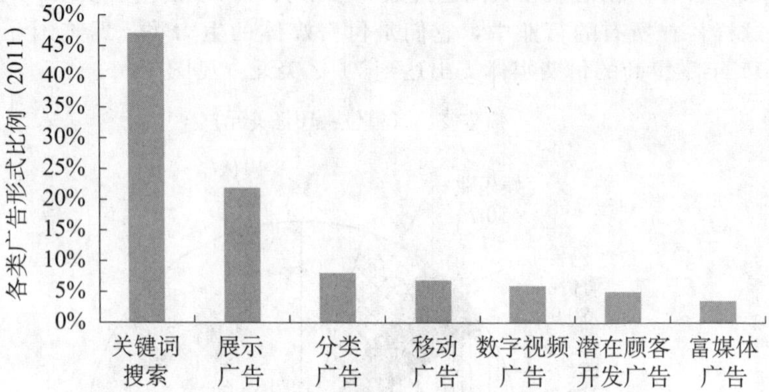

图 13—4 各类广告形式比例（2011 年）

资料来源：PricewaterhouseCoopers LLP/IAB Internet Advertising Revenue Reports.

商为了争夺受众的注意力竞争激烈，因为在网络上消费者是占据主导地位的。这一章我们将阐述几种主要的广告形式，其中移动广告、社交媒体广告以及搜索引擎广告是最为主要的形式，我们将分节介绍。

展示广告

在图 13—4 中，旗帜广告归入展示广告的范畴。在传统广告分类中，纸质广告就称作展示广告。网络**展示广告**（display ads，也称图片广告）嵌入在网页里，用户只要点击就能进入广告商的网站，其形式有文本、图表、动画等。与文本广告相比，展示广告中的图表和空间更多一些，各种规格的旗帜广告也较多。2011 年，展示广告的总收入达到 111 亿美元，占各种网络广告收入的 22%。

美国互动广告局建议为展示广告的篇幅制定一个标准。制定一个标准的格式，这样网络空间的买卖双方就能够方便地达成协议。企业制作出一个标准的广告内容，可以用在多个网站上，而不需要为不同的平台制作不同的广告。媒体也可以设计专门的网页，让标准规格的广告展示在上面。据美国互动广告局称，80%的网络厂商接受了他们的建议。

图 13—5 显示的是展示广告的标准格式。一般的旗帜广告是 468×60 像素的矩形（像素是指电脑屏幕上的一个光点）。图 13—5 中的尺寸都是指像素。尽管大多数旗帜广告是标准化的，但是也有广告商别出心裁，目的是吸引受众的眼球，所以说事情总在变化。

图 13—5 中的“展示广告新星”越来越受到欢迎，它的形式包括告示牌、幻灯片、图片广告、下拉广告、可扩展横幅广告、横幅广告等。它们的具体表现形式是：

- 告示牌广告用户只要点击“×”的符号，就能关闭广告。
- 幻灯片广告分成 5 小块，用户点击广告时，这些幻灯片在一个窗口滚动。
- 图片广告可以方便用户点击，3 张图片轮番出现。
- 可扩展横幅广告开始时是一幅小的广告，用户点击时它可以展开到 970×550 像素的规模。横幅广告的形式类似，但是用户点击前它展示在屏幕的下端。

通用广告组合包括 4 种规格，可以在各种网站上展示，用户的点击率很高。其他广告形式指的是其他规格的横幅广告。展示广告中还有嵌入式视频，但是视频广告仅

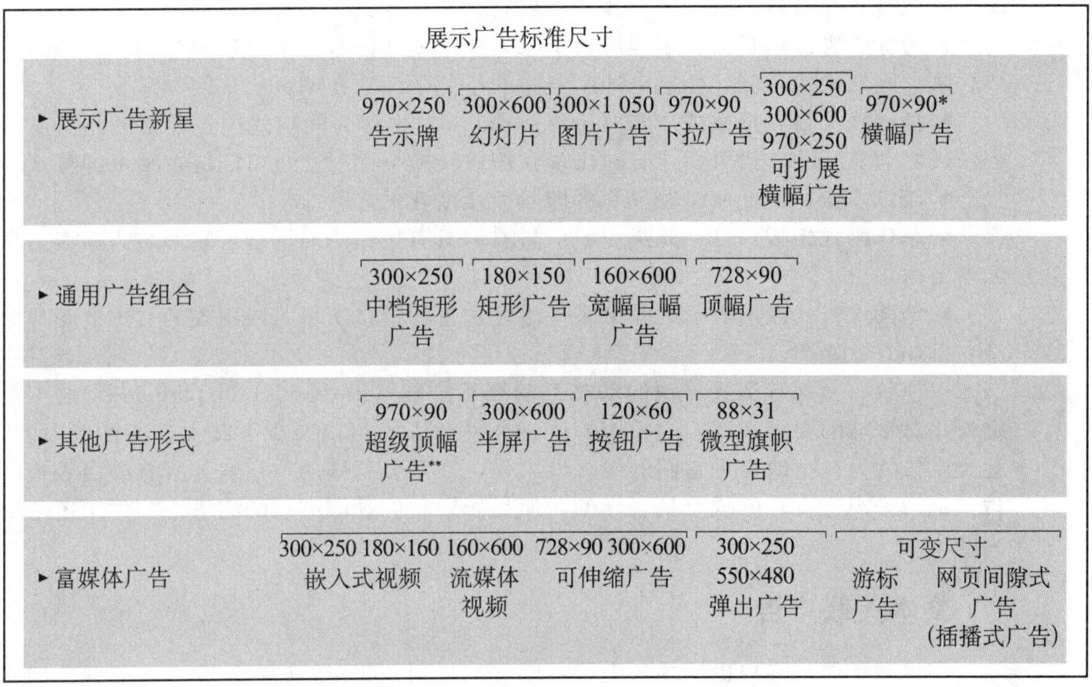

图 13—5　美国互动广告局制定的展示广告标准（2012 年）

* 横幅广告高 90 像素，整幅广告尺寸 970×90。

** 2012 年初为满足行业对宽幅广告的需求，超级顶幅广告尺寸暂定为 970×90。美国互动广告局对顶幅广告的标准尺寸依然是 780×90，最终要看行业内是否接受新的标准。

资料来源：Internet Advertising Bureau (iab. net).

占所有网络广告的 6.9%。

人们或许会问，既然展示广告点击率这样低，为什么这么多的广告商还要使用这样的广告形式？究其原因，一是展示广告可以在网络用户浏览网站时提升品牌知晓度；二是展示广告只要选对目标市场，点击率会很高，正如联想公司所体验到的那样。

展示广告还有两种重要的形式，那就是富媒体广告和文本关联广告。

富媒体广告

富媒体广告都是互动广告，至少是可以点击进入的。点击广告后，切换至广告客户的网站，于是就增加了网站的流量，或者帮助网站实现了其他的目标。一些富媒体展示广告通过感知鼠标在网页上的位置并在用户接近时激活来增加互动性。还有一些富媒体广告有下拉菜单或者复选框和搜索框，增加用户的参与性和操作性。下面介绍的所有模式都为富媒体广告：

- **嵌入式视频广告**：这种广告与旗帜广告相似，但旗帜广告是静态的，而视频广告不需要用户去打开，它会自动播放。
- **可伸缩广告**：此类广告可以改变大小，有时甚至可以满屏播放，有的自动播放，有的则是用户点击播放。
- **弹出广告**：这是在当前窗口或者整个页面中跳出的新窗口中显示的广告。
- **背投广告**：与弹出广告相似，但加载的窗口是在当前窗口之后，因此，只有关闭了其他打开的窗口之后，用户才能看到它。

- **游标广告**：这是指在用户屏幕上来回移动或在内容之上浮动的广告。有的游标广告是动画形式的，例如劲量电池广告中的小兔子，它在网页上来回蹦跳。
- **插播式广告**：**插播式广告**（interstitial ad）也称为间隙式广告，指的是所需内容出现之前显示的广告页面，有时出现在用户转换页面时，也可能覆盖整个屏幕。
- **墙纸广告**：可使所浏览网页的背景发生变化的广告。
- **恶作剧式旗帜广告**：此类旗帜广告看似具有按钮的对话框，它假装为错误信息或者警告。
- **地图广告**：点击电子地图上某一地理位置的链接所进入或出现的文本或图片信息，例如谷歌地图。

以视频、动画等形式出现的**动态互动展示广告**（interactive display ads）的不足之处是对带宽的要求很高。缩小旗帜广告文件的大小可以减少下载文件所需的时间。此类广告的另一个缺点是它们的侵入性太强，常常会惹恼用户，这与所有的侵入式广告（例如弹出广告）的缺点是一样的，但是如果它们顺应市场的需求，其作用还是很大的。

文本关联广告

广告服务器将客户提供的各类展示广告汇集到一起，然后将这些广告放置在网站上，供用户有选择地浏览。**文本关联广告**（contextual advertising）指的是广告发布系统在文本上扫描相关的关键词，然后有针对性地发布广告。例如，在音乐网站上搜索信息，然后发布音乐会的票务信息。谷歌网站的 AdSense 系统会向网站发送 JavaScript 代码，并将这些代码植入到超链接中，网页里就会出现相应的广告信息。微软公司等企业也提供这样的服务，只要有广告出现在网站上，它们就会向网站业主支付报酬。

行为广告（behavioral advertising）也是一种文本关联广告，但它关注的是用户的行为，而不是网站上的文本信息。联想电脑公司在谷歌展示广告网络（Google Display Network）中就采用行为广告这种形式。有一种行为广告称为**再营销**（re-marketing），它是指与曾经访问过网站的用户进行沟通。其方法是广告网络跟踪用户的鼠标动作，因为用户的电脑硬盘中有网络跟踪器文件，可以按照用户的在线行为方式来发送广告。例如，用户在亚马逊网站上搜索一款 CD 唱盘，此后只要他再度浏览亚马逊网站，网站上就会出现该 CD 唱盘的销售信息，广告网络在网站上有许多广告客户，最大的广告网络其实是搜索引擎，例如，谷歌公司的 AdWords 网络面对的是 80%的美国互联网用户，人数多达 2.45 亿。只要用户点击广告，网站业主就能得到报酬。

脸谱网也有根据网页内容发送定向广告的功能（稍后还有具体的阐述）。文本关联广告对厂商来说是一种很好的微型细分市场，同时，它也能在用户需要信息时向用户发送有针对性的广告。相对来说，文本关联广告的点进率会高一些，因为此类广告与用户的需求相关性更强。

电子邮件广告

到目前为止，网络广告最便宜的形式是**电子邮件广告**（e-mail advertising），它是内嵌在电子邮件中的付费广告。广告客户在其他公司提供的电子邮件（一般是时事通讯邮件）中购买版面。例如，美国的律师事务所营销协会（Law Marketing Association）向律师事务所或法律咨询公司兜售广告空间，客户可以在其发送的电子邮件时事通讯中植入广告，内容限于 50 个词，还加上一个 75×75 像素的企业标识，每月收费 500 美元（请浏览 lawmarketing. com）。eMarketer. com 网络营销公司向订阅电子邮件时事通讯的用户定期发送名为“eMarketer FYI”的电子邮件，邮件中有图片广告和链接广告，用户可以通过链接下载其他企业的文本内容，当然，广告客户要为此付费。需要强调的是，由企业向网络用户发送的超链接广告和多媒体电子邮件广告属于自有媒体广告，不是付费媒体广告。

文本链接广告

有些广告的形式是文本中的一个链接，例如，博客帖子或其他自有媒体内容中的一个链接。手机用户下载的内容中的链接也属于这一类。假设有一家花店，它在多个博客网站上有若干文字链接，用户只要点击这些链接，就可以登录到花店的网站。设置这样的广告链接是为了提升网站在搜索引擎上的排名。有一家家具供应商在众多的网站上购买 3 个关键词，结果一年以后，该供应商在谷歌搜索引擎上针对这 3 个关键词的排名从第 97 位上升到第 4 位（请浏览 textlinkbrokers. com）。

赞助式广告

赞助式广告（sponsorships）也称社论式广告，它将内容和广告整合在一起，这正是传统的出版商所痛恨的。大多数传统媒体明确地将内容和广告分离开来，只有女性杂志是个例外。食品广告商通常在杂志文章中提及它们产品的成分，而时装广告商则在文章中提及它们的服装。这种操作方式是广告商愿意接受的，因为这使得它们的产品有了额外曝光的机会，并产生了公众认可其产品的印象。美国互动广告局（IAB）认为网络赞助式广告有如下几种：内容创造、移动应用、品牌互动、竞赛或抽奖、网络游戏、播客、网络调研等。

例如，食品生产企业可以在有关烹饪的博客或威客中付费刊登广告，形式是将企业生产的食品作为原材料。宣传占星术的 Astrology 网络公司在一家女性网站 iVillage. com 上赞助有关占星术的智力测验，对网络用户而言，这样的测验提升了价值，对 iVillage 公司则是增加了收入。这种形式的广告与网站内容相似，但是广告商要为网页空间支付费用。企业也可以直接向博客写手支付费用，要求其撰写正面评价的文章宣传企业产品。问题在于尽管美国联邦贸易委员会要求内容创造者应该明确表示是否为产品宣传接受过货币或其他形式的报酬，但是博客主一般都不会这样做。当然，一旦被发现、被曝光，这些写手会在网络上受到抨击，甚至会受到政府的处罚。2012 年开展的一项调查显示，54%的厂商为博客帖子提供赞助。

美国的 PayPerPost 网络公司为广告商开辟了一个网络市场，厂商在这个市场上可以寻找博客主、网络摄影师、播客版主等，付费让这些网络内容创造者宣传自己的产品和服务。据 PayPerPost 网络公司称，他们在社交媒体上每月能为赞助式广告创造 2. 2 亿次点击量。企业可以先到 PayPerPost 网络公司网站上注册，说明需要宣传的商品并为此出价。例如，一家宾馆可以招募博客写手写一篇 50 个词长短的帖子，宣传宾馆的良好设施，也可以要求某人拍摄一段视频，显示其在宾馆享受各种设施的实景。博客主写完博客以后，通过网络告知 PayPerPost 网络公司，后者对内容进行审核，看其是否符合广告商的要求并安排支付事宜。不过，PayPerPost 网络公司要求博客写手在帖子中标明是收取费用的。

有些人认为，普通的消费者难以识别内容创作者的实际动机，因此这会形成一个商业道德问题。不过，也有人认为，这不是问题，因为许多网络用户本来就把整个互联网看成一个巨大的广告媒体。当然，一则广告如果是本地的内容创造者制作的，那么离开了本地，它的可信度就会下降，对产品的品牌也会有一定的影响。为了解决这样的问题，美国互动广告局组织了一批专家制定标准，规定赞助式广告中一定要披露赞助商的信息。

脸谱网和推特网上也有赞助式广告，后面介绍的社交媒体广告中有专门的论述。

分类广告

分类广告的广告主有的是企业，有的是普通的消费者。这样的广告一般是文本广告，也有图片广告，它们按照类别进行组合，例如汽车类、房屋租赁类等，而且收费并不高。分类广告有的是放置在专门的广告网站上，例如 craigslist. org，superpages. com 等，有的则是出现在网络报纸、网络证券交易平台或门户网站上。一般情况下，分类广告用普通的规格张贴是免费的，如果超出了普通的规格，或者用色彩等其他特征来吸引浏览者的关注，那就要付费。craigslist. org 分类广告平台一般都是免费的，只向招聘企业或房屋租赁企业收取费用以弥补运营成本。由于分类广告转移到 craigslist. org 这样的网络广告平台上，所以传统的报纸减少了很大一块收入。

产品植入

网络游戏极大地吸引了众多的游戏玩家。网络游戏的形式多种多样，有的是两人游戏，例如两人对弈，有的是多人在线角色扮演游戏，几千个玩家以化身的形式在线互动。有的游戏有脚本、有情节，玩家合作去完成同一个情节；有的则没有预设的情节，由玩家在玩的过程中推进情节。这其中最热门的是“魔兽世界”（World of Warcraft），每个月全球有 1 000 万新注册用户。广告商都钟情于网络游戏，因为游戏玩家身份各异，玩家也希望在游戏中见到各种产品，这样的游戏场景更加真实。这一点与离线的影片中产品植入是相似的。例如，网络音乐视频游戏“吉他英雄”中，舞台上乐手的身后总会出现一些广告。有些游戏则是在玩家背后的墙上出现广告牌或广告图片。

电视剧里其实也有产品植入广告。例如，电视剧《能工巧匠》（*The Handyman*）中就有剧中人拿着品牌工具在维修房屋。《美国偶像》节目中，评委常常拿着可口可乐饮料，这也属于产品植入广告。如今，许多电视节目都上了网络，可以将它们归入付费媒体产品植入广告。在社交媒体中，博客、推特等的内容中会提到产品，这是产品植入的又一种形式。

付费媒体的新形式

互联网环境日新月异，创新的形式只要一出现，就会引起人们的关注，这是一片广告创新的肥田沃土，企业可以用各种新的在线广告形式去接触目标市场。可下载的插件广告是最新的网络广告形式。卡夫食品公司开发出一种小插件，用户下载到自己的电脑中以后，它就会每天自动地向用户发送一款新的菜谱。雅虎网开发了 5 000 多种小插件，有些插件可以帮助消费者购物，例如告知网络用户亚马逊网站上有哪些特价商品，在西尔斯公司网站上搜索需要的商品，等等。网络用户对各种新事物都兴趣十足，因此，只要是新形式的广告都有助于品牌建设，也会促进商品购买。

13.5　社交媒体广告

社交媒体网站可以向广告商销售网站空间，帮助广告商接触受众。这一节将讨论几个重要的付费媒体网站。2011 年，美国的核心论坛（The Pivot Conference）上称，有 2/3 的企业利用社交媒体广告这种形式，还有 18%的企业计划在未来的一年内使用社交媒体广告。在使用社交媒体广告的厂商中，54%的厂商认为这种广告形式非常有效，能够帮助实现预期的营销目标。调研显示，在社交媒体上付费为品牌产品刊登广告能够实现 4 个主要目标：第一，提高品牌知晓度（17%）；第二，维系老客户（13%）；第三，扩大品牌社区（亲朋好友、粉丝群）的规模（12%）；第四，增加目标网站的浏览量（12%）。利用社交媒体广告厂商还能够介绍新产品，建设数据库，并且从用户那里获得反馈信息。

归纳起来，付费社交媒体广告的作用包括提高品牌知晓度、增加客户对品牌的好感、收集有价值的客户信息、鼓励网络用户参加品牌社区、点击进入品牌网站、增加购买量和购买频率等。为了促进销售，企业要给消费者足够的理由去点击广告内容。例如，快餐企业 Click-fil-A 在脸谱网上用免费品尝作为一种促销手段，用户只要点击广告，填写随后跳出的一张信息登记表，就能收到企业发送的折扣券邮件，促销活动十分成功。

Forrester 市场调研机构预测，在未来的 5 年中社交媒体广告的发展速度要比搜索引擎广告快出 15%～34%，这其中博客及其他各种社交媒体上的展示广告会发挥重要的作用。然而，展示广告并不能充分利用脸谱网等社交媒体所具有的功能，因为社交媒体的主要特长是用户之间的互动及分享。社交媒体的特征表现在 3 个方面：

- **个人信息**。社交网络上有各种用户信息，例如姓名、头像、各种其他的图片、身份信息（例如年龄、性别、居住地）、兴趣、职业、学历、所在网络社区等。企业的营销人员可以免费利用这些信息制作个性化的广告。
- **社交数据统计**。企业可以根据个体信息以及相互之间的关系制作地图和各种图表，以此来判断类似群体的规模。
- **人际互动数据**。企业的营销人员还可以根据社交媒体上的各种信息来判断网络群体互动的次数和时间。

前面提到过的用户行为定位广告是根据用户在浏览网页时的点击行为来发送相应的展示广告、网页广告、电子邮件广告。许多企业在广告平台创新上做文章，充分利用社交媒体的各种特征。利用社交媒体上的数据，有针对性地发送广告，吸引用户参与。

广告是众多社交媒体企业收入的主要渠道。广告商十分愿意在社交媒体上做广告，开展各种促销活动，原因是在这一平台上聚集着大量的人群，而且他们在平台上逗留的时间也很长，因此，社交媒体上广告促销的效率很高。美国的市场调研机构 Marketing Sherpa 调查发现，56%的企业认为在博客等社交媒体网站上付费开展促销活动十分有效（请浏览 bakasmedia. com）。

脸谱网上的付费媒体

据脸谱网公布的数字显示，广告商通过在脸谱网上刊登广告可以接触 10 亿以上活跃的网络用户，超过了每天登录脸谱网的用户的 50%。广告商其实更加愿意去接触自己的细分市场，而这要通过分析用户的个人信息来实现。图 13—6 显示的是本书作者在脸谱网上发布的有关打击乐音乐会的广告信息。在刊登促销广告时，广告商要选择自己的目标市场。就这条广告来说，目标市场肯定是脸谱网用户，同时还必须具备如下一些身份特征：

- 居住在美国；
- 居住在内华达州雷诺市 50 英里的范围之内；
- 年龄在 18 周岁以上；
- 对冥想、太极、灵气疗法、声音疗法、玄学、佛教、歌手狄巴克·乔布拉（Deepak Chopra）、灵性、瑜伽等活动或话题感兴趣。

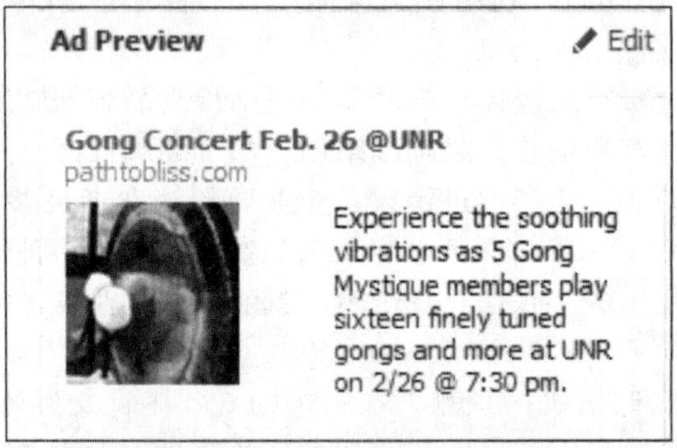

图 13—6　本书作者在脸谱网上刊登的广告

由于锁定的目标市场很小，只有 4 980 个脸谱网用户，这则广告会出现在这些用户的网页上，他们最有可能去参加雷诺市举行的这个音乐会。广告费用是按照用户点击数收取的，每次点击 0.88 美元。

对于面向全球经营的广告商来说，精细定位非常重要，因为脸谱网上用户使用的语言多达 70 种以上，活跃用户中超过 75%不是生活在美国。脸谱网广告可以是互动的，可以链接到其他的品牌商品中，制作广告也十分容易。广告商只需要上传产品图片，并且在脸谱网的广告模板中打上文字即可。脸谱网对广告的效率有精确的统计，从统计中可以看到有多少用户点击了广告，是否采取行动（例如点击链接）。此外，广告商还可以自行设定每天所支付的广告费用上限。

2011 年 2 月，印度的百事可乐公司在脸谱网上开展了一项名为“Reach Block”的促销活动。该项活动帮助广告商确定一个目标群体，例如 18～20 岁的所有用户，这些用户每天可以有 5 次机会看到百事可乐的广告。在这个案例中，百事可乐公司使用的是人口统计细分市场，其实，Reach Block 广告是可以出现在所有的印度脸谱网用户的桌面上的。此次促销活动吸引网络用户去观看视频“换一种游戏方式”（Change the Game），并给板球裁判员打分。百事公司还使用广告鼓励网络用户观看视频，为视频点赞，并且链接到百事印度公司的网页上。还有一种广告是将用户吸引到百事印度公司的微网站上，用户可以将自己的头像上传到网站上，形成一个自己的化身，身上穿着印有百事公司标识的服装，在桌面上为印度的板球队摇旗呐喊，他们还可以通过自己的化身与朋友沟通和交流。

浏览 Reach Block 视频广告的网络用户有 1 900 多万人，其中 53 000 人参与了投票，16 000 人通过链接登录到百事印度公司的脸谱网网页上，百事公司的粉丝多达 100 万人，再加上粉丝的朋友圈 4 200 万人，形成了一个规模浩大的忠诚客户群体。Reach Block 视频广告成了名副其实的病毒营销广告，50%的广告受众是目标市场里的用户（请浏览 ads. ak. facebook. com）。

2012 年下半年，脸谱网和 comScore 公司合作开展了一项研究，结果显示，脸谱网上的付费媒体广告极大地提升了企业的品牌知晓度。例如，最有影响力的 100 家企业的脸谱网网页通过付费媒体广告帮助企业将广告受众的人数增加了 5.4 倍。该项研究主要关注 3 个著名品牌（包括美国三星移动公司），结果发现，与普通的脸谱网用户相比，付费媒体的受众更有可能去实体商店购买商品。

脸谱网上赞助内容

2011 年 1 月，脸谱网增加了新的功能，那就是“赞助故事”（soinbsored story），它将社交媒体与广告结合在一起。这样做的意义很大，因为脸谱网用户的朋友圈一般也会是同一品牌的目标市场客户。例如，如果一个用户与自己的好友聊天，内容中有关于消费某一品牌产品（例如星巴克咖啡）并且喜欢这一产品的内容，脸谱网上就会出现一个文本框，标题是“赞助故事”，还有星巴克的品牌标识。当然，星巴克是要为此向脸谱网付费的。同时，星巴克的品牌还会出现在用户的推送新闻中，星巴克公司需要为此向脸谱网付费。这一功能还有其他的几种形式，例如用户上传的照片。用户有权删除文本框里的广告内容。这样的广告形式对品牌的口碑相传也是有利的。赞助故事的形式有许多种（广告商都要为此支付费用的），例如：

- **域名故事**：这是指用户登录了一家网站，他对此网站感兴趣，点个赞，用户的脸谱网网页上马上就会出现一则推送新闻，上面有“用户特拉维斯为××网站点赞”字样。
- **网页故事**：这与域名故事相似，不同的是用户是为某一产品的脸谱网网页点赞。
- **签到故事**：这是指用户通过脸谱网进入一家零售商店，只要广告商为用户的这一行为支付了费用，用户的朋友圈里马上就能见到用户到这一零售商店“签到”了。
- **网页帖子故事**：这是指厂商将脸谱网上对品牌宣传有利的帖子转换成广告。
- **应用软件分享故事及游戏故事**：只要用户的朋友使用同样的应用软件或玩同样的游戏，脸谱网上就会告知这样的信息。

社交广告

判断一则广告是否属于社交广告有三个标准：（1）要有用户身份信息；（2）要有互动信息；（3）要有社交联络信息。只要有用户信息、社交信息、互动信息，广告就会自动生成。例如，一位脸谱网的用户去看了一场电影，很喜欢，网络就会根据这些信息生成广告。广告发送到朋友圈，告诉大家他喜欢这个电影（或产品），激动不已。社交广告还可以加入互动的因素，例如民意调查、投票、分享、激励等。

一般来说，只要企业将社交网络的信息与广告整合在一起，脸谱网广告的效率就会很高。曾经有人就 14 种知名品牌对 80 万个脸谱网用户开展调查，结果显示，不管是品牌的知晓度，还是购买意向，都有很大的提升。只要网页上显示朋友圈里有人已经成为某一品牌的粉丝，效果就立刻显现。

推特网上的“推广推文”、“推广趋势”及“推广账户”

紧随脸谱网的是推特网，它也在大把地赚取广告商的钱。2010年，推特网推出了自己的第一款广告产品“推广推文”，因此赚得了4 500万美元的广告费。这主要是几家大的品牌企业（例如美国的维珍航空公司、可口可乐公司、福特汽车公司、威瑞森公司等）率先尝试了这种新的广告模式。据里尔蒙斯（Learmonth）预测，推特网2011年的广告收入将达到1.5亿美元，2012年则会达到2.5亿美元。**推广推文**（promoted tweets）指的是出现在推特搜索结果网页上或用户时间列表上的内容广告。这样的广告目标受众可以定位在某一个特定的区域，也可以按照“推特流”（Twitter streams）来定位。网络用户可以与推广推文进行互动，其形式与推特网其他内容的互动相似。**推广趋势**（promoted trends）指的是推特网热门话题旁边的广告，紧挨着用户的时间列表。**推广账户广告**（promoted account ads）出现在搜索结果上和“Who to follow section”的用户推荐板块上，用户可以以此了解哪些人有与自己同样的兴趣爱好。

利用上述这些付费媒体的沟通渠道，广告商可以按照350种非常具体的兴趣爱好分类定位推特网用户，例如“音乐电影”。企业还可以用“@用户名”的形式定位有相同兴趣的用户，其针对的是原始账户的用户，而不是粉丝群。

还有值得一提的是，知名的推特账户用户只要写了推文，就可以得到报酬。按一篇推文计算，身材火辣的金·卡戴珊（Kim Kardashian）可得10 000美元，世界知名的嘻哈歌手史努比狗（Snoop Dogg）可得8 000美元，喜剧明星查理·辛（Charlie Sheen）可得50 000美元。这些名人到一家零售商店（例如百思买大卖场）或光顾一家餐馆以后，就会写一篇推文。这样的推文看似平铺直叙，不像一篇付费媒体文章，但实际上它们是的。一项调查结果显示，2012年有47.3%的企业为赞助式推文支付过费用。

LinkedIn 广告

广告商利用LinkedIn社交网站去准确地定位企业的专业人员。在LinkedIn网站上，广告商的细分市场有各种形式，例如工作职务或岗位、行业或企业的规模、职位的高低或年龄的大小、网站社区成员等。广告商可以按照受众的多少来付费，也可以按照点击量的多少来付费。据uTest网站的一位高管称，LinkedIn是最有效的网络媒体，通过这一媒体形成的拉动式链接占此类链接总数的50%。

“第二人生”广告

如今，在虚拟世界（例如“第二人生”）里做广告已经很普遍了。例如，企业可以在虚拟世界里的俱乐部、商店、卖场张贴广告，建设小亭子宣传自己的品牌，当然需要为此支付费用，企业甚至可以向虚拟世界里的化身发送各种指令。虚拟世界里也有广告网络，广告商可以利用各种媒体发布信息，支付的方式可以是按照展示的广告数或广告的点击次数支付费用。

网络视频中的付费媒体

许多网站（例如 YouTube，Vimeo 等）上都有视频资料，企业可以在视频播放前、播放中、播放后播放广告。广告的形式有如下几种：

- 视频流广告。这种广告可以出现在视频播放前，也可以出现在视频播放中（就是所谓的“前置广告”、“间隙广告”），有的则是遮盖视频的满屏广告。广告时常一般为 15～30 秒。
- 互动式旗帜广告及按钮广告。这是指视频播放期间出现的旗帜广告和按钮广告。
- 播放器桌面式广告。企业可以在视频播放期间在视频周围放置有品牌标识的广告，其实，视频周围还可以出现文本广告、旗帜广告、富媒体广告等形式。
- 视频文本广告。这是指用户观看视频过程中点击相关的文字而出现的广告。
- 规模各异的广告。广告的规模有大有小，有的是旗帜广告，有的是字幕广告，有的是可扩展广告，有的则是全屏广告。

上述各种广告都是互动式的，观看视频的用户可以点击进入广告商的网站，或进入脸谱网或推特网网站。有些按钮广告可以点击进入网店或零售商的门店，观看相关的视频资料，接收各种促销信息，或与人分享视频。在 YouTube 视频网站上，这些视频资料可以自动分享，但是其他的视频网站还没有这样的功能。厂商在制作视频资料时，还需注意要适应 3 块屏幕，即电视机、计算机、智能手机大小不同的屏幕。

除了谷歌的广告网络以外，还有多家企业也提供网络广告服务，据 comScore 市场调研机构的调查显示，2012 年 10 月全球的流媒体视频广告数量达到 109 亿个，广告总时长 38 亿分钟，平均每一位用户观看了 68.2 个视频广告。位列前 4 位的网络广告商分别是 BrightRoll（市场份额为 16.8%）、Google Sites（市场份额为 16.1%）、Hulu（市场份额为 14.2%）、LiveRail（市场份额为 11.4%）。在这项统计中，谷歌网第一次让出第一的宝座，这是值得关注的，因为谷歌网有 YouTube 的视频广告平台。

业内的规则是只有用户浏览视频广告在 30 秒以上，或者一直看完视频广告，广告商才支付费用，这就意味着如果用户跳过视频广告，广告商是不必付费的。第 7 章中曾经提到，有 71%的网络用户在社交网站上浏览视频，因此这种付费媒体的形式对厂商来说十分重要。

13.6 移动广告

有远见的厂商都在密切关注着移动市场的发展。智能手机及平板电脑越来越普及，许多市场调研机构都做出了相似的预测，那就是到 2014 年，移动联网设备的数量将超过联网的桌面计算机。尽管目前的移动广告市场份额只有 6%（见图 13—4），但是《经济学人》杂志上的一篇文章称，“厂商都在期待着手机广告春天的到来。”这是因为手机用户每天有 82 分钟虽然在使用手机，但并不是用来通话（见图 13—7）。

网络企业预测，2012 年移动广告的交易额将达到 26.1 亿美元。移动广告发展快速有多种原因，例如，谷歌移动搜索广告的普及，展示广告空间的扩大，可以刊登广

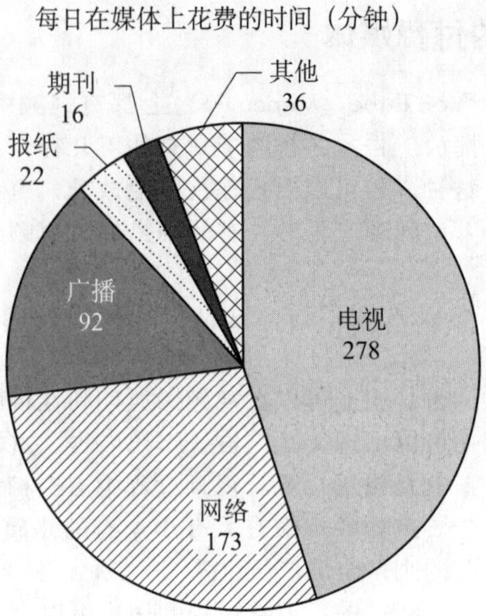

图13—7　消费者每天花费在各类媒体上的时间（2012年）

资料来源：eMarketer. com（“Trends for 2013...，” 2012).

告的移动网络的增加（例如谷歌公司的AdMob、苹果公司的iAd）等。从广告支出看，排在前几位的是移动搜索广告（45%），旗帜广告及富媒体广告（30.7%），文本及视频广告（19.6%）。这样的比例在近期不会有多大的改变，它与固定设备的网络广告发展趋势大体相当。移动广告的形式有以下几种：

● **付费搜索广告**。广告商可以购买搜索引擎上的关键词，它们以赞助链接的形式出现在搜索结果的页面上。由于移动设备的屏幕较小，所以这样的广告必须短小、相关度高，这样才能吸引用户点击进入。

● **展示广告**。用户在网站上读取内容，与此同时，他们会看到旗帜广告、Flash广告等。美国的一家虚拟运营商维珍移动公司（Virgin Mobile）曾经开展过一项名为“Sugar Mama”的促销活动，用“注意力换话费”。手机用户只要在线观看一段30秒的商业广告或者在手机上接收商业信息，然后回答有关广告内容的问题来证明他们确实观看了广告，即可换取免费通话时间。此项促销活动是Ultramercial公司策划的，而维珍移动公司则提供1 000万分钟的免费通话优惠。

● **全屏广告**。Say Publishing广告公司提供移动展示广告平台，广告的形式可以是移动设备上全屏式的，也可以是间隙式的。

● **短信广告**。短信广告的受众面最大，因为它对移动设备的要求很低。如果是展示广告或者视频广告，就需要比较高端的手机了。文本广告在其他的内容中也可以嵌入。

● **定位广告**。定位广告一般是文本式的，与GPS定位系统联系在一起（本书第12章和第14章有更加详尽的叙述）。

● **视频广告**。视频广告的发展速度比较慢，因为它对带宽的要求比较高，下载时间长。

● **有声广告**。有声广告可以出现在有声邮件或视频聊天的前面或后面，目前这种形式的广告还不多。

● **应用软件广告**。苹果的iPhone和iPad上有许多应用软件，广告商可以通过这样的软件提供产品免费试用。Tapjoy 公司提供一些广告空间，用户只要按照要求完成一些动作（注册、订阅、完成问卷等），就可以得到数字形式的奖品或内容。广告商需要付费购买这样的空间。

由于移动用户数量的急剧增长，美国互动广告局和移动营销协会都在抓紧为移动广告的形式及收费模式制定方案。若要广告商自己来制定这样的策略并不容易，因为移动设备的屏幕有大有小，解决方案也各不相同。例如，移动营销协会按照屏幕的宽高比规定了 4 种规格的旗帜广告。宽高比指的是屏幕的宽与高之比。例如 iPhone 手机的宽高比是 2∶3，电视机的宽高比则是 4∶3，也有的手机宽高比是 1∶6，这就可以发布 50×300 像素的旗帜广告。如果手机的宽高比是 1∶4，那么它适合的就是 75×300 像素的旗帜广告。听起来很复杂，但是广告商如果要将旗帜广告发送到手机用户的屏幕，就需要考虑这样的问题。

厂商应该选择怎样的广告平台？这需要考虑促销活动的目的，目标市场的人口统计特征和行为特征等。表 13—1 显示的是美国互动广告局制定的一些测量指标，看怎样的整合营销沟通目标最切合移动广告的目标。

表 13—1　　根据营销目标来选择移动广告的平台

	展示广告	短信广告	定位广告	付费搜索	视频广告	有声广告	应用软件广告
品牌建设	√		√		√	√	√
导向移动网站	√	√	√	√	√		√
点击呼叫		√	√	√		√	√
与客户交流		√				√	√
增加销售线索	√	√		√			√
完成销售	√		√	√			√

资料来源：Adapted from "IAB Mobile Buyer's Guide," Available at iab. net.

移动广告是一个全新的领域，它有很大的发展空间，也存在许多有待解决的问题。许多业内人士都在思考，移动用户是否愿意为内容付费，还是选择附带赞助式广告的内容。这一点与电视节目相似，观众可以选择没有广告的节目，但是要为此付费，也可以免费观看夹带赞助式广告的电视节目。在一项调研中，只有 9%的手机用户表示完全能够接受赞助式广告，25%的用户基本能够接受，即使这些广告是"通过选择"才播放的。有 43%的手机用户每天通过手机上网，因此，尽管调查结果显示愿意接受赞助式广告的用户并不多，但是广告商依然愿意为赞助式广告投入，因为尽管消费者不喜欢广告，但是只要与他们的生活相关，他们还是愿意浏览广告的，特别是有的广告很有创意，很贴近生活。

移动广告未来的发展面临多种制约因素：第一，无线带宽目前还不是十分理想，因此，在移动内容中插播广告会影响内容下载的速度；第二，普通手机或智能手机的屏幕都不大，这就限制了移动广告的规模；第三，要追踪移动广告的效果需要用到不同的技术，需要制定新的效果测量指标；第四，许多移动用户的付费方式是按照时间计费，或按照流量计费，但是用户一般不愿意为广告付费。尽管如此，移动设备上的内容赞助式广告依然会有较快的增长，这是可以预见的。

移动广告能否发挥作用？2011 年，尼尔森市场调研公司曾经就金宝汤公司（Campbell）的广告在移动设备上的效果与在电视节目中的效果进行比较，结果显示，在 iPhone 手机上看到广告的用户比在电视机上看到广告的用户对品牌的印象更加深刻。连续 5 个星期的调研结果显示，前者对金宝汤品牌的回忆次数是后者的 5 倍，前者对广告信息的记忆是后者的 3 倍。

13.7 付费搜索

付费搜索（paid search）是指广告商向搜索引擎付费，搜索引擎则将广告商的信息展示在搜索结果的页面上，或在用户键入关键词时展示广告商的广告。2006 年以来，付费搜索一直是付费媒体中的大户，几乎占据了在线广告支出的半壁江山（见图 13—4）。2011 年，各类企业为付费搜索广告支出的费用高达 148 亿美元，比 2010 年增长了 27%。据 HubSpot 公司的调查结果显示，网络用户在搜索中有近 1/4 的时间是在点击付费搜索广告（也称为赞助式链接广告）。目前付费搜索营销中主要涉及 3 种技术，即关键词广告、付费收录广告、目录列表广告。

关键词广告（keyword advertising）指的是在搜索引擎网站的搜索结果里立刻出现赞助式文本广告或展示广告。例如，广告商可以付费购买关键词“汽车”，只要网络用户键入“汽车”一词，广告商的旗帜广告或文本广告就会出现在搜索结果的页面上。图 12—16 中曾经展示过，广告商购买“电子邮件营销”一词，在自然搜索的结果页面右上方就会出现赞助式链接。谷歌网在搜索结果页面上的排序原则有 3 条：第一，广告商竞价时的出价是多少；第二，登录网站的统一资源定位器的位置；第三，广告的点进率。按照这样 3 个原则，相关度最高的赞助式链接排在第一。大多数广告商使用关键词组合的方式，而不是仅用一个词作为关键词。广告商还使用“负面关键词”的方法来排除那些不相关的信息。例如，一家仅供应午餐的餐馆选定的关键词会是“餐馆”、“午餐”，同时将“早餐”作为负面词，因为餐馆不供应早餐。关键词选择还有其他的各种标准，例如所在行业。付费搜索的信息是不断变化的，这一点与自然搜索相似。

谷歌公司还通过旗下的广告联盟发送文本关联广告，用户点击网站上或视频中的广告，网站业主就能得到一笔广告费。下面的“相关技术”专栏将介绍搜索引擎的工作原理。

相关技术

搜索引擎

假设你刚被聘用为公司营销部门的中层主管，想给大家一个好的印象。你的上层主管交给你一份调研报告，这份报告显示了大部分访问公司网站的人都是通过搜索引擎找到本公司的，因此，他要求你想办法提升公司在搜索引擎上的排名。你不知道该从哪里着手，还担心自己表现不佳，幸运的是，你曾听说过有些服务机构专门帮助提升公司在搜索引擎上的排名，要是早知道这些服务机构的名称以及它们的工作方式就好了。

整个万维网包含了几十亿个网页。实际上，当某人键入搜索关键词时，搜索引擎不可能每次都在整个万维网内进行搜索，因为这项工作需要很多天才能完成。事实上，搜索引擎只预先搜索最近一个月的网页，并将结果存储在一个巨大的数据库中。如图 13—

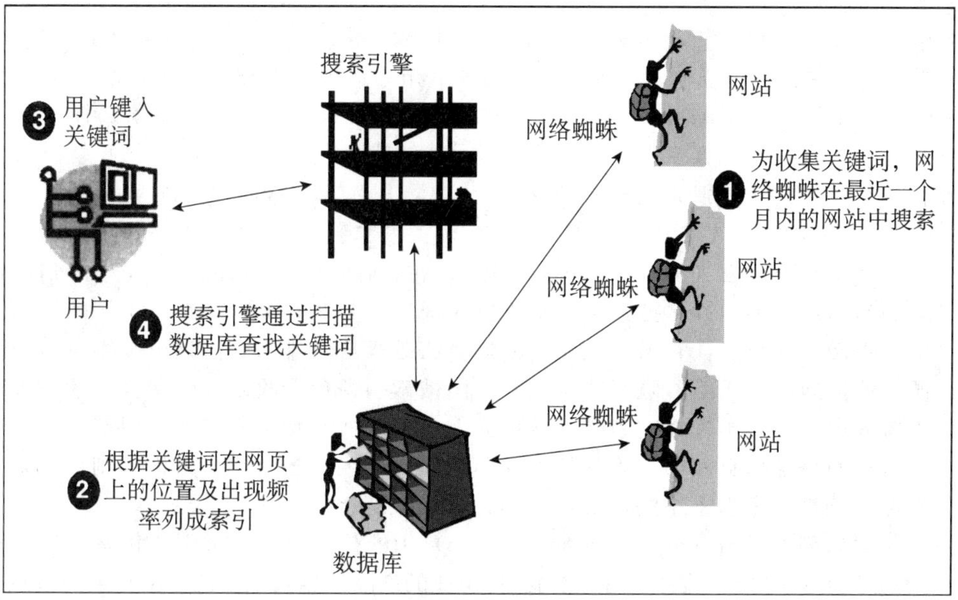

图 13—8　搜索引擎的工作原理

8 所示，搜索引擎启动一种叫做**网络蜘蛛**（spiders）的自动程序逐个搜索网站、网页和单词。这些网络蜘蛛累积起一个庞大的索引和数据库，从中可以找到所有的搜索词、词汇被发现的位置以及它们在每一个网页上出现的次数等。

当用户键入搜索词时，实际上是在这个数据库中进行查询。由于这是一个索引化的数据库，所以用户差不多能在瞬间就得到查询结果。这些结果是按照与搜索词的相关度依次出现的，相关度最高的网站最先出现。搜索引擎是怎样确定相关度的呢？

搜索引擎的工作就是判断哪些网站与所搜索的关键词相关性最强，这就要归功于网络蜘蛛了。网络蜘蛛不仅要计算网站上的词汇，而且得判断这些词汇在网页上出现的位置及**频率**（frequency）。例如，若关键词出现在网页标题上，它的相关价值就高于那些出现在文章内容中的关键词，同时，关键词出现次数较多的网页排行位置也更靠前一些。

于是，人们就想到了将这个搜索引擎的基本原理运用到网站内容的设计上以提高网站在搜索引擎上的排名，比如尝试在网页标题上反复键入关键词来愚弄网络蜘蛛是否有用呢？其实，网络蜘蛛也“受过训练”，它们是不会被一行文字中多次出现的关键词愚弄的。其中一种技术就是两个重复的词汇之间至少相隔 7 个词汇，否则就不计算在内。这种防护措施能避免用户打开一个有重复关键词却毫无意义的网页（例如“Mazda，Mazda，and Mazda”）。谷歌网对那些故意影响搜索引擎正常排名的网站会采取惩罚措施。

搜索引擎同时还考虑另外两个因素，它们与网页本身无关，那就是判断某一个网站拥有多少与其他网站的链接，以及用户通过这些链接点击进入该网站的次数。链接的数量与用户点击链接的进入率都能够显示该网站的人气。

既然如此，有人就想到了建设一些虚假的网站来与自己的网站链接，还有人想到了是否可以通过无数次登录搜索引擎，然后点击进入自己的网站来提高自己网站的排名。搜索引擎的对策是辨别出这两种行为，抵消它们的负面作用。当然这种技术在实际运用中究竟如何操作目前属于商业机密，因为所有搜索引擎类的网站都试图根据用户的关键词搜索到最有用和相关的结果，这样才能够显示出这些搜索引擎本身的特异性，形成自己的竞争优势。然而，网站 Search Engine Watch（searchenginewatch.com）泄露了搜索引擎的许多秘密。

网络经营者都希望自己的网站在搜索引擎排名中位列前茅，至少应该出现在第一页，这样网络用户不必翻页就能搜索到他们的网站。要做到这一点，一个办法是向搜索引擎购买付费列表（一般是按搜索的关键词来编排），另一个办法是雇用一家公司去研究搜索引擎，看它们用什么样的算法来对网页排名。利用分析结果提供的信息，企业可以重新设计网页，以提高自己的排名。许多这类研究搜索引擎的公司都使用了一些较吸引人的名字，例如MoreVisibility，SpiderBait等。

付费收录广告（paid inclusion）指的是网站向搜索引擎付费，并且得到保证会收录到索引目录中。许多搜索引擎都提供这样的服务，谷歌网却是一个例外，因为谷歌坚持不做付费收录，它希望按照自己的算法进行自然排名。网站可以将自己的统一资源定位器地址发送给谷歌网或雅虎网，由搜索引擎免费收录。免费收录的结果对于搜索者来说迟早会出现在搜索结果的页面上，但是要花费很多时间。付费收录对于广告在搜索引擎结果页面中出现的位置并不能确定，因为还有许多其他的制约因素。有时候，人们将搜索引擎中的付费收录称为赞助式链接。

目录列表广告（directory submission）指的是企业向搜索引擎付费，后者将企业的信息展示在目录列表中。雅虎网会将企业的产品信息收录在购物网页上，按点击次数收费。如果是在一个地方经营的企业，那么它的产品信息就会收录在地方目录列表中。普通的产品一般收费299美元，成人保健用品的广告则收费600美元。目录列表对于许多垂直市场的搜索引擎来说分外重要。例如就业岗位目录（如Craigslist）或生意转让目录（如business.com）等。需要指出的是，目录列表广告有的收费，有的免费。

付费搜索一般称为按点击付费，因为只要用户点击广告，广告商就要付费。谷歌网收费标准是每次点击0.15～15美元。由于关键词的热度各不相同，企业为此付费的额度每月可以达到100美元到几百万美元不等。广告的点进率低的低到0，高的却可以高到50%。广告商如果要避免支付无谓的巨额广告费用，必须精心选择关键词。美国园艺公司（American Meadows）用各种鲜花的名字作为关键词，而不是简单的“园艺”一词，目的是避免让客户为寻找园艺公司不销售的产品而点击广告。谷歌等搜索引擎网站通过关键词帮助广告商赚取了大量的收入，同时也为自己增加了收入，因为网络用户对于自己感兴趣的网络内容还是十分关注的。

美国北卡罗来纳州的家具商Rustica公司利用谷歌网做广告，它注重选择合适的关键词，结果2002—2011年每年的销售额平均增长50%。谷歌网的广告平台AdWords提供的服务十分复杂，因为广告商要选择合适的关键词，确定广告所属的群落（几个广告属于同一个主题），还要考虑语言、地理区域、广告发布的时段以及广告的标题、文字等。当然，广告的点进率也十分重要，它要满足营销活动的基本需求。图13—9显示的是谷歌网AdWords广告平台对广告设计的基本要求。

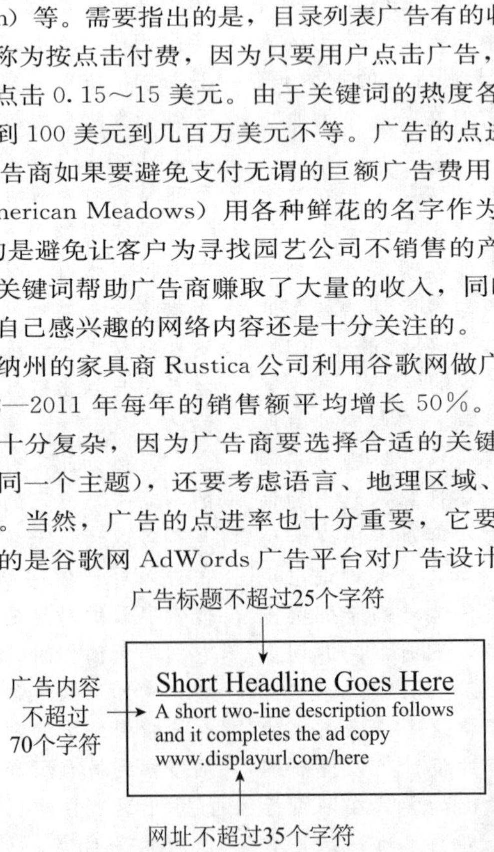

图13—9 谷歌网AdWords广告平台对广告设计的基本要求

13.8 购买怎样的付费媒体

广告主要为普通网站、社交媒体网站、移动电话、电子邮件等数字媒体上的空间支付费用，于是，就产生了购买何种媒体的问题，除了企业目标、产品特征、促销目的等要素以外，还需要考虑媒体特征、广告效率、投资效益等问题。每一种媒体都有自己的特点，可以帮助企业实现营销目标。例如，电视有助于提升产品的知晓度和品牌知名度，因为它的受众比较广泛。互联网有助于创立品牌，而且对直接回应（例如注册、购买等）格外有效。企业还需要考虑的一个重要问题是消费者对广告的信任度。

媒体策划人总是希望付费购买的媒体既有效率又有效益。**效率**（effectiveness）指的是获得目标受众的关注，而**效益**（efficiency）是指用最低的成本实现赢得受众关注的目标。

购买网络媒体的效率

企业在确定购买付费媒体以后，就要判断要购买怎样的媒体。前面已经介绍过，负责媒体策划的管理人员希望寻找与品牌的目标市场吻合的受众媒体。营销人员运用各种创新的数字战略，是为了锁定目标市场。这些战略包括社交媒体、电子邮件等的运用，它们都要使用专用的数据库来传递广告信息。

有些广告主希望用关键词来接触尽量多的广告受众，他们就会购买搜索引擎作为广告媒体。尽管搜索引擎网站可能规模很大，但是与有线电视相比它们依然稍逊一筹。如果是用这样的媒体去接触某一细分市场，作用还是明显的。因此，在垂直搜索营销和关键词广告市场，这种媒体形式发展还是很快的。

要确定哪一种媒体的效率最高并不容易，因为存在着各种各样的制约因素。曾经有人对 297 家利用社交媒体开展营销活动的大企业进行过研究，结果显示网络视频及博客是效率最高的两种网络媒体。不过，各种网络媒体在实现营销目标方面都有明显的作用。

2006 年，Weather. com 网络公司有效地利用搜索营销这种媒体形式吸引网络用户浏览其宣传时尚生活的网站内容。该公司的网站主要介绍天气对高尔夫、滑雪、婚庆、过敏症等的影响。该公司的营销目标是公司网站浏览量同比增长 45%。该公司在天气预报类网站中名列前茅（占天气预报类网站搜索市场份额的 30%），并促进时尚生活网页的访问，这是公司收益的主要来源。为了做到这一点，该公司设计了一个关键词广告宣传方案。Weather. com 网络公司的婚庆类网页主要是为户外举行婚礼的人群提供咨询，网站的营销人员设计了两个关键词，一个关键词是“婚庆设计”，这一关键词的广告产生的结果是每位浏览者浏览网站 1. 5 次，每次浏览 3. 6 个网页，平均每位浏览者浏览 5. 4 个网页。另一个关键词“户外婚庆”的效率要好一些，这一关键词的广告产生的结果是每位浏览者浏览网站 1. 8 次，每次浏览 6. 6 个网页，平均每位浏览者浏览 12 个网页。该公司最后决定购买广告关键词“户外婚庆”。据公司的营销总监 D. V. 诺斯特兰（Derek Van Nostran）称，“我们的决策有 95%依赖这样的分析数据。我们希望我们的决策有好的回报，而且有数据支撑”。

在B2B市场中，付费媒体在促使潜在客户转化成实际客户的工作中很有成效。Bizo网络公司为企业市场勾画出一幅购买实现的漏斗图（见图13—10）。首先，潜在客户知晓了产品信息，他们需要了解此产品相比同类产品有什么优势（教育）；其次，潜在客户对产品进行评价，并且会向销售人员征询建议。走过这几步，潜在客户有可能变为实际的客户。需要指出的是，并不是所有的潜在客户都会按部就班地实现这样的转变。还有，除了向销售人员征询建议这一环节以外，其他的各个环节与潜在客户向实际客户的转变是一样的。

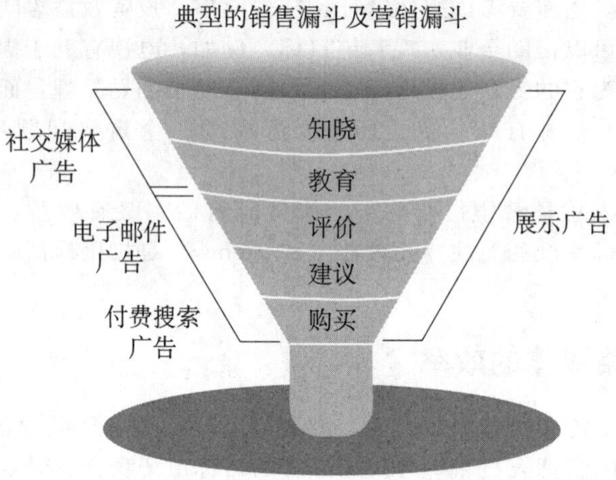

图13—10　付费媒体的潜在客户变为实际客户

资料来源：Bizo（Business Audience Marketing）. bizo. com.

按照Bizo公司管理人员的观点，展示广告有助于营销人员在漏斗的各个层面去接触潜在客户。从图13—10中可以看出，社交媒体展示广告有助于提升产品知晓度，对潜在客户进行教育。电子邮件广告、付费搜索广告有助于产品评价、征询建议以及购买的实施。从B2B市场调研中可以看出个中原因：

- **漏斗的上层**：Bizo的调研结果显示，在这一层面上客户对产品的知晓度提高了，对品牌的了解多了，由于接触了展示广告，对网站的访问也增加了。
- **漏斗的中层**：Bizo的调研结果显示，客户见到展示广告以后对网站内容的参与度提高了，下载网站的内容多了。
- **漏斗的底层**：展示广告与付费搜索技术结合在一起，使得客户与销售人员的沟通增加了，对网站内容的关注度提高了，广告的点进率也提高了。comScore网络公司的调研显示，将付费搜索技术与展示广告结合在一起，能够将销售额提高119%。

第12章的图12—11中曾经显示，展示广告的回应率只有0.04%，付费搜索的回应率是0.22%，因此上述119%的增长幅度是十分可观的，这说明将展示广告与搜索广告结合起来是有效的，尤其在B2B市场上更是如此。了解这一点的意义还在于可以帮助营销人员明白如何将付费媒体、自有媒体及口碑媒体结合在一起。

购买网络媒体的效益

如果营销人员找到了媒体的目标受众（这是“效率”问题），接下去的一步就是制定绩效考核指标判断是否做到效益最大化。为了判断效益，在购买付费媒体时要关注3个重要的指标：CPM（千次曝光成本）、CPA（每次行动成本）、CPC（每次点击成本)。图 13—11 显示的是 2012 年上半年绩效考核指标的相对重要性，这一比例多年来没有太大的改变。

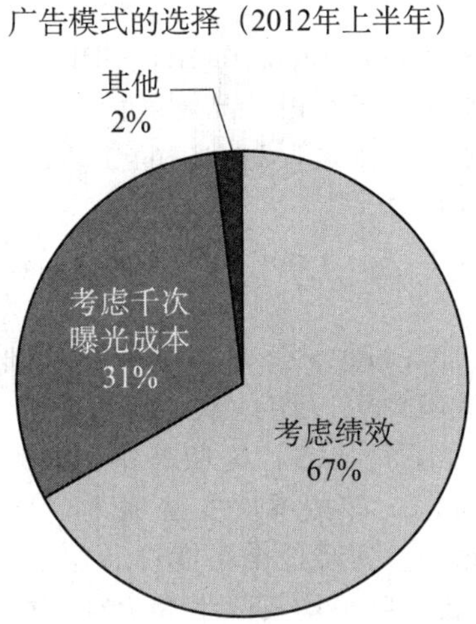

图 13—11　广告模式的选择

资料来源：PricewaterhouseCoopers LLP/IAB Internet Advertising Revenue Reports.

千次曝光成本（cost per thousand impressions，CPM）的计算方式是广告成本除以受众规模，再乘以 1 000。这里的受众规模使用的是**曝光**（impressions）这一概念，就是一则广告究竟影响到多少个网站的浏览者，它不考虑浏览者是否看过广告。例如，假设有一则旗帜广告放置在 MediaPost. com 网络平台上，曝光次数为 240 万次，广告支出为 16. 8 万美元，那么 CPM 就是 70 美元。这样的定价模式一般用在赞助式广告、游戏广告和视频广告中。企业使用 CPM 这样的绩效考核指标可以用来比较各种不同的媒体以及媒体中的内容载体。杂志的 CPM 往往最高，而广播的 CPM 一般比较低。

每次行动成本（CPA）指的是计算用户的社交行为，例如向朋友赠送巧克力、个人网页上上传的帖子、对博客的评价次数、玩游戏或观看视频的人数、网站的注册人数、一则广告形成的粉丝人数等。CPA 还可以用来评价联盟计划是否成功。例如，博客主对一本书进行评价，网络用户点击博客上的链接登录到亚马逊网站，如果用户购买了这本书，博客主就可以得到相应的报酬。

每次点击成本（cost per click，CPC）指的是按广告绩效付费，有时也称作**按点击付费**（pay per click，PPC）。有的是按广告点击付费，有的是按销售实现或寻找到销售线索，完成新的用户注册付费。

谷歌公司的 AdWords 广告平台、脸谱网等网站采用的是竞价模式，这种形式称为**实时竞价**（real-time bidding，RTB），广告商按照一定的价格购买一定量的广告曝光次数。例如，图 13—6 中的脸谱网广告竞价时的出价是单次点击最多 1. 2 美元，2 周时间最多支付 50 美元，通过与其他广告商的竞价，最后成交的价格是单次点击成本 0. 88 美元。采用实时竞价定价模式的广告根据其他广告主的出价水平，以及其他一些因素会在众多广告中的位置上下浮动。这种定价模式对广告主是有利的，但是增加了网站的风险，因为网站的收入部分取决于广告主制作的广告的力度，还有产品本身能否吸引受众点击进入。实时竞价这种定价模式促进了付费媒体市场的形成，有些企业甚至预言到 2016 年，这种定价模式的广告会占到整个付费媒体广告的 25%。

网络广告还有多种定价模式，例如：

● 单次安装成本（cost per install，CPI）。这是指社交媒体上小插件或应用软件的单次安装成本。

● 单次参与成本（cost per engagement，CPE）。这是指对于用户每次参与沟通广告主花费的成本，例如用户提交设计品牌的内容，用户参与网络竞赛、投票、抽奖等活动，用户对内容的评价、排名，与广告的互动，用户在推特网或其他社交网站上对内容的回复、点击、点赞等。

● 单个浏览者获得成本（cost per visitor，CPV）。这是指一个用户点击广告浏览时广告主支付的成本。

有一个有趣的例子。JCPenney 公司聘用社交基础设施提供商 Gigya 公司开发了一款小插件，青少年网络用户可以用这款小插件在社交网站中朋友的照片上配上帽子、胡子以及各种稀奇古怪的装饰。这项营销活动名为"我为你着迷"（Stuck on You），它的付费模式是 CPI，即按单次安装成本付费，2008—2009 年，小插件的下载安装达到 290 万次。此外，安装这个小插件（这是一种参与式的社交活动）需要点击 43 次，而一个用户安装以后平均要联络 22 个朋友。

付费媒体的这种定价模式在整合营销沟通活动过程中以及完成后依然会用来测量这种活动的效率。

13.9 付费媒体的绩效考核指标

付费媒体的绩效考核指标多种多样，最主要的是那些与营销活动的目标有直接关系的指标。如果营销目标是实现销售，那么因为广告而实现的销售量、销售额、投资回报率等就是重要指标。如果营销目标是建立品牌，那么就可以测量有多少正面的有关品牌的交流，博客上有多少评论，有多少人观看了视频，粉丝或朋友增加了多少，有多少人分享了应用软件等。第 12 章中曾经提到，企业经常使用 A/B 测试的方式检验哪一种页面对用户的吸引力更高一些。在对展示广告及其他各种付费媒体进行测试时，也使用相似的方法。尽管如此，大多数厂商依然十分重视点进率这种效率测量方法，这种方法相对简单，可以对各种战略进行比较。例如，是电子邮件广告还是展示广告点进率更高一些？表 13—2 显示了各种常用的付费媒体战略以及在广告市场中的占比。

表 13—2 整合营销沟通的测量指标以及营销人员对这些指标的应用率

测量指标	计算方式	应用率（%）
网页浏览及注册人数	浏览网页的人数或网站注册的人数	64[1]
点进率	广告点击次数/广告曝光次数	60.0[2]
网站浏览人数及导入网站	从不同渠道（例如谷歌网及各种推荐网站）流入的浏览者人数	60.0[1]
销售线索数	潜在购买者的人数	48.7[2]
形成的新账户数及销售机会数	新账户数及可能形成的新账户数	48.0[1]
搜索网站上的声望及网站偏好	关键词搜索结果页面中的排名次序	46.0[1]

续前表

测量指标	计算方式	应用率（%）
新增销售量	增加的销售数量	40.0[2]
投资回报率	投资/收益	38.4[2]
内容下载量	用户下载各种内容的数量	37.0[1]
交易量或订阅量	用户购买产品、服务的数量或订阅的数量	37.0[1]
品牌知晓度	对市场调研结果或博客热度分析的结果	31.5[2]
信息需求量	用户对信息提出需求的次数	27.3[2]
对网络内容的参与度	可以用用户发送的电子邮件或内容上传、下载的次数测量	22.2[2]
对客户信息积累的增量	数据库信息的增长量	19.8[2]
媒体曝光次数	用户受到媒体广告或其他沟通信息影响的次数	16.6[2]
回收率	折扣券或其他促销凭证收回的数量	14.7[2]
对营销沟通的效率不做测量		4.0[2]

资料来源：1. "Is the Click Still King?" 2010 (CMO Council study, as found on eMarketer. com). 2. "Is the Click Still King?" 2010 (Chief Marketer survey, as found on eMARKETER. com).

如何评价效率指标

如果把展示广告看成一种直接回应的媒体，那么它的回应率不高，只有 0.2%的用户会主动点击展示广告，但是也有许多企业由于仔细设计目标市场，点进率很高。能够激励用户采取行动的营销方法还有许多，有一项研究结果显示，赞助式搜索引擎链接的回应率达到 40%，旗帜广告为 28%，弹出广告为 19%。因此，前文中提到的旗帜广告 0.2%的点进率并不能充分地说明问题，在创造品牌知晓度和随之而来的搜索营销方面，它还是能发挥一定作用的。

研究结果显示，展示广告在提升品牌知晓度方面发挥着很好的作用，而且它在提高购买意向方面的效果也很明显（请浏览 iab. net）。研究结果还显示，网络广告只要规模足够大，媒体形式多样，它的作用还会更大。例如，巨幅旗帜广告和擎天柱广告的效果就要好于普通规格的旗帜广告，对购买意向的影响也更大。最理想的当然还属视频广告。有一个多年不变的现象是只要广告规格很大，并且是动态的，那么网络用户对它的关注度就会提升。

有许多迹象显示，在线广告与离线广告结合在一起效果明显。例如第 12 章中提到过的 Wendy's 餐馆 2012 年开展的"为百万美元射门"（Kick for a Million）的抽奖活动，这项促销活动使无数的用户在网络上搜索信息，然后到实体店购买商品。还有一些网络企业在电视节目《超级杯橄榄球直播》中做广告，会吸引大量用户来网站浏览。

网络付费媒体战术要使用好取决于多种因素，例如目标受众的设定、竞争态势、企业本身的实力、产品特征，还涉及营销战略是否新颖、相关度是否很高、是否有创意、能否吸引用户参与等。许多研究结果显示，付费搜索以及电子邮件广告的效率比较高，旗帜广告只要用得科学、有创意，照样能发挥出色的作用。

各种指标举例

iGo公司是一家网络零售商，专营各种电池及小家电，其销售模式是邮购及在线销售（见表13—3）。从该公司的经营中可以看出它是如何利用付费媒体提高效率的。它的付费媒体有各种形式，例如简单的文本链接、按钮广告、旗帜广告、门户网站的内容赞助等。表13—3中显示的是该公司广告的点进率、与潜在客户的沟通、从广告导入的网站访问者、可能实现的订单量、广告成本等。表13—4显示的是一些效率测量指标，例如平均订单价值等。经过对营销活动年度盈亏额的测算，测算出年度将实现50多万美元的盈利，网站将吸引350万人次浏览，而这些网站的访问者也有可能发展成为企业的长期客户。

表13—3　　iGo.com公司投资300万美元购买付费广告

类型	年曝光次数	预计点进率（%）	预计转换率（%）	浏览人次	订单量	年广告支出（美元）（千次曝光成本为4.64美元）
电子商务文本链接	400 000 000	0.20	0.60	800 000	4 800	1 856 000
购物网站						
计算（1）	8 500 000	3.00	2.00	255 000	5 100	39 440
计算（2）	1 700 000	3.00	2.00	51 000	1 020	7 888
主页	10 000 000	1.10	1.50	110 000	1 650	46 400
计算网站						
ROS	40 000 000	1.10	1.50	440 000	6 600	185 600
首页	3 500 000	1.10	1.50	38 500	578	16 240
主页	2 100 000	0.75	1.00	15 750	158	9 744
主页文本链接	7 200 000	0.75	1.00	54 000	540	33 408
新闻门户网站						
选定板块	10 000 000	1.10	1.50	110 000	1 650	46 400
技术板块	5 000 000	1.10	1.50	55 000	825	23 200
购物板块	200 000	1.10	1.50	2 200	33	928
ROS黏性广告	5 000 000	0.75	1.00	37 500	375	23 200
ROS旗帜广告	11 000 000	0.75	1.00	82 500	825	51 040
其他门户网站（6.5个月）						
主页——按钮广告	6 000 000	0.75	1.00	45 000	450	27 840
主页——文本链接	6 000 000	0.75	1.00	45 000	450	27 840
办公计算服务（1）	50 000	0.75	1.00	375	4	232
办公计算服务（2）	300 000	0.75	1.00	2 250	23	1 392
BCentral ROS	6 000 000	0.75	1.00	45 000	450	27 840

续前表

类型	年曝光次数	预计点进率（%）	预计转换率（%）	浏览人次	订单量	年广告支出（美元）（千次曝光成本为 4.64 美元）
链接交换	20 000 000	0.75	1.00	150 000	1 500	92 800
门户促销合作						
促销活动主页	75 000 000	1.10	1.50	825 000	12 375	348 000
抽奖						
抽奖旗帜广告	4 000 000	1.10	1.50	44 000	660	18 560
促销按钮广告	6 000 000	1.10	1.50	66 000	990	27 840
抽奖网站按钮广告	1 000 000	1.10	1.50	11 000	165	4 640
门户协同广告						
转换广告—1	2 000 000	1.10	1.50	22 000	330	9 280
页中广告—2	1 000 000	1.10	1.50	11 000	165	4 640
页中广告—3	5 000 000	1.10	1.50	55 000	825	23 200
页中广告—4	5 000 000	1.10	1.50	55 000	825	23 200
A 列广告—5	5 400 000	1.10	1.50	59 400	891	25 056
	646 950 000	**0.54**	**1.27**	**3 487 475**	**44 255**	**3 001 848**

资料来源：Adapted from information provided by Brian Casey，iGo.

表 13—4　　iGo 公司广告效益测算

测量指标	
平均订单价值	140 美元
新增订单率（按年计算）	0.60
毛利率	0.36
点击率	0.54%
转换率	1.27%
年度盈亏核算	
销售收入	6 195 735 美元
新增收入	3 717 441 美元
总收入	9 913 176 美元
销货成本	（6 344 433）美元
广告成本	（3 001 848）美元
净利	**566 895** 美元
千次曝光成本	**4.64** 美元
每次订单成本（CPO）	**67.83** 美元
每次点击成本（CPC）	**0.86** 美元
总浏览次数	**3 487 475**

资料来源：Adapted from information provided by Brian Casey，iGo.

小结

许多媒体收费刊登企业的促销信息，例如在线广告、产品植入、赞助式推文等。企业利用付费媒体提升品牌或产品的知晓度，将用户引导到自有媒体上，还可以让用户在口碑媒体上发挥作用。最重要的付费媒体是付费搜索广告，其次是旗帜广告、分类广告、移动广告、社交媒体广告等。付费展示广告包括各种各样的富媒体广告，例如嵌入在旗帜广告内的视频广告、可扩展或可伸缩广告、弹出广告、窗口广告、游标广告、间隙广告、墙纸广告、恶作剧广告、地图广告、内容关联广告、行为广告等。此外，网络企业还可以利用电子邮件广告、赞助式广告、产品植入广告、文本链接广告等，这些都是付费媒体广告。

广告主利用付费社交媒体广告来提升品牌的知晓度，建立正面的品牌态度，收集客户信息，还可以激励用户采取行动，例如参与社区活动，点击进入网站，甚至实施购买行为。企业可以利用社交媒体的3个特征，即用户身份信息（了解社交网络成员的个人信息）、社交网络关系图（了解社交网络成员间的关系）、互动信息（了解社交网络成员间的沟通信息）。由于厂商有可能通过脸谱网、推特网、LinkedIn上的广告精准地定位目标市场，它们的定位能力空前地提高了。在虚拟世界网站（例如“第二人生”）厂商也能做广告，在YouTube等网站上，在视频资料播放前、播放中或播放后，企业也能放置广告。

移动设备的普及为厂商利用移动广告创造了乐观的前景。广告主可以向搜索引擎网站付费推出付费搜索广告，只要用户键入关键词，就会出现各种各样的广告，例如目录列表广告、搜索引擎广告、展示广告等。在选择付费媒体时，企业不仅要考虑目标市场、产品特征、营销目标，而且要考虑媒体特征、广告效率（接触到目标受众）和广告效益（用最低的成本接触到目标受众）。通过营销漏斗，付费媒体可以引领潜在的客户由知晓、教育、评价、建议等各种环节，一直到实施购买。付费媒体有3个重要的效益指标，即千次曝光成本、每次行动成本、每次点击成本。在评价付费媒体的绩效时，主要将绩效指标与营销目标结合在一起。展示广告等各种技术对品牌知晓、品牌联系、品牌感知、购买意向等都有重要的影响。

思考与练习

复习题

1. 过去这些年，互联网广告有哪些变化？企业在网络广告上的投资模式会有怎样的变化？

2. 如何界定在线展示广告？它的标准模式是怎样的？

3. 富媒体广告有哪些形式？它的优势在哪里？劣势在哪里？

4. 文本关联广告为什么能够带来更高的点进率？

5. 赞助式广告为什么能够帮助广告主接触到其受众？

6. 社交网络有三个特征使企业增加对社交媒体广告的投入，是哪三个特征？

7. 广告主可以将脸谱网、推特网、LinkedIn、“第二人生”等网站作为付费媒体，它们考虑的因素有哪些？

8. 移动广告未来将会遇到哪些问题？

9. 关键词广告与付费收录广告、目录列表广告有什么区别？

10. 广告主在购买付费媒体时，为什么需要考虑效率和效益？

11. 从B2B购买漏斗的各个环节看，哪一种付费媒体的效率最高？

12. 广告主为什么要测量CPM，CPA，CPC等效益指标？如何测量？

讨论题

13. 联想公司从付费媒体中受益。如果

客户知道联想公司使用的是二次营销的手段，一直在跟踪他们的消费行为，他们会不高兴吗？为什么？

14. 联想公司从付费媒体中受益。设计联想公司可以使用的 5 种付费媒体形式，包括脸谱网，并说明你的理由。

15. 与自有媒体及口碑媒体相比，消费者不太相信付费媒体，为什么？

16. 为了打破常规，吸引消费者的注意，企业往往自行设计各种规格和形式的展示广告，那么美国互动广告局为什么还要推出展示广告的标准让企业执行？

17. 从厂商的角度看，图 13—5 中的各种展示广告各有怎样的优点和缺点？

18. 企业使用在线赞助内容或产品植入广告会面临怎样的职业道德问题？应该如何要求企业在使用这样的付费媒体时增加透明度？

网络应用

19. 在谷歌网站上搜索最近有关“联想网络广告”的三则新闻。在过去的一年中，联想公司使用了哪些本章中提到的付费媒体？近期它还会使用哪些付费媒体？该公司是否还在使用本章导入案例中提到的二次营销手段？请对你所观察到的现象进行归纳，并向联想公司提出建议，应该如何设计绩效考核指标来测量该公司付费媒体使用的绩效。

20. 选择一家大型的零售商或一件产品，并且在网络上搜索有关这家企业或这件产品利用付费媒体、自有媒体、口碑媒体的实际案例。厂商的营销目标是什么？这三类媒体的相似点是什么？差异在哪里？哪一种媒体最有效？为什么？

21. 浏览谷歌网站，介绍谷歌的广告平台 Ads Display Network。在这一平台上广告主可以使用怎样的广告形式？企业可以使用怎样的定位工具来定位自己的目标受众？在网站上谷歌怎样介绍自己的定价模式？

22. 登录美国互动广告局的网站 (iab. net)。浏览该组织提出的广告指南，选择其中的两条说明它们对广告主的指导意义，请联系本章提到的概念和原则来阐述。

23. 在脸谱网主页上 (facebook. com) 点击“创造一则广告”，阅读有关脸谱网广告如何操作的介绍，关注上面提到的问题。假设你是一个广告主，你还会向脸谱网的客服代表询问什么问题？

24. 登录美国移动营销协会的网站主页 (mmaglobal. com)，寻找一则案例分析。案例中广告主的诉求是什么？该企业使用的是怎样的移动广告？它是怎样测量广告的绩效的？企业可以使用哪些考核指标来评价广告的效率和效益？

第14章 网络营销沟通：口碑媒体

这一章将要讨论的是内容营销三大要素中的第三个，即口碑媒体。我们将介绍厂商计划、实施、评价口碑媒体的原因和方法。文中将介绍厂商使用哪些技术来激励用户参与内容创造，管理企业的在线声誉，以及如何来监测口碑媒体的行为。

学习目标

- 了解用户参与的5种水平，以及它们对口碑媒体的意义；
- 了解口碑媒体上信任的重要性，以及信任对消费行为的影响；
- 了解厂商鼓励用户参与的各种技术，以及这些技术的意义；
- 了解消费者参与内容创造对企业营销活动的意义；
- 了解企业吸引、鼓励消费者参与营销活动的7个阶梯；
- 了解企业如何在网络环境下建立、维护、监测、修复自己的品牌声誉；
- 了解企业监测、评价、调整口碑媒体的各种指标。

趋势与影响

- 消费者都喜欢将自己生活的点点滴滴晒到社交媒体上去，也喜欢对别人的生活评头论足。2011年，人们首次将离线的实体生活与在线的网络生活结合在一起。
- 快速时尚品牌C&A在巴西的分公司牢牢抓住了社交媒体营销的脉搏，它将实体店成衣直接与公司脸谱网页面联系起来，脸谱网用户对服装的评价实时更新，这样购物者能够即时了解产品在网络中的评价。

案 例

戴尔学会了聆听

戴尔电脑公司在美国的口碑很好，因为该公司的产品质量高，直接配送，售后服务也是一流的，但是在2005年6月，公司遭遇了滑铁卢，因为杰夫·贾维斯（Jeff Jarvis，在英美媒体中颇有影响力的专栏作家）上传了一篇博客。

博客中写道："我购买了一台新的戴尔笔记本电脑，满心希望今后4年中可以自在地在家中工作……但结果是，机器不好，服务承诺也没有兑现。……戴尔撒谎，戴尔真烂。戴尔应该好自为之了。”

这份帖子带来了无数的跟帖，人们纷纷抱怨戴尔的客户服务，整个事件持续了近两年的时间。这个公共关系事件被业内称为“戴尔真烂”事件，你说结果会怎样？

为了控制成本，戴尔电脑公司追随行业内的潮流，在21世纪初将技术客户服务外包给一家印度的公司。起初似乎一切都顺风顺水，成本降下来了。据市场调研机构IDC公司称，戴尔的产品在2004年的市场份额增加到了28.8%，但是人们对客户服务的抱怨也随之增加。美国商业信用管理局收到的客户投诉增加了23%。据密歇根大学的调查显示，戴尔公司的客户满意度下降了6.3%。2005年，在谷歌网上搜索“戴尔客户服务问题”，会跳出来300万条链接。显然，公司的技术服务外包没有收到预期的效果。

开始，戴尔公司的做法与许多大公司一样，以不变应万变，希望网络风波快一点过去。眼看着过不去了，他们才指定一位新的数字媒体部经理莱昂内尔·门查卡（Lionel Menchaca）来应对网络上的闲言碎语。门查卡组织人员主动用多种文字开设博客，专门处理客户投诉和意见，还主动与多方利益相关者商讨出现的问题，寻找舆论修复的方法，其中比较著名的是IdeaStorm博客和社交媒体网站，用户可以发帖子表达自己的意见，也可以为某一个意见投票，影响力非常大。戴尔公司对各种意见及时回应，做出必要的调整，并且告知网络用户公司有哪些改进。IdeaStorm博客网站上线的最初3个月，共收集到5 000条意见和建议，2万多条评论，点赞的人数达35万以上。针对这些意见和建议，戴尔公司实施了20多项重大的改进措施。

14.1　口碑媒体

戴尔公司从挫折中吸取教训，他们懂得了必须倾听网络用户的意见，否则就会付出沉重的代价。然而，倾听只是第一步，戴尔公司明白，只有鼓励各种利益相关者参与口碑媒体内容的创造才能从中受益，使公司得到发展。戴尔公司的经历在社交媒体出现的早期唤醒了所有的营销人员，他们懂得了企业应该信守品牌承诺，避免在网络上成为众矢之的。

自有媒体和付费媒体只要经营得好，就可以推动潜在客户和实际客户，让他们从品牌知晓到产品购买一步一步地向前走，最终成为长期的忠诚客户。口碑媒体的作用远不止这些，它可以使得网络上的沟通信息传递得更快、更远，一加一或许会等于五。过去，营销沟通注重的是印象（例如广告），而如今则强调推荐（例如社交媒体发帖）。营销人员告诉人们，分享在线内容（例如在脸谱网上点赞、写评论、在Pinterest图片网站上“贴图”、在推特网上跟帖等）十分重要，因为这可以提升营销投入的效益。

口碑媒体类似于实体环境中的口口相传。如果有人在脸谱网上发一个帖子，称赞一种产品，那么他的朋友就会受到影响。第12章中曾经提到过，口碑媒体是指博客网、产品评价网、新闻网、各种自有媒体等网络媒体上“人们的沟通交流变成了信息传播的渠道”。

口碑媒体的发起人可以是企业自身，它们对外传播品牌的信息（例如YouTube视频网站上有关产品的娱乐视频），在新闻媒体上宣传（形成一种公共关系活动），或者引导用户参与各种活动（例如有关企业品牌的微型网站内容，脸谱网上的注册登录，发帖点赞等）。企业还可以向潜在客户或实际客户发送电子邮件，引导他们登录这些社交网站。有的口碑媒体直接发生费用，例如企业自主创造内容，或赞助一项网络竞赛，但若是用户之间的沟通与交流，就没有直接的费用。按照口碑媒体的定义，它是由第三方创造的，企业对这样的用户创造内容几乎没有任何的控制力。这些沟通的内容传播得非常快，"坏事传千里"，事实往往也确实如此。有些专业人士或普通的公民记者利用计算机或移动设备在社交媒体上与他人分享自己的产品体验，外面已经传得沸沸扬扬，而企业的营销人员却还蒙在鼓里。社交媒体的发展日新月异，企业的营销人员总也跟不上。

本章我们将先介绍网络用户参与的水平，再来讨论有哪些口碑媒体。

14.2 用户参与的水平

如果企业员工或互联网用户对某一品牌感兴趣，积极地参与对品牌的讨论，这就是参与。这与传统媒体有很大的区别，在传统媒体中，消费者只是被动地接触品牌，比如看电视广告。不过，传统媒体中偶尔也有消费者参与的情况，例如消费者给期刊编辑写电子邮件，或给亲友发送短信谈论电视里的节目。如果消费者为了品牌产品的事情给企业写信，例如只要对企业的脸谱网网页进行评价，最早的100位用户可以获奖，或者为《美国偶像》评选发送短信，这也算是消费者参与。然而，从传统媒体获得信息，再转移到计算机或智能手机上进行回应很不方便。企业当然可以在自有媒体上提供下载和上传的功能，让消费者参与评论，对网页进行个性化设置，或一对一地进行沟通。

用户在线参与的形式多种多样，水平各不相同。企业必须审视自己的营销目标，了解有多少客户和潜在客户在哪一个水平上参与（从知晓到行动的各个阶段）。在这个基础上，企业利用社交媒体让消费者对品牌进行正面的评价，与客户进行协同和合作。第8章中的图8—6曾经列出了Forrester市场调研公司利用社交技术问卷提出的网络参与的各种形式。该公司还利用调研数据对整个互联网用户与某一企业的消费者进行比较。2011年，埃文斯和尤基（Evans and UcKee，2011）提出了消费者参与活动的四个阶梯，他们认为自有媒体和付费媒体可以激励消费者消费，而口碑媒体可以方便消费者评论。图14—1是将这两种模型叠加在一起，显示用户参与的5种水平，从最低的参与到最高的参与，依次是消费、聚集、收集、创造、协作。

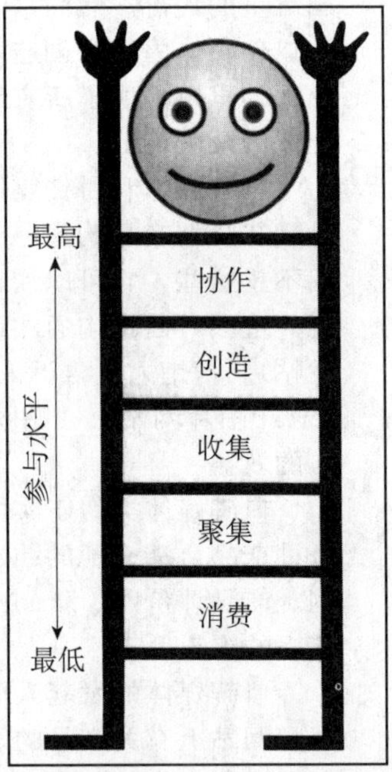

图14—1 互联网用户参与的5种水平

1. 参与水平最低的互联网用户只是**消费**（consume）在线的内容。他们阅读博客文章，观看视频或照片，收听播客平台上的广播，阅读其他处于更高参与层次消费者上传的评论文章或观点。

2. 其次是用户与他人在社交网络上的**聚集**（connect），这需要在网络上（例如脸谱网、Tri-

padvisor 网等）注册自己的身份信息，阅读社交网络上的内容。这样的消费者并不在网络上上传什么内容。聚集这种参与方式对网络用户来说风险很小。聚集有时候还表现为在线或离线的聚会，但是要由网站出面来召集和协调。例如，美国的圣苏瑞酒庄（St. Supéry）在 meetup. com 社交网站上为一款葡萄酒组织了一次全球规模的聚会，并且为其申请了＃Cabernet Day 标签。聚会持续了 24 小时，网络上聚集了 1 000 多个消费者，现场有 75 人，他们为葡萄酒庆祝，而且品尝、购买该款新的葡萄酒。很多用户在社交网站上发帖，在 YouTube 网站上上传视频，还在 Foursquare 虚拟世界里登记入住。

3. 下一个层次的参与是**收集**（collect），消费者在社交网站上筛选内容，贴上标签，其表现形式可以是书签的分享（例如 Delicious 网站），在照片上贴标签（例如 Flickr、脸谱网等网站），或对其他网络用户发帖点赞。这一水平上的消费者还可以到博客网的 RSS 上注册，选择自己感兴趣的内容阅读，甚至参加在线投票，表达自己的观点。例如，西尔斯公司网站（Sears. com）上的用户可以将自己喜欢的服装分享给脸谱网朋友圈，西尔斯公司也在脸谱网上开展相应的促销活动。

4. 参与阶梯的再上一个层次是**创造**（create），用户书写或上传自己原创的多媒体内容，例如视频（YouTube 网站）、照片（脸谱网）、歌曲或乐曲（iTunes 网站）。这一层次的特征是创作内容，而不仅仅是投票或分享内容。此类消费者写文章评价产品、撰写博客、制作网页、对他人的博客进行评论、在威客网站上发文（例如 eHow 网站或维基百科网），他们对社交媒体网站做出了很大的贡献。

5. 消费者在社交网站上参与最深的是**协作**（collaborate），他们参与讨论，寻找产品改进的方法，以此来与厂商合作。例如，美国有线电视新闻网（CNN）开设了一个网络用户共享平台，用户可以上传突发事件的视频资料，在此基础上，CNN 可以发布各种跟进报道。还有一个例子是戴尔电脑公司开发的 IdeaStorm 网站，用户把自己遇到的困难和问题发帖到网站，其他的用户可以对这些问题做出自己的回应（参阅本章的导入案例），戴尔公司的营销人员也会做出回应。在我们编写本教材时，人们最关心的问题是让手提电脑的电源适配器标准化，网络“协作人员”的人数多达 41 600 人。在推特网上，人们用“＃”来标注关键词或各种话题，这也是由推特网的用户来操作的。这些协作方式有助于企业和博客版主改进产品和创作的内容。

美国的市场研究机构 Forrester 就科技消费学现象做过调研，结果发现 68％的互联网用户已经成为社交网络的用户，但是参与程度处于高级水平的人并不多，例如，2011 年主动创造内容的用户只有 24％（请参阅图 8—6）。后面部分我们将阐述企业如何鼓励用户参与口碑媒体有关产品的讨论，如何分辨用户上传的多媒体内容。

14.3 鼓励用户创造口碑媒体

如果有一对青年男女订婚，他们要彼此表达信任、承诺、关心。如果希望一个品牌得到消费者的关爱，希望消费者喜爱自己的产品，寻求的也是信任和关心。**参与**（engagement）就是互联网用户对企业、品牌及其产品的消费、关注和协作。

消费者参与带来的是口碑相传，这其中最重要的是信任。2012年，AC尼尔森市场调研机构做过一次调研，结果显示，消费者对其他网络用户意见的信任度达到70%，对亲友给出的产品评价信任度达到92%，与此形成对照的是，他们对品牌网站的信任度只有58%，对广告（不管是在线的还是离线的）的信任度更低。Edelman公司是美国一家知名的公共关系公司，它在2012年所做的一项调查显示，23个国家的5 000多位受访者中，说到有关企业的各种信息，65%的人相信“与自己相似的人”，对于公司的CEO，给予信任的受访者只有38%（请浏览trust/Edelman.com）。这里所谓的“与自己相似的人”是指与自己有着相似兴趣爱好的人，既可以是实体环境中的人，也可以是社交网络中的人。例如，如果要规划一次旅行，消费者会浏览全球最大的旅游网站Tripadvisor.com，那上面有对30多个国家的宾馆和网站的评论和意见，这些评论和意见都是其他的旅游者写的。因此，只要有人就产品发表意见，有超过一半的人会相信这样的意见，他们的购买决策也会受到影响。

那么，谁来鼓励消费者参与对企业和品牌的评论？评论什么？如何评论？在哪里评论？

14.4 企业应该鼓励怎样的用户参与口碑媒体

奢望所有的网络用户都对一家企业、一件产品评头论足，既不可能，也无实际意义。第12章中曾经提到，企业在制定整合营销沟通战略之前，应该先明确目标市场和企业的经营目标。除了面对消费者和潜在客户以外，许多企业还格外关注有影响力的博客版主以及社交网络上有影响力的人物，例如专业博客网站Huffington Post上有9 000多位专业的博客版主，每个工作日浏览这一网站的用户达到2 900万以上。

社交媒体的影响人物

企业识别社交媒体的影响人物（例如美国的阿里亚纳·赫芬顿（Arianna Huffington））一般有两种方法。第一，企业可以观察并加入有关行业的社交媒体谈话和交流。用这样的方法，企业可以了解哪些人在社交媒体上（例如脸谱网、推特网、Flickr照片共享网站、Tumblr轻博客网站等）最活跃、朋友圈最大、得到评价最多。2012年，网络营销协会在LinkedIn社交网站上的会员有478 000人，企业的营销人员只要点击“会员”一栏，就能看到有关“本周最有影响力的会员”的信息，这些影响人物与网络营销协会社交群的创办者罗伯特·弗莱明（Robert Fleming）一起成为社交群中大家关注的对象，对社交群的贡献也最大。如果是一家B2B的企业，专门销售产品给网络企业，可以依靠社交网络上的参与者与影响人物形成社交圈。

寻找影响人物的第二种方法是利用社交服务平台。例如网络流行度评比公司Klout.com，该公司提出35种测量指标，对8 000多万社交网络成员进行测量，其中最主要测量的是：（1）联系的社交网络人员的人数；（2）参与者受到多少影响人物的影响（例如点赞、推文转发等）；（3）网络成员有多大的影响力。测量的结果用 Klout 分值来表示，从 1～100 分不等，分值越高，说明社交媒体的影响力越大。Klout 公司还对影响人物谈论的话题以及他们的社交媒体风格（例如是“广播型人物”还是“专业型人物”）进行评价。Klout 公司还有一项激励机制，Klout 得分高的社交媒体用户集中在一起，再按照他们关注的品牌（例如星巴克、奥迪、维珍航空、德芙等）分门别类，由企业向他们免费提供产品或服务。在我们编写本书时，Klout 分值排名中得到 100 分的只有一个人，他就是加拿大的流行歌手、演员贾斯汀·比伯（Justin Bieber）。

传统的媒体记者

“口碑媒体”一词其实在互联网出现以前就有了，它是指媒体记者在传统媒体（例如报纸、杂志、电视等）撰写文章，专门介绍某些企业或品牌。同样是这样的记者，他们现在是在网络媒体上进行口碑媒体传播。

据美国发行量审计局（Audit Bureau of Circulation）的统计，2012 年美国最有影响力的 25 家报纸每天的读者有 1 370 万，再加上它们的网络读者 530 万人。据尼尔森市场调研机构的统计，美国最有影响力的 5 家新闻网站（雅虎新闻网、MSNBC 新闻网、美国在线新闻网、CNN 新闻网、纽约时报新闻网）2010 年的月访问量达到 1.4 亿人。由于有许多用户自行在网络上搜索新闻，企业往往在自有媒体上发布有关产品的新闻，或者通过电子邮件向个体用户或媒体公司发布品牌消息。有关品牌的公共宣传已经成为企业营销公共关系的一部分。

传统的媒体发布是把材料打印出来，里面要包含“什么、什么时候、什么地点、谁、为什么”等新闻要素，企业将这样的材料（例如新产品发布）发送给媒体记者，由他们来决定是否通过纸质媒体或网络媒体发布。许多企业将文字材料以链接的形式放在自己的网站上，有的甚至是以 PDF 文件的格式放在网站上让用户自行下载，这样做其实很糟糕，因为媒体记者无法从中节选一部分内容使用。情况正在变化。许多博客主和一些媒体记者希望能够迅速地摘取各种信息或专家意见，他们希望把图片、视频、文本信息融入到自己的文章中，因此新闻发布越来越迎合社交媒体的沟通平台。图 14—2 显示的是 Shift 营销沟通公司设计的社交媒体新闻发布的一种模式，这种模式可以用在企业自有媒体网站上。这样的发布方式信息量大、互动性强，上面的链接可以链接到企业创作的多媒体资料或白皮书中（图中原来是有社交媒体标识的，考虑到知识产权问题，我们在引用时删除了）。这些资料与社交媒体的特征是吻合的，媒体记者可以截取片段信息并且通过 RSS 按钮、Delicious 书签、维基百科的文章等渠道将信息传递出去。例如，博客版主或《纽约时报》的记者如果在企业的宣传资料中发现有用的信息，就可以很容易地复制、粘贴到自己的文章里，而不需要大段地手工摘录，这就意味着随着这些短小的信息的分享与传递，企业的新闻在互联网上迅速地传开了，口碑媒体也就形成了。Edelman 是一家大型的公共关系公司，它就使用这样的媒体发布方式。社交媒体新闻发布（social media news release，SMNR）这种形式是由 Shift 公司的董事长托德·德福兰（Todd Defren）最先提出来的。德福兰还最先提出了公司网站开设新闻版块的主张，如今，谷歌等网站已经这样做了（请浏览 shiftcomm.com）。

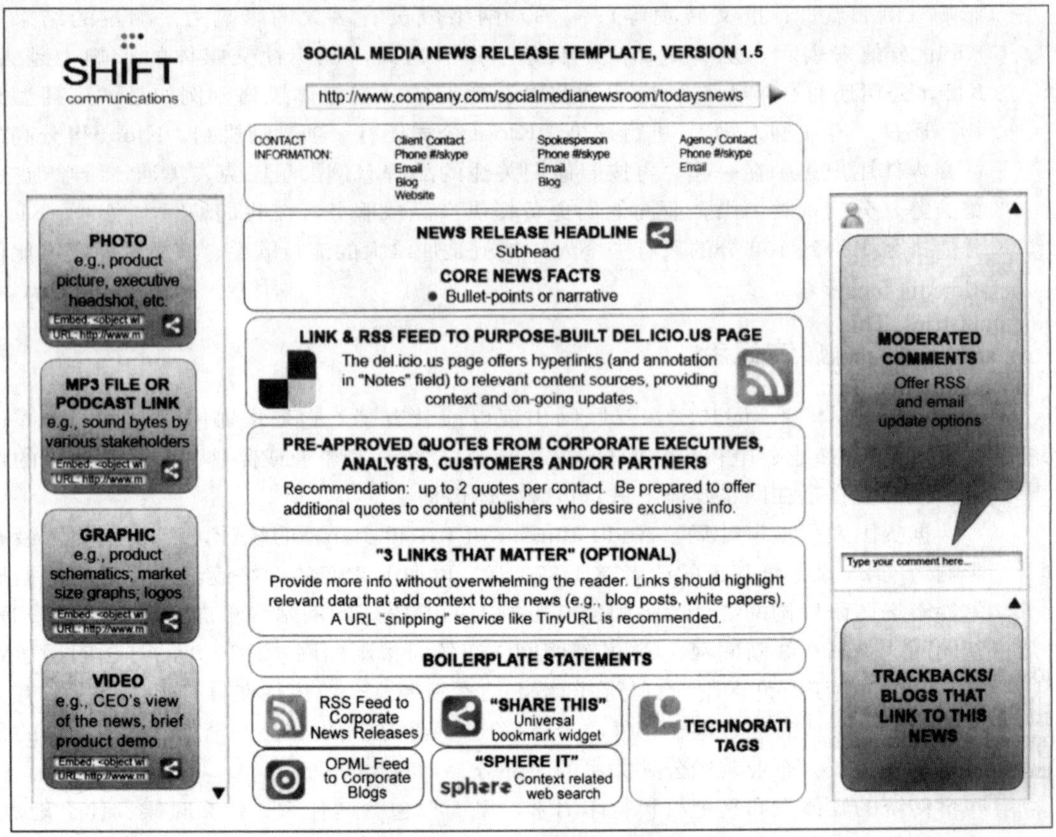

图 14—2　适应社交媒体的新闻发布形式

资料来源：Shift Communications（shiftcomm. com）.

14.5　鼓励用户参与的方法

绝大多数的社交媒体，包括一些网站和移动应用软件，都为口碑媒体内容留出了空间。本书中已经有过多处介绍，例如有些网站方便多媒体内容上传（YouTube，Flickr 等）、评论、书签（Delicious 网站）、内容标签（Flickr、脸谱网等）、产品评价、推荐等，我们将重点介绍几种新的、重要的鼓励用户参与的方法。

病毒营销

病毒营销是一种非常有效的营销方法，但是名字并不好听。如果网络用户向亲朋好友发送电子邮件，或者与他们分享脸谱网上的帖子、YouTube 网站上的视频资料，他们所使用的方法称为口碑相传。**病毒营销**（viral marketing）就是网络上的口碑相传，用户通过电子邮件或社交媒体分享的方式将网络上的内容分享给他人。

病毒营销的形式与实体环境的病毒传播或计算机病毒的传播是一样的。病毒营销的走向与销售漏斗的走向正好相反（见图 14—3）。随着内容的传递，病毒营销的漏斗将品牌的影响力扩大了。

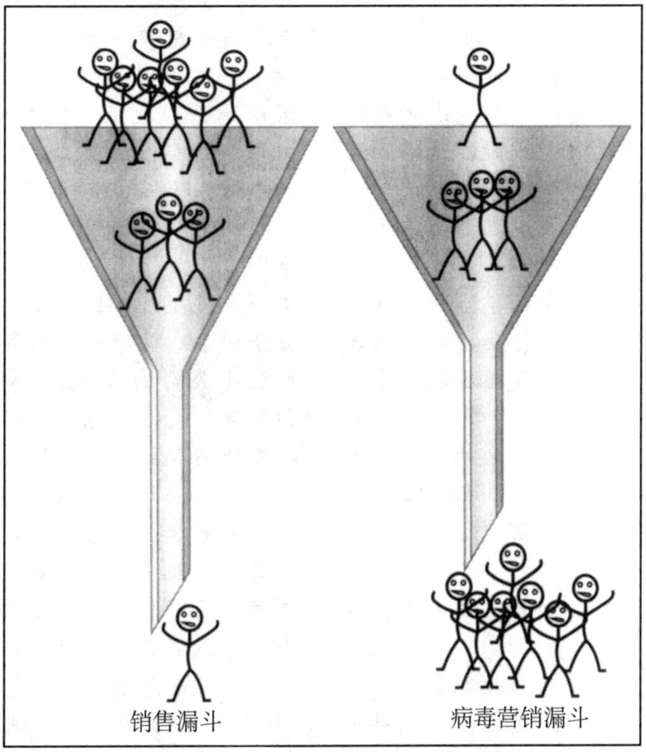

图 14—3　病毒营销将销售漏斗翻转过来

在离线环境下消费者对品牌的口碑相传，或者在网络环境下用户用电子邮件或其他多媒体形式传播内容，都是病毒营销的形式。用户只要在网络上将视频资料传播给其他人，这种视频资料就是病毒视频，与内容是什么没有关系。传播的形式可以是与人分享 YouTube 网站上的视频资料，也可以是将一段视频链接贴在电子邮件中。免费的 Hotmail 电子邮件服务当初采取的就是病毒营销的传播方式，它的用户从零到 1 200 万只用了 18 个月，此后用户又发展到 5 000 多万，而时间还不到 4 年。用户用 Hotmail 平台发送电子邮件，邮件中都有一条链接，邀请收件人免费体验 Hotmail 的免费邮箱（请参阅“相关技术”专栏的内容）。

相关技术

即时通信

假设你的公司有两个办事处，一个在美国，一个在印度。作为营销和公共关系主管，你需要负责印度的研发团队和美国的营销团队之间的沟通。由于预算受限，你需要一种廉价、可靠的方法，但是电话公司并不愿提供其套餐服务之外的其他产品。目前团队之间是通过电子邮件来沟通的，他们深受时间滞后的影响，需要花费 45 分钟的时间才能得到一个简单问题的解答。在商业领域，即时通信这项旧技术又被重新加以利用，它改变了全球范围内商业人士沟通的方式。

即时通信（instant messaging，IM）深受网络用户的欢迎。尽管电子邮件曾经是发展得最快的沟通方式，但是即时通信的发展速度超过了电子邮件，而且还有着其他便利的特点。

一旦用户登录，就会看到联系人列表（有时也称为好友列表），该列表会显示每位联系人的状态：在线、离线、离开或者空闲等。当好友和同事上线或离线时，这个列表就会自动更新。

有时，人们会相互交换即时通信的用户名，而不是电子邮箱地址，特别是各年龄段的学生这样做的更多。现在的学生很喜欢在留言信息中列出自己一天的行程，这样朋友们就可以了解他的行踪。只有在线的用户之间才能发送即时信息。在大多数的计算机上，只要双击好友列表中的姓名就可以开始聊天。打开一个窗口，然后你可以输入信息："你好，最近怎么样?"只有这两个用户可以看到当下以及后续的信息。

除了即时通信以外，计算机还可以提供以下各种功能：

- 聊天室：多名用户可同时参与聊天。
- 超级链接：用户之间可以发送网站的活动链接。
- 文件：即时通信用户之间可以传送文件（例如微软的 Word 文档）。
- 聊天：利用麦克风和计算机附带的音箱，用户就可以通过互联网交谈。
- 视频会议：利用计算机所连接的网络摄像头，用户可以参与视频会议。
- 滚动信息：最新资讯、股市报价等信息都可以在客户端应用软件中显现。

ICQ（I seek you，我找你）被认为是最早的即时通信客户端软件。1996 年 11 月，4 位以色列籍企业家创建了 Mirabilis 有限公司，就是这家公司开发了 ICQ 软件。即时通信的理念是通过互联网建立人际沟通。这 4 位企业家发现，世界各地很快接受了网上冲浪和网络浏览，他们希望能开发出能让人们结识并相互交流的简单方法。在 ICQ 推出之后的 6 个月内，注册用户就达到了 85 万人，被认为是"世界上最大的在线沟通网络"。截止到 2002 年 5 月，通过 CNET. com 网站下载 ICQ 软件的次数超过了 2 亿次，2004 年 ICQ 宣称已有 1.5 亿的注册用户。ICQ 认为，它能取得成功主要是因为病毒式营销，该软件从未被正式推广过。口碑营销领域的专家埃曼纽尔·罗森（Emanuel Rosen）在其《口碑营销》一书中探讨了 ICQ 现象。根据罗森的观点，当 ICQ 客户端软件询问用户是否需要浏览电子邮箱地址簿并邀请亲友加入 ICQ 时，其实这就是营销行为。

在 ICQ 推出不久以后，其他网络服务提供商也开发了即时通信客户端软件。目前，美国在线的 Instant Messenger 就是 ICQ 的竞争对手。微软公司的 Windows Messenger 和雅虎公司的 Yahoo! Messenger 也具有相似的功能，而且也是免费的。商业人士一般喜欢使用 Windows Messenger，因为它是预装在微软 Windows 系统中的软件。

随着客户端软件数量的增加，热衷于聊天的用户面临着一个困境：相互交流的朋友使用的是不同的客户端软件。互相竞争的企业为了保证各自的市场份额，都拒绝将它们的软件交互操作。互联网工程任务组（IETF）一直以来都无法就即时通信标准协议达成一致意见。结果，一些实用程序被开发出来，它们允许使用不同客户端的用户可以即刻进行交流，此类的软件包括 Pidgin，Trillian，Adium，Miranda，等等。

在使用独立客户端的即时通信软件获得成功之后，大型的软件开发商开始注意这一领域的发展，并着手增加企业沟通软件包的功能。微软公司的 Office Communication Server 软件允许企业运行自己的即时通信网络，这一方法可以解决企业经常面临的安全问题和隐私问题。Office Communication Server 软件整合了 Microsoft Office 和 SharePoint（一个强调文件共享和团队协作的软件包）等软件的功能。微软公司的研发人员认为，即时通信软件与这些程序的整合效果好，可以保障顺畅地通话。

手机上的短信功能与即时通信功能相似。用户可以利用短信功能相互发送信息和图片，这个通信网络与互联网是两个不同的通信渠道。如今，手机供应商利用短信功能得到了可观的收益。提供这样的服务，耗费的成本并不多，但是收益不少。

尽管企业即时通信解决方案已经问世多

年，但是一直未被广泛采用。多数的企业要么使用免费的客户端建立企业内部的沟通，要么直接禁止使用即时通信工具。

当然，病毒营销成功的基础条件是传播的内容要有吸引力，只有这样，它才有广泛传播的可能。2011年，脸谱网上的一条链接一天之内在7 200万个用户之间传播。

许多网络企业利用病毒营销这种营销模式来推销年轻人喜欢的产品。例如，厂商会在电子邮件中发送一个小的游戏软件或一段视频，收件人很容易将其转发出去。厂商将游戏软件发送给几千个用户，最终收到软件的用户会多达几十万。病毒营销有时也称为宣传营销或鼓吹营销，只要使用得当，这种营销模式的效率和效益都很高。

娱乐型视频资料（特别是YouTube视频网站上的资料）用病毒营销的方式可以传播得非常快，因为只要通过电子邮件或微博的渠道就能传播出去。成功的病毒营销的例子很多，例如：

● 2004年，汉堡王公司开展了一个名为"小鸡侍者"的促销活动，他们在一个微网站上上传了一个互动性视频（请浏览subservientchicken.com），网络用户把要求输入视频，小鸡就会按照要求表演节目，幽默感很强。2011年，小鸡视频的浏览量达到4.5亿次。这种促销活动与公司的品牌十分吻合。如果用户输入"dance"，视频中的小鸡就会跳起舞来。汉堡王的宣传口号就是"如你所愿"（Have it your way）。

● 古风（Old Spice）是一个男士个人护理品牌，宝洁公司为这一品牌制作了一段病毒营销视频。2010年6、7月份，公司的广告代理邀请了一位电视明星伊萨阿·穆斯塔法（Isaiah Mustafa），安排他在浴室里回答推特网、脸谱网等多个社交网站上的186个帖子，结果，一天之内观看视频的人数达到了670万，3天中视频广告的受众多达2 300万。

每一家企业都希望能创造出有病毒营销效果的内容，但是真正成功的并不多。能够起到病毒营销作用的内容必须符合几个条件：娱乐性、神秘性、有吸引力、符合大众口味。网络上的内容铺天盖地，整个社会信息过载，有时一流的内容也无法做到如病毒一样传播。

病毒营销也有负面的影响，许多垃圾邮件也是像这样传播的。有些消费者对病毒营销颇有微词，因为未经授权的邮件被认为是对隐私权的侵犯。

病毒博客

病毒博客是指博客主开展病毒营销。有的病毒博客的效率非常惊人，例如在推特网上的病毒博客营销。许多零售商通过博客版主来形成口碑相传的营销效果。例如，美国的派拉蒙影业公司（Paramount）邀请杰弗瑞·亚伯拉罕（J. Abrams）导演拍摄了一部名为"超级8"的科普电影，这部电影投资不多，他们用试映的方式来提高电影的知晓度，并以此提高票房收入。电影的首映式在2011年6月10日。公司在推特网上发了一篇不长的推文，还在"促销热榜"上购买了两个广告位。一个广告在首映式开始前好多天就放置，另一个广告是在首映式当日展示。试映期间的票房收入是100万美元，而首映式后的一周内票房收入超过了公司预期的52%（请浏览business.twitter.com）。

Stormhoek酿酒公司也在社交网络上成功地开展了病毒营销活动（请浏览stormhoek.com）。公司最初免费为博客版主赠送一瓶葡萄酒。在6个月当中，有近100位博客版主主动地在自己的博客中对公司的葡萄酒进行评价。这些评价大多是正面的，他们的粉丝阅读了这些博客，其他的网络用户也受到影响。Stormhoek 的做法引发了人们的思考：能否花钱请博客版主写文章？有些人认为，博客版主不会在博客中披露他们是收取了现金或礼品的。也有人认为，企业可以直接向帮助产品推销的博客版主付费，或者通过中介机构（例如 PayPerPost 公司）支付费用。

多媒体分享

互联网用户在网络上上传各种媒体形式的资料供他人阅读、评价，他们也为其他用户的资料充当传递渠道。网络上有许多网站在这其中发挥着作用，例如：

- **照片及各种艺术作品**：Flickr 图片网站（上面有 40 亿张图片）、Photobucket 图片网、deviantArt 艺术创作社交网站等。
- **视频**：YouTube 视频网站（占 75%的市场份额，每天视频的浏览量达到 10 亿人次），Vimeo 视频网站，各种传统的新闻网站，等等。
- **实时传播**：这种媒体传播模式可以通过手机、平板电脑、PC 机等实时传播音频或视频资料，供他人收听或收看。例如 Skype，Justin. tv，LiveCast 等网站。
- **音乐**：我们这里提及的音乐是指那些允许网络用户分享并且评价的音乐网站，那里有歌曲、乐曲的列表，也有原创音乐，而不是指受到版权保护的音乐文档。比较典型的这类网站有 MySpace Music，Pandora，ShareTheMusic 等。
- **展示文档**：这是指由用户上传的 PPT 文档、Word 文档、PDF 文档，其他的用户可以对它们进行分享和评价。比较典型的此类网站有 SlideShare，Scribd 等。

网络用户可以利用亚马逊、巴诺等网络书店上传自己创作的电子书，其他的用户则可以通过 iPad 等电子阅读设备购买并下载这样的电子书。例如，26 岁的阿曼达·霍金（Amanda Hocking）是美国当红新生代畅销青春文学作家，她撰写的第一部小说找不到出版商出版，于是她在网上书店以每次下载收费 0.99～2.99 美元销售。2011 年 1 月，她卖出了 450 000 本电子小说。霍金按照售价的 30%～70%提成。自主出版能够成功，有赖于消费行为中的一种新模式，那就是电子书的阅读。有一项调查显示，当时美国阅读电子书的消费者有 2 000 万人。这种销售模式把书商也排挤出去了，网络书店销售了许多由消费者作家出版的图书。亚马逊网站的另一个新鲜做法是允许网络用户把自己创作的 DVD，CD，MP3 等视频、音频作品上传到网络上销售。

许多社交媒体网站也允许用户上传数字媒体内容。美国有线新闻网（CNN）的 iReport 网站允许普通消费者以公民记者的身份将在突发事件现场采集的音频或视频资料上传到网站。只要材料合适，网站就会展示出来，并且支付一定的报酬。亚马逊网站和 iTunes 音乐网站让音乐家们上传自己的作品在网站上销售，但是音乐制作者不能自行上传，要通过渠道商的操作（例如 CD Baby 公司，这是最大的网络音乐商店），由中间商标上条码，并保证不会侵犯他人的知识产权。有些多媒体网站（例如 YouTube 视频网站、Flickr 图片网站等）仅展示用户自行创作的作品，它们的商务模式是吸引用户上传作品，吸引众多的眼球，然后销售广告空间。

威客

威客（Wikis）是方便用户上传、编辑、组织多媒体内容的网站，它与众包及用户创作内容相似。比较典型的例子是维基百科网站（Wikipedia）、技术指导网站（Wikihow）、教育教学网站（Wikispaces）等。例如，Demand Media 公司开发的

eHow 威客网站包含普通消费者及专业人士上传的文章和视频，涉及的领域有 30 个大类，从房屋维修、园艺技巧到经营之道，不一而足。网站用户创造了这些内容，然后由网站编辑来决定取舍（请浏览 ehow. com）。

威客网站的意义在于参与编辑的网络用户可以对一个词的定义进行编辑，再添加自己的内容（例如维基百科、Wikihow 等），做得多了，这样的编辑就会被公认为业内专家。如果这样的专家再对产品、书本进行评论，或者回答他们所熟悉的领域里的问题，其知名度就会逐渐提升，确立其所在领域的专家地位。有些企业、品牌或某一领域里的人物由于知名度高了，维基百科网站上就会单独出现介绍他们的词条，这对厂商来说是非常好的机遇，需要及时去捕捉。

评级和评价

消费者在实施购买活动前会先到网络上收集信息，判断购买哪个品牌，到哪家商店购买，价格水平如何，等等。网络消费者往往借助于购物代理（例如比价代理），浏览产品评价网站（例如 Epinions），有时还到企业的自主网站上，或求助于其他的各种信息渠道。社交网络上的评级与评价对商务活动（不管是网络商务活动还是实体商务活动）十分有利。根据高德纳市场调研机构的调查，绝大多数的网络消费者在进行购买决策时，都十分依赖社交网络的指引（请浏览 techshout. com）。购物者会求助于亲朋好友，或者网络上的各种粉丝群。社交网络上网友间的互动十分频繁，消费者对亲朋好友的信任度要高于对厂商的信任度，零售商已经意识到客户的声音是一种强有力的营销工具，应该借助这样的工具去促进销售、改进产品。零售商很想知道客户究竟在说什么。能够鼓励消费者在网络上发声的方法有很多。例如：

- **客户评级和评价**。这里的客户是指真实的客户，不是潜在客户。这些评级或评价会出现在电子商务销售产品页上，或社交网络的网页上、客户评价网站上、客户提供的信息反馈中等（例如 Amazon. com，iTunes，Buzzillions，Epinions 等）。Yelp 网站及谷歌网站也是重要的评价网站。客户对产品或品牌的评级可以用投票或民意调查的方式操作。
- **专家评级和评价**。这是指独立的名人发出的声音，这些名人有的本身就是专家，有的是消费型专家，他们的评级或评价会出现在电子商务销售产品页上，或社交网络的网页上、产品评价网站上、网络杂志上等（例如 Metacritic，CNET Reviews 等）。
- **商业评价**。这些评价的范围很广，例如本地的餐厅、本地的零售商、全国的品牌、专业服务机构等（例如 Yelp，RateMDs，Rate My Professors 等）。
- **社区成员相互问答**。这样的网站对一些行业专家格外有意义，因为他们可以通过这样的网站建立自己的影响人群，在回答问题的同时建立起自己的威望（例如 Yahoo! Answers，WikiAnswers 等）。
- **赞助式评价**。这是由客户中的博客版主或社交媒体交流平台上的专家撰写的评论文章，但是要由企业支付费用，其形式往往是视频格式（例如 SponsoredReviews，PayPerPost 等网站）。
- **消费者交流**。消费者之间有各种沟通和交流，例如通过电子邮件、博客、实时聊天、讨论组、推文等，有的是原创的帖子，有的则是跟帖。企业密切关注这些交流信息，有助于收集市场调研的数据，有助于产品开发（这类似于协同开发），也有助于客户服务。

● **客户验证性评论**。社交媒体上常常有客户使用产品的故事或案例分析，这些都会引起其他网友的评论和讨论（例如 Bazaarvoice 网站上的评论）。

评级和评价是电子商务自 1995 年出现时的一块奠基石，它们有助于增加网站上的客户流量，有助于浏览者向实际购买者的转换，也有助于提升每份订单的订购量。社交网站上的评价多了，口口相传这种营销模式就形成了。由于消费者对这些信息寄予更多的信任，也有助于他们做出购买决策。美国用户点评及社交商务平台 Bazaarvoice 网站对评级、评价对客户转换率的影响做过测量，结果显示网站的客户转换率提升了 25%。引人深思的是，网站上的负面评价并不特别影响销售，因为我们所在的社会并不是完美无缺的，消费者在网络上看到正面评价和负面评价，他们往往更愿意相信正面的评价。

社交网站介绍和推荐

评级、评价一般是在公共平台上展示的，而社交网站上的介绍和推荐则是针对具体的客户或一些品牌的。在实体店里也有介绍和推荐，那就是购物者请同伴或同是购物者的同道推荐商品。社交网站推荐的形式与传统的客户推荐形式相似（例如英国的天空电视节目（Sky TV）就有一种促销模式称为“介绍一位朋友加入”），但是网络上的推荐，特别是社交网站上的介绍和推荐有滚雪球式的效应，脸谱网、推特网上的用户都可以将推荐或介绍的信息分享给自己的朋友圈。推荐、介绍与评级、评价也有密切的关系，有时候融为一体。

有些传统的网络企业（例如亚马逊公司等）向消费者提供了许多推荐信息。新出现的社交购物网站（例如 ShopSocially 公司等）如今一直在鼓励网络用户就购物体验进行沟通和交流。这些推荐信息来自于消费者熟悉的人，因此其可信度要高一些。社交网站的产品推荐迟早会取代传统的网络产品促销模式，而且客户使用的商品、服务以及对价格的敏感度也会有很大的变化。

许多企业都在为社交网络推荐开发基础设施并提供各种服务。例如，ThisNext 社交商务网站（thisnext. com）方便用户将自己中意的商品推荐给他人，告知他人应该在网络上购买怎样的产品。在实体购物环境中，消费者可以在相互信任的亲朋好友中口口相传，告知商品信息，还可以亲自到货架上去寻找商品，而社交商务网站就是将这两种功能融合在一起，在网络上便利消费者购物。ThisNext 社交商务网站还为博客版主、在线社区以及各种电子商务网站建立起各种信息传递渠道。Productwiki. com 网站也是一个较为独特的网站，该网站将全球网络用户的产品评价信息聚集在一起，用户还可以对产品信息进行编辑和修改。

社交购物网站一般是把评级、评价与商品推荐结合在一起。比较典型的例子是 Kaboodle 购物社区网站。该网站上的商品推荐有如下一些形式：

● **社交标签**。**社交标签**（social bookmarking）网站方便用户将自己喜欢的网站分享给亲朋好友，还可以对这些网站进行评价（例如 StumbleUpon. com）。Delicious. com 网站上有可供用户免费下载的浏览器，用户只需点击一下就能对网站贴上标签。用户点击以后，delicious. com 网站的窗口就会打开，让用户在商品评价上贴上标签，方便其他用户分门别类地搜索。社交标签的作用很明显，用户可以点击浏览其他用户对同一事物的评价。网络用户可以单独检索信息，也可以合作检索信息。其实在实体环境中，学生们面对指定阅读的书单也是用这样的方法操作的。有些企业希望网络用户对自己的产品信息、博客帖子等展开评论，社交标签也是一种很好的方法。因此，有些有关产品信息的文章的顶端会出现一个 Delicious 网站的图标，用来提醒浏览网站内容的用户。

- **客户介绍**。客户如果将新的客户介绍给商家，就能得到商家给予的现金回报（例如 Groupon，Gilt 等网站）。用户通过点击社交网站上的链接登录零售商的网站，购买商品，这是社交网站的一种盈利模式。例如，亚马逊公司制定了一个网站联盟计划，按照这一计划，公司将旗帜广告或图书、CD 的图片放置在博客版主或类似社交网站的网页上，只要客户网站上有人点击进入亚马逊网站购买商品，亚马逊公司就向该客户网站支付介绍费。有些博客版主会在页面的一侧列出“我喜爱的图书”，或者在讨论某一话题时推荐图书，读者可以通过链接进入亚马逊网站。
- **社交推荐**。社交网站的用户开展商品推荐时，往往是寻找自己的兴趣指向与他人相似的地方（例如“苹果高手推荐”、“亚马逊网站商品推荐”、“Netflix 电影网站推荐”等）。
- **社交新闻**。网络用户可以在**社交新闻**（social news）网站上上传自己感兴趣的新闻链接，读者可以对此进行评价或投票（例如 Digg 社交新闻网站、Reddit 新闻网站等）。
- **其他创新模式**。有些企业（例如汽车社交媒体网站 Honk. com、社交购物网站 StyleFeeder 等）利用计算机算法自动生成网络用户的商品评价，将购物经历相似的网络用户或购物行为相似的用户放在一起。亚马逊公司开发的协同过滤软件告知客户“购买这本书的顾客同时还购买……”用这样的方法来开展商品推荐。

电子邮件

电子邮件的作用依然很大。脸谱网以及其他的许多社交网站都要求用户提供电子邮件地址来验证身份。对于厂商来说，目前的任务是设法将电子邮件和社交媒体结合在一起。许多厂商也确实计划这样去做。例如，雅虎、Gmail、Outlook 等电子邮箱平台都允许将自己的邮箱与脸谱网账户绑定。用户打开自己的电子邮件收件箱，脸谱网朋友的电子邮件就会展示出来。脸谱网将朋友圈与电子邮件结合起来，还开发出许多其他的社交功能。这也意味着企业一定要列入用户的联系人列表，否则它们发布的信息用户就看不到。

有一项研究显示，60%的厂商计划将“关注我们”（follow us）的链接植入电子邮件中，这样收件人就可以点击进入厂商在脸谱网、推特网等社交媒体上的网页（请浏览 eMarketer. com）。厂商还有其他各种电子邮件的应用技术，例如，64%的企业称计划在电子邮件中加入像脸谱网网页那样的“注册表”，53%的企业称将在社交媒体的网页上加上链接，接入电子邮件的信息，47%的企业称将让用户自己选择是否与他人分享自己电子邮件的内容。

肯德基快餐连锁店计划为新推出的汉堡 Double Down（这个汉堡是两块鸡夹培根，完全没有面包）提高产品知晓度。肯德基公司通过自己的网站向年龄在 18～30 岁的 300 万男性消费者发送电子邮件。很快，社交媒体上出现了各种评论，毁誉参半。产品还没有上市销售，媒体记者的电话就纷纷打进来。许多人批评新型汉堡不利于健康，在社交媒体上，品牌的知晓度上升了，可是 Double Down 这种汉堡的名声并不好。如果当初肯德基将电子邮件与社交媒体（例如脸谱网）评论一起推出，那么其促销模式就属于整合营销沟通了。有时候，企业会反过来做，就是先开展社交媒体促销，而不是电子邮件促销，因为群发的电子邮件往往无法通过垃圾邮件过滤器，结果是发出去的电子邮件客户看不到。实际上，社交媒体沟通已经比电子邮件沟通更加普遍，尤其是在年轻人中更是如此。

Groupon 团购网在吸引客户接收电子邮件促销信息方面有自己独特的方法，这种方法非常有效，而且充满幽默感。每当用户点击不熟悉的电子邮件并试图把它删除时就会被转到一个网页，网页上有这样一句话："如果您继续删除的话，我们还得表示一下歉意。为什么呢？因为我们要介绍您认识德里克先生，他认为您会乐意接收 Groupon 团购网的邮件"（见图 14—4）。接着，用户会去点击"惩罚德里克"按钮，视频上显示房间里走进来一个德里克的同事，把一杯水泼到德里克的脸上。此后，用户或许依然会删除电子邮件，但是也会有一些人将其留在了邮件收件人列表中，至少收件人对 Groupon 的品牌不会有负面的印象。

图 14—4　Groupon 鼓励客户将其留在电子邮件列表中

资料来源：Reprinted with permission from Groupon (groupon. com).

社交网站讨论

社交媒体上有许多来自网络用户的评论，这些评论有许多涉及产品、企业及品牌。网络用户会在社交媒体上分享图片或视频。例如，他们在 Pinterest 网站上贴图片，或从数码相机里把照片上传到 Flickr 图片网站。口碑媒体的另一种形式是用户将一段链接粘贴到网络新闻报道中，而这样的链接就会出现在掘客网（digg. com）上。在掘客网上，网络用户可以"挖掘"新闻故事，同一条新闻"挖掘"的人越多，它在新闻排序中位置就越靠前。这一点与脸谱网上用户点赞的作用一样。我们在写作本书时，最热门的新闻是关于 2012 年全球变暖的新闻，该新闻被"挖掘"的次数超过了一万次。

博客的评论文章很多，尤其在 B2B 市场上更是如此。在这样的文章中，专业人士将自己对某些产品的见解分享给网友。例如，博客版主布莱恩·索里斯（Brian Solis）就社交媒体、网络技术、商务理念等写了很多评论文章，他的粉丝很多，人们对他的帖子评论也很多。他制作了很多图表，所写的文章犀利、有趣，煽动性也很强。至今为止获得评论最多的博客版主是英国网络服务提供商 Timico 公司的首席技术官特莱福·戴维斯（Trefor Davies），他曾经撰写文章支持英国皇家救生艇学会，结果在 24 小时内吸引了 10 万人跟帖、评论，也因此创造了吉尼斯纪录。

企业若是希望自己的博客能够引起用户的关注与参与，其发布的内容必须符合及时性、趣味性，还要设置点赞这样的按钮，方便用户点赞或评论。

由于脸谱网上的操作，使得“点赞”这个词变得家喻户晓。曾经有市场调研公司就“点赞的意义”开展调查，归纳出了用户不在脸谱网上点赞的种种理由。例如：

- 不希望因此收到无数的广告和促销信息（占 54%）；
- 不希望企业因此了解用户个人信息（占 45%）；
- 不希望参与朋友圈的沟通和交流（占 31%）；
- 不希望企业通过脸谱网社交平台接触到自己（占 29%）；
- 不了解这样做对自己有什么好处（占 23%）。

当然，在脸谱网上点赞的用户各有各的理由：希望了解感兴趣的内容、活动和各种促销信息（占 58%）；从脸谱网上收到打折券或各种促销优惠（占 58%）；接收到有关企业的最新消息（占 47%）；企业可以将新的信息、图片、视频上传（占 39%）；可以在自己的网页上展示企业的名字、品牌（占 37%）；企业可以通过新的渠道与我沟通（占 24%）；对此并没有明确的目的（占 37%）。

美国知名 B2B 市场营销专家保罗·杜奈（Paul Dunay）曾经发过一个有趣的博客帖子，阐述一些品牌未能将脸谱网的粉丝转变成实实在在的客户（见图 14—5）。保罗是受到了数字营销公司 Hubspot 的研究报告的启发，该公司调查发现，尽管 93%的成年网民都是脸谱网的用户，但是脸谱网上品牌粉丝中只有 1%的人真正去浏览企业的官方网站。保罗提出的多项建议我们在本章里都有阐述，他认为对客户进行及时的激励十分重要。保罗在博客中称，企业要想吸引消费者参与，一是要提供多种注册的选择（例如电子邮件注册、简易信息聚合（RSS）平台注册、播客平台注册等）；二是要提供多种联系方式（例如电子邮件、Google+、脸谱网朋友圈、推特网粉丝平台等），用户还可以收听播客中有关播客的文章，激励博客读者参与的方法多种多样。

社区讨论与论坛

网络论坛（也有的称其为“公告板”）是用户张贴电子邮件信息的场所（请浏览第 12 章内容）。Usenet 是一个规模巨大的公众新闻组论坛，论坛上有 35 000 多个讨论组（请浏览 groups. google. com），讨论的内容五花八门，其中包括产品体验等。Usenet 网站起始于 1981 年，远早于万维网问世的 1993 年，目前还活跃着的信息有 10 亿多个帖子。尽管 Usenet 目前已经不是最热门的论坛，但是对那些与论坛同时成长起来的网络“极客”（geek）来说，这是他们心头的一片神圣之地。我们认为随着社交媒体的兴起，互联网又回归到了它的本真面目，那就是一切来自用户，一切为了用户，一切关于用户。谷歌网论坛及雅虎网论坛继承了 Usenet 的传统，这些论坛上不管是公众小组还是私密小组，都是由用户发帖，与他人分享共同感兴趣的事情（见图 14—6）。许多企业利用谷歌论坛召集国际商业会议、商讨产品问题等，论坛中使用的语言多达 47 种。

社交媒体的达尔文主义
适者生存　　保罗·杜奈

各种品牌未能将脸谱网粉丝转变为实际客户的种种理由：

1. 没有走好第一步（要及时与网站浏览者互动）。

2. 文本及图片制作质量太差（应该与品牌及浏览者需求密切相关）。

3. 网页内容太陈旧（要不断更新网页内容）。

4. 品牌建设过于草率（脸谱网上的品牌形象应该与公司网站上的品牌形象一致）。

5. 对用户采取行动的要求不明确（脸谱网上要有明确的品牌诉求）。

6. 点击的次数太多（要尽量减少查看目标内容的点击次数）。

7. 浏览者的身份不明确（要编辑好脸谱网用户的身份信息）。

8. 要做到先入为主（使用脸谱网专用的促销活动）。

9. 插件的效率不高（要整合点赞、推荐、评价等各种功能）。

10. 要坚持使用独特的绩效指标（要整合脸谱网与其他网站的购物绩效统计指标）。

图 14—5　将脸谱网粉丝转变为实际的客户

资料来源：pauldunay. com.

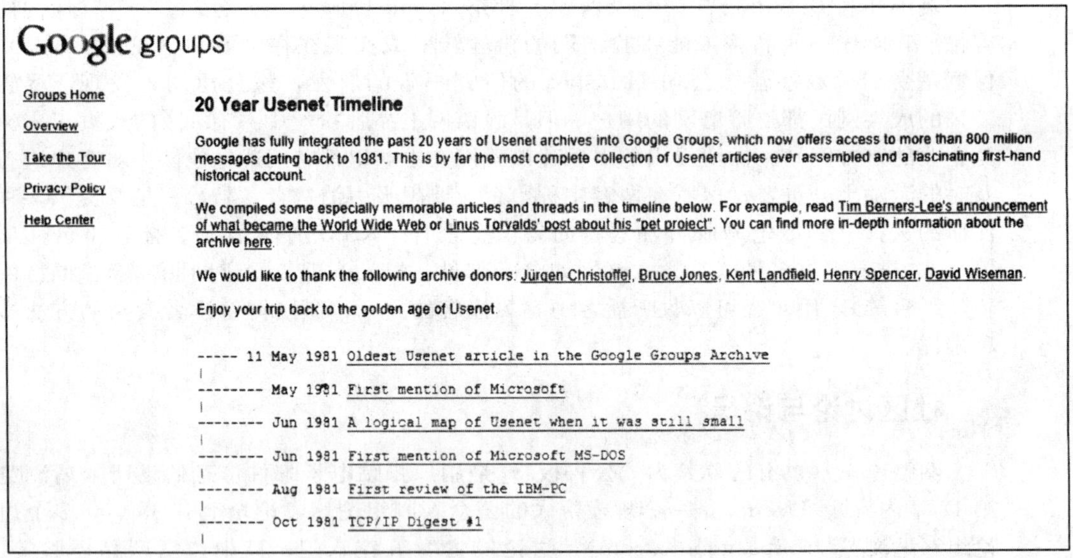

图 14—6　谷歌论坛中对 Usenet 讨论组的介绍

插件与社交应用软件

许多企业都使用小插件和社交应用软件来吸引社交媒体用户参与。这些小插件有的是以游戏或竞赛的形式出现的品牌信息，有的是赞助式广告，鼓励用户参与互动，有的则是征集用户。例如，如果一家销售冲浪用品的企业了解到一位脸谱网用户居住在美国的洛杉矶，28 岁，喜欢水上冲浪，那么它就可以向这位用户发送一个与冲浪相关的小插件，方便用户与朋友分享。图 14—7 显示的是本书的一位作者自己开发的一个电影小插件，它模仿社交网站的小插件。在这个小插件上，脸谱网用户的名字、身份信息和照片都列出来，接收的用户可以很方便地与朋友分享。歌帝梵巧克力（Godiva）的目标是吸引年轻的消费者，打造高级、卓越的品牌形象。该公司开发了一款“我爱巧克力”的小插件，不到两周的时间，脸谱网的用户就向自己的亲朋好友发送了 100 多万份虚拟的巧克力作为礼物，这些礼物有的标记着歌帝梵的品牌，有的则只是普通的巧克力，与之相伴而来的是公司在脸谱网上的粉丝数增加到 15 000 多人。还有一些企业（例如 Friend2Friend，Product Pulse 等）开发出广告插件，方便用户投票、游戏、互赠礼品、上传内容等。

图 14—7 社交网络电影插件

社交应用软件不仅用在智能手机或平板电脑上，也可以用在普通的网站或社交网站上。脸谱网上就容纳了成千上万的第三方开发应用软件。比较受欢迎的应用软件是旅游应用软件。例如，有一款应用软件名为“我去过哪儿”，上面可以标记用户曾经到过的地方，或者打算去的地方。利用这样的软件，用户可以制定出游计划、组团，寻找并且评价免费的过夜场所（请浏览 couchsurfing. org）。这些信息可以有偿转让给旅游公司，它们再到脸谱网上去做产品广告。还有许多应用软件，例如：

- 脸谱网有一款称作“信使”的应用软件，用户可以通过这一平台用手机、平板电脑、计算机等设备随时向朋友的手机发送信息。这款应用软件最初是用在 SXSW 嘉年华展会上（SXSW，即 South by Southwest，是美国得克萨斯州州府奥斯汀每年春天举办的综合文化活动）。利用这一平台，参展的民众可以随时向亲朋好友发送信息，告知自己在展会上看到的新技术和新物件。
- Pinterest 社交网站自创建以来一直在飞速发展。前面几章中我们已经多次提到过这一网站，用户可以在该网站上张贴图片与他人分享，网站用户也可以点击购买上面的图片。
- Instagram 网站方便用户将拍摄的照片或视频上传到网站，选择过滤器进行美化加工，然后发布到 Instagram 网站上。用户还可以将其分享至脸谱网、推特网、Tumblr 等网站上。这一平台对商家非常有利，因为人们在餐厅、酒吧、购物场所里经常会拍一些照片，这有利于对企业的宣传。
- 混搭应用软件。这是指将各种网站整合在一起，目的是鼓励消费者参与。一个比较典型的例子是“谷歌地方信息”（Google Places），这是一个基于地理位置的本地生活信息搜索和分享平台，利用它可以方便地找到附近的餐馆、咖啡店、酒吧、自动取款机、加油站、酒店及各种旅游景点。美国佛罗里达州奥克兰市有一家名为 Lil' Piddlers 的宠物商店，它利用谷歌地方信息平台已经有5年多的时间，销售额因此提升了30%。

如果要罗列各种有关口碑媒体的应用软件，以及它们为企业、产品、品牌做出的贡献，一本书都容纳不下，因此，我们仅以定位服务应用软件作为例子来加以说明。

定位服务应用软件

定位服务（LBS）属于移动商务的一种商务模式，它的技术基础是植入在用户智能手机芯片里的全球定位系统软件，由此可以了解客户所在的位置。其运用的理念是这样的，即只要用户手机里有 GPS 定位软件，他的朋友就可以了解他所在的位置，用户也可以了解亲朋好友推荐的各种服务设施，商店、酒吧、餐厅等场所，只要他到了，“签到”手续就办完了。

用户“签到”对企业是有利的，只要企业了解到用户在某一个场所或靠近了某一个场所，它就可以向用户发送短信、电子邮件，甚至直接打电话过去，告诉用户有哪些优惠信息。例如，本书作者的校园边上有一家餐厅，只要用户利用智能手机在社交媒体上完成“签到”，就可以去店里免费品尝饮料。例如，美国威斯康星州东南部港口城市密尔沃基有一家名为 AJ Bombers 的餐厅，3个月的时间里，1 400位社交媒体用户在网站上“签到”6 000次，店家的生意因此提升了110%。用户只要在 Foursquare 社交网站上留言，就可以免费品尝餐厅提供的甜品。

然而，在社交媒体出现以前，这种商务模式运行得并不顺利。许多客户对此并不感兴趣，即使那些手机里安装了 GPS 定位软件的用户，也因为担心隐私信息泄露而将这一系统关闭。不过，自从社交软件问世以后情形变了。定位营销变成了社交型、娱乐型、回报型的营销模式，厂商的促销活动变成了增值的商务活动。

开展定位商务活动的主要有 Foursquare 网站、Yelp 网站及脸谱网等。

- **Foursquare 网站**。该网站目前拥有1 000多万名用户，主要的平台搭建在智能手机和移动网站上。Foursquare 利用 GPS 的导航功能识别用户所在的位置。用户的朋友只要在 Foursquare 网站平台上，就能看到他所在的位置。用户只要在企业的网页上“签到”，企业就会给予积点，在60天中哪一位用户“签到”的次数最多，企业就会授予其“公司首领”（Mayor）的荣誉称号。许多高校也在 Foursquare 网站上开设自己的主页，但是即使向“签到”的学生赠送积点，能否提高学生的出勤率，依然是一个问号。企业是十分愿意向签到的用户免费发放礼品或食品的。
- **Yelp 网站**。该网站创立至今仅仅8年，但是到2012年第三季度，遍布19个国家的该网站用户已经超过了8 400万。受到用户浏览和评价的各地企业的网页超过3 300万个。各种各样的企业主（例如零售店的老板、牙科医生等）都在 Yelp 网站上开立账户，方便网站的浏览者了解企业的经营状况，回复用户的帖子。Yelp 开发的手机应用软件还方便用户通过智能手机登录本地的各类企业。
- **脸谱网地方信息**。脸谱网用户可以方便地将自己的位置添加到文本信息或图片中。这些位置信息有的是企业，有的是会展活动，有的仅仅是一个城市位置的信息。至于让哪些朋友浏览这样的信息，则由用户自己决定，如果有朋友跟帖，用户也能马上就收到。

要让客户与企业的品牌信息互动有各种技术，它们都能帮助企业形成口碑媒体。

客户参与的最高层次是协作。

14.6 消费者协同内容创造

前面已经阐述过，参与得最深入的客户能够帮助企业改进产品和促销方式，因为他们非常关注企业的品牌，也最容易受到企业各种促销技术的影响（参阅第 9 章中有关乐高玩具虚拟设计的内容）。与此同时，企业也能了解到消费者的消费行为和产品偏好。举一个简单的例子，如果用户浏览一家汽车企业的网站，通过点击来选择汽车的颜色，挑选皮面座椅等，这一系列的动作就帮助企业了解用户的产品偏好，有助于企业将来改进产品设计。内容的协同创造最理想的状态就是“众包”这种形式。

前面已经介绍过有些企业开展的众包活动，例如戴尔电脑公司和星巴克的案例。众包的另一个趋势是用户促成的广告。全球最大的休闲食品生产商菲多利公司（Frito Lay）曾经向网络用户提供 100 万美元的奖励，奖励那些与广告公司共同制作多力多滋玉米片的 30 秒电视广告的胜出者，他们可以免费前往美国现场观看超级杯橄榄球比赛。每年的颁奖典礼都进行实况转播。据菲多利公司的母公司百事可乐公司介绍，这项活动自 2007 年开始以来，已经收集到消费者提交的 19 000 个广告。这项促销活动非常成功，活动中的优胜者总是能够占据《今日美国》杂志社举办的“超级杯广告喜好排行榜”的前三名。美国的通用汽车公司也效仿这一做法，用消费者制作的视频、音频、照片来制作广告。从通用汽车的角度看，促销活动是成功的，但是事情也有负面的效果。大约 20%的网络帖子称在全球能源耗竭、气候变暖的背景下，通用汽车公司的雪佛兰 Tahoe 运动型多功能汽车有着推卸不了的责任。这些视频都上传到 YouTube 视频网站上，引来无数的议论。由此可见，在网络世界中，人人都可以是评论家，企业的软肋也常常受到意外的攻击。尽管如此，通用汽车公司依然认为自己的广告促销活动是成功的。

广告商出于种种原因一直在尝试使用网络用户参与广告设计这样的方法。有一项研究显示，消费者认为这样的广告更加友好（68%），更加富有创造力（56%），更加体现创新精神（55%）。前面已经提到过，与对企业的信任度相比，消费者给予其他消费者更多的信任，因此，鼓励消费者参与广告制作是一个很好的方法。

美国加州旧金山的交通运输局开展了一项众包项目，将在线、离线的营销沟通整合在一起。它在市内公交车上张贴广告，用英语和汉语两种文字显示，要求公众为如何用好 640 亿美元的预算（2012—2040 年）出谋划策。广告词用的是“城市的开支怎么花，今天你说了算——旧金山的交通运输费投向哪里?”整个广告活动包括一个网站（sfbudgetczar. com），用户可以在交通运输花费的三个大类中进行选择（日常维护保养费、专项工程建设费、基础设施建设费）（见图 14—8）。网站的运营方式像一种游戏，参与者可以提出自己的建议，赢取价值 50 美元的交通卡。活动从 2012 年 10 月进行到 11 月，大约有 600 人参与了在线的头脑风暴活动。车厢广告上还有二维码，方便用户直接登录网站。

众筹（crowdfunding）指的是在网络上为一项新的设计、公共事务、非营利活动等筹集资金。有一家网站 trendwatching. com 曾经披露，各种众筹网络平台在 2011 年筹集到 14 亿美元。有些网站（例如 kickstarter. com）专门帮助普通民众筹集资金开展创新项目。

图 14—8　旧金山的交通运输局开展了一个众包项目

资料来源：Courtesy of the San Francisco County Transportation Authority.

14.7　企业如何引导用户参与

英国 19 世纪的著名作家奥斯卡·王尔德（Oscar Wilde）曾经说过："比被人议论更加糟糕的事情是没有人议论。"企业应该如何引导用户参与？如何赢得用户的信任？如何将用户从相信对企业的负面议论变为愿意参与企业的品牌建设，参与病毒营销？这就需要企业创造能够吸引用户的内容和促销活动，使得他们愿意与品牌互动，并且通过在社交媒体上点赞、评论、推荐等方式与亲朋好友分享。用这样的方法可以影响成千上万的人，它与传统的口碑相传营销模式是相似的。

为了使得促销活动更加有效，必须要符合一个基本的要求，那就是在合适的媒体上通过合适的渠道传递合适的信息。要做到这一点，需要确切地了解受众的需求、行为和有效的激励措施，还需要对口碑媒体进行不间断的检测和控制。

社交媒体的用户并不希望互动品牌信息的狂轰滥炸，相反，他们希望得到有吸引力的信息，得到娱乐，得到赞赏。

提供及时、独特、相关、优质的信息

有些市场调研机构（例如 eMarketer，尼尔森，comScore，Forrester 等）会定期发布根据一手数据调查得出的统计信息，此时，博客版主往往会做出自己对相关数据的解读，供粉丝点评或与人分享。例如，安迪·比尔从 2005 年起就撰写名为"营销

朝圣者”（Marketing Pilgrim）的博客。每天凌晨他就起床，从长期跟踪的 100 多家网站上浏览新闻频道的帖子，然后综合自己看到的信息写出博文，提出专家意见。比尔已经在粉丝圈里小有名气，提供专业咨询，他在博客网站上提供广告空间，参与多家媒体的访谈节目，组织其他专家撰写评论文章。在《广告时代》杂志评选年度十佳媒体和营销博客活动中，他总是名列前茅。前文中提到过的网络营销协会社交群的创办者罗伯特·弗莱明（Robert Fleming）在 LinkedIn 社交网站的营销板块中，贴出了一篇极有煽动性的博文《社交媒体葬送了营销活动》。这篇博文一发表立即引来 600 多条评论，直到一年以后，针对这篇博文的争论还没有停止。

创造娱乐性的内容

企业制作的一些视频广告或其他的宣传内容只要娱乐性强、有趣、不落俗套，就会受到消费者的追捧和分享。例如，Blendtec 公司为了宣传家用粉碎机的功效，制作了一系列的专题视频广告（见第 12 章的导入案例）。在视频中，公司的 CEO 把各种各样的物件放入粉碎机中粉碎——松土用的耙子、高尔夫球、荧光棒、iPad，不一而足。一则 iPhone 4 智能手机的粉碎视频在 13 个月中被点击了 350 万次。2007 年，在 eBay 拍卖网站上有人出价 900 美元收购那部 iPhone 4 的残骸。仅仅在 2012 年 10 月的一个月里，Blendtec 公司制作的各种视频在 YouTube 视频网站上的点击量就达到了 204 352 346 次，这还没有将公司微网站的点击量计算在内。据该公司的 CEO 汤姆·迪克森（Tom Dickson）称，视频广告对公司的产品销售产生了难以想象的影响（请浏览 willitblend. com）。

提供竞争的机会

人们一般都喜欢与人争高低，喜欢得到奖励。例如，微软的视窗 7 操作系统问世时，公司推出了一项名为“校园荣誉”的促销活动，要求网站的浏览者对中学生创作的视频资料进行投票，胜出的学生可以得到资助对自己的计算机进行升级换代。微软公司使用一种社交关系图，帮助投票的用户邀请亲朋好友来参与。在整个竞赛期间，微软公司网站的浏览量提升了 75%。**社交关系图**（social graph）指的是社交网络中成员之间的关系图。最终，华盛顿州的 Whatcom 中学胜出，对于社交媒体来说，这为微软公司和它的合作伙伴又创造了一个机会，那就是公共宣传的机会。

宣传利他主义

故事、视频等各种内容只要与社交活动有关，人们都愿意与他人分享。例如，2011 年美国的东海岸遭遇暴风雨的袭击，美国红十字会号召民众为当地居民献血救助。活动的组织者没有像传统的做法那样，在献血者的胸口贴上一张粘贴纸，上面显示“我献血了”，而是在网络上发放一枚虚拟的荣誉徽章，献血者可以将其在社交网站上分享给朋友圈，鼓励亲朋好友也来参加无偿献血。如果献血者在 Foursquare 社交网站上登录，他就可以以帖子的方式在网站上留言，大声“宣告”自己参与了献血活动，与此同时，标记献血的徽章会在社交网站的个人主页上展示出来，并且自动地发送到推特网的个人主页上。

提供独特的产品或服务

社会心理学中有一条理论，那就是“稀缺”能够激励人们快速地采取行动。促销折扣或免费试用形式的促销活动只要设定一个截止期，人们就会纷纷出手。电影制作方在电影正式放映以前，先向歌迷、影迷发布一些电影预告片。欧美乐坛的当红歌星皮普保罗（Pitbull）对这种促销手段使用得炉火纯青，在推出新的CD唱片《舞池星球》（Planet Pit）以前，他告知自己的歌迷，如果将网络上他的歌曲链接发送给朋友，有3个朋友打开链接收听歌曲，这个歌迷就有机会免费下载新的CD唱片里的3首歌曲。

奖励有影响的人士和粉丝

帕累托法则中提出的二八定律（即20%的客户实现了80%的交易量）用在社交网络环境中也是适用的，也就是网络上对品牌的议论大多数是由一小部分品牌粉丝提供的。如果安迪·比尔或赫芬顿·波斯特（Huffington Post）经常在博客中议论某家公司，那么他们就会收到该公司支付的报酬。报酬的形式多种多样，可以是独家信息、公司重要新闻，也可以是免费的一些礼品，例如一件新产品，要求博客主使用后作出评价，或者给予较大的购买折扣等。按照客户关系管理的一些基本原则（见第15章内容），企业与重要的粉丝经常有一些友好的来往是十分有益的。Foursquare社交网站的做法是对60天内登录某个网页次数最多的用户给予令人垂涎的“公司首领”称号。2011年4月，休闲食品生产商菲多利公司将吉尼斯世界纪录奖状授予脸谱网上点赞最多的网页（1 571 161次），并以优惠券的形式向争先注册的粉丝送出24 000包薯片（请浏览fritolay.com）。英特尔公司在官网上展示各种图片，开辟出一个“英特尔黑带软件开发人员计划”专区，承诺认可并奖励英特尔开发人员专区社区成员的贡献、技术专长和领导能力。加入社区的所有成员如果获得“黑带”的带位，可以得到一台笔记本电脑的奖励（请浏览software.intel.com）。当然，对那些有一技之长的人来说，这也是他们在网络上提高自己知名度的好方法。

激励群体性行为

社交心理学中有一条原则称为互惠原则，其含义是指如果客户在社交媒体上时就给予其一定的报偿（而不是事后的“谢谢支持”），他们对参与社交媒体活动的积极性会更高。例如，美国卡夫食品公司旗下的一家以销售热狗、培根和腊肠闻名的快餐企业Oscar Mayer公司，会主动向消费者提供实体店的折扣券，邀请消费者品尝新推出的热狗品种。公司做得更加出色的一点是消费者只要在网络上将自己“吃了一个大热狗”的信息分享给亲友，就能再拿到一份折扣券。公司的营销策略是以每5 000个消费者为一个群体，只要他们都将品尝热狗的信息分享给亲友，这个群体的折扣券价值就增加50美分，直到所有的人都能拿到一张完全免费的热狗品尝券。不过，公司也懂得稀缺性原则，因此整个促销活动是有时间限制的。

激励客户参与的一个重要原则是便利性。例如，许多社交媒体网站和普通商务网站都设置“一键点击”功能，用户可以点赞、贴标签（例如一键点击标注“美味”），点击屏幕上“简易信息聚合”（RSS）标志表示订阅，这样就能迅速地传播内容，或者分享社交媒体上的内容。许多网站还在脸谱网等社交媒体网站上用一键点击来帮助用户注册。例如，波士顿的创新网站BostInnovation提供波士顿地区的各种重要信息。Gigya公司是美国网络界第二大插件公司，BostInnovation创新网站利用Gigya公司提供的插件方便用户注册、登录、分享、评价。据BostInnovation公司的一位创建者凯文·麦卡锡（Kevin McCarthy）称，自从使用了Gigya公司提供的插件，网站的评价内容增加了 58%（请浏览 gigya. com）。

到目前为止，我们罗列了鼓励客户参与的各种优势，以及它为品牌和企业带来的种种好处。尽管厂商都在努力向市场提供一流的商品，尊重消费者的营销沟通偏好，但是面对口碑媒体，事情也会走向反面。通用汽车公司遇到的“用户创造广告”就是一个典型的例子。在网络世界，谁都可以来说两句，品牌产品只要稍有疏忽，就有被曝光的危险。于是，人们不得不思考，在口碑媒体的“蛮荒时代”，企业该如何管理自己的品牌信息和声誉。

14.8　网络声誉管理

2012 年，意大利厨房用品企业厨宝公司（Kitchen Aid）负责社交媒体的经理通过公司的推特网页发布了一篇推文，抨击当时还是总统候选人的奥巴马。文章中说，奥巴马的祖母在他当选为总统的 3 天前去世，因为老人认为奥巴马走马上任后不会有好下场。这篇推文虽说只有 140 个词，但是它给厨宝公司带来的负面影响很严重。后来，厨宝公司不得不发表公开道歉信，还直接向奥巴马道歉，承认公司对社交媒体管理不善，对自己的员工管理不善。

声誉是指人们心目中对某事物的信任度。据说林肯总统曾经说过这样的话：“一个人就像一棵树，而声誉就是树的影子。树是实实在在的，而影子则是我们心目中的形象。”我们可以这样认为，企业的声誉不是企业自己怎么说，而是其他人怎么看。在口碑媒体中，人们可以用各种各样的方式来塑造一家企业的声誉，还有它的品牌、它的员工。在口碑媒体中，企业、品牌都不能像过去那样控制自己的形象和声誉，因此，需要投入时间和精力去监视、管理并参与社交媒体上的口碑，否则就会为此付出代价。2011 年，全球最著名的公共关系公司 Edelman 公司对 28 家上市公司的董事会开展调查，结果发现，声誉风险是美国企业所面临的一个最大挑战（请浏览 edelman. com）。

企业的管理者应该意识到，尽管社交媒体上的营销视频或其他的各种促销内容都会对企业有利，但是在不断传播的过程中，它们也会走样。例如，企业的视频上传到 YouTube 网站上，结果有可能混进各种负面的信息。例如，YouTube 网站的视频中有许多这样的镜头，那就是可乐瓶子里蹦出一颗一颗的曼妥思薄荷糖。[①]

还有一个例子是有关英国的绿色和平组织，该组织是一个非营利机构，旨在创建一个绿色、和平的世界。他们在 YouTube 网站上上传了一段视频，希望告知世人正面临着一个严重的问题：奇巧巧克力（Kit Kat）是雀巢公司旗下的一种脆心巧克力条，该公司从印度尼西亚购买棕榈油，而棕榈油是从棕榈树的果子里提炼出来的，它间接地破坏了印度尼西亚的雨林，使得猩猩们无处栖身。绿色和平组织制作的视频名为“稍事休息”，镜头中是一个公司白领在休息时拿出一条奇巧巧克力条品尝，他一口咬下去，巧克力条中却淌出了鲜血。

到 2011 年底，浏览这一视频的人数达到 476 328 人。雀巢公司在脸谱网上遇到

---

① 近来，一项名为“沸腾可乐”的游戏在各大网站上颇为流行：将几颗曼妥思薄荷味口香糖扔进健怡可乐中，几秒钟之后，一根硕大的可乐柱从可乐瓶中喷涌而出，喷完后的可乐瓶中只剩下小半瓶可乐。这对“曼妥思”的品牌造成了负面的影响。曼妥思的制造商为此辟谣。——译者注

了麻烦。绿色和平组织是在2010年3月17日将这一段视频上传到网站的，浏览该视频的网络用户纷纷指责雀巢公司为了自己的利益购买棕榈油。有些抗议者模仿奇巧巧克力的图案制作新的图片，只不过把原来的Kit Kat品牌用同样的字体改成了Killer（杀人者），或者在奇巧巧克力的包装上印上黑猩猩的血色脚印。抗议者在自己的脸谱网网页上贴上这样的图案，在雀巢公司的网页上也贴上了这样的图案。

雀巢公司表示，今后只要网络用户在发表评论时插入变造的品牌图案，评论内容就会被删除，但是这种不当的处置方式在社交网络上激起了更多的反感，人们纷纷张贴博客帖子，热点问题也不再是森林资源保护，野生动物灭绝，而是雀巢公司在社交媒体上的不当言论。雀巢公司的管理层与撰写媒体评论的人士辩论，认为自己审查图片的做法没有错，网络上的评论帖子照删不误，这就引起了众怒。不得已，雀巢公司负责脸谱网公司网页维护的经理只好发帖子道歉，称不再删除相关的帖子。

让人感觉新奇的是所有这一切都发生在很短的时间里：

- 2010年3月17日绿色和平组织在YouTube视频网站上上传视频。
- 3月18日脸谱网上对雀巢公司产品不满的评论达到190条，推特网上的相关推文有几千条。
- 3月19日凌晨2:26，雀巢公司在脸谱网上发帖称将删除印有Killer字样的帖子和图案。
- 3月19日下午1:29，雀巢公司在脸谱网上发文道歉，并终止删除网络帖子的动作。

许多市场调研机构在这次事件发生以后开始对社交媒体上的评论帖子进行分析。有一项调研发现，2010年3月19日一天网络上包含有“雀巢”和“脸谱网”两个词的帖子增加了40%，这其中16%的信息是负面的，16%的信息是正面的，66%的信息是折中的（请浏览blog.biz360.com）。

2012年，公共关系咨询机构Edelman公司对网络用户对公司的信任度开展调查，结果发现质量、透明度以及信任度是对公司声誉和品牌声誉影响最大的三个因素。企业如果想要赢得全社会的信任，除了产品或服务的高质量以外，还必须在多个方面做得很好，例如可靠、真诚、信息透明、信守承诺。企业常常对自己的品牌做出种种承诺，如果它们不能信守承诺，它们就会在社交媒体上被人吐槽。例如，汽车生产企业往往在广告中对百公里油耗进行宣传，但是如果实际上达不到宣传的指标，用户就会对厂家和品牌失去信心，在如今的社交媒体时代，用户可能在社交网络、博客平台上加以抨击。“透明”指的是企业在声誉危机发生之前或发生以后真诚、迅速地说明真相。如果它们隐瞒真相，真相一旦被披露出来，社交媒体上的负面信息就会铺天盖地。透明的要求是在社交媒体上与用户真诚沟通，告知如何提升产品质量，这一点我们在前面介绍戴尔电脑公司微网站的做法时提到过。

以下是一些相关的统计数据：

- 2011年，全球获得“最值得信赖公司”称号的企业中，只有53%的企业是遵守道德规范的（据Edelman公司2012年所做的信任度调查数据）。
- 全球排名前20位的著名品牌在网络搜索结果中有25%显示的是用户创作的内容，而人们在了解企业信息时，首先想到的是打开搜索引擎（据Edelman公司2012年所做的信任度调查数据）。
- 博客版主中有34%的人会对产品和品牌评头论足，而这些内容都是粉丝们热衷阅读的信息（Falls and Deckers，2012）。
- 相信广告宣传的消费者只有14%。因为广告里只提供品牌的正面信息，所以人们更愿意相信同样是消费者的亲朋好友。

- 一旦人们失去了对一家企业的信任，他们更愿意听到对企业不利的负面信息。这样的信息只要听到一两次，57%的人就会相信，而相信正面信息的人只有15%（据Edelman公司2011年所做的信任度调查数据）。
- 信任度是有价值的。如果一家企业受到信任，正面信息只要听到一两次，就有51%的人会相信，而相信负面信息的人只有25%（据Edelman公司2011年所做的信任度调查数据）。

社交媒体上人们会对企业的行为作出回应，但是许多人的回应是在半夜里进行的，受到攻击的企业往往措手不及，雀巢公司的案例就是一个很好的例子。

重要的声誉管理

品牌声誉与企业声誉都是格外重要的声誉。2006年，美国知名的公共关系管理机构Weber Shandwick公司曾经做过一项调查，结果显示企业的市场价值中有63%属于品牌声誉和企业声誉。调查中，该公司还指出：（1）66%的企业高管认为，从挫折中恢复品牌声誉比起创立品牌、维护品牌要艰难得多；（2）一家企业的品牌声誉若是受到挫折，想要再恢复到原来的水平需要3.2年的时间。2010年4月20日，英国石油公司在美国墨西哥湾租用的钻井平台“深水地平线”发生爆炸，导致大量石油泄漏，酿成一场经济和环境惨剧，该公司的声誉因此受到极大的损害，至今难以恢复。

还有一个有趣的例子是有关巴西一家名为Moma Propaganda的广告公司，该公司因为涉嫌过度使用性渲染的广告创意作品，被指亵渎童话故事《睡美人》而被戛纳创意节组委会禁赛一年，已经获得的两个奖项也被戛纳国际创意节撤回。Moma Propaganda广告公司向大赛组委会提交了两份“虚假的”起亚汽车广告作品，说它是虚假的，因为这些广告并没有得到起亚汽车公司的授权，也没有在任何传统媒体或网络媒体上展示过。戛纳创意节组委会发现这一点是因为社交网络上对Moma Propaganda广告公司的两份作品吐槽不断，称其有太多的色情内容。这一事件严重伤害了企业声誉，不仅是对Moma Propaganda广告公司的，而且将起亚汽车公司也牵扯进来，起亚公司不得不发表声明称自己对这一广告完全不知情，也从来没有过任何授权。

企业高管的声誉与公司声誉密切相关。全球最大的公关公司博雅公关公司（Burson-Marsteller）曾经对公司高管做过一项调查，结果显示，一家企业的高管如果有了良好的声誉，90%的调查受访者表示：（1）自己将会购买该企业的股票；（2）即使听到企业的负面消息，依然会相信公司；（3）会认为该企业是一个值得信赖的合作伙伴。当然，不仅是企业高管，其他各个层面的管理人员如果有良好的声誉，也会对企业产生正面的效应。例如，如果公司负责招聘的人事经理有良好的个人声誉，他就能为公司招来优秀的员工。成功的人力资源部经理会努力在社交媒体上树立自己良好的形象，这样他们在应聘者群体中就会获得好印象。

如今，社交媒体上有关个人形象树立的话题很多，咨询人员、销售人员、各种专业人士都需要注意这一点，甚至高校的学生也要树立自己的个人形象，这对求职很有帮助。

建立、维护、关注、修复声誉

声誉管理包括4个部分：建立、维护、关注、修复。这些内容已经贯穿在本书的各个章节中，我们在这里只是对它们做一个简单的梳理。树立企业的良好声誉可以用到各种促销手段，但归根结底是企业自己的行动。社交媒体上经常会出现一家企业遭遇声誉危机，这主要源于企业做了什么，或没有做什么。说到企业积极的行动，它们可以利用自有媒体或口碑媒体与消费者或各种利益相关者进行沟通，告知企业能够为大家带来的利益。本书中对此有过许多深入的探讨，例如鼓励社交媒体用户参与企业的品牌塑造，建立良好的客户关系。

维护企业的声誉要借助于在线、离线媒体的实时监测。一旦企业的声誉受到伤害要及时干预。企业是否要出面干预，应该考虑三个因素：（1）网络上的帖子对企业有多大价值？（2）网络上的评论可能给企业带来哪些潜在的威胁？（3）社交网络上引发的议论会波及多大的范围？例如，一位高端客户或有较大影响的记者写了一篇评论文章，企业就应该及时作出回应，甚至直接用电子邮件去联系作者，相反，如果发表帖子的人影响力并不大，企业又没有太多的时间，就可以不予理会。有人做过一项调研，结果发现有29%的管理人员对推特网上的负面评价不予理会，在脸谱网上，这一数据是17%。人们可能会辩解说这些评论的写作者影响面并不大，但同样是在这一调查中发现，22%的企业根本就不知道在社交媒体上有关于自己产品的负面评价。可以这样认为，许多厂商是在不经意间遭遇了品牌声誉的逐步走低。

前文中提到的雀巢公司的案例告诉人们，企业对社交媒体上的议论应该做到全天候的监测，要安排合适的员工在社交媒体上与网络用户进行有效的互动。Xbox公司是微软属下的游戏机制造公司，该公司在推特网上对用户的回应是最快的，平均的回应时间是2分42秒。与此形成鲜明对照的是，美国国内零售企业中，对消费者的需求回应时间最快的是平均4小时。值得一提的是，企业应该及时安排人员去解决帖子中提到的问题，甚至解决问题的措施要放在回应帖子中的前面部分。没有具体的措施跟上去，社交媒体的用户会认为企业是在说空话。

企业一旦在脸谱网上创建了自己的网页，那就是默认脸谱网用户（有的是心怀不满的客户，有的是用心不良的竞争对手）可以在公司网页上发帖评论。如果企业将用户评论的功能关闭，那么人们就会怀疑企业有什么不可告人的问题。此外，把用户评论的功能关闭，也阻碍了品牌粉丝对公司产品和品牌的正面评价，而这种积极作用是公司自身的力量难以企及的。企业当然可以把帖子删除，但是一旦删除帖子，发帖的人会发出更大的声响，雀巢公司的案例就是一个很好的反面典型。社交媒体营销专家都认为，企业只是有必要去删除最富有攻击性的帖子或最庸俗的帖子，其他的帖子一般都应该保留。实际上，社交媒体上的帖子对企业改进产品、更新工作流程等都是有利的。

可口可乐公司在脸谱网上有3 300万个粉丝，其中80%是生活在美国国土以外的消费者。该公司根据发帖人的IP地址，对各种帖子都贴上地理位置标签，这样就方便用户浏览使用相同语言的帖子。例如，如果发帖人的IP地址是.de结尾的，那么向他展示的帖子就是用德语写的。可口可乐公司曾经发帖介绍学生节的活动，他们认为或许会引起粉丝的关注，但是工作人员在脸谱网公司网页上操作时出现了差错，结果不到10分钟，美国的粉丝就发现帖子是葡萄牙语的，而不是英语的，于是，美国的粉丝就开始吐槽，说一些很不中听的话，因为美国的粉丝们认为可口可乐是美国的品牌，怎么发帖不用英语？可口可乐公司很快删除了葡萄牙语的帖子，一些很有攻击性的言论也被删除了。哪些动作会冒犯社交网络用户，有时还真难以预料。

要修复企业或品牌的声誉，平均需要3.2年的时间，这在前面已经提到过。修复包含许多工作，例如解决引发危机的根本问题，向重要的利益相关者告知解决的方案，邀请社交媒体用户传递重要信息等。

大多数经营有方的企业都会从社交媒体的批评中吸取教训。口碑媒体上的负面评价有助于增加真实感，因为它显示出企业的声誉不仅仅是依靠自有媒体和付费媒体上的内容在支撑。只要处理得当，这些负面信息反而会提升企业的声誉，帮助增加销售量。社交网络用户的产品评价、投诉以及积极的建议，都有助于企业改进产品和工作流程，提高网络内容的质量。鼓励用户张贴此类信息的最有效途径是在企业自有的公司网站和社交媒体上组织用户的沟通和交流，使得企业很容易识别这样的信息，一旦企业采取了应对措施，也能够及时告知网络用户。这样做的目的也是防止负面信息广泛扩散，变得不可收拾。例如，星巴克咖啡开发的社交网络平台 My Starbucks Idea 有几十万个网络用户参与其中，他们提交的内容有的是关于产品的，有的是关于亲身体验的，也有的是关于自己参与的公司活动的。用户可以通过推特网、脸谱网等平台张贴自己的意见，公司则在社交网络平台上罗列各种意见的清单，并就采取的措施写出报告“正在采取的行动”。用户们可以点击这些意见列表，看其处理的状态，还可以追加评论。星巴克不需要花费很多的成本去开展类似的市场调研，通过这一途径就能了解到客户的许多信息。

企业可以在自有社交媒体上开发一个声誉管理系统，这样就可以避免各种声誉危机的发生。

建立声誉管理系统

声誉管理系统（reputation management systems）是指通过各种标准和技术对企业的声誉进行监测和保护。例如，大多数社交媒体平台都显示用户身份特征，这样就方便其他的网络用户了解是谁在张贴评论文章，还可以了解各种统计数据。有些社交网络会自动发送电子邮件给注册用户并且要求用户回复，这样网站就能判断用户是否真是这一电子邮件的拥有者。eBay 等社交商务网站开发了一种反馈系统，方便买家对卖家进行评价，其他的买家就能根据评价做出自己的判断。美国的 Slashdot 是一个科技新闻网站，它是 Geeknet 公司旗下的网站，它开发出一种称为“卡玛”（karma）的评价匹配系统，利用这一系统，社交媒体用户可以对评论进行评价，甚至对其他人的评价再进行评价。此类声誉管理系统帮助社交媒体平台提高真实性，对平台上的议论也更加信任。

脸谱网与 MySpace 相比能够后来居上靠的就是声誉管理系统。脸谱网鼓励用户参与各项活动，通过电子邮件验证、隐私权设定以及真实环境的关系圈来建立相互之间的信任。脸谱网已经成为哈佛大学及多个常春藤学校的社交网站，这更提升了它在社交网站圈子中的地位。

Rosetta Stone 公司是一家专门开发语言翻译软件的企业，它属于一家 B2B 经营模式的公司。为了更好地利用社交媒体网站，该公司开发了专用的网站来管理脸谱网上的客户互动信息。它不仅安排员工对社交网络内容进行监测，还利用软件辅助这项工作，具体来说，就是利用软件对公司网页上的帖子进行监测，并适当地做出回应。它通过软件将帖子的内容存储到数据库，对需要公司做出回应的帖子自动贴上醒目的标签。这种解决方案十分便利，公司的工作人员只要在脸谱网上点击某一处标签，就能将有关对客户服务的议论从一般的议论中区分出来。

14.9 口碑媒体绩效考核指标

对于营销沟通的绩效，企业有专门的考核指标，利用这些指标企业可以判断营销活动的目标是否已经实现，并且不断地调整营销战略。第2章中曾经讨论过各种社交媒体绩效考核指标，企业可以用来考核口碑媒体上的品牌知晓度、品牌健康度、客户参与度、客户的创新能力等。更具体一些，这些指标还可以细化为点赞及分享的次数、提交的建议数、评论转发的次数、情绪指数等。如果是在企业的自有媒体上，只要是公司自主开发或维护的网站或网页，这些口碑媒体的指标也能发挥作用。例如公司博客上用户发表的评论数，或者公司网站上用户的情绪指数等。以下列出的是口碑媒体上可以使用的其他一些绩效考核指标：

- **口碑媒体的一般考核指标**：与广告或各种应用软件互动的人数，用户观看视频节目、玩网络游戏或听在线音乐的时间，社交媒体粉丝或社区增加的数量等。
- **用户所做的动作**：用户下载帖子、音乐、铃声或其他各种内容的数量，在社交书签网站上（例如 delicious. com）对某一网站贴书签的数量，在某一网站上用户创造的各种内容（视频、照片等多媒体材料）上传的数量，对书籍或网络零售商评价的数量，网络游戏玩家的数量，折扣券下载的数量，民意调查投票的数量，网络展会邀请被接受的数量，等等。
- **博客及各种沟通平台上的交流**：在线评论、推文的数量，社交用户情绪的表现，社交沟通被关注的数量，对用户沟通评价的数量，首篇评论及末篇评论的时间，等等。

美国互动广告局曾经制定过一些口碑媒体的评价指标，请参见表14—1的内容。

表14—1　口碑媒体绩效考核指标

- 个体参与度，由用户与品牌互动的次数来判断。这种互动有的是创造性的，例如视频浏览的数量、书签标记的数量、图片上传的数量，或针对公司品牌制作的内容。
- 社交参与度，由用户与品牌资产的互动来判断，形成社交用户之间的相互影响。例如社交互动的贡献度、规模和密集度；评论、评价、讨论、专栏等；内容的分享度、状态的更新度等。
- 粉丝、朋友圈扩大的速度。
- 聚合内容的订阅人数。
- 媒体的关注度，社交用户的关注度。
- 来自于各种新闻的链接数量，品牌网页状态的更新频率。
- 社交网站上由用户发送的品牌网站链接数，包括品牌网站上的状态更新、博客帖子、评论等。

资料来源："IAB Social Media Booklet,"(2010). Available at iab. net.

社交媒体监测板

需要企业去监测的社交媒体和其他口碑媒体数量很多，企业的声誉有可能毁于一旦，那么企业该如何去对这些媒体进行监测呢？第6章中我们曾经讨论过谷歌快讯（Google Alerts），本章中我们将介绍一种更加先进的社交媒体监测板，这种监测板其实是一种软件，它将社交媒体上有关企业、品牌、关键词等收集在一起，集中展示在一个平台上，这样做的结果是企业比较容易监测社交网络上的评论，并且用一些绩效评价指标来进行评价。许多企业都希望在这一市场上分一杯羹（见图 14—9）。利用这样的监测板，可以对社交媒体沟通平台进行全方位的监测，时间跨度可以是一天、一周、一个月，甚至是一年，用评价指标进行横向、纵向的比较。从监测板上可以看出对品牌声誉的舆论趋势是正面的还是负面的，归纳出社交网络上出现的关键词，帮助企业跟踪这些关键词产生的作用。

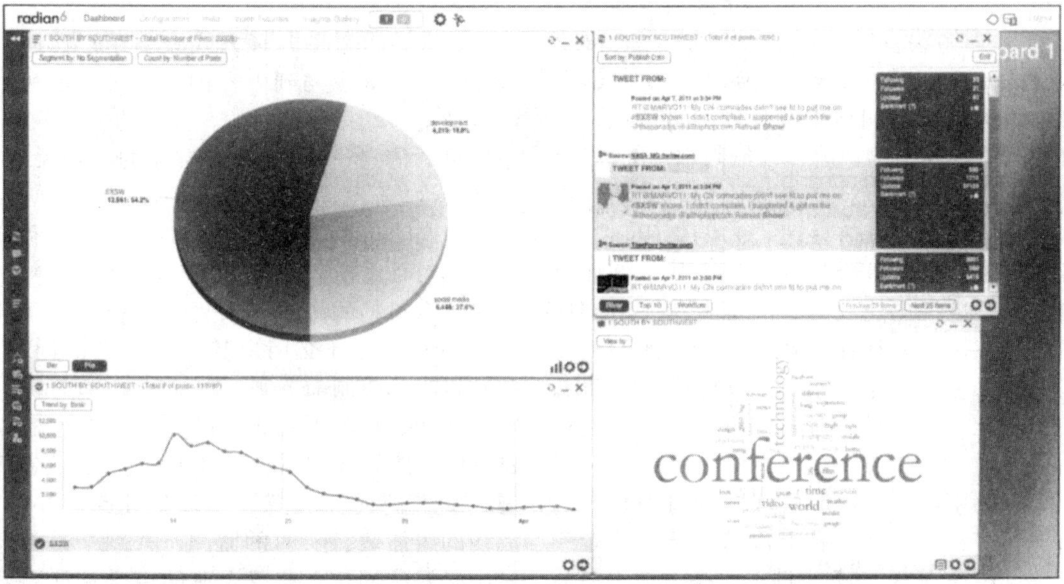

图 14—9 Radian6 社交网络监测板

资料来源：© radian6，reproduced with permission.

从图 14—9 中要辨别出一些有效的信息并不容易，因为要对社交媒体参与度进行评价本身就很复杂。那些进行软件开发的企业只是刚刚起步，它们试图按照企业整合营销沟通的目标制定出一些重要的 Web 2.0 水平上的评价指标。为了说明问题，我们再举一个例子。2007 年，Jeep 汽车制造公司希望与公司产品用户有更进一步的沟通。在公司的官网 Jeep.com 上开设了“Jeep 越野车体验专区”，它把在脸谱网、YouTube 视频网站等社交网络上有关 Jeep 越野车的各种评价通过 RSS 整合在一起。社交网络用户参与的内容中还嵌入了 Jeep 汽车公司自有媒体中的内容，例如网络社区、新闻、公司活动、公司赞助等。Jeep 汽车公司的绩效考核指标有如下几种：

- “Jeep 越野车体验专区”用户平均逗留时间为 14.53 分钟。
- Jeep 公司在脸谱网上的粉丝有 35 万人。
- 浏览“Jeep 越野车体验专区”的用户中有 17%的人对各种 Jeep 越野车进行比较，同样的数据在公司网站上只有 7%。
- 浏览“Jeep 越野车体验专区”的用户中有 12%的人搜索过各种零配件，同样的数据在公司网站上只有 9%。
- 浏览“Jeep 越野车体验专区”的用户中有 15%的人搜索过汽车经销商，同样的数据在公司网站上只有 11%。

这些指标清晰显示了“Jeep 越野车体验专区”活动的效果，没有这些指标，Jeep 公司不会知道投入的时间和资金是否有效。

小结

口碑媒体是自有媒体、付费媒体之后的第三大内容管理要素。对营销受众来说，传统媒体对他们产生的是一种被动的影响，但是口碑媒体却是受众主动参与。用户的参与可以分为5个等级：（1）互联网用户消费在线的内容，这是最低一级的参与；（2）网络用户与其他的用户联系，例如在社交网络上注册参与；（3）网络用户收集网络信息，例如在社交网络上筛选内容，给内容贴上标签；（4）网络用户原创社交媒体内容，例如在视频网站上发布视频信息；（5）网络用户与企业协同合作，这是最高等级的参与，例如对产品的改进提出建议等。消费者对公司制作的各种促销内容往往持怀疑态度，他们更愿意相信熟人的推荐，相信用户撰写的评论。正因如此，口碑媒体对购买决策的影响是很大的。

鼓励用户参与，形成理想的口碑媒体的方法有多种，例如，病毒营销（指消费者相互之间传递内容），病毒博客（指博客主参与病毒营销活动），多媒体分享（指网络用户上传照片、视频、音乐链接、音频及视频直播、PPT资料等，分享给他人），威客（指用户上传、编辑、组织多媒体内容），产品评价（这会影响在线、离线的购买行为），社交推荐和介绍，电子邮件、社交媒体沟通和交流，网络社区论坛和讨论，插件和社交应用软件，基于位置的服务，等等。

协同内容创造是众包的一种形式，它是用户参与的最高层次。营销人员的目标是更多地了解目标市场用户的行为和偏好，从用户那里了解产品改进的建议，用众包的方式接收用户提出的建议和资料。众筹是众包的一种特殊形式，它是指为了开发一种新产品，或者为一项政治活动、非营利活动而在网络上筹集资金。

企业可以采用各种方式吸引用户，使他们更加深入地参与到内容创造中去。这些方法包括：（1）提供及时的、独特的、相关的、高质量的信息；（2）创造有趣的、相关的、独特的内容；（3）设计各种竞赛活动，吸引参与者来赢取大奖；（4）鼓励用户接受利他主义，对社交事务投入时间和精力；（5）对及时采取行动的用户提供奖励；（6）给予能够影响他人的社交用户及粉丝一定的回报；（7）将激励机制前置。

企业、品牌以及企业的管理者要想建立良好的声誉，关键在于怎么做，而不是怎么说。要维护良好的声誉，需要对各种在线、离线的媒体进行实时的监测，并判断是否要做出必要的回应。修复企业的声誉往往要几年的时间，即使如此，依然值得去做，因为企业可以从客户的批评中汲取经验教训。口碑媒体的绩效考核指标有许多，包括：（1）普通的指标，例如与企业创建的内容进行互动的网络用户人数，网络社区扩大的规模，社区粉丝的人数等；（2）用户采取的行动，例如下载或上传的内容数量；（3）在博客、微博等社交媒体平台上的人气和情绪等。有些企业已经使用社交媒体监测板来监测各种指标。

思考与练习

复习题

1. 用户参与程度分哪5个等级？请对每一个等级的参与举例说明。

2. 除了消费者和潜在顾客以外，还有哪两个群体需要企业格外关注，吸引他们参与口碑媒体？

3. 如何利用病毒营销和病毒博客来激发口碑相传的品牌宣传活动？

4. 互联网上的评价活动有7种形式，购物者如何利用这些形式？如何参与？

5. 在规划口碑媒体时，厂商为什么必须格外关注消费者对品牌的信任？

6. 社交推荐和介绍与社交评价有什么区别？

7. 许多企业为什么要把电子邮件和社交媒体整合在一起开展营销沟通活动？

8. 什么是基于位置的服务？它对企业和消费者有什么利益？

9. 协同内容创造对企业有什么利益？

10. 企业要对怎样的声誉进行监测和管理？

11. 对在线、离线的评论和投诉进行适当的回应是企业营销决策的一部分。在这项工作中，企业需要思考哪 3 个问题？

12. 什么是社交媒体监测板？它对企业有什么意义？

讨论题

13. 戴尔学会了聆听。按照本章讲述的内容，戴尔电脑公司可以利用哪些方法鼓励网络用户参与积极的互动？

14. 戴尔学会了聆听。戴尔电脑公司怎样做才能更好地管理自己的品牌声誉？如果你是公司的顾问，你可以提出怎样的建议帮助戴尔公司不再重犯类似的错误？

15. 本章提出的各种方法中哪些可以利用来管理你自己的品牌声誉？请列出至少 6 种方法，并说明理由。

16. 声誉是指人们心目中对某事物的信任度。企业能否采取积极的措施来管理自己的网络声誉？

17. 有人认为有了社交媒体，厂商就失去了对自己品牌声誉的控制。这样说对吗？为什么？

18. 你在网络上的参与程度如何？对于你所钟爱的品牌，你如何更加深入地参与到营销互动中去？

19. 如果消费者为某一品牌参与到协同内容创造活动中，它对推荐、介绍、声誉管理及购买决策会产生怎样的影响？

20. 病毒营销能把销售漏斗颠倒过来（见图 14—3），如果病毒营销对企业、产品、品牌进行了负面的宣传，将会产生怎样的结果？

21. 企业是否应该将原来在自有媒体、付费媒体上的投入转到口碑媒体上去？为什么？

网络应用

22. 搜索谷歌图片中的“社交媒体监测板”。浏览几种监测板，通过链接进入开发这些监测板的企业。请你向大型消费品企业（例如可口可乐公司）推荐一款监测软件，并说明理由。

23. 浏览一家商业新闻网站，例如《商业周刊》（businessweek. com）或《福布斯》（forbes. com），搜索有关企业、产品、品牌或公司高管声誉的文章。发生了什么事件？对该企业的影响如何？社交媒体在其中发挥着怎样的作用？如果公司及时在线监测、维护、修复自己的声誉，会是怎样的结果？

24. 在搜索引擎上输入自己的名字，关注自己在网络上的声誉。如果你是一位企业的招聘者，你会录用像网络上的你吗？为什么？应该如何维护自己在网络上的声誉，增加自己被录用的机会？

25. 浏览美国互动广告局的网站 iab. net。该网站上的威客平台有哪些特征？选择一个词条，考察它的源头。企业的营销经理或广告公司的员工为什么愿意参与这样的社交平台活动？

26. 浏览 yelp. com 社交评价网站，关注上面有关你所在地区的一家餐馆、商店或其他企业的评价。上面的评价有多少？这些评价对消费者的购买决策会产生怎样的影响？Yelp 公司网站怎样鼓励用户参与互动？怎样将用户的参与层次提升？

第15章 客户关系管理

本章主要讨论通过客户关系管理来建立企业与外界的关系的目的和工作流程。读者将了解到客户关系管理的优势，它的三个表现形式，社交网络客户关系管理，以及快速有效地管理网络营销客户关系的九个方面。

学习目标

- 定义客户关系管理，了解它给网络企业带来的好处；
- 概括网络营销中客户关系管理的三个立足点；
- 讨论社交网络客户关系管理，以及它与传统客户关系管理的关系；
- 讨论网络营销中快速有效的客户关系管理所需的九个方面；
- 讨论网络经营者如何利用企业端和客户端的技术改善客户关系管理的工作流程；
- 讨论客户关系管理指标与客户生命周期的关系。

趋势与影响

- 不管在什么时候，客户服务总是最重要的。2011 年，美国运通公司开展过一次调研，结果显示，70%的美国消费者愿意购买那些能提供优质客户服务的品牌商品，而多达 60%的消费者认为品牌企业并没有充分重视消费者对服务的体验。
- 2011 年 11 月，美国维珍航空公司调整了公司的订票系统，许多乘客都因此感觉到了诸多不便，他们通过推特网和脸谱网表达自己的不满。维珍公司没有简单地删除消费者的负面评价，也不只是轻描淡写地道歉，而是针对客户的具体问题逐个写信回复。在几个星期里，他们向消费者发送了 12 000 封邮件。

案　例

百思买的客服故事

百思买公司在美国的网络零售商中排名第 11 位，每年的销售收入达到 500 亿美元，有 16 万名员工。每一天公司的“蓝衫”（Blue Shirt）店铺员工（百思买的销售人员上班时都穿着蓝色衬衫）和技术支援小组都在向公司用户和家庭用户提供商品和服务。每年光顾百思买公司实体店和网店的顾客有 16 亿。公司采用的营销战略是多渠道战略，公司网站的注册用户有 10 多亿人，那么公司该如何利用营销沟通和客户服务来维持客户关系？百思买采取的措施是利用各种社交媒体技术。

2008 年，公司建立了百思买在线社区。仅仅 3 个月的时间，在社区里的 60 万客户发了 20 000 多个帖子，浏览了多达 2 200 万个页面。这些网络社区的用户与蓝衫店铺员工或技术支援团队成员交流，相互之间也会沟通。用户提出各种问题，也有用户回答问题，这些回答在网上被打分，得分高的能得到奖励。在用户社区里还有博客。据百思买公司社区经理称，网络社区的经营为公司创造了 500 万美元的收益（请浏览 forums. bestbuy. com）。

百思买公司用推特平台鼓励用户参与。因为公司是一家销售家用电器的零售商，所以提供一个能够快速回答技术问题的平台尤为重要，它有助于维系老客户，开发新客户。例如，有一位客户在推特网上询问如何使用任天堂 3DS 游戏机，不到 6 分钟，就有一位百思买的蓝衫员工发推文进行了非常详细的解释，告知游戏机的操作方式。

百思买公司还开发了一个名为 BBYFeed 的沟通平台，它是推特平台的延伸，能够将各种信息存入数据库。不久前技术人员对 BBYFeed 平台进行检测，发现人们的讨论十分热烈，探讨如何申请获得礼品卡，询问摄录像机的价格，配送时间，等等。

在社交媒体上，百思买的员工能够通过各种平台（包括脸谱网公司网页）很快地回答消费者提出的各种问题。移动终端设备的使用不仅方便了消费者提出问题，也为公司员工及时回答问题创造了条件，最终形成了一种多赢的格局。

资料来源：bestbuy. com，bbyfeed. com，lithium. com 网站上的案例分析。

15.1　建立一对一的客户关系

百思买公司一次开发一个长期客户关系，这与那些 20 世纪初街头巷尾的零售商铺开发客户的方法并无不同，只是百思买公司利用信息技术管理着数百万个这样的密切关系。一个购买家用电器、满意度很高的百思买公司客户对品牌是忠诚的，不会轻易地受到竞争的干扰，这个客户会逐渐地在百思买公司的产品和服务上花费越来越多的钱，还会将自己的购物体验告知其他的消费者。托马斯·琼斯（Thomas Jones）和厄尔·萨瑟（Earl Sasser）在《哈佛商业评论》上撰文说："提高客户忠诚度至关重要，它是企业长期提高绩效的保证。"《商业 2.0》杂志（*Business* 2.0）称**关系资本**（relationship capital）是一家企业最重要的资产。在一个客户掌握主动权的商业环境中，注意力成了一种稀缺资源，因此，与公司的土地、房产和金融资产相比，建立和维系与客户、供应商及合作伙伴关系的能力显得格外重要。正是这个关系资产为未来的商业发展奠定了基础。

基于这样的一种理念，营销工作发生了重要的转变：从大众营销转变为个性化营销；从关注开发大量的新客户转变为与数量少但忠诚度高、客户价值高的客户维持和进行更多的商业往来。长久以来，许多工业企业都十分注重客户关系管理，如今，在服务市场经营的企业（如亚马逊公司）甚至日用品零售商（例如百思买公司）都致力于建立长期的一对一客户关系。例如，罐装狗粮的制造商如何才能与每个消费者建立良好的关系？互联网技术可在许多新的方面促进关系营销。然而，许多购买并安装了关系管理软件的公司正在遭受损失。本章将解释客户关系管理的流程、了解重要的互联网客户关系管理工具，并介绍一个关于以消费者为中心、关注整个供应链的客户关系管理的案例。

15.2 定义关系营销

营销人员把客户关注称作关系营销（也称作一对一营销）。按照最初的定义，**关系营销**（relationship marketing）是通过履行承诺来培养、维系、增进并商业化客户关系。通常企业总是试图建立长期的、有利可图的双赢关系（这与短期行为不是一回事）。履行承诺意味着一旦企业在营销沟通中对客户许下诺言，客户就会在实际的品牌体验中得到兑现。假设 Stash 茶叶公司在公司网站的主页上贴出告示，承诺买 3 盒茶叶就送 1 盒，但在订单上并不兑现这个承诺，订单最后显示的总数只是 3 盒。如果不能得到 4 盒，客户可能会考虑下次从竞争者 Twinings 公司那里买茶叶。即使客户实际上拿到了 4 盒茶叶，这种不确定性也可能影响客户对公司的信赖。同样，只要销售人员和促销信息做出过承诺，公司就要尽力去履行承诺，只有这样才能建立好的客户关系。

企业若是使用关系营销的方法，它就会十分重视荷包占有率，而不是市场份额。**荷包占有率**（wallet share）是一个公司能从一个客户身上获取的销售量，它反映了企业对客户维系的关注，而不是获取客户（即市场份额）。例如，亚马逊公司不仅想要向客户销售书籍，它还希望向他们销售电脑硬件、音乐、家用电器等产品。关系营销对客户的个体加以区分，这是以需求为基础的，而不是为目标群体（如某一位作家的小说的读者群）区分产品。如果百思买公司能辨别出它的最优客户，逐个了解他们，并基于他们的需求来推荐产品，而不是将所有的精力都放在开发新客户上，就会更加有利可图。如果百思买公司成功地开展营销活动，客户最终会购买更多的家电产品和公司服务（指更高的荷包占有率）。与开发新客户相比，百思买公司更注重维系老客户，因此它减少了促销和打折的支出。图 15—1 是对上述这些观点进行归纳，比较大众营销与关系营销。

大众营销		关系营销
间断交易 注重短期行为 单向沟通 注重开发新客户 注重市场占有率 注重产品细分	←→	持续交易 注重长期行为 双向沟通和协作 注重维系老客户 注重荷包占有率 注重客户细分

图 15—1 从大众营销到关系营销

很少有企业会在大众营销和关系营销之间走极端，它们一般会根据不同的产品和市场使用不同的战略。例如，宝洁公司必须区分公司销售给大众的洗涤剂品牌，它的目标是与今后几年会购买越来越多的宝洁产品的母亲建立关系，从清洗婴儿衣物的象牙牌洗衣粉和帮宝适纸尿裤，到家庭用的佳洁士牙膏和她们自己用的玉兰油化妆品。

15.3　利益相关者

不只与消费者，大多数公司也使用关系营销技术建立与利益相关者（如员工和供应商）的关系。公司可与许多不同的利益相关者培养和维持关系。以下是受互联网技术影响最大的 4 种利益相关者：

1. 员工。如果员工不高兴，公司也难以吸引客户（对于这一点，第 11 章中有关美捷步公司的故事中有过论述）。雅虎公司对外宣称自己新的定位是“生活引擎”，公司要求 800 名员工写出雅虎是他们的生活引擎的理由，在竞赛中的胜出者将获得一辆哈雷-戴维森（Harley-Davidson）摩托车的奖励。这个奖励引起了员工对新定位战略的兴趣。因为建立客户关系主要靠员工，所以关键是培训员工，让他们熟悉客户关系管理的数据和系统。有些研究人员认为，许多关系管理方案运行不理想，原因就在于缺少对员工的培训，员工缺少应有的责任。

2. 供应链上的企业客户。公司为了向上下游的企业购买或销售产品，需要与这些企业建立和维持关系（称为伙伴关系管理）。首先是企业的客户，这就是 B2B 市场。宝洁公司与众多的批发商和零售商合作，使用互联网技术来促进这些关系。其次是企业的供应商。通用电气使用互联网来了解供应商的报价，这个系统不仅降低了交易成本，而且促进了竞争，加快了订单的履行。

3. 横向合作者。其他企业、非营利组织或政府部门为了一些共同的目的与公司合作，但不是相互交易。CargoNet 运输团体网是一个拥有 20 万个运输企业的联盟，它一年为世界上最繁忙的港口（指中国香港）的运输公司处理 2.5 亿份与贸易相关的文件。互联网促进了文件追踪，也有助于 CargoNet 公司为各类机构（银行、保险公司、政府以及制造商、各种形式的运输企业）提供客户服务。

4. 消费者。这些个人是产品和服务的最终用户。营销人员必须区分企业客户和最终消费者，因为通常企业在 B2C 市场和 B2B 市场上采取的策略不同。

15.4　客户关系管理的三大支柱

今天人们再谈论关系营销，并不仅仅指兑现承诺，它要求企业与每一位利益相关者进行双向沟通。如果不是双向沟通，企业就难以了解客户及合作伙伴的需求。自从有了社交网络，企业要倾听客户的声音变得更加容易了（第 14 章关于戴尔公司的故事有过叙述）。

一位有着超前思维的企业高管鲍勃·汤普森（Bob Thompson）认为关系营销有 3 大支柱，它们帮助企业用自己的产品和服务建立客户关系（见图 15—2）。第一根支柱是**客户关系管理**（customer relationship management，CRM），这是指客户定位、客户开发、交易、服务、维系和建立长期客户关系的一个流程。企业及客户都能从中受益。客户关系管理的基础是数据、信息、知识、客户建议等。为了弄清在开发新客户、维系老客户、建立客户关系方面的方法是否得当，企业需要各种各样的数据。第二根支柱是**客户体验管理**（customer experience management，CEM）。2003 年，国际知名体验营销大师，美国哥伦比亚商学院教授伯德·施密特（Bernd Schmitt）对客户体验管理做过定义："客户体验管理是指企业综合利用各种原理、方法、工作流程去管理客户在多种渠道中与企业、品牌、产品或服务的交易、互动和所受到的各种影响。"客户关系管理与客户体验管理的差异并不明显，因为两者的根本目的都是要培养客户忠诚。前者更多地关注企业内部的流程，以实现企业长期的客户价值最大化。后者则关注客户的预期，设法在与客户的各种接触中提高客户的满意度。客户体验管理可以是一次交易中的体验，也可以是所有交易中所积累的综合体验。两者的主动权都在企业经营者的手中，因为有效组合战略是营销人员制定的，建立和维护客户关系也要依靠营销人员。

图 15—2　客户关系管理的三大支柱

资料来源：Thompson，Bob（2009）."How to Use Social Media to Improve Customer Service and Cut Costs." Courtesy of Customer Think Corp.

与客户关系管理和客户体验管理形成对照的是**客户协同管理**（customer collaboration management，CCM）。这是客户关系管理的第三根支柱。这根支柱的控制权在客户手中，但是企业要尽量监视并引导客户协同管理。社交媒体的发展使得客户协同管理变得十分重要。这项战略的目的是企业与客户利用社交媒体这一渠道进行沟通和交流。客户协同管理有时也称为2.0版的客户关系管理，或者社交客户关系管理。

这三大支柱都会影响企业的品牌形象和收益增长。在实体环境中，几乎所有的商品销售中都会涉及客户体验管理。例如，在迪士尼主题公园里设计的贵宾式体验，本地的餐馆为了创造一种温馨的用餐氛围，训练员工向客户提供体贴的服务。客户体验管理在网络经营中也格外重要，因为它与网站建设、公司营销沟通、客户服务体验等都有密切的关系。客户协同管理是一个比较新的概念，人们比较愿意使用"社交客户关系管理"或"客户关系管理2.0"。读者应该了解上述三大支柱的意义，但是为方便叙述，我们笼统地称为客户关系管理。Forrester市场调研机构的专家们曾经说过这样的话："社交客户关系管理提升了社交网络的地位，使得传统的端到端客户关系管理多了一条服务客户的渠道。"

15.5　客户关系管理1.0

许多企业对客户关系管理的理解是错误的，它们认为CRM是一种软件，或者一种技术，是专门用来解决客户关系管理问题的。其实，CRM的意义远不止这些。它是一种理念，一种战略，一种工作流程；它包括关系营销的所有原则，以客户数据为基础，受到技术的推动。它由三大支柱支撑，涉及关系营销、客户数据以及与客户沟通的信息，当然也要借助于技术的力量。企业越来越清醒地认识到，如果不能使自己的客户满意，其他企业就会取而代之。许多企业经历过这样的事情，那就是一篇正面宣传的推文能够帮助企业增加销售量，而一篇影响恶劣的推文也会伤害到企业的业务。

15.6　客户关系管理 2.0

CRM 2.0 也称为**社交 CRM**（social CRM），具备 CRM 1.0 的全部特征，同时它又增加了社交媒体技术和客户协同的内容（见图 15—3）。社交 CRM 指的是公司要按照客户的要求与客户互动，而不仅仅是关注公司的数据、战略和愿望。社交 CRM 是 CRM 1.0 的延伸，而不是替代 CRM 1.0。在 CRM 1.0 中，客户会将电子邮件转发给亲朋好友，或者在业务会议上对产品进行讨论。社交 CRM 促进了客户之间的交流，也使得企业有了更多与客户建立长期关系的渠道。

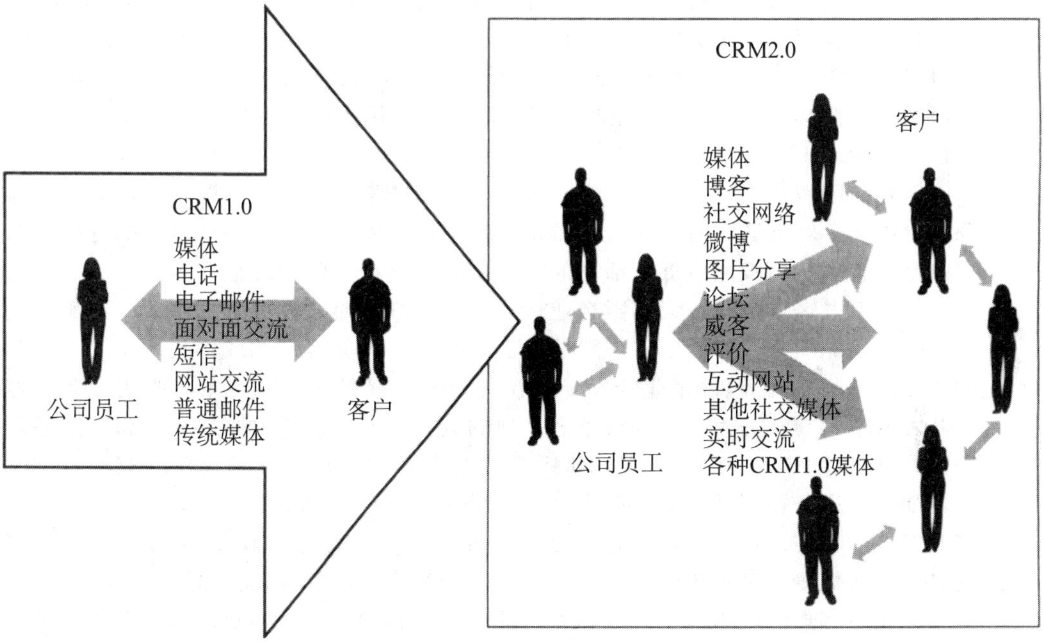

图 15—3　社交媒体融入了客户关系管理活动

社交 CRM 对企业具有诸多的利益，例如对企业和品牌的声誉进行监视和管理，更多地了解客户的需求，有助于目标市场的定位，增加销售收入，收集有关产品、服务的各种数据，降低客户服务的成本，开发新的收益渠道，等等。同样，社交 CRM 对客户也是有利的，例如遇到问题可以及时得到解决，可以从其他的客户那里得到有关产品的真实信息，方便与企业互动，也提高了客户满意度。

澳大利亚的 Qantas 航空公司走了许多弯路后才了解到社交 CRM 为企业带来的利益。一位萨克斯演奏员听说公司改变了有关行李托运的规定，他在脸谱网上发帖抱怨，过去 20 年里他一直将萨克斯随身带进机舱，可是如今 Qantas 航空公司要他通过安检后将乐器当货物托运。他不得不这样做，但是在一次旅途中乐器受损，损失了 1 200 美元。乐手在脸谱网上发起号召，要大家抵制 Qantas 航空公司。呼应的乐手和其他人多达 8 700 人。航空公司不得不因此调整规定，允许随身携带小件乐器。

社交 CRM 将新的技术融入了 CRM 1.0。营销人员也要重新思考原有的客户关系管理战略和战术，例如百思买公司在推特网上开设账户，组织社交网络论坛。许多企业正在思考如何安排员工去监测客户的沟通信息，管理与客户的个性化交流。值得庆幸的是，许多供应商都加盟到社交网络互动中，开始运用社交媒体绩效监测板。

随着社交媒体的发展，许多企业都把“社交性”作为各种营销技术的必要特征，例如社交 CRM，正如当年许多厂商都不忘在自己的营销手段中加上字母 e 一样（电子邮件（e-mail），网络营销（e-marketing），等等），如今的社交新技术正在蓬勃兴起。由于社交 CRM 只是在传统 CRM 技术中增加了一种新的媒体和方法，所以在本章下面的叙述中我们只是提及一般的 CRM 营销战略，把社交 CRM 方法有机地融入其中。

CRM 对企业的利益

CRM 对企业的利益表现在多个方面，例如依靠准确定位潜在客户来增加收入，增加实际客户的荷包占有率，更久地维系客户等。企业是依靠数据库来实现这些收益的，数据库能帮助它们更好地了解客户，利用客户信息来培养客户忠诚，同时，优化客户终身价值。CRM 策略也能帮助企业降低成本，从而创造更多的利润。还有值得一提的是，社交 CRM 帮助企业改善与客户的个性化沟通，管理好社交媒体上的企业声誉和品牌声誉。

企业使用潜在客户和实际客户的数据来建立数学模型，这有助于它们更有效地细分客户市场。对市场的有效细分使得企业能够概括实际客户和潜在客户的特征，明确哪些是最有可能积极回应促销活动的客户，哪些是产品的最佳潜在客户。

与维系老客户相比，大多数企业在开发新客户时愿意花更多的钱，但这实际上是错误的。正如图 15—4 所示，一般情况下，开发一个新客户的成本是维系一个老客户的成本的 5～7 倍。假设企业开发 6 个新客户的预算是 3 000 美元，那么每个新客户的开发成本是 500 美元。因为维系老客户的成本是开发新客户成本的 1/5（按平均水平算），所以同样的 500 美元可用于维系 5 个老客户，每一个老客户的成本是 100 美元。如果一家公司不把这 3 000 美元花在开发 6 个新客户身上，而是将 1 500 美元用来开发 3 个新客户，将 1 500 美元用来维系老客户，就会多出 12 个客户。值得庆幸的是，大多数企业都意识到这一点，把维系老客户当成首要的大事。

维系老客户的成本低于开发新客户的成本，其中一个原因是广告和打折促销的成本降低了。此外，促销活动的高回应率也产生了更多的利润。销售团队在充分了解了每个消费者后，工作会更有效。CRM 还有另外一层意义，那就是忠诚客户都是有经验的客户，他们对产品非常了解，知道有问题时应打电话给公司的什么人。忠诚客户的服务成本比较低，他们还会在社交网站上发表正面的商品评论，在朋友圈里形成口碑相传的营销效果。

客户多了，销售量就增加了。然而，开发和维系客户只是等式的一部分，企业还必须努力增加每个客户的购买量。例如，当客户感兴趣的目的地的机票降价时，西南航空公司（Southwest Airlines）会给他们发送电子邮件，提供价格优惠的宾馆及租车服务。

除了买得更多，感到满意的客户还会通过电子邮件、社交网络及各种社交媒体向他们的朋友推荐网站、商店和产品。客户之间的口口相传被业内人士认为是 CRM 的核心。积极的口口相传能吸引许多新的客户，而消极的口口相传也会赶走他们。一项研究成果显示，每个不满意的客户会将他不开心的经历告诉 10 个人，不满意的客户中有 13%的人会将某一家公司和它的产品究竟有多差告诉 20 个人。互联网放大了这

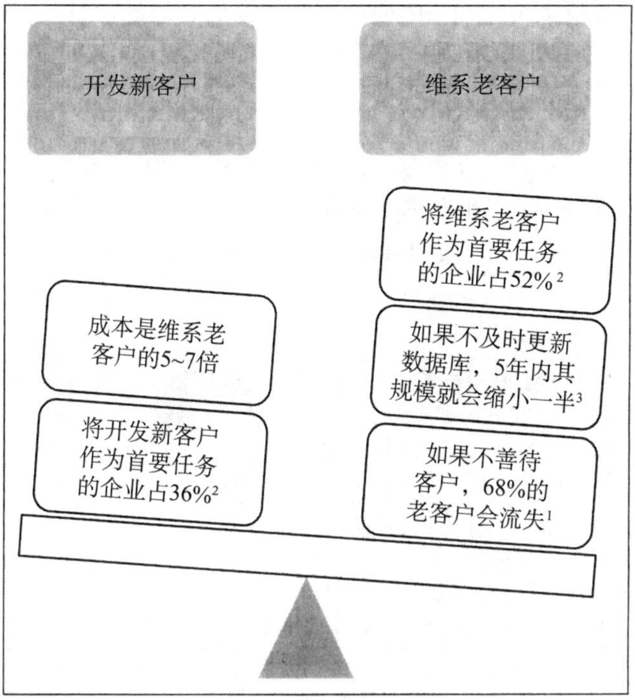

图 15—4 重视维系老客户，增加客户规模

资料来源：1. "Biz Dev：Customer Acquisition vs Retention" 2012. Available at www. r-2w. com. 2. "52% of Marketers Say Customer Retention is Top Priority" 2012. Available at www. mediabuyerplanner. com. 3. "Small Business Marketing Strategies-Customer Retention Vs Customer Acquisition" 2009. Available at www. businessfast4ward. com.

种传播，因为不满意的客户只要动一下手指，就能把消息传遍四面八方。例如，有一位消费者在推特网上开设了一个账户，用的是貌似英国石油公司公共关系部门的用户名@BPGlobalPR。那份帖子上写道："漏油已经持续近一个月，英国石油公司只是一味地发表公关部的声明，没有解决方案，没有紧急措施，没有诚意，什么也没有。"（请浏览 streetgiant. com。）那位消费者在推文中用词幽默，贬损英国石油公司，没有几天就聚拢了 10 多万粉丝。这种口碑相传的信息是通过各种渠道传播的，例如电子邮件、朋友圈、博客、微博、社交网络、个人网页，等等。这些信息都是负面的，但是英国石油公司能够从这样的社交媒体事件中学到很多。

CRM 的一个重要收益是节省成本。例如：

- 一项研究估计，美国企业通过在 CRM 和供应链管理中使用互联网技术，在 1998—2000 年共节省了 1 550 亿美元（请浏览 interactive. wsj. com）。2010 年，有一家企业的 CEO 在博客中发帖称，利用 CRM 软件处理信息和工作流程，节约了 10% 的人力成本。
- 在 B2B 市场上，老客户每增加 5%，利润就会增加 25%～125%。

15.7 客户关系管理的构成

虽然企业懂得客户关系管理带来的优势，并为购买 CRM 软件投入了大量的资金，但是在这项投资上，70%的公司遭受了损失，因此，企业都希望了解什么可行，什么不可行。明白了正确实施 CRM 的企业会在竞争中胜出，因为社交媒体的出现已经使它们失去了对营销活动的主动权。这一节的内容主要介绍网络营销客户关系管理的九个要素，这些要素是以高德纳集团公司的 CRM 模型为基础的（参见表 15—1）。按照高德纳集团的观点，开展客户关系管理需要从战略层面来思考，需要考虑平衡和整合，这样做能够保证企业和客户利益最大化。

表 15—1　　成功开展客户关系管理的九个要素

1. CRM 理念：领导能力、价值诉求 **2. CRM 战略**：目标、目标市场	
3. 客户体验管理（CEM）：理解需求、了解预期、保持满意、反馈、客户互动 **4. 客户协同管理（CCM）**：创造并监测内容，倾听、考核网络内容，与 CRM 技术整合	**5. 组织协调**：培训和组织，人员、技术和能力，激励和补助，员工沟通，合作者和供应商
6. CRM 流程：客户生命周期、知识管理 **7. CRM 信息**：数据、分析、信息一致 **8. CRM 技术**：应用、架构、基础设施 **9. CRM 考核指标**：价值、老客户维系、满意、忠诚、服务成本	

资料来源：Adapted from Gartner Group. Available at gartner. com.（Note that this model was adapted in 2003 and more current information may be available at gartner. com.）

1. CRM 的理念

许多公司购买了昂贵的 CRM 软件，认为它是保证在竞争中胜出的一个必不可少的因素，这就难怪有许多企业对 CRM 软件的应用并不成功。调查显示，成功利用 CRM 战略的企业是失败者的两倍多，而这些企业在实施 CRM 系统前和实施中都花费了很多时间与员工合作。保证 CRM 工作成功，关键在员工，而不是软件。

管理的起始点是观念的转变，这种理念必须与公司文化相一致，使公司的品牌和价值诉求有实际意义，其中包括技术，也包括员工与客户的合作。有些人认为，CRM 项目失败的主要原因是公司没有意识到客户关系管理无所不在，并低估开展 CRM 的成本。例如，一家公司安装了 CRM 软件，用以整合来自网络、社交媒体和实体店铺经营的数据时，客户服务代表需要接受培训，适应这种新型的管理模式。一些客户服务代表回避 CRM 软件，因为用老方法做起来更容易。要想成功，CRM 的理念必须从公司的高层管理者开始，渗透到整个公司，使公司完全以客户为中心。

另一个应在整个公司里澄清的观念是隐私权保护政策。营销人员可以接触客户的大量信息，这些信息被存储在数据库中，用于营销沟通。营销人员能够获得这些信息，问题是如何保护客户的隐私。

保护客户隐私

能够利用客户信息对营销人员是一个很大的诱惑，问题是必须在信息利用和满足客户需求、保护客户隐私之间达到一种平衡。营销人员应该负责任地使用客户信息，这既有利于企业的形象，也有利于营销人员的职业形象。2009 年的一项调研显示，30%的网络用户表示担心网络上的个人信息。这一数据尽管比 10 年前的 92%有了大幅度的降低，但依然是一个很可观的数字。社交媒体用户采取各种措施来限制个人隐私信息的读取，例如调整隐私信息读取的设置（65%），从朋友圈中删除部分用户

(56%)，不再收取部分用户的更新信息（52%)，过滤一部分用户的更新帖子(41%)，删除一些用户在个人网页上发表的评论（36%)，将图片标签上的署名删除(30%)，删除自己张贴的帖子或图片、视频等（12%)。然而，依然有许多消费者并不了解，消费行为的实时剖析和其他网上行为监控技术已经十分发达。厂商必须主动解决这个问题，而不应该等待政府机构来规范。例如，2007 年下半年脸谱网公布了客户购买行为的信息，铸成大错。有一位脸谱网用户在 Overstock. com 购物网站上购买了一件商品，留下了自己的电子邮箱地址，结果却在脸谱网的个人信息栏中发现了这一购买消息。本书第 13 章里讨论过脸谱网上有关用户个人信息披露的各种问题。

CRM 以信任为基础。客户必须相信，他们在网页上、电子邮件中或以其他方式提交给公司的信息将被负责任地使用。这意味着企业可以使用这些信息来增进客户关系，提供个性化的商品、服务和营销沟通来满足消费者需求，这也意味着允许消费者要求从数据库中清除掉自己的信息，选择退出电子邮件列表。企业未经许可不能与其他公司分享消费者信息。

另一个重要的隐私问题涉及对人们生活的渗透。邮寄宣传品、垃圾邮件、反复拨打电话动员用户转换长途电话服务供应商等，都是会惹恼消费者的营销手段，甚至每周放到居民大门前的社区分类广告，也是对居民隐私的侵犯。

那么，营销人员应该做什么？解决这一问题可以从两个方面着手：第一，通过对话和更好的目标客户分析来建立关系。公司必须倾听客户的需求，按照他们的需求提供商品和服务。如果一个消费者愿意接受来自美国航空公司的电子邮件，很好；如果不愿意，公司就应该把客户从名单上清除。公司可以一年检查一次，看看客户的状态是否改变。为什么？因为公司知道，客户关系的维系和发展比一次性的客户交易更有利可图，而且这种关系资本是公司最重要的资产之一。第二，营销人员能利用消费者信息来建立更精确的目标客户档案。他们不再给每个访问网站的人发电子邮件，而是单独地或按小组将电子邮件发送给刚在网站上预订了航班，可能真的需要一辆出租车的网络用户，收件人不会对此感到不安，因为公司给他们发送了有价值的和及时的信息。

TRUSTe

为了帮助网站赢得用户的信任，人们创建了一家独立的非营利机构，机构名称为 TRUSTe，该机构专门负责隐私权保护。正如该机构的网站上所陈述的，TRUSTe 将它的标识提供给任何符合其观点的网站（见图 15—5)。这些观点和下面介绍的信息需求都符合理想的 CRM 运行规则。

● 接受和实行隐私保护政策，这项政策既要符合网站的目标，又要排解消费者对网上分享个人信息的担忧。

● 在网站上张贴公告，用公开的隐私保护声明来说明企业如何收集和利用消费者信息（指用于确认、联系或定位消费者个人的数据）。

● 让用户选择并确认使用和分享他们个人信息的方式。

● 要对数据安全、数据质量和数据使用方式进行测评，目的是保护、更新和纠正个人认证信息。

网站若想获得 TRUSTe 的标识，必须在站点上（truste. org）发布下列信息：

1. 你的网站收集的是什么个人信息；

2. 谁在收集信息；

3. 如何使用信息；

图 15—5　TRUSTe 组织帮助建立用户信任

资料来源：truste. org.

4. 与谁分享信息；

5. 用户对收集、使用和传播他们的信息拥有选择权（你必须提供给用户一个机会，可以选择退出由第三方进行间接使用的传播以及内部间接使用）；

6. 有适当的安全程序来保护用户被收集的信息，以免丢失、滥用或修改，如果网站收集、使用或散布某些个人认证信息（如信用卡或社会保险号等），就必须有公认的传播协议，包括加密技术；

7. 用户如何更新或纠正有关他们的信息的错误（应采取合适的措施来确保网上收集的个人信息是准确、完整和及时的，要向用户提供简单的方法来证明错误的信息已经被纠正）。

其他机构也提供互联网隐私保护指导方针。美国营销协会有互联网营销的道德规范，主要处理隐私权保护问题和知识产权保护问题。更多关于隐私权保护的法律问题可参见第 5 章。

2. CRM 战略

网络经营者必须在购买 CRM 技术或者注册社交媒体账户之前决定其目标和战略。这些目标将涉及各种利益相关者（员工、企业客户、合作者或消费者），并有助于客户关系的确立、维持和加强。B2B 市场不同于 B2C 市场，因为它的 CRM 战略首先是帮助销售人员发现销售线索，以及对客户进行跟踪调查（可以使用前文中讨论的销售队伍自动化软件）。

在这些 CRM 目标中，有许多涉及客户忠诚。企业都愿意看到自己的客户自豪地穿上印有企业品牌的衣服，并试图说服其他人购买该品牌（像哈雷摩托车和苹果电脑的客户一样）。第 9 章讨论了关联程度的五个层次（即品牌知晓、品牌认可、品牌联系、品牌社区、品牌倡导）。一个重要的 CRM 战略是努力地将客户往金字塔顶端推。

另一个 CRM 目标包括与客户建立超过产品体验本身的联系。一些专家认为，关系营销在三个层次上实施（参见表 15—2）。如果三个层次都达到了，而且产品本身确实令客户满意，就能形成最强大的关系。在第一层次中，营销人员通过使用定价战略与客户建立财务关系。在这个最低的关系层次中，价格促销手段很容易被他人模仿。许多航空公司定期将打折信息通过电子邮件发送给个人用户，这些折扣可按照时间或者价格来制定，对提高荷包占有率很有利。

表 15—2　关系营销的三个层次

层次	主要联系	维持竞争优势的潜力	营销组合的主要因素	网站举例
一	财务联系	低	价格	southwest. com
二	社交联系（建立一对一关系，建立社区）	中	人际沟通	facebook. com
三	结构联系	高	提供服务	my. yahoo. com

资料来源：Based on Berry and Parasuraman (1991).

在第二层次中，营销人员注重与客户的社交互动。这种互动既包含公司与客户的沟通，也包含客户之间的沟通。根据 eMarketer 公司的统计，与客户互动的 10 个沟通中有 9 个是与交易无关的沟通，这些都属于第二层次的战略。社交媒体参与是构建第二层次关系和培养客户忠诚的重要手段（参见第 12～14 章内容），在这一层次上，社交 CRM 能够发挥的作用最明显。

在第三层次中，关系营销依赖于创造客户问题的结构解决方法。当公司通过结构调整来增加价值时，**结构联系**（structural bonds）就形成了。例如，谷歌的搜索框的右侧有一个工具栏，网络用户只要安装了这个工具栏，就能更方便地进行搜索（见图 15—6）。所有大型的门户网站和社交网站都致力于创造与用户产生的结构联系。像 My Yahoo！这样的服务允许消费者定制他们链接到雅虎的界面，可以列出当地的天气和电影、个人股票组合和他们感兴趣的新闻。一旦消费者投入了时间和精力来定制这个界面，就不会愿意转向另外的门户网站。

社交网络是将第二层次和第三层次结合在一起，那就是社交联系加上结构联系。网络用户一旦在脸谱网或者 LinkedIn 网站建立了个人主页，说明他们已经花费时间去学习如何使用这些网站，上传了自己的内容。用户一般都会专注于少数几个社交网站。甚至旅游网站 Tripadvisor 也有这样的结构联系，因为用户要注册后才能够登录，登录后才能为宾馆、酒店打分。

3. 客户体验管理

亚马逊公司一直十分重视客户体验。公司对外公布的经营目标中，非常强调客户服务，而对销售量、销售利润等内容则刻意淡化。实际上，强调客户至上的理念是事半功倍的。

大多数客户都希望形成一种品牌忠诚，这一点与他们惠顾的公司是一致的。当一个消费者并不容易，因为他会不断受到营销沟通信息的骚扰，还要进行烦人的产品选择。1995 年，美国学者杰格迪什·谢斯（Jagdish Sheth）撰文称："从一个消费者的视角看，CRM 的基本原则是减少选择。"这个想法揭示了这样的一种现象，那就是消费者希望光顾相同的交易网站或社交网站，因为这样做效率高，也就是说，消费者不想花太多的时间去思考购买哪种牌子的牙膏或如何寻找一个好的搜索引擎。许多消费者有"忠诚倾向"，他们搜寻合适的产品或服务，然后坚持使用，前提是企业或多或少地履行了承诺。例如，许多客户从亚马逊网站上买东西，对价格考虑较少，这是因

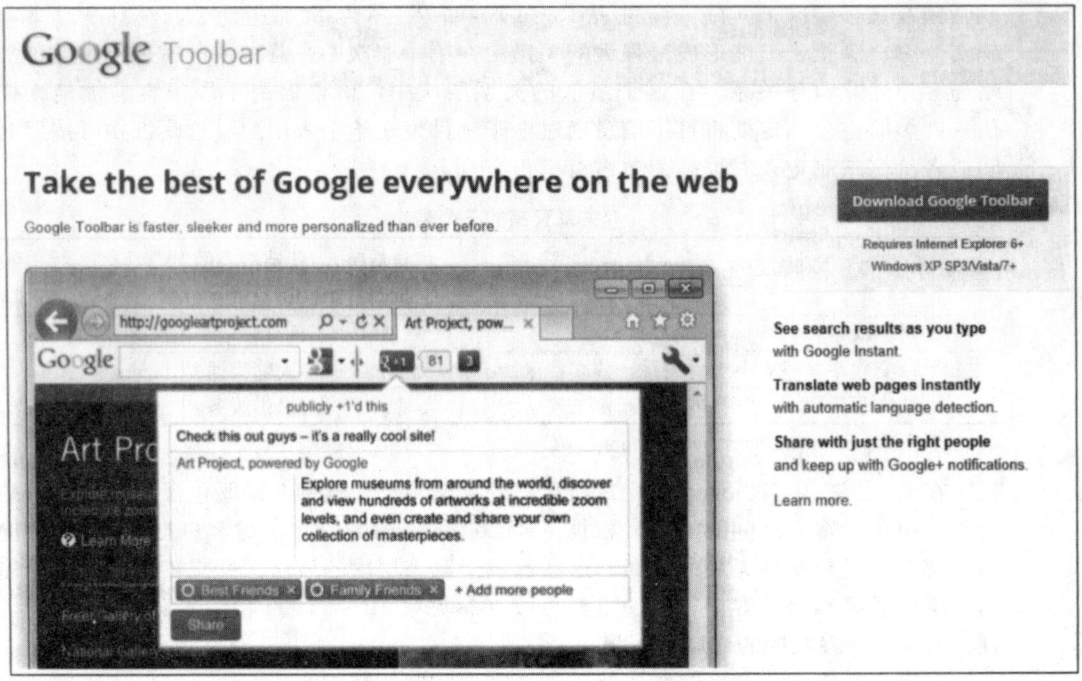

图 15—6　谷歌的工具栏下载十分方便

资料来源：google. com.

为先前有愉快的经历，容易满足个人的购物偏好，订购方便，以及网站上熟悉的界面。

客户一般喜欢惠顾这样的商店和网站，在那里，他们作为有重要需求的人受到接待，并且知道哪些需求会得到满足，“保证满意”。有时，用户会收到一封关于智能手机新用法的电子邮件，信的抬头是用户的名字，并准确地指出他已经购买的产品，他就会相信公司是关心他的。如果收到的只是普通的促销资料，他就不会把它放在心里。当亚马逊发送一封电子邮件，宣传一本该客户喜欢的作家的新书时，该客户的品牌忠诚度会更高。当然，公司也必须学会如何回答来自客户的电子邮件。企业要逐个地倾听成百上千位客户的意见是非常不容易的，成本也很高，但这会令客户满意。

客户与企业沟通的偏好因形势、产品类型以及个人情况而变化。客户可能想要打电话与一个在线代表商量账户问题，登录网站研究产品信息，使用电子邮件来投诉服务问题，在推特网的百思买网页上发表一篇推文，等等。表 15—3 显示这些选择涉及各种技术，营销人员可以使用自动化和人工介入来进行同步或非同步的沟通。这张表显示了互联网的重要性，这种重要性体现在创造有价值的客户体验上，还体现在一种理念上，那就是公司必须精通许多不同的技术与流程，做到客户至上，而不是将着眼点放在公司的能力上。

表 15—3　　通过各种沟通渠道建立关系

	自动操作	人工操作
同步	网络一对一自助服务 网上交易 虚拟购物助理	电话 网上聊天 协作工具 实时沟通

续前表

	自动操作	人工操作
非同步	自动发送电子邮件 短信服务 利用网页沟通	电子邮件回应 普通邮件 博客回帖 社交媒体评论

客户服务

在开发新客户、维系老客户、开发市场等各个环节上都需要开展客户服务，但大多数的客户服务是在购物完成以后，因为那时候客户会提出问题，或者对产品或服务进行投诉。为了改善客户体验，企业应该十分重视客户服务工作，据 Forrester 市场调研机构的调研显示，91%的企业都把客户服务作为自己的重要战略，但是一半以上的调研对象（57%）认为自己的客户服务工作不尽如人意，只有 4%的企业对客户服务工作进行严密的监控，这就难怪社交媒体上客户对企业的评价总是不高。

改善客户体验的重要工具包括电子邮件、在线实时沟通（有的是与客服代表沟通，有的是与虚拟的购物助理沟通）、社交媒体评论、网络自助服务，等等。梅赛德斯-奔驰汽车公司使用的就是远程网络沟通技术。消费者在网站提供的问题表上输入问题，奔驰公司的客服代表马上就会将电话打过来。接着，消费者与客服代表就能看着相同的网页对问题进行探讨。现在，企业的客服代表已经可以一面在电话中与消费者沟通，一面远程遥控指点客户浏览公司的网页。电子邮件、个性化的登录网页、网上实时沟通、利用智能手机进行邮件跟踪等，这些都是新型的客户服务技术。不管是利用在线还是离线的技术，客户服务始终是建立长期的客户关系至关重要的工作。

4. 客户协同管理

前文中已经提到过，客户协同管理也可以称为社交 CRM、CRM2.0 或者客户协同营销。客户协同管理将原来重视在线交易转变为在线互动。客户关系管理专家保罗·格林伯格（Paul Greenberg）曾经说过："尽管我们仍旧与客户开展交易，也没有忽视客户交易的各种数据，但是实际上我们已经把工作重心从交易转向了与客户的互动。社交 CRM 的目的是鼓励客户参与协同交流，在相互信任和透明的商务环境里为企业和客户提供利益和价值。"

企业通过与客户的互动收集必要的数据，促进客户协同管理，持续地、有效地评价公司的经营战略，也有专家将这样的关系称为学习型关系。

这样的企业—客户**学习型关系**（learning relationship）随着每一次互动会逐渐深化，使得企业对客户的需求和偏好了解得更加深入。

从每一次客户体验和与客户的互动中，企业都能学习到经营管理的新经验，同样，客户也有很多的收获。建立了这样的完美关系以后，企业能够收获来自客户的信任、忠诚，市场份额也能不断地增加。对客户而言，则少了一份忧虑。在这样的关系形成过程中，互联网发挥了无与伦比的作用。企业如果接受了这样的经营理念，它也就成了一个学习型组织。

客户协同管理的基础是内容、人员和互动，传统的客户关系管理的基础则是数据。客户创造并上传与品牌相关的内容，而企业则鼓励网络用户对于品牌内容进行互动。本书在各章中都提到 YouTube 视频网站，该网站上有许多与品牌相关的视频，这些视频有的是消费者制作的（例如“雀巢公司与绿色和平组织”），有的则是企业制作的（例如“粉碎得了吗”），不管是哪一类视频，其根本目的都是使企业与客户协同合作。即使有些内容似乎会坏了企业的名声（例如有关英国石油公司的帖子），但归根结底还是为了帮助企业改善经营。

可以认为，客户协同管理是对客户关系和客户体验的管理，其途径是创建并监测在线内容。企业可以通过各种协同技术（例如谷歌快讯、社交媒体监测板等）倾听网络用户的声音，把本来十分困难的工作变得不太困难。只要是合法的帖子，企业都要做出及时的回应，目的是提升客户的体验。企业张贴的网络帖子要对普通消费者或者企业客户有价值，要使他们有兴趣阅读。一些成功的企业博客就是这样的。有一句民谚中说：“每一个人都有两只耳朵，但是只有一张嘴。”开展销售活动的企业应该多听消费者或客户的声音，把“说话”或促销放在第二位。美国的咨询公司奥特米特集团（Altimeter Group）将客户协同管理归纳为5个M：

1. **监测**（monitoring）：通过倾听将社交媒体中的杂音过滤掉，用各项测量指标归纳出有益的意见和建议，使得企业的绩效考核更加有效。

2. **绘制关系图**（mapping）：识别社交媒体关系，将社交沟通状况与其他各种客户数据联系在一起，形成一种整体的观念。

3. **管理**（management）：各种管理制度将客户关系管理变成一个系统。如果企业没有明确的目标，社交数据也不能发挥作用。因此，企业要制定必要的规则和流程，依此将相关的信息适时地传送到各种团队去加以利用。

4. **中间设备**（middleware）：有些技术能够将社交网络与企业联系在一起。社交客户关系管理就是这样的一种技术，它将企业与社交平台上的每一个人都联系在一起。各种数据在系统与先进的监测板之间顺畅地流动，形成有意义的情报。

5. **测量**（measurement）：企业如果对数据无法进行测量，就无法改进工作，因此，企业必须为所做的各项工作设定测量的标杆。

5. 组织协调

在公司内部，为了创造CRM文化，要开展跨部门的团队合作（例如百思买公司众多的蓝衫员工和技术团队在社交网络上发帖），共同提高客户满意度。在公司外，如果两个或多个公司开展合作，则往往会好于单个公司所能达到的效果。不管是在分销渠道中，还是在非交易类型的协作中，都会产生这种协同优势。许多营销人员都相信，如今的市场是供应链竞争，而不是单个企业之间的竞争。例如，亚马逊公司和玩具反斗城公司（Toys“R” Us）携起手来建立婴儿用品零售网站BabiesRUs. com就是一个很好的例子。亚马逊的网上零售专业技术与玩具反斗城的销售经验结合在一起，既有利于网站的客户，也有利于合作者。

在下文中，我们将讨论两种利用互联网环境的协作技术，即CRM-SCM整合技术和外联网技术。

CRM-SCM整合技术

CRM通常指前台运营，这意味着公司努力在所有客户接触点上（例如，电话接入客户服务代表、网上购物、电子邮件联系、社交网络沟通，等等）创造令人满意的经历。这项挑战是实质性的，因为不同的员工和计算机系统收集了各种信息，这些信息不管怎么样都必须被整合进客户记录中。在一项由Jupiter营销沟通公司开展的研究中，调研人员给《福布斯》杂志打了三次客服电话，询问为什么杂志的两种优惠价不相同，结果得到了三个不同的解释。如今，许多企业都用软件来处理类似的问题。例如，Aspect Relationship Portal 公司通过整合所有的客户联系方式（电话、传真、电子邮件和网络）来辅助 CRM 员工的工作，形成前台和后台的联动（请浏览 aspect.com）。

然而，在客户控制的网络环境中，即使是一致的客户服务有时也依然有不足之处。有了技术优势和协同工作的能力，网络零售商可以无痕链接“后台”（如存货和支付）与“前台”的 CRM 系统及整个供应链管理系统（SCM）。整个供应链可以共同合作来满足消费者的需求，并通过流程优化获得更多的利益。当然，这些都是以信息为中心的（见图 15—7）。

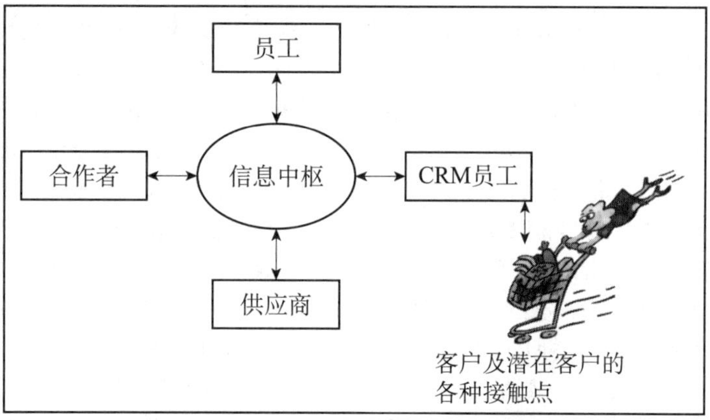

图 15—7　CRM-SCM 整合

假设一个客户在服装零售商的网站上订购了一件衬衫，如果衬衫缺货，客户可能会在屏幕上看到这个信息，但更可能的是，一段时间过后客户会收到一封电子邮件告知缺货。不过，有了整合的 CRM-SCM 系统，系统可立即检查零售商的库存水平，告知客户衬衫缺货，缺货的信息是即时显示在产品页面上的。第二代 CRM-SCM 系统可以完成对批发商和制造商的库存检查，明确是否可以接受订购。在客户订购的过程中，系统会通知客户并提供选择，例如，等两个星期得到制造商的送货，或考虑当前有货的一件类似的衬衫。这个选择信息可以在一个弹出窗口内显示，由一个在线的客户服务代表帮助客户。许多网站（例如美国的 Lands' End 服装公司、日本的丰田汽车公司和 Intuit 软件开发公司）都在使用 LivePerson 软件，利用这种软件，网站可以与在线的客户服务代表进行实时整合（请浏览 liveperson.com）。

将客户与供应链企业整合在一起可以形成几个优势。首先，所有公司将分享交易数据，这样存货可保持在最低水平。如果生产商和批发商不断地收到关于消费者订货的数据，它们就能及时地生产商品。其次，上游公司可使用数据来设计产品，更好地满足消费者需求（参见第 9 章中关于合作设计的讨论）。最后，如果客户服务代表有最新的关于产品库存的信息，他们就能更好地即时帮助消费者。邮购公司对这项任务已经相当熟悉，但是当供应商比零售商在上游高出几个层次时，就需要重新整合流程。

随着越来越多的公司将 CRM 和 SCM 这两个系统进行整合，它们对客户需求的反应会越来越快。例如，李维斯公司实施了一个名为“个性化裁剪”（Personal Pair）的方案。消费者可以使用电子扫描仪将精确的测量数据直接发送给工厂，定做个性化的牛仔裤；戴尔电脑公司和蓝尼罗河珠宝公司也能在几天内生产并递送个性化的产品。然而，当一个公司的品牌有许多不同的渠道，或者每一个公司使用不同的软件和硬件来管理其内部系统时，这种整合就相当困难。尽管如此，当前整合系统依然是可行的，它帮助企业成为市场的赢家。

外联网技术

外联网是两个或多个为了分享信息而结合在一起的内联网络。如果两家企业连接起它们的内联网，它们就形成了一个外联网。由此可见，外联网只归相关的组织所有。参与外联网的公司已形成了一个结构联系，这就是关系营销的最高层次。正是外联网的使用使 CRM-SCM 整合成为可能。

电子数据系统公司（Electronic Data Systems，EDS）的总部设在达拉斯，该公司拥有一个企业范围内的计算机服务系统，系统功能包括采购、为大客户进行网络管理，等等，一应俱全。之所以将其称为“企业范围”，是因为该公司关注整个公司内所有的计算机，把它们放在一个网络中。1998 年，计算机服务系统管理着公司内部和外部超过 736 000 台计算机，地跨 19 个国家。电子数据系统公司创造了一个史无前例的外联网，人们将其称为“文艺复兴渠道”（Renascence Channel），它把供应商、客户和员工的计算机都连接到一个电子化的虚拟市场中。电子数据系统公司的 40 家供应商（它们销售 2 000 多种软件产品）出资开发了这个专属的网络，这些供应商的出资额少则 2.5 万美元，多则 10 万美元。作为回报，它们能将自己的产品和服务展示在网络中，这类似于商品目录。供应商受益于它们能够利用信息，可以与众多的潜在客户建立关系。买方信赖供应商，因为 EDS 选择了这些供应商；买方支付的价格也可以低一些，因为渠道中的供应商降低了成本，其中有一家客户称单笔订单处理的成本下降了，每笔业务的成本从 150 美元跌到 25 美元。买方通过计算机接口可方便地接触产品信息，点击鼠标进行购买，跟踪产品运送，进行网上培训和加快递送速度，受益很多。“文艺复兴渠道”既为网络外的供应商制造了进入障碍，又提醒使用渠道服务的公司可能发生的转换成本。“文艺复兴渠道”是一个在 B2B 市场上使用互联网技术建立关系的很好的例子。

6. CRM 流程

正如图 15—8 所示，开展客户关系管理就应该懂得客户维护的整个生命周期。在这个生命周期的各个阶段（定位、获取、交易、服务、维系、发展），公司可以通过在线和离线两个渠道监控和吸引客户。生命周期的第一个阶段是公司制定网络营销计划，选择目标市场。有时，网络上会出现一个新的目标群体（如 Brooks 兄弟公司注意到网站上有大量的日本用户）。这个生命周期的本质是循环的。例如，一个新的目标可能会在为现有客户服务的过程中出现。客户生命周期的理论源于 CRM 的一个重要原则，那就是吸引客户、维系客户和开发新客户并重，而不是仅仅关注开发新客户。当然，不是所有的客户都会经历整个的流程，有些客户与公司的交易会减少，甚至投入了竞争对手的怀抱，有时，公司试图重新赢得这些客户（比如 Netflix 公司向那些撤销账户的客户发送电子邮件，上面写着“我们希望您回来”，并承诺在某一阶段提供免费服务）。

客户关系管理的流程多种多样，这一节我们只讨论如何维系老客户，这对扩大客户规模和提升客户价值都是有益的，我们还将介绍两种重要的客户关系管理方法，都与互联网技术有关：一是销售团队自动化；二是营销工作自动化。

图 15—8　客户维系的生命周期

资料来源：Based on a speech by Tod Famous，Cisco Systems.

倾听客户意见，避免客户流失

"倾听客户意见，避免客户流失"是 Peppers & Rogers 集团的一份报告的标题。报告中提到了倾听客户意见，从不同的营销渠道收集互动数据的重要意义。从与客户的互动数据中可以推测哪些客户会流失，如何留住他们，如何改变营销策略避免更多的客户流失。企业可以采取各种措施来提升客户在生命周期中的质量。

1. 通过个人信息披露、客户信息的自动跟踪、客户服务环节的互动、零售环节的条码扫描、普通网站或社交网站行为分析等，企业可以获得潜在客户、企业客户以及最终消费者与交易活动、消费行为、交流互动有关的各种数据。

2. 用户的每一条信息都可以录入数据库，帮助企业识别哪些客户将会流失，这里需要用到统计模型。

3. 通过消费行为、人口统计数据等对客户的价值进行分析，进而对客户进行市场细分，判断哪些客户会流失。

4. 有些产品或服务有瑕疵，竞争对手的产品会抢占市场，有些促销活动不够到位，对这些因素都要进行分析，目的是识别导致客户流失的主要原因。

5. 制定一个维系客户的方案，用促销活动、实时推荐等方法来维系老客户。

6. 观察客户维系的结果来考核方案的有效性。

我们罗列出上述几种客户维系的方法，它们对识别企业的最佳客户是有作用的。所谓"最佳"其实有各种各样的解释，有的指价值最高，有的指忠诚度最高、购买最频繁等。客户关系管理帮助企业将更多的资源投入到更有价值的客户身上。这种营销理念并不新颖，新的是企业可以利用互联网来识别最有价值的客户，然后及时地对他们的需求做出回应。进行这种价值判断是有意义的。例如，一家塑料制品企业将注意力放在最有利的客户身上，把客户群从 800 人减少到 90 人，其收入却增加了 400%。然而，不是所有的公司都有高端和低端客户。根据 Peppers & Rogers 集团的研究，价值区分并不能带来利润，除非一家企业能确信一半以上的利润来自 20%或更少的客户（即第 10 章中提到的四星级客户和五星级客户）。

一些客户显然不能为企业带来利润，因此应该被"除名"，这样公司能更好地分配资源。例如，大陆航空公司（Continental Airlines）确认了 35 000 名五星级客户和 400 000 名四星级客户，公司向这些客户提供额外的服务，例如当这些客户将要乘坐的大陆航空公司的某航班取消了，公司会立即安排他们乘坐其他航空公司的航班。这样做的结果是每个四星级客户带来的年收入增加 200 美元，每个五星级客户带来的年收入增加了800美元。大陆航空公司其实并不会甩掉低端客户，只是不向他们提供高端客户能享受到的高水平服务。赌场的运作方式也与之相似。赌场尽量满足下赌注大的客人各种各样的要求，而对于那些小赌客，只提供自助餐的打折优惠。赌场知道这些客户的区别，因为客户在老虎机上使用自动发牌系统，而机器都是联网的，一直在收集消费模式的数据。

Tripadvisor. com旅游公司的网站上有500万名注册用户，2007年，公司向那些在网站上发表过对宾馆、酒店评价的用户寄送一些礼品，以此将向网站添加内容、参与网站建设的用户从普通用户中区分出来。最近，公司向一位博客版主发送了一封电子邮件，向该版主赠送一枚数字徽章，原因是他又发表了一个评价一家宾馆的帖子。

一旦公司根据特征、行为、需求或价值来识别潜在客户，并对客户进行区分，它就能为各种客户提供定制化的服务。**定制**（customization）就是企业使用网络营销工具，调整营销组合来满足很小的目标细分市场，甚至满足单个客户的需求。产品、营销沟通信息和动态定价都可按个体来调整，并及时地通过互联网传递。在互联网出现之前，这些是不可能实现的，除非是定价非常高的产品（如制造设备）。通过定制化运作，企业可专注于每个客户的准确需求，并建立长期的、有利可图的关系。

一些作者在谈到定制化时使用“个性化”这个术语。**个性化**（personalization）是营销人员在一个虚拟的计算机网络环境中针对每一个个体进行特殊操作的一种方法。例如，网站会以用户姓名作为抬头来问候用户，或自动发送带有个人账户信息的电子邮件给用户。我们使用“定制化”这个术语，因为它比“个性化”涉及面更广。

那么，企业该如何利用客户维系模型来维系客户，提升客户价值呢？

建立动态的客户信息

摆在企业面前的是无数的电子邮件信息、推特网上的推文、脸谱网上的帖子，那么它们该如何处理这些信息呢？电子邮件营销企业Lyris公司的意见是企业收集各种数据来构建客户身份形象。这些数据来自于客户与企业或品牌交流的各个互动点。从客户的角度看，他的身份形象应该包括如下一些内容：

- 我购买了什么产品或服务？
- 我浏览了哪些产品信息？
- 我使用的是怎样的上网设备？
- 我的上网时间是哪一个时间段？
- 我浏览了哪些网站？
- 我当前的身份是什么？
- 我有哪些偏好？
- 我的圈子里有哪些朋友？

从企业的角度看，动态的客户信息一般包括图15—9中显示的信息。掌握这些人口统计特征、商品偏好、消费行为的信息以后，企业就可以有针对性地制定决策，顺着客户关系管理的流程从客户定位、新客户开发，一直到老客户维系，做好各项工作。利用这样的客户信息，企业还可以做好更多的工作，例如：（1）将客户分成一个个的细分市场，获取更多的利润；（2）鼓励客户更多地参与，向客户传递价值；（3）将数据整合在一起，存储到客户关系管理的数据库中；（4）将离线环境获得的各种数据也整合进来，例如呼叫中心的数据、零售门店的数据等。所有这些工作都可以自动化地进行，所利用的技术就是数据挖掘技术和其他各种技术。

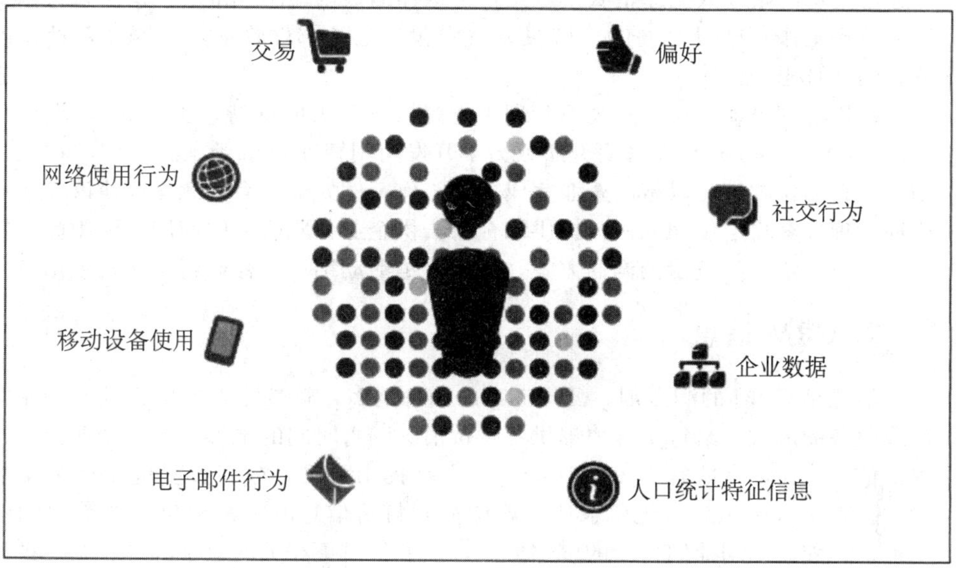

图 15—9　建立动态的客户身份信息

资料来源：Image courtesy of Lyris，Inc. lyris. com.

英国的家居企业 Graham & Green 公司对客户关系管理系统进行过测试。该公司有一个规模庞大的电子邮件地址数据库。按照数据库里的信息，他们每周向客户发送两次有关商品信息的电子邮件，统计发现，只有 20%的邮件被打开过。后来，公司针对那些曾经访问过公司家具商品网站的用户发送商品打折信息邮件，结果邮件打开的比例达到 49%，其中有 1.1%的人还购买了商品。多次的测试得到了同样的结果。这种针对消费行为的定位营销是基于数据的营销，它有助于改善客户关系，也有助于增加销售。许多企业（例如电子邮件营销企业 Lyris 等）都提供专门的技术支持，帮助企业在客户关系管理方面做得更好。

销售团队自动化

销售团队自动化软件的广告语是"扩大销售，而不是扩大销售团队"。这种软件主要用在 B2B 市场上，它帮助销售人员建立、维护、使用客户数据，管理销售线索和客户账户，管理销售活动等。销售团队自动化软件方便销售人员从公司数据仓库中读取客户和产品的数据，更好地开发新客户，维系老客户，扩大客户队伍。销售人员数据读取的工作可以在办公室里进行，也可以在工作现场通过无线设备操作。销售人员可以将访问客户的结果实时地上传到数据仓库，方便同伴分享。客户数据的实时更新对客户服务代表提供更优质的服务、建立客户关系无疑是十分有益的。在这一领域走在前面的 Salesforce. com 公司开发的客户服务软件能够帮助企业提高销售量和销售收入，改善客户服务工作，方便伙伴关系管理。企业可以采取的措施是整合多渠道营销数据，在社交网络上开展内容管理，对销售活动进行绩效考核等。

Salesforce. com 公司开发的软件还能够帮助企业监测社交媒体上的品牌沟通信息，帮助企业进行快速回应，而这些则属于客户协同管理的范畴。

营销管理自动化

营销管理自动化（marketing automation）软件的作用是帮助企业有效地进行市场定位，更好地进行营销沟通，实时地监测客户及市场发展趋势。营销管理自动化软件通常是从网站或数据库里收集数据，将这样的数据编制成报告，供决策者调整客户关系管理工作（见图15—9）。解决方案中包括电子邮件管理、数据库营销、市场细分、网站日志分析等。

营销管理自动化对客户关系管理工作是一种巨大的支持。美国的SAS（Statistical Analysis System）软件研究所致力于开发商用智能及市场预测软件，它提供的营销管理自动化软件可以帮助企业完成多项工作，例如整合客户意见和建议、客户生命周期管理、客户定位和分析，提供综合报告供企业各职能部门使用。使用此类软件的企业可以制定多渠道营销沟通方案，了解营销活动结果，存储营销活动数据等。

7. CRM信息

信息是CRM的润滑剂。公司拥有的信息越多，就越能以准确、及时和相关的产品或服务的形式，给每个客户提供各种价值。随着时间的推移，许多企业会鼓励客户提供信息，比如在博客上发表评论，对产品提出意见，或者接受电子商务交易。例如，Orbitz. com网站首先要求那些希望得到打折信息的客户提供一个简单的电子邮箱地址，随后询问他们喜欢的度假方式，以便提供更相关的电子邮件。客户提供的个人信息越多，说明他对公司越信任，公司也越愿意在建立客户关系上多投入。

有时，企业会以娱乐的形式收集这类信息。例如，宝马汽车公司的Mini Cooper轿车鼓励网站的访问者在网上自己组装汽车，其组合形式多达1 000万种（请浏览miniusa. com）。

公司通过追踪客户的网上行为来获取客户信息，这种方式干扰要少一些。信息技术使得企业能够从原来对一个细分市场（如“X一代”）进行剖析，转而对一个客户进行剖析。例如，零售商若将收银台收集的产品条码信息与消费者的购物卡信息结合在一起，就能判断一位客户在一段时期里的购买情况。在互联网上，软件可以追踪用户从浏览这页到浏览下一页的动作，显示浏览每页花了多少时间，是否购物，计算机和操作系统的类型等各种信息。公司能追踪用户在浏览该公司网站之前和之后访问了哪些站点，使用这些信息来猜测用户同时在考虑哪些竞争对手的产品，并研究用户的兴趣。追踪用户行为对用户和公司都是有价值的，但是这也引来了批评，因为这涉及前文提到过的隐私问题。

如今，一个客户可以打电话给客户服务代表，讨论上周在实体商店购买的产品，并提到昨天发送的一封电子邮件，或在脸谱网上发帖，相关数据都被保存在数据库中该客户的记录里。众所周知，这个方法具有360度的客户视角，称为跨渠道视角。1998年，帕特里夏·西博尔德（Patricia Seybold）在她的《客户.com》（*Customers.com*）一书中，列出了企业与客户建立成功的电子商务关系的8个关键因素。10多年过去了，这些因素仍然能帮助我们理解如何使用网络营销（包括互联网技术）来促进客户关系管理。

1. 定位于合适的客户。辨别最好的实际客户和潜在客户，尽可能多地了解他们的信息。

2. 拥有客户的所有体验。这个因素涉及先前讨论过的客户体验和客户的荷包占有率。

3. 简化影响客户的商业流程。通过CRM-SCM整合技术和客户至上的观念来实现这一点。

4. 提供一个客户关系的360度的视角。公司里接触客户的每个人都应该理解客户与公司关系的所有方面。例如，客户服务代表应该知道一段时期内客户的所有活动，并理解哪些产品和服务会有益于哪一位客户。

5. 让客户自我帮助。为客户提供方便快速地寻找他们所需要东西的网站和其他电子方式，做到全年无休。

6. 帮助客户完成他们的工作。特别是在 B2B 市场，如果一个公司提供产品和服务来帮助客户出色地经营，客户就会忠诚，并愿意为接受帮助支付额外的费用。许多供应链管理的软件都有助于实现这一目标。

7. 提供个性化的服务。客户档案记录、保护隐私、定制化营销组合都有助于通过网络传递个性化的服务。

8. 培育社区。吸引客户加入与公司产品相关的社区或者兴趣社区网络是建立客户忠诚的一种重要方法。

8. CRM 技术

技术极大地改进了 CRM 流程。对方付费电话、电子服务亭、**按需传真**（fax-on-demand）、语音邮件和自动拨打电话等，都是帮助客户在客户生命周期中前行的技术。然而，互联网是第一个实现充分互动和个性化处理的低成本多媒体渠道，它是公司客户关系管理的中心环节。网络跟踪器文件、网站日志、条形码扫描仪、网络自动监视工具（例如“谷歌快讯”）和其他工具都有助于收集关于消费者行为和特征的信息。数据库和数据仓库从在线和离线接触点来收集、存储和传递这些数据，员工能借此开发更加理想的营销组合去满足客户的个性化需求。

下面我们将讨论自助式服务工具，它们能帮助企业为客户群体或者个体定制产品，而不是统一的软件包。这涉及基于公司网络和电子邮件服务器的“推”式战略，以及由互联网用户发起的“拉”式战略。认识到这一区别很重要，因为公司对推式技术有更多的控制权。

公司方的工具

表 15—4 展示了公司用于推出定制化信息给用户的重要的网络营销工具。用户通常不会意识到营销人员正在收集数据，并使用这些技术来定制产品和服务。

表 15—4　网络营销推式定制化工具

公司方工具（推式工具）	描述
网络跟踪器文件	网络跟踪器文件是在用户访问网站后存在其硬盘上的小文件，当用户返回站点时，公司的服务器就分析网络跟踪器文件，用它来使站点个性化
网络日志分析	每次用户进入站点时，访问就会被记录在网络服务器的日志文件中，这个文件显示用户访问了哪些页面，停留了多久，是否购买等信息
数据挖掘	是用统计分析的方法提炼大型数据库中隐藏的预测信息
行为定位	是用专门的软件通过网站追踪用户的行动，然后立刻编辑和报告这些数据
协同过滤	用协同过滤软件收集兴趣相投用户的选择，并将这些选择实时返回给个人
公司发送的电子邮件	厂商利用电子邮件数据库掌握及时有用的信息来与客户建立关系，使用电子邮件列表可将电子邮件发送给个人或群体

续前表

公司方工具（推式工具）	描述
社交媒体	企业可以通过博客或其他各种社交网络倾听用户的声音，它们提供用户在网站上交谈的空间，建立社区
iPOS终端	互动销售点终端被安置在零售商的柜台上，用于获取数据和开展有目的的沟通

网络跟踪器文件。利用网络跟踪器文件，意味着用户可以在返回亚马逊网站时看到以自己名字为抬头的问候，还意味着用户不必记住每个站点登录的密码。网络跟踪器文件允许广告服务器公司看到用户从一个站点到另一个站点的路径，这样就可以为用户提供感兴趣的广告。网络跟踪器文件中记录着购物篮和其他任务的路径，这样用户能中途退出，稍后直接返回完成购买活动。

网络日志分析。通过**网络日志分析**（Web analytics）公司能做许多事，不仅是基于访问者的行为来定制网页。网络日志分析是一种工具，专门用来收集并展示用户网站行为的信息。有些软件（例如 WebTrends）能够显示用户在登录之前刚刚访问过哪些站点，他们在搜索引擎中输入了什么关键词用来寻找站点，以及用户的域名等。

AutoTrader.com 公司使用网络日志分析将每天 2 500 万行的网络日志数据转化为营销知识。该公司是个汽车大卖场，网站上提供 200 多万辆新车和二手车，并有价格比较、汽车性能介绍、融资方式和投保等信息，每月有 600 多万名访问者浏览 2 亿多个页面，这其中包括广告商卖车的页面。为了方便网络用户了解网站信息，AutoTrader 公司创造了一种营销工具——管理仪表板（Management Dashboard），该工具是由 SAS（Statistics Analysis System，“统计分析系统”）统计数据分析软件支持的。管理仪表板上报告以下内容：

- 访问者的人口统计特征和网上用户行为（以美国地区来分析）；
- 分析站点网页上的广告；
- 站点的关键考核指标（如访问者数量、浏览过的汽车品牌和型号等）。

例如，SAS 软件每月对 3 000 万次汽车搜索活动进行评估，按品牌、型号、年份、价格，以及城市、州和邮政编码来进行分类，这样各个区域的销售团队就能够迅速判断各地的网站流量。该公司还使用一个甲骨文公司（Oracle）的数据库，提炼有关电子邮件、销售线索等信息，为营销经理生成了 100 多个月度报告。AutoTrader 公司从这些分析报告中了解到了许多东西：首先，它了解了各个地区需要哪些汽车，这对汽车交易商和独立销售人员有所帮助；其次，它能根据网站的流量对网站内容进行调整；第三，AutoTrader 公司能在其站点上证明广告价值，这一点最重要，广告客户能收到自动生成的报告，内容包括它们的汽车被浏览的次数，有多少网络用户索要过到实体商店位置的地图，收到了多少询问汽车的电子邮件；最后，这些报告帮助 AutoTrader 公司与它的电子商务合作伙伴结账。

数据挖掘。营销人员不需要一个先验的假设来寻找数据库中有价值的东西，但会使用软件来寻找用户所关心的事项。例如，日产汽车公司使用 E.piphany 软件来提高升级销售和交叉销售的绩效。在使用这款软件之前，日产公司往往向回头客推销他曾经购买的同一系列的汽车。使用 E.piphany 数据挖掘软件，日产公司确认了一个富有、忠诚的客户群，他们的子女年龄为 19～24 岁，住在家中，购买了 Sentra 系列的汽车。日产公司使用这些信息，把 Sentra 汽车交叉销售给其他类似的客户。虽然日产公司并不使用网络开展销售，但这也是网络营销的一个重要应用。

行为定位。行为定位是指用软件跟踪用户在网站上的行为，然后即时地发送合适的网站内容。亚马逊公司就使用这样的软件，当老客户登录网站时，该公司会在主页上显示其曾经关注过的产品。谷歌公司旗下的 Double Click 网络公司也使用行为定位技术，当用户浏览了若干网站以后，该公司网站就会向用户传递广告信息。这种技术使用数据仓库的信息，帮助厂商了解目标客户的特征和行为。

美国运通公司（American Express）已使用行为定位技术多年，它根据客户先前的购买行为发送账单给客户，该公司的创新之处在于这样定位可通过电子邮件和定制化的网页在网上廉价地完成。例如，可按以下的要求设置软件：如果一个客户订购了一张戴夫・马修斯（Dave Matthews）乐队的 CD，网页就显示提供一件音乐会的特制 T 恤衫。TokyoPop. com 网站是一个面向美国"Y 一代"的站点，它所有的加盟站点都带有行为定位的功能，每当 TokyoPop 的注册会员访问一个加盟站点时，它就按照预先的设定提供内容、广告或相关产品。这种定位缔造了用户与企业之间的关系，因为网站会向注册会员提供相关和及时的产品和服务，这些都将增加用户与 TokyoPop 公司的商务往来。

访问 Greatcoffee. com 网站的消费者在初次访问该网站时就能得到个性化的问候。这个站点并不知道用户是谁，因为他们从未在站点上登记过信息，也没有来自 Greatcoffee 的网络跟踪器文件，那么，它是如何做到这一点的呢？这个网站使用行为定位技术去匹配 Angara 数据库中匿名的网络跟踪器文件，Angara 公司的电子商务定位服务部门购买了 2 000 多万个匿名的网络跟踪器文件，这些文件中包含了许多公司（如戴尔电脑公司）提供的人口统计特征信息和地理特征信息（但是所有的个人信息都事先被删除了）。当 Angara 数据库中的客户在网站（如 Greatcoffee. com）上浏览时，网站就能提供相关的网页内容服务。例如，如果 Angara 碰上了一个新用户的 IP 地址和其他信息，数据库信息显示该用户住在加利福尼亚，网站可能就会显示这样的问候："饮用我们的咖啡，赢取免费的旧金山大力士比赛门票。"在一些细分市场中，这种定制广告用不了半秒钟，它能使更多的浏览者变为实际的购买者，其转换率是正常值的两倍。此外，在使用 Angara 数据库的服务之前，Greatcoffee. com 网站的重复订购率是 5%，使用之后达到了 60%。

协同过滤。在实体世界中，消费者在做决策之前往往会征询其他人的建议。协同过滤软件的作用是相似的，它收集了一群人的推荐意见，并把结果呈现给具有类似意向的人。

德国的 Direct Group Bertelsmann 集团旗下的 BOL. com 公司是一个国际化的媒体和娱乐商店，该公司使用 Net Perceptions 协同过滤软件来观察用户如何在它的站点上浏览和购买音乐、软件、游戏等商品。一个用户在站点上花费的时间越多，BOL. com 了解到的用户行为和偏好就越多，就能更好地呈现相关产品，这就是所谓的"学习关系"（learning relationship）。据 BOL. com 公司称，使用了这个软件以后，公司增加了收入，几个月内就收回了投资成本。

公司发送的电子邮件。正如前几章所讨论的，公司发给客户的电子邮件是网络的"杀手级应用"。电子邮件用于与个人或电子邮件列表上的多人交流，目的是增加他们的购买量、满意度和忠诚度。许多公司将客户和其他利益相关者保存在电子邮件列表中。自动发送的电子邮件可以用来确认购买或者通知配送信息，它的作用是表示公司对客户的商务活动十分重视。

厂商开展的许可营销活动显示，客户会高兴地接收他们愿意收到的电子邮件。MyPoints 公司用积点和礼券来奖励消费者，所有的奖励针对的都是阅读指定的电子邮件广告及在某些选定的网站上的购物行为。MyPoints 公司的客户公司为这些电子邮件付费，这些费用的一部分作为积点直接返还给消费者。MyPoints 的广告宣传是“负责任的”电子邮件信息，这意味着它是消费者同意接收商业信息的电子邮件。相反，垃圾邮件并不注重建立客户关系，只是一味地拉客户。互联网为营销人员提供了这样一种技术，只需按动鼠标就可发送 50 万封甚至更多的电子邮件，所有的成本加起来不到一张邮票的邮资。建立客户关系的电子邮件需要发送对用户有价值的电子邮件，每当用户需要时发送，并提供给用户随时从电子邮件列表上退出的机会，这意味着像朋友一样与消费者交谈并倾听。

图 15—10 显示的是 HubSpot 公司向客户发出的电子邮件。该公司专门为客户开发集客营销的软件并提供咨询。这封邮件中，公司向客户免费提供有关“可爱的营销活动”（Lovable Marketing Campaigns）的电子书，电子邮件的内容表达了对 HubSpot 公司客户的关怀。这个例子说明公司如何关照自己的客户，并建立长期的关系。

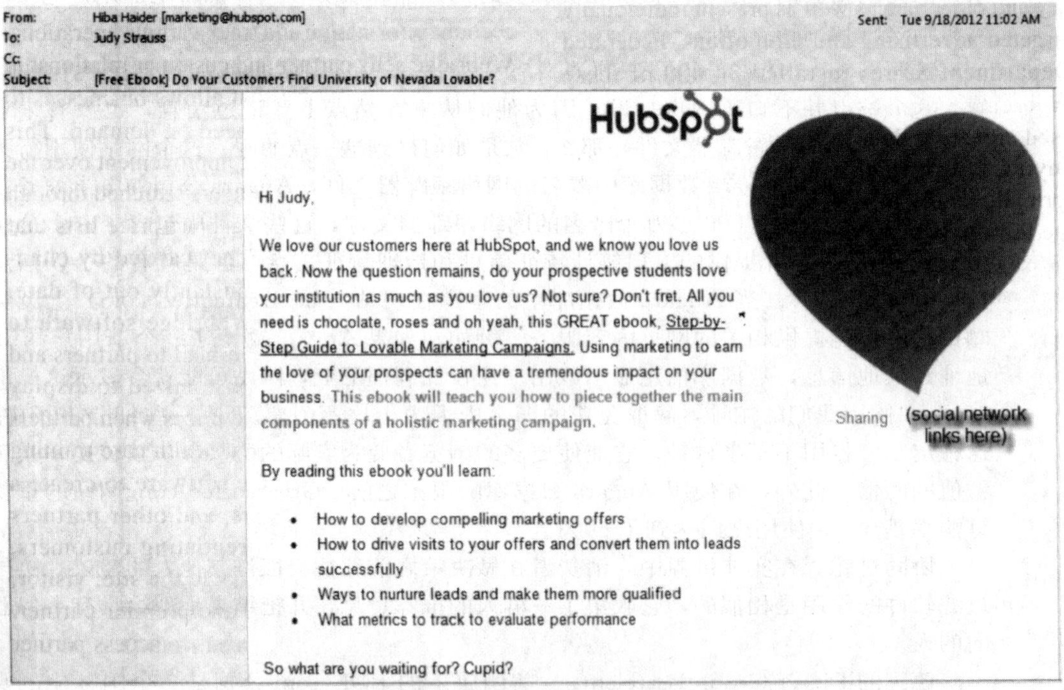

图 15—10 告知客户你对他们十分在乎

资料来源：© 2012 By Hubspot，Inc. Used By Permission.

社交媒体。许多企业利用博客、各种社交网络、公告板、电子邮件以及公司的官网建立社区，了解客户以及产品的信息。图 15—11 是美国政府网站上的各种社区。通过对上述这些社区信息的分析，企业或组织就可以设计出自己的营销组合，以迎合用户的需求。例如，如果旅游网站 expedia.com 的加勒比度假胜地聊天室有许多人登录访问，那么公司就可以专门组织去该地的旅游团，然后发送电子邮件给参与聊天的用户。

iPOS 终端。**iPOS 终端**（iPOS terminals）是放在收银机旁边面向客户的一种小设备，用于记录信用卡交易的买方签名。其重要性在于能收集市场调研数据和其他数据。美国大型的零售商联邦百货商店在 2001 年安装了 34 000 台这样的联网设备。该公司使用签名数据来查看妇女是否为男性家庭成员以及她们自己购买衣服，并计划通

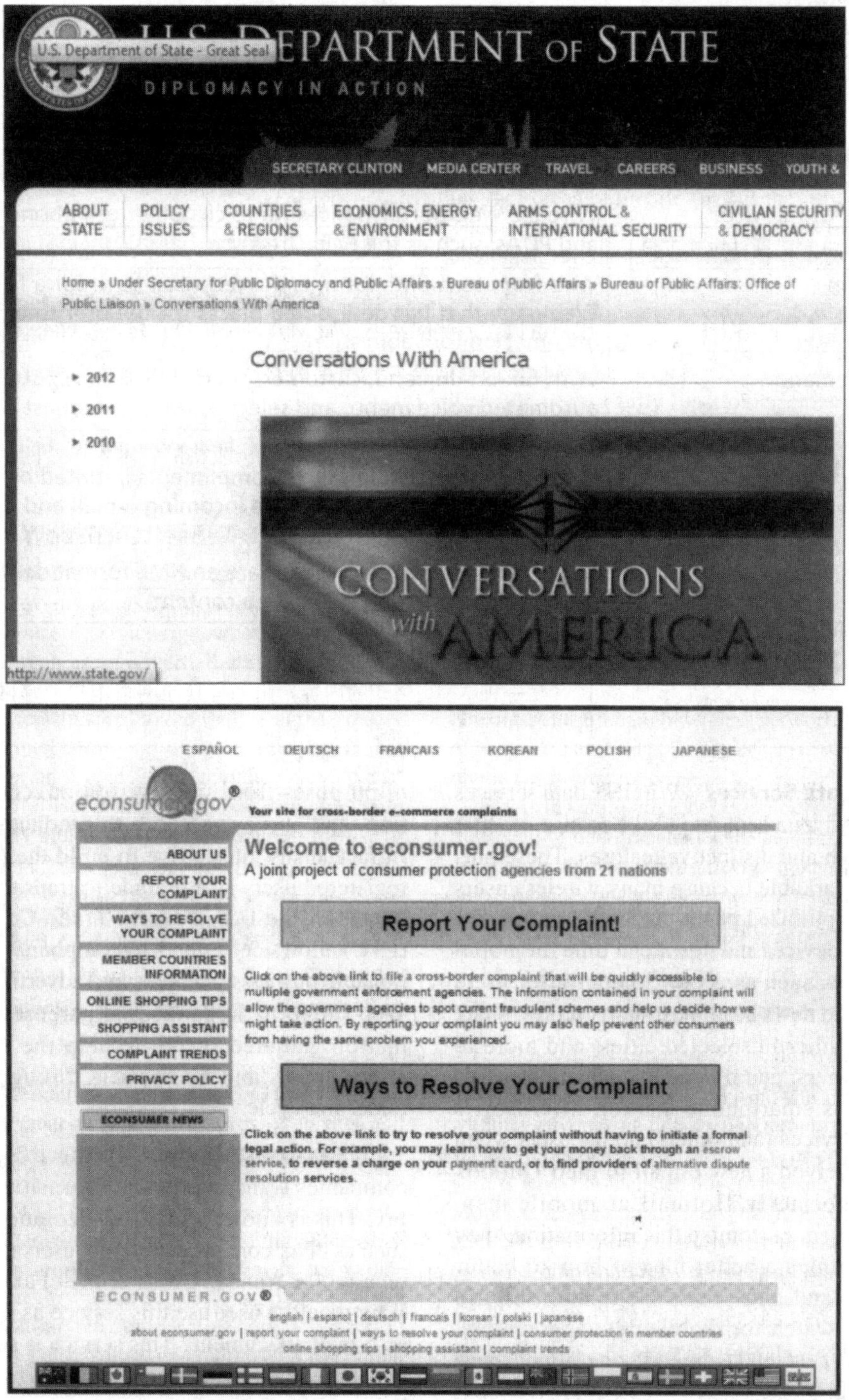

图 15—11　美国政府与公民在网络上交流

资料来源：state. gov and econsumer. gov.

过终端来发送图片和个性化的信息——所有这些信息都出自一个数据库，并通过互联网发送。

客户方的工具

客户方的工具以用户的计算机或手提设备为基础运作。虽然工具一般存在于网络服务器上，但发挥作用的是客户“拉”的行为，它发起了定制化的回应（参见表15—5）。

表15—5　　网络营销拉式定制化工具

客户方工具（拉式工具）	描述
代理	是代表用户执行功能的程序，如搜索引擎和购买代理
个性化的网络入口	用户可以在一些网站上（如MyYahoo！等）轻松设置个性化的网页
无线数据服务	无线网络门户网站发送数据到客户的移动电话、寻呼机和掌上电脑（如Palm Treo）上
网络窗体	网络窗体（或HTML表格）是网页表格的技术术语，网页上指定了位置给用户输入信息并进行提交
按需传真	有了按需传真，客户可打电话给公司，听取自动播报的菜单，选择是否需要就某个专题发送传真
收到的电子邮件	这是指由客户发送的问询、投诉或赞扬的电子邮件，是客户服务的原材料
RSS（简易信息聚合）	RSS是一种XML格式的内容，用来与其他网络用户分享网站上的新闻提要和内容

代理。一些软件代理（如购买代理和搜索引擎）将用户的信息输入数据库，然后返回定制化的信息。代理软件（如Inference公司的k-Commerce产品）所依赖的往往是不止一次的互动。例如，一个用户可能在戴尔公司的网站上输入“计算机”，然后得到的是笔记本电脑或台式机的选择，这个流程将继续进行直到搜索范围缩小。同样，当谷歌网站的访问者使用关键词搜索时，他们经常收到与他们输入的关键词相关的旗帜广告或其他广告，以及定制化的网站链接的网页。例如，如果用户在搜索框中输入“汽车”，丰田的广告可能就会与相关站点的名单一起显示。代理是购物比较网站（例如bizRate.com网站）的工作基础。

个性化的网络入口。《华尔街日报》的网络版允许用户以感兴趣的关键词为基础创建个性化的网页。这种功能对那些想要监视其竞争者情况的企业特别有帮助。《华尔街日报》与用户创建了结构性的联系，增进了忠诚度——这是在有互联网之前从未听说过的事情。

个性化的网络入口常用于在B2B而不是B2C市场上建立关系。通过这些入口，供应链获取库存、账户信息和追踪各种运营情况。Webridge公司出售合作者和客户关系管理软件，这种软件允许企业按需利用它们需要的所有数据。这个工具是对以往各种工具的巨大改进。以往，买方通过成堆的宣传册、目录和价目表进行搜索，这些价目表中包含了许多渠道合作者没有的或往往是过时的产品。InFocus Systems公司使用Webridge公司的软件，通过电子邮件发送令合作者感兴趣的产品信息，然后为定制化的网页服务。当合作者访问网站时，网站会显示那些有特色的产品和价格。Primedia公司是一家保健培训公司，该公司使用Webridge公司的软件为医院、医生和其他使用其服务的合作者创建网站。对客户进行区分以后，它提供了进入网站的4

个层次：访问者、注册用户、会员和高级合作者。B2B 网络入口使用外联网来获得合作者信息。

无线数据服务。无线数据服务（wireless data services）因其快速的增长和与众不同的特点而成为一种独立的技术。这不是一般的入口，因为考虑到无线设备的屏幕尺寸和图片的下载时间，无线用户只想要文本数据。有些服务提供商（如 AvantGo. com 公司）提供给用户由广告赞助的新闻标题、体育比赛战报、股票价格、指定城市的天气预报。苹果公司的各种智能手机应用软件也已经打开了市场。当用户的 Outlook 邮箱收到一封新的电子邮件时，微软的无线服务会通知他们。当用户定制了这个服务后，他们实际上告诉了服务公司该如何更好地为其服务，企业和用户也因此建立了关系。未来，我们应关注移动数据的整合。请浏览下面的“相关技术”专栏，了解“第三块屏幕”。

相关技术

移动互联网发展趋势

周日下午，你正漫步在超级市场中，突然想起忘了买花生酱。花生酱有 20 个品种，不知道放在哪一条过道上。你还想了解哪种花生酱最价廉物美。后来你记起，这家超市现在已经启动了商店内无线网络接入服务，通过这个系统可以了解商品的位置、每周的特价商品，以及商品的单价等。看来没有问题，你掏出了口袋里的 iPhone 手机。

你公司的网站准备好了吗

许多经典的营销战略有一个核心概念，那就是适时地给予潜在客户关于产品或服务的信息。例如在高速公路边竖一块广告牌，上面写“麦当劳，第 11 号出口，左转”，或者在百货商店货架上安放一个折扣券的自动派送机。这些战略令人感兴趣的地方是信息是以潜在客户能够使用的形式出现的：高速公路上一块大型的广告牌，或者收银台边可以随意取用的大小适中的折扣券。

如今，客户希望通过自己的智能设备（例如苹果手机、PDA、微型电脑、平板电脑，以及这些产品的各种组合）获取信息。如今的客户对他们的智能设备的要求只有一个，那就是“智能”。正如经典的营销战略所说，今日的网络经营者也必须按照潜在客户容易接受的形式为他们提供信息。换句话说，应使用行业标准为智能设备开发专门的网站和网上服务，在传播到公众之前应对专门设计的网站和网上服务进行测试。例如，微型电脑的用户很难浏览有固定长宽尺寸的网页，为了浏览信息，他们必须向下和向右翻。一个更好的解决方法是“液态的网页”，它允许信息按照设备屏幕的尺寸调整网页的大小。

第三块屏幕

信息技术梦想家将移动设备的屏幕戏称为“第三块屏幕”。第一块屏幕是电视机，第二块屏幕是个人电脑，第三块屏幕是各种移动设备。第三块屏幕的特别之处在于用户可随身携带，尤其是苹果手机。苹果手机将传统的电话网络和高速的 3G、4G 网络技术结合在一起。苹果手机是一种多功能的网络设备，它有一个直观、简洁的界面。值得一提的是，苹果手机充分利用了苹果公司已经打开的 iPod 多功能的市场，它具备了 iPod 的所有功能，而且更胜一筹。

移动设备因小巧、便携性和功能齐全为用户带来便利，只要它们能够接入无线网络，就会变得更加便利。流行的移动设备能接入一个或多个可利用的无线网络，例如无线电话信号、WiFi 网络信号、蓝牙无线网络信号等。移动设备可接入的网络类型取决于它所拥有的硬件。

随着接入无线网络的能力和网络上数据转换的速度加快，针对移动设备的服务正变得越来越流行。例如，MobiTV将MSNBC，Fox，ABC和发现频道（Discovery Channel）的电视节目内容进行转换。流媒体视频对速度有一定的要求，必须达到每秒至少10帧才能有一个流畅的画面，如果能达到24～30帧就更加理想。利用MobiTV视频系统还可以随时暂停，然后到想要观看时再接上。

广告客户为了接近其目标市场长期使用第一块屏幕，于是，人们就提出了广告资金是否会赞助第三块屏幕的问题。除了MobiTV以外，当前多数的内容转换还不包括广告。公司感到应该提供真正的电视节目给客户，其中包括广告。移动电视也将出售广告，这些广告会插播在有线运营商插播广告相同的位置上。由于手机固有的特征，浏览者或许能够得到互动带来的意外收获，如点击一个按钮来获得更多关于产品的信息。

网络窗体。许多公司网站显示网络窗体（Web forms），这是出于各种各样的目的。有的是为了网站注册，有的则是为了方便消费者购物，或者开展市场调研。事实上，许多网站都在努力增加注册用户的数量，因为这是进行交易的前提。例如，美国联邦贸易委员会允许消费者通过其网站窗体投诉有问题的商业惯例和广告。不管网站出于何种目的，收集的信息都有助于企业与网络用户建立关系，并推动用户在客户生命周期中前进。

按需传真。在B2B市场上，公司经常需要通过传真机发送信息。有些互联网服务提供商（如eFax.com）允许互联网用户在网站上发送和接收传真。用户为什么愿意使用传真而不是电子邮件附件？因为有时文件不是数字格式，有时在文件上需要一个签名，有时用户无法上网。eFax对于那些不想总是把传真机设定在网络接入状态的用户来说也很便利。一旦有了需要接收的传真，eFax会用电子邮件来通知用户，用户可以在方便时下载。Adobe公司的Acrobat软件如今的功能很完善，它支持数字签名，说不定传真机总有一天会退出历史舞台。

收到的电子邮件。交易后的客户服务是客户生命周期中的一个重要部分。一个自动的客户服务程序常常通过电子邮件通知客户已收到信息，或者商品已经发送，以此来显示公司对客户的关注。通常网站上会有一个发送电子邮件给公司反馈信息的按钮或表格，自动的客服程序会通过电子邮件来确认一名客服代表将很快答复。研究表明，公司对用户发送的电子邮件进行反馈做得越来越好。公司可以在网站上设置反馈选择按钮，但前提是安排员工即时回复。企业在公司网站上公布电子邮件地址，这就是对及时回复的一种承诺。有一些企业（如苹果公司）决定在它们的网站上不提供电子邮件反馈，取而代之的是自动电话接听。

RSS（简易信息聚合）。RSS（Really Simple Syndication，RSS）技术方便用户在普通网站上或者博客网站上注册。一旦注册成功，用户就会在第一时间得到网站上的信息，有的是用电子邮件的形式，有的则是RSS阅读插件，或是已经流行的社交媒体信息仪表盘，这种技术的出现把用户和内容提供者绑定在一起，增强了两者之间的关系。例如，订阅CNN内容的用户总是会收到CNN发送的重要新闻提要（通过电子邮件或推特网页），这就提升了用户对CNN的忠诚度。

CRM软件。正如前文提到的，CRM，CEM以及CCM的成功依靠的不只是技术，而是所有9个要素。尽管如此，技术仍是CRM车轮的润滑剂，它使企业可以收集、解释和使用大量的客户数据。例如，Business-Software.com软件公司列出了在客户关系管理领域领先的10家企业，例如SAP公司、甲骨文公司、Salesforce.com公司、Amdocs公司、微软公司等。这些企业的产品并不相同，这也说明了企业必须充分考虑与客户关系管理相关的9项要素。首先要制定公司的经营目标、经营战略，明确客户关系管理是一种自上而下的管理理念。许多企业尽管购买了客户关系管理软件，但是并没有有效地使用，这是因为它们没有调整经营目标，对员工的建议及反馈信息也没有充分重视，失败也就在所难免。

9. CRM 考核指标

网络企业使用大量的考核指标来评估互联网对于 CRM 绩效方面的价值，其中有投资回报率（ROI）、节约的成本、收入、客户满意度，尤其是每个 CRM 策略对这些措施的影响。值得一提的是，网络营销绩效考核指标从不同的角度评估各项策略，选择何种考核指标取决于公司目标和战略（可参考第 2 章中有关平衡计分卡的叙述，以及 Salesforce 网络公司为客户服务绩效列出的图，见图 15—12）。我们在表 15—6 中列出了几种常见的用于追踪客户在客户生命周期中的进程的考核指标。最近的一项研究举出了 3 个最重要的指标是：维系老客户的比例（89%的受访者使用这项考核指标），投资回报率（89%的受访者使用这项考核指标），以及**客户提升率**（customer lift）——指客户的回应率是否提高，交易率是否提高（93%的受访者使用这项考核指标）。

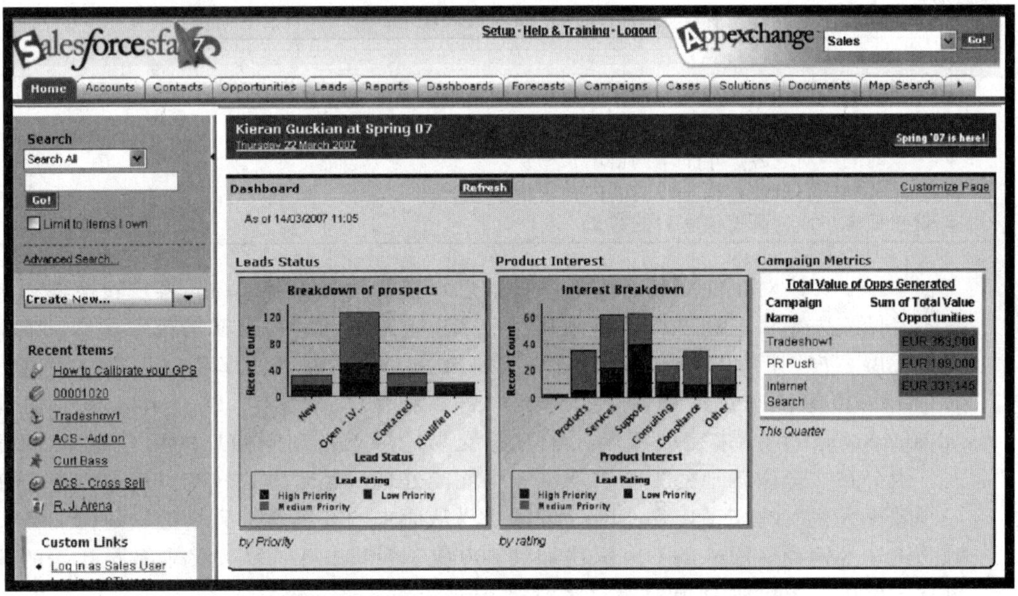

图 15—12　Salesforce. com 网络公司的绩效考核结果

资料来源：© saleforce. com，inc. All rights reserved. Copyrights in image owned by salesforce. com and featured here with permission.

表 15—6　　在客户生命周期各个阶段的 CRM 考核指标

定位
● 最近一次购物、购买频率、消费金额分析（RFM），以此确认高价值客户
● 高价值客户收益分析，判断客户中高价值客户创造的销售收入所占的比例
获取
● 开发新客户的成本
● 合作网站推荐的新客户数
● 活动回应率，指第 12、14 章中提及的网络用户点进率、转换率等
● 客户复苏率，指公司使用各种优惠诱回的那些离开的客户的比例
● 社交媒体上产品推荐次数

续前表

交易
● 潜在客户转换率，指网站访问者转化成购买者的比例 ● 客户在线、离线的跨渠道销售率 ● 出售给合作者的服务 ● 公司产品在合作者网站上的销售 ● 平均订单价值（AOV），指某一时期内销售额与订单数之比 ● 推荐销售收入，指公司原有客户推荐的客户带来的销售额 ● 网上产生的销售线索变成实际交易的比例
服务
● 一段时期内客户的满意等级 ● 答复来自客户的电子邮件的时间 ● 投诉数
维系
● 客户减少率，指在既定的时间段内不再来购买商品或服务的客户人数比例 ● 老客户的维系率，指重复购买的客户比例 ● 博客及其他各种社交媒体上的情绪（正面或负面评价）
发展
● 客户终身价值，指客户在一定年限内通过网络为企业创造的收入 ● 一段时间的平均订单价值，判断呈上升还是下降趋势 ● 一段时间内对老客户年平均销售增长率 ● 忠诚计划的有效性，指一段时间内销售增长率 ● 低价值客户成为高价值客户的数量

掌握了客户对企业产品态度的各种信息，企业就可以努力提高客户转换率和维系率，降低流失率，提高平均订单额和每个客户带来的利润，这就是获取客户、维系客户和发展客户。例如，cars. com 网站上列出了 180 多万辆新车和二手车，提供信息的有 12 000 家汽车经销商，还有分类广告商和个体销售者。2005 年，该公司利用 salesforce. com 网站来完成每年几十万笔交易，每天来询问信息的用户有 25 000 多人，由分布在全国各地的 180 多家汽车中间商处理。经营方式转变以后，汽车中介的工作效率大幅度提高了，每小时处理的交易从原来的 6 笔增加到 9 笔，每位业务员接触的汽车经销商从原来的 600 家增加到 800 家。负责二手车买卖的业务员接手的业务也从 8 500 笔增加到 14 000 笔（请浏览 modelmetrics. com）。

除了提高工作绩效以外，许多公司使用这些方法来确认利润最少的客户，减少与此类客户的互动次数。这并不是说可以态度恶劣地对待这些客户，而是尽量减少为低利润客户服务所花费的时间。

还有一个重要的 CRM 考核指标值得讨论，那就是**客户终身价值**（customer lifetime value，LTV）。按照数据库营销研究所创始人亚瑟·休斯（Arthur Hughes）的说法："客户终身价值就是一个客户未来将会为企业带来的利润"。表 15—7 显示的是 3 年中客户终身价值的计算。第一年，公司有 10 万个客户，到了第二年，还剩下 60%。表中的计算都能站得住脚，其中的贴现率则要考虑未来的利率水平。下一年利润的净现值看上去会比上一年的要少，因为计算中要对未来的收入进行折现。从这张表中可以得出这样一些结论：

● 第二年、第三年的客户维系率要比第一年高，因为老客户的忠诚度要高于新客户。

● 本例中，新客户要到第二年和第三年才能为公司创造利润，这是因为开发新客户的成本很高。

● 营销成本是逐年走低的，因为开发新客户的成本比维系老客户的成本高得多。现实经营中，第一年的新客户一般是不会为公司带来利润的。

表 15—7　　客户终身价值的计算

	开发新客户第一年	第二年	第三年
客户数	100 000	60 000	42 000
客户维系率	60%	70%	80%
每年订单数	180 000	150 000	126 000
平均订单额（美元）	90	95	100
总收入（美元）	16 200 000	14 250 000	12 600 000
成本	70%	65%	65%
销货成本（美元）	11 340 000	9 262 500	8 190 000
开发新客户成本（美元）	55	20	20
营销成本（美元）	5 500 000	1 200 000	840 000
总成本（美元）	16 840 000	10 462 500	9 030 000
毛利（美元）	(640 000)	3 787 500	3 570 000
折现率	1	1.16	1.35
净现值（美元）	(640 000)	3 265 086	2 644 444
累计净现值（美元）	(640 000)	2 625 086	5 269 530
客户终身价值（美元）	(6)	26	53

资料来源：Copyright 2012 by The Database Marketing Institute，Ltd. used with permission. Arthur Hughes may be reached at dbmarketing. com.

企业可以用市场细分的方法识别终身价值高的客户，并且向他们示好。当然，企业也可以先计算可能的客户维系率和客户终身价值，再制定营销方案，并设法计算可能的利润。上述案例充分说明大多数厂商把主要的精力放在维系老客户上，而不是开发新客户上。

15.8　成功开展客户关系管理的原则

许多企业在客户关系管理上投入不少，但是收效甚微。正因如此，Reservoir 合伙公司的总经理克里斯·塞兰德（Chris Selland）撰写了一篇文章，论述网络经营企业应该如何成功地开展客户关系管理工作，他一共列出了 10 条原则，读者可以一并考虑本章中提出的种种意见（请浏览 frontrange. com）。

1. 了解客户的角色。客户至上，这是毫无疑问的。社交媒体的兴起，以及市场重心从厂商向消费者的转移都说明了这一点。我们说“客户关系管理”一词其实并不确切，因为成功的企业其实是不去管理客户的，它们只是将一些技术提供给客户，然后由客户来管理他们与企业的关系。

2. 设计一个商务方案。企业在为客户关系管理投入之前，应该先考察投入产出关系，应该将员工培训、人力投入等因素一并考虑在内。要设计考核指标，正如上文中所叙述的那样。

3. 对员工的全面培训。许多客户关系管理软件运行得不理想，是因为人们并不真正使用它们。Salesforce网络公司等提供的销售队伍自动化软件能够发挥很大的作用，但前提是员工队伍得到了完全的培训。

4. 重视每一个客户接触点。客户关系管理意味着对所有客户接触点数据的整合，而有些数据是已经存在于数据库中的。在使用客户关系管理软件以前，管理者应该判断如何将客户和合作伙伴的各类数据整合到系统中去。

5. 提高销售的效率。如果客户关系管理中涉及销售队伍，就应该关注系统对完成销售任务的促进作用，而不仅仅关心销售成本是多少，实际完成的销售笔数是多少。

6. 对营销活动进行投资回报测量。营销活动与销售活动是不同的，营销往往能促成销售活动的开展。好的客户关系管理方案应该对营销活动的投资回报进行测量，例如一份邮件列表能带动整个企业多少销售活动。

7. 培养客户忠诚。客户服务只是客户关系管理3个要素中的一个。虽然许多企业都把客户服务看成纯粹的费用支出，其实它对维系老客户，提高客户的荷包占有率有很大贡献。应用客户关系管理软件可以对客服工作进行定量分析，看它对提高客户忠诚度、增加经营收益做出了多少贡献。

8. 选择合适的工具和方法。本章介绍了许多客户关系管理的技术，有的是宏观的、公司层面的，有的则是微观的，是个体的员工可以使用的。重要的一点是，营销管理人员要对这些工具进行评价，而不是将其交给信息技术人员处理，一交了之。此外，客户关系管理软件可以由公司自行购买，安装在公司的服务器上，也可以从第三方租赁，重要的是看效果。

9. 建立管理团队。尽管对客户关系管理的重视始于公司的高层管理者，但是在购买软件以前，不要忘了建立一支管理团队并对其进行培训。团队中应包括营销人员、技术人员、销售人员和财务管理人员。

10. 寻求外部的帮助。公司有必要从外部聘请咨询专家，尤其是那些对客户关系管理还不是很精通的企业，更应该这样做。

小结

营销人员开展关系营销由来已久，然而，互联网技术使得企业有可能一次管理一个关系。在由大众营销转向关系营销的进程中，企业的重点是长期客户维持，而不是与新客户进行许多零散的交易。关系管理有三大支柱，那就是客户关系管理（CRM）、客户体验管理（CEM）、客户协同管理（CCM）。客户协同管理也称为CRM 2.0，或社交CRM。社交CRM是CRM 1.0的延伸，它是指利用社交媒体建立对企业有利的客户关系。社交CRM对企业、对客户都能够带来利益。

企业利用客户关系管理来建立并维护与员工、供应链中的企业客户、横向合作者和最终消费者的关系。开展CRM，既有利于有效地开发、维系和发展客户，也有利于客户之间的口口相传。高德纳集团的CRM模型包括9个要素，即CRM理念、CRM战略、客户体验管理、客户协同管理、组织协调、CRM流程、CRM信息、CRM技术和CRM考核指标。

CRM理念包括对客户隐私的保护和建立用户信任。CRM战略详细说明公司想要用CRM技术完成什么目标。关联程度是知晓（最低强度）和倡导（最高强度）之间的一个过程。三层次关系指的是企业与客户建立超过产品体验本身的联系。CRM 的最高层次是结构的联系，在这一层次中，客户的转换成本提高了，忠诚度也提高了。网络企业需要考虑有价值的客户的体验，客户是否愿意与公司互动，客户能否通过建立社区来缔造联系。

CRM 中的一个重要趋势是与供应链管理的整合。当公司的前台、后台和供应链都注重消费者时，公司就传递了价值，提升了满意度，拥有了竞争优势。维系客户的生命周期分成几个阶段，即定位、获取、交易、服务、维系和发展客户。厂商可以采取的手段是识别客户、区分客户以及为目标细分市场或个人定制营销组合（定制化）。CRM 使用公司方工具（包括网络跟踪器文件、网络日志、数据挖掘、行为定位、协同过滤、发出的电子邮件、社交媒体、iPOS 终端）和客户方工具（包括代理、体验营销、个性化的网络入口、无线数据服务、网络窗体、按需传真、收到的电子邮件及 RSS）的信息和技术。网络营销人员使用各种考核指标来评估利用互联网进行客户关系管理的绩效和价值。本章最后介绍了成功开展客户关系管理的十大原则。

思考与练习

复习题

1. 为什么关系资本是未来商业的基础？

2. 定义关系营销，并将其与大众营销进行比较。

3. 比较 CRM，CEM，CCM 之间的相似点和差异。

4. 什么是社交 CRM？它与传统 CRM 有什么关系？

5. 哪些是 CRM 的主要优势？

6. 公司为什么使用销售队伍自动化和营销自动化？

7. CRM 有哪 9 个要素？

8. 什么是关联程度的五个层次？为什么网络经营者努力将客户推向最高层？

9. 为什么网络企业视建立社区为 CRM 的一个重要方面？

10. 什么是 CRM-SCM 整合的优势？请举例说明。

11. 客户维护生命周期有哪六个阶段？

12. 解释数据挖掘、实时剖析、协同过滤和发出的电子邮件如何帮助公司提供定制化服务

13. 公司方和客户方的定制化工具有何不同？

14. Reservoir 合伙公司的总经理提出了成功开展客户关系管理工作的十条原则，请简单解释。

讨论题

15. 百思买的客服故事。百思买公司是如何实践关系管理的三大支柱的？

16. 百思买的客服故事。该公司在客户关系管理方面还可以采取哪些措施进一步提高销售水平？

17. 荷包占有率和市场份额有何区别？

18. 关系营销的三大支柱之间有什么差异？

19. 为什么说社交 CRM 是 CRM 1.0 的延伸？能否将它们看成完全不同的两种客户关系管理方式？为什么？

20. 好的关系营销意味着公司放弃利润最少的或成本最高的客户。公司如何使客户不会因此对公司持批评的态度？

21. 客户如何得益于 SCM-CRM 整合？

22. 客户在关系营销中的目标是减少选择，你同意这种说法吗？消费者真是这样的吗？为什么？

23. 你认为哪种工具在建立关系时更有用——公司方工具还是客户方工具？为什么？

24. 客户区分和产品区分的差异是什么？

25. 作为一个消费者，你更愿意从一个有 TRUSTe 标识的网站购物，而不是从一个没有 TRUSTe 的网站上购物吗？为什么？

网络应用

26. 在两个网站注册，查看你是否收到

电子邮件。确认这些网站试图与你建立联系的方式。评估收到的电子邮件以及这些网站。

27. 在网上找到一家你认为在关系营销方面做得不行的公司。提出一个可按阶段与其客户建立结构性联系的战略。

28. 登录亚马逊网站，观察该网站使用了多少种方法来使与客户的沟通个性化。这样做能帮助维系老客户，增加交易额吗？

附录 A

全球互联网普及率统计

（2011 年 12 月 31 日，脸谱网用户数统计到 2012 年 12 月 31 日）

国家和地区	人口	互联网用户数	互联网普及率（%）	脸谱网用户数
冰岛	311 058	304 129	97.80	210 220
挪威	4 691 849	4 560 572	97.20	2 561 820
瑞典	9 088 728	8 441 718	92.90	4 519 780
卢森堡	503 302	459 833	91.40	190 020
格陵兰岛	57 670	52 000	90.20	25 720
澳大利亚	21 766 711	19 554 832	89.80	n/a
荷兰	16 847 007	15 071 191	89.50	5 759 840
丹麦	5 529 888	4 923 824	89.00	2 835 120
芬兰	5 259 250	4 661 265	88.60	2 078 880
新西兰	4 290 347	3 625 553	84.50	n/a
瑞士	7 639 961	6 430 363	84.20	2 727 600
英国	62 698 362	52 731 209	84.10	30 470 400
纽埃岛	1 311	1 100	83.90	n/a
韩国	48 754 657	40 329 660	82.70	6 376 160
德国	81 471 834	67 364 898	82.70	22 123 660
列支敦士登	35 236	28 826	81.80	11 880
加拿大	34 030 589	27 757 540	81.60	17 113 220
比利时	10 431 477	8 489 901	81.40	4 634 220
安道尔	84 825	68 740	81.00	36 760
日本	126 475 664	101 228 736	80.00	7 684 120
百慕大	68 679	54 687	79.60	28 820
文莱达鲁萨兰国	401 890	318 900	79.40	234 060
斯洛伐克	5 477 038	4 337 868	79.20	1 889 160
美国	313 232 044	245 203 319	78.30	157 418 920
爱沙尼亚	1 282 963	993 785	77.50	447 620
新加坡	4 740 737	3 658 400	77.20	2 602 880
法国	65 102 719	50 290 226	77.20	23 544 460
法罗群岛	49 267	37 500	76.10	29 880
摩纳哥	30 539	23 000	75.30	36 800
奥地利	8 217 280	6 143 600	74.80	2 766 540
根西岛和奥尔德尼岛	65 068	48 300	74.20	440

续前表

国家和地区	人口	互联网用户数	互联网普及率（%）	脸谱网用户数
斯洛文尼亚	2 000 092	1 420 776	71.00	670 660
捷克共和国	10 190 213	7 220 732	70.90	3 502 420
以色列	7 473 052	5 263 146	70.40	3 469 020
中国台湾	23 071 779	16 147 000	70.00	11 877 620
拉脱维亚	2 204 708	1 540 859	69.90	319 300
直布罗陀	28 956	20 200	69.80	18 800
阿拉伯联合酋长国	5 148 664	3 555 100	69.00	2 909 860
中国香港	7 122 508	4 894 913	68.70	3 752 160
阿根廷	41 769 726	28 000 000	67.00	17 581 160
爱尔兰	4 670 976	3 122 358	66.80	2 093 960
卡塔尔	848 016	563 800	66.50	481 400
西班牙	46 754 784	30 654 678	65.60	15 682 800
匈牙利	9 976 062	6 516 627	65.30	3 751 300
马耳他	408 333	262 404	64.30	191 940
波兰	38 441 588	23 852 486	62.00	7 524 220
马来西亚	28 728 607	17 723 000	61.70	12 365 780
立陶宛	3 535 547	2 103 471	59.50	983 440
克罗地亚	4 483 804	2 656 089	59.20	1 452 300
智利	16 888 760	10 000 000	59.20	9 020 800
巴勒斯坦（西岸）	2 568 555	1 512 273	58.90	914 660
意大利	61 016 804	35 800 000	58.70	20 889 260
托克劳群岛	1 384	800	57.80	n/a
梵蒂冈	832	480	57.70	20
阿曼	3 027 959	1 741 804	57.50	422 180
巴林	1 214 705	694 009	57.10	346 220
塞尔维亚	7 310 555	4 107 000	56.20	3 173 440
乌拉圭	3 308 535	1 855 000	56.10	1 479 580
哥伦比亚	44 725 543	25 000 000	55.90	15 799 320
中国澳门	573 003	308 797	53.90	204 920
库克群岛	11 124	6 000	53.90	n/a
圣马力诺	31 817	17 000	53.40	8 240
塞浦路斯	1 120 489	584 863	52.20	553 860
马其顿	2 077 328	1 069 432	51.50	879 540
葡萄牙	10 760 305	5 455 217	50.70	4 174 000
黑山共和国	661 807	328 375	49.60	292 700
关岛	183 286	90 000	49.10	n/a
摩洛哥	31 968 361	15 656 192	49.00	4 408 340
保加利亚	7 093 635	3 464 287	48.80	2 386 800

续前表

国家和地区	人口	互联网用户数	互联网普及率(%)	脸谱网用户数
泽西岛	94 161	45 800	48.60	820
阿尔巴尼亚	2 994 667	1 441 928	48.10	1 060 760
亚美尼亚	2 967 975	1 396 550	47.10	282 700
希腊	10 760 136	5 043 550	46.90	3 562 120
伊朗	77 891 220	36 500 000	46.90	n/a
白俄罗斯	9 577 552	4 436 800	46.30	409 120
法属波利尼西亚	294 935	132 674	45.00	n/a
土耳其	78 785 548	35 000 000	44.40	30 963 100
俄罗斯	138 739 892	61 472 011	44.30	5 237 420
阿塞拜疆	8 372 373	3 689 000	44.10	782 000
哥斯达黎加	4 576 562	2 000 000	43.70	1 638 420
沙特阿拉伯	26 131 703	11 400 000	43.60	5 148 240
巴拿马	3 460 462	1 503 441	43.40	895 700
波多黎各	3 989 133	1 698 301	42.60	1 361 020
科威特	2 595 628	1 100 000	42.40	898 560
波黑	4 622 163	1 955 277	42.30	1 268 560
马恩岛	84 655	35 600	42.10	30 660
多米尼加共和国	9 956 648	4 120 801	41.40	2 514 120
图瓦卢	10 544	4 300	40.80	n/a
委内瑞拉	27 635 743	10 976 342	39.70	9 579 200
吉尔吉斯斯坦	5 587 443	2 194 400	39.30	75 380
罗马尼亚	21 904 551	8 578 484	39.20	4 161 340
巴西	203 429 773	79 245 740	39.00	35 158 740
中国内地	1 336 718 015	513 100 000	38.40	447 460
塞舌尔	89 188	33 900	38.00	19 880
墨西哥	113 724 226	42 000 000	36.90	30 990 480
突尼斯	10 629 186	3 856 984	36.30	2 955 260
法属留尼汪岛	834 261	300 000	36.00	236 880
哈萨克斯坦	15 522 373	5 448 965	35.10	452 200
北马里亚纳群岛	46 050	15 980	34.70	n/a
秘鲁	29 248 943	9 973 244	34.10	7 886 820
新喀里多尼亚	256 275	87 420	34.10	n/a
乌克兰	45 134 707	15 300 000	33.90	1 686 500
越南	90 549 390	30 516 587	33.70	3 173 480
摩尔多瓦	4 314 377	1 429 154	33.10	221 220
圣诞岛	1 402	464	33.10	n/a
黎巴嫩	4 143 101	1 367 220	33.00	1 444 200
诺福克岛	2 169	700	32.30	n/a

续前表

国家和地区	人口	互联网用户数	互联网普及率（%）	脸谱网用户数
约旦	6 508 271	1 987 400	30.50	2 226 220
菲律宾	101 833 938	29 700 000	29.20	27 724 040
尼日利亚	155 215 573	45 039 711	29.00	4 312 060
马尔代夫	394 999	114 100	28.90	120 020
佛得角	516 100	148 800	28.80	83 940
帕劳群岛	20 956	5 980	28.50	n/a
格鲁吉亚	4 585 874	1 300 000	28.30	907 620
泰国	66 720 153	18 310 000	27.40	14 235 700
厄瓜多尔	15 007 343	4 075 500	27.20	4 075 500
乌兹别克斯坦	28 128 600	7 550 000	26.80	128 780
埃及	82 079 636	21 691 776	26.40	10 475 940
肯尼亚	41 070 934	10 492 785	25.50	1 325 020
毛里求斯	1 303 717	323 494	24.80	312 640
巴拉圭	6 459 058	1 523 273	23.60	954 980
印度尼西亚	245 613 043	55 000 000	22.40	43 523 740
密克罗尼西亚	106 836	22 213	20.80	n/a
科索沃	1 825 632	377 000	20.70	n/a
萨尔瓦多	6 071 774	1 257 380	20.70	1 257 380
叙利亚	22 517 750	4 469 000	19.80	n/a
玻利维亚	10 118 683	1 985 970	19.60	1 482 800
斐济	883 125	162 880	18.40	n/a
圣多美和普林西比	179 506	31 012	17.30	4 640
危地马拉	13 824 463	2 280 000	16.50	1 740 660
塞内加尔	12 643 799	1 989 396	15.70	694 220
巴基斯坦	187 342 721	29 128 970	15.50	6 412 960
古巴	11 087 330	1 702 206	15.40	n/a
南非	49 004 031	6 800 000	13.90	4 954 280
不丹	708 427	98 728	13.90	65 660
阿尔及利亚	34 994 937	4 700 000	13.40	3 328 800
洪都拉斯	8 143 564	1 067 560	13.10	1 067 560
乌干达	34 612 250	4 178 085	12.10	387 080
津巴布韦	12 084 304	1 445 717	12.00	n/a
斯里兰卡	21 283 913	2 503 194	11.80	1 235 080
汤加	105 916	12 487	11.80	n/a
英属圣赫勒拿岛	7 700	900	11.70	n/a
尼加拉瓜	5 666 301	663 500	11.70	663 500
坦桑尼亚	42 746 620	4 932 535	11.50	437 040
蒙古共和国	3 133 318	355 524	11.30	458 700

续前表

国家和地区	人口	互联网用户数	互联网普及率(%)	脸谱网用户数
也门	24 133 492	2 609 698	10.80	436 500
塔吉克斯坦	7 627 200	794 483	10.40	34 640
印度	1 189 172 906	121 000 000	10.20	45 048 100
马绍尔群岛	67 182	6 540	9.70	n/a
苏丹	45 047 502	4 200 000	9.30	n/a
基里巴斯	100 743	8 959	8.90	n/a
冈比亚	1 797 860	159 012	8.80	82 860
瓦努阿图	224 564	19 172	8.50	n/a
加纳	24 791 073	2 085 501	8.40	1 205 420
瓦利斯和富图纳群岛	15 398	1 300	8.40	n/a
博茨瓦纳	2 065 398	167 180	8.10	199 180
吉布提	757 074	61 320	8.10	42 260
老挝	6 477 211	527 400	8.10	156 160
卢旺达	11 370 425	818 048	7.20	127 680
刚果	4 243 929	295 132	7.00	81 640
加蓬	1 576 665	108 845	6.90	94 940
纳米比亚	2 147 585	148 414	6.90	148 420
斯威士兰	1 370 424	95 122	6.90	62 540
尼泊尔	29 391 883	2 031 245	6.90	1 396 800
萨摩亚	193 161	12 816	6.60	n/a
赞比亚	13 881 336	882 170	6.40	206 700
赤道几内亚	668 225	42 024	6.30	21 200
利比亚	6 597 960	391 880	5.90	464 700
安哥拉	13 338 541	744 195	5.60	361 420
多哥	6 771 993	356 300	5.30	84 480
法属马约特岛	209 530	10 620	5.10	11 460
厄立特里亚	5 939 484	283 699	4.80	20 120
科摩罗	794 683	37 472	4.70	13 340
所罗门群岛	571 890	26 907	4.70	n/a
科特迪瓦	21 504 162	968 000	4.50	n/a
马拉维	15 879 252	716 400	4.50	127 780
美属萨摩亚	67 242	3 040	4.50	n/a
莱索托	1 924 886	83 813	4.40	31 480
莫桑比克	22 948 858	975 395	4.30	191 080
伊拉克	30 399 572	1 303 760	4.30	1 550 840
阿富汗	29 835 392	1 256 470	4.20	257 440
喀麦隆	19 711 291	783 956	4.00	481 280
瑙鲁	9 322	340	3.60	n/a

续前表

国家和地区	人口	互联网用户数	互联网普及率（%）	脸谱网用户数
孟加拉国	158 570 535	5 501 609	3.50	2 520 680
毛里塔尼亚	3 281 634	100 333	3.10	87 160
柬埔寨	14 701 717	491 480	3.10	449 160
贝宁	9 325 032	744 195	3.00	134 920
马里	14 159 904	414 985	2.90	132 520
中非共和国	4 950 027	123 800	2.50	105 580
几内亚比绍	1 596 677	37 123	2.30	n/a
土库曼斯坦	4 997 503	110 924	2.20	5 860
巴布亚新几内亚	6 187 591	125 000	2.00	n/a
乍得	10 758 945	190 863	1.80	26 760
布隆迪	10 216 190	176 040	1.70	31 460
马达加斯加	21 926 221	352 135	1.60	219 620
布基纳法索	16 751 455	230 562	1.40	103 680
刚果民主共和国	71 712 867	915 400	1.30	643 220
索马里	9 925 640	106 000	1.10	75 500
几内亚	10 601 009	95 823	0.90	43 720
塞拉利昂	5 363 669	48 520	0.90	50 320
尼日尔	16 468 886	128 749	0.80	43 880
埃塞俄比亚	90 873 739	622 122	0.70	511 240
利比里亚	3 786 764	20 000	0.50	n/a
缅甸	53 999 804	110 000	0.20	n/a
东帝汶	1 177 834	2 361	0.20	n/a

资料来源：Based on *Internet World Stats*：*Usage and Population Statistics*. Available at internetworldstats. com/stats. htm.

附录 B

术语表

A/B 测试（A/B testing） 对内容和图片相同但是形式不同的两种网页进行测试，看哪一种形式更好。

信息读取控制（access control） 一种法律或者法规，允许个人对自己提供的信息进行控制。

广告游戏（advergame） 将网络广告和游戏结合起来，用户在游戏中看到产品和服务。

广告（advertising） 通过各种媒体进行的非个人化的信息沟通，通常是提供与产品、服务或理念有关的劝说性信息，一般由指定的赞助商付费。

协同合作项目（affiliate programs） 企业按交易量向网站的拥有者支付佣金，因为网站向它们推荐了客户。

代理人（agent） 一般会代表买方或者卖方，这取决于受聘于哪一方，从哪里获得佣金。他们促成买卖双方的交易，但是不拥有物权。

集聚（aggregation） 将多个供货商的产品集聚在一起，方便消费者在同一个市场中有更多的选择。

AIDA 模式（AIDA model） 即知晓（awareness），兴趣（interest），愿望（desire），行动（action）或思考、感受、行动的**效果层次模式**（hierarchy of effects），都是指导营销人员为实现目标而选择在线和离线营销沟通工具。

AIO 消费者的行为、兴趣和观点（activities，interest，opinions）。

氛围（atmospherics） 指实体店铺零售商所创造的店内环境。

注意力经济（attention economy） 是指信息是无限的，但人类对信息的需求却是有限的。

平衡计分卡（balanced scorecard） 1990 年由两名哈佛商学院的教授提出。现在全球有一半的企业采用平衡计分卡，并且取得很好的效果。平衡计分卡要求管理者和员工考虑远期目标、实现远期目标的成功要素以及在客户、内部管理、学习和创新、财务 4 个相关领域的绩效考核指标，将战略与测量指标联系在一起。

旗帜广告（banner ad） 网站上的矩形空间，由广告商支付费用，用户通过点击旗帜广告链接到广告商的网站。

条形码扫描器（bar code scanner） 实体商场上离线收集数据的技术，所收集到的数据被存储在营销数据库中，供用户使用。

以物易物（barter） 不使用现金作为媒介的商品或服务的交换。在互联网经济中，指媒体公司用自己的时间和空间去交换其他公司的媒体时间和空间。

行为广告（behavioral advertising） 属于一种情境广告，它针对的是用户的行为，而不是传统上的网页文字内容。

行为定位（behavioral targeting） 通过网站由软件跟踪用户的行为，然后实时地发送合适的网站内容。

利益型市场细分（benefit segmentation） 营销人员根据消费者希望从产品中获得的利益来划分消费者群体。

大数据（big data） 指众多数据的总和，由于规模巨大，所以难以用现有的软件来处理。

博客（blogs） 也称为网络日志（web logs），是一种网站，所刊登的内容按时间顺序排序，最后上传的刊登在最前面。

引导型病毒（boot viruses） 植入在移动硬盘中的病毒，用户用这样的硬盘启动计算机时，它会破坏操作系统。

天生的全球化企业（born global firms）指那些初创时就利用网络技术、电子邮件、音频或视频通信技术（例如 Skype）开拓全球市场的企业。

品牌沟通（brand communication） 指广告或其他各种营销沟通技术，它们可以帮助客户在进行购买决策时建立对产品的正面印象。

品牌价值（brand equity） 是一个品牌的无形资产，可以按货币单位（比如美元）来计量。

经纪人（broker） 指那些在买卖双方之间建立关系，但是并不代表某一方的中间人。经纪人由买方或卖方支付佣金，这一点与代理商相似。

按订单制作（build to order） 按订单制作一些比较复杂的产品，其目的是减少库存、降低成本。

商业情报（business intelligence） 针对竞争者、市场、客户等收集的一手信息或二手信息。

商务模式（business model） 企业求得长期生存的一种方式，它既包括对合作伙伴和客户的价值主张，也包括企业的收益模式。

企业对企业商务活动（business-to-business，B2B） 对企业、政府机构或其他组织开展的营销活动，其销售的产品将成为其他产品的原料，或用作再销售。

企业对消费者商务活动（business-to-consumer，B2C） 对最终消费者开展的营销活动。

企业对政府商务活动（business-to-government，B2G） 指针对政府机构的产品营销活动。

买方合作（buyer cooperative） 也称作买方团购（buyer aggregator），是一种商务模式。买方聚集在一起，采购量大了，价格就能降低。

有线调制解调器（cable modem） 允许网络信息通过进户的有线电视电缆传输，其传输速度为每秒 500Kbps～2.5Mbps。

《传播净化法案》（Computer Decency Act，CDA） 美国于 1996 年通过的法案，这是对 1934 年的《通信法案》（Telecommunications Act）的补充。该法案规定，若信息的传递者在知晓信息接收者不足 18 周岁的情况下依然向其传输淫秽、猥亵的信息，视为犯罪。

聊天机器人（chat bots） 指网络上自动进行的一对一讨论，也称为“虚拟代理”、“虚拟助理”或“化身”。

公民记者（citizen journalists） 指在网络博客、论坛、网站上提供内容，提出自己观点的网络用户。一般不附加编辑人员的意见。

“灵猫六国”（CIVETS） 属于新兴经济体，包括哥伦比亚、印度尼西亚、越南、埃及、土耳其、南非。

点进率（click-through） 统计网络用户点击旗帜广告（或其他广告）链接进入广告商的网站数量。

客户端（client-side） 指用户在计算机上的行为，例如编写并发送电子邮件。

客户端数据收集法（client-side data collection） 指的是直接在个人电脑上收集消费者网上冲浪的信息。其中一种方法是当用户访问一个网站时，在用户的硬盘驱动器上添加一个小型数据文件，即网络跟踪器文件。

云计算（cloud computing） 指远离企业所在地的多个联网服务器网络用来对数据进行存储和管理。

协同过滤购物代理（collaborative filtering agents） 指一种软件，用来收集相似的网络用户的观点，并且实时地将这些观点传递给用户。

共同法（common law） 英美国家普遍采用的判例、假设和审判方式。

沟通媒体软件（communications media） 一种信息传递的工具。

网络社区建设（community building） 企业建立网站吸引特殊的利益群体。

竞争情报（competitive intelligence，CI） 企业对所在的行业进行分析，用以帮助企业进行战略定位，了解竞争对手的弱点。

消费者对消费者的商务活动（consumer-to-consumer，C2C） 消费者之间的交易。过去，这种商务模式仅限于分类广告和现场旧货出售活动，如今，由于在线拍卖越来越普遍，C2C 的活动形式也多起来了。

内容分析（content analysis） 指对文本信息或图片信息进行检查，目的是对沟通内容进行评价。

内容审查（content filtering） 网络用户根据需要屏蔽不需要的信息。

内容营销（content marketing） 在普通网站或社交媒体上创建内容及发布内容的一种营销战略。

内容公布（content publishing，brochureware） 也称为“商品宣传册软件”，有网站的企业可以使用这种形式。所谓内容，可以是在线的文本、图片、音频、视频等，企业用这些内容对客户进行宣传，或劝说客户购买。

内容赞助（content sponsorship） 指企业在自己的网站上或通过电子邮件做广告的电子商务模式。

文本关联广告（contextual advertising） 指利用广告系统对网页进行扫描，搜索相关内容，在此基础上提供相应的广告。

连续库存补充方法（continuous replenishment） 供应链管理中的信条就是“找到一个，制作一个，尽快完成递送”，这一流程称作连续库存补充方法，也称作连续补货法，目的是减少库存、降低成本。

转换率（conversion） 指实际在网站上购买商品或服务的用户与浏览网站的用户之比。

网络跟踪器文件（cookie file） 指网络用户计算机硬盘上存储的永久信息，并且联结到某一个服务器上（服务器上有时会生成一个文档路径），当用户的浏览器浏览该服务器时，信息就会传递到服务器上。

《儿童在线隐私保护法》（Children's Online Privacy Protection Act，COPPA） 该法案规定，网站或者其他的网络媒体若知晓是在收集 12 岁以下儿童的信息，应该做到以下 6 点：（1）告知儿童的父母；（2）在收集、使用、披露这些信息以前，必须得到儿童的父母明确的同意；（3）允许儿童的父母浏览并修正相关信息；（4）允许儿童的父母阻止进一步使用或收集类似信息；（5）不能以让儿童参与游戏、有奖活动等作为交换条件收集儿童信息；（6）建立一定的程序来保证所收集到的信息的私密性、安全性和完整性。

版权（copyright） 保护出版或复制表达的思想的权利。

每次点击成本（cost per click） 广告总成本与点击该广告或超链接之比。

每次订购成本（cost per order） 广告总成本与订单数量之比。

千次曝光成本（cost per thousand，CPM） 指每千次广告曝光的成本（既可以计量互联网上的广告曝光率，也可以计量传统媒体广告对个人或家庭的曝光率）。

众筹（crowdfunding） 指利用网络平台为新产品创意、政治活动或各种非营利活动募集资金。

众包（crowdsourcing） 将广告、产品开发等工作外包给企业外的人士。

客户协同管理（customer collaboration management，CCM） 鼓励客户参与客户关系建立的各种沟通活动，一般是通过社交媒体。也称为 CRM 2.0，社交 CRM。

客户体验管理（customer experience management，CEM） 指涉及对客户在各种渠道与企业、产品、品牌、服务的接触、互动、交易等活动的综合管理的原理、方法和各种流程。

客户终身价值（customer lifetime value，LTV） 指一个客户未来将会为企业带来的利润（Hughes，2012）。

客户提升率（customer lift） 指客户对促销活动反应率的提高幅度，也可以理解为因促销活动而增加的交易次数。

客户建档（customer profiling） 利用数据仓库信息帮助厂商了解目标群体的特

征和行为。

客户关系管理（customer relationship management，CRM） 指客户定位、获取、交易、服务、维系和建立长期客户关系的一个流程。它包括关系营销的所有原则，以客户数据为基础，受到技术的推动。

定制（customization） 这是客户关系管理流程（识别客户、区分客户、为客户提供个性化服务）中的第三个环节。企业使用网络营销工具，调整营销组合来满足小部分目标市场，甚至是满足单个的客户需求。定制也被看作一种技术，即允许消费者利用企业网站自主满足个性化需求。

域名抢注（cybersquatting） 是指注册一个域名，而该域名与某一家公司或实体的名字相似或完全相同。

数据库营销（database marketing） 指对客户、潜在客户、产品等的电子信息进行收集、分析、传递的过程，目的是为企业提高收益。

数据挖掘（data mining） 指通过统计分析从大型数据库中提取隐含的预测信息。

数据仓库（data warehouses） 存储企业或其他各种组织历史数据（不仅仅是网络营销数据）的仓库。数据仓库使企业在任何时间都能获得准确、适用并且有价值的信息。

人口统计特征（demographics） 即人口的各类特征。

移民社区（diaspora community）许多人离开自己的国家，在同一个社区居住，形成移民社区。在移民社区里，居民们都希望与自己的祖国有一点联系。

差异化优势（differential advantage）这是指：（1）产品的某种特征，它显示了与同类商品不同的特质，这种特质应该能够被客户感知到，并且了解其中的价值。一家企业的差异化优势可被认为是它的竞争优势。（2）一个组织独有的优势，竞争对手难以简单复制。

数字鸿沟（digital divide） 指国家之间或者一国的不同群体之间，能够有效利用信息和通信技术的群体与不能利用这一技术的群体之间存在巨大的差距。

数字视频录像机（digital video recorder，DVR）是一种硬件设备，用户可以暂停正在播放的视频内容，可以录制长达160个小时的电视节目。也称为个人视频录像机（PVR）。

稀释（dilution） 指降低对产品、服务的识别或区分能力。

直接配送（direct distribution） 电子商务经营中的一种配送形式，指制造商直接将产品递送给消费者，并不通过中间环节（例如零售商）。采用此类配送形式的有戴尔公司。也称为直接销售（direct selling）。

直复营销（direct marketing） 指的是与消费者或企业用户的直接沟通，目的在于从对方获得订单（直接订单），使对方索取更多的信息（产生销售线索），或者逛商店或其他交易地点来购买产品或服务（产生流量）。

目录提交（directory submission） 一家企业为了将有关企业的内容收录到目录当中而支付一笔费用的一种行为。

直接回应广告（direct-response advertising） 为激发消费者看到广告后即采取行动（例如询问或购买）而设计的广告。

非连续创新产品（discontinuous innovations） 指的是开发一种以前从来没有见过的新产品。音乐CD和电视在刚刚问世时就属于非连续创新产品。

去中介（disintermediation） 就是去除传统的中间商。中间商减少了，就能在很大程度上降低成本，因为每一个中介都要在价格上再加价，目的是为了盈利。

展示广告（display ads） 这些广告比文字广告包含了更多的图片和空白处，包括传统的旗帜广告，广告所占版面大小也不一样。

破坏性创新（disruptive innovation）指非连续性的一种创新活动，它的出现打破了现有市场的规则，也称为破坏性技术。

配送渠道（distribution channel） 指相互独立的一群企业，它们共同努力将产品从供货商手中传递到消费者。这种传递可以是直接的，也可以通过多个中介。

《千禧年数字著作权保护法案》（Digital Millennium Copyright Act，DMCA） 该法案是一部综合性的法案，包含了几个条款。法案规定，互联网服务提供商只要履行一些特定的程序，就能受到保护，不因网络用户的侵害行为受到牵连。这些程序包含及时通报，以及迅速撤销侵害材料。《千禧年数字著作权保护法案》会造成软件保护的欺骗和盗版产品的开发和分销。

域名（domain name） 指识别互联网网站的名字（例如microsoft. com）。域名一般由两个或多个部分组成，用点号分开。一个服务器可能拥有多个域名，但是一个域名只指向一个服务器。

数字用户专线（digital subscriber line，DSL） 指一类数据传输的技术（多达9种），其传输速度在普通的电话线上可以高达每秒8兆字节。

动态定价（dynamic pricing） 针对不同的消费者制定不同的商品价格的策略。

早期采用者（early adopters） 紧随创新者（占2.5%）之后购买产品的那部分人（占13.5%）。早期采用者有购买产品的热情，但是与创新者相比，他们更愿意随大流，也更愿意与他人分享使用新产品的心得。

口碑媒体（earned media） 指个体之间的沟通成为沟通渠道的一种现象。包括由社交媒体内容作者（例如博客写手）撰写的有关企业的各种信息，或者传统媒体记者在普通网站上撰写的内容，也包括网络用户在普通网站或移动设备上分享的体验、意见、观点等信息。

电子业务（e-business） 见electronic business词条。

电子商务模式（e-business model） 企业利用信息技术求得长期生存的一种方式，它既包括对合作伙伴和客户的价值主张，也包括企业的收益模式。

电子商务战略（e-business strategy） 指对企业的资源进行有效配置，利用信息技术来达到既定的目标，最终提高企业绩效，保持企业长久的竞争优势。

电子商务（e-commerce） 电子业务的一个分支，即电子交易。

《电子通信隐私法案》（Electronic Communication Privacy Act，ECPA）与《公平信用报告法案》（Fair Credit Reporting Act）相似，禁止滥用消费者信息。

电子数据交换（electronic data interchange，EDI） 指企业之间通过计算机交换信息，目的是减少制作纸质单证。传统的EDI是为了减少采购询价的工作。

效率（effectiveness） 指企业为极大地发挥竞争优势所做的各种选择。

效益（efficiency） 指为向媒体受众传递信息而花费的相对成本。参阅“千次曝光成本”词条。

有效市场（efficient market） 指消费者能平等获得商品、价格和渠道信息的市场。

电子业务（electronic business，e-business） 指利用数字技术持续地优化企业的各项经营活动。在许多场合，e-business和e-commerce的含义是相似的。

电子支票（electronic checks） 也叫数字货币，即消费者在银行开立一个账户，授权第三方网站支付一笔金额，并从用户的结算账户划拨资金。

电子商务（electronic commerce，e-commerce） 是电子业务的一个子系统，主要指网络交易活动、数字价值创造、虚拟市场或虚拟店铺、新型的渠道中介等。在许多场合，e-business和e-commerce的含义是相似的。

网络营销（electronic marketing，e-marketing） 利用信息技术为客户创造价值，向客户传递价值的过程，也指客户关系管理，为企业和各个利益相关者创造价值。

电子货币（electronic money） 也称“e货币”或“数字现金”，指利用互联网和计算机完成电子支付的系统。

电子邮件广告（e-mail advertising） 网络广告中最便宜的一种形式，一般只是内嵌一家公司广告的几句话。

网络营销战略（e-marketing strategy） 企业利用信息技术来实现既定目标的营销战略。

新兴经济体（emerging economies） 指经济发展速度较快，但是人均GDP较低的经济体。

实施（enforcement） 指用户利用有效的手段通过收集数据来制定政策。

参与（engagement） 通过各种营销活动让潜在的客户了解品牌思想的一种活动。

企业资源计划（enterprise resource planning，ERP） 指企业的后台运作（例如订单录入、采购、出票、库存管理等），目的是优化运作，降低成本。

环境因素（environmental factors） 指互联网环境中的法律、政治、技术等因素，它们会对营销战略产生影响，改变网络受众的结构，影响递送产品的质量。这些因素还会影响针对网络税收、网络接入、网络版权、网络加密技术等的法律法规。

环境调查（environmental scan） 持续观察影响企业经营的各种因素，这其中包括经济形势分析和社会、人口统计特征的趋势分析。

道德准则（ethical code） 商业协会、商业标准制定机构、行业协会等制定的准则，要求参与其中的成员遵守。

道德（ethics） 通常涉及专业人员和其他在某一领域掌握专业知识的人的价值观和行为方式。

评价计划（evaluation plan） 指评价网站效率和效益的计划。网站在启用前要进行评价，启用后依然要持续地进行评价。

交换（exchange） 一种基本的营销概念，它指的是一种行为，即从别人那里得到自己需要的东西，同时提供一定的商品或服务作为回报。

可扩展标记语言（Extensible Markup Language，XML） 是第二代的超文本标记语言，网络用户可以利用网络浏览器从数据库中捕捉信息，并将信息展示在网页上。

外联网（extranet） 指两个或多个网络连接在一起共享信息。如果两家企业将内联网连接在一起，就形成了外联网。外联网仅限于参与其中的企业使用。

按需传真（fax-on-demand） 客户给企业打电话，收听自动播放的选择菜单，然后选择收取感兴趣的传真内容。

固定价（fixed pricing） 也叫“菜单价格”（menu pricing），是指由销售人员制定商品价格，消费者只能被动接受。

限时抢购（flash sales） 在限定的时间段里对网络用户开展的大幅度折扣销售活动。

专题小组（focus group） 一种定性调查的方式，由调研者对一小群人进行调查，试图从少数参与者中收集全面深入的信息。

大众分类法（folksonomy） 对网络媒体进行分类的技术，属于分类法的一种，例如协同标签、社交书签等。

欺诈（fraud） 指运用欺骗的手段获取利益。

免费增值（freemium） 这是一个合成词，由free及premium构成，指企业在提供基础产品时是免费的，但是在提供升级版产品时要收取费用。

频度（frequency） 指个人或家庭受到广告信息（或广告活动、媒体）影响的次数，还指期刊等印刷媒体发行的间隔，例如每日一次，每月一次。

联邦贸易委员会（Federal Trade Commission，FTC） 美国的政府机构，专门就一些问题制定法规，颁布相关的规则。

文件传输协议（file transfer protocol，FTP） 一种互联网协议，通过这种协议，使得文档从设计者的计算机传输到网络服务器，生成的网页可以在网站上发布。

地理特征（geographics） 根据国家、地区、州、城市、社区或街区等的差异将大片的市场划分成各种细分市场。

地理细分定价（geographic segment pricing） 指企业对不同的地理区域对同一种产品制定不同的价格。

地理位置（geolocation） 这是指联网设备（以及设备的主人）在实体环境中的

定位技术，例如WiFi技术、GPS技术、IP地址等。

通用分组无线业务（general packet radio service，GPRS） 也称为3G无线通信技术。支持各种宽带业务，可以发送或接收电子邮件、大量的数字信息，还可以上网浏览信息，已经在多个国家应用。

群体活动网站（group member event sites） 此类网站方便网络用户组织网络群体，允许任何感兴趣的个人参与，然后组织活动。

效果层次模型（hierarchy of effects model） 用以解释营销沟通所发挥的作用的一种工具。这种模型的前提是消费者进行产品选择时要经历几个阶段，而营销沟通信息的设计则要引导消费者去经历这样的阶段。

恶意程序（hostile applets） 一种可以用来暗中获得硬盘上的数据（电子邮件地址、信用卡信息、各种账户信息等）并进行传递的恶意程序。

超文本标记语言（hypertext markup language，HTML） 一种简单的编码系统，用以编制文档，供网络用户浏览。人们用这种标准编制网页。

图像识别（image recognition） 指通过图像来识别内容的一种技术。

印象（impressions） 统计互联网受众规模的一种方法，即广告为特定网站访问者服务的次数。重复的部分要剔除。

集客营销（inbound marketing） 方便用户通过网络识别企业的一种营销活动，有别于传统的营销活动，那是强求客户对网站、产品等要素给予关注。

深度访谈（in-depth interviews，IDI） 指进行一定程度控制的谈话，谈话对象数量有限。

间接配送渠道（indirect distribution channel） 普通的间接配送渠道包括原材料供货商、制造商、批发商、零售商及最终用户。

个性化市场定位（individualized targeting） 也称为"微型市场营销"，这是指企业为一小群人定制全部或部分的销售组合。如果把这种营销战略发挥到极致，就是一个客户一个目标市场。

信息中介（infomediary） 一家在线机构，它将信息整合在一起，再传递出去。

即时通信（instant messaging） 指同时在线的网络用户之间发送短信的一种技术。

互联网名称与数字地址分配机构（internet corporation for assigned names and numbers，ICANN） 负责网络名称及地址管理的机构，解决域名分配冲突的机构。

整合营销沟通（integrated marketing communication，IMC） 一种综合的营销沟通规划，包括广告、营业推广、公共关系、直接营销、个人销售以及各种营销组合，目的是对利益相关者形成最大的沟通影响。

互动展示广告（interactive display ads） 是旗帜广告的高级形式，能够感知用户的鼠标在网页上移动的一种广告。用户鼠标接近时，广告会活动起来，其形式是内置的游戏，或者下拉菜单、复选框、搜索框，等等，引导用户参与其中。

中介（intermediary） 指介于供应商和消费者渠道之间的企业，从事一些专门的工作，其工作效率要高于供应商。

互联网（internet） 将互相连接的网络整合在一起构成的全球网络。

互联网电话（internet telephony） 指利用互联网进行同步的数字声音传输。

插播式广告（interstitial ad） 是以计算机Java程序为基础，当网页的内容下载时出现的广告。

内联网（intranet） 指在一家企业内运行的网络，但是该网络使用互联网的各种标准（比如HTML、浏览器等）。

IP地址（IP address，internet protocol） 见URL及"域名"词条，三个术语的定义相似。

iPOS终端（iPOS terminals，internet point of sells terminals） 即互联网电子收款机系统终端，是放在实体的收银机旁边面向客户的一种小设备，用于记录信用卡交易的买方签名。

管辖权（jurisdiction） 一种法律术语，是指法院对某一方的管辖权力。传统上，管辖权是与地域联系在一起的，但是网络世界具有跨时空的自然属性，因此管辖权就成了一个问题。

关键词广告（keyword advertising） 也称内容关联广告（contextual advertising），指在搜索引擎网站购买关键词。用户使用关键词搜索时，广告客户的旗帜广告或信息就会出现在显示的页面上。

关键词（keywords） 指用户在搜索框中键入的词汇，以此来搜索需要的结果。

知识管理（knowledge management，KM） 指对知识的产生、运用和传播进行管理的一种方法。

滞后者（laggards） 指对新产品反应最为迟缓的16%的消费者。他们比较传统，社会经济地位比较低，只有在更新的产品问世以后，他们才会接受所谓的“新产品”。

引导页（landing page） 一种具有特殊功能的网页，用户在网站上点击链接以后紧接着就会出现。

《蓝哈姆法案》（Lanham Act） 美国联邦制定的法案，规定商标可以在政府部门注册。但是，不管注册与否，商标都能得到该法案的保护。

法律（law） 和道德相似，它也是价值观的体现，但是道德可以直接针对个人或群体的行为举止，而法律的创建通常是为了更广泛的目的，它的目标是针对一国乃至全世界的人民。在英美的传统里，法律由立法机关制定（比如国会和议会），由行政部门或机构执行，由法院解释。

学习型关系（learning relationship） 客户和企业之间的学习型关系使得每个独立的互动变得越来越灵活，客户可以更加详细地解释自己的个性化需求和体验。

最不发达国家（least developed countries，LDCs） 指世界上最贫穷的国家。

许可证（license） 指消费者与软件销售商之间签订的一种契约性协议。这个协议允许购买者使用产品，但禁止复制和分销。

终身价值（lifetime value，LTV） 几年中某一位客户为企业创造收益的净价值。

现场直播（live casting） 指通过手机（或其他移动设备、PC机等）播映或者播放的流媒体形式的视频或音频。

本地事件网站（local event sites） 指方便本地居民张贴各种活动信息的网站，其他人可以搜索发现。

定位营销（location-based marketing） 这是指推向移动设备的定制促销信息，而且是以用户的地理位置为基础的。

物流（logistics） 指商品的实体配送，例如运输、仓储，还包括产品的聚集。

低成本产品（lower-cost products） 为与现有的品牌进行竞争，推出低价产品。企业通过互联网推出各种免费产品，目的是抢占市场份额，建立客户基础，在此基础上再向客户销售企业的其他产品。例如，Eudora Light公司（一家开发电子邮件处理软件的企业）就是用这种战略占领市场的。

宏观环境（macroenvironment） 指企业外部的各种机构、组织和利益相关者。

宏病毒（macro viruses） 嵌入在数字文档中的一种病毒，只要打开文件，它们就会感染各种应用软件。

制造商代理（manufacturer's agents） 也称卖方聚集（seller aggregators），代表多个卖方的一个实体。在虚拟世界中，该实体一般会创建一个网站，帮助整个行业销售产品。

市场差异性分析（market differences） 这是指两个市场存在不同的特征，例如不同的语言、文化行为、购买行为等。

营销情报（marketing intelligence） 厂商持续地对所在的宏观环境进行扫描，寻找机遇，评价风险。

市场机遇分析（market opportunity analysis，MOA） 指企业对营销环境进行观察，寻找市场机遇。传统的市场机遇分析包括供求分析。在进行需求分析时，企业要观察各种细分市场，目的是寻找潜在的机遇；进行供给分析时，则需要观察目标细分市场上的竞争态势。

市场相似性分析（market similarity） 这是指两个市场存在相似的特征，例如相同的语言、文化行为、购买行为等。

目标市场定位（market targeting） 指选择对企业最具有意义的细分市场的过程。

营销活动自动化（marketing automation） 帮助营销人员有效地锁定目标客户，有效地开展营销沟通，对客户活动及市场趋势进行监测的各种活动。

营销理念（marketing concept） 企业的存在主要是为了满足客户的需求，同时实现企业的经营目标。

营销信息系统（marketing information system，MIS） 指评价信息需求、收集信息、分析信息，并将分析结果传递给营销决策者的一种系统。MIS有时也称为管理信息系统，这是许多商学院学生的必修课。

营销公共关系（marketing public relations，MPR） 指向目标市场传递正面信息的品牌宣传活动，但是企业并不为此支付费用，而且是在第三方媒体上进行宣传。

市场细分（marketing segmentation） 指将具有相似特征（如产品或服务的用途、消费量或利益）的个人或企业整合在一起的过程。

规模定制（mass customization） 这是互联网独有的功能，它可以自动地通过网络针对个体消费者使营销组合个性化。

大众营销（mass marketing） 面对大众的、无差异化的市场定位（undifferentiated targeting）活动。

文件元标签（metatags） 是一种超文本标记语言（HTML）中的标签。浏览器中通常并不显示出来。这种标签允许搜索引擎确认与查询主题相关的网址。

微博（microblogs） 是博客的一种，但是句子短小，有时只是一张图片或者一条链接。

微观环境（microenvironment） 企业内部的各种要素和利益相关者。

微型市场营销（micromarketing） 也称为个性化市场定位（individualized targeting），这是指企业为一小群人定制全部或部分的营销组合。如果把这种营销战略发挥到极致，就是一个客户一个目标市场。

微型网站（microsite） 指一个网页，或者一个小网站，提供特殊的信息，有自己的IP地址，其推广方式也有别于主网站。

跨世纪一代（millennials） 指生于1974—1994年的消费群体，也称"Y一代"。

移动商务（mobile commerce） 指消费者利用智能手机或其他移动设备完成交易的一种商务活动。

多渠道营销（multichannel marketing） 指向客户提供多种购买的途径，比如网站、零售店铺、邮购等。

多媒体（multimedia） 互联网平台上的音频、视频体验，目前由于宽带的普及率不高，所以使用还没有普及。

自然搜索（natural search） 一种搜索引擎战略，指对网站进行优化，使其在搜索结果中尽量排名靠前。

近场通信（near-field communication，NFC） 指两台智能手机或其他的移动设备互联或近距离连接进行沟通的一种形式。

新产品线（new-product lines） 指企业采用一种现有的品牌，为一系列完全不同的产品命名。例如，通用食品公司将Jell-O这个品牌用于布丁和其他的冷冻食品。

新闻组（newsgroup） 具有共同兴趣爱好的人群在电子公告板上张贴电子邮件（例如全球新闻组网络（USENET），它是按专题或产品进行分组的）。

单细分市场营销（niche marketing） 指企业选择一个细分市场并开发一个或多个营销组合来迎合这个细分市场的需求。

《反电子盗窃法案》（No Electronic Theft Act（NET）Act） 是保护计算机内容版权的法案。该法案规定，若为了商业目的或其他个人目的侵害他人的版权，要受到惩罚，还规定若复制、传递一份或多份受版权保护的产品，其零售价值超过1 000美元的，将受到惩罚。

告示（notice） 网站上的一种文件，告知用户网站的信息收集政策，在用户确认后再向用户收集信息。

全渠道购物（omni-channel shopping） 指购物者在多个营销渠道获得的体验，他们可以在各种渠道（网站、实体商店、PC机、移动设备、商品目录，等等）间自由地往来。

在线代理商（online agents） 代表买方或卖方经营，并以此收取佣金。

在线拍卖（online auctions） 经纪人通常是创建一个市场空间去促成交易的发生，并收取一定的佣金。

在线经纪人（online brokers） 促成购买谈判的中间人，但是并不代表买方或卖方。

在线交易（online exchange） 指聚集买方和卖方从事交易的电子市场。

在线拓展（online extensions） 指厂商在线推出新的产品线的一种低风险战略。

在线观察（online observation） 在各种情况下对用户的行为进行观察，例如聊天室（或公告板、邮件列表）中消费者聊天和张贴电子邮件的行为。

网络专题访谈小组（online panel） 也被称为选择进入（opt-in）的群体，它是一组同意成为营销调查对象的人。有时是调查者向他们支付费用，有时则是提供免费的商品。

互联网开放购买模型（open buying on the internet，OBI） 电子数据交换的一种标准，按照这种标准，价值链中的成员可以共享企业的内部信息。

选择进入（opt-in） 用户只需点击选择项，输入自己的电子邮件信息，表示自愿接受感兴趣的电子邮件广告，也称为许可营销。

选择退出（opt-out） 与选择进入相似，只是用户需选中网页上的选项，表示拒绝将自己列入电子邮件列表。

外包（outsource） 将服务外包给其他的企业，以帮助完成本企业的任务。

自有媒体（owned media） 指厂商通过自有的渠道将公司信息传递给网络用户，厂商对这样的媒体有一定的控制权。

网页标签（page tags） 指用户并不能看见的网页上的一个像素。

付费搜索排名（paid inclusion） 指网站向搜索引擎付费，确保在搜索引擎上的排名。

付费媒体（paid media） 指第三方拥有的媒体，厂商需要付费来实现将促销信息（例如广告）传递给网络用户。

付费搜索（paid search） 指广告商向排名机构、索引编辑机构或者搜索引擎付费，确保用户在输入关键词时能见到该广告。

帕累托法则（Pareto principle） 该法则认为，公司80%的业务来自于20%的消费者。

专利（patent） 是对一种发明提供的法律保护，也指对发明者提供的产品进行生产、制作的一种权利。

按点击付费广告（pay per click advertising） 也称为“按点击计算成本”（cost per action，CPA），是一种广告模式，广告商向网站按点击数支付广告费。广告商也可以按转换率付费，或按销售线索、注册人数付费。

网上付费专区（paywall） 通常以阻止用户打开某网页并要求付费的形式出现。

绩效评价指标（performance metrics） 专门用来衡量电子商务和网络营销的效率和效益的指标。

许可营销（permission marketing） 一种选择进入式的营销活动。只要消费者同意接收，广告商就将营销沟通的信息传递给消费者。

个人活动网站（personal event sites） 方便个人创建活动（例如聚会）的网站，可以通过电子邮件等形式邀请他人参与。

人员销售（personal selling） 销售企业的销售人员与客户个体接触，目的是完成销售并建立起长期的客户关系。

个性化（personalization） 营销人员在一个非个人计算机联网的环境中实现个性

化的方法。例如，网站会以用户姓名作为抬头来问候用户，或自动发送带有个人账户信息的电子邮件给用户。

互联网内容选择平台规则（platform for internet content selection rules，PICS）是互联网应用的一种规则，规定要过滤不适宜未成年人浏览的网站。

盗版（piracy） 在计算机里安装并非购买获得的软件或者其他知识产权产品，如音乐、电影等。

像素（pixel） 计算机或电视机屏幕上的一个光点。

播客（podcast） 指一种数字媒体文件，网络用户可以下载到计算机、音乐播放器、平板电脑、智能手机上，等等。

门户网站（portal） 连接互联网的接入点，例如 Yahoo!，Lycos，Excite 等。

定位（positioning） 在特定的用户群体头脑中建立企业及其产品正面形象的一种战略。

价格（price） 为交换产品、服务而支付的货币数。从广义上说，价格是买方为获得产品、服务的利益而提供交换的所有价值，包括货币、时间、精力、心理成本。

价格离差（price dispersion） 指某一产品最高价和最低价之间的差额。

价格弹性（price elasticity） 指随着价格的变动，消费者购买行为的变化程度。

价格导向（price leadership） 是指厂商以最低价占领市场。

价格谈判（price negotiation） 指企业与个体客户开展价格谈判，这些客户属于网络用户中的一个细分市场。

价格透明度（price transparency） 指厂商和消费者都可以通过网络了解某种商品所有生产厂商的售价。

一手数据（primary data） 为解决某一问题而首次收集的信息。与二手数据相比，收集一手数据花费的时间更长一些，成本也高一些，但是它的时效性较强，相关性也较强。由于一手数据独占性强，竞争对手难以利用。

隐私权（privacy） 一个有争议的话题，1980 年，塞缪尔·沃伦和后来成为最高法院法官的路易斯·布兰迪斯发表了一篇文章，敦促人们将隐私权写入美国法律。这种保护制度称为“独处权”，也有人将其称为“隔离理论”。隐私权还包括信息利用控制（即强调制定法律和法规，允许个人对自己提供的信息进行管理和处置），自主决定权（即尊重个人的事务，允许个人自主做出生活的抉择）。

概率样本（probability sample） 是样本的一种，对抽样的要求是总体中的每一个个体被抽中的概率相等。

推广账户广告（promoted account ads）指推特网搜索结果中出现的广告，在“推荐关注”（Who to Follow）板块中。

推广趋势（promoted trends） 推特网热门话题上放置的广告，出现在网站的“时间轴”（timeline）旁边。

推广推文（promoted tweets） 放置在推特网搜索结果网页顶端的广告，它以推特网内容的形式出现，有时也出现在时间轴附近。

促销定价（promotional pricing） 许多网络零售商为开发新客户、维系老客户、完成销售活动而采用的定价策略。

代理服务器（proxy server） 存储常用信息的一个系统，它离最终用户近一些，因此接入更快，也可以减少其他服务器装载信息的负担。在互联网上，它像看门人一样，禁止员工进入不良网站。

消费心理特征（psychographics） 指消费者个性特征、价值观、生活方式以及活动、兴趣和观点（AIO）。

公共关系（public relations） 企业通过正面的公共宣传来建立与公众的良好关系。也指建立正面的企业形象，应对各种负面的信息。

采购代理（purchasing agents） 指代表买方的代理。在传统营销中，买方代理往往与一家或多家企业结成常年的关系，但是在互联网环境中，他们所代理的对象没有数量限制，而且一般都是匿名代理。

单一经营企业（pure play） 指从网络

上发家的企业，尽管有些企业后来也发展了实体的门店，但是它们依然属于单一经营的网络企业。

二维码（QR codes） 在一个白底正方形的背景色中有许多黑色的色块，其作用与条码相似。

无线射频识别（radio frequency identification，RFID） 用标签上的信号向扫描仪发送信息，识别出产品、信用卡甚至人和动物皮肤下存在的无线射频。

实地一手数据收集方法（real-space primary data collection） 收银机终端进行的离线信息收集活动，例如智能卡、信用卡、条码扫描机等。

实时竞价（real-time bidding，RTB） 一种网络广告模式，广告商按照预先设定的价格购买广告展示的次数。

实时形象建档（real-time profiling） 企业使用特殊的软件跟踪用户在网站上的行为。一旦软件追踪到用户在网站上的行为，就会自动生成文档，然后即刻对数据进行编辑和报告。

客户推荐产生收入（referral revenue） 由企业的老客户推荐而产生的销售收入。

关系资本（relationship capital） 指企业建立和维系与客户、供应商及合作伙伴关系的能力。从长远看，公司拥有的这些关系就是公司的关系资本。

关系营销（relationship marketing） 企业通过履行承诺来培养、维系、增进和个性化客户关系。要维持长期的客户关系，就要不断地与各种利益相关者进行互动，关注与客户的一对一沟通。

二次营销（remarketing） 与曾经访问过本企业网站的用户进行营销沟通。

重新定位产品（repositioned products） 将现有产品定位于不同的市场，或者提供新的用途。

二次定位（repositioning） 指对品牌、产品或企业本身进行新的定位，或者调整定位的过程。

信誉度聚合平台（reputation aggregator） 指一种网站，对网站、产品、零售商或内容按一定的规则进行排名。

声誉管理系统（reputation management systems） 使用不同的技术和标准对企业的声誉进行监测和管理。

接受调查者的真实性问题（respondent authenticity） 是互联网调研的劣势，调查者难以辨别反应者是否真为本人。

零售商（retailers） 指从制造商或者批发商购入产品并转售给消费者的商人。零售商可以在线经营，也可以离线经营。

投资回报率（return on investment，ROI） 是对投资的一种评价方式。其计算方式是净收益除以资产总额（流动资产加固定资产）。

收入来源（revenue streams） 指网站的现金流入，可能是产品销售收入，也可能是广告销售收入或代理佣金收入。

反向拍卖（reverse auction） 指一种交易方式，由买方确定商品的价格，然后由卖方来判断能否接受这样的价格。

对现有产品的改进或调整（revisions of existing products） 指重塑现有产品形象，让市场感知是一种"新产品"、"改进型产品"，以取代老产品。在网络营销中，企业始终在提升自己的品牌，创造价值，提高竞争力。

RFM 分析（RFM analysis，即 recency，frequency，monetary） 是在数据库中寻找 3 种信息。第一，客户最近一次购物是在什么时间（最近购买时间）？第二，客户多长时间购买一次产品（购买频率）？第三，客户在产品购买上花费了多少钱（货币价值）？通过这种分析，厂商可以对那些响应比较多的客户调整促销方式，目的是降低促销成本，增加销售额。

简易信息聚合（really simple syndication，RSS） XML 标准的一种简易格式，用作共享文章标题和其他的网页内容。

安全港条款（safe harbor） 是保护欧盟成员国人们的信息的法律条款。

营业推广（sales promotion） 指营销人员对消费者购买商品或服务进行各种短期的刺激行为。

试用（sampling）　用户在购买数字产品以前可以先尝试样品。例如，软件开发企业允许用户免费试用 30 天或 60 天。在线音乐商店则提供 30 秒音乐剪辑供用户试听。

搜索引擎（search engine）　是一种网站，用户只要输入关键词，网站就能帮助搜索网页，然后列出可能具有相关信息的网站网址。

搜索引擎最优化（search engine optimization，SEO）　是指最大化网站或社交媒体访问者数量的过程，保证：（1）访问者输入合适的关键词后网站名和链接出现在搜索引擎结果页面的突出位置上；（2）搜索引擎网站上的广告获得高的点击率。

搜索营销（search marketing）　指利用搜索引擎对网站进行营销的一种行为。有时是据此来提升在排行榜中的位置，有时是为排名付费，或者将这些技术和其他与搜索引擎有关的活动组合起来。

隔离理论（seclusion）　塞缪尔·沃伦和路易斯·布兰迪斯提出的一种理论，提出人们享有"独处权"。

二手数据（secondary data）　为一定目的所收集的信息，有助于解决当前面临的问题。它比一手数据容易收集，成本也较低。

二代销售代理（second-generation shopping agents）　指关注客户价值，而不仅仅关注产品价格的一种销售代理。

市场细分要素（segmentation basis）　按照一般的分类方法（例如人口统计特征、地理位置特征、市场心理特征、消费行为特征等）将市场细分成多个部分，每一个细分市场中都有多个变量。

市场细分变量（segmentation variables）　指厂商用以识别和区分客户群的各种要素。

差异定价（segmented pricing）　厂商不仅根据成本，而且根据消费者差异对商品或服务制定不同的价格。

自我管理的模式（self-regulation）　企业有能力迅速地识别在经营中出现的问题，并迅速解决这些问题。

卖方代理（selling agent）　也称销售商代理，只代表一家企业，帮助该企业销售产品。他们的报酬形式一般是佣金。

语义网（semantic Web）　是对现有的万维网的延伸。在语义网中，信息有非常明确的界定。

情绪（sentiment）　指网络上对品牌的议论属于正面的、负面的或者中性的所进行统计的一种指标。

服务器端数据收集法（server-side data collection）　由网络服务器收集、存储的消费者网站浏览信息。

安全电子交易协议（secure electronic transactions，SET）　是证明厂商和消费者身份的一种工具，同时保障消费者信用卡信息的安全。按照 SET 协议，消费者的信用卡信息并不是传输到厂商那里，而是传输到一个第三方，厂商和消费者都通过这个第三方来验明对方的身份，同时为交易提供保障。

客户份额（share of mind）　指一种关系营销，所关注的是长期的客户开发活动，也就是客户的维系和提升。采用此种营销方式的企业针对客户的个体需求开展营销活动，而不是只对目标群体提供差异化的产品。

声音份额（share of voice，SOV）　指网络上对企业品牌及竞争对手品牌议论进行统计的一种分析指标。

购物代理（shopping agents）　允许消费者利用产品目录对各种产品的价格和性能进行对比的一种商务模式。购物代理将厂商按其提供产品的价格的高低进行排序，暗中帮助消费者压低价格。

短信服务（short message services，SMS）　利用存储和发送技术将最多达 160 个字符的文本信息通过互联网传递出去，通常是利用手机或者 PDA 进行一对一的传输。

形势分析（situation analysis）　指对营销规划或其他公司信息、品牌信息的分析，对网络营销环境的分析，以及市场机遇的分析等。

社交纽带（social bonding） 指企业与客户的一种社交互动，目的是开展个性化的沟通，培养品牌忠诚。

社交书签（social bookmarks） 某些网站允许用户将自己喜欢的网站晒出来与人分享。例如 stumbleupon. com 等。

社交客户关系管理（social CRM，CRM 2.0） 这样的营销管理模式与传统的网络客户关系管理基本相似，只是增加了社交媒体技术和客户协同技术。

社交商务（social commerce） 属于电子商务的一个分支，利用社交媒体及消费者之间的互动来促进在线销售。

社交图（social graph） 指展示社交网络成员相互联络的图。

社会媒体（social media） 指网络工具和平台，网络用户可以利用这些工具和平台来分享内容、观点和体验，达到商务沟通或娱乐的目的。

社交媒体优化（social media optimization） 属于搜索引擎优化的一种特殊形式，它利用社交网站所具有的优势提升产品、品牌、各种营销活动或者网站的知晓度。

社交网络整合（social network aggregation） 指将几个社交网络的内容汇聚在一起，或者将用户的网络信息整合到一个网站。

社交网络（social networking） 指通过人与人之间的交往，扩大工作中或生活中的接触范围。

社交网络（social networks） 指一种社会结构，由个人或者组织形成网络中的节点，将这些节点联结起来的是各种相关的利益，例如价值观、观点、思想、财务往来、友谊、亲属关系、厌恶、冲突、贸易、网络链接等，当然也包括疾病传染、飞机航班等。

社交新闻网站（social news） 用户可以将网络新闻的链接提交到这样的网站上，由网络用户来对这些新闻进行评价和投票。

社交登录（social sign-in） 指网络用户在社交媒体网站上注册或者登录到其他社交网站上的一种行为。

垃圾邮件（spam） 指未经许可而发送的电子邮件。有的是直接向用户发送，有的则是张贴在电子公告板上。

垃圾邮件过滤器（spam filter） 是一种程序，可以帮助用户阻止垃圾电子邮件。

网络蜘蛛（spider） 一种自动程序，可以逐个搜索网站、网页和单词。这些网络蜘蛛累积起一个庞大的索引和数据库，从中可以找到所有的搜索词，以及词汇被发现的位置和它们在每一个网页上出现的次数等。当你键入搜索词时，实际上是在查询这个数据库。

赞助式广告（sponsorship） 在网站上将内容和广告整合在一起，由赞助商支付版面费，再编写内容吸引出版物的读者。

哄骗（spoofing） 网络欺骗手段之一，即使用电子邮件或网站冒充个人或公司，它诱使网络用户相信对方是善意的实体（比如一家互联网服务提供商，或者信用卡公司），用这种手段获取敏感信息。其他常见的骗术还包括使用一定的程序使得用户在不知情的情况下拨打长途电话，并为此支付费用，或错误地登录到记录用户账户信息的网页。

网络营销战略（strategic e-marketing） 指企业在制定营销战略时，注重对计算机技术和网络技术的利用，实现既定的目标。

战略规划（strategic planning） 一种管理的过程，旨在让企业的目标、技术和资源与不断变化的市场机遇相匹配。

战略（strategy） 指为实现目标所采取的手段。

流媒体视频（streaming video） 指网络用户在收看节目时所展开的内容。用户不需要先下载文件再收看。

结构联系（structural bonds） 企业通过调整结构来增值，改善与客户及供应商的关系，

供应链管理（supply chain management，SCM） 对分销渠道的后台整合，目的是高效地将产品递送给客户，也称做整合物流（integrated logistics）。

改换门庭者（switchers） 指没有建立

品牌忠诚的客户，他们会追逐低价而时刻准备转换产品或服务。

SWOT分析（strengths，weaknesses，opportunities，threats（SWOT），即优势、劣势、机遇和挑战分析） 指的是在环境和竞争力分析时，对公司内部的优势与劣势分析，以及对公司外部所存在的机遇和挑战分析。

联合调研（syndicated research） 用一种系统的方法收集市场信息，例如尼尔森公司开展的收视率调查。对于那些购买此类信息的企业来说，这属于二手数据。

协同优势（synergy） 指两家或多家企业结成合作关系，其协作结果一般会大于单独的企业努力的成果。

标签（tagging） 在视频、图片、文本资料等上面附上关键词，方便用户搜索到需要的内容的一种技术。

技术消费学（technographics） 是Forrester调研公司对在线消费者进行区分的一种理论。技术消费学研究的是消费者如何看待技术，如何购买和使用技术。在此分析的基础上将消费者划分成10个群体。

网吧（telecenters） 指向公众开放的装修简单的网吧，一般只配备3～10台计算机供网民上网。

遥测定位系统（telematics） 汽车上安装的一种通信系统，通过全球定位系统来帮助企业与驾驶员之间的双向沟通。

短信（text messaging） 参阅“短信服务”（SMS）词条。

第三方物流（third-party logistics） 指由第三方来管理供应链，提供增值服务，例如产品的加工和整合。

引爆点（tipping point） 一种现象或者趋势达到了一定的规模，成为不可逆转的趋势，这一规模就称作引爆点。

商标（trademark） 指品牌名。商标包括名字、符号以及其他要素，用于区分不同销售者的产品或服务，并且表明产品或服务的来源（参见uspto.gov上的定义）。

交易功能（transactional functions） 指与购物者接触，利用各种营销沟通手段让购买者了解产品。交易功能还包括寻找符合购买者需求的产品、商议价格、完成交易环节的各项工作。

《与贸易有关的知识产权法》（Trade Related Intellectual Property Rights，TRIPs） 各国在1995年签署的协议，这是世界贸易组织各种条约中的一个。

特洛伊木马（Trojan horses） 一种计算机病毒，但是它没有复制能力，特点是伪装成一个实用工具或者一个游戏，会诱使用户将其安装在PC机或者服务器上。

双胞胎消费者（twinsumers） 指消费观念、购买行为、娱乐偏好等都相似的一群消费者。

普适应用（ubiquitous applications） 指人们对网络跟踪器文件、Java程序和智能代理的应用是普遍存在的，这意味着它们能够在几乎所有的网络活动中起作用，而不需要用户了解和控制。

联合国国际贸易法委员会（United Nations Commission of International Trade Law，UNCITRAL） 联合国的一个管理机构，负责制定有关电子商务的示范法律，规范全球的数字商务活动。

《统一计算机信息交易法案》（Uniform Computer Information Transactions Act，UCITA） 指一种规范，如果这个法案被州政府采纳，那么人们就可以依据这个法案去规范软件交易（包括软件销售）的各种协议。

通用产品代码（universal product codes，UPC） 即条形码，供零售商、批发商、制造商扫描的一种符号，用于库存管理。

统一资源定位器（uniform（universal）resource locator，URL） 就是网站地址，有时也叫做IP地址（internet protocol address），或域名（domain name）。

Usenet 由成千上万的计算机系统构成的遍及全球的网络，采用分散式管理。Usenet系统向特定兴趣的新闻组传递信息。

价值（value） 客户的收益与成本之差。

价值链（value chain） 也称整合物流

（integrated logistics），把供应链、制造商、分销渠道看成一个完整的系统。

价值细分市场定价（value segment pricing） 销售商懂得不是所有的客户对厂商都提供同样的价值，按为厂商提供的价值划分，有高、中、低细分市场，因此，厂商应该针对不同的细分市场制定不同的价格策略。

垂直搜索（vertical search） 就某一专题（例如旅游、网络零售商、图书等）在特定的网站进行搜索。

病毒式营销（viral marketing） 这就是网络上的口口相传（word-of-mouth），也有人将其称为"鼠标相传"（word-of-mouse）。网络用户将电子邮件转发给朋友、家人、同事以及其他在自己邮件列表中的人。

虚拟法官（virtual magistrate） 虚拟的仲裁，实际上是一些软件程序，它们一般是根据互联网的特殊环境来修正自己的运行方式，解决在线的冲突。

虚拟卖场（virtual mall） 与实体的大卖场相似的一种商务模式，网站上聚集了众多的网络销售厂商。

虚拟世界（virtual worlds） 指一些网站，用户可以有自己的化身，按自己的意愿在网络世界里进行社交活动。

访问者（visitor） 指访问某一网站的用户，但不区分是一次访问还是多次访问。

客户声音（voice of the customer） 指将客户需求融入客户体验设计的一种系统性方法。

网络电话（voice over internet protocol，VoIP） 指利用互联网进行通话，节省了长途电话费用。

荷包占有率（wallet share） 一个公司能从一个客户身上获取的销售量，因此，它反映了对保持客户的关注，而不是注重获取客户（即市场份额）。

第二代互联网（Web 2.0） 指与博客、威客、社交网络、产品评价网站、图像/视频上传网站，甚至谷歌地图等相关的第二代互联网技术。

网站分析器（Web analytics） 指收集、展示用户在网站上行为信息的一类工具。

网络窗体（Web form） 一种技术术语，指网页设计中留出空间让用户可以输入信息。许多企业的网站上都有网络窗体，用途也各不相同，如用户注册、市场调研、产品购买等。

网站内容（Web site content） 指网页上的文本、图片、音频和视频等内容。网站上还可以包括一些互动的项目，例如搜索工具、表格、购物选项、电子邮件等。

网站日志（Web site log） 指用户在网站的浏览时间，在每一个网页上逗留的时间，登录网站的途径等数据。

批发商（wholesalers） 指将产品从制造商手中买来，再卖给零售商的一类商人或企业。

插件（widgets） 指一类微型网络应用程序，可以用来在社交网站上分享内容，用户可以将它们下载安装到自己的移动设备或 PC 机上，或者在普通网站或微博上读取。

威客（wiki） 指一种软件，用户利用它可以以群体的形式创造、编辑、链接、组织一些网站内容，这些内容通常是向他人提供参考。

无线传输（wireless） 通过信号传输塔将通信信号传输出去，其形式类似于手机的信号传输。

蠕虫病毒（worms） 这种病毒可以很快地在电脑内存里复制，可以破坏存储的信息，也会占用内存空间。

收入管理（yield management） 旅游行业较多使用的一种战略，目的是通过价格的频繁变动来优化存货管理。

附录 C

参考文献

"1-800-Flowers.com, Inc. Reports Continued Positive Trends in Revenues, EBITDA and EPS From Continuing Operations for its Fiscal 2012 Fourth Quarter and Full Year." (2012). Available at investor.1800flowers.com.

"2011 Annual Survey of Market Research Professionals." (2011). Available at MarketResearchCareers.com.

"2012 Shopping Outlook." (2012). Available at pricegrabber.com.

"2012 Response RateTrends Report." (2012). Available at newdma.org.

"21% of US Pay TV Subscribers Report Cutting or Shaving the Cord." (2012). Available at marketingcharts.com.

Abraham, Jack. (2011). "Commerce 3.0: Online Research, Offline Buying." Available at ecommercetimes.com.

AdMob by Google. (2011). "Tablet Survey." Available at services.google.com.

"Advertisers Begin to Look Beyond Facebook and Twitter." (2011). *eMarketer*. Available at emarketer.com.

"Advertisers Will Spend $2.61 Billion on Mobile This Year." (2012). Available at emarketer.com.

Afuah, Allan, and Christopher Tucci. (2001). *Internet Business Models and Strategies*. New York: McGraw-Hill/Irwin.

Aho, Karen. (2011). "The 2011 Customer Service Hall of Fame." Available at money.msn.com.

Arno, C. (2012). "CIVETS: New Global Marketing Opportunities in Emerging Economies." Available at searchenginewatch.com.

"Are Marketers Missing Multichannel Opportunities?" (2012). Available at emarketer.com.

Arnold, Catherine. (2004). "Marketers Discover Weblogs' Power to Sell—Minus the Pitch." *Marketing News* (March 15).

Bakas, R. (2010). "How to Engage a Global Audience." Available at rickbakas.com.

Barker, Dennis. (2012). "Outsourcing Enables 21st Century Focus Groups." Available at bpooutcomes.com.

Beal, Andy, and Judy Strauss. (2008). *Radically Transparent: Monitoring and Managing Reputations Online*. Indianapolis, Indiana: Wiley and Sons, Inc.

Behlmann, E. (2010). "Red Cross Unlocks a Blood Donor Badge on Foursquare." Available at bizjournals.com.

Berners-Lee, Tim, James Hendler, and Ora Lassila. (2001). "The Semantic Web." *Scientific American* (May). Available at scientificamerican.com.

Bold, W., and Davidson, W. (2012). "Mobile Broadband: Redefining Internet Access and Empowering Individuals." In Dutta, S., and Bilbao-Osorio, B. (Eds.), *The Global Information Technology Report 2012: Living in a Hyperconnected World*. Available at weforum.org.

Brown, Eryn. (2002). "Slow Road to Fast Data." *Fortune* (March 18), pp. 170–172.

Bruner, Rick, and Kathryn Koegel. (2005). "Target Demographics, Before and After." *DoubleClick Report*. Available at doubleclick.com.

Budis, Christian. (2004). "Recreational Equipment Inc. (REI)." Working paper.

Case, Karl, and Ray Fair. (2001). *Principles of Economics*. Upper Saddle River, NJ: Prentice Hall.

Chaffey, D. (2010). "Social Location-Based Marketing." Available at smartinsights.com.

Chao, E. (2012). "A Soap Set in the Favelas." Available at online.wsj.com.

Chowney, Vikki. (2012). "11 Examples of f-Commerce for 2012." Available at econsultancy.com.

CIW Team Staff. (2012). "China Search Engine Market Share by Revenue Q1 2012." Available at chinainternetwatch.com.

CNNIC. (2010). "Statistical Survey Report on Internet Development in China." Available at cnnic.net.cn.

Cohen, David. (2012). "Facebook, ComScore Study Touts Benefits of Paid Media, Even for Larger Brands." Available at allfacebook.com.

comScore. (2012). "2012 Mobile Future in Focus." Available at comscore.com.

Curioso, Walter, et al. (2007). "Opportunities for Providing Web-Based Interventions to Prevent Sexually Transmitted Infections in Peru." *PloS Medicine Online Journal*. Available at medicine.plosjournals.org.

Dhalokia, S. (2011). "5 Ways to Encourage Customers to Share Your Content." Crowdfactory Whitepaper. Available at crowdfactory.com.

"Digital Coupons Rival Print Counterparts in Effectiveness." (2012). Available at emarketer.com.

"Does Online Marketing Really Lead to Offline Buying?" (2002). Presentation at the Advertising Research Foundation Annual Convention. Available at powersearch2.thearf.org.

Duncan, Tom. (2002). *Using Advertising and Promotion to Build Brands*. New York: McGraw Hill-Irwin.

Duncan, Tom, and Frank Mulhern. (Eds.). (2004). "A White Paper on the Status, Scope, and Future of IMC." The IMC Symposium (March).

"Earned, Owned Media More Trusted Than Paid." (2012). Available at marketingprofs.com.

"E-Biz Strikes Again!" (2004). *BusinessWeek Online* (May 10). Available at businessweek.com.

Economist. (2009). "The Power of Mobile Money." Available at people.ucsc.edu.

Egyptians Flock to New Net Plan. (2002). *Wired* (June 25). Available at wired.com.

Elliott, Stuart. (2009). "Letting Consumers Control Marketing: Priceless." *The New York Times* (October 9). Available at nytimes.com.

"E-Mail + Twitter + Facebook" (2011). Lyris. Available at lyris.com.

"eMarketer Mobile Roundup." (2012). Available at emarketer.com.

"Emerging Countries Lead Broadband." (2009). Available at point-topic.com.

Evans, D., and J. McKee. (2010). "Social Media Marketing." Indianapolis, IN: Wiley Publishing, Inc.

"Facebook Chorus Ends Instrument Luggage Ban." (2011). *Taipei Times*. Available at taipeitimes.com.

Facebook Solidifies Hold on Social Sign-Ins. (2012). Available at emarketer.com.

Falls, Jason and Erik Deckers (2012). "No Bullshit Social Media." Indianapolis, IN: Que Publishing.

False Hopes on Fantasy Island." (2003) *Business 2.0* (December), p. 38.

Farivar, Cyrus. (2004). "New Ways to Pay." *Business 2.0* (August), p. 26.

Felix, Samantha. (2012). "The 20 Most-Liked Facebook Companies Ever." Available at businessinsider.com.

"Field Guide to Customer Digital Engagement." (2012). Available at lyrislabs.com.

Flynn, N. (2012). *The Social Media Handbook*. Indianapolis, IN: Wiley Publishing, Inc.

Gallagher, James. (2010). "Duke Study: TiVo Doesn't Hurt TV Advertising." *Triangle Business Journal* (January 3). Available at bizjournals.com.

Griffith, E. (2011). "Getting Your Klout Out." *AdWeek*. Available at adweek.com.

Gaines-Ross, Leslie. (2003). *CEO Capital*. Hoboken, NJ: John Wiley & Sons Inc.

Gartner, Inc. (2010). "Hype Cycle for E-Commerce, 2010, Gene Alvarez." (August 3).

Gemius, Vladimir. (2009). "E-Commerce 2009: Trends and Attitudes Research into Czech Internet Users." Available at gemius.pl.

Ghemawat, P. (2007). "Redefining Global Strategy: Crossing Borders in a World Where Differences Still Matter." Cambridge, MA: Harvard University Press.

Ghosh, Shikhar. (1998). "Making Business Sense of the Internet." *Harvard Business Review* (March–April), pp. 126–135.

Gladwell, M. (2000). *Tipping Point*. New York: Little Brown.

"Global Marketers Say Management Keen on Customer Data Insights." (2012). Available at marketingcharts.com.

Godin, Seth. (1999). *Permission Marketing*. New York: Simon and Schuster.

Goldwyn, Craig. (2012). "*The Art of the Cart: Why People Abandon Shopping Carts.*" Available at visibility.tv.

Grönroos, Christian. (1990). "Relationship Approach to Marketing in Service Contexts: The Marketing and Organizational Behavior Interface." *Journal of Business Research*, 20 (January), pp. 3–11.

Gruener, Jamie. (2001). "How to Measure Storage ROI." *Network Connections*, pp. 8–10.

Harrison, Matt. (2010). "Dunkin' Donuts Uses Social Media to Drive Positive Brand Engagement." Available at wave.wavemetrix.com.

Hinshaw, D. (2012). "In Nigeria, Rising Dreams of Web Commerce." Available at online.wsj.com.

"How Well do Companies Respond to Customer Complaints?" (2011). *eMarketer*. Available at emarketer.com.

Huynh, S. (2012). "Mobile Internet Users Will Soon Surpass PC Internet Users Globally." Available at blogs.forrester.com.

"IAB Social Media Buyer's Guide." (2010). Available at iab.net.

Indvik, Lauren. (2012). "Online Ad Spending to Surpass Print for First Time in 2012 [STUDY]." Available at mashable.com.

"iOS and Android Adoption Explodes Internationally." (2012). Available at blog.flurry.com.

"iPhone App Business Models: Paid Versus Free." (2010). Available at smartpassiveincome.com.

ITU. (2006a). "The World Telecommunication/ICT Development Report 2006." Available at foss.org.my.

ITU. (2006b). "ITU Internet Report 2006: Digital Life." Available at itu.int.

ITU. (2012). "The State of Broadband 2012: Achieving Digital Inclusion for All." Available at broadbandcommission.org.

Jeanette, Jean-Pierre, and H. David Hennessy. (2002). *Global Marketing Strategies*. Boston: Houghton Mifflin Company.

Jones, R. (2011). "5 Ways to Measure Social Media." *ClickZ* (August 22). Available at clickz.com.

Kim, G. (2010). "Social Media Buyer's Guide." Available at.iab.net.

"Kim Kardashian, Snoop Dogg Get Paid HOW Much to Tweet?" (2012). Available at huffingtonpost.com.

King, Julia, and Thomas Hoffman. (1999). "Pace of Change Fuels Web Plans; Sites Must Shift Offering Every 60 Days to Thrive." *Computer World* (July 5), p. 1.

"Kitchen Aid—Bad Tweet Happen to Good Brands Who Don't Manage Social Media Risk Properly." (2012). Available at pammarketingnut.com.

Kotler, Philip, and Gary Armstrong. (2010). *Principles of Marketing*. 13th ed. Upper Saddle River, NJ: Prentice Hall.

Kupper, Phillip. (2004). "How Continental Airlines Interprets and Uses CRM." Working paper.

Laseter, Tim, David Torres, and Anne Chung. (2001). "Oasis in the Dot-Com Delivery Desert." *Strategy + Business*, 24, pp. 28–33.

"Leaders in Mobile Phone Adoption." (2012). Available at googlemobileads.blogspot.com.

Learmonth, M. (2011). "Study: Twitter Ad Revenue Grows to $150M in 2011." Available at adage.com.

Linkner, Josh. (2004). "Interactive Promos Engage Buyers." *Marketing News* (June 15), p. 13.

"Listen, Engage, Build." (2012). HFNYK. Available at img-cdn.centro.net.

"Live Chat Performance Benchmarks." (2012). Available at boldchat.com.

Lunden, Ingrid. (2012). "Nielsen: U.S. Consumers the Most Likely to Pay for Content on a Tablet... Except When It's News." Available at techcrunch.com.

Lutz, Ashley. (2012). "Gamestop to J.C. Penney Shut Facebook Stores." Available at bloomberg.com.

Maniewicz, Mario. (2009). "Information Society Statistical Profiles 2009: Africa." Available at itu.int.

"Marketers Buzz About ROI." (2010). Available at emarketer.com.

"Marketers Challenged to Keep Pace with Mobile, Social." (2012). Available at emarketer.com.

"Marketers Find Less Than Half of Analytics Useful for Decision-Making." (2012). Available at emarketer.com.

"Marketers Rely Most on Blog Posts and Twitter to Reach Their Audience." (2012). Available at emarketer.com.

"Marketers Struggle to Link Digital Data to 'Big Data' Picture." (2012). Available at emarketer.com.

"Media CEOs Look to Smartphones, Tablets for Digital Growth." (2012). Available at emarketer.com.

Meeker, Mary. (2012). "Internet Trends—D10 Conference." Available at kpcb.com.

Mei, Yin. (2012). "5 Chinese Social Networks You Need to Watch." Available at mashable.com.

Memmott, C. (2011). "Authors Catch Fire with Self-Published e-Books." *USA TODAY*. Available at usatoday.com.

"Mobile Wallets Have Uphill Climb to Consumer Acceptance." (2012). Available at emarketer.com.

Modahl, Mary. (2000). *Now or Never*. New York: HarperBusiness.

"More Than One in Six Visitors to Travel Sites Are Also Pinterest Users." (2012). Available at emarketer.com.

"Multichannel Is a Must for Beauty and Personal Care." (2012). Available at emarketer.com.

Murphy, Samantha. (2011). "Malls Send Geo-fencing Texts to Lure Shoppers to Stores." Available at mashable.com.

"Nielsen: Facebook's Ads Work Pretty Well." Ad Age Digital. Available at adage.com

"New eGlobal Report." (2000). *Business Wire*. Available at lexis-nexus.com (accessed on March 28, 2000).

Nutley, M. (2010). "Forget E-Commerce; Social Commerce Is Where It's at." Available at marketingweek.co.uk.

Obinna, Egbule. (2012). "Facebook Pages with Most Fans." Available at onwaweb.com.

O'Leary, Noreen. (2012). "GroupM: Global Web Ad Spend Up 16 Percent in 2011." Available at adweek.com.

"Online Vehicle Shopping Influences Dealership Choice According to Study from Polk, Autotrader.com." (2011). Available at polk.com.

Palacios, Ivan. (2002). "Transforming the Digital Divide into a Digital Opportunity." Workshop presentation at APEC Workshop on e-Business and Supply Chain Management, Bangkok, Thailand. Available at ecommerce.or.th.

Palis, Coureney. (2012). "The Worst Kinds of Tweets: Study." Available at huffingtonpost.com.

Patel, K. (2011). "Apple, Campbell's Say IADs Twice as Effective as TV." Available at adage.com.

Pellegrino, Robert, Doug Amyx, and Kimberly Pellegrino. (2002). "A Methodology for Assessing Buyer Behavior: Price Sensitivity and Value Awareness in Internet Auctions." Working paper.

Peppers, Don. (2000). "Getting to Know You Without Knowing You." *Peppers and Rodgers Newsletter* (Spring). Available at 1to1.com.

Perez, Sarah (2011). "Mobile Game Prices Decline, but Revenue Up." Available at readwriteweb.com.

Polasik, M., and Fiszeder, P. (2010). "Factors determining the acceptance of payment methods by online shops in Poland." Available at networkworld.com.

Ponnaiya, Elzaurdia, and Sanjay Ponnaiya. (1999). "The Distribution of Survey Contact and Participation in the United States: Construction a Survey Based Estimate." *Journal of Marketing Research*, 36, pp. 286–294.

"Portals Vital for Users and Marketers." (2010). Available at emarketer.com.

Pozin, Ilya. (2012). "Are QR Codes Dead?" Available at forbes.com.

"Print's Place in Multichannel Retailing." (2010). Available at emarketer.com.

Radding, Alan. (2001). "A Tale of Two Users." *Network Connections*, p. 20.

Ray, Michael L. (1973). "Communication and the Hierarchy of Effects." In P. Clarke (Ed.), *New Models for Mass Communication Research*. Beverly Hills, CA: Sage Publications, pp. 147–175.

Reed, B. (2012). "Global broadband Snapshot: Hong Kong Trounces Rest of World." Available at networkworld.com.

Reese, S. (2011). "Quick Stat: Online Video Will Account for 6.9% of Online Ads This Year." Available at emarketer.com.

"Relationships Rule." (2000). *Business 2.0* (May), pp. 303–319.

Renner, Dale. (2000). "Closer to the Customer: Customer Relationship Management and the Supply Chain." *Andersen Consulting*. Available at renner.ascet.com.

"Retailers Experiment with Varied, Personalized Pricing." (2012). Available at emarketer.com.

Rhoads, Christopher. (2007). "What's the Hindi Word for dot.com?" *Wall Street Journal* (October 11).

Ridley, Kirstin. (2007). "Global Mobile Phone Use to Pass Record 3 Billion." *Reuters News* (June 27). Available at reuters.com.

"Running Smoothly: Online Shoe Sales in the US Industry Market Research Report Now Available from IBISWorld." (2012). Available at prweb.com.

"Safeguarding Reputation." (2006). Weber Shandwick Research Report. Available at reputationrx.com.

Sarno, David. (2009). "Twitter Creator Jack Dorsey Illuminates the Site's Founding Document." *Los Angeles Times*. Available at latimesblogs.latimes.com.

Seybold, Patricia. (1998). Customers.com. New York: Random House.

Shannon, S. (2012). "Britain's Surprise Shopaholics: Nigerians." Available at businessweek.com.

Shih, Clara. (2011). "The Facebook Era." Upper Saddle River, NJ: Pearson Education, Inc.

"Shopper Sentiment: How Consumers Feel About Shopping In-Store, Online, and via Mobile." (2012). Available at blog.nielsen.com.

Sloan, Paul. (2011). "Jack Dorsey: Twitter's Business Model Based on 'Serendipity.'" *CNET News*. Available at news.cnet.com.

"Smartphones Turn Millions More Americans into Mobile Shoppers." (2012). Available at emarketer.com.

"Social Media Report: Facebook Pages in Armenia." (2012). Available at socialbakers.com.

"Social Media Share of Voice-Converse, Adidas, New Balance, Nike and Under Armour." (2009). Available at istrategylabs.com.

Solis, Brian. (2011). "Report: The Rise of the Social Advertising." Available at briansolis.com.

Sonnenberg, Frank. (1993). "If I Had Only One Client." *Sales and Marketing Management*, 56 (November), p. 4.

Spector, Robert. (2000). Amazon.com*: Get Big Fast*. New York: HarperBusiness.

Stanhope, Joe. (2011). "The State of Online Testing 2011." Available at forrester.com.

State of the Global Mobile Industry Annual Assessment. (2012). Available at navdeep-manaktala.com.

"State of Media Consumer Usage Report." (2011). The Nielsen Company. Available at slideshare.net.

Stokes, Tracy. (2012). "How Social Media is Changing Brand Building." Available at forrester.com.

"Super Buzz or Super Blues?" (2008). *Nielsen Media Company Webcast* (January 3). Available at netratings.com.

Tang, Fang-Fang, and Xiaolin Xing. (2003). "Pricing Differences Between Dotcoms and Multi-Channel Retailers in the Online Video Market." *Journal of the Academy of Business and Economics* (March). Available at findarticles.com.

Taylor, Colleen. (2012). "VC Funding to Web Startups Hits Decade-Long High in 2011." Available at gigaom.com.

Terdiman, Daniel. (2005). "Study: Wikipedia as Accurate as Britannica." *CNET News*. Available at news.com.

"The Elegance of Simplicity: Creating Experiences That Drive Purchase." (2012). Available at socialmediatoday.com.

"The Mobile Difference—Tech User Types." (2009). Pew Internet & American Life Project. Available at pewinternet.org/Infographics/The-Mobile-Difference—Tech-User-Types.aspx Accessed September 17, 2012.

"The Power of Direct Marketing." (2011–2012 Edition). Direct Marketing Association. Available at the-dma.org.

"The State of Inbound Marketing 2010." (2012). Available at hubspot.com.

Togan-Egrican, A., English, C., and Klapper, L. (2012). "Credit Cards and Formal Loans Rare in Developing Countries." Available at gallup.com.

TraderMark. (2011). "WSJZ: Zynga—Virtual Products, Real Profits." *iStock Analyst*. Available at istockanalyst.com.

U.S. State Department. (1998). "The Global Landmine Crisis." *Hidden Killers*. Available at state.gov.

Voskresensky, Mitya (2011). Google Research about Smartphone Usage in 2011. Available at slideshare.net and google.com.

Wang, R. Ray, and Jeremiah Owyang. (2010). "Social CRM: The New Rules of Relationship Management." (March 5).

Wentz, L., and C. Penteado. (2011). "Banned from Cannes." Available at creativity-online.com.

"What Do Facebook Users Expect from Brands?" (2011). *eMarketer*. Available at emarketer.com.

"What is Big Data?" (2012). Available at ibm.com.

"Who's Ignoring Their Customers?" (2011). Conversocial. Available at conversocial.com.

"Why do People Overpay on eBay." (2011). Available as a consumer post in a forum on deals.woot.com.

Wolfinbarger, Mary, and Mary Gilly. (2001). "Shopping Online for Freedom, Control and Fun." *California Management Review*, 43, p. 39.

"Women and Mobile: A Global Opportunity." (2009). Available at gsmworld.com.

World Internet Project. (2010). "World Internet Project Press Release Report." Available at worldinternetproject.net.

"World Record Attempt for Most Blog Post Comments Underway for Charity." (2012). Available at electricpig.co.uk.

中国人民大学出版社工商管理类翻译版教材

序号	书名	作者	定价	出版年份	ISBN 978-7-300-

(一) 工商管理经典译丛

序号	书名	作者	定价	出版年份	ISBN 978-7-300-
1	管理学（第 11 版）	罗宾斯（Stephen P. Robbins）	69	2012	15795-5
2	罗宾斯《管理学（第 11 版）》学习指导	罗宾斯（Stephen P. Robbins）	35	2013	17932-2
3	管理学（精要版第 9 版）	孔茨（Harold Koontz） 韦里克（Heinz Weihrich）	58	2014	18405-0
4	管理学（第 3 版）	贝特曼（Thomas S. Bateman）	58	2014	20098-9
5	商学精要（第 8 版）	埃伯特（Ronald J. Ebert）	55	2013	17581-2
6	管理经济学（第 4 版修订版）	彼得森（H. Craig Petersen）	69	2009	11367-8
7	管理经济学（第 11 版）	赫斯切（Mark Hirschey）	69	2008	09287-4
8	管理经济学——决策者的经济学工具（第 7 版）	基特（Paul G. Keat）	65	2015	20416-1
9	组织行为学（第 14 版）	罗宾斯（Stephen P. Robbins）	72	2012	16663-6
10	组织行为学（第 9 版）	格林伯格（Jerald Greenberg）	75	2011	13603-5
11	战略管理：概念与案例（第 10 版）	希特（Michael A. Hitt）	59	2012	16621-6
12	战略管理：概念与案例（第 13 版·全球版）	戴维（Fred R. David）	68	2012	15855-6
13	战略过程：概念、情境、案例（第 4 版）	明茨伯格（Henry Mintzberg）	69	2012	16331-4
14	人力资源管理（第 12 版）	德斯勒（Gary Dessler）	79	2012	15723-8
15	会计学（第 8 版）	亨格瑞（Charles T. Horngren）	79	2010	12543-5
16	公司理财：核心原理与应用（第 3 版）	罗斯（Stephen A. Ross）	76	2013	18161-5
17	项目管理：管理新视角（第 7 版）	梅雷迪思（Jack R. Meredith）	78	2011	12977-8
18	MBA 运营管理（第 3 版）	梅雷迪思（Jack R. Meredith）	49.8	2007	08650-7
19	运作管理（第 10 版）	海泽（Jay Heizer）	89	2012	14890-8
20	运作管理（精要版第 3 版）	蔡斯（Richard B. Chase）	59	2014	18408-1
21	供应链管理（第 5 版）	乔普拉（Sunil Chopra）	65	2013	16974-3
22	市场营销原理（第 13 版）	科特勒（Philip Kotler）	65	2010	11854-3
23	营销管理（第 14 版·全球版）	科特勒（Philip Kotler）	79	2012	15310-0
24	营销管理（第 13 版·中国版）	科特勒（Philip Kotler）	75	2009	10459-1
25	管理信息系统（精要版·第 9 版）	劳东（Kenneth C. Laudon）	59	2012	16254-6
26	质量管理与质量控制（第 7 版）	埃文斯（James R. Evans）	65	2010	12027-0
27	数据、模型与决策（第 4 版）	埃文斯（James R. Evans）	59	2011	13605-9
28	电子商务导论（第 2 版）	特伯恩（Efraim Turban）	59	2011	13747-6
29	电子商务——商务、技术与社会（第 7 版）	劳东（Kenneth C. Laudon）	72	2014	18478-4
30	商务与经济统计学（精编版第 5 版）	威廉斯（Thomas A. Williams）	69	2014	19503-2
31	商务统计学（第 5 版）	莱文（David M. Levine）	65	2010	12492-6
32	管理沟通——以案例分析为视角（第 4 版）	奥罗克（James S. O'Rourke）	49	2011	12920-4
33	商务谈判（第 5 版）	汤普森（Leigh L. Thompson）	55	2013	17837-0
34	管理思想史（第 6 版）	雷恩（Daniel A. Wren）	62	2012	14821-2
35	企业管理研究方法（第 10 版）	库珀（Donald Cooper）	79	2013	17645-1
36	商业伦理：概念与案例（第 7 版）	贝拉斯克斯（Manuel G. Velasquez）	52	2013	17376-4
37	企业伦理学——伦理决策与案例（第 8 版）	费雷尔（O. C. Ferrell）	49	2012	16016-0
38	职业生涯发展与规划（第 3 版）	里尔登（Robert C. Reardon）	39	2010	11843-7
39	商业法律环境（第 4 版）	库巴塞克（Nancy K. Kubasek）	69	2007	08187-8
40	基础统计学（第 4 版）	拉森（Ron Larson）	52	2013	18479-1
41	商法（第 7 版）	亚当斯（Alix Adams）	59	2014	20311-9

(二) 工商管理经典译丛·市场营销系列

序号	书名	作者	定价	出版年份	ISBN 978-7-300-
1	市场营销学（第 9 版）	阿姆斯特朗（Gary Armstrong）	65	2010	12524-4
2	市场营销学基础（第 18 版）	佩罗（William D. Perreault, Jr.）	65	2012	15644-6
3	国际市场营销学（第 10 版）	钦科陶（Michael R. Czinkota）	69	2015	20986-9
4	营销管理（第 5 版·全球版）	科特勒（Philip Kotler）	39	2012	15367-4
5	营销管理（亚洲版·第 5 版）	科特勒（Philip Kotler）	75	2010	11369-2
6	营销管理：知识与技能（第 10 版）	彼得（J. Paul Peter）	65	2012	15751-1
7	战略营销：教程与案例（第 11 版）	凯琳（Roger A. Kerin）	65	2011	13868-8

8	战略品牌管理（第 3 版）	凯勒（Kevin Line Keller）	72	2009	10655-7
9	服务营销（第 6 版）	洛夫洛克（Christopher Lovelock）	68	2010	12155-0
10	消费者行为学（第 10 版）	所罗门（Michael R. Solomon）	68	2014	18249-0
11	消费者行为学（第 10 版）	希夫曼（Leon G. Schiffman）	65	2011	13608-0
12	消费者行为学案例与练习（第 2 版）	格雷厄姆（Judy Graham）	20	2011	14211-1
13	营销调研（第 7 版）	伯恩斯（Alvin C. Burns）	65	2015	21107-7
14	营销渠道（第 7 版）	科兰（Anne T. Coughlan）	59	2008	09525-7
15	营销渠道：管理的视野（第 8 版）	罗森布洛姆（Bert Rosenbloom）	68	2014	18654-2
16	网络营销（第 5 版）	斯特劳斯（Judy Strauss）	55	2010	12425-4
17	网络营销实务：工具与方法	米列茨基（Jason I. Miletsky）	45	2011	12687-6
18	广告学：原理与实务（第 9 版）	维尔斯（William Wells）	75	2013	17868-4
19	广告与促销：整合营销传播视角（第 9 版）	贝尔奇（George E. Belch）	78	2014	19002-0
20	组织间营销管理（第 10 版）	赫特（Michael D. Hutt）	59	2011	13027-9
21	零售管理（第 11 版）	伯曼（Barry Berman）	79	2011	13093-4
22	专业化销售：基于信任的方法（第 4 版）	英格拉姆（Thomas N. Ingram）	48	2009	11219-0
23	销售管理（第 9 版）	科恩（William L. Cron）	48	2010	11849-9
24	销售管理——塑造未来的销售领导者	坦纳（John F. Tanner Jr.）	48	2010	11767-6
25	营销战略与竞争定位（第 5 版）	胡利（Graham Hooley）	65	2014	18597-2
26	基于 Excel 的营销调研（第 3 版）	伯恩斯（Alwin C. Burns）	58	2014	18621-4
27	定价策略	史密斯（Tim J. Smith）	52	2015	21001-8

（三）工商管理经典译丛·会计与财务系列

1	会计学：管理会计分册（第 23 版）	里夫（James M. Reeve）	36	2011	13552-6
2	会计学：财务会计分册（第 23 版）	里夫（James M. Reeve）	65	2011	13783-4
3	会计学原理（第 19 版）	怀尔德（John J. Wild）	65	2012	14820-5
4	成本与管理会计（第 13 版）	亨格瑞（Charles T. Horngren）	79	2010	12594-7
5	中级会计学（上、下册）（第 12 版）	基索（Donald E. Kieso）	168	2008	09457-1
6	高级会计学（第 10 版）	比姆斯（Floyd A. Beams）	69.8	2011	14636-2
7	审计学：一种整合方法（第 14 版）	阿伦斯（Alvin A. Arens）	72	2013	16828-9
8	公司理财	伯克（Jonathan Berk）	89	2009	11220-6
9	中级财务管理（第 8 版）	布里格姆（Eugene F. Brigham）	69	2009	10427-0
10	财务报表分析（第 10 版）	苏布拉马尼亚姆(K. R. Subramanyam)	59	2009	10826-1
11	跨国公司财务管理基础（第 6 版）	夏皮罗（Alan C. Shapiro）	59	2010	11779-9

（四）工商管理经典译丛·运营管理系列

1	运营管理：创造供应链价值（第 6 版）	拉塞尔（Roberta S. Russell）	59	2010	11613-6
2	运营管理：供需匹配的视角（第 2 版）	卡桑（Gerard Cachon）	55	2013	17106-7
3	供应链设计与管理（第 3 版）	辛奇-利维（David Simchi-Levi）	55	2010	11614-3
4	物流学（第 11 版）	墨菲（Paul R. Murphy）	49	2015	21056-8
5	物流管理与战略——通过供应链竞争（第 3 版）	哈里森（Alan Harrison）	39	2010	11612-9
6	项目管理：流程、方法与经济学（第 2 版）	施塔布（Avraham Shtub）	69	2007	08677-4
7	IT 项目管理（第 3 版）	马尔海夫卡（Jack T. Marchewka）	49	2011	13481-9
8	质量管理：整合供应链（第 4 版）	福斯特（S. Thomas Foster）	59	2013	17142-5
9	供应管理（第 8 版）	伯特（David Burt）	68	2012	15794-8

（五）人力资源管理译丛

1	人力资源管理：赢得竞争优势（第 7 版）	诺伊（Raymond A. Noe）	79	2013	17773-1
2	人力资源管理基础（第 2 版）	德斯勒（Gary Dessler）	65	2014	19505-6
3	薪酬管理（第九版）	米尔科维奇（George T. Milkovich）	68	2008	09561-5
4	战略薪酬管理（第五版）	马尔托奇奥（Joseph J. Martocchio）	49	2010	11213-8
5	绩效管理（第 3 版）	阿吉斯（Herman Aguinis）	45	2013	18106-6
6	雇员培训与开发（第三版）	诺伊（Raymond A. Noe）	45	2007	08186-1
7	国际人力资源管理（第 5 版）	赵曙明 道林（Peter J. Dowling）	45	2012	14734-5
8	组织行为学（第六版）	克赖特纳（Robert Kreitner）	78	2007	08573-9

9	组织中的人际沟通技巧（第 3 版）	杰纳兹（Suzanne C. De Janasz）	49	2011	13824-4
10	谈判与冲突管理	科尔韦特（Barbara A. Budiac Corvette）	39.8	2009	10388-4

（六）工商管理经典译丛·国际化管理系列/国际商务经典译丛

1	国际贸易（第 15 版）	普格尔（Thomas A. Pugel）	49	2014	19001-3
2	国际金融（第 15 版）	普格尔（Thomas A. Pugel）	42	2014	19329-8
3	全球商务	彭维刚（Mike Peng）	65	2011	12819-1
4	国际商务（第 9 版）	希尔（Charles W. L. Hill）	75	2013	10660-1
5	国际商务谈判	塞利奇（Claude Cellich）	42	2013	18404-3
6	全球营销学（第 4 版）	基根（Warren J. Keegan）	69	2009	10662-5
7	国际企业伦理（第 2 版）	克兰（John M. Kline）	39	2013	18089-2
8	跨文化商务沟通（第 6 版）	钱尼（Lillian H. Chaney）	42	2014	19139-3

（七）管理科学与工程经典译丛

1	数据、模型与决策（第 10 版）	泰勒（Bernard W. Taylor Ⅲ）	78	2011	14005-6
2	管理科学（第 2 版）	劳伦斯（John A. Lawrence）	75	2009	10318-1
3	管理信息技术（第 5 版）	图尔班（Efrain Turban）	69	2009	10976-3
4	制造计划与控制（第 5 版）	沃尔曼（Thomas E. Vollmann）	69	2009	09952-1
5	创新管理——技术变革、市场变革和组织变革的整合（第 4 版）	蒂德（Joe Tidd）	59	2012	15657-6
6	工程经济学（第 5 版）	帕克（Chan S. Park）	75	2012	16014-6
7	管理信息系统（第 15 版）	奥布赖恩（James A. O'Brien）	65	2012	16779-4
8	管理信息系统案例（第 4 版）	米勒（M. Lisa Miller）	49	2013	18076-2
9	现代数据库管理（第 10 版）	霍弗（Jeffrey A. Hoffer）	68	2013	17076-3
10	知识管理：一种集成方法（第 2 版）	贾夏帕拉（Ashok Jashapara）	48	2013	17172-2
11	管理科学	史蒂文森（William J. Stevenson）	55	2013	17681-9
12	现代系统分析与设计（第 6 版）	霍弗（Jeffrey A. Hoffer）	69	2013	15844-0

（八）工商管理经典译丛·简明系列

3	创业学（亚洲版）	弗雷德里克（Howard H. Frederick）	55	2011	13506-9
2	战略管理	韦斯特三世（G. Page West Ⅲ）	45	2011	13607-3
3	战略管理精要（第 5 版）	亨格（J. David Hunger）	45	2012	15161-8
4	管理学（第 8 版）	舍默霍恩（John R. Schermerhorn）	50	2011	14220-3
5	管理学原理（第 6 版）	罗宾斯（Stephen P. Robbins）	62	2009	09989-7
6	创业学（第 2 版）	卡普兰（Jack M. Kaplan）	48	2009	09957-6
7	商务沟通——数字世界的沟通技能（第 12 版）	伦茨（Kathryn Rentz）	49	2012	15331-5

（九）工商管理经典译丛·旅游管理系列

1	旅游学（第 10 版）	格德纳（Charles R. Goeldner）	65	2008	09156-3
2	旅游服务业市场营销（第 4 版）	莫里森（Alastair M. Morrison）	54	2012	16351-2
3	饭店经营管理（第 2 版）	海斯（David K. Hayes）	52	2013	17035-0
4	饭店业战略管理（第 3 版）	奥尔森（Michael D. Olsen）	45	2013	18013-7
5	饭店前厅管理（第 5 版）	巴尔迪（James A. Bardi）	49	2014	18628-3
6	休闲与旅游研究方法（第 3 版）	维尔（A. J. Veal）	48	2008	09019-1

（十）工商管理经典译丛·创业与创新管理系列

1	中小企业创业管理（第 3 版）	卡茨（Jerome A. Katz）	75	2012	14271-5
2	创业学（第 9 版）	库拉特科（Donald F. Kuratko）	52	2014	20022-4

（十一）其他教材

1	组织行为学经典文献（第 8 版）	奥斯兰（Joyce S. Osland）	65	2010	12919-8
2	战略管理：解决战略矛盾，创造竞争优势	德威特（Bob de Wit）	39	2008	09299-7
3	案例学习指南：阅读、分析、讨论案例和撰写案例报告	埃利特（William Ellet）	39	2009	10202-3

E-Marketing，7e by Strauss，Judy；Frost，Raymond
ISBN：9780132953443

北京市版权局著作权合同登记号：01-2015-0123

PEARSON　　ALWAYS LEARNING

尊敬的老师：

您好！

为了确保您及时有效地申请培生整体教学资源，请您务必完整填写如下表格，加盖学院的公章后传真给我们，我们将会在2～3个工作日内为您处理。

请填写所需教辅的开课信息：

采用教材			□ 中文版　□ 英文版　□ 双语版
作　者		出版社	
版　次		ISBN	
课程时间	始于　　年　月　日	学生人数	
	止于　　年　月　日	学生年级	□ 专科　□ 本科 1/2 年级 □ 研究生　□ 本科 3/4 年级

请填写您的个人信息：

学　校			
院系/专业			
姓　名		职　称	□ 助教 □ 讲师 □ 副教授 □ 教授
通信地址/邮编			
手　机		电　话	
传　真			
official email（必填） （eg：×××@ruc. edu. cn）		email （eg：×××@163. com）	
是否愿意接受我们定期的新书讯息通知：　□ 是　□ 否			

系/院主任：______________（签字）

（系 / 院办公室章）

_______年___月___日

资源说明：

——常规教辅资源（PPT、教师手册、题库等）：请访问 www. pearsonhighered. com/educator（免费）

——MyLabs/Mastering 系列在线平台：适合老师和学生共同使用，访问需要 Access Code（付费）

100013　北京市东城区北三环东路 36 号环球贸易中心 D 座 1208 室

电话：(8610) 57355169

传真：(8610) 58257961

Please send this form to：Service. CN@pearson. com

Website：www. pearsonhighered. com/educator

教师教学服务说明

中国人民大学出版社管理分社以出版经典、高品质的工商管理、统计、市场营销、人力资源管理、运营管理、物流管理、旅游管理等领域的各层次教材为宗旨。

为了更好地为一线教师服务，近年来管理分社着力建设了一批数字化、立体化的网络教学资源。教师可以通过以下方式获得免费下载教学资源的权限：

在中国人民大学出版社网站 www.crup.com.cn 进行注册，注册后进入“会员中心”，在左侧点击“我的教师认证”，填写相关信息，提交后等待审核。我们将在一个工作日内为您开通相关资源的下载权限。

如您急需教学资源或需要其他帮助，请在工作时间与我们联络：

中国人民大学出版社　管理分社

联系电话：010-82501048，62515782，62515735

电子邮箱：glcbfs@crup.com.cn

通讯地址：北京市海淀区中关村大街甲 59 号文化大厦 1501 室（100872）